【传世经典 文白对照】

通鉴纪事本末

七

〔宋〕袁 枢 撰
杨寄林 主编

中華書局

目录

第七册

卷第二十八

卷第二十五

周灭齐

陈文帝天嘉三年。齐主之为长广王也，清都和士开以善握槊、弹琵琶有宠，辟为开府行参军。及即位，累迁给事黄门侍郎。

四年。齐侍中、开府仪同三司和士开有宠于齐主。齐主外朝视事，或在内宴赏，须臾之间，不得不与士开相见。或累日不归，一日数入。或放还之后，俄顷即追，未至之间，连骑督趣。奸谄百端，宠爱日隆，前后赏赐，不可胜纪。每侍左右，言辞容止，极诸鄙亵，以夜继昼，无复君臣之礼。常谓帝曰："自古帝王，尽为灰土，尧舜、桀纣，竟复何异！陛下宜及少壮，极意为乐，纵横行之。一日取快，可敌千年。国事尽付大臣，何虑不办，无为自勤约也。"帝大悦。于是委赵彦深掌官爵，元文遥掌财用，唐邕掌外、骑兵，信都冯子琮、胡长粲掌东宫。帝三四日一视朝，书数字而已，

周灭齐

陈文帝天嘉三年(562)。北齐武成帝高湛当长广王的时候,清都人和士开因为擅长握槊这种游戏,又弹得一手好琵琶,而得到高湛的宠爱,被征召为开府行参军。等到高湛即位以后,和士开又经多次升迁,最后当上给事黄门侍郎。

四年(563)。北齐的侍中、开府仪同三司和士开受到武成帝高湛的宠爱。每逢武成帝上朝听政,或在宫中宴饮颁赏时,每隔片刻时间,便要见上和士开一面。有时,武成帝一连几天把和士开留在宫中,有时又一天内要召见他好几回,甚至有时和士开刚刚离开,武成帝又把他召回来,在和士开没回来以前,接二连三地派人催促他。和士开想方设法地谄谀奉承武成帝,因而所受到的恩宠也日益加深,武成帝前前后后赏赐给他的物品,不可胜数。和士开每次在武成帝左右侍奉,言行举止都极其卑鄙下流,就这样日夜和武成帝厮混,毫无君臣之礼。和士开常常对武成帝说:"自古以来的帝王,如今都已化为泥土,唐尧、虞舜,夏桀、商纣,他们之间又有什么区别啊!陛下应该趁如今年轻力壮,随心所欲,纵情行乐。快乐一天,胜过一千年。国家大事全部交给大臣,没必要担心他们不承办,不要让自己受劳累约束之苦。"武成帝十分赞赏。于是,委派赵彦深掌管封官授爵,元文遥掌管钱财的使用,唐邕掌管外兵和骑兵,信都人冯子琮和胡长粲掌管东宫。武成帝每隔三四天才上一次朝,仅是批几个字而已,

略无所言，须臾罢入。长粲，僧敬之子也。

帝使士开与胡后握槊，河南康献王孝瑜谏曰："皇后天下之母，岂可与臣下接手！"孝瑜又言："赵郡王叡，其父死于非命，不可亲近。"由是叡及士开共谮之。士开言孝瑜奢僭，叡言："山东唯闻河南王，不闻有陛下。"帝由是忌之。孝瑜窃与尔朱御女言，帝闻之，大怒。夏六月庚申，顿饮孝瑜酒三十七杯。孝瑜体肥大，腰带十围，帝使左右娄子彦载以出，鸩之于车，至西华门，烦躁投水而绝。赠太尉、录尚书事。诸侯在宫中者，莫敢举声，唯河间王孝琬大哭而出。

六年。齐著作郎祖珽，有文学，多技艺，而疏率无行。尝为高祖中外府功曹，因宴失金叵罗，于珽髻上得之；又坐诈盗官粟三千石，鞭二百，配甲坊。显祖时，珽为秘书丞，盗《华林遍略》，及有他赃，当绞，除名为民。显祖虽憎其数犯法，而爱其才伎，令直中书省。世祖为长广王，珽为胡桃油献之，因言："殿下有非常骨法。孝徵梦殿下乘龙上天。"王曰："若然，当使兄大富贵。"及即位，擢拜中书侍郎，迁散骑常侍。与和士开共为奸谄。

珽私说士开曰："君之宠幸，振古无比。宫车一日晚驾，欲何以克终？"士开因从问计，珽曰："宜说主上云：

连话也不怎么说，一会儿就罢朝回内宫。胡长粲是胡僧敬的儿子。

武成帝叫和士开同胡皇后玩握槊的游戏，河南康献王高孝瑜规劝说：“皇后，是天下万民之母，怎么能和臣下手相接触！”又说：“赵郡王高叡，他的父亲死于非命，陛下不应和他亲近。”因此，高叡与和士开共同谗毁高孝瑜。和士开说高孝瑜的奢侈程度超过了他的身份，而高叡则说：“崤山以东的人只知道有河南王，而不知道有陛下。”因此，武成帝也开始忌恨高孝瑜。一次，高孝瑜偷偷地和尔朱御女说话，武成帝知道后，十分愤怒。夏季六月庚申（二十八日），武成帝让高孝瑜一连喝了三十七杯酒。高孝瑜身材肥大，腰比桶粗，武成帝让侍奉左右的亲信娄子彦用车把高孝瑜载出皇宫，在车上又给他灌了毒酒，车到西华门时，高孝瑜毒性发作，烦躁投水而死。高孝瑜死后，武成帝追赠他为太尉、录尚书事。当时，在宫中的各位王侯，无人敢出声，只有河间王高孝琬大哭着退出皇宫。

六年（565）。北齐著作郎祖珽，很有学问，擅长各方面的技艺，但是不拘小节，品行不佳。他曾经担任过齐高祖的中外府功曹，一次，在宴会上有只金酒杯丢失，却在祖珽的发髻上找着；又有一次，祖珽因为诈骗了三千石官府粟米，而被罚抽二百鞭，发配到甲坊服役。齐显祖时，祖珽担任秘书丞，曾偷盗《华林遍略》一书，而且还犯有其他的贪污行为，按法律本应处以绞刑，但最终只是免去官职，降为平民。齐显祖虽然厌恶他屡次犯法，但因为实在喜欢他的才华和技艺，便让他在中书省任职。武成帝为长广王时，祖珽制作胡桃油献给他，并说：“殿下具有非同寻常的骨相。我还曾梦见殿下乘龙上天。”长广王说：“如果真是这样，我就让你老兄大富大贵。”长广王当上皇帝之后，果然提拔他担任中书侍郎，后又升为散骑常侍。他与和士开共同作奸犯科，谄谀奉承武成帝。

祖珽暗中劝说和士开说：“皇上对我们的宠爱，可以说是亘古未有。但是一旦皇上驾崩，靠什么办法来维持我们的地位呢？”于是和士开询问他有什么计策，祖珽说：“应该劝说皇上，就说：

‘文襄、文宣、孝昭之子，俱不得立，今宜令皇太子早践大位，以定君臣之分。’若事成，中宫、少主必皆德君，此万全计也。请君微说主上令粗解，珽当自外上表论之。”士开许诺。会有彗星见，太史奏云：“彗，除旧布新之象，当有易主。”珽于是上书言：“陛下虽为天子，未为极贵，宜传位东宫，且以上应天道。”并上魏显祖禅子故事。齐主从之。丙子，使太宰段韶持节奉皇帝玺绶，传位于太子纬。太子即皇帝位于晋阳宫，大赦，改元天统。又诏以太子妃斛律氏为皇后。于是群公上世祖尊号为太上皇帝，军国大事咸以闻。使黄门侍郎冯子琮、尚书左丞胡长粲辅导少主，出入禁中，专典敷奏。子琮，胡后之妹夫也。祖珽拜秘书监，加仪同三司，大被亲宠，见重二宫。

齐世祖之为长广王也，数为显祖所捶，心常衔之。显祖每见祖珽，常呼为贼，故珽亦怨之。且欲求媚于世祖，乃说世祖曰：“文宣狂暴，何得称‘文’？既非创业，何得称‘祖’？若文宣为‘祖’，陛下万岁后当何所称？”帝从之。己丑，改谥太祖“献武皇帝”为“神武皇帝”，庙号“高祖”，“献明皇后”为“武明皇后”。令有司更议文宣谥号。十二月庚午，齐改谥文宣皇帝为“景烈皇帝”，庙号“威宗”。

天康元年冬十二月，齐河间王孝琬怨执政，为草人而射之。和士开、祖珽谮之于上皇曰：“草人以拟圣躬也。又，前突厥至并州，孝琬脱兜鍪抵地，云：‘我岂老妪，须著此物！’此言属大家也。又，魏世谣言‘河南种谷河北生，

‘文襄、文宣、孝昭等先皇的太子，都没有能够继位，现在应该让皇太子早日登上皇帝的宝座，来确定君臣之间的名分。’如果事情成功，皇后和太子都会感激您的恩德，这才是万全之计。请您委婉劝说一下皇上，让他有个初步的领会，然后我会从外面呈上奏章加以论辩的。”和士开允诺。这时，正巧天上出现彗星，太史上奏说：“彗星，是除旧布新的象征，世上应当有皇帝易位的事发生。”祖珽借此上书说：“陛下虽然是天子，但还没达到至尊至贵，应当传位给太子，以顺应天道。”并陈述了北魏显祖传位给儿子的旧事。武成帝听从了他的建议。丙子，武成帝派太宰段韶手持符节，捧着皇帝的御玺，传位给太子高纬。太子在晋阳宫即皇帝位，然后，下诏大赦天下，改年号为天统。又下诏册封太子妃斛律氏为皇后。于是，公侯们尊奉武成帝为太上皇，军国大事都向他禀告。太上皇派黄门侍郎冯子琮、尚书左丞胡长粲辅佐皇帝，在宫中出入，专门执掌奏章一类的事。冯子琮，是胡皇后的妹夫。祖珽被委任为秘书监，加仪同三司，大受宠信，被皇帝、皇后所看重。

武成帝当长广王时，屡次被齐显祖责打，心中时常抱恨。齐显祖每次看到祖珽，都呼他为贼，所以祖珽也怨恨他。祖珽想讨好武成帝，便鼓动武成帝说：“文宣帝举止狂暴，怎么能称‘文’？又没有开创基业，怎么能称为‘祖’？如果文宣帝称为‘祖’，陛下驾崩之后，又该怎么称呼？”武成帝很是赞同。己丑（十一月十一日），把太祖高欢的谥号“献武皇帝”改为“神武皇帝”，庙号改为“高祖”，“献明皇后”改为“武明皇后”。又下令有关部门重新讨论文宣帝的谥号。十二月庚午（二十二日），北齐把文宣皇帝的谥号改定为“景烈皇帝”，庙号“威宗”。

陈文帝天康元年（566）冬季十二月，北齐河间王高孝琬怨恨太上皇，扎了草人当作箭靶射击。和士开、祖珽向太上皇进谗言说：“草人是拿来当作圣上的。另外，从前突厥人攻到并州时，高孝琬脱下头盔扔在地上，说：‘我难道是老太婆，要用这种东西！’这也是针对圣上的。还有，魏世的歌谣说‘河南种谷河北生，

白杨树端金鸡鸣',河南、北者,河间也,孝琬将建金鸡大赦耳。"上皇颇惑之。会孝琬得佛牙,置第内,夜有光。上皇闻之,使搜之,得填库矟幡数百,上皇以为反具,收讯。诸姬有陈氏者,无宠,诬孝琬云"孝琬常画陛下像而哭之",其实世宗像也。上皇怒,使武卫赫连辅玄倒鞭挝之,孝琬呼叔。上皇曰:"何敢呼我为叔!"孝琬曰:"臣神武皇帝嫡孙,文襄皇帝嫡子,魏孝静皇帝之甥,何为不得呼叔?"上皇愈怒,折其两胫而死。安德王延宗哭之,泪赤,又为草人,鞭而讯之曰:"何故杀我兄?"奴告之,上皇覆延宗于地,马鞭鞭之二百,几死。

临海王光大元年。齐秘书监祖珽,与黄门侍郎刘逖友善,珽欲求宰相,乃疏赵彦深、元文遥、和士开罪状,令逖奏之,逖不敢通。彦深等闻之,先诣上皇自陈。上皇大怒,执珽,诘之,珽因陈士开、文遥、彦深等朋党、弄权、卖官、鬻狱事。上皇曰:"尔乃诽谤我!"珽曰:"臣不敢诽谤陛下取人女。"上皇曰:"我以其饥馑,收养之耳。"珽曰:"何不开仓振给,乃买入后宫乎?"上皇益怒,以刀环筑其口,鞭杖乱下,将扑杀之。珽呼曰:"陛下勿杀臣,臣为陛下合金丹。"遂得少宽。珽曰:"陛下有一范增不能用。"上皇又怒曰:"尔自比范增,以我为项羽邪?"珽曰:"项羽布衣,帅乌合之众,五年而成霸业。陛下藉父兄之资,才得至此。臣以为

白杨树端金鸡鸣’，黄河的南边和北边，就是河间了，高孝琬设置金鸡，就是想像皇帝那样大赦天下。”太上皇心中又多了一层疑虑。正巧高孝琬得到一颗佛牙，存放在宅第内，佛牙在夜里发光。太上皇得知这事，派人到他家中搜寻，发现在他家存放着几百件镇库长矛和旗幡，太上皇认为这是用来反叛的用具，便将高孝琬加以逮捕审讯。高孝琬的姬妾中有个叫陈氏的，因为不受高孝琬的宠爱，便诬陷他说“高孝琬经常画陛下的像，对着它哭咒”，实际上所画的是高孝琬父亲文襄皇帝的像。太上皇十分愤怒，派武卫赫连辅玄用鞭子粗的一头打他，高孝琬被打得大叫叔父。太上皇说：“你怎么敢叫我叔父！”高孝琬说：“臣是神武皇帝的嫡孙，又是文襄皇帝的嫡子，魏孝静皇帝的外甥，怎么不能称你为叔父？”太上皇更加愤怒，将他的小腿打断，高孝琬因而死去。安德王高延宗哭悼他，哭出血来，并且又扎了一个草人，一边鞭打一边责问：“你为什么杀死我的哥哥？”他的奴仆告发了他，太上皇把高延宗掀翻在地，用马鞭抽打二百鞭，几乎把他打死。

陈临海王光大元年（567）。北齐秘书监祖珽和黄门侍郎刘逖关系不错，祖珽想做宰相，便上书列举赵彦深、元文遥、和士开的罪状，让刘逖向太上皇奏报，刘逖不敢传达。赵彦深等人听说祖珽要弹劾他们，先向太上皇申诉情况。太上皇大怒，逮捕了祖珽并诘问他，祖珽乘便陈述了和士开、元文遥、赵彦深等人勾结朋党、专擅弄权和卖官、办狱受贿的事情。太上皇说：“你这是在诽谤我！”祖珽说：“臣不敢诽谤陛下娶了他人女儿。”太上皇说：“我是因为她们遭受饥馑，才把她们收养到宫里。”祖珽说：“为什么不打开粮仓赈济粮食，却把她们买进后宫？”太上皇更加气愤，便把刀把的铁环塞进他的口中，鞭杖齐下，准备把他打死。祖珽大叫说：“陛下不要把臣打死，臣能给陛下炼金丹。”这才稍稍打得轻一些。祖珽说：“陛下有一个像范增那样的人却不能任用他。”太上皇又大怒说：“你自比为范增，把我当成项羽吗？”祖珽说：“项羽不过是个平民百姓，统帅着一群乌合之众，用五年时间成就了霸业。陛下却是靠父兄的地位，才有了今日。臣认为

项羽未易可轻。"上皇愈怒，令以土塞其口。珽且吐且言，乃鞭二百，配甲坊，寻徙光州，敕令牢掌。别驾张奉福曰："牢者，地牢也。"乃置地牢中，桎梏不离身。夜以芜菁子为烛，眼为所熏，由是失明。

二年。齐尚书左仆射徐之才善医，上皇有疾，之才疗之，既愈。中书监和士开欲得次迁，乃出之才为兖州刺史。夏五月癸卯，以尚书右仆射胡长仁为左仆射，和士开为右仆射。长仁，太上皇后之兄也。冬十月辛巳，齐以士开为左仆射，中书监唐邕为右仆射。

十一月，齐上皇疾作，驿追徐之才，未至。辛未，疾亟，以后事属和士开，握其手曰："勿负我也！"遂殂于士开之手。明日，之才至，复遣还州。士开秘丧，三日不发，黄门侍郎冯子琮问其故，士开曰："神武、文襄之丧，皆秘不发。今至尊年少，恐王公有贰心者，意欲尽追集于凉风堂，然后与公议之。"士开素忌太尉、录尚书事赵郡王叡及领军娄定远，子琮恐其矫遗诏出叡于外，夺定远禁兵，乃说之曰："大行先已传位于今上，群臣富贵者，皆至尊父子之恩，但令在内贵臣一无改易，王公必无异志。世异事殊，岂得与霸朝相比？且公不出宫门已数日，升遐之事，行路皆传，久而不举，恐有他变。"士开乃发丧。丙子，大赦。戊寅，尊太上皇后为皇太后。

侍中、尚书左仆射元文遥，以冯子琮胡太后之妹夫，恐其赞太后干预朝政，与赵郡王叡、和士开谋，出子琮为郑州刺史。

项羽不可轻视。”太上皇怒气大增，命令用土把祖珽的嘴堵上。于是，祖珽边吐边说，挨了二百鞭子，发配到甲坊做工，不久又迁到光州，命令将他“牢掌”。别驾张奉福说：“牢，就是地牢。”便把他关在地牢里，戴上镣铐，晚上点着菜籽油照明，他的双眼被烟火所熏，因此而失明。

二年（568）。北齐尚书左仆射徐之才擅长医术，太上皇患了病，徐之才替其治疗，很快便痊愈。中书监和士开想让自己按次序提拔，便把徐之才外放担任兖州刺史。夏季五月癸卯（初九），朝廷任命尚书右仆射胡长仁为尚书左仆射，和士开为尚书右仆射。胡长仁，是太上皇后的哥哥。冬季十月辛巳（二十日），北齐朝廷任命和士开为尚书左仆射，中书监唐邕为尚书右仆射。

十一月，太上皇疾病发作，派遣驿使追召徐之才回朝，徐之才没有及时赶回。辛未，太上皇病危，将后事托付给和士开，并握着他的手说：“不要辜负我！”说罢便死了。次日，徐之才赶回朝廷，却又被遣回兖州。和士开三天秘不发丧，黄门侍郎冯子琮问他为什么，和士开说：“神武帝、文襄帝去世时，都秘不发丧。如今皇上年纪还小，我担心王公中有人怀有二心，所以想把他们全部召集到凉风堂，然后和他们一同商议。”和士开向来忌惮太尉、录尚书事赵郡王高叡与领军娄定远，冯子琮担心和士开假传遗诏，把高叡贬谪出朝廷，夺取娄定远的禁兵，于是劝告和士开说：“太上皇先前已经把皇位传给当今皇帝，群臣之中大富大贵的人，也都是仰仗太上皇和皇帝父子二人的恩典，只要在朝大臣的职位没有变动，王公们一定也不会有二心。时代变化，情形各异，怎能拿今天和神武帝、文襄帝的时代相比？况且你已有好几天未出宫门，太上皇驾崩的事，路上行人早就传开了，时间过去很久还不发丧，只怕发生别的变故。”于是，和士开只好发丧。丙子，大赦天下。戊寅，尊奉太上皇后为皇太后。

侍中、尚书左仆射元文遥，考虑到冯子琮是胡太后的妹夫，担心他扶持胡太后干预朝政，便和赵郡王高叡及和士开计议，将冯子琮外放担任郑州刺史。

宣帝太建元年春二月，齐以司空徐显秀为太尉，并省尚书令娄定远为司空。初，侍中、尚书右仆射和士开为世祖所亲狎，出入卧内，无复期度，遂得幸于胡后。及世祖殂，齐主以士开受顾托，深委任之，威权益盛，与娄定远及录尚书事赵彦深、侍中尚书左仆射元文遥、开府仪同三司唐邕、领军綦连猛、高阿那肱、度支尚书胡长粲俱用事，时号“八贵”。太尉赵郡王叡、大司马冯翊王润、安德王延宗与娄定远、元文遥皆言于齐主，请出士开为外任。会胡太后觞朝贵于前殿，叡面陈士开罪失云：“士开先帝弄臣，城狐社鼠，受纳货赂，秽乱宫掖。臣等义无杜口，冒死陈之。”太后曰：“先帝在时，王等何不言？今日欲欺孤寡邪？且饮酒，勿多言！”叡等词色愈厉。仪同三司安吐根曰：“臣本商胡，得在诸贵行末，既受厚恩，岂敢惜死？不出士开，朝野不定。”太后曰：“异日论之，王等且散。”叡等或投冠于地，或拂衣而起。明日，叡等复诣云龙门，令文遥入奏之，三返，太后不听。左丞相段韶使胡长粲传太后言曰：“梓宫在殡，事太匆匆，欲王等更思之！”叡等遂皆拜谢。长粲复命，太后曰：“成妹母子家者，兄之力也。”厚赐叡等，罢之。

太后及齐主召问士开，对曰：“先帝于群臣之中，待臣最厚。陛下谅暗始尔，大臣皆有觊觎。今若出臣，正是翦陛下羽翼。宜谓叡等云：‘文遥与臣，俱受先帝任用，岂可一去一留！

陈宣帝太建元年(569)春季二月,北齐朝廷任命司空徐显秀为太尉,并省尚书令娄定远为司空。起初,侍中、尚书右仆射和士开受到世祖的亲昵狎猥,出入世祖的卧室,毫无限制,因此也得到胡皇后的宠爱。世祖驾崩后,齐后主因为和士开受世祖的委托,而十分信任和重用和士开,因此,和士开的威势更加增强,和娄定远、录尚书事赵彦深、侍中尚书左仆射元文遥、开府仪同三司唐邕、领军綦连猛和高阿那肱、度支尚书胡长粲等人共同执掌朝政,当时号称"八贵"。太尉赵郡王高叡、大司马冯翊王高润、安德王高延宗和娄定远、元文遥都劝告齐后主把和士开外放出朝廷。这时正巧胡太后在前殿宴请朝廷中的亲贵大臣,高叡当面陈述和士开的罪状,说:"和士开是先帝的弄臣,就好像城墙下的狐狸,社庙里的老鼠,接受进贡和贿赂,淫乱嫔妃。为臣等出于正义,无法闭口,所以冒着死罪陈述。"胡太后说:"先帝在世时,你们为何不说?今天你们是想欺负我们孤儿寡母吗?大家姑且饮酒,不必多言!"高叡等人的言词和脸色却更加严厉起来。仪同三司安吐根说:"臣下本是经商的胡人,得以忝列众位贵臣的末尾,受到朝廷的大恩大德,哪敢贪生怕死?如果不外放和士开,朝野上下就不得安定。"胡太后说:"改日再讨论这件事,你们先回去吧。"高叡等人有的把官帽扔在地上,有的拂袖离开座位。次日,高叡等人又聚集在云龙门,让元文遥进宫启奏,进出三趟,胡太后仍不答应。左丞相段韶派胡长粲传达太后的话说:"先皇的灵柩还没有安葬,这件事过于匆忙,望你们再三考虑!"高叡等人都行礼谢罪。胡长粲回宫复命,太后说:"保全妹妹我母子全家,是靠哥哥你的力量。"于是,太后给予高叡等人优厚的赏赐,事情才算作罢。

太后和齐后主召见并询问和士开,和士开回答说:"先帝在群臣之中,待臣下最为优厚。陛下刚刚开始居丧,大臣们都怀有觊觎之心。今天如果让臣下离开朝廷,这就如同陛下被剪下翅膀。陛下应当这样对高叡等人说:'元文遥与和士开,都受到先帝的重用和信任,怎么能一个离开朝廷,另一个却留在朝廷呢!

并可用为州，且出纳如旧。待过山陵，然后遣之。’叡等谓臣真出，心必喜之。”帝及太后然之，告叡等如其言。乃以士开为兖州刺史，文遥为西兖州刺史。葬毕，叡等促士开就路，太后欲留士开过百日，叡不许。数日之内，太后数以为言。有中人知太后密旨者，谓叡曰：“太后意既如此，殿下何宜苦违？”叡曰：“吾受委不轻。今嗣主幼冲，岂可使邪臣在侧！不守之以死，何面戴天！”遂更见太后，苦言之。太后令酌酒赐叡，叡正色曰：“今论国家大事，非为卮酒！”言讫，遽出。

士开载美女珠帘诣娄定远，谢曰：“诸贵欲杀士开，蒙王力，特全其命，用为方伯。今当奉别，谨上二女子，一珠帘。”定远喜，谓士开曰：“欲还入不？”士开曰：“在内久不自安，今得出，实遂本志，不愿更入。但乞王保护，长为大州刺史足矣。”定远信之。送至门，士开曰：“今当远出，愿得一辞觐二宫。”定远许之。士开由是得见太后及帝，进说曰：“先帝一旦登遐，臣愧不能自死。观朝贵意势，欲以陛下为乾明。臣出之后，必有大变，臣何面目见先帝于地下？”因恸哭。帝、太后皆泣，问：“计安出？”士开曰：“臣已得入，复何所虑，正须数行诏书耳。”于是诏出定远为青州刺史，责赵郡王叡以不臣之罪。

他们都可以到州里任职，暂且先像往常一样宣告帝王的诰命，同时把下情禀告上去。等太上皇的陵墓竣工之后，再将他们派遣下去。'高叡等人会认为臣真的下到地方上去，必定十分高兴。"齐后主和太后都同意这样讲，并将它转告给高叡等人。于是，朝廷任命和士开为兖州刺史，元文遥为西兖州刺史。太上皇安葬完毕，高叡等人催促和士开上路，太后想再让和士开过完先帝百日祭后再走，高叡不答应。几天以内，太后又提了好几次。有个知道太后密旨的太监对高叡说："太后的主意既是这样，殿下何必苦苦反对？"高叡说："我受朝廷的委托，责任不轻。如今继位的君主尚幼，哪能让奸臣待在身边！如果不拼着一死来保护幼主，又有何面目活在世上！"于是再次觐见太后，苦苦劝谏。太后令左右斟酒赐饮高叡，高叡神色庄重地说："今天我是来讨论国家大事，不是来饮酒的！"说罢，急忙告退。

和士开用车载上美女、珠帘前去拜访娄定远，感谢他说："各位贵臣想杀我，承蒙您的力量，不仅保全了我的性命，还任用为一州之长。现在即将和您告别，特意送上两位女子、一张珠帘。"娄定远很高兴，对和士开说："你还想回朝廷吗？"和士开说："我身在朝廷，心中不安已经好久了，如今得以外放，真是符合了我的心愿，不愿再回朝廷做官了。只请您多加关照，使我长久地担任大州的刺史，这就心满意足了。"娄定远相信了他的话。娄定远送他走到大门，和士开说："如今我就要远行，很想觐见太后和皇帝，向他们告辞。"娄定远答应帮助他。因此，和士开得以见到太后和皇帝，进言道："先帝去世时，臣惭愧没有跟随先帝去。现在，臣观察朝廷权贵的意图和架势，打算把陛下当作乾明时代的济南王那样对待。臣离开朝廷之后，一定会有变故，臣又有什么脸面到九泉之下去见先帝？"说完便大哭起来。后主和太后也都掉下了眼泪，问和士开说："你有什么对策？"和士开说："臣已经进到宫中来了，还有什么可忧虑的，只需有几行字的诏书就行了。"于是，后主下诏，把娄定远外放为青州刺史，并斥责赵郡王高叡犯了僭越的罪过。

旦日，叡将复入谏，妻子咸止之，叡曰："社稷事重，吾宁死事先皇，不忍见朝廷颠沛。"至殿门，又有人谓曰："殿下勿入，恐有变。"叡曰："吾上不负天，死亦无恨。"入，见太后，太后复以为言，叡执之弥固。出，至永巷，遇兵，执送华林园雀离佛院，令刘桃枝拉杀之。叡久典朝政，清正自守，朝野冤惜之。复以士开为侍中、尚书左仆射。定远归士开所遗，加以馀珍赂之。

齐主年少，多嬖宠。武卫将军高阿那肱，素以谄佞为世祖及和士开所厚，世祖多令在东宫侍齐主，由是有宠。累迁并省尚书令，封淮阴王。

世祖简都督二十人，使侍卫东宫，昌黎韩长鸾预焉，齐主独亲爱长鸾。长鸾，名凤，以字行，累迁侍中、领军，总知内省机密。

宫婢陆令萱者，其夫汉阳骆超，坐谋叛诛，令萱配掖庭，子提婆，亦没为奴。齐主之在襁褓，令萱保养之。令萱巧黠，善取媚，有宠于胡太后，宫掖之中，独擅威福，封为郡君，和士开、高阿那肱皆为之养子。齐主以令萱为女侍中。令萱引提婆入侍齐主，朝夕戏狎，累迁至开府仪同三司、武卫大将军。宫人穆舍利者，斛律后之从婢也，有宠于齐主。令萱欲附之，乃为之养母，荐为弘德夫人，因令提婆冒姓穆氏。然和士开用事最久，诸幸臣皆依附之以固其宠。

第二天，高叡打算再次入宫劝谏太后，他的妻子和儿女都阻止他，高叡说："国事重大，我宁死也要侍奉先帝，不忍心看到朝廷动荡不安。"他走到殿门，又有人对他说："殿下不要进去，恐怕会有变故。"高叡说："我只要不辜负苍天，死也不会遗憾。"于是进宫觐见太后，太后重申了原先的旨意，高叡也更加坚持己见。高叡告退后，在宫内深巷中被一群士兵逮捕，押往华林园的雀离佛院，命令刘桃枝将其殴打勒死。高叡长期执掌朝政，清廉正直，很有节操，朝野上下都为他的冤死惋惜。朝廷重新任命和士开担任侍中、尚书左仆射。娄定远送还和士开给他的礼物，还添送了别的珍宝贿赂他。

齐后主年纪尚小时，便有不少宠幸的嫔妃。武卫将军高阿那肱，一向靠着花言巧语、谄谀奉承而被齐世祖及和士开所宠爱，齐世祖常常让他在东宫侍奉太子，因此高阿那肱也得到太子的宠爱。高阿那肱多次得到升迁，最后当上了并省尚书令，被封为淮阴王。

齐世祖曾挑选二十名都督，让他们担任太子东宫的侍卫，昌黎人韩长鸾也在其中，齐后主对韩长鸾尤为喜爱。韩长鸾，名凤，以字"长鸾"通用于世，几经升迁担任侍中、领军，掌管宫内机密事务。

有个宫婢名叫陆令萱，因丈夫汉阳人骆超犯了谋反大罪被诛杀，被发配在皇宫里的旁舍当奴婢，儿子骆提婆也收入官府当奴仆。齐后主还在襁褓中时，由陆令萱当保姆。她为人乖巧机敏，善于讨好主人，被胡太后所宠爱，因而在宫婢当中作威作福，还被封为郡君，和士开、高阿那肱都是她的干儿子。齐后主封她为女侍中。陆令萱引荐儿子骆提婆进宫侍候齐后主，俩人朝夕嬉戏亲近，几经升迁为开府仪同三司、武卫大将军。宫人穆舍利，是斛律皇后的随从奴婢，也得到齐后主的宠爱。陆令萱为了依附穆舍利，就做了她的干妈，推荐她为弘德夫人，然后让儿子冒姓穆。然而，和士开当权时间最长，各位得宠的大臣都依附他来巩固自己所得到的恩宠。

齐主思祖珽，就流囚中除海州刺史。珽乃遗陆媪弟仪同三司悉达书曰："赵彦深心腹深沈，欲行伊、霍事，仪同姊弟岂得平安，何不早用智士邪？"和士开亦以珽有胆略，欲引为谋主，乃弃旧怨，虚心待之，与陆媪言于帝曰："襄、宣、昭三帝之子，皆不得立。今至尊独在帝位者，祖孝徵之力也。人有功，不可不报。孝徵心行虽薄，奇略出人，缓急可使。且其人已盲，必无反心。请呼取，问以筹策。"齐主从之，召入，为秘书监，加开府仪同三司。士开谮尚书令陇东王胡长仁骄恣，出为齐州刺史。长仁怨愤，谋遣刺客杀士开。事觉，士开与珽谋之，珽引汉文帝诛薄昭故事，遂遣使就州赐死。

二年秋七月甲寅，齐以中领军和士开为尚书令，赐爵淮阳王。士开威权日盛，朝士不知廉耻者，或为之假子，与富商大贾同在伯仲之列。

三年春二月壬寅，齐以兰陵王长恭为太尉，赵彦深为司空，和士开录尚书事，徐之才为尚书令，唐邕为左仆射，吏部尚书冯子琮为右仆射，仍摄选。子琮素谄附士开，至是，自以太后亲属，且典选，颇擅引用人，不复启禀，由是与士开有隙。

夏四月壬午，齐以琅邪王俨为太保。琅邪王俨以和士开、穆提婆等专横奢纵，意甚不平。二人相谓曰："琅邪王眼光奕奕，数步射人，向者暂对，不觉汗出。吾辈见天子

北齐后主想念祖珽，在他被放逐囚禁中授以海州刺史的职务。祖珽于是给陆令萱的弟弟仪同三司陆悉达写信说："赵彦深心怀叵测，想仿效伊尹、霍光行事，你们姐弟又怎能平安，为何不早点起用谋士们？"和士开也认为祖珽很有胆略，想拉拢他作谋主，于是释去前嫌，诚心对待祖珽，并和陆令萱一起对齐后主说："文襄、文宣、孝昭三位先帝的儿子，都未能继承皇位。如今唯独陛下继承了帝位，这是祖珽出的力。人如果有功劳，不能不予以报答。祖珽虽然品行不端，但怀有奇谋异策，在任何情况下都能发挥。而且这个人已成瞎子，必定不会有反叛之心。请求下旨将他召回，听取他的计谋策略。"齐后主依了他们的主意，召回祖珽，让他担任秘书监，加开府仪同三司。和士开向后主进谗言，说尚书令陇东王胡长仁骄横放肆，将他贬为齐州刺史。胡长仁心怀怨恨，密谋派遣刺客刺杀和士开。事情败露，和士开和祖珽商议，祖珽以汉文帝诛杀薄昭的事情为例，派遣使者到齐州，赐令胡长仁自尽。

二年(570)秋季七月甲寅(初三)，北齐朝廷任命中领军和士开为尚书令，赐予淮阳王的爵位。和士开的威势和权力越来越大，朝廷中那些不知廉耻的官吏，有不少人做他的干儿子，这种行为就和那些富商大贾差不多。

三年(571)春季二月壬寅(二十四日)，北齐朝廷任命兰陵王高长恭为太尉，赵彦深为司空，和士开为录尚书事，徐之才为尚书令，唐邕为左仆射，吏部尚书冯子琮为右仆射，并仍然执掌对官吏的铨选考核事务。冯子琮一向谄谀阿附和士开，到这时，自认为一方面是太后的亲属，另一方面又主管对官吏的选用，于是常常擅自举荐任命人选，不再向上面启奏和禀报，由此他与和士开之间产生了矛盾。

夏季四月壬午(初五)，北齐朝廷任命琅邪王高俨为太保。他对和士开、穆提婆等人专擅朝廷大权、骄奢放纵十分不满。和士开和穆提婆互相商量说："琅邪王目光炯炯，几步以外就咄咄逼人，前次和他打个照面，不觉就冒出冷汗来。我们觐见天子

奏事尚不然。"由是忌之，乃出俨居北宫，五日一朝，不得无时见太后。

俨之除太保也，馀官悉解，犹带中丞及京畿。士开等以北城有武库，欲移俨于外，然后夺其兵权。治书侍御史王子宜，与俨所亲开府仪同三司高舍洛、中常侍刘辟彊说俨曰："殿下被疏，正由士开间构，何可出北宫入民间也？"俨谓侍中冯子琮曰："士开罪重，儿欲杀之，何如？"子琮心欲废帝而立俨，因劝成之。

俨令子宜表弹士开罪，请禁推。子琮杂他文书奏之，帝主不审省而可之。俨诳领军库狄伏连曰："奉敕，令领军收士开。"伏连以告子琮，且请覆奏，子琮曰："琅邪受敕，何必更奏？"伏连信之，发京畿军士，伏于神虎门外，并戒门者不听士开入。秋七月庚午旦，士开依常早参，伏连前执士开手曰："今有一大好事！"王子宜授以一函，云："有敕，令王向台。"因遣军士护送。俨遣都督冯永洛就台斩之。

俨本意唯杀士开，其党因逼俨曰："事既然，不可中止。"俨遂帅京畿军士三千馀人屯千秋门。帝使刘桃枝将禁兵八十人召俨，桃枝遥拜，俨命反缚，将斩之，禁兵散走。帝又使冯子琮召俨，俨辞曰："士开昔来实合万死，谋废至尊，剃家家发为尼，臣为是矫诏诛之。尊兄若欲杀臣，不敢逃罪；若赦臣，愿遣姊姊来迎，臣即入见。"姊姊，谓陆令萱也，

禀告事情时，还达不到这种地步。”因此十分忌惮高俨，便让高俨住到北宫去，五天上朝一次，不准随意觐见太后。

高俨授职太保时，其他的官职都已免去，只带有中丞和京畿大都督的职衔。和士开等人考虑到北城有武库，想把高俨调出朝廷，然后再夺取他的兵权。治书侍御史王子宜和高俨的朋友开府仪同三司高舍洛、中常侍刘辟彊劝说高俨道：“殿下被皇帝疏远，正是由于和士开从中作梗，您怎么可以离开北宫而到民间去呢？”高俨对侍中冯子琮说：“和士开罪大恶极，儿想杀掉他，可以吗？”冯子琮心里打算废掉后主而改立高俨当皇帝，于是鼓励高俨去干。

高俨让王子宜上表弹劾和士开，请求将他加以逮捕审问。冯子琮把这份奏章夹在其他文书中一同上奏，后主未经仔细审阅便御笔批准。高俨欺骗领军库狄伏连说：“我奉接皇上的敕令，命令你逮捕和士开。”库狄伏连把这件事告诉冯子琮，请他再向皇上禀报一次，冯子琮说：“琅邪王已接到皇上敕令，何必重新奏报？”库狄伏连相信了冯子琮的话，于是征调京畿的士兵，埋伏于神虎门外，并嘱咐守门人说不要让和士开进神虎门。秋季七月庚午（二十五日）清晨，和士开像往常一样上早朝，库狄伏连上前抓住和士开的手说：“今天有一件大好事！”王子宜交给和士开一封信，说：“皇上有令，让你去台省那里。”于是派士卒一路护送而去。高俨派都督冯永洛把和士开在台省就地处斩。

高俨的本意只是想杀死和士开，但他的党羽却逼迫高俨说：“事情已经到了这个局面，不可半途而止。”于是，高俨率领京畿士卒三千多人驻扎在千秋门。后主派遣刘桃枝率领八十名禁兵召高俨入宫，刘桃枝还未走近便对高俨施礼，高俨下令把刘桃枝捆绑起来，要杀死他，禁兵纷纷散开逃走。后主又命令冯子琮去召见高俨，高俨推辞说：“和士开按他往昔的罪行，实在应该万死，他图谋废黜天子，让亲生母亲剃发为尼，臣才假托皇上的诏令将他诛杀。老兄如果想杀我，我不会躲避罪罚的；如果能宽赦我，那就让姐姐来迎接，臣立刻入宫觐见陛下。”姐姐，指陆令萱，

俨欲诱出杀之。令萱执刀在帝后，闻之，战栗。

帝又使韩长鸾召俨，俨将入，刘辟彊牵衣谏曰："若不斩穆提婆母子，殿下无由得入。"广宁王孝珩、安德王延宗自西来，曰："何不入？"辟彊曰："兵少。"延宗顾众而言曰："孝昭帝杀杨遵彦，止八十人，今有数千，何谓少？"帝泣启太后曰："有缘，复见家家；无缘，永别！"乃急召斛律光，俨亦召之。

光闻俨杀士开，抚掌大笑曰："龙子所为，固自不似凡人！"入，见帝于永巷。帝帅宿卫者步骑四百，授甲，将出战。光曰："小儿辈弄兵，与交手即乱。鄙谚云：'奴见大家心死。'至尊宜自至千秋门，琅邪必不敢动。"帝从之。

光步道，使人走出，曰："大家来。"俨徒骇散。帝驻马桥上遥呼之，俨犹立不进，光就谓曰："天子弟杀一夫，何所苦！"执其手，强引以前，请于帝曰："琅邪王年少，肠肥脑满，轻为举措，稍长自不复然，愿宽其罪。"帝拔俨所带刀镮，乱筑辫头，良久，乃释之。收库狄伏连、高舍洛、王子宜、刘辟彊、都督翟显贵，于后园支解，暴之都街。帝欲尽杀俨府文武职吏，光曰："此皆勋贵子弟，诛之，恐人心不安。"赵彦深亦曰："《春秋》责帅。"于是罪之各有差。

太后责问俨，俨曰："冯子琮教儿。"太后怒，遣使就

高俨想诱使她出来，然后将她杀死。陆令萱手执利刀站在后主身后，听了这话，浑身发抖。

后主又派遣韩长鸾去召见高俨，高俨准备入宫，刘辟彊拉住他的衣服说："如果不杀死穆提婆母子，殿下无论如何都不能入宫。"广宁王高孝珩、安德王高延宗从西边过来，问道："你们为什么不进去呢？"刘辟彊说："兵力太少。"高延宗环顾周围说："孝昭帝杀杨遵彦时，只有八十人，如今你们有好几千人，怎么能说少呢？"后主哭着启禀太后说："如果还有缘分，仍然可以见到母亲；如果无缘，就和您永别了！"于是火速召见斛律光。高俨也召见斛律光。

斛律光听说高俨杀死了和士开，拊掌大笑说："龙子的所作所为，果然和普通人不同！"于是进宫，在长巷中见到后主。后主率领在宫中宿卫的步兵和骑兵四百人，全都披着铠甲，正准备出宫迎战。斛律光说："小孩子们动干戈，刚一交手就会乱了阵脚。俗语说：'奴仆看见皇上，心里就沮丧。'陛下应该亲自到千秋门，琅邪王必定不敢有所举动。"后主听从他的意见。

斛律光走在前头引路，并派人跑出千秋门，说："天子驾到。"高俨一伙人吓得纷纷逃散。后主在桥上勒住马呼叫他们，高俨还是站在远处不敢上前，解律光走过去对他说："天子的弟弟杀死一个人，有什么好苦恼的！"握着他的手，硬拉他上前，向后主请求说："琅邪王年纪幼小，脑满肠肥，行为轻率，等年龄大些，自然就不会这样，希望陛下宽恕他的罪过。"后主拔出高俨的佩刀，用刀柄连连敲击高俨的脑袋，过了许久，才放开他。后主下令逮捕库狄伏连、高舍洛、王子宜、刘辟彊、都督翟显贵，在宫中后园将他们肢解，然后在都城大街暴尸示众。后主打算把高俨王府中的文武官员全部杀死，斛律光说："这些人都是达官贵人的子弟，如果杀死他们，恐怕引起人心不安。"赵彦深也说："《春秋》说，军队不听从命令，需要责问主帅。"于是，后主下令根据情形对他们分别进行判罪。

太后责问高俨，高俨说："冯子琮教我的。"太后怒，派使者到

内省以弓弦绞杀子琮,使内参以库车载尸归其家。自是太后常置俨于宫中,每食必自尝之。

九月,齐祖珽说陆令萱,出赵彦深为兖州刺史。齐主以珽为侍中。陆令萱说帝曰:“人称琅邪王聪明雄勇,当今无敌。观其相表,殆非人臣。自专杀以来,常怀恐惧,宜早为之计。”幸臣何洪珍等亦请杀之。帝未决,以食轝密迎珽,问之。珽称“周公诛管叔,季友鸩庆父”。帝乃携俨之晋阳,使右卫大将军赵元侃诱俨执之,元侃曰:“臣昔事先帝,见先帝爱王。今宁就死,不忍行此。”帝出元侃为豫州刺史。庚午,帝启太后曰:“明旦欲与仁威早出猎。”夜四鼓,帝召俨,俨疑之。陆令萱曰:“兄呼,儿何为不去?”俨出,至永巷,刘桃枝反接其手,俨呼曰:“乞见家家、尊兄。”桃枝以袖塞其口,反袍蒙头负出,至大明宫,鼻血满面,拉杀之,时年十四。裹之以席,埋于室内。帝使启太后,太后临哭,十馀声,即拥入殿。遗腹四男,皆幽死。冬十月,罢京畿府入领军。

齐胡太后出入不节,与沙门统昙献通,诸僧至有戏呼昙献为太上皇者。齐主闻太后不谨而未之信,后朝太后,见二尼,悦而召之,乃男子也。于是昙献事亦发,皆伏诛。己亥,帝自晋阳奉太后还邺,至紫陌,遇大风。舍人魏僧伽习风角,奏言:“即时当有暴逆事。”帝诈云“邺中有变”,

内省用弓弦把冯子琮绞杀，派太监用库车载上尸体拉回冯子琮的府中。从此以后，太后经常把高俨安置在宫中，每次吃饭都亲自尝一尝，生怕高俨被毒死。

九月，北齐祖珽劝说陆令萱把赵彦深贬出朝廷担任兖州刺史。齐后主任命祖珽为侍中。陆令萱劝告后主说："大家都说琅邪王聪明勇猛，当世无双。观看他的相貌，几乎不像是个人臣。自从他断然杀死和士开以来，常常怀有恐惧心理，陛下应该及早有所处置。"宠臣何洪珍等人也请求后主杀死高俨。后主主意未定，用装运食物的车子把祖珽秘密接进宫中，询问他的计策。祖珽举了"周公杀管叔，季友毒死庆父"这两个例子，劝说后主杀死高俨。于是，后主携带高俨到晋阳，派右卫大将军赵元侃诱捕高俨，赵元侃说："臣过去侍奉先帝，看见先帝十分宠爱琅邪王。如今我宁可去死，也不忍心干这件事。"后主便把赵元侃贬出朝廷担任豫州刺史。庚午（二十五日），后主启禀太后说："明天早晨儿臣要和仁威一起出去打猎。"夜里四更时分，后主召见高俨，高俨心中产生怀疑。陆令萱说："兄长叫你，你为什么不去？"高俨出门，来到宫中深巷，刘桃枝将他反绑起来，高俨喊道："我请求觐见母亲和兄长。"刘桃枝用袖子堵住他的嘴，把他的衣袍翻过来蒙住他的头，将他背出来，来到大明宫，高俨的鼻血流了满面，被人摧折而死，这时高俨才十四岁。刘桃枝用席子裹了尸体，埋在室内。后主派人将此事启禀太后，太后前往哭吊，刚哭了十几声，就被簇拥回到殿内。高俨的四个遗腹子，后来全都被囚禁而死。冬季十月，撤销京畿府，属下士卒归并到领军中。

北齐胡太后不守妇节，和僧人的主管昙献私通，许多僧人甚至戏称昙献为太上皇。后主听说太后行为不检点，却不相信，后来有一次朝见太后，看到两位女尼，十分喜爱她们，将她们召来，却发现原来是男子改装。于是昙献的事情也被发现，这些人全都被处死。己亥（二十五日），后主侍奉太后从晋阳返回邺都，走到紫陌，遇上大风。舍人魏僧伽通晓天象吉凶，上奏说："马上就会有暴乱和叛逆之事发生。"后主诈称"邺都发生变乱"，

弯弓缠弰，驰入南城，遣宦者邓长颙幽太后于北宫，仍敕内外诸亲皆不得与胡太后相见。太后或为帝设食，帝亦不敢尝。

四年春二月庚寅，齐以侍中祖珽为左仆射。初，胡太后既幽于北宫，珽欲以陆令萱为太后，为令萱言魏保太后故事，且谓人曰："陆虽妇人，然实雄杰，自女娲以来，未之有也。"令萱亦谓珽为"国师""国宝"，由是得仆射。

齐尚书左仆射祖珽，势倾朝野，左丞相咸阳王斛律光恶之，遥见，辄骂曰："多事乞索小人，欲行何计！"又尝谓诸将曰："边境消息，兵马处分，赵令恒与吾辈参论。盲人掌机密以来，全不与吾辈语，正恐误国家事耳。"光尝在朝堂垂帘坐，珽不知，乘马过其前，光怒曰："小人乃敢尔！"后珽在内省，言声高慢，光适过，闻之，又怒。珽觉之，私赂光从奴问之。奴曰："自公用事，相王每夜抱膝叹曰：'盲人入，国必破矣。'"

穆提婆求娶光庶女，不许。齐主赐提婆晋阳田，光言于朝曰："此田，神武帝以来常种禾，饲马数千匹，以拟寇敌。今赐提婆，无乃阙军务也。"由是祖、穆皆怨之。

斛律后无宠，珽因而间之。光弟羡，为都督、幽州刺史、行台尚书令，亦善治兵，士马精强，鄣候严整，突厥畏之，谓之"南可汗"。光长子武都，为开府仪同三司、梁兖二州刺史。

于是拉足弓弦，绷紧弓梢，飞马赶到邺都的南城，并派遣宦官邓长颙将太后幽禁在北宫，下令朝廷内外的亲属都不能去觐见胡太后。有时，太后为后主准备了食物，后主也不敢品尝。

四年（572）春季二月庚寅（十八日），北齐任命侍中祖珽为左仆射。起初，胡太后被幽禁在北宫后，祖珽想立陆令萱为太后，便向陆令萱讲述魏朝保太后的往事，还对别人说："陆令萱虽是妇人，其实是个英雄豪杰，自从女娲以来，未曾出现过这样的人。"陆令萱也称祖珽为"国师""国宝"，祖珽也因此当上仆射。

北齐尚书左仆射祖珽的势力可以倾动整个朝野，左丞相咸阳王斛律光十分痛恨他，远远看见他，就骂道："这个使国家动荡不安而又贪得无厌的小子，想搞什么诡计！"又曾经对诸位将领说："有关国家边境地区的动向，以及军事方面的调兵遣将，赵彦深经常会同我们一起商讨。而自从这个瞎子掌管军机大事以来，完全不和我们商议，真让人担心被他耽误了国家大事。"斛律光曾在朝堂上坐在垂下的帘子后面，祖珽不知道，骑马从他的面前走过，斛律光大怒道："这个小子竟敢如此！"后来，祖珽调任门下省，言辞高傲，正巧斛律光经过那儿，听到他的话，又十分愤怒。祖珽发觉后，暗中贿赂斛律光的随从奴仆，问他是什么缘故。奴仆说："自从您当权以来，相王爷每夜都抱着双膝叹气说：'瞎子入朝，国家必败。'"

穆提婆请求娶斛律光的妾所生的女儿，斛律光不肯。后主赏赐晋阳的田产给穆提婆，斛律光在朝廷上说："这些田产，从神武帝以来一直用来种稻子，并饲养几千匹的马，准备对付外敌的侵犯。如今把它们赐给穆提婆，恐怕会影响国家的军务。"因此，祖珽、穆提婆都怨恨斛律光。

斛律皇后没有得到皇帝的宠爱，祖珽趁机离间他们。斛律光的弟弟斛律羡担任都督、幽州刺史、行台尚书令，也善于治理军务，他统率的军队，兵强马壮，边防要塞的防守也十分严整，突厥人很畏惧他，称他为"南可汗"。斛律光的长子斛律武都担任开府仪同三司和梁、兖二州的刺史。

光虽贵极人臣，性节俭，不好声色，罕接宾客，杜绝馈饷，不贪权势。每朝廷会议，常独后言，言辄合理。或有表疏，令人执笔，口占之，务从省实。行兵仿其父金之法，营舍未定，终不入幕。或竟日不坐，身不脱介胄，常为士卒先。士卒有罪，唯大杖挞背，未尝妄杀，众皆争为之死。自结发从军，未尝败北，深为邻敌所惮。周勋州刺史韦孝宽密为谣言曰："百升飞上天，明月照长安。"又曰："高山不推自崩，槲木不扶自举。"令谍人传之于邺，邺中小儿歌之于路。珽因续之曰："盲老公背受大斧，饶舌老母不得语。"使其妻兄郑道盖奏之。帝以问珽，珽与陆令萱皆曰："实闻有之。"珽因解之曰："百升者，斛也。盲老公，谓臣也，与国同忧。饶舌老母，似谓女侍中陆氏也。且斛律累世大将，明月声震关西，丰乐威行突厥。女为皇后，男尚公主。谣言甚可畏也。"帝以问韩长鸾，长鸾以为不可，事遂寝。

珽又见帝，请间，唯何洪珍在侧。帝曰："前得公启，即欲施行，长鸾以为无此理。"珽未对，洪珍进曰："若本无意则可，既有此意而不决行，万一泄露，如何？"帝曰："洪珍言是也。"然犹未决。会丞相府佐封士让密启云："光前西讨还，敕令散兵，光引兵逼帝城，将行不轨，事不果而止。家藏弩甲，奴僮千数，每遣使往丰乐、武都所，阴谋往来。若不早图，恐事不可测。"帝遂信之，谓何洪珍曰："人心

斛律光虽然位极人臣，但性情节俭，不好声色，很少接待宾客，拒绝接受任何馈赠，也不贪图权势。每次朝廷讨论事情，他都在最后发言，所说的话合情合理。遇有上表或奏疏，就让别人执笔，由自己口述，力求简短真实。带兵打仗时，则仿效父亲斛律金的做法，在营帐没有扎好之前，绝对不先入帐篷。有时则整天不落座，铠甲不卸，上阵时身先士卒。士卒犯有罪过，只用大杖击打脊背，从不随意杀人，士卒也都争先为他效命。斛律光自从年轻时参加军队以来，从未打过败仗，使邻国的敌人深感害怕。北周勋州刺史韦孝宽暗中制造谣言说："百升飞上天，明月照长安。"又说："高山不推自崩，槲木不扶自举。"并派遣间谍把谣言散布到邺城，让邺城的小孩在路上传唱。祖珽又接上两句说："盲老公背受大斧，饶舌老母不得语。"并叫妻兄郑道盖向后主禀告。后主询问祖珽，祖珽和陆令萱都说："确实听说有这件事。"随后祖珽解说道："百升，就是斛的意思。盲老公，指的是我，和国家同忧。饶舌老母，似乎是指女侍中陆令萱。而且，斛律一家数代都是大将，斛律光字明月，明月声威震动关西；斛律羡字丰乐，丰乐威力播扬突厥。斛律光的女儿是皇后，儿子是驸马。谣言令人畏惧。"后主又问韩长鸾，韩长鸾认为不能对斛律一家采取什么行动，这件事便不再提了。

祖珽再次觐见后主，请求后主过问谣言的事，当时只有何洪珍侍奉在后主身边。后主说："前次得到你的启奏，就准备执行计划，可韩长鸾认为没有这种道理。"祖珽还未回答，何洪珍就抢着说："如果陛下原本就不想对斛律家族采取行动，也就罢了；如果有的话，万一消息泄漏出去，怎么办？"后主说："你的话很对。"但仍然犹豫不决。正好丞相府的僚佐封士让秘密上书说："斛律光前次西征回来，皇上敕令解散军队，而斛律光却率兵逼近京城，准备图谋不轨，最后没有闹出什么结果，也就不再搞了。斛律光的家中私藏弓弩和铠甲，奴仆上千，经常派遣使者去斛律羡、斛律武都的住所，暗中往来。陛下如果不尽早有所谋划，恐怕事情很难预测。"于是，后主相信了他们，对何洪珍说："人的心

亦大灵，我前疑其欲反，果然。”帝性怯，恐即有变，令洪珍驰召祖珽告之：“欲召光，恐其不从命。”珽请：“遣使赐以骏马，语云：‘明日将游东山，王可乘此同行。’光必入谢，因而执之。”帝如其言。

六月戊辰，光入，至凉风堂，刘桃枝自后扑之，不仆。顾曰：“桃枝常为如此事。我不负国家。”桃枝与三力士以弓弦罥其颈，拉而杀之，血流于地，刬之，迹终不灭。于是下诏称其谋反，并杀其子开府仪同三司世雄、仪同三司恒伽。

祖珽使二千石郎邢祖信簿录光家。珽于都省问所得物，祖信曰：“得弓十五，宴射箭百，刀七，赐矟二。”珽厉声曰：“更得何物？”曰：“得枣杖二十束，拟奴仆与人斗者，不问曲直，即杖之一百。”珽大惭，乃下声曰：“朝廷已加重刑，郎中何宜为雪！”及出，人尤其抗直，祖信慨然曰：“贤宰相尚死，我何惜馀生！”齐主遣使就州斩斛律武都，又遣中领军贺拔伏恩乘驿捕斛律羡，仍以洛州行台仆射中山独孤永业代羡，与大将军鲜于桃枝发定州骑卒续进。伏恩等至幽州，门者白：“使人衷甲，马有汗，宜闭城门。”羡曰：“敕使岂可疑拒！”出见之，伏恩执而杀之。初，羡常以盛满为惧，表解所职，不许。临刑，叹曰：“富贵如此，女为皇后，公主满家，常使三百兵，何得不败！”及其五子伏护、世达、世迁、世辨、

也真是十分灵验，我从前怀疑他要谋反，果然如此。”后主性格懦弱，只恐怕立即就有变化，便命令何洪珍飞马召见祖珽，把想法告诉他：“打算召斛律光进宫，但担心他不听从命令。”祖珽奏请：“派遣使者赐给斛律光骏马，通知他：‘我打算明天去东山游玩，王可以乘这匹马和我同行。’斛律光必定入宫谢恩，那时就可趁机捉住他。”后主照祖珽的话去做了。

六月戊辰这天，斛律光走进皇宫，到达凉风堂时，刘桃枝从后面朝斛律光扑去，没有将斛律光扑跌。斛律光回头说：“刘桃枝经常干这种事情。我没有对不起国家。”刘桃枝和三位力士用弓弦绕住他的脖子，猛力将他勒死，鲜血流到地上，痕迹始终也去除不掉。于是，后主下诏说斛律光阴谋造反，并把他的儿子开府仪同三司斛律世雄、仪同三司斛律恒伽杀死。

祖珽派遣二千石郎邢祖信对斛律光的家产进行登记造册。祖珽在尚书省询问在斛律光家中所查到的东西，邢祖信说：“得到十五张弓，宴会上用的射箭一百支，刀七把，朝廷赏赐的长矛两把。”祖珽厉声说：“还查到什么东西吗？”回答说：“得到枣杖二十捆，准备当奴仆和别人斗殴时，不问是非，先打奴仆一百棍。”祖珽大为惭愧，便轻声说：“朝廷已经对他处以重刑，郎中怎么能替他雪耻呢！”邢祖信走出尚书省后，有人责怪他过于直率，邢祖信感慨地说：“贤良的宰相尚且死了，我又何必顾惜馀生呢！”齐后主派遣使者到州郡，将斛律武都就地斩首，又派遣中领军贺拔伏恩乘坐驿车逮捕斛律羡，同时让洛州行台仆射、中山人独孤永业接替斛律羡的职位，和大将军鲜于桃枝一同征调定州的骑兵继续前进。贺拔伏恩等人到达幽州后，城门守卫禀告说：“朝廷派来的人内穿甲衣，马身流汗，应该关闭城门。”斛律羡说：“朝廷的使者岂可怀疑拒之城外！”便出城会见使者，贺拔伏恩将他捉住杀死。起初，斛律羡常常为自己的名声太大而担心，上表请求解职，后主不允许。临刑时斛律羡叹息道：“如此富贵，女儿是皇后，满家是公主，平常都使用三百名士兵，怎能不招致祸害呢！”他和五个儿子斛律伏护、斛律世达、斛律世迁、斛律世辨、

世酋皆死。周主闻光死，为之大赦。

祖珽与侍中高元海共执齐政。元海妻，陆令萱之甥也，元海数以令萱密语告珽。珽求为领军，齐主许之。元海密言于帝曰："孝徵汉人，两目又盲，岂可为领军？"因言珽与广宁王孝珩交结，由是中止。珽求见，自辨，且言："臣与元海素嫌，必元海谮臣。"帝弱颜，不能讳，以实告之，珽因言元海与司农卿尹子华等结为朋党。又以元海所泄密语告令萱，令萱怒，出元海为郑州刺史，子华等皆被黜。珽自是专主机衡，总知骑兵、外兵事，内外亲戚，皆得显位。帝常令中要人扶侍出入，直至永巷，每同御榻论决政事，委任之重，群臣莫比。

秋八月庚午，齐废皇后斛律氏为庶人。初，齐胡太后自愧失德，欲求悦于齐主，乃饰其兄长仁之女置宫中，令帝见之，帝果悦，纳为昭仪。及斛律后废，陆令萱欲立穆夫人。太后欲立胡昭仪，力不能遂，乃卑辞厚礼以求令萱，结为姊妹。令萱亦以胡昭仪宠幸方隆，不得已，与祖珽白帝立之。戊子，立皇后胡氏。

冬十月，齐陆令萱欲立穆昭仪为皇后，每私谓齐主曰："岂有男为皇太子而身为婢妾者乎！"胡后有宠于帝，不可离间，令萱乃使人行厌蛊之术，旬朔之间，胡后精神恍惚，言笑无恒，帝渐畏而恶之。令萱一旦忽以皇后服御衣被穆昭仪，

斛律世酋都被处死。北周皇帝听说斛律光的死讯后，宣布大赦天下以示哀悼。

祖珽和侍中高元海共同执掌北齐政权。高元海的妻子，是陆令萱的外甥女，高元海屡次把陆令萱的秘密话告诉祖珽。祖珽请求担任领军，齐后主答应了他。高元海秘密地对后主说："祖珽是汉人，双目失明，怎能担任领军职务？"趁便还说祖珽和广宁王高孝珩互相勾结，因此后主没有任命祖珽当领军。祖珽请求觐见后主，为自己辩解，并且说："臣和高元海一向有矛盾，一定是他诋毁我。"后主脸皮薄，不善掩饰，只好把实话告诉他，于是祖珽奏告高元海和司农卿尹子华等人互相勾结，成为朋党。祖珽还把高元海所泄露的秘密话告诉陆令萱，陆令萱大怒，设计将高元海贬出朝廷，担任郑州刺史，尹子华等人都被罢免。从此以后，祖珽专断独掌朝廷枢要部门，总管骑兵、外兵省事务，各门亲戚都占据了显要的职位。后主常常下令亲信的太监扶着祖珽出入宫廷，一直送到深巷，并且祖珽时常和后主同坐御榻，讨论和决定朝廷政事，后主对祖珽的倚重，别的臣子无法同他相比。

秋季八月庚午（初一），后主把斛律皇后废黜为平民。起初，北齐胡太后为自己的行为感到羞愧，想讨得后主的欢心，便把她哥哥胡长仁的女儿打扮起来，让她住在宫中，使后主能够见到她，后主果然十分喜欢她，纳她为昭仪夫人。斛律皇后被废黜后，陆令萱想立穆夫人为皇后。而太后想使胡昭仪能被立为皇后，但是力不从心，只好用谦卑的言辞和厚重的礼物去讨好陆令萱，和她结为姐妹。陆令萱也因为胡昭仪正日益得到后主的宠爱，在不得已的情况下，只好和祖珽一起请求后主立她为皇后。戊子（十九日），后主册立胡氏为皇后。

冬季十月，陆令萱打算立穆昭仪为皇后，便常暗中对后主说："哪有儿子为皇太子，而自己却当嫔妃的！"但是胡皇后正受到后主的宠爱，无法挑拨离间，陆令萱便指使方士施行诅咒人的巫术，不到一个月，胡皇后变得精神恍惚，言笑失常，后主逐渐害怕和讨厌她。一天，陆令萱突然让穆昭仪穿上皇后的服装，

又别造宝帐，爰及枕席器玩，莫非珍奇，坐昭仪于帐中，谓帝曰："有一圣女出，将大家看之。"及见昭仪，令萱乃曰："如此人不作皇后，遣何物人作？"帝纳其言。甲午，立穆氏为右皇后，以胡氏为左皇后。

十二月，齐胡后之立，非陆令萱意。令萱一旦于太后前作色而言曰："何物亲侄，作如此语！"太后问其故，令萱曰："不可道。"固问之，乃曰："语大家云：'太后行多非法，不可以训。'"太后大怒，呼后出，立剃其发，送还家。辛丑，废胡后为庶人。然齐主犹思之，每致物以通意。自是令萱与其子侍中穆提婆势倾内外，卖官鬻狱，聚敛无厌。每一赐与，动倾府藏。令萱则自太后以下，皆受其指麾。提婆则唐邕之徒，皆重迹屏气。杀生予夺，唯意所欲。

五年春正月戊寅，齐以并省尚书令高阿那肱录尚书事，总知外兵及内省机密，与侍中城阳王穆提婆、领军大将军昌黎王韩长鸾共处衡轴，号曰"三贵"，蠹国害民，日月滋甚。长鸾弟万岁，子宝行、宝信，并开府仪同三司，万岁仍兼侍中，宝行、宝信皆尚公主。每群臣旦参，帝常先引长鸾顾访，出后，方引奏事官。若不视事，内省有急事，皆附长鸾奏闻，军国要密，无不经手。尤疾士人，朝夕宴私，唯事谮诉。常带刀走马，未尝安行，瞋目张拳，有啖人之势。朝士咨事，莫敢仰视，动致呵叱。每骂云："汉狗大不可耐，唯须杀之。"

又另外制作了华美的帷帐枕席和玩赏物品，无不珍贵奇特，然后让穆昭仪坐在帷帐中，这才对后主说："有一位圣洁的女子出现在宫中，请陛下去看看。"等后主看到昭仪，陆令萱才说："这样的人不当皇后，还让谁去当？"后主采纳了她的意见。甲午（二十六日），册立穆氏为右皇后，而以胡氏为左皇后。

十二月，北齐胡皇后的册封，并不是陆令萱的本意。一天早晨，陆令萱在胡太后面前生气地说："什么亲侄女，竟说出这样的话！"胡太后问她原因，陆令萱说："我不能说。"胡太后坚持问，陆令萱于是说："胡皇后对皇上说：'太后的行为大多不合法度，不能作为表率。'"太后大怒，把胡皇后叫出来，立即剃下她的头发，送回娘家。辛丑（闰十二月初四），废胡皇后为平民。然而后主仍时时想念她，经常送去礼物表示自己的心意。从此以后陆令萱和儿子侍中穆提婆权势倾动朝廷内外，卖官枉法，聚敛财物，贪得无厌。后主每次赏赐他们，几乎把府库的储存用光。自太后以下，宫内的所有人都受陆令萱的指挥。唐邕一伙则对穆提婆畏惧得大气不敢出。生杀予夺，这两人是随心所欲。

五年（573）春季正月戊寅（十一日），北齐朝廷任命并省尚书令高阿那肱录尚书事，并总管外兵及门下省机密，和侍中城阳王穆提婆、领军大将军昌黎王韩长鸾共同承担朝廷的枢密职任，号称"三贵"，他们祸国殃民，一日比一日厉害。韩长鸾的弟弟韩万岁，儿子韩宝行、韩宝信都担任开府仪同三司，韩万岁同时兼任侍中，韩宝行、韩宝信都娶皇室公主为妻。每当群臣早朝，后主常先召请韩长鸾垂问访寻，等韩长鸾出宫后，才让奏事官禀告朝廷事务。后主按例不上朝视事，而门下省有紧急事情，都是由韩长鸾向后主奏报，所以凡是军事或国家的重大机密事务，无不由韩长鸾经手。韩长鸾尤其痛恨士人，朝夕陪同后主宴饮，一味进谗言。韩长鸾还经常驰马带刀，横冲直撞，碰到阻碍便瞪眼伸拳，如同要把人吃掉。朝廷的官员同他奏报事情时，无人敢抬头仰视，而且动辄遭到他的责骂。每次韩长鸾都要这样骂道："汉狗使人很不耐烦，只能杀掉他们。"

齐自和士开用事以来，政体隳紊。及祖珽执政，颇收举才望，内外称美。珽复欲增损政务，沙汰人物，官号服章，并依故事。又欲黜诸阉竖及群小辈，为致治之方。陆令萱、穆提婆议颇同异。珽乃讽御史中丞丽伯律，令劾主书王子冲纳赂。知其事连提婆，欲使赃罪相及，望因此并坐及令萱。犹恐齐主溺于近习，欲引后党为援，乃请以胡后兄君瑜为侍中、中领军。又征君瑜兄梁州刺史君璧，欲以为御史中丞。令萱闻而怀怒，百方排毁，出君瑜为金紫光禄大夫，解中领军，君璧还镇梁州。胡后之废，颇亦由此。释王子冲不问。

珽日以益疏，诸宦者更共谮之。帝以问陆令萱，令萱悯嘿不对，三问，乃下床拜曰："老婢应死。老婢始闻和士开言孝徵多才博学，意谓善人，故举之。比来观之，大是奸臣。人实难知，老婢应死。"帝令韩长鸾检案。长鸾素恶珽，得其诈出敕受赐等十馀事。帝以尝与之重誓，故不杀，解珽侍中、仆射，出为北徐州刺史。珽求见帝，长鸾不许，遣人推出柏阁。珽坐，不肯行，长鸾令牵曳而出。

癸巳，齐以领军穆提婆为尚书左仆射，侍中、中书监段孝言为右仆射。孝言，韶之弟也。初，祖珽执政，引孝言为助，除吏部尚书。孝言凡所进擢，非贿则旧，求仕者或于

北齐自从和士开掌权以来，朝廷体制毁坏殆尽。等到祖珽执掌权力以后，颇能网罗和举荐具有才能声望的人，得到朝廷内外人士的称赞。祖珽还打算调整政务，审核官员，并按前代制度重新确定官号和标志官吏身份品级的服饰。并且，还想罢黜宦官和小人之流，作为治理朝政的方法。陆令萱、穆提婆的主意和他颇不一致。于是，祖珽暗示御史中丞丽伯律，让他上书弹劾主书王子冲收受贿赂。祖珽知道这件事和穆提婆有牵连，想把他和这桩贪污罪联系起来，并希望进而使陆令萱牵连获罪。祖珽还担心后主耽溺于亲近的人之中，打算引揽胡皇后家族的人作为自己的后援，于是请求后主任命胡皇后的哥哥胡君瑜为侍中、中领军。祖珽又征辟胡君瑜的哥哥梁州刺史胡君璧，打算任命他为御史中丞。陆令萱听说这些事后，十分恼怒，千方百计地加以阻挠和毁谤，叫胡君瑜在朝廷外面担任金紫光禄大夫，解除中领军职务，胡君璧则仍回梁州担任刺史。胡皇后被废黜也是由于这个原因。王子冲也被无罪释放。

祖珽日益被后主疏远，宦官们更是一同诋毁他。后主向陆令萱询问，陆令萱忧愁地默不作答，后主问了三遍，陆令萱才下床向后主叩拜说："老奴婢该死。起初老奴婢听和士开说祖珽博学多才，以为他是个好人，所以才举荐他。从最近一段时间来看，他是个十足的奸臣。了解一个人，实在是件难事，老奴婢罪该万死。"后主命令韩长鸾审查核实祖珽的情况。韩长鸾素来厌恶祖珽，查出了他假造敕令、骗取赏赐等十几件事情。由于后主曾和祖珽一道发过重誓，所以没有杀他，只是解除了他侍中、仆射的职务，贬为北徐州刺史。祖珽请求觐见后主，韩长鸾不允许，派人将他推出柏阁。祖珽坐在地上，不肯离开，韩长鸾叫人把祖珽拉了出去。

癸巳，北齐任命领军穆提婆为尚书左仆射，侍中、中书监段孝言为尚书右仆射。段孝言是段韶的弟弟。起初，祖珽执政时，引荐段孝言当助手，授以吏部尚书的职务。凡是段孝言选拔任用的人，不是对他进行贿赂，便是他的旧友，谋求官职的人有的在

广会膝行跪伏，公自陈请，孝言颜色扬扬，以为己任，随事酬许。将作丞崔成忽于众中抗言曰："尚书，天下尚书，岂独段家尚书也！"孝言无辞以应，唯厉色遣下而已。既而与韩长鸾等共构祖珽，逐而代之。

冬十月，齐国子祭酒张雕，以经授齐主为侍读，帝甚重之。雕与宠胡何洪珍相结，穆提婆、韩长鸾等恶之。洪珍荐雕为侍中，加开府仪同三司，奏度支事，大为帝所委信，常呼"博士"。雕自以出于微贱，致位大臣，欲立效以报恩，论议抑扬，无所回避，省宫掖不急之费，禁约左右骄纵之臣，数讥切宠要，献替帷幄，帝亦深倚仗之。雕遂以澄清为己任，意气甚高，贵倖皆侧目，阴谋陷之。

尚书左丞封孝琰，隆之之弟子也，与侍中崔季舒，皆为祖珽所厚。孝琰尝谓珽曰："公是衣冠宰相，异于馀人。"近习闻之，大以为恨。会齐主将如晋阳，季舒与张雕议，以为："寿阳被围，大军出拒之，信使往还，须禀节度。且道路小人，或相惊恐，以为大驾向并州，畏避南寇。若不启谏，恐人情骇动。"遂与从驾文官连名进谏。时贵臣赵彦深、唐邕、段孝言等，意有异同，季舒与争，未决。长鸾遽言于帝曰："诸汉官连名总署，声云谏幸并州，其实未必不反，宜加诛戮。"辛丑，齐主悉召已署名者集含章殿，斩季舒、雕、孝琰及散骑常侍刘逖、黄门侍郎裴泽、郭遵于殿庭，家属皆徙北边，

大庭广众之下爬行跪拜，向他请求，而段孝言神色飞扬，认为权由己出，按情况就应允许诺。将作丞崔成忽然在人群中高声说："尚书，是天下的尚书，哪里只是段家的尚书！"段孝言无言以对，只能厉声喝叫崔成离开而已。不久，段孝言和韩长鸾等人一同构陷排斥祖珽，将祖珽逐出朝廷，自己取代了祖珽的位置。

冬季十月，北齐国子祭酒张雕担任后主的侍读，向后主讲授经书，后主十分器重他。张雕和得宠的胡人何洪珍互相勾结，穆提婆、韩长鸾等人对张雕十分怨恨。何洪珍向后主推荐张雕担任侍中，加开府仪同三司，由他负责向后主奏报朝廷的财政事务，十分受后主的信任，常常称他为"博士"。张雕认为自己出身低微，而能当上朝廷大臣，打算建立功劳以报答皇帝的恩典，于是无所回避地议论人物的好坏，并节约宫廷中并不急需的开支，禁止和约束后主身边骄横放纵的大臣，常常规劝和讥斥皇帝的宠臣，在内宫指陈得失，后主也十分倚重他。于是，张雕以澄清朝廷为己任，意气高昂，朝廷的权贵和宠臣都对他侧目而视，暗中谋划着要陷害他。

尚书左丞封孝琰，是封隆之的侄儿，和侍中崔季舒一起受到祖珽的厚待。封孝琰曾经对祖珽说："您是读书人出身的宰相，和其他宰相不同。"后主的亲信们听到这话，十分痛恨封孝琰。正好后主将前往晋阳，崔季舒和张雕计议，认为："寿阳被围，大军前去迎击敌人，信使往返，应该向指挥官报告。而且道路上的百姓，有的会互相惊吓，认为皇帝去并州，是因为害怕而躲避南面的敌人。我们如果不上奏劝阻皇上，恐怕会导致人心骚动。"于是，他们和随同皇帝出驾的文官联名上书劝谏。当时，朝廷的贵臣赵彦深、唐邕、段孝言等人持有不同意见，崔季舒和他们争辩，没有争出结果。这时，韩长鸾突然对后主说："这些汉人官员联名上书，声称是劝阻陛下驾临并州，其实，他们未必不想造反，应该将他们诛杀。"辛丑（初九），后主将签名上书的官员全部召集到含章殿，当场斩杀崔季舒、张雕、封孝琰，以及散骑常侍刘逖、黄门侍郎裴泽和郭遵，他们的家属全部放逐到北方边境地区，

妇女配奚官，幼男下蚕室，没入赀产。癸卯，遂如晋阳。

六年春正月，齐主还邺。秋八月，齐主如晋阳。

七年春正月，齐主还邺。

二月，齐主言语涩呐，不喜见朝士，自非宠私昵狎，未尝交语。性懦，不堪人视，虽三公、令、录奏事，莫得仰视，皆略陈大指，惊走而出。承世祖奢泰之馀，以为帝王当然，后宫皆宝衣玉食，一裙之费，至直万匹。竞为新巧，朝衣夕弊。盛修宫苑，穷极壮丽，所好不常，数毁又复。百工土木，无时休息，夜则然火照作，寒则以汤为泥。凿晋阳西山为大像，一夜然油万盆，光照宫中。每有灾异寇盗，不自贬损，唯多设斋，以为修德。好自弹琵琶，为《无愁》之曲，近侍和之者以百数，民间谓之“无愁天子”。于华林园立贫儿村，帝自衣蓝缕之服，行乞其间以为乐。又写筑西鄙诸城，使人衣黑衣攻之，帝自帅内参拒斗。

宠任陆令萱、穆提婆、高阿那肱、韩长鸾等宰制朝政，宦官邓长颙、陈德信、胡儿何洪珍等并参预机权。各引亲党，超居显位。官由财进，狱以贿成，竞为奸谄，蠹政害民。

妇女则没入奚官为奴，男童被阉割，家财由官府没收。癸卯（十一日），后主前往晋阳。

六年（574）春季正月，后主返回邺城。秋季八月，后主又前往晋阳。

七年（575）春季正月，后主返回邺城。

二月，后主说话迟钝口吃，不喜欢会见朝廷官员，如果不是那些宠爱和狎昵的人，后主从不和大家说话。后主性格懦弱，不愿意让别人看着他，即使是三公、尚书令、录尚书事等大臣向他奏报事情，也不得抬头看后主，都只是简要地陈述一下大概情况，然后便惊恐地走出宫殿。后主继承了世祖的奢靡作风，认为这是帝王理所当然的享受，后宫嫔妃全都是锦衣玉食，一条裙子的费用，竟然值一万匹布的价格。而且她们也竞相比赛衣着的新奇精巧，早晨才穿上的新衣，到了晚上就被认为是旧衣服了。后主又大肆修建宫殿园林，而且都建得高大而华丽，时而喜欢，时而不喜欢，屡屡建了又毁，毁了又建。工匠们没有片刻止息，夜里则点起火把劳作，天冷时则用热水和泥。开凿晋阳西面的山窟，雕成巨大的佛像，一晚上要耗费一万盆灯油，以致灯光可以照到皇宫里。每次国家出现灾异现象和平民造反，后主从不责备自己，只是多设些斋饭，施舍给僧徒，以此代替对自己德行的修炼。后主喜欢弹奏琵琶，并且制作了名为《无愁》的曲子，左右跟着唱和的侍从达百人以上，所以民间把后主称为"无愁天子"。后主在华林园中建了一个贫儿村，自己穿着破旧的衣服，在村中行乞，以此为乐。又画下西部边境许多城市的图样，依样仿造，派人穿着黑衣服模仿北周的士兵进攻城池，而后主亲自率领太监假装在城里进行抵抗。

后主宠信任用陆令萱、穆提婆、高阿那肱、韩长鸾等执掌朝廷政事，并让宦官邓长颙、陈德信、胡人何洪珍等一同参与朝廷机密。他们各自举荐亲信党徒，破格任用，占据显要职位。朝廷风气十分腐败，奉纳了钱财，便有官做；赠送贿赂，便可以无罪定案；上下竞相作奸犯科，谄谀上级，败坏朝政，祸害百姓。

旧苍头刘桃枝等皆开府封王，其馀宦官、胡儿、歌舞人、见鬼人、官奴婢等滥得富贵者，殆将万数，庶姓封王者以百数，开府千馀人，仪同无数，领军一时至二十人，侍中、中常侍数十人。乃至狗、马及鹰亦有仪同、郡君之号，有斗鸡，号开府，皆食其干禄。诸嬖幸朝夕娱侍左右，一戏之赏，动逾巨万。既而府藏空竭，乃赐二三郡或六七县，使之卖官取直。由是为守令者，率皆富商大贾，竞为贪纵，赋繁役重，民不聊生。

周高祖谋伐齐，命边镇益储偫，加戍卒。齐人闻之，亦增修守御。柱国于翼谏曰："疆埸相侵，互有胜负，徒损兵储，无益大计。不如解严继好，使彼懈而无备，然后乘间，出其不意，一举可取也。"周主从之。

韦孝宽上疏陈三策。其一曰："臣在边积年，颇见间隙，不因际会，难以成功。是以往岁出军，徒有劳费，功绩不立，由失机会。何者？长淮之南，旧为沃土，陈氏以破亡馀烬，犹能一举平之，齐人历年赴救，丧败而返。内离外叛，计尽力穷，仇敌有衅，不可失也。今大军若出轵关，方轨而进，兼与陈氏共为掎角，并令广州义旅出自三鸦，又募山南骁锐，沿河而下，复遣北山稽胡，绝其并、晋之路。凡此诸军，仍令各募关、河之外劲勇之士，厚其爵赏，使为前驱。

原先的奴仆像刘桃枝这些人，都得以开府封王，其他的宦官、胡儿、歌舞艺人、巫师、官府奴婢等轻易获得富贵的，几乎上万人；非高姓封王的，也多达上百个；有权开府的，有一千多人；封为仪同三司的，多得数不过来；领军同时就委任到二十人，侍中、中常侍几十人。甚至于狗、马、鹰等禽兽也得到仪同、郡君的封号，有的斗鸡被封为开府，并能享受同等的俸禄。那些宠臣嬖人早晚侍候在后主身边，游戏娱乐，一个游戏的赏赐，动辄超过一万。不久，府库空竭，后主便赏赐他们两三个郡或六七个县，让他们出售官爵，以收取钱财。因此，在地方担任太守和县令的，大都是富商大贾，他们竞相贪污放纵，使百姓的赋役十分繁重，几乎无法生存下去。

北周高祖宇文邕计划征服北齐，命令边境城镇增添储备和防守的兵力。北齐人听说这个消息，也加强了守备。柱国于翼向北周高祖进谏说："相互侵犯国界，各有胜败，白白地损失军队的储备，无益于实现国家大计。不如解除相互戒备的状态，和北齐保持友好关系，使它松懈下来，毫无准备，然后我们再趁此机会，出其不意，一举获胜。"北周高祖听从了他的计策。

韦孝宽上书北周高祖，陈述三条计策。第一条说："臣在边境多年，曾经看到过一些空隙，如果不利用时机，便难以完成大功。所以往年朝廷军队出征北齐，只是白白地增加了劳累和费用，没有树立什么功绩，这都是因为没有抓住时机。为什么？长江淮河以南地区，从前都是肥沃之地，陈氏凭着梁朝灭亡后的残馀力量，还能够将这里一举平定，而北齐人每年都前往援救，却每次都无功而返。如今，北齐朝廷内部离心离德，外部又有叛乱，智穷力竭，敌国出现这种破绽，我们不能失去这个机会。如今，大军如果从轵关出发，两车并行地前进，加上和陈氏共同形成掎角之势，并且命令广州的义军从三鸦出击，再募集山南的骁骑锐卒沿黄河而下，还可以派遣北山的稽胡截断北齐并州和晋州之间的通道。以上这几支军队，都可以让它们各自募集函谷关、黄河以外的健壮勇敢的士兵，给予优厚的爵位，让他们充当前锋。

岳动川移，雷骇电激，百道俱进，并趋虏庭，必当望旗奔溃，所向摧殄。一戎大定，实在此机。”其二曰：“若国家更为后图，未即大举，宜与陈人分其兵势。三鸦以北，万春以南，广事屯田，预为贮积，募其骁悍，立为部伍。彼既东南有敌，戎马相持，我出奇兵，破其疆埸。彼若兴师赴援，我则坚壁清野，待其去远，还复出师。常以边外之军，引其腹心之众。我无宿舂之费，彼有奔命之劳，一二年中，必自离叛。且齐氏昏暴，政出多门，鬻狱卖官，唯利是视，荒淫酒色，忌害忠良，阖境嗷然，不胜其弊。以此而观，覆亡可待。然后乘间电扫，事等摧枯。”其三曰：“昔勾践亡吴，尚期十载；武王取纣，犹烦再举。今若更存遵养，且复相时，臣谓宜还崇邻好，申其盟约，安民和众，通商惠工，蓄锐养威，观衅而动。斯乃长策远驭，坐自兼并也。”书奏，周主引开府仪同三司伊娄谦入内殿，从容谓曰：“朕欲用兵，何者为先？”对曰：“齐氏沈溺倡优，耽昏麴糵，其折冲之将斛律明月，已毙于谗口。上下离心，道路以目。此易取也。”帝大笑。三月丙辰，使谦与小司寇元卫聘于齐以观衅。

先是周主独与齐王宪及内史王谊谋伐齐，又遣纳言卢韫乘驲三诣安州总管于翼问策，馀人皆莫之知。秋七月丙子，始召大将军以上于大德殿告之。丁丑，下诏伐齐，以柱国陈王

以山河移动，雷电激骇的势头，从许多道路同时进击，直捣敌国的朝廷，敌军必然见旗逃奔，我军必然所向披靡。出兵一次便平定天下，确实只在这次机会。”第二条说：“如果国家进一步为将来打算，不准备马上采取大规模行动，应和陈朝一起分散敌人的兵力。在三鸦以北、万春以南地区，大面积开垦农田，预先储备粮食，招募勇士，组成军队。齐国的东南有陈国和它敌对，军队对峙，我们可趁机派一支奇兵，突破齐国边境。如果齐国发兵增援，我们则坚壁清野，等他们退兵后，又再出师。就这样经常以边境的军队，来吸引他们心脏地区的主力。我们连隔夜的粮草都不必准备，他们却要疲于奔命，一两年之内，对方内部必定出现离心反叛的现象。况且齐国皇帝昏庸暴虐，没有把权力集中在自己手中，大臣卖官枉法，唯利是图，沉湎酒色，陷害忠良，全国哀号，承受不起弊政的骚扰。由此看来，北齐灭亡指日可待。我们趁着这个大好时机，发动闪电般的攻势，如同摧枯拉朽一般。”第三条说：“从前勾践灭掉吴国，尚且等待了十年；武王伐纣，也需要两次出征。如今如果打算暂时积蓄力量，再等最好的机会，臣认为应当和齐国恢复友好关系，重申盟约，安抚百姓，互通往来，对工匠采取优惠政策，养精蓄锐，待机而动。这就好比用长长的马鞭远远地驾驭马匹，坐等兼并敌国。”奏章呈报上去，北周高祖把开府仪同三司伊娄谦引入内殿，仪容祥和地问道：“我打算出兵，把谁列为最先的对象？”伊娄谦回答说：“齐国皇帝耽溺于歌舞杂耍之中，且酷好饮酒，他的折冲将官斛律光也已被谗人害死。朝廷上下，离心离德，路上熟人见面，也只敢用眼睛打招呼。这是最容易攻取的。”北周高祖听后大笑。三月丙辰（初二），北周高祖派伊娄谦和小司寇元卫聘问北齐，以观察动静。

起先，北周国主宇文邕单独和齐王宇文宪及内史王谊谋划征讨齐国，又派遣纳言卢韫乘驿车三次到安州总管于翼那里询问计策，其他的人都不知道。秋季七月丙子（二十四日），北周国主才召集大将军以上的官员前往大德殿，向他们宣布准备攻打齐国。丁丑（二十五日），北周国主下诏征讨齐国，任命柱国陈王

纯、荥阳公司马消难、郑公达奚震为前三军总管，越王盛、周昌公侯莫陈崇、赵王招为后三军总管。齐王宪帅众二万趋黎阳，随公杨坚、广宁公薛回将舟师三万自渭入河，梁公侯莫陈芮帅众二万守太行道，申公李穆帅众三万守河阳道，常山公于翼帅众二万出陈、汝。谊，盟之兄孙；震，武之子也。

周主将出河阳，内史上士宇文弢曰："齐氏建国，于今累世，虽曰无道，藩镇之位，尚有其人。今之出师，要须择地。河阳冲要，精兵所聚，尽力攻围，恐难得志。如臣所见，出于汾曲，戍小山平，攻之易拔。用武之地，莫过于此。"民部中大夫天水赵煚曰："河南洛阳，四面受敌，纵得之，不可以守。请从河北直指太原，倾其巢穴，可一举而定。"遂伯下大夫鲍宏曰："我强齐弱，我治齐乱，何忧不克！但先帝往日屡出洛阳，彼既有备，每用不捷。如臣计者，进兵汾、潞，直掩晋阳，出其不虞，似为上策。"周主皆不从。宏，泉之弟也。

壬午，周主帅众六万，直指河阴。杨素请帅其父麾下先驱，周主许之。

八月，周师入齐境，禁伐树践稼，犯者皆斩。丁未，周主攻河阴大城，拔之。齐王宪拔武济，进围洛口，拔东、西二城，纵火船焚浮桥，桥绝。齐永桥大都督太安傅伏，自永桥夜入中潬城。周人既克南城，围中潬，二旬不下。洛州刺史独孤永业守金墉，周主自攻之，不克。永业通夜办马槽二千，周人闻之，以为大军且至而惮之。

宇文纯、荥阳公司马消难、郑公达奚震为前三军总管，越王宇文盛、周昌公侯莫陈崇、赵王宇文招为后三军总管。齐王宇文宪率领二万兵马进军黎阳，随公杨坚、广宁公薛回率领三万水师从渭水进入黄河，梁公侯莫陈芮率领二万兵马防守太行道，申公李穆率领三万兵马防守河阳道，常山公于翼率领二万兵马由陈州、汝州进发。王谊，是王盟哥哥的孙子；达奚震，是达奚武的儿子。

北周国主准备进兵河阳，内史上士宇文弢说："齐氏建国以来，至今已有好几代，虽说朝廷无道，但是胜任藩镇职务的，还大有人在。如今陛下出兵攻打齐国，需要选择突破口。河阳地处要冲，是齐国精兵集中的地方，如果全力围攻，恐怕难以达到目的。按照臣个人的意见，倒不如出兵汾曲，那里守兵少，地势也平坦，容易攻克。用兵的地点，没有比这里更好的了。"民部中大夫天水人赵煚说："河南洛阳城一带，四面都容易遭到攻击，纵然拿下了也不好防守。请陛下从黄河北岸进军，直指太原，捣毁齐国的巢穴，可以一举扫平齐国。"遂伯下大夫鲍宏说："我们强大而齐国弱小，我们政治稳定而齐国朝廷混乱，何必担忧不能攻克呢？只是先帝屡次出兵洛阳，齐国已经对此有所防备，所以每次都不能取胜。按照臣的计策，出兵汾水、潞水，直扑晋阳，出其不意，这似乎是上策。"北周国主都不听。鲍宏，是鲍泉的弟弟。

壬午（三十日），北周国主率领六万军队直指河阴。杨素请求率领父亲杨敷部下当先头部队，北周国主答应了他。

八月，北周军队进入北齐的国境，下令禁止砍伐树木，践踏庄稼，违者一律斩首。丁未（二十五日），北周国主进攻河阴大城，城被攻克。齐王宇文宪攻下武济，进军包围洛口，攻下东西二城，然后放火烧浮桥，桥断。北齐的永桥大都督太安人傅伏在夜间从永桥进入中潬城。北周军队攻克南城后，围困了中潬城，连续进攻二十天攻不下来。洛州刺史独孤永业守卫金墉，北周国主亲自指挥攻城，也没拿下来。独孤永业连夜赶制了两千个马槽，北周军队听到这个消息，以为北齐的大军即将赶到，因此感到畏惧。

九月，齐右丞相高阿那肱自晋阳将兵拒周师。至河阳，会周主有疾，辛酉夜，引兵还。水军焚其舟舰。傅伏谓行台乞伏贵和曰："周师疲弊，愿得精骑二千追击之，可破也。"贵和不许。

齐王宪、于翼、李穆，所向克捷，降拔三十馀城，皆弃而不守。唯以王药城要害，令仪同三司韩正守之，正寻以城降齐。戊寅，周主还长安。

八年秋九月，周主谓群臣曰："朕去岁属有疾疹，遂不得克平逋寇。前入齐境，备见其情，彼之行师，殆同儿戏。况其朝廷昏乱，政由群小，百姓嗷然，朝不谋夕。天与不取，恐贻后悔。前出河外，直为拊背，未扼其喉。晋州本高欢所起之地，镇摄要重，今往攻之，彼必来援，吾严军以待，击之必克。然后乘破竹之势，鼓行而东，足以穷其巢穴，混同文轨。"诸将多不愿行。帝曰："机不可失。有沮吾军者，当以军法裁之！"

冬十月己酉，周主自将伐齐，以越王盛、杞公亮、随公杨坚为右三军，谯王俭、大将军窦泰、广化公丘崇为左三军，齐王宪、陈王纯为前军。亮，导之子也。

丙辰，齐主猎于祁连池。癸亥，还晋阳。先是，晋州行台左丞张廷儁公直勤敏，储偫有备，百姓安业，疆埸无虞。诸嬖倖恶而代之，由是公私烦扰。

九月，北齐右丞相高阿那肱率领大军从晋阳出发，抗击北周军队。北齐大军开到河阳，恰巧北周国主患病，于辛酉（初九）的晚上，率军回国。北周的水军焚毁了自己的船只。傅伏对行台乞伏贵和说："北周的军队疲惫不堪，我愿意率两千精锐骑兵追击，可以将他们打败。"乞伏贵和不准许。

齐王宇文宪、于翼、李穆所向无敌，北齐三十多座城池被攻克或投降，然而北周军队都弃而不守。唯独由于王药城地处要害，北周命令仪同三司韩正驻守此城，不久，韩正便向北齐军队献上城池投降。戊寅（二十六日），北周国主返回长安。

八年（576）秋季九月，北周国主对群臣说："朕去年刚好碰上生病，所以没有能够平定齐国。上次进入齐国境内，完全看清了他们的情况，他们行军打仗，几乎就和小孩玩游戏一样。况且，北齐朝廷昏庸混乱，朝政被一群小人把持，百姓叫苦连天，朝不保夕。上天所赐给的却不去领取，恐怕会留下悔恨。前次进军黄河以北地区，只是像用手去抚拍敌人的后背，没能扼住对方的喉咙。晋州本是高欢发迹的地方，镇守和统辖着齐国的要害所在，如今我们去攻击晋阳，北齐必定前来援救，而我们严阵以待，定能将敌人打败。然后，我们乘着破竹之势，大张旗鼓地向东进攻，便能捣毁对方巢穴，统一北方。"各位将领大多不愿意采取行动。北周国主说："机不可失。凡阻滞我军事行动的人，一律按军法论处！"

冬季十月己酉（初四），北周国主亲自率领大军讨伐北齐，任命越王宇文盛、杞公宇文亮、随公杨坚为右三军，谯王宇文俭、大将军窦泰、广化公丘崇为左三军，齐王宇文宪、陈王宇文纯为前军。宇文亮，是宇文导的儿子。

丙辰（十一日），北齐后主在祁连池打猎。癸亥（十八日），返回晋阳。起先，晋州行台左丞张延儁公正廉洁，勤恳机敏，军粮、武器的储备十分充足，百姓安居乐业，边境安然无事。后来由一群怨恨张延儁的宠幸小人取代了他的职位，因此当地的官府和百姓都被搅得毫无宁日。

周主至晋州，军于汾曲，遣齐王宪将精骑二万守雀鼠谷，陈王纯步骑二万守千里径，郑公达奚震步骑一万守统军川，大将军韩明步骑五千守齐子岭，焉氏公尹升步骑五千守鼓钟镇，凉城公辛韶步骑五千守蒲津关，赵王招步骑一万自华谷攻齐汾州诸城，柱国宇文盛步骑一万守汾水关。

遣内史王谊监诸军攻平阳城，齐行台仆射海昌王尉相贵婴城拒守。相贵，相愿之兄也。甲子，齐集兵晋祠。庚午，齐主自晋阳帅诸军趣晋州。周主日自汾曲至城下督战，城中窘急。庚午，行台左丞侯子钦出降于周。壬申，晋州刺史崔景嵩守北城，夜，遣使请降于周，王轨帅众应之。未明，周将北海段文振，杖槊与数十人先登，与景嵩同至尉相贵所，拔佩刀劫之。城上鼓噪，齐兵大溃，遂克晋州，虏相贵及甲士八千人。

齐主方与冯淑妃猎于天池，晋州告急者，自旦至午，驿马三至。右丞相高阿那肱曰："大家正为乐，边鄙小小交兵，乃是常事，何急奏闻！"至暮，使更至，云"平阳已陷"，乃奏之。齐主将还，淑妃请更杀一围，齐主从之。

周齐王宪攻拔洪洞、永安二城，更图进取。齐人焚桥守险，军不得进，乃屯永安。使永昌公椿屯鸡栖原，伐柏为庵以立营。椿，广之弟也。

癸酉，齐主分军万人向千里径，又分军出汾水关，自帅大军上鸡栖原。宇文盛遣人告急，齐王宪自救之。齐师退，

北周国主到达晋州，把大军驻扎在汾曲，派遣齐王宇文宪率领两万精锐骑兵驻守雀鼠谷，陈王宇文纯率领步兵骑兵共两万人驻守千里径，郑公达奚震率领步兵骑兵一万人驻守统军川，大将军韩明率领步兵骑兵五千人驻守齐子岭，焉氏公尹升率领步兵骑兵五千人驻守鼓钟镇，凉城公辛韶率领步兵骑兵五千人驻守蒲津关，赵王宇文招率领步兵骑兵一万人从华谷进攻北齐的汾州所属各城，柱国宇文盛率领步兵骑兵一万人驻守汾水关。

北周国主派遣内史王谊监督各路军队攻打平阳城，北齐行台仆射海昌王尉相贵据城固守。尉相贵，是尉相愿的哥哥。甲子（十九日），北齐军队聚集在晋祠。庚午（二十五日），北齐后主统率各路大军从晋阳直奔晋州。当天，北周皇帝从汾曲赶到晋州城下督战，晋州城危在旦夕。庚午（二十五日），北齐行台左丞侯子钦出城向北周军队投降。壬申（二十七日），晋州刺史崔景嵩防守北城，到了夜里，派遣使者向北周军队请求投降，王轨率领部下响应崔景嵩。天未亮，北周将领北海人段文振手执长矛和数十名士兵率先登上城头，和崔景嵩一起来到尉相贵的住所，拔出佩刀将他捕获。城上擂鼓呐喊，北齐军队溃散，于是，北周攻下晋州，俘虏了尉相贵和八千名甲兵。

北齐后主正和冯淑妃在天池打猎，从晋州前来告急的使者，从早晨到中午，共有三批来到。右丞相高阿那肱却说："皇上正在游乐，边境地带小小的交战乃是平常事，何必急着奏报！"到了晚上，又有使者来到，说"平阳已经陷落"，高阿那肱这才奏报后主。后主准备回去，冯淑妃请求再围猎一次，后主顺从了她。

北周齐王宇文宪攻克洪洞、永安二城，准备进一步进攻其他城池。北齐军队焚毁了桥梁，占据险要之处进行防守，北周军队无法推进，便驻扎在永安。宇文宪派永昌公宇文椿驻扎在鸡栖原，砍伐柏树建造小屋，作为军营。宇文椿，是宇文广的弟弟。

癸酉（二十八日），北齐后主分出一万军队向千里径进发，又分派军队出击汾水关，而自己则统率大军前往鸡栖原。宇文盛派人告急，齐王宇文宪亲自率领军队去援救。北齐军队撤退，

盛追击，破之。俄而椿告齐师稍逼，宪复还救之，与齐对陈，至夜不战。会周主召宪还，宪引兵夜去。齐人见柏庵在，不之觉，明日，始知之。齐主使高阿那肱将前军先进，仍节度诸军。

甲戌，周以上开府仪同大将军安定梁士彦为晋州刺史，留精兵一万镇之。

十一月己卯，齐主至平阳。周主以齐兵新集，声势甚盛，且欲西还以避其锋。开府仪同大将军宇文忻谏曰："以陛下之圣武，乘敌人之荒纵，何患不克！若使齐得令主，君臣协力，虽汤、武之势，未易平也。今主暗臣愚，士无斗志，虽有百万之众，实为陛下奉耳。"军正京兆王韶曰："齐失纪纲，于兹累世。天奖周室，一战而扼其喉。取乱侮亡，正在今日。释之而去，臣所未谕。"周主虽善其言，竟引军还。忻，贵之子也。

周主留齐王宪为后拒，齐师追之，宪与宇文忻各将百骑与战，斩其骁将贺兰豹子等，齐师乃退。宪引军渡汾，追及周主于玉壁。

齐师遂围平阳，昼夜攻之。城中危急，楼堞皆尽，所存之城，寻仞而已。或短兵相接，或交马出入，外援不至，众皆震惧。梁士彦慷慨自若，谓将士曰："死在今日，吾为尔先。"于是勇烈齐奋，呼声动地，无不一当百。齐师少却，乃令妻妾、军民、妇女，昼夜修城，三日而就。周主使齐王宪

宇文盛在后面追击，大败北齐军。不久，宇文椿又告急，说北齐大军逐渐逼近，宇文宪又返回去援救宇文椿，和北齐军对峙，但直到夜里也不发动攻击。恰巧北周国主派人召宇文宪回去，宇文宪趁着夜色，率领大军悄悄退走。北齐军看到柏树小屋仍在，没有发觉，第二天才知道宇文宪已经撤走。北齐后主派遣高阿那肱率领前军先行进发，同时调拨和控制各路军队。

甲戌（二十九日），北周任命上开府仪同大将军安定人梁士彦为晋州刺史，留下一万精兵镇守晋州城。

十一月己卯（初四），北齐后主到达平阳。北周国主认为北齐军队刚刚聚集，声势很盛，准备往西撤退，以避开北齐军的锋芒。开府仪同大将军宇文忻劝告说："凭借陛下的圣明和威武，对抗敌人的荒淫和放纵，何必担心不胜？如果让齐国得到一位明主，君臣同心协力，那么即使陛下有商汤和武王的威势，也不容易扫平齐国。如今齐国君主昏愦，朝臣愚昧，士兵缺乏斗志，即使拥有百万大军，也都是奉送给陛下的。"军正京兆人王韶说："齐国纲纪败坏，到今天已有好几代了。上天嘉奖周王室，一战而扼住对方的喉咙。征服这个行将灭亡的国家，就看今天了。自动将它放弃，臣实在无法理解。"北周国主虽然认为他的话很有道理，但终究还是引兵撤退。宇文忻，是宇文贵的儿子。

北周国主留下齐王宇文宪担任后卫，北齐军队追击上来时，宇文宪和宇文忻各自率领一百名骑兵和他们战斗，斩杀了北齐军的骁将贺兰豹子等人，北齐军队只好退却。宇文宪率兵渡过汾水，在玉壁赶上了北周国主率领的大军。

于是，北齐军队包围平阳城，昼夜攻城。城中十分危急，城上的楼墙都被摧毁，残存的城墙，只剩下六七尺高。双方有时短兵相接，有时骑马纵横出入，由于外援还没到达，城内的士兵都十分害怕。梁士彦慷慨自如地对将士们说："如果今天战死，我一定死在你们的前头。"于是士兵们激昂奋起，喊声动地，无不以一当百。北齐军队稍稍后退，梁士彦命令他的妻妾和军民、妇女一道昼夜抢修城墙，三日就完工了。北周国主派齐王宇文宪

将兵六万屯涑川，遥为平阳声援。齐人作地道攻平阳，城陷十馀步，将士乘势欲入。齐主敕且止，召冯淑妃观之。淑妃妆点，不时至，周人以木拒塞之，城遂不下。旧俗相传，晋州城西石上有圣人迹，淑妃欲往观之。齐主恐弩矢及桥，乃抽攻城木造远桥。齐主与淑妃度桥，桥坏，至夜乃还。

癸巳，周主还长安。甲午，复下诏，以齐人围晋州，更帅诸军击之。丙申，纵齐降人使还。丁酉，周主发长安。壬寅，济河，与诸军合。十二月丁未，周主至高显，遣齐王帅所部先向平阳。戊申，周主至平阳。庚戌，诸军总集，凡八万人，稍进，逼城置陈，东西二十馀里。

先是齐人恐周师猝至，于城南穿堑，自乔山属于汾水。齐主大出兵，陈于堑北。周主命齐王宪驰往观之，宪复命曰："易与耳，请破之而后食。"周主悦，曰："如汝言，吾无忧矣！"周主乘常御马，从数人巡陈，所至辄呼主帅姓名慰勉之。将士喜于见知，咸思自奋。将战，有司请换马，周主曰："朕独乘良马，欲何之！"周主欲薄齐师，碍堑而止。自旦至申，相持不决。齐主谓高阿那肱曰："战是邪？不战是邪？"阿那肱曰："吾兵虽多，堪战者不过十万，疾伤及绕城

率领六万兵马驻扎在涑川，远远的作为平阳的声援。北齐人挖掘地道进攻平阳，城墙塌陷了好几丈，将士们准备乘势攻入城中。北齐后主命令暂停攻击，然后召来冯淑妃，和她一同观看攻城。冯淑妃穿衣打扮，没有及时来到，北周人用木桩堵住了下陷的地方，平阳城便没有被攻克。根据旧时的传说，晋州城西的石头上有圣人的足迹，冯淑妃想去观看。北齐后主担心对方的箭会射到桥上，于是把用来攻城的木材抽调出来在稍远的地方另造一座桥。北齐后主和冯淑妃一起过桥时，桥梁坏了，一直到晚上才返回。

癸巳（十八日），北周国主返回长安。甲午（十九日），再次下诏，由于北齐军队围攻晋州，重新率领军队前往抗击。丙申（二十一日），释放北齐的投降将士返回北齐。丁酉（二十二日），北周国主从长安出发。壬寅（二十七日），渡过黄河，和各支大军汇合。十二月丁未（初三），北周国主到达高显，派遣齐王宇文宪率领所属军队先行开往平阳。戊申（初四），北周国主到达平阳。庚戌（初六），各路军队全部会合，共八万人，逐渐向前推进，逼近城下，布好阵势，东西绵延达二十多里。

起初，北齐人担心北周军队突然来到，便在城南挑挖壕沟，经乔山接通汾水。北齐后主派出大军，在壕沟北面摆开阵势。北周国主命令齐王宇文宪骑马近前观察动静，宇文宪回来报告说："这很好对付，请求陛下下令，先打败敌军，然后再开饭。"北周国主十分高兴，说："如果事情真是像你所说的那样，我就放心了！"北周国主乘坐平时所骑的马匹，由几个人跟随来到阵前巡视，所到之处就呼叫主帅的姓名，并予以慰问和鼓励。将士们很高兴自己的姓名被皇上所知，都想奋勇作战。战斗即将开始时，随从官员请求皇帝换乘马匹，北周国主说："朕独自一人乘坐良马，要到哪里去！"北周国主打算进逼北齐军队，由于有壕沟的阻挡，只好停下。从早晨到下午，两军相持不下。北齐后主对高阿那肱说："是打好，还是不打好？"高阿那肱说："我们兵力虽然多于对方，但能够作战的不过十万人，其中生病、受伤和在城四周

樵爨者复三分居一。昔攻玉壁，援军来即退。今日将士，岂胜神武时邪！不如勿战，却守高梁桥。"安吐根曰："一撮许贼，马上刺取，掷著汾水中耳。"齐主意未决。诸内参曰："彼亦天子，我亦天子。彼尚能远来，我何为守堑示弱！"齐主曰："此言是也。"于是填堑南引。周主大喜，勒诸军击之。

兵才合，齐主与冯淑妃并骑观战。东偏少却，淑妃怖曰："军败矣！"录尚书事城阳王穆提婆曰："大家去！大家去！"齐主即以淑妃奔高梁桥。开府仪同三司奚长谏曰："半进半退，战之常体。今兵众全整，未有亏伤，陛下舍此安之！马足一动，人情骇乱，不可复振。愿速还安慰之！"武卫张常山自后至，亦曰："军寻收讫，甚完整，围城兵亦不动，至尊宜回。不信臣言，乞将内参往视。"齐主将从之，穆提婆引齐主肘曰："此言难信。"齐主遂以淑妃北走。齐师大溃，死者万馀人，军资器械，数百里间，委弃山积。安德王延宗独全军而还。

齐主至洪洞，淑妃方以粉镜自玩，后声乱，唱贼至，于是复走。先是齐主以淑妃为有功勋，将立为左皇后，遣内参诣晋阳取皇后服御袆翟等。至是，遇于中涂，齐主为按辔，命淑妃著之，然后去。

辛亥，周主入平阳。梁士彦见周主，持周主须而泣曰："臣几不见陛下！"周主亦为之流涕。

砍柴烧饭的又占三分之一。从前神武皇帝攻打玉壁时，敌方援军一到，便马上退走。如今我们的将士又怎能和神武皇帝时代相比？不如不战，退守高梁桥。”安吐根说：“敌人不过是一小撮贼人罢了，一上马便能刺死和捉住他们，然后扔到汾水中去。”北齐后主主意未定。太监们说：“他是天子，陛下也是天子。他们还能从远地攻来，陛下为何要守着壕沟示弱！”北齐后主说：“这话说得对。”于是，下令填塞壕沟，把水引向城南。北周国主十分高兴，下令各路大军发起进攻。

双方军队刚刚开始接战，北齐后主和冯淑妃一道骑在马上观战。东面的齐军稍稍后退，冯淑妃害怕地说：“我们的军队打败了！”录尚书事、城阳王穆提婆说：“陛下快离开！陛下快离开！”北齐后主马上带冯淑妃一道奔往高梁桥。开府仪同三司奚长劝告后主说：“军队时退时进，是战斗中常有的事。如今我军兵众十分整齐，没有受到损失，陛下舍弃了他们，又去哪里？马脚一旦移动，士兵们就会惊骇混乱，再也不能振作起来。希望陛下迅速回去安慰大军！”武卫张常山从后面赶来，也说：“军队很快就会收拢完毕，十分完整，围城的士兵也没有动摇，陛下暂且回去。如陛下不相信臣的话，请让我带着太监亲自去观看。”齐后主准备依从，穆提婆拉着齐后主的胳膊说：“这话难以相信。”齐后主便带着冯淑妃向北逃走。北齐军队大败，死了一万多人，各种物资器械，丢弃在几百里之内，堆积如山。唯独安德王高延宗率领着完整的军队撤回。

北齐后主到达洪洞，冯淑妃正对着镜子梳妆自赏，身后声音嘈杂，喊着贼人已到，于是后主和冯淑妃再次奔逃。起先，北齐后主认为冯淑妃立有功劳，准备册封她为左皇后，便派遣太监到晋阳取皇后的服饰。不想此时在途中碰上太监取了皇后的服饰回来，于是，北齐后主按住马缰，命冯淑妃穿上皇后的礼服，然后继续逃跑。

辛亥（初七），北周国主进入平阳。梁士彦觐见皇帝，握着主上的胡须哭泣说：“臣几乎见不到陛下了！”北周国主也感动得泪下。

周主以将士疲倦，欲引还。士彦叩马谏曰："今齐师遁散，众心皆动，因其惧而攻之，其势必举。"周主从之，执其手曰："余得晋州，为平齐之基，若不固守，则大事不成。朕无前忧，唯虑后变，汝善为我守之！"遂帅诸将追齐师。诸将固请西还，周主曰："纵敌患生。卿等若疑，朕将独往。"诸将乃不敢言。癸丑，至汾水关。

齐主入晋阳，忧惧不知所之。甲寅，齐大赦。齐主问计于朝臣，皆曰："宜省赋息役，以慰民心。收遗兵，背城死战，以安社稷。"齐主欲留安德王延宗、广宁王孝珩守晋阳，自向北朔州，若晋阳不守，则奔突厥。群臣皆以为不可，帝不从。

开府仪同三司贺拔伏恩等宿卫近臣三十馀人西奔周军，周主封赏各有差。高阿那肱所部兵尚一万，守高壁，馀众保洛女砦。周主引军向高壁，阿那肱望风退走。齐王宪攻洛女砦，拔之。有军士告称阿那肱遣臣招引西军，齐主令侍中斛律孝卿检校，孝卿以为妄。还，至晋阳，阿那肱腹心复告阿那肱谋反，又以为妄，斩之。

乙卯，齐主诏安德王延宗、广宁王孝珩募兵。延宗入见，齐主告以欲向北朔州，延宗泣谏，不从，密遣左右先送皇太后、太子于北朔州。

丙辰，周主与齐王宪会于介休。齐开府仪同三司韩建业举城降，以为上柱国，封郇公。

北周国主由于军队将士都疲乏困倦，准备率军回国。梁士彦勒住皇上的马规劝道："如今齐军全部逃散，人心浮动，乘对方恐惧继续进攻，一定可以打败他们。"北周国主听从了他的意见，握住他的手说："我得到晋州，便是打下了平定齐国的基础，如果不坚决守住，则大事不能成功。朕没有前忧，只是担心后方有变，你替我好好在这里镇守！"于是率领各位将领追击齐军。诸位将领坚持请求西还，北周国主说："放走敌人，祸患就会产生。你们如果犹豫，朕就独自前去追击。"众将便不敢再说什么。癸丑（初九），到达汾水关。

北齐后主进入晋阳城，担忧害怕得不知该怎么办。甲寅（初十），北齐朝廷大赦天下。北齐后主向百官询问计策，他们都说："应该减少赋税，停止劳役，以抚慰民心。并且聚集残馀的兵马，据城死战，以稳定国家。"北齐后主打算留下安德王高延宗、广宁王高孝珩守卫晋阳，而自己去北朔州，一旦晋阳失守，便投奔突厥。群臣都认为不能这样做，后主不听。

开府仪同三司贺拔伏恩等护卫皇宫的卫士和后主亲近的官员共三十多人往西投奔北周军队，北周国主对他们分别进行赏赐。高阿那肱所率领的军队还有一万人，镇守高壁，其他的军队保卫洛女砦。北周国主率领大军进军高壁，高阿那肱望风而逃。齐王宇文宪攻打洛女砦，最终攻了下来。军士中有人举报说高阿那肱招引西面的北周军队，后主命令侍中斛律孝卿加以审查核实，斛律孝卿认为这个说法毫无凭据。斛律孝卿回到晋阳，高阿那肱的心腹又告发高阿那肱谋反，斛律孝卿还是认为毫无凭据，将告发者处斩。

乙卯（十一日），北齐后主下诏，命令安德王高延宗、广宁王高孝珩招募士兵。高延宗进宫觐见后主，后主告诉他打算去北朔州，高延宗哭劝后主不要去，后主不听，秘密派遣左右亲近先把皇太后、太子送到北朔州。

丙辰（十二日），北周国主和齐王宇文宪在介休会师。北齐开府仪同三司韩建业献城投降，被拜为上柱国，封为郇公。

是夜，齐主欲遁去，诸将不从。丁巳，周师至晋阳。齐主复大赦，改元隆化。以安德王延宗为相国、并州刺史，总山西兵，谓曰："并州兄自取之，儿今去矣。"延宗曰："陛下为社稷勿动。臣为陛下出死力战，必能破之。"穆提婆曰："至尊计已成，王不得辄沮！"齐主乃夜斩五龙门而出，欲奔突厥，从官多散。领军梅胜郎叩马谏，乃回向邺。时唯高阿那肱等十馀骑从，广宁王孝珩、襄城王彦道继至，得数十人与俱。

穆提婆西奔周军。陆令萱自杀，家属皆诛没。周主以提婆为柱国、宜州刺史。下诏谕齐群臣曰："若妙尽人谋，深达天命，官荣爵赏，各有加隆。或我之将卒，逃逸彼朝，无问贵贱，皆从荡涤。"自是齐臣降者相继。

初，齐高祖为魏丞相，以唐邕典外兵曹，太原白建典骑兵曹，皆以善书计、工簿帐受委任。及齐受禅，诸司咸归尚书，唯二曹不废，更名二省。邕官至录尚书事，建官至中书令，常典二省，世称"唐、白"。邕兼领度支，与高阿那肱有隙，阿那肱谮之，齐主敕侍中斛律孝卿总知骑兵、度支。孝卿事多专决，不复询禀。邕自以宿旧习事，为孝卿所轻，意甚郁郁。及齐主还邺，邕遂留晋阳。并州将帅请于安德王延宗曰："王不为天子，诸人实不能为王出死力。"延宗不得已，戊午，即皇帝位。下诏曰："武平孱弱，政由宫竖，斩关夜遁，莫知所之。王公卿士，猥见推逼，今祗承宝位。"

当天晚上，北齐后主打算逃走，诸位将领都不肯服从。丁巳（十三日），北周大军到晋阳。北齐后主再次大赦天下，并且改年号为隆化。任命安德王高延宗为相国、并州刺史，统率峤山以西的军队，齐后主对高延宗说："并州请兄长自己去夺取，我现在马上就要离开这里了。"高延宗说："请陛下为了国家不要离开。臣为陛下出力死战，必定能够打败周军。"穆提婆说："皇上的主意已经拿定了，请安德王不要擅加阻挠！"北齐后主趁着夜色劈开五龙门逃出城去，想投奔突厥，随从官员纷纷散去。领军梅胜郎拉住后主的马缰劝说后主，于是后主只好回到邺城。当时，跟随在齐后主身边的，只有高阿那肱等十馀名骑兵，后来广宁王高孝珩、襄城王高彦道相继赶到，才有几十人跟随在齐后主身边。

穆提婆往西投奔北周军队。陆令萱自杀，她的家属都被诛杀。北周国主任命穆提婆为柱国、宜州刺史。并下诏晓谕北齐群臣说："不论谁只要能够献出妙计，通晓天命，那么，富贵荣华，全能得到。如有我方将士投降齐国朝廷，无论贵贱，一律加以扫灭。"从此，北齐的官员相继投降北周。

起初，北齐高祖担任魏国的丞相，任命唐邕统辖外兵曹，太原人白建统辖骑兵曹，两人都因为能写会算、精于账簿而受到委任。等到齐国接受东魏的禅让之后，各部门都并入尚书省，只有这二曹没有撤销，而改名外兵省、骑兵省。唐邕的官职当到录尚书事，白建当到中书令，二人长期主管二省，被当世人称为"唐、白"。唐邕兼管度支省，和高阿那肱有私人仇怨，高阿那肱向后主进言诬陷他，北齐后主敕令侍中斛律孝卿总管骑兵省和度支省。斛律孝卿行事独断专行，不再征求唐邕的意见。唐邕认为自己资格老，熟悉有关事务，却被斛律孝卿所看轻，心中很是不快。北齐后主回到邺城后，唐邕便留在晋阳。并州的将帅向安德王高延宗请求说："您不当天子，大家实在不能为您出死力。"高延宗迫不得已，在戊午（十四日）这天，即位当皇帝。并下诏说："后主高纬懦弱无能，朝政被宦官把持，还斩断关门，深夜逃走，不知去向。众位王公卿士，推戴相强，现在我只好继承皇位。"

大赦，改元德昌。以晋昌王唐邕为宰相，齐昌王莫多娄敬显、沭阳王和阿干子、右卫大将军段畅、开府仪同三司韩骨胡等为将帅。敬显，贷文之子也。众闻之，不召而至者，前后相属。延宗发府藏及后宫美女以赐将士，籍没内参十馀家。齐主闻之，谓近臣曰："我宁使周得并州，不欲安德得之。"左右曰："理然。"延宗见士卒，皆亲执手称名，流涕呜咽，众争为死。童儿女子，亦乘屋攘袂，投砖石以御敌。

己未，周主至晋阳。庚申，齐主入邺。

周军围晋阳，四合如黑云。安德王延宗命莫多娄敬显、韩骨胡拒城南，和阿干子、段畅拒城东，自帅众拒齐王宪于城北。延宗素肥，前如偃，后如伏，人常笑之。至是，奋大矟往来督战，劲捷若飞，所向无前。和阿干子、段畅以千骑奔周军。周主攻东门，际昏，遂入之，进焚佛寺。延宗、敬显自门入，夹击之，周师大乱，争门，相填压，塞路不得进。齐人从后斫刺，死者二千馀人。周主左右略尽，自拔无路。承御上士张寿牵马首，贺拔伏恩以鞭拂其后，崎岖得出。齐人奋击，几中之。城东道厄曲，伏恩及降者皮子信导之，仅得免，时已四更。延宗谓周主为乱兵所杀，使于积尸中求长鬣者，不得。时齐人既捷，入坊饮酒，尽醉卧，延宗不复能整。

大赦天下，改年号为德昌。任命晋昌王唐邕为宰相，齐昌王莫多娄敬显、沐阳王和阿干子、右卫大将军段畅、开府仪同三司韩骨胡等人为将帅。莫多娄敬显，是莫多娄贷文的儿子。大家听到安德王继位的消息，都不用征召，便纷纷前往效力，陆续不断。高延宗散发官府的库藏和后宫的美女赏赐给将士们，并查抄了十几位太监的家产。后主听说后，对左右亲近的人说："我宁愿让北周得到并州，也不愿让安德王得到。"左右的人说："这是理所当然的事。"高延宗看见士兵时，都亲自握着他们的手，称呼他们的姓名，流泪哭泣，众人被感动得争相为他效力。妇女儿童也纷纷登上屋顶捋起衣袖，投掷砖头石块，抗击敌兵。

己未（十五日），北周国主到达晋阳。庚申（十六日），北齐后主进入邺城。

北周大军包围晋阳，晋阳城的四周，犹如被乌云裹住了一般。安德王高延宗命令莫多娄敬显、韩骨胡守卫南城，和阿干子、段畅守卫东城，而自己率众在城北抗击齐王宇文宪。高延宗一向肥胖，前面看像仰面朝天，后面看像俯伏在地，大家常常因此而取笑他。但在这危急关头，高延宗挥舞长矛，来回督战，强劲敏捷如飞，所向无敌。和阿干子、段畅率领一千骑兵投降北周军队。北周国主亲自督军攻打东门，临近黄昏时，便攻入东门，进城后便焚烧佛庙。高延宗、莫多娄敬显从城门进去，夹击他们，北周军队大乱，争相逃出城门，士卒互相压叠，以至堵住了道路，无法前进。北齐军队从后面胡砍乱刺，北周士卒死了两千多人。北周国主左右侍从也都几乎被杀光，走投无路。这时，承御上士张寿牵着皇帝的马缰，贺拔伏恩则挥鞭猛抽马臀部，艰难地逃往城外。北齐人奋力追击，几乎击中了北周国主。晋阳城东部的道路狭窄弯曲，多亏有贺拔伏恩和降将皮子信引导，北周国主才幸免一死，此时已经到了四更天。高延宗以为北周国主已被乱兵杀死，派人在尸体中寻找留有长胡须的人，没有找到。北齐军队打了胜仗，都到坊肆里饮酒庆贺，全都醉倒在地上，高延宗无法再整顿队伍。

周主出城，饥甚，欲遁去，诸将亦多劝之还。宇文忻勃然进曰："陛下自克晋州，乘胜至此。今伪主奔波，关东响震，自古行兵，未有若斯之盛。昨日破城，将士轻敌，微有不利，何足为怀！丈夫当死中求生，败中取胜。今破竹之势已成，奈何弃之而去！"齐王宪、柱国王谊亦以为去必不免，段畅等又盛言城内空虚。周主乃驻马，鸣角收兵，俄顷复振。辛酉，旦，还攻东门，克之。延宗战力屈，走至城北，周人擒之。周主下马执其手，延宗辞曰："死人手，何敢迫至尊！"周主曰："两国天子，非有怨恶，直为百姓来耳。终不相害，勿怖也。"使复衣帽而礼之。唐邕等皆降于周。独莫多娄敬显奔邺，齐主以为司徒。延宗初称尊号，遣使修启于瀛州刺史任城王湝，曰："至尊出奔，宗庙事重，群公劝迫，权主号令。事宁，终归叔父。"湝曰："我人臣，何容受此启？"执使者送邺。壬戌，周主大赦，消除齐制，收礼文武之士。

初，伊娄谦聘于齐，其参军高遵以情输于齐，齐人拘之于晋阳。周主既克晋阳，召谦，劳之，执遵付谦，任其报复。谦顿首，请赦之，周主曰："卿可聚众唾面，使其知愧。"谦曰："以遵之罪，又非唾面可责。"帝善其言而止。谦待遵如初。

北周国主逃出晋阳城，腹中十分饥饿，想返回本国，各位将领也都劝告皇帝收兵。宇文忻突然大声对皇帝说："陛下从攻克晋州以来，乘胜追击到了这里。如今，北齐伪皇帝来回奔波，关东一带响声震天，自古以来，用兵打仗，还没有像今天这样规模大的。昨天攻破东门以后，由于将士大意轻敌，才稍稍遭到一点挫折，但这能算得了什么！大丈夫应当从死中求生，败中取胜。如今我大军对齐国的破竹之势已经形成，怎么能放弃离开？"齐王宇文宪、柱国王谊也认为离开必定危险，段畅等人又极力说晋阳城内已经十分空虚。于是，北周国主勒住马，下令吹响号角，召集军队，没多久北周军队重新振作起来。辛酉（十七日）早晨，北周大军再次攻打晋阳东门，终于攻克。高延宗在战斗中力气用尽，逃到城北，被北周军队擒获。北周国主下马握住他的手，高延宗辞谢说："死人的手，怎么敢和天子的手互相接触？"北周国主说："我们是两个国家的天子，并非因为我们有什么怨仇，而是为了百姓的缘故才来的。我绝不加害于你，不必担心。"请他重新穿戴好衣帽，以礼相待。唐邕等人都投降了北周。唯独莫多娄敬显逃往邺城，被齐后主任命为司徒。高延宗最初即位称帝时，曾派遣使者送信给瀛州刺史、任城王高湝说："皇上逃跑，国事最重，我因为王公大臣的逼迫，权且向全国发布号令。事情平息后，最终会把皇位交还叔父。"高湝说："我是臣下，怎能接受这样的书信？"绑起使者送到邺城。壬戌（十八日），北周国主大赦天下，取消北齐的制度，征召并礼遇有文才武略的人士。

起初，北周的伊娄谦聘问北齐，他的参军高遵把北周将攻打北齐的意图告诉北齐，北齐人把伊娄谦扣留在晋阳。北周国主攻下晋阳后，召见伊娄谦，并加以犒赏，又把高遵捉拿起来交给伊娄谦，任由他处置和报复。伊娄谦向皇帝叩头请求赦免高遵，北周国主说："你可以召集大家朝他脸上吐口水，使他知道羞愧。"伊娄谦说："按高遵所犯的罪行而论，不是光朝他的脸上吐口水责备他就能完事。"皇帝认为他讲得对，因而没有责罚高遵。而伊娄谦也仍一如既往地对待高遵。

臣光曰：赏有功，诛有罪，此人君之任也。高遵奉使异国，漏泄大谋，斯叛臣也。周高祖不自行戮，乃以赐谦，使之复怨，失政刑矣！孔子谓以德报怨者何以报德？为谦者，宜辞而不受，归诸有司，以正典刑，乃请而赦之以成其私名。美则美矣，亦非公义也。

齐主命立重赏以募战士，而竟不出物。广宁王孝珩请："使任城王湝将幽州道兵入土门，扬声趣并州；独孤永业将洛州道兵入潼关，扬声趣长安。臣请将京畿兵出滏口，鼓行逆战。敌闻南北有兵，自然逃溃。"又请出宫人珍宝赏将士。齐主不悦。斛律孝卿请齐主亲劳将士，为之撰辞，且曰："宜慷慨流涕，以感激人心。"齐主既出，临众，将令之，不复记所受言，遂大笑，左右亦笑。将士怒曰："身尚如此，吾辈何急！"皆无战心。于是自大丞相已下，太宰、三师、大司马、大将军、三公等官，并增员而授，或三或四，不可胜数。

朔州行台仆射高劢将兵侍卫太后、太子，自土门道还邺。时宦官仪同三司苟子溢犹恃宠纵暴，民间鸡彘，纵鹰犬搏噬取之。劢执以徇，将斩之。太后救之，得免。或谓劢曰："子溢之徒，言成祸福，独不虑后患邪？"劢攘袂曰："今西寇已据并州，达官率皆委叛，正坐此辈浊乱朝廷。若得今日斩之，明日受诛，亦无所恨！"劢，岳之子也。甲子，齐太后至邺。

史臣司马光评论说：奖赏有功劳的人，诛杀有罪行的人，这是君王的责任。高遵奉命出使别国，却泄漏了国家的重大机密，这可以说是叛臣了。北周高祖没有亲自加以诛杀，反而把他交给伊娄谦，让他报复原先的怨恨，在刑罚上可以说是有偏差了！孔子说以德报怨，那么用什么来回报德呢？作为伊娄谦，应当辞射皇帝的恩赐，而让有关部门按照法律对高遵进行处理，可是他却请求高祖赦免高遵，以获取名声。其实，名声虽是好听，却不符合公正的标准。

北齐后主下令重赏招募士兵，但却拿不出赏赐的物品。广宁王高孝珩请求："派遣任城王高湝率领幽州道的军队进入土门关，扬言进取并州；独孤永业率领洛州道的军队开进潼关，扬言进攻长安。臣则请求率领京畿士兵出滏口，击鼓挺进迎战。敌人听说南北都有军队，自然也就逃跑而去。"又请求后主将宫女和珍宝赏赐给将士。后主很不高兴。斛律孝卿请求后主亲自去慰劳军队，替后主撰写文辞，并且说："陛下应该慷慨流泪，以使众人感动。"后主出来，面对将士，将要发表誓词时，却忘了所背诵的文辞，于是大笑起来，左右的人也笑起来。将士们愤怒地说："皇帝自己尚且这样，我们又何必焦急！"斗志全失。于是从大丞相以下，太宰、三师、大司马、大将军、三公等官职，全都增加员额，分别拜授，有的三人，有的四人，多得无法计数。

朔州行台仆射高励率兵侍奉和护卫太后、太子，从土门关回到邺城。当时，宦官仪同三司苟子溢仍仗着后主的宠爱，骄纵肆虐，百姓家养的鸡和猪，被他放出的飞鹰和狗叼走。高励捉住他，打算斩首示众。行刑前，太后为他求情，因此得以免去一死。有人对高励说："苟子溢这种人，靠着一张嘴就能决定人的祸福，难道你不为自己的将来考虑吗？"高励捋起衣袖说："如今，西面的寇敌已经占据了并州，大臣们几乎全都弃职和叛降了，这全是因为这帮家伙扰乱朝廷的缘故。如能在今天将他杀死，即使明天我被砍头，也没有遗憾！"高励，是高岳的儿子。甲子（二十日），北齐太后到达邺城。

丙寅，周主出齐宫中珍宝服玩及宫女二千人，班赐将士，加立功者官爵各有差。周主问高延宗以取邺之策，辞曰："此非亡国之臣所及。"强问之，乃曰："若任城王据邺，臣不能知。若今主自守，陛下兵不血刃。"癸酉，周师趣邺，命齐王宪先驱，以上柱国陈王纯为并州总管。

齐主引诸贵臣入朱雀门，赐酒食，问以御周之策，人人异议，齐主不知所从。是时人情恟惧，莫有斗心，朝士出降，昼夜相属。高劢曰："今之叛者，多是贵人，至于卒伍，犹未离心。请追五品已上家属，置之三台，因胁之以战，若不捷，则焚台。此曹顾惜妻子，必当死战。且王师频北，贼徒轻我，今背城一决，理必破之。"齐主不能用。望气者言，当有革易。齐主引尚书令高元海等议，依天统故事，禅位皇太子。

九年春正月乙亥朔，齐太子恒即皇帝位，生八年矣，改元承光，大赦。尊齐主为太上皇帝，皇太后为太皇太后，皇后为太上皇后。以广宁王孝珩为太宰。

司徒莫多娄敬显、领军大将军尉相愿谋伏兵千秋门，斩高阿那肱，立广宁王孝珩。会阿那肱自他路入朝，不果。孝珩求拒周师，谓阿那肱等曰："朝廷不赐遣击贼，岂不畏孝珩反邪？孝珩若破宇文邕，遂至长安，反亦何预国家事！以今日之急，犹如此猜忌邪！"高、韩恐其为变，出孝珩为沧州刺史。相愿拔佩刀斫柱，叹曰："大事去矣，知复何言！"

丙寅（二十二日），北周国主将北齐皇宫的珍宝、衣服、玩品和两千名宫女赏赐给将士，对立有功劳的人分别封官加爵。北周国主向高延宗询问攻取邺城的计策，高延宗辞谢说：“这不是亡国之臣所能回答的。”北周国主再三地逼问，高延宗才说：“如果是任城王据守邺城，臣也就无法预测了。如果是当今齐后主亲自防守，陛下可以兵不血刃而取得胜利。”癸酉（二十九日），北周军队直扑邺城，命令齐王宇文宪担任先锋，又任命上柱国、陈王宇文纯为并州总管。

北齐后主领着各位显贵的大臣进入朱雀门，赐给他们酒食，向他们询问抵御北周的计策，他们的意见各不相同，使后主无所适从。当时，邺城内人心恐惧，缺乏斗志，白天黑夜都有朝廷官员出城降敌。高劢说：“如今背叛朝廷的，大多是显贵，至于士卒们，都还没有离心离德。请求将五品以上官员的家属全都安置在三台居住，胁迫他们力战，如果不能打胜，便焚烧他们家属所在的三台。这些人顾念自己的妻子儿女，必定拼死奋战。况且，我军屡次败北，敌人轻视我们，如今背城死战，势必能打败他们。”北齐后主不采纳高劢的意见。观察云气的人说，朝廷将会有变革更易。齐后主叫来尚书令高元海等人商议，决定按照后主天统元年（565）的做法，把皇位传给太子。

九年（577）春季正月乙亥是初一，北齐皇太子高恒即皇帝位，当时八岁，改年号为承光，大赦天下。尊奉后主为太上皇帝，皇太后为太皇太后，皇后为太上皇后。任命广宁王高孝珩为太宰。

司徒莫多娄敬显、领军大将军尉相愿密谋在千秋门埋伏兵士，斩杀高阿那肱，并拥立广宁王高孝珩为皇帝。正巧这天高阿那肱走其他的路上早朝，没有成功。高孝珩请求抗击北周军队，对高阿那肱等说：“朝廷不下诏派我抗击敌人，难道不是害怕我谋反吗？如果我击败宇文邕，然后到长安，即便造反又跟国家的事有什么关系？如今形势如此危急，还要这样来猜忌我！”高阿那肱、韩长鸾害怕他生变，便将高孝珩贬出担任沧州刺史。尉相愿拔出佩刀砍向柱子，叹息着说：“大势已去，还有什么可说的！”

齐主使长乐王尉世辩帅千馀骑觇周师，出滏口，登高阜西望，遥见群乌飞起，谓是西军旗帜，即驰还，比至紫陌桥，不敢回顾。于是黄门侍郎颜之推、中书侍郎薛道衡、侍中陈德信等劝上皇往河外募兵，更为经略，若不济，南投陈国。从之。丁丑，太皇太后、太上皇后自邺先趣济州。癸未，幼主亦自邺东行。己丑，周师至紫陌桥。

壬辰，周师至邺城下。癸巳，围之，烧城西门。齐人出战，周师奋击，大破之。齐上皇从百骑东走，使武卫大将军慕容三藏守邺宫。周师入邺，齐王、公以下皆降，三藏犹拒战，周主引见，礼之，拜仪同大将军。三藏，绍宗之子也。领军大将军渔阳鲜于世荣，齐高祖旧将也，周主先以马脑酒钟遗之，世荣得即碎之。周师入邺，世荣在三台前鸣鼓不辍，周人执之，世荣不屈，乃杀之。周主执莫多娄敬显，数之曰："汝有死罪三。前自晋阳走邺，携妾弃母，不孝也；外为伪朝戮力，内实通启于朕，不忠也；送款之后，犹持两端，不信也。用心如此，不死何待！"遂斩之。使将军尉迟勤追齐主。

甲午，周主入邺。齐国子博士长乐熊安生，博通《五经》，闻周主入邺，遽令扫门。家人怪而问之，安生曰："周帝重道尊儒，必将见我。"俄而周主幸其家，不听拜，亲执其手，引与同坐。赏赐甚厚，给安车驷马以自随。又遣小司马

齐后主派遣长乐王尉世辩率领一千骑兵侦察周军的动静，出了滏口，登上土丘往西望去，远远地看到一群鸟飞起来，认为是北周军队的旗帜，立即飞驰返回，等回到紫陌桥，还不敢回头。在此时，黄门侍郎颜之推、中书侍郎薛道衡、侍中陈德信等人劝说太上皇到黄河以北一带招募兵马，重新制定谋略，如果不成功，就向南投奔陈国。太上皇同意这个意见。丁丑（初三），太皇太后、太上皇后从邺城先行前往济州。癸未（初九），小皇帝也从邺城往东行。己丑（十五日），北周大军到达紫陌桥。

壬辰（十八日），北周大军抵临邺城。癸巳（十九日），包围了邺城，焚烧邺城西门。北齐军队出城迎战，北周军队奋起进击，大败北齐军。北齐太上皇由一百多名骑兵跟随，往东逃去，留下武卫大将军慕容三藏守卫邺城皇宫。北周军队进入邺城，北齐王公以下的官员全部投降，慕容三藏仍旧抵抗战斗，因此北周国主召见了他，待之以礼，还任命他为仪同大将军。慕容三藏，是慕容绍宗的儿子。领军大将军、渔阳人鲜于世荣，是北齐高祖时的老将，北周国主先拿玛瑙酒杯赠给他，鲜于世荣收到后立即将它摔碎。北周军队攻入邺城后，鲜于世荣仍在三台前不停地击鼓，被北周人捉住，他不向北周屈服，于是被杀。北周国主捉住了莫多娄敬显，谴责他说："你有三条死罪。第一，你先前从晋阳逃到邺城，随身携带着小老婆，却抛弃母亲不管，这是不孝；第二，你表面上为齐国效力，但实际上在暗中向朕通报消息，这是不忠；第三，你向我投诚后，仍然在两种选择之间摇摆不定，这是不信。这样的用心，不杀还等什么！"于是将他斩杀。另外，派遣将军尉迟勤追击北齐后主。

甲午（二十日），北周国主进入邺城。北齐的国子博士长乐人熊安生，博通《五经》，听到北周国主进入邺城，急忙命令打扫门庭。家里人惊奇地问他，熊安生说："周天子重视道德，尊崇儒学，必将来见我。"不多久北周国主果然来到他家，不让熊安生行叩拜礼，亲自搀住他的手，让熊安生和自己坐在一起。给予熊安生的赏赐也十分丰厚，还为他提供小车和马匹乘用。又派小司马

唐道和就中书侍郎李德林宅宣旨慰谕，曰："平齐之利，唯在于尔。"引入宫，使内史宇文昂访问齐朝风俗政教，人物善恶。即留内省，三宿乃归。

乙未，齐上皇渡河入济州。是日，幼主禅位于大丞相任城王湝，又为湝诏：尊上皇为无上皇，幼主为守国天王。令侍中斛律孝卿送禅文及玺绂于瀛州，孝卿即诣邺。周主诏："去年大赦所未及之处，皆从赦例。"

齐洛州刺史独孤永业，有甲士三万，闻晋州陷，请出兵击周，奏寝不报，永业愤慨。又闻并州陷，乃遣子须达请降于周。周以永业为上柱国，封应公。丙申，周以越王盛为相州总管。

齐上皇留胡太后于济州，使高阿那肱守济州关，觇候周师，自与穆后、冯淑妃、幼主、韩长鸾、邓长颙等数十人奔青州。使内参田鹏鸾西出，参伺动静，周师获之，问齐主何在，绐云："已去，计当出境。"周人疑其不信，捶之，每折一支，辞色愈厉，竟折四支而死。上皇至青州，即欲入陈。而高阿那肱密召周师，约生致齐主，屡启云："周师尚远，已令烧断桥路。"上皇由是淹留自宽。周师至关，阿那肱即降之。周师奄至青州，上皇囊金，系于鞍后，与后、妃、幼主等十馀骑南走。己亥，至南邓村，尉迟勤追及，尽擒之，并胡太后送邺。

唐道和前往中书侍郎李德林的府上宣读慰抚他的圣旨，说："平定齐国后所需要的帮助，只能依靠你了。"然后领他入宫，让内史宇文昂向他请教北齐的风俗、政治、教化和人物的善恶。把他留在门下省住了三天，才让他回家。

乙未（二十一日），北齐太上皇渡过黄河，进入济州境。当天，小皇帝把皇位禅让给大丞相任城王高湝，并替高湝下诏：尊称太上皇为无上皇，小皇帝则称为守国天王。命令侍中斛律孝卿把禅位的文书和系有丝带的玉玺送到瀛州，斛律孝卿乘便就到邺城归降。北周国主下诏说："去年大赦令没有涉及的地区，一律遵照赦令执行。"

北齐洛州刺史独孤永业拥有三万名甲兵，听到晋州失守，请求出兵抗击北周军队，但奏章被扣压下来没有呈报给皇帝，独孤永业十分愤慨。后来又得知并州陷落，便派遣儿子独孤须达向北周求降。北周任命独孤永业为上柱国，封为应公。丙申（二十二日），北周任命越王宇文盛为相州总管。

北齐太上皇把胡太后留在济州，派遣高阿那肱守卫济州关，观察北周军队的动静，而自己则和穆皇后、冯淑妃、小皇帝、韩长鸾、邓长颙等数十人逃往青州。同时，派遣宦官田鹏鸾去西边侦察北周军队的动静，结果被北周军俘虏，问他北齐皇帝在哪里，田鹏鸾骗他们说："已经离开了济州，估计已经出了国境。"北周人怀疑他的话，对他进行拷打，每打断一根棍棒，田鹏鸾的言辞和脸色就更加严厉，最后，竟然折断了四根棍棒才被打死。北齐太上皇到达青州，随即便想进入陈国。但高阿那肱暗中勾结北周军队，约定一同活捉北齐太上皇，因此屡次向太上皇启奏说："北周的军队还很远，臣已经下令烧毁桥梁通道。"于是，太上皇在青州滞留下来，松口气歇息。北周军队到达济州关，高阿那肱立即献关投降。北周军队迅速来到青州，太上皇把金子装在袋中，然后系在马鞍后面，和穆皇后、冯淑妃、小皇帝等十多人骑马南逃。己亥（二十五日），到达南邓村，尉迟勤追兵赶到，将他们全部擒获，连同胡太后一起送到邺城。

庚子，周主诏："故斛律光、崔季舒等，宜追加赠谥，并为改葬，子孙各随荫叙录，家口田宅没官者，并还之。"周主指斛律光名曰："此人在，朕安得至邺！"辛丑，诏："齐之东山、南园、三台，并可毁撤。瓦木诸物，可用者悉以赐民。山园之田，各还其主。"二月丙午，周主宴从官将士于齐太极殿，颁赏有差。

丁未，高纬至邺，周主降阶，以宾礼见之。齐广宁王孝珩至沧州，以五千人会任城王湝于信都，共谋匡复，召募得四万馀人。周主使齐王宪、柱国杨坚击之，令高纬为手书招湝，湝不从。宪军至赵州，湝遣二谍觇之，候骑执以白宪。宪集齐旧将，遍示之，谓曰："吾所争者大，不在汝曹。今纵汝还，仍充吾使。"乃与湝书曰："足下谍者为候骑所拘，军中情实，具诸执事。战非上计，无待卜疑；守乃下策，或未相许。已勒诸军分道并进，相望非远，冯轼有期。'不俟终日'。所望知机也！"

宪至信都，湝陈于城南以拒之。湝所署领军尉相愿诈出略陈，遂以众降。相愿，湝心腹也，众皆骇惧，湝杀相愿妻子。明日，复战，宪击破之，俘斩三万人，执湝及广宁王孝珩。宪谓湝曰："任城王何苦至此！"湝曰："下官神武皇帝之子，兄弟十五人，幸而独存。逢宗社颠覆，今日得死，无愧坟陵。"宪壮之，命归其妻子。又亲为孝珩洗疮傅药，

庚子（二十六日），北周国主下诏说："已故的斛律光、崔季舒等应加封并赠予谥号，而且全都改葬，他们的子孙各自按照门荫制度授予官职，被没收的人口和田宅一律退还。"北周国主指着斛律光的名字说："这个人倘若还在世，朕怎么能来到邺城！"辛丑（二十七日），北周国主又下诏："齐国的东山、南园、三台，都可以拆毁撤除。瓦片木材等物可以使用的全部赏赐给百姓。山园所占用的田地，各还原主。"二月丙午（初三），北周国主在北齐的太极殿宴请出征的官员和将帅，并按功劳大小给予赏赐。

丁未（初四），高纬被解送到邺城，北周国主亲自走下台阶，按贵宾的礼节接待他。北齐广宁王高孝珩到沧州，率五千兵马在信都和任城王高湝会合，共同谋划复国大计，并招募到四万多人。北周国主派齐王宇文宪、柱国杨坚迎击高孝珩等人，并命令高纬亲自写信招降高湝，高湝不听。宇文宪的军队到达赵州，高湝派两名探子前往侦察敌情，反被宇文宪的侦察骑兵抓获，并报告了宇文宪。宇文宪聚集了原先北齐的将领，让两位探子看，并对这两名探子说："我所要达到的是大目标，不是你们。现在放你们回去，同时充当我的使者。"于是写信给高湝说："你的探子被我的侦察骑兵抓获，我军的情况，都让这两个探子向你报告。开战不是上策，这是不用占卜的；固守乃是下策，你或许不同意。我已命令各路军队，分成几路，一起前进，不久便能和你相见。'不要等到太阳落山'。我希望你把握住时机！"

宇文宪到达信都，高湝在城南摆下阵势来抵抗他。高湝所任命的领军尉相愿假装到阵前巡行，然后率领部下投降宇文宪。尉相愿，是高湝的心腹部下，见他投降，高湝的士兵都十分惊骇恐惧，高湝杀死了尉相愿的妻子和儿女。次日再战，宇文宪大败高湝，俘虏和杀死了三万人，活捉了高湝和广宁王高孝珩。宇文宪对高湝说："你何苦让自己陷入这种地步！"高湝说："我是神武皇帝的儿子，兄弟共有十五人，幸运地独自生存下来。遭遇国家的覆灭，今日得以死去，也无愧于祖宗。"宇文宪佩服他豪壮，命令归还他的妻子儿女。而且，宇文宪亲自为高孝珩洗疮涂药，

礼遇甚厚。孝珩叹曰:“自神武皇帝以外,吾诸父兄弟,无一人至四十者,命也。嗣君无独见之明,宰相非柱石之寄,恨不得握兵符,受斧钺,展我心力耳!”齐王宪善用兵,多谋略,得将士心。齐人惮其威声,多望风沮溃。刍牧不扰,军无私焉。

周主以齐降将封辅相为北朔州总管。北朔州,齐之重镇,士卒骁勇。前长史赵穆等谋执辅相迎任城王湝于瀛州,不果,乃迎定州刺史范阳王绍义。绍义至马邑,自肆州以北二百八十馀城皆应之。绍义与灵州刺史袁洪猛引兵南出,欲取并州,至新兴,而肆州已为周守,前队二仪同以所部降周。周兵击显州,执刺史陆琼,复攻拔诸城。绍义还保北朔州。周东平公神举将兵逼马邑,绍义战败,北奔突厥,犹有众三千人。绍义令曰:“欲还者从其意。”于是辞去者太半。突厥佗钵可汗常谓齐显祖为英雄天子,以绍义重踝,似之,甚见爱重,凡齐人在北者,悉以隶之。

于是齐之行台、州、镇,唯东雍州行台傅伏、营州刺史高宝宁不下,其馀皆入于周,凡得州五十,郡一百六十二,县三百八十,户三百三万二千五百。高宝宁者,齐之疏属,有勇略,久镇和龙,甚得夷、夏之心。周主于河阳、幽、青、南兖、豫、徐、北朔、定置总管府,相、并二州各置宫及六府官。乙卯,周主自邺西还。

周主之擒尉相贵也,招齐东雍州刺史傅伏,伏不从。齐人以伏为行台右仆射。周主既克并州,复遣韦孝宽招之,令其子以上大将军、武乡公告身及金、马脑二酒钟赐伏为信。

待以厚礼。高孝珩叹息说:“除神武皇帝以外,我的叔父兄弟,没有一个人活到四十岁,这是命。继位的皇上没有独自的见解,宰相也担负不了国家的重托,遗憾的是我不能掌握兵权,以施展我的才智!”齐王宇文宪善于用兵,足智多谋,很得将士的爱戴。北齐人害怕他的威名,都望风而逃。北周军队不侵扰百姓的牲口,军队十分遵守纪律。

北周国主任命北齐降将封辅相为北朔州总管。北朔州,是北齐的重要军镇,士卒骁勇善战。前长史赵穆等密谋捉住封辅相而在瀛州迎接任城王高湝,没有成功,便迎接定州刺史范阳王高绍义。高绍义到达马邑,从肆州以北,有二百八十多个城邑都起兵响应他。高绍义和灵州刺史袁洪猛率兵向南出兵,准备攻取并州,到达新兴时,肆州却被北周占据了,担任前锋的两个仪同三司率领所部投降了北周。北周兵进击显州,捉住显州刺史陆琼,又连续进攻,攻下许多城池。高绍义只好回到北方保卫北朔州。北周东平公宇文神举率兵逼近马邑,高绍义战败,往北投奔突厥,仍带有三千兵马。高绍义命令说:“想回去的各随其便。”于是有一半以上的人离开。突厥的佗钵可汗常称道齐显祖是英雄天子,由于高绍义的踝关节两侧各有两个踝突,很像齐显祖,所以十分喜欢器重他,凡在突厥的北齐人,都交给高绍义统辖。

这时,北齐的行台、州、镇,只有东雍州行台傅伏、营州刺史高宝宁没有被攻克,其馀的全部划入北周的版图,共计有五十个州,一百六十二个郡,三百八十个县,三百零三万二千五百户。高宝宁,是北齐皇族的远支,勇敢而有谋略,长期镇守和龙,很得当地汉人和夷人的欢迎。北周国主在河阳、幽、青、南兖、豫、徐、北朔、定各州设置总管府,相、并二州分别设置宫和六府官。乙卯(十二日),北周国主从邺城西返长安。

北周国主擒获尉相贵时,曾经招降北齐东雍州刺史傅伏,傅伏不肯听从。北齐任命傅伏为行台右仆射。北周国主攻克了并州之后,又派遣韦孝宽招降傅伏,并让傅伏的儿子送去上大将军、武乡公等官爵的委任状和用金子、玛瑙制作的酒杯作为凭信。

伏不受，谓孝宽曰："事君有死无贰。此儿为臣不能竭忠，为子不能尽孝，人所仇疾，愿速斩之以令天下！"周主自邺还，至晋州，遣高阿那肱等百馀人临汾水召伏。伏出军，隔水见之，问："至尊今何在？"阿那肱曰："已被擒矣。"伏仰天大哭，帅众入城，于厅事前北面哀号，良久，然后降。周主见之曰："何不早下？"伏流涕对曰："臣三世为齐臣，食齐禄，不能自死，羞见天地！"周主执其手曰："为臣当如此。"乃以所食羊肋骨赐伏曰："骨亲肉疏，所以相付。"遂引使宿卫，授上仪同大将军。敕之曰："若亟与公高官，恐归附者心动。努力事朕，勿忧富贵。"他日，又问："前救河阴得何赏？"对曰："蒙一转，授特进、永昌郡公。"周主谓高纬曰："朕三年教战，决取河阴。正为傅伏善守，城不可动，遂敛军而退。公当时赏功，何其薄也！"

夏四月乙巳，周主至长安，置高纬于前，列其王公等于后，车舆、旗帜、器物，以次陈之。备大驾，布六军，奏凯乐，献俘于太庙。观者皆称万岁。戊申，封高纬为温公，齐之诸王三十馀人，皆受封爵。周主与齐君臣饮酒，令温公起舞。高延宗悲不自持，屡欲仰药，其傅婢禁止之。

周主以李德林为内史上士，自是诏诰格式及用山东人物，并以委之。帝从容谓群臣曰："我常日唯闻李德林名，

傅伏不接受，对韦孝宽说："我效忠皇帝，誓死不抱二心。这孽子身为臣属不能尽忠，身为儿子又不能尽孝，将会被众人所仇恨，希望你立即将他斩杀，以昭示天下！"北周国主从邺城回长安，到达晋州时，派遣高阿那肱等一百多人到汾水河边，招降傅伏。傅伏率领军队出城，隔着汾水和他们相见，问道："皇上如今在哪里？"高阿那肱说："皇上已经被捉住了。"傅伏仰天大哭，率领军队回城，在官署的厅堂前面对着北方悲伤哭叫，哭了很久，然后向北周献城投降。北周国主见到他说："你为什么不早点投诚呢？"傅伏流着眼泪回答说："臣的家族三代都是齐国的臣子，领取齐国的俸禄，如今没有为国殉身，实在是愧对天地啊！"北周国主握住他的手说："当臣子的，就应当如此。"便把自己食用的羊排骨赏赐给傅伏，说："骨亲而肉疏，所以把骨头送给你。"后来就让他担任宫廷的宿卫，授予上仪同大将军的官职。下诏告诫傅伏说："如果马上让你当高官，恐怕归附的人人心浮动。你只要努力事奉朕，不必担心得不到富贵。"另一天，北周国主又问傅伏说："以前你援救河阴时，得到了什么赏赐？"傅伏说："蒙皇帝将我提拔一级，并授予我特进、永昌郡公。"北周国主对高纬说："朕连续三年指挥打仗，决意攻取河阴。正是由于傅伏善于防守，才没有将城攻破，朕只好领着兵马退回。你当时给傅伏的赏赐，真是太少了呀！"

夏季四月乙巳（初三），北周国主到达长安，安排高纬站在前面，各位王公排在后面，车辆、旗帜、器物都按次序陈列。然后准备了皇帝乘坐的车驾，排列六军，高奏凯歌，到大庙举行献俘的仪式。观看的人都高呼万岁。戊申（初六），北周赐封高纬为温公，北齐的各位王爷共三十多人也都各有封爵。北周国主和原北齐的君臣共同宴会饮酒，命令温公起来跳舞。高延宗悲伤不已，数次想服毒自尽，都被左右的奴仆劝阻。

北周国主任命李德林为内史上士，此后凡是朝廷的诏诰格式以及对崤山以东地区的人士的安排，全部委托给他。北周国主脸色平和地对群臣说："我往常只是听说过李德林的名字，

复见其为齐朝作诏书移檄，正谓是天上人，岂言今日得其驱使。”神武公纥豆陵毅对曰：“臣闻麒麟凤皇，为王者瑞，可以德感，不可力致。麒麟凤皇，得之无用，岂如德林，为瑞且有用哉！”帝大笑曰：“诚如公言。”

五月己丑，周主祭方丘。诏以：“路寝会义、崇信、含仁、云和、思齐诸殿，皆晋公护专政时所为，事穷壮丽，有逾清庙，悉可毁撤。雕斫之物，并赐贫民。缮造之宜，务从卑朴。”戊戌，又诏：“并、邺诸堂殿壮丽者准此。”

臣光曰：周高祖可谓善处胜矣！他人胜则益奢，高祖胜而愈俭。

十月，周人诬温公高纬与宜州刺史穆提婆谋反，并其宗族皆赐死。众人多自陈无之，高延宗独攘袂泣而不言，以椒塞口而死。唯纬弟仁英以清狂，仁雅以喑疾得免，徙于蜀。其馀亲属，不杀者散配西土，皆死于边裔。周主以高湝妻卢氏赐其将斛斯徵。卢氏蓬首垢面，长斋，不言笑。徵放之，乃为尼。齐后、妃贫者，至以卖烛为业。

十二月，高宝宁自黄龙上表劝进于高绍义，绍义遂称皇帝，改元武平，以宝宁为丞相。突厥佗钵可汗举兵助之。

十年夏六月，周高祖殂。闰月，齐范阳王绍义闻周高祖殂，以为天助。幽州人卢昌期，起兵据范阳，迎绍义，绍义引突厥兵赴之。周遣柱国东平公神举将兵讨昌期。绍义闻

又常见到他为齐国所写的诏书和公文，认为他是极上选的人才，当时怎敢说他今天能为我所用。"神武公纥豆陵毅回答说："臣听说，麒麟凤凰，是君王的祥兆，只可用德去感召它们，不能用强力得到。麒麟凤凰，就是得到了也没有用，怎能像李德林那样，既祥瑞又有用。"北周国主大笑着说："真是像你说的那样。"

五月己丑（十七日），北周国主在方丘举行祭祀。诏告："天子的寝宫会义殿、崇信殿、含仁殿、云和殿、思齐殿等，都是晋公宇文护专擅朝政时所修建的，高大而华丽，超过了宗庙的规模，可以全部拆毁。雕刻修饰的物件，都赏赐给平民。今后修缮或建造新殿，务求狭小朴素。"戊戌（二十六日），又诏告："并州、邺城的各座宫殿，凡高大华丽的，均照此办理。"

史臣司马光评论说：北周高祖可以称得上是一位善于处理得胜后事务的人了！别的人，获胜之后就更加骄奢，而北周高祖却是获胜之后更加俭朴。

十月，北周有人诬告温公高纬和宜州刺史穆提婆密谋反叛，朝廷下令将他们全族赐死。众人大多自己说没有这种事，唯独高延宗捋起衣袖，哭泣不语，最后用毒椒塞住自己的嘴而死。在高纬的宗族中，唯有高纬的弟弟高仁英因是疯子，高仁雅因是哑巴而得以免除一死，被放逐到蜀地。其馀的亲属，凡未被处死的，都被分别发配到西部边境，最后死在那里。北周国主把高湝的妻子卢氏赐给将领斛斯徵。卢氏便故意弄得蓬头垢面，并且一直吃素，不说不笑。斛斯徵便放了她，于是卢氏削发为尼。北齐的皇后、嫔妃中贫穷的，甚至以卖蜡烛为生。

十二月，高宝宁从黄龙上表劝说高绍义当皇帝，于是高绍义自己做了皇帝，改年号为武平，任命高宝宁为丞相。突厥的佗钵可汗出兵帮助高绍义。

十年（578）夏季六月，北周高祖去世。闰月，北齐范阳王高绍义听说北周高祖已死，认为是上天帮助他。幽州人卢昌期兴兵占据范阳，迎接高绍义，高绍义便领着突厥军队前往范阳。北周派遣柱国东平公宇文神举率领军队讨伐卢昌期。高绍义听说

幽州总管出兵在外，欲乘虚袭蓟，神举遣大将军宇文恩将四千人救之，半为绍义所杀。会神举克范阳，擒昌期，绍义闻之，素衣举哀，还入突厥。高宝宁帅夷、夏数万骑救范阳，至潞水，闻昌期死，还，据和龙。

十一年春二月，突厥佗钵可汗请和于周，周主以赵王招女为千金公主，妻之，且命执送高绍义，佗钵不从。

十二年夏六月，周遣建威侯贺若谊赂佗钵可汗，且说之以求高绍义。佗钵伪与绍义猎于南境，使谊执之。谊，敦之弟也。秋七月甲申，绍义至长安，徙之蜀。久之，病死于蜀。

北周的幽州总管领兵在外，准备乘机袭击蓟州，宇文神举派遣大将军宇文恩率领四千人援救蓟州，结果有一半的人被高绍义攻杀。恰巧宇文神举攻克范阳，擒获卢昌期，高绍义听说后，穿上白色丧服举行哀悼，然后退回突厥。高宝宁率领有数万汉人和夷人的骑兵队援救范阳，到潞水时，听说卢昌期已被杀，也返回和龙据守。

十一年(579)春季二月，突厥的佗钵可汗请求和北周恢复友好关系，北周宣帝册封赵王宇文招的女儿为千金公主，嫁给佗钵可汗，并且命令佗钵可汗逮捕高绍义并押送到长安来，佗钵可汗不肯答应。

十二年(580)夏季六月，北周派遣建威侯贺若谊贿赂佗钵可汗，并且劝说佗钵可汗把高绍义交给北周。于是，佗钵可汗假装和高绍义在南部边境打猎，让贺若谊把高绍义捉住。贺若谊，是贺若敦的弟弟。秋季七月甲申(初一)，高绍义被解送到长安，然后被放逐到蜀地。很久以后，高绍义病死在蜀地。

杨坚篡周

陈临海王光大二年秋七月壬寅，周随桓公杨忠卒，子坚袭爵，坚为开府仪同三司。

宣帝太建四年夏四月癸巳，周立皇子鲁公赟为太子，大赦。

五年秋九月壬午，周太子赟纳妃杨氏。妃，大将军随公坚之女也。太子好昵近小人，左宫正宇文孝伯言于周主曰："皇太子四海所属，而德声未闻，臣忝宫官，实当其责。且春秋尚少，志业未成，请妙选正人，为其师友，调护圣质，犹望日就月将。如或不然，悔无及矣。"帝敛容曰："卿世载鲠直，竭诚所事。观卿此言，有家风矣！"孝伯拜谢曰："非言之难，受之难也。"帝曰："正人岂复过卿！"于是以尉迟运为右宫正。运，迥之弟子也。

帝尝问万年县丞南阳乐运曰："卿言太子何如人？"对曰："中人。"帝顾谓齐公宪曰："百官佞我，皆称太子聪明睿智。唯运所言忠直耳。"因问运中人之状，对曰："如齐桓

杨坚篡周

陈临海王光大二年(568)秋季七月壬寅(初九),北周随桓公杨忠去世,他的儿子杨坚继承爵位,杨坚当时担任开府仪同三司。

陈宣帝太建四年(572)夏季四月癸巳(二十二日),北周立皇子鲁公宇文赟为皇太子,大赦天下。

五年(573)秋季九月壬午(十九日),北周皇太子宇文赟纳杨氏为太子妃。杨妃,是大将军随公杨坚的女儿。皇太子喜欢亲近小人,左宫正宇文孝伯对北周武帝宇文邕说:"皇太子是全国上下所瞩目的人,但是他在德行方面却没有什么名声,臣忝为宫廷官员,实在应该对此负责。况且,皇太子年龄还小,志向和学业都还没有成熟,请陛下精心选择合适的人,作为皇太子的良师益友,培养皇太子的品质,希望他每日每月的进步。如果不这样做,将来后悔就来不及了。"武帝庄重地说:"您世代耿直,竭诚报效国家。听了您的这番话,可见您的家风!"宇文孝伯拜谢说:"说这样的话并不难,难的是接受这样的话。"武帝说:"正派的人哪有超过您的!"于是,任命尉迟运担任右宫正。尉迟运,是尉迟迥的侄子。

武帝曾经询问万年县丞、南阳人乐运说:"依你看太子是怎样的人?"乐运回答说:"是中等人。"武帝回头对齐公宇文宪说:"朝廷百官谄媚我,都说太子聪明睿智。只有乐运所说的话忠诚直率。"随后询问乐运中等人是什么样,乐运回答说:"就像齐桓

公是也。管仲相之则霸，竖貂辅之则乱。可与为善，可与为恶。"帝曰："我知之矣。"乃妙选宫官以辅之，仍擢运为京兆丞。太子闻之，意甚不悦。

七年。大将军杨坚姿相奇伟。畿伯下大夫长安来和尝谓坚曰："公眼如曙星，无所不照，当王有天下，愿忍诛杀。"

周主待坚素厚，齐王宪言于帝曰："普六茹坚，相貌非常，臣每见之，不觉自失。恐非人下，请早除之。"帝亦疑之，以问来和，和诡对曰："随公止是守节人，可镇一方；若为将领，陈无不破。"

八年秋八月，周太子伐吐谷浑，至伏俟城而还。宫尹郑译、王端等皆有宠于太子。太子在军中多失德，译等皆预焉。军还，王轨等言之于周主。周主怒，杖太子及译等，仍除译等名，宫臣亲幸者咸被谴。太子复召译，戏狎如初。译因曰："殿下何时可得据天下？"太子悦，益昵之。译，俨之兄孙也。

周主遇太子甚严，每朝见，进止与群臣无异，虽隆寒盛暑，不得休息。以其嗜酒，禁酒不得至东宫。有过，辄加捶挞，尝谓之曰："古来太子被废者几人？馀儿岂不堪立邪！"乃敕东宫官属录太子言语动作，每月奏闻。太子畏帝威严，矫情修饰，由是过恶不上闻。

公那样。管仲辅佐他，则能称霸；竖貂辅佐他，则使国家混乱。也就是说，可以做好事，也可以做坏事。”武帝说：“我明白了。”于是精心挑选东宫官员以辅助皇太子，并提拔乐运担任京兆丞。太子听了这番议论，心中很不愉快。

七年(575)。大将军杨坚身材魁梧，相貌奇特。畿伯下大夫、长安人来和曾经对杨坚说：“你的双眼如同晨星，无所不照，势必称王于天下，希望你能克制诛杀。”

北周武帝一向厚待杨坚，齐王宇文宪对武帝说：“杨坚的相貌非同一般，臣每次看见他，都禁不住茫然无措。恐怕这人不甘心当别人的臣子，请陛下尽早除掉他。”武帝也对杨坚产生怀疑，便询问来和的意见，来和却欺骗武帝说：“随公只是一个坚守节操的人，可以镇守一方；如果让他领兵打仗，没有什么敌阵不被他攻破。”

八年(576)秋季八月，北周太子征讨吐谷浑，到达伏俟城便收兵返回了。宫尹郑译、王端等人都受到皇太子的宠爱。皇太子在军队中常常干些缺乏德行的事情，郑译等人也都参与其中。军队返回长安后，王轨等人把这些事情都告诉给武帝。武帝大怒，用棍杖责打太子和郑译等人，并将郑译等人除名，宫官中被皇太子亲近宠信的人都被贬谪。不多时，皇太子又把郑译召进宫中，一同游玩亲近如初。郑译趁机对皇太子说：“殿下什么时候才能得到天下？”皇太子很高兴，越发和他亲近。郑译，是郑俨哥哥的孙子。

北周武帝对待太子十分严格，每次朝见武帝，太子的行动进退和群臣一样，无论是严寒还是酷暑，都不能休息。由于太子酷爱饮酒，武帝严禁把酒送至东宫。太子犯了过错，武帝常常用拳头或棍棒加以责打，并且曾经对太子说：“自古以来太子被废黜的有多少人？其他的儿子我难道就不能立为太子吗？”于是，武帝下令东宫所属的官员将太子的一言一行都记录下来，每月奏报一次。太子畏惧父皇的威严，常常对天生本性加以矫饰，因此太子的过失和恶行都没有让武帝听到。

王轨尝与小内史贺若弼言："太子必不克负荷。"弼深以为然，劝轨陈之。轨后因侍坐，言于帝曰："皇太子仁孝无闻，恐不了陛下家事。愚臣短暗，不足可信。陛下恒以贺若弼有文武奇才，亦常以此为忧。"帝以问弼，对曰："皇太子养德春宫，未闻有过。"既退，轨让弼曰："平生言论，无所不道，今者对扬，何得乃尔反覆？"弼曰："此公之过也。太子，国之储副，岂易发言！事有蹉跌，便至灭族。本谓公密陈臧否，何得遂至昌言！"轨默然久之，乃曰："吾专心国家，遂不存私计。向者对众，良实非宜。"

后轨因内宴上寿，捋帝须曰："可爱好老公，但恨后嗣弱耳。"先是，帝问右宫伯宇文孝伯曰："吾儿比来何如？"对曰："太子比惧天威，更无过失。"罢酒，帝责孝伯曰："公常语我云，太子无过。今轨有此言，公为诳矣。"孝伯再拜曰："臣闻父子之际，人所难言。臣知陛下不能割慈忍爱，遂尔结舌。"帝知其意，默然久之，乃曰："朕已委公矣，公其勉之！"

王轨骤言于帝曰："皇太子非社稷主。普六茹坚貌有反相。"帝不悦，曰："必天命有在，将若之何！"杨坚闻之，甚惧，深自晦匿。

帝深以轨等言为然，但汉王赞次长，又不才，馀子皆幼，故得不废。

十年夏五月癸巳，帝不豫。六月丁酉朔，帝疾甚，还长安，是夕殂，年三十六。

王轨曾经对小内史贺若弼说："太子将来肯定不能胜任天子的重负。"贺若弼深表赞同，劝告王轨向武帝陈述这种看法。后来，王轨乘着在武帝身边侍奉的机会，对武帝说："皇太子在仁慈和孝道方面都未建声誉，恐怕不能把陛下的家事做到底。愚臣见识短浅，不足为信。陛下常常觉得贺若弼有文才武略，他也时常为此担忧呢。"武帝于是询问贺若弼，贺若弼回答说："皇太子在春宫修养德行，没听说有什么过错。"退出以后，王轨责备贺若弼说："你素来的言论都无所顾忌，如今对皇上陈述意见时，为什么却如此反复无常？"贺若弼说："这就是您的过错了。太子是国家未来的君主，岂能随意发表言论？如果事情出现闪失，便要招致灭族。我本以为您是向皇上秘密奏报，没想到您却在公开场合向皇上明言！"王轨沉默了许久，才说："我是一心为国，就没有怀着个人想法。刚才当着大家的面提这件事情，的确不够妥当。"

后来，王轨借着宫中举行宴会为武帝祝寿的机会，用手捋着武帝的胡须说："可爱的好天子，只可惜继承人太懦弱了。"起先，武帝向右宫伯宇文孝伯询问说："我的儿子近来怎么样了？"宇文孝伯说："太子近来害怕陛下的龙威，再也没犯什么过失。"武帝停止饮酒，责备宇文孝伯说："您常常对我说，太子没犯过失。现在王轨却这么说，可见你是骗我。"宇文孝伯向武帝拜了两拜，说："臣听说，在父子之间，别人很难说什么。臣知道陛下不能割舍慈爱，所以也就不敢对陛下说什么了。"武帝明白他的意思，沉默了许久，才说："朕已经把太子委托给您了，希望您尽力而为。"

王轨多次对武帝说："皇太子不是国家的合格君王。杨坚的体貌有造反的骨相。"武帝不高兴地说："这是天命所决定的，那又有什么办法？"杨坚听到这种议论后，十分恐惧，竭力隐藏自己，不出头露面。

武帝十分赞同王轨等人的话，只是汉王宇文赞是次子，而且又没有才能，其他的儿子都还年幼，所以没有废掉太子宇文赟。

十年(578)夏季五月癸巳(二十七日)，北周武帝生病。六月丁酉是初一，武帝病重，返回长安，当天夜里去世，年三十六。

戊戌，太子即位，尊皇后阿史那氏为皇太后。宣帝始立，即逞奢欲。大行在殡，曾无戚容，扪其杖痕，大骂曰："死晚矣！"阅视高祖宫人，逼为淫欲。超拜吏部下大夫郑译为开府仪同大将军、内史中大夫，委以朝政。

己未。葬武皇帝于孝陵，庙号高祖。既葬，诏内外公除，帝及六宫皆议即吉。京兆郡丞乐运上疏，以为："葬期既促，事讫即除，太为汲汲。"帝不从。

帝以齐炀王宪属尊望重，忌之。谓宇文孝伯曰："公能为朕图齐王，当以其官相授。"孝伯叩头曰："先帝遗诏，不许滥诛骨肉。齐王，陛下之叔父，功高德茂，社稷重臣。陛下若无故害之，臣又顺旨曲从，则臣为不忠之臣，陛下为不孝之子矣。"帝不怿，由是疏之。乃与开府仪同大将军于智、郑译等密谋之，使智就宅候宪，因告宪有异谋。

甲子，帝遣宇文孝伯语宪，欲以宪为太师，宪辞让。又使孝伯召宪，曰："晚与诸王俱入。"既至殿门，宪独被引进。帝先伏壮士于别室，至，即执之。宪自辩理，帝使于智证宪，宪目光如炬，与智相质。或谓宪曰："以王今日事势，何用多言！"宪曰："死生有命，宁复图存！但老母在堂，恐留兹恨耳。"因掷笏于地。遂缢之。帝召宪僚属，使证成宪罪。参军勃海李纲，誓之以死，终无桡辞。有司以露车载

戊戌(闰五月初二),太子宇文赟即皇帝位,尊奉皇后阿史那氏为皇太后。宣帝刚刚即位,便十分奢侈纵欲。武帝还未出殡安葬,他竟然毫无哀容,还抚摸着以前被棍棒责打所留下的疤痕,大骂道:"你死得太晚了!"宣帝挑拣武帝的宫妃,强迫她们满足自己的淫欲。又破格任命吏部下大夫郑译为开府仪同大将军、内史中大夫,把朝廷政事委付给他办理。

己未(二十三日)。北周将武帝安葬在孝陵,庙号高祖。葬礼完毕之后,宣帝就下诏朝廷内外官员都换下丧服,宣帝和嫔妃都计议换上吉服。京兆郡丞乐运上书,认为:"安葬的日期本来就定得太急迫,而且先帝刚刚下葬便换下丧服,实在是太匆促了。"宣帝不肯听从。

宣帝因为齐炀王宇文宪位高望重,对他十分忌恨。宣帝对宇文孝伯说:"你如果替朕设法除掉齐王,我就把他的官职授予你。"宇文孝伯叩头说:"先帝遗诏说不许滥杀至亲骨肉。齐王是陛下的叔父,功高德旺,是国家的重臣。陛下如果无缘无故地将他除掉,臣又顺从陛下的旨意,那么臣就是个不忠之臣,陛下也是个不孝之子了。"宣帝很不高兴,也因此将他疏远。宣帝转而和开府仪同大将军于智、郑译等人秘密谋划除掉宇文宪,派遣于智到宇文宪的家中伺探,然后诬告宇文宪有反叛图谋。

甲子(二十八日),宣帝派宇文孝伯告诉宇文宪,说准备任命宇文宪为太师,宇文宪加以推辞。又派宇文孝伯召宇文宪进宫,说:"请你在今天晚上和各位王爷一起进宫。"晚上,大家来到大殿门口,宇文宪被单独带进去。宣帝预先在别的房室中埋伏下壮士,宇文宪一进来,就被壮士们逮捕。宇文宪为自己申辩,宣帝让于智和他对证,宇文宪目光如炬,和于智当场对质。有人对宇文宪说:"依照王爷您今日的处境来看,又何必多言呢!"宇文宪说:"生死有命,我难道还想活吗?只是家中还有老母亲,未能侍奉终老,感到遗憾罢了。"于是把朝笏扔在地上。宇文宪被绞死。宣帝召集宇文宪的僚属,让他们证实宇文宪的罪行。参军、勃海人李纲以死起誓,始终没有作伪证。有关部门用敞篷车载着

宪尸而出，故吏皆散，唯李纲抚棺号恸，躬自瘗之，哭拜而去。

又杀上大将军王兴，上开府仪同大将军独孤熊，开府仪同大将军豆卢绍，皆素与宪亲善者也。帝既诛宪而无名，乃云与兴等谋反，时人谓之“伴死”。以于智为柱国，封齐公，以赏之。

闰月乙亥，周主立妃杨氏为皇后。秋七月壬戌，以亳州总管杨坚为上柱国、大司马。

十一年春正月癸巳，周主受朝于露门，始与群臣服汉、魏衣冠。大赦，改元大成。置四辅官：以大冢宰越王盛为大前疑，相州总管蜀公尉迟迥为大右弼，申公李穆为大左辅，大司马随公杨坚为大后承。

周主之初立也，以高祖《刑书要制》为太重而除之，又数行赦宥。京兆郡丞乐运上疏，以为：“《虞书》所称‘眚灾肆赦’，谓过误为害，当缓赦之。《吕刑》云‘五刑之疑有赦’，谓刑疑从罚，罚疑从免也。谨寻经典，未有罪无轻重，溥天大赦之文。大尊岂可数施非常之惠，以肆奸宄之恶乎！”帝不纳。既而民轻犯法，又自以奢淫多过失，恶人规谏，欲为威虐，慑服群下。乃更为《刑经圣制》，用法益深，大醮于正武殿，告天而行之。密令左右伺察群臣，小有过失，辄行诛谴。

又居丧才逾年，即恣声乐，鱼龙百戏，常陈殿前，累日继夜，不知休息。多聚美女以实后宫，增置位号，不可详录。游宴沈湎，或旬日不出，群臣请事者，皆因宦者奏之。

宇文宪的尸体走出皇宫，宇文宪的旧属官吏全都散逃，唯独李纲抚着宇文宪的棺木号啕大哭，亲自将他埋葬，哭拜之后，离别而去。

宣帝还杀了上大将军王兴、上开府仪同大将军独孤熊、开府仪同大将军豆卢绍，他们向来和宇文宪亲近友善。宣帝杀了宇文宪却没有罪名，便说宇文宪和王兴等阴谋反叛，当时的人称之为“伴死”。宣帝任命于智为柱国，封齐公，以表示奖赏。

闰月乙亥，周宣帝册封太子妃杨氏为皇后。秋季七月壬戌（二十七日），任命亳州总管杨坚为上柱国、大司马。

十一年(519)春季正月癸巳（初一），北周宣帝在露门接受百官的朝拜，并开始和群臣一起穿用汉、魏时期的服饰。大赦天下，改年号为大成。设置四名辅佐皇帝的官职：任命大冢宰、越王宇文盛为大前疑，相州总管、蜀公尉迟迥为大右弼，申公李穆为大左辅，大司马、随公杨坚为大后承。

宣帝刚刚继位时，认为高祖时的《刑书要制》量刑太重而将它废除，并几次发布赦免令。京兆郡丞乐运上书，认为：“《虞书》中所说的‘眚灾肆赦’，意思是说，凡偶然犯下过失而造成危害的人可以宽恕赦免。《吕刑》中所说‘五刑之疑有赦’，意思是说，对判刑有怀疑时可改为处罚，对处罚有怀疑时可改为免罪。臣谨慎认真地查阅了经典，没有发现不按罪行轻重而进行全国性大赦的记载。作为天子，怎能数次施行非同寻常的恩惠，而助长奸人歹徒的罪恶呢?”宣帝不加采纳。过后，百姓对触犯刑律已不害怕，而宣帝自己也因奢侈糜烂，多有过失，痛恨臣下规劝，打算用威势和残暴使臣下感到畏缩恐惧。于是，宣帝下令另行制订《刑经圣制》，采用更加严厉的刑法，并在正武殿设坛祈祷，禀告上天施行此刑法。宣帝暗中吩咐左右亲近观察监视朝廷百官，一旦发现小小的过失，便进行诛杀或谴责。

又宣帝居丧才满一年，便耽溺音乐歌舞之中，常在殿前欣赏魔术、杂技，日夜不断，不知休息。又挑选了许多美女充实后宫，增添名位称号，多得无法详细记录。有时一连十天不出后宫，成日游玩、宴饮、酗酒，遇有群臣奏报事情，都通过太监转奏。

于是乐运舆榇诣朝堂，陈帝八失：其一，以为"大尊比来事多独断，不参诸宰辅，与众共之"；其二，"搜美女以实后宫，仪同以上女不许辄嫁，贵贱同怨"；其三，"大尊一入后宫，数日不出，所须闻奏，多附宦者"；其四，"下诏宽刑，未及半年，更严前制"；其五，"高祖斫雕为朴，崩未逾年，而遽穷奢丽"；其六，"徭赋下民，以奉俳优角抵"；其七，"上书字误者即治其罪，杜献书之路"；其八，"玄象垂诫，不能谘诹善道，修布德政"。"若不革兹八事，臣见周庙不血食矣。"帝大怒，将杀之，朝臣恐惧，莫有救者。内史中大夫洛阳元岩叹曰："臧洪同死，人犹愿之，况比干乎！若乐运不免，吾将与之俱毙。"乃诣阁请见，曰："乐运不顾其死，欲以求名。陛下不如劳而遣之，以广圣度。"帝颇感悟。明日，召运，谓曰："朕昨夜思卿所奏，实为忠臣。"赐御食而罢之。

癸卯，周立皇子阐为鲁王。戊午，周主至洛阳，立鲁王阐为皇太子。

二月，周徐州总管王轨，闻郑译用事，自知及祸，谓所亲曰："吾昔在先朝，实申社稷至计。今日之事，断可知矣。此州控带淮南，邻接强寇，欲为身计，易如反掌。但忠义之节，不可亏违。况荷先帝厚恩，岂可以获罪于嗣主，遽忘之邪！正可于此待死，冀千载之后，知吾此心耳！"

于是，乐运用车拉了棺木，来到议事朝堂，指陈宣帝的八大过失：第一，“皇上近来处理朝政，经常独断专行，不和宰相辅臣一同商议”；第二，“挑选美女充实后宫，仪同以上官员的女儿不准出嫁，招致世人的埋怨”；第三，“皇上一进后宫，就数日不出来，必须处理的奏章文书，大多委付给太监”；第四，“下诏放宽刑罚，不到半年，却实行更加严厉的刑罚”；第五，“高祖摒弃雕饰，主张简朴，驾崩不到一年，皇上就又极尽奢侈华丽”；第六，“加重百姓的赋税、徭役，用来供养杂耍、角力的艺人”；第七，“官员上奏的文书中有触讳的字眼便加以治罪，堵绝了上书言事的途径”；第八，“上天显示灾异来告诫天子，天子却不征询为善的办法，修整实行德政”。乐运断定“如果不革除这八大弊端，臣将看到，在周朝的宗庙上，不再会有杀牲取血的祭祀了”。宣帝大怒，打算杀死乐运，而朝臣无不恐惧，没有人敢出面救他。这时，内史中大夫、洛阳人元岩叹息道：“和臧洪一同赴死，都会有人愿意，更何况和比干一同赴死呢？如果乐运难逃一死，我将和他同归于尽。”于是到阁前求见宣帝，说：“乐运不顾自己的性命，是想得到名声。陛下不如对他加以慰劳，然后放他走，以显示陛下的宽宏大量。”宣帝倒很有些感悟。次日，宣帝召见乐运，对他说：“朕昨天晚上审阅了你的奏章，认为你真是一位忠臣。”赐给他御用食物，然后将他罢免。

癸卯（十一日），北周立皇子宇文阐为鲁王。戊午（二十六日），北周宣帝到洛阳，立鲁王宇文阐为皇太子。

二月，北周的徐州总管王轨听说郑译在朝廷执掌大权，知道自己的灾祸就要来临，于是对亲近的人说：“我过去在先帝当政时，如实陈述了有关国家前程的大计。今天的事情，结果如何可想而知。这个州控制着淮南地区，和强国为邻，想替自己打算，真是易如反掌。只是那忠义的节操，是不可违背的。况且，我蒙受先帝的厚恩，怎么能因为在当今皇上这里获了罪，便忘记了曾经蒙受的厚恩呢？我正可以在这里等死，希望在千年之后，会有人了解我的忠心！”

周主从容问译曰："我脚杖痕，谁所为也？"对曰："事由乌丸轨、宇文孝伯。"因言轨捋须事。帝使内史杜庆信就州杀轨，元岩不肯署诏。御正中大夫颜之仪切谏，帝不听，岩进继之，脱巾顿颡，三拜三进。帝曰："汝欲党乌丸轨邪？"岩曰："臣非党轨，正恐滥诛失天下之望。"帝怒，使阉竖搏其面。轨遂死，岩亦废于家。远近知与不知，皆为轨流涕。之仪，之推之弟也。

周主之为太子也，上柱国尉迟运为宫正，数进谏，不用。又与王轨、宇文孝伯、宇文神举皆为高祖所亲待，太子疑其同毁己。及轨死，运惧，私谓孝伯曰："吾徒必不免祸，为之奈何？"孝伯曰："今堂上有老母，地下有武帝，为臣为子，知欲何之！且委质事人，本徇名义，谏而不入，死焉可逃！足下若为身计，宜且远之。"于是运求出为秦州总管。他日，帝托以齐王宪事让孝伯曰："公知齐王谋反，何以不言？"对曰："臣知齐王忠于社稷，为群小所谮，言必不用，所以不言。且先帝付嘱微臣，唯令辅导陛下。今谏而不从，实负顾托。以此为罪，是所甘心。"帝大惭，俯首不语，命将出，赐死于家。

时宇文神举为并州刺史，帝遣使就州鸩杀之。尉迟运至秦州，亦以忧死。

辛巳，周宣帝传位于太子阐，大赦，改元大象，自称天元皇帝，所居称"天台"，冕二十四旒，车服旗鼓皆倍于前王之数。

周宣帝不慌不忙地询问郑译说："我脚上的杖痕，是由谁干的？"郑译回答说："事情的起因是王轨、宇文孝伯。"随后向宣帝讲述了王轨捋武帝胡须的事情。宣帝派遣内史杜庆信到徐州杀王轨，元岩不肯在诏书上签名。御正中大夫颜之仪也极力劝阻，宣帝不听，元岩随即进见宣帝，脱下头巾叩拜，一连往返三次。宣帝说："你是要袒护王轨吗？"元岩说："臣不是袒护王轨，而是担心陛下滥杀大臣会失去天下人的期望。"宣帝发怒，叫太监打元岩的脸。王轨最终被杀死，元岩也被免职回家。远近各地的人，无论知不知道王轨，都为他流泪。颜之仪，是颜之推的弟弟。

北周宣帝做皇太子时，上柱国尉迟运担任宫正，数次向太子进言规劝，都不被采纳。尉迟运又和王轨、宇文孝伯、宇文神举都被高祖亲近善待，太子便怀疑尉迟运和王轨等人一起诽谤自己。王轨死后，尉迟运心中害怕，私下对宇文孝伯说："我们这些人必定难逃灾祸，怎么办呢？"宇文孝伯说："我如今家中有老母亲，九泉之下又有武帝，作为臣子和儿子，怎么知道去哪里？况且，既然委身侍奉君主，本应遵从名节和道义，劝谏君主而不被采纳，又怎能避免一死？足下如果为自己打算，应该暂时到远方去。"于是，尉迟运请求离开朝廷担任秦州总管。另一天，宣帝借齐王宇文宪的事情责备宇文孝伯说："你知道齐王谋反，为什么不报告？"宇文孝伯回答说："臣知道齐王忠于国家，被一群小人所陷害，我说话也不会被陛下采纳，所以也就不说。况且，先帝嘱咐微臣，只让我辅佐教导陛下。如今我规劝陛下而又不被陛下听从，实在是辜负了先帝的期望和嘱托。如果把这一点来当作我的罪名，我心甘情愿承受。"宣帝十分惭愧，低头不语，命令放他出去，赐他在家自尽。

当时宇文神举担任并州刺史，宣帝派遣使者到并州用毒药毒死他。尉迟运抵达秦州，也因为忧愁而死。

辛巳（二十日），北周宣帝传位给太子宇文阐，大赦天下，改年号为大象，宣帝自称天元皇帝，居所称为"天台"，皇冠前后悬垂二十四条玉串，车驾、服饰、旗号、鼓吹都比先帝增加一倍。

皇帝称正阳宫，置纳言、御正、诸卫等官，皆准天台。尊皇太后为天元皇太后。

天元既传位，骄侈弥甚，务自尊大，无所顾惮，国之仪典，率情变更。每对臣下自称为天，用樽、彝、珪、瓒以饮食。令群臣朝天台者，致斋三日，清身一日。既自比上帝，不欲群臣同己，常自带绶，及冠通天冠，加金附蝉，顾见侍臣弁上有金蝉及王公有绶者，并令去之。不听人有“天”“高”“上”“大”之称，官名有犯，皆改之。改姓高者为“姜”，九族称高祖者为“长祖”。又令天下车皆以浑木为轮。禁天下妇人不得施粉黛，自非宫人，皆黄眉墨妆。

每召侍臣论议，唯欲兴造变革，未尝言及政事。游戏无常，出入不节，羽仪仗卫，晨出夜还，陪侍之官，皆不堪命。自公卿以下，常被楚挞。每捶人，皆以百二十为度，谓之“天杖”，其后又加至二百四十。宫人内职亦如之，后、妃、嫔、御，虽被宠幸，亦多杖背。于是内外恐怖，人不自安，皆求苟免，莫有固志，重足累息，以逮于终。

夏五月辛亥，以襄国郡为赵国，济南郡为陈国，武当、安富二郡为越国，上党郡为代国，新野郡为滕国，邑各万户。令赵王招、陈王纯、越王盛、代王达、滕王逌并之国。

随公杨坚私谓大将军汝南公庆曰：“天元实无积德，视其相貌，寿亦不长。又，诸藩微弱，各令就国，曾无深根固本之计。羽翮既翦，何能及远哉！”秋七月庚寅，周以杨坚为大前疑。

新皇帝居所则称为正阳宫，设置纳言、御正、诸卫等官职，都仿效天台的设置。尊奉皇太后为天元皇太后。

天元皇帝传位之后，更加骄奢淫逸，妄自尊大，肆无忌惮，对国家的典章制度随心所欲地加以更改。每次和臣下说话，都自称为天，只用樽、彝、珪、瓒等金玉器皿盛食物。命令大臣在前往天台朝拜之前，都要先斋戒三天，洁身一天。他自比为上帝，不喜欢群臣和他有相同之处，常常穿配有绶带的衣服，戴着通天冠，冠上缀饰金蝉，如看见群臣的帽上饰有金蝉或王公衣服上饰有绶带，便命令他们全部摘除。不许其他人有“天”“高”“上”“大”的称呼，官员姓名中带有这些字的，一律改掉。把“高”姓改为“姜”姓，九族中的“高祖”改称“长祖”。又命令全国所有的车辆都用劣质木材制作车轮。禁止全国的妇女涂脂抹粉，除了宫女之外，都一律涂黄眉化黑妆。

天元皇帝每次召集群臣议论政事，只谈论宫室的兴建改装，从来不涉及朝廷政事。随意游玩戏闹，出入没有节制，仪仗队随同出入，早出晚归，连随身侍奉的官员，也都难以忍受疲累。公卿以下的官员，常常遭到天元皇帝的毒打。每次拷打都以一百二十下为准，称为“天杖”，后来又加到二百四十下。宫女和内廷官员也都同样对待，皇后、嫔妃即使受到宠幸，也大多被杖打过脊背。于是，朝廷内外的人都心中害怕，人人自危，苟且求生，没有牢固的意念，恐惧得并脚站立，不敢出气，直到死去为止。

夏季五月辛亥这天，天元皇帝改襄国郡为赵国，济南郡为陈国，武当、安富二郡为越国，上党郡为代国，新野郡为滕国，分别食邑一万户。命令赵王宇文招、陈王宇文纯、越王宇文盛、代王宇文达，滕王宇文逌都到自己的封国去。

随公杨坚私下对大将军、汝南公宇文庆说：“天元皇上实在没有德行，看他的相貌，寿命也不会很长。而且各个藩王势力都很弱小，却各自让他们到封国，可见天元皇上没有什么巩固国家的大计。羽毛剪去后，怎么能飞得远呢？”秋季七月庚寅（初一），北周任命杨坚为大前疑。

己酉，周尊天元帝太后李氏为天皇太后。壬子，改天元皇后朱氏为天皇后，立妃元氏为天右皇后，陈氏为天左皇后，凡四后云。

十二年春二月乙丑，周天元改制为天制，敕为天敕。壬午，尊天元皇太后为天元上皇太后，天皇太后为天元圣皇太后。癸未，诏杨后与三后皆称太皇后，司马后直称皇后。

行军总管杞公亮，天元之从祖兄也。其子西阳公温妻尉迟氏，蜀公迥之孙，有美色，以宗妇入朝，天元饮之酒，逼而淫之。亮闻之，惧。三月，军还，至豫州，密谋袭韦孝宽，并其众，推诸父为主，鼓行而西。亮国官茹宽知其谋，先告孝宽，孝宽潜设备。亮夜将数百骑袭孝宽营，不克而走。戊子，孝宽追斩之，温亦坐诛。天元即召其妻入宫，拜长贵妃。时周师寇淮南，韦孝宽为行军元帅。

周天元如同州，增候正、前驱、式道为三百六十重，自应门至于赤岸泽，数十里间，幡旗相蔽，音乐俱作。又令虎贲持钑马上，称警跸。乙未，改同州宫为成天宫。庚子，还长安。诏天台侍卫之官，皆著五色及红、紫、绿衣，以杂色为缘，名曰“品色衣”，有大事，与公服间服之。壬寅，诏内外命妇皆执笏，其拜宗庙及天台，皆俯伏如男子。

天元将立五皇后，以问小宗伯狄道辛彦之。对曰：“皇后与天子敌体，不宜有五。”太学博士西城何妥曰：“昔帝喾

己酉（二十日），北周尊奉天元帝太后李氏为天皇太后。壬子（二十三日），改称天元皇后朱氏为天皇后，册封妃子元氏为天右皇后，陈氏为天左皇后，一共有四个皇后。

十二年（580）春季二月乙丑（初九），北周天元皇帝将自己所下的制书改称为天制，敕书改称为天敕。壬午（二十六日），尊奉天元皇太后为天元上皇太后，天皇太后为天元圣皇太后。癸未（二十七日），下诏让杨皇后和其他三位皇后都称为太皇后，司马皇后直接称为皇后。

行军总管、杞公宇文亮，是天元皇帝的从祖堂兄，其子西阳公宇文温的妻子尉迟氏，是蜀公尉迟迥的孙女，貌美，以皇族妇人身份入朝，天元皇帝让她陪酒，强行奸污了她。宇文亮知道后，心中恐惧。三月，宇文亮的军队回到豫州，密谋袭击韦孝宽并且兼并他的军队，然后推举父辈中的人为皇帝，大张旗鼓地西征。宇文亮的国官茹宽知道他的图谋后，事先报告给韦孝宽，韦孝宽暗中做了部署。宇文亮率数百名骑兵，趁夜袭击韦孝宽的军营，没能得手，败退而逃。戊子（初三），韦孝宽追上宇文亮并处死他，宇文温也牵连被杀。于是天元皇帝把他的妻子召进宫中，封为长贵妃。当时北周军队正进攻淮南，韦孝宽担任行军元帅。

北周天元皇帝前往同州，增置负责出行的候正、前驱、式道等官职多达三百六十重，从皇宫应门到赤岸泽，几十里的地带，幡旗相连，互相遮盖，音乐大作，响彻云霄。又命令虎贲武士骑马执戟，沿路戒严。乙未（初十），把同州宫改称为成天宫。庚子（十五日），返回长安。下诏命令天台的侍卫官员，都身穿五彩和红色、紫色、绿色的服装，边缘饰以杂色，称为“品色衣”，遇到朝廷重要活动时，可以和公服轮换穿戴。壬寅（十七日），下诏命令宫廷内外的诰命夫人上朝时都要手执笏板，并且在宗庙祭祀或到天台朝圣时，都要和男子一样俯身跪拜。

天元皇帝准备册立五位皇后，因此征询小宗伯、狄道人辛彦之的意见。辛彦之回答说：“皇后和天子是同样的尊贵，陛下不应该册立五位皇后。”太学博士、西城人何妥则说：“从前帝喾

四妃，虞舜二妃，先代之数，何常之有。"帝大悦，免彦之官。甲辰，诏曰："坤仪比德，土数惟五，四太皇后外，可增置天中太皇后一人。"于是以陈氏为天中太皇后，尉迟妃为天左太皇后。又造下帐五，使五后各居其一，实宗庙祭器于前，自读祝版而祭之。又以五辂载妇人，自帅左右步从。又好倒悬鸡及碎瓦于车上，观其号呼以为乐。

夏五月，周杨后性柔婉，不妒忌，四皇后及嫔、御等，咸爱而仰之。天元昏暴滋甚，喜怒乖度，尝谴后，欲加之罪。后进止详闲，辞色不挠，天元大怒，遂赐后死，逼令引诀。后母独孤氏诣阁陈谢，叩头流血，然后得免。

后父大前疑坚，位望隆重，天元忌之，尝因忿谓后曰："必族灭尔家！"因召坚，谓左右曰："色动，即杀之。"坚至，神色自若，乃止。内史上大夫郑译，与坚少同学，奇坚相表，倾心相结。坚既为帝所忌，情不自安，尝在永巷，私于译曰："久愿出藩，公所悉也，愿少留意。"译曰："以公德望，天下归心。欲求多福，岂敢忘也！谨即言之。"

天元将遣译入寇，译请元帅。天元曰："卿意如何？"对曰："若定江东，自非懿戚重臣，无以镇抚。可令随公行，且为寿阳总管以督军事。"天元从之。己丑，以坚为扬州总管，使译发兵会寿阳。将行，会坚暴有足疾，不果行。

有四个妃子，虞舜有两个妃子，可见先代在皇后的数目上，并没有什么统一规定。”天元皇帝听了何妥的话，十分高兴，而把辛彦之的官职免去。甲辰（十九日），下诏说：“妇人取法大地，土行配数目是五，所以，在四位太皇后之外，可以增设一名天中太皇后。”于是册封陈氏为天中太皇后，尉迟妃为天左太皇后。又下令营造五处临时帷帐，让五位皇后各住一处，并将宗庙里的祭礼用具布置在帐前，亲自捧着祝版宣读祝文，祭告祖先。天元皇帝还用五种辂车载着宫女，而自己领着左右随从步行跟从。又喜欢在车上倒挂活鸡，或者向车上投掷瓦片，看她们惊呼乱叫而取乐。

夏季五月，北周杨皇后性情柔顺温婉，从不嫉妒，其馀四位皇后和各位嫔妃都十分敬重她。天元皇帝越来越昏愦暴虐，喜怒无常，曾经责备杨皇后，还打算加她罪名。杨皇后却仍然举止安详贤淑，言辞神色也毫不服软，天元皇帝十分愤怒，于是将杨皇后赐死，逼迫她自杀。杨皇后的母亲独孤氏赶进宫中，为皇后求情，叩头至流血，杨皇后这才免于一死。

杨皇后的父亲、大前疑杨坚，位高望重，天元皇帝忌恨他，曾在发怒时对杨皇后说：“我一定灭掉你们全族！”于是召见杨坚，对左右侍臣说：“如果他的神色稍有变化，便将他杀死。”杨坚来到后，神色自如，才没有被杀。内史上大夫郑译早年和杨坚是同学，对杨坚的相貌感到惊奇，和他诚心交往。杨坚既被宣帝所忌恨，心中总是不安，曾在宫中的长巷中悄悄对郑译说：“我一直都想外出镇守一方，你是清楚的，希望你对我的事稍稍留意一下。”郑译说：“凭您的德行和威望，天下人都会归附您。我也希望有很多福佑，怎敢忘记您的托付！我很快就跟皇上提起。”

天元皇帝打算派郑译率军进攻陈国，郑译请求任命一名元帅。天元皇帝说：“你认为派谁合适？”郑译回答说：“若要平定江东，自然是要派一位贵戚重臣当元帅，否则难以成事。可让随公前往，担任寿阳总管，负责军事。”天元皇帝采纳了他的意见。己丑（初五），任命杨坚为扬州总管，并命令郑译调遣军队，到寿阳和杨坚会合。将要出发时，杨坚突然脚部生病，最终没能赴任。

甲午夜，天元备法驾，幸天兴宫。乙未，不豫而还。小御正博陵刘昉，素以狡谄得幸于天元，与御正中大夫颜之仪并见亲信。天元召昉、之仪入卧内，欲属以后事，天元喑，不复能言。昉见静帝幼冲，以杨坚后父，有重名，遂与领内史郑译、御饰大夫柳裘、内史大夫杜陵韦謩、御正下士朝那皇甫绩谋引坚辅政，坚固辞，不敢当。昉曰："公若为，速为之；不为，昉自为也。"坚乃从之，称受诏居中侍疾。裘，惔之孙也。

是日，帝殂，秘不发丧。昉、译矫诏以坚总知中外兵马事。颜之仪知非帝旨，拒而不从。昉等草诏署讫，逼之仪连署，之仪厉声曰："主上升遐，嗣子冲幼，阿衡之任，宜在宗英。方今赵王最长，以亲以德，合膺重寄。公等备受朝恩，当思尽忠报国，奈何一旦欲以神器假人！之仪有死而已，不能诬罔先帝。"昉等知不可屈，乃代之仪署而行之。诸卫既受敕，并受坚节度。

坚恐诸王在外生变，以千金公主将适突厥为辞，征赵、陈、越、代、滕五王入朝。坚索符玺，颜之仪正色曰："此天子之物，自有主者，宰相何故索之！"坚大怒，命引出，将杀之，以其民望，出为西边郡守。

丁未，发丧。静帝入居天台，罢正阳宫。大赦，停洛阳宫作。庚戌，尊阿史那太后为太皇太后，李太后为太帝太后，

甲午(初十)的晚上,天元皇帝驾幸天兴宫。乙未(十一日),因病返回。小御正、博陵人刘昉一向以狡黠和奉承而得到天元皇帝的宠爱,同御正中大夫颜之仪一同被天元皇帝视为亲信。天元皇帝召刘昉、颜之仪到寝宫,打算向他们嘱托后事,但因嗓子变哑,不能再说话。刘昉看到静帝年纪幼小,而杨坚是皇后的父亲,并且名声显赫,于是和领内史郑译、御饰大夫柳裘、内史大夫杜陵人韦謩、御正下士朝那人皇甫绩商议,请杨坚出来辅佐静帝处理朝政,杨坚坚决推辞,不敢接受。刘昉说:“您如果想干,就赶快上任;如果不想干,我就自己干了。”于是杨坚答应了他们,对外宣称是接受了天元皇帝的诏命住进宫中照看天元皇帝的疾病。柳裘,是柳惔的孙子。

当天,天元皇帝驾崩,对外保密,没有发丧。刘昉、郑译假传皇帝遗诏,命令杨坚统管朝廷内外的军事。颜之仪知道这不是天元皇帝的旨意,拒不服从。刘昉等人拟好诏书并署上自己的名字,逼迫颜之仪签名,颜之仪厉声说:“皇上驾崩,继位的皇帝年幼,总管朝廷的重任,应该让皇家宗室中有才能的人担任。现今赵王宇文招最为年长,凭他的血统和德行,理当受此重任。你们各位备受朝廷的恩惠,本当考虑尽忠报国,怎么能一下子把国家的权柄授予外姓之人呢?我只有一死罢了,不能欺骗先帝。”刘昉等知道颜之仪不会屈服,干脆代替他署名,然后颁行。皇宫禁军和京师的戍卫军队接到敕令后,全都接受杨坚的指挥。

杨坚担心外地的宗室诸王发动变乱,借口千金公主将远嫁突厥,将赵王、陈王、越王、代王、滕王召回朝廷。杨坚索要天元皇帝的兵符和玺印,颜之仪严厉地拒绝道:“这是天子的御物,自然会有它的主人,宰相为什么要拿去?”杨坚大怒,命令将颜之仪拉出宫去,准备处死他,但考虑到颜之仪的威望,只好将他贬为西部边疆的太守。

丁未(二十三日),北周为天元皇帝发布丧讯。静帝入住天台,罢废正阳宫。大赦天下,并下令停止修建洛阳宫。庚戌(二十六日),下诏尊奉阿史那太后为太皇太后,李太后为太帝太后,

杨后为皇太后，朱后为帝太后，其陈后、元后、尉迟后并为尼。以汉王赞为上柱国、右大丞相，尊以虚名，实无所综理。以杨坚为假黄钺、左大丞相，秦王贽为上柱国。百官总己以听于左丞相。

坚初受顾命，使邗国公杨惠谓御正下大夫李德林曰："朝廷赐令总文武事，经国任重。今欲与公共事，必不得辞。"德林曰："愿以死奉公。"坚大喜。始，刘昉、郑译议以坚为大冢宰，译自摄大司马，昉又求小冢宰。坚私问德林曰："欲何以见处？"德林曰："宜作大丞相、假黄钺、都督中外诸军事，不尔，无以压众心。"及发丧，即依此行之，以正阳宫为丞相府。

时众情未壹，坚引司武上士卢贲置左右。将之东宫，百官皆不知所从。坚潜令贲部伍仗卫，因召公卿，谓曰："欲求富贵者宜相随。"往往偶语，欲有去就，贲严兵而至，众莫敢动。出崇阳门，至东宫，门者拒不纳，贲谕之，不去。瞋目叱之，门者遂却，坚入。贲遂典丞相府宿卫。贲，辩之弟子也。以郑译为丞相府长史，刘昉为司马，李德林为府属。二人由是怨德林。

内史下大夫勃海高颎明敏有器局，习兵事，多计略，坚欲引之入府，遣杨惠谕意。颎承旨，欣然曰："愿受驱驰。纵令公事不成，颎亦不辞灭族。"乃以为相府司录。

杨皇后为皇太后，朱皇后为帝太后，废黜陈皇后、元皇后、尉迟皇后，令她们出家为尼。任命汉王宇文赞为上柱国、右大丞相，但只是给他挂着一个虚名，没有任何实权。任命杨坚为假黄钺、左大丞相，秦王宇文贽为上柱国。朝中百官各奉其职，都服从左大丞相的命令。

杨坚刚刚受命辅佐朝政时，派邗国公杨惠对御正下大夫李德林说："朝廷赐命我总领朝廷文武事务，治理国家的责任十分重大。现在想请您出来一起承担，请一定不要推辞。"李德林说："我愿意追随您，虽死不辞。"杨坚十分高兴。起初，刘昉、郑译商量拥戴杨坚为大冢宰，郑译自己代理大司马，刘昉说他想当小冢宰。杨坚私下问李德林说："您认为我应当怎么办？"李德林说："您应当担任大丞相、假黄钺、都督中外诸军事，否则，就不能镇服人心。"等到为天元皇帝发丧后，杨坚便依照李德林的建议行事，同时，又将正阳宫改为丞相府。

当时，北周朝廷文武大臣都还未归心于杨坚，杨坚把司武上士卢贲选置在自己身边。杨坚准备去东宫，文武百官都不知道该怎么办才好。杨坚密令卢贲部署宿卫禁兵，然后召集公卿大臣，对他们说："想大富大贵的人请追随我。"大臣们纷纷耳语，有的想离开，有的表示愿意追随，这时卢贲率领全副武装的宿卫禁兵出现，公卿百官都不敢再移动。杨坚率领朝廷百官出了崇阳门，来到东宫，看守宫门的侍卫拒绝放他们进去，卢贲向他们说明情况，侍卫仍不肯放行，卢贲瞪起双眼叱骂他们，守门侍卫这才退下，杨坚便进入东宫。于是卢贲从此负责掌管丞相府的宿卫。卢贲，是卢辩的侄子。杨坚任命郑译为丞相府长史，刘昉为司马，李德林为府属。刘昉、郑译二人因此怨恨李德林。

内史下大夫、勃海人高颎，聪明机敏，有度量，通晓军事，足智多谋，杨坚打算请他到丞相府任职，派遣杨惠去转达邀请之意。高颎接受了邀请，很高兴地说："我愿意听从大丞相的差遣。纵使大事不能成功，我也不怕遭到灭族之祸。"于是杨坚任命他为丞相府的司录。

时汉王赞居禁中，每与静帝同帐而坐。刘昉饰美妓进赞，赞甚悦之，昉因说赞曰："大王，先帝之弟，时望所归。孺子幼冲，岂堪大事！今先帝初崩，人情尚扰，王且归第，待事宁后，入为天子，此万全计也。"赞年少，性识庸下，以为信然，遂从之。

坚革宣帝苛酷之政，更为宽大，删略旧律，作《刑书要制》，奏而行之。躬履节俭，中外悦之。

坚夜召太史中大夫庾季才，问曰："吾以庸虚，受兹顾命。天时人事，卿以为何如？"季才曰："天道精微，难可意察。窃以人事卜之，符兆已定。季才纵言不可，公岂复得为箕、颍之事乎？"坚默然久之，曰："诚如君言。"独孤夫人亦谓坚曰："大事已然，骑虎之势，必不得下，勉之！"

坚以相州总管尉迟迥位望素重，恐有异图，使迥子魏安公惇奉诏书召之会葬。壬子，以上柱国韦孝宽为相州总管，又以小司徒叱列长义为相州刺史，先命赴邺，孝宽续进。

陈王纯时镇齐州，坚使门正上士崔彭征之。彭以两骑往止传舍，遣人召纯。纯至，彭请屏左右，密有所道，遂执而锁之，因大言曰："陈王有罪，诏征入朝，左右不得辄动！"其从者愕然而去。彭，楷之孙也。六月，五王皆至长安。

当时，汉王宇文赞住在宫中，常常和静帝坐在同一个帷帐下。刘昉挑选一些美貌的歌女，将她们加以打扮，然后进献给宇文赞，宇文赞十分喜欢她们，刘昉便趁机对宇文赞说："大王您是先帝的弟弟，众人的愿望都寄托在您身上。皇帝还十分年幼，怎能担负起天下的大任！如今先帝刚刚去世，人心不稳，请您暂且回到自己的府中，等待事情安定之后，便迎立您为天子，这是万全之计。"宇文赞年纪不大，见识短浅，以为真会如此，于是听从了刘昉的建议，回到汉王府去。

杨坚废除了宣帝苛刻残暴的政令，改用宽松的政令，并删改旧的刑律，制订《刑书要制》，上奏静帝后颁行天下。又提倡节俭，身体力行，朝野上下都称赞杨坚。

夜里，杨坚召见太史中大夫庾季才，问他："我这样平庸无才，却承担了辅佐朝政的重任。从天时和人事来看，你认为会怎么样？"庾季才说："天道精微奥妙，难以观察。我只能从人事方面来预料，征兆已经显露无遗了。我即使对你说不可以，难道您会再像许由一样逃到箕山，在颍水边洗耳朵，而让出天下吗？"杨坚沉默了许久，才说："事情确如你所说的那样。"独孤夫人也对丈夫杨坚说："大事已成定局，就好像骑上了虎背，势必难以下来，还是努力去做吧！"

杨坚因为相州总管尉迟迥一向位高望重，担心他有异常企图，派尉迟迥的儿子魏安公尉迟惇带着诏书召他回朝参加天元皇帝的葬礼。壬子（二十八日），杨坚任命上柱国韦孝宽为相州总管，又任命小司徒叱列长义为相州刺史，并命令叱列长义先赶赴邺城，韦孝宽随后再去。

陈王宇文纯当时镇守齐州，杨坚派门正上士崔彭征召他回朝。崔彭带着两名骑兵住在招待使者的传舍里，派人去叫宇文纯。宇文纯来到，崔彭说有机密相告，请他屏退左右随从，然后将他逮捕并戴上枷锁，随即大声对门外说："陈王犯有罪行，皇上下诏征他入朝，随从侍卫不得妄动！"宇文纯的随从惊愕地离开传舍。崔彭，是崔楷的孙子。六月，五位皇室藩王都到达长安。

周尉迟迥知丞相坚将不利于帝室，谋举兵讨之。韦孝宽至朝歌，迥遣其大都督贺兰贵，赍书候韦孝宽。孝宽留贵与语以审之，疑其有变，遂称疾徐行。又使人至相州求医药，密以伺之。孝宽兄子艺，为魏郡守，迥遣艺迎孝宽，孝宽问迥所为，艺党于迥，不以实对。孝宽怒，将斩之，艺惧，悉以迥谋语孝宽。孝宽携艺西走，每至亭驿，尽驱传马而去，谓驿司曰："蜀公将至，宜速具酒食。"迥寻遣仪同大将军梁子康将数百骑追孝宽，追者至驿，辄逢盛馔，又无马，遂迟留不进。孝宽与艺由是得免。

坚又令候正破六韩裒诣迥谕旨，密与总管府长史晋昶等书，令为之备。迥闻之，杀昶及裒，集文武士民，登城北楼，令之曰："杨坚藉后父之势，挟幼主以作威福，不臣之迹，暴于行路。吾与国舅甥，任兼将相，先帝处吾于此，本欲寄以安危。今欲与卿等纠合义勇，以匡国庇民，何如？"众咸从命。迥乃自称大总管，承制置官司。时赵王招入朝，留少子在国，迥奉以号令。

甲子，坚发关中兵，以韦孝宽为行军元帅，郧公梁士彦、乐安公元谐、化政公宇文忻、濮阳公武川宇文述、武乡公崔弘度、清河公杨素、陇西公李询等皆为行军总管，以讨迥。弘度，楷之孙；询，穆之兄子也。

北周尉迟迥知道丞相杨坚将会篡夺朝廷政权，密谋起兵征讨杨坚。韦孝宽走到朝歌，尉迟迥派遣部下大都督贺兰贵带上他的亲笔信等候韦孝宽。韦孝宽留下贺兰贵，通过交谈来审察，怀疑尉迟迥要发动变乱，于是借口有病，放慢了赴任的行程。并且派人到相州寻医买药，暗中观察尉迟迥的动静。韦孝宽的侄子韦艺担任魏郡太守，尉迟迥派韦艺前去迎接韦孝宽，韦孝宽向韦艺询问尉迟迥在相州的举动，韦艺是尉迟迥的同党，所以没有把真实情况告诉韦孝宽。韦孝宽大怒，要处死韦艺，韦艺十分恐惧，便把尉迟迥的密谋全部告诉了韦孝宽。于是，韦孝宽带上韦艺往西逃，每到一处驿站，就把驿马全都赶走，并对驿司说："蜀公尉迟迥很快就要到达，你们快准备酒宴招待。"稍后，尉迟迥派遣仪同大将军梁子康率领数百名骑兵追赶韦孝宽，每次追到驿站，都碰上丰盛的酒宴，而且又没有驿马可供替换，也就耽搁下来。韦孝宽和韦艺因此得以逃回。

杨坚又命令候正破六韩裒前往相州向尉迟迥申诉自己并无异图，同时带上亲笔信秘密交给总管府长史晋昶等人，命令他们防备尉迟迥起兵叛乱。尉迟迥得知后，处死了晋昶和破六韩裒，召集文武官吏和百姓，登上城门北楼对他们说："杨坚凭着皇后父亲的地位，挟持年幼的天子，作威作福，他不甘做臣子的行迹，早已路人皆知。我和太祖是舅甥，在朝廷上是辅相，在外面是将军，先帝让我镇守相州，本来就是把国家的安危寄托在我身上。现在，我将和你们一起召集忠义勇敢之士，以匡扶国家，保护百姓，你们同意吗？"众人都表示听从命令。于是，尉迟迥自称大总管，依照天子授予的特权，设置官署，任命官员。当时赵王宇文招正在朝廷，把小儿子留在封国，尉迟迥尊奉他为首脑，以此号令天下。

甲子（六月初十），杨坚征发关中兵马，任命韦孝宽为行军元帅，郧公梁士彦、乐安公元谐、化政公宇文忻、濮阳公武川人宇文述、武乡公崔弘度、清河公杨素、陇西公李询等都担任行军总管，征讨尉迟迥。崔弘度，是崔楷的孙子；李询，是李穆的侄儿。

初，宣帝使计部中大夫杨尚希抚慰山东，至相州，闻宣帝殂，与尉迟迥发丧。尚希出，谓左右曰："蜀公哭不哀而视不安，将有他计。吾不去，惧及于难。"遂夜从捷径而遁。迟明，迥觉，追之不及，遂归长安。坚遣尚希督宗兵三千人镇潼关。

雍州牧毕剌王贤，与五王谋杀坚，事泄，坚杀贤，并其三子，掩五王之谋不问，以秦王贽为大冢宰，杞公椿为大司徒。庚子，以柱国梁睿为益州总管。

周青州总管尉迟勤，迥之弟子也。初得迥书，表送之，寻亦从迥。迥所统相、卫、黎、洺、贝、赵、冀、瀛、沧，勤所统青、齐、胶、光、莒等州皆从之，众数十万。荥州刺史邵公胄，申州刺史李惠，东楚州刺史费也利进，潼州刺史曹孝远，各据本州，徐州总管司录席毗罗据兖州，前东平郡守毕义绪据兰陵，皆应迥。怀县永桥镇将纥豆陵惠以城降迥。迥使其所署大将军石逊攻建州，建州刺史宇文弁以州降之。又遣西道行台韩长业攻拔潞州，执刺史赵威，署城人郭子胜为刺史。纥豆陵惠袭陷钜鹿，遂围恒州。上大将军宇文威攻汴州，莒州刺史乌丸尼等帅青、齐之众围沂州。大将军檀让攻拔曹、亳二州，屯兵梁郡。席毗罗众号八万，军于蕃城，攻陷昌虑、下邑。李惠自申州攻永州，拔之。

迥遣使招大左辅、并州刺史李穆，穆锁其使，封上其书。穆子士荣，以穆所居天下精兵处，阴劝穆从迥，

起初，宣帝派遣计部中大夫杨尚希安抚慰问崤山以东州郡，杨尚希来到相州，听说宣帝驾崩，便和尉迟迥在相州举行葬礼。葬礼完毕，杨尚希出来对左右随从说："蜀公虽哭泣却并不哀伤，并且神色不安，一定怀有阴谋。我们如果不尽早离开，恐怕会陷入祸患之中。"于是趁着夜里从近路逃出相州。等到第二天，尉迟迥才发觉，追赶不及，杨尚希才得以逃回长安。杨坚派杨尚希率领家兵三千人镇守潼关。

雍州牧、毕剌王宇文贤和五位藩王密谋刺杀杨坚，事情败露，杨坚杀死宇文贤和他的三个儿子，却把五位藩王参与的事情掩饰起来，不予追查，并任命秦王宇文贽为大冢宰，杞公宇文椿为大司徒。庚子这天，任命柱国梁睿为益州总管。

北周的青州总管尉迟勤，是尉迟迥的侄子。起初，他接到尉迟迥的书信后，派人把它送往朝廷，但是不久又追随了尉迟迥。尉迟迥所统辖的相州、卫州、黎州、洺州、贝州、赵州、冀州、瀛州、沧州，尉迟勤所统辖的青州、齐州、胶州、光州、莒州等都响应他们的叛乱，军队多达数十万人。荥州刺史邵公宇文胄、申州刺史李惠、东楚州刺史费也利进、潼州刺史曹孝远等人，各自据守本州，徐州总管司录席毗罗占据兖州，前任东平郡太守毕义绪占据兰陵，也都响应尉迟迥。怀县永桥镇将纥豆陵惠向尉迟迥献城投降。尉迟迥派遣由他委任的大将军石逊攻打建州，建州刺史宇文弁献州投降。又派遣西道行台韩长业攻下潞州，擒获了刺史赵威，并任命潞州城人郭子胜为刺史。纥豆陵惠攻陷钜鹿，然后包围了恒州。上大将军宇文威进攻汴州，莒州刺史乌丸尼等人率领青州、齐州的兵马围攻沂州。大将军檀让攻下曹州、亳州二州，然后把军队驻扎在梁郡。席毗罗统率号称八万的兵马，驻扎在蕃城，并攻克昌虑、下邑两地。李惠从申州攻打永州，将它攻克。

尉迟迥派遣使者征召大左辅、并州刺史李穆，李穆将使者锁缚起来，封存好书信送交朝廷。李穆的儿子李士荣认为李穆所控制的并州乃是天下精兵所聚之地，暗中劝告李穆追随尉迟迥，

穆深拒之。坚使内史大夫柳裘诣穆，为陈利害，又使穆子左侍上士浑往布腹心。穆使浑奉尉斗于坚，曰："愿执威柄以尉安天下。"又以十三镮金带遗坚。十三镮金带者，天子之服也。坚大悦，遣浑诣韦孝宽述穆意。穆兄子崇，为怀州刺史，初欲应迥，后知穆附坚，慨然太息曰："阖家富贵者数十人，值国有难，竟不能扶倾继绝，复何面目处天地间乎？"不得已亦附于坚。迥子谊，为朔州刺史，穆执送长安。又遣兵讨郭子胜，擒之。

迥招徐州总管源雄、东郡守于仲文，皆不从。雄，贺之曾孙；仲文，谨之孙也。迥遣宇文胄自石济，宇文威自白马济河，二道攻仲文，仲文弃郡走还长安，迥杀其妻子。迥遣檀让徇地河南，丞相坚以仲文为河南道行军总管，使诣洛阳发兵讨让。命杨素讨宇文胄。

丁未，周以丞相坚都督中外诸军事。

郧州总管司马消难亦举兵应迥。己酉，周以柱国王谊为行军元帅，以讨消难。

广州刺史于颉，仲文之兄也，与总管赵文表不协。诈得心疾，诱文表，手杀之，因昌言文表与尉迟迥通谋。坚以迥未平，因劳勉之，即拜吴州总管。

赵僭王招谋杀坚，邀坚过其第，坚赍酒殽就之。招引入寝室，招子员、贯及妃弟鲁封等皆在左右，佩刀而立，又藏刃于帷席之间，伏壮士于室后。坚左右皆不得从，唯从祖弟

李穆坚决拒绝。杨坚派遣内史大夫柳裘前往并州，向李穆陈述利害关系，又派李穆的儿子、左侍上士李浑到并州向他父亲转达了杨坚的诚意。李穆派李浑送尉斗给杨坚说："希望你执掌威势和权柄来安定天下。"还送给杨坚十三环金带。十三环金带，是天子才能佩带的饰品。杨坚十分高兴，派遣李浑去向韦孝宽转述李穆的态度。李穆的侄子李崇担任怀州刺史，起初准备响应尉迟迥，后来得知李穆依附杨坚，慨然叹息说："我们全家得到富贵的共有几十人，现在正值国家有难，却不能匡危扶难，使皇室延续下去，还有什么面目活在世上呢？"他也不得已依附了杨坚。尉迟迥的儿子尉迟谊担任朔州刺史，被李穆捉住，送到长安。李穆又派兵征讨郭子胜，将他擒获。

尉迟迥征召徐州总管源雄、东郡太守于仲文，这二人都没有应召。源雄，是源贺的曾孙；于仲文，是于谨的孙子。尉迟迥派遣宇文胄从石济、宇文威从白马渡过黄河，两路夹击于仲文，于仲文只好放弃东郡，逃回长安，尉迟迥杀死了他的妻子儿女。尉迟迥派遣檀让夺占河南道，丞相杨坚任命于仲文为河南道行军总管，派他去洛阳调兵征讨檀让。杨坚又命令杨素讨伐宇文胄。

丁未（七月二十四日），北周朝廷任命丞相杨坚都督中外诸军事。

郧州总管司马消难也起兵响应尉迟迥。己酉（七月二十六日），北周任命柱国王谊为行军元帅，并率兵讨伐司马消难。

广州刺史于颉，是于仲文的哥哥，和广州总管赵文表不和。于颉假称得了心脏病，引诱赵文表前来探视，亲手杀死他，然后对外宣称赵文表和尉迟迥同谋。杨坚因为尉迟迥还没有平定，只好派人慰劳和劝勉于颉，并任命他为吴州总管。

北周赵僭王宇文招密谋杀死杨坚，邀请杨坚到他的府上去做客，杨坚携带美酒佳殽前往赴会。宇文招把杨坚请到自己的卧室内喝酒，宇文招的儿子宇文员、宇文贯以及妻弟鲁封等人都佩刀侍立在左右，并且还在席帐下面藏了匕首，又在寝室后面埋伏下壮士。杨坚的左右侍卫人员都不许进去，只带了从祖弟

开府仪同大将军弘、大将军元胄坐于户侧。胄，顺之孙也。弘、胄皆有勇力，为坚腹心。酒酣，招以佩刀刺瓜连啖坚，欲因而刺之。元胄进曰："相府有事，不可久留。"招诃之曰："我与丞相言，汝何为者！"叱之使却。胄瞋目愤气，扣刀入卫。招赐之酒，曰："吾岂有不善之意邪？卿何猜警如是！"招伪吐，将入后阁，胄恐其为变，扶令上坐，如此再三。招称喉干，命胄就厨取饮，胄不动。会滕王逌后至，坚降阶迎之，胄耳语曰："事势大异，可速去！"坚曰："彼无兵马，何能为！"胄曰："兵马皆彼物，彼若先发，大事去矣。胄不辞死，恐死无益。"坚复入坐。胄闻室后有被甲声，遽请曰："相府事殷，公何得如此！"因扶坚下床趋去。招将追之，胄以身蔽户，招不得出。坚及门，胄自后至。招恨不时发，弹指出血。壬子，坚诬招与越野王盛谋反，皆杀之，及其诸子。赏赐元胄，不可胜计。周室诸王数欲伺隙杀坚，都督临泾李圆通常保护之，由是得免。

周韦孝宽军至永桥城，诸将请先攻之，孝宽曰："城小而固，若攻而不拔，损我兵威。今破其大军，此何能为！"于是引军壁于武陟。尉迟迥遣其子魏安公惇帅众十万入武德，军于沁东。会沁水涨，孝宽与迥隔水相持不进。

孝宽长史李询密启丞相坚，云："梁士彦、宇文忻、崔弘

开府仪同大将军杨弘、大将军元胄，二人坐在门边。元胄，是元顺的孙子。杨弘、元胄二人都勇力无比，是杨坚的心腹。酒酣之际，宇文招用佩刀刺着瓜接连送入杨坚口中，想趁机将他杀死。元胄上前说："丞相府中还有事情，不可以久留。"宇文招呵斥他说："我和丞相说话，你打算干什么！"呵斥他，让他退下。元胄双目怒睁，提刀上前，侍卫在杨坚身边。宇文招赐给元胄酒喝，说："我难道怀有什么不良企图吗？你为什么要如此多疑戒备！"宇文招假装要呕吐，想走入后阁，元胄恐怕宇文招耍花样，扶着宇文招强推他坐下，如此多次。宇文招假装说喉咙很干，让元胄到厨房取水，元胄没有动。恰巧滕王宇文逌稍后来到，杨坚下台阶迎接他，元胄趁机对杨坚耳语说："情况十分异常，请赶快离开这里！"杨坚说："他又没有兵马，能怎么样？"元胄说："兵马本来就是他们的，如果让他先发制人，一切就晚了。我并不怕死，只怕这样死去毫无益处。"杨坚没有听从，重新入座。元胄听到寝室后面有甲胄的声响，立即上前对杨坚说："丞相府公事很多，您怎么能如此耽搁呢！"于是扶杨坚下床，快速离去。宇文招想追赶杨坚，元胄用身体堵住门口，宇文招无法出来。杨坚走到大门口，元胄从后面赶上。宇文招后悔自己没有及时下手，以至于手指都弹出了血来。壬子（七月二十九日），杨坚诬告宇文招和越野王宇文盛图谋反叛，将他们以及他们的儿子全部处死。杨坚赏赐给元胄的东西，多得无法计算。北周皇室诸王屡次找机会刺杀杨坚，由于都督、临泾人李圆通经常保护着杨坚，所以杨坚每次都得以幸免。

北周韦孝宽的军队来到永桥城，诸将请求先攻下此城，韦孝宽说："永桥城小而坚固，如果不能攻克，就挫伤了军队的士气。如果我们击溃了尉迟迥的大军，这个小城又能有什么作为？"于是率军到武陟，安下营寨。尉迟迥派他的儿子魏安公尉迟惇率领十万大军进入武德，在沁水以东驻扎。恰巧沁水暴涨，韦孝宽和尉迟迥隔水对峙，都没有发动进攻。

韦孝宽府中的长史李询秘密启奏杨坚说："梁士彦、宇文忻、崔弘

度并受尉迟迥饷金，军中慅慅，人情大异。”坚深以为忧，与内史上大夫郑译谋代此三人者。李德林曰：“公与诸将，皆国家贵臣，未相服从，今正以挟令之威控御之耳。前所遣者，疑其乖异，后所遣者，安知其能尽腹心邪！又，取金之事，虚实难明。今一旦代之，或惧罪逃逸；若加縻絷，则自郧公以下，莫不惊疑。且临敌易将，此燕、赵之所以败也。如愚所见，但遣公一腹心，明于智略，素为诸将所信服者，速至军所，使观其情伪。纵有异意，必不敢动，动亦能制之矣。”坚大悟，曰：“公不发此言，几败大事。”乃命少内史崔仲方往监诸军，为之节度。仲方，猷之子也，辞以父在山东。又命刘昉、郑译，昉辞以未尝为将，译辞以母老。坚不悦。府司录高颎请行，坚喜，遣之。颎受命亟发，遣人辞母而已。自是坚措置军事，皆与李德林谋之。时军书日以百数，德林口授数人，文意百端，不加治点。

司马消难以郧、随、温、应、土、顺、沔、儇、岳九州及鲁山等八镇来降，遣其子永为质以求援。八月己未，诏以消难为大都督、总督九州八镇诸军事、司空，赐爵随公。庚申，诏镇西将军樊毅进督沔、汉诸军事，南豫州刺史任忠帅众趣历阳，超武将军陈慧纪为前军都督，趣南兖州。

度三人都接受了尉迟迥馈赠的金钱，因此军中喧闹，人心不稳。”杨坚为此事十分担忧，和内史上大夫郑译商量派人替换这三人。李德林说：“您和各位将领都是朝廷的显贵大臣，彼此并没有服从的关系，如今您只是凭借着挟持天子的威势来控制他们罢了。先前所派遣的将领，您疑心他们怀有二意，但往后所派遣的将领，您又怎能断定他们就全是您的心腹呢？再者，这三位将领接受尉迟迥金钱的事情，是否属实，也还不能确定。如果一旦派人替换他们，他们也许就会因害怕获罪而逃走；如果将他们抓起来，那么郧公韦孝宽以下的将领，就都会惊慌迟疑。况且，在面临打仗时更换将领，这正是燕国和赵国被齐、秦打败的原因。依我看来，您只要派遣一位心腹，通晓智谋，且又一向为众位将领信任服从的人，立即前往军中，去察访事情的真伪。纵然他们怀有异心，也一定不敢妄动；万一他们轻举妄动，也能将他们制服。”杨坚大为醒悟，说：“如果不是你讲了这些话，几乎要败坏了大事。”于是命令少内史崔仲方前往各军监察，并有权调度各支军队。崔仲方，是崔猷的儿子，他以父亲在山东为借口，推辞前往。杨坚又命令刘昉、郑译前往，刘昉推辞说未曾带过军队，郑译推辞说母亲年老需要事奉。杨坚很不高兴。丞相府的司录高颎请求前往，杨坚很高兴，便派他赴军。高颎接受了命令，立即出发，只是派了一个使者回家，代向母亲辞行。从此，杨坚处理军事事务时，都和李德林商量。当时，丞相府中每天都要处理上百份的军事文书，李德林往往同时向几个人口授批文，文意随事而异，从不需要修改润饰。

司马消难率领郧州、随州、温州、应州、土州、顺州、沔州、儇州、岳州共九个州和鲁山等八个镇来向陈朝投降，派遣他的儿子司马永作为人质，请求陈朝援助。八月己未（初六），陈朝下诏，任命司马消难为大都督、总督九州八镇诸军事、司空，赐予随公的爵位。庚申（初七），陈朝下诏，晋升镇西将军樊毅为督沔、汉诸军事，命令南豫州刺史任忠率领军队向历阳进发，命令超武将军陈慧纪担任前军都督，直奔南兖州。

周益州总管王谦亦不附丞相坚，起巴、蜀之兵以攻始州。梁睿至汉川，不得进，坚即以睿为行军元帅以讨谦。

梁世宗使中书舍人柳庄奉书入周，丞相坚执庄手曰："孤昔以开府，从役江陵，深蒙梁主殊眷。今主幼时艰，猥蒙顾托。梁主奕叶委诚朝廷，当相与共保岁寒。"时诸将竞劝梁主举兵，与尉迟迥连谋，以为"进可以尽节周氏，退可以席卷山南"。梁主疑未决。会庄至，具道坚语，且曰："昔袁绍、刘表、王凌、诸葛诞，皆一时雄杰，据要地，拥强兵，然功业莫就，祸不旋踵者，良由魏、晋挟天子，保京都，仗大顺以为名故也。今尉迟迥虽曰旧将，昏耄已甚。司马消难、王谦，常人之下者，非有匡合之才。周朝将相，多为身计，竞效节于杨氏。以臣料之，迥等终当覆灭，随公必移周祚。未若保境息民以观其变。"梁主深然之，众议遂止。

高颎至军，为桥于沁水。尉迟惇于上流纵火栰，颎豫为土狗以御之。惇布陈二十馀里，麾兵小却，欲待孝宽军半渡而击之。孝宽因其却，鸣鼓齐进。军既渡，颎命焚桥，以绝士卒反顾之心。惇兵大败，单骑走。孝宽乘胜进，追至邺。

北周的益州总管王谦也没有归附丞相杨坚，并且率领巴郡、蜀郡的兵马进攻始州。新任益州总管梁睿到达汉川以后，无法再向前挺进，杨坚于是便任命梁睿为行军元帅，命令他率领军队讨伐王谦。

后梁世宗萧岿派遣中书舍人柳庄带着书信访问北周，丞相杨坚握着柳庄的手说："我过去担任开府时，曾经随军到过江陵，蒙受过梁朝君主的盛情款待。如今，天子年幼，国家正处于艰难时代，我承蒙先帝的信任，受命辅佐幼主。梁国数代君主都忠于朝廷，我们应当继续共同努力，使我们两国的友好关系万古长青。"当时，后梁的众位将领都竞相劝告梁世宗起兵，和尉迟迥联合起来，认为这样"进可以对周室效忠尽节，退可以席卷据有汉水、沔水地区"。梁世宗迟疑不决。恰巧柳庄回来，将杨坚的话全盘转告给梁世宗，并且说："过去，袁绍、刘表、王凌、诸葛诞都是一代英雄豪杰，据守要地，拥有强兵，可是都没能成就功名事业，反而被灾祸紧紧跟随，这都是由于魏、晋二家挟持了天子，占据了京师，倚仗师出有名的缘故。如今，尉迟迥虽说是一员老将，但毕竟已经十分年老智昏。司马消难、王谦都是普通之人，没有匡世奇才。而且，周朝的文武大臣，大多为自身利益考虑，竞相依附杨坚。依照臣的预料，尉迟迥等人终究难逃覆灭的命运，随公杨坚必定继承北周的皇位。我们不如保卫好自己的国土，安抚百姓，静静观察事态的变化。"梁世宗很赞同柳庄的看法，于是大臣们也就不再争论了。

高颎到达军营后，便命令在沁水上建造桥梁。尉迟惇从上游顺流漂下燃烧着的木筏，高颎事先建造了被称为"土狗"的土墩，因而阻止了火筏烧毁桥梁。尉迟惇布下二十多里宽的阵势，并让军队稍稍向后退，准备等韦孝宽的军队渡河到一半时突然发动攻击。韦孝宽趁着敌军后撤的时机，命令擂起战鼓，全面进攻。大军渡过沁水后，高颎下令焚毁桥梁，断绝了士兵后退的念头。尉迟惇的军队大败，尉迟惇单枪匹马逃走。韦孝宽乘胜追击，一直追到邺城。

庚午，迥与惇及惇弟西都公祐，悉将其卒十三万陈于城南，迥别统万人，皆绿巾、锦袄，号曰“黄龙兵”。迥弟勤帅众五万，自青州赴迥，以三千骑先至。迥素习军旅，老犹被甲临陈，其麾下兵皆关中人，为之力战，孝宽等军不利而却。邺中士民观战者数万人，行军总管宇文忻曰：“事急矣，吾当以诡道破之。”乃先射观者，观者皆走，转相腾藉，声如雷霆。忻乃传呼曰：“贼败矣！”众复振，因其扰而乘之，迥军大败，走保邺城。孝宽纵兵围之，李询及思安伯代人贺娄子干先登。

崔弘度妹，先适迥子为妻，及邺城破，迥窘迫升楼，弘度直上龙尾追之。迥弯弓，将射弘度，弘度脱兜鍪，谓迥曰：“颇相识不？今日各图国事，不得顾私。以亲戚之情，谨遏乱兵，不许侵辱。事势如此，早为身计，何所待也？”迥掷弓于地，骂左丞相极口而自杀。弘度顾其弟弘升曰：“汝可取迥头。”弘升斩之。军士在小城中者，孝宽尽坑之。勤、惇、祐东走青州，未至，开府仪同大将军郭衍追获之。丞相坚以勤初有诚款，特不之罪。李惠先自缚归罪，坚复其官爵。

迥末年衰耄，及起兵，以小御正崔达拏为长史。达拏，暹之子也，文士，无筹略，举措多失，凡六十八日而败。

于仲文军至蓼堤，去梁郡七里。檀让拥众数万，仲文

庚午（十七日），尉迟迥、尉迟惇及尉迟惇弟弟西都公尉迟祐率领所有十三万兵马在邺城的南面布下阵势，尉迟迥亲自率领一万人，都头戴绿巾，身穿锦袄，号称"黄龙兵"。尉迟迥的弟弟尉迟勤率领五万兵马，从青州赶来增援尉迟迥，并亲自率领三千骑兵先期到达。尉迟迥一向通晓军事，虽已年老，仍然披挂上阵，他的部下都是关中人，却愿意为他拼死力战，韦孝宽等人作战失利，开始后撤。当时邺城中的士大夫和老百姓出城观战的有数万人，行军总管宇文忻说："情况危急，我要采用奇计来击败叛军。"于是，宇文忻朝观战的人群射箭，旁观者全都拔腿而逃，互相跳跃践踏，呼声震天。这时宇文忻对士卒们高呼："叛军打败了！"士兵们重新振作起来，乘着纷乱之机发起进攻，尉迟迥的军队大败，只好退入邺城据守。韦孝宽部署大军包围了邺城，李询和思安伯代郡人贺娄子幹率先攻上城头。

崔弘度的妹妹早先嫁给尉迟迥的儿子为妻，这次邺城被攻破后，尉迟迥走投无路，只好登上城楼，崔弘度径直从龙尾道追赶而上。尉迟迥弯弓搭箭，准备射杀崔弘度，崔弘度摘下头盔对尉迟迥说："你还认识我吗？今天我们各自都是为了国事，无法顾念私情。念在我们是亲戚的份上，我已遏制了众兵，不让他们侵侮您。事情至此，早点替自己了断吧，还等什么呢？"尉迟迥把弓箭扔到地上，尽情痛骂左丞相杨坚，然后自杀而死。崔弘度回头对弟弟崔弘升说："你把尉迟迥的首级取下。"崔弘升便斩下尉迟迥的首级。在邺城内抵抗的尉迟迥部卒，全部都被韦孝宽下令活埋。尉迟勤、尉迟惇、尉迟祐往东逃往青州，还未到，便被开府仪同大将军郭衍追上抓获。丞相杨坚因为尉迟勤当初曾诚心归顺自己，特别下令不予问罪。李惠也在事先就主动向朝廷请罪，所以杨坚恢复了他的官职和爵位。

尉迟迥晚年衰老昏聩，起兵后，任命小御正崔达拏为长史。崔达拏，是崔暹的儿子，作为文士，胸无方略，举措也多有失误，所以尉迟迥起兵才六十八天便失败。

于仲文的军队到达蓼堤，距梁郡七里。檀让有数万兵马，于仲文

以羸师挑战而伪北，让不设备，仲文还击，大破之，生获五千馀人，斩首七百级。进攻梁郡，迥守将刘子宽弃城走。仲文进击曹州，获迥所署刺史李仲康。檀让以馀众屯成武，仲文袭击，破之，遂拔成武。迥将席毗罗，众十万，屯沛县，将攻徐州。其妻子在金乡，仲文遣人诈为毗罗使者，谓金乡城主徐善净曰："檀让明日午时至金乡，宣蜀公令，赏赐将士。"金乡人皆喜。仲文简精兵，伪建迥旗帜，倍道而进。善净望见，以为檀让，出迎谒。仲文执之，遂取金乡。诸将多劝屠其城，仲文曰："此城乃毗罗起兵之所，当宽其妻子，其兵自归。如即屠之，彼望绝矣。"众皆称善。于是毗罗恃众来薄官军，仲文设伏击之，毗罗军大溃，争投洙水死，水为之不流。获檀让，槛送京师。斩毗罗，传首。

韦孝宽分兵讨关东叛者，悉平之。坚徙相州于安阳，毁邺城及邑居。分相州，置毛州、魏州。

梁主闻迥败，谓柳庄曰："若从众人之言，社稷已不守矣！"

丞相坚之初得政也，待黄公刘昉、沛公郑译甚厚，赏赐不可胜计，委以心膂，言无不从，朝野倾属，称为"黄、沛"。二人皆恃功骄恣，溺于财利，不亲职务。及辞监军，坚始疏之，恩礼渐薄。高颎自军所还，宠遇日隆。时王谦、

派遣老弱士兵前往挑战，伪装败北，檀让乘胜追击，不加防备，于是，于仲文挥师反击，大败檀让，生擒五千馀人，杀死七百人。于仲文乘胜攻打梁郡，尉迟迥所委任的守将刘子宽弃城而逃。于仲文又进而攻打曹州，抓获尉迟迥所委任的曹州刺史李仲康。檀让收罗残馀兵马驻扎成武，于仲文发动袭击，大败檀让，攻克成武。尉迟迥的部将席毗罗率领十万兵马，驻扎沛县，准备攻打徐州。席毗罗的妻子、儿女住在金乡，于仲文命令部下假称是席毗罗的使者，对金乡城主徐善净说："檀让明天中午到达金乡，传达蜀公的命令，并赏赐守城将士。"金乡城内的人都十分高兴。于仲文挑选精兵，打着尉迟迥的旗号，兼程赶路，前往金乡城。徐善净看见兵马开来，以为是檀让来到，出城迎接并拜谒。于仲文便令人拿下徐善净，乘势夺取了金乡城。众位将领建议屠灭该城，于仲文说："这座城是席毗罗起兵之地，应当宽赦他们的妻子儿女，那些士卒就会自动归降。如果我们屠灭了他们的家人，他们就会因绝望而死战。"众人都说这是好主意。此时席毗罗仗着兵马众多，前来进击朝廷大军，于仲文设下埋伏，发动袭击，席毗罗的军队大败，士卒们争先跳入洙水，都被淹死，以致河水被堵塞不流。于仲文俘获檀让，用囚车押送京师。于仲文将席毗罗斩首，首级传往长安。

韦孝宽分兵几路讨伐关东各地的叛军，全部将他们平定。杨坚把相州的治所迁到安阳，摧毁邺城的城墙和民居。又将相州划分成毛州、魏州。

后梁世宗听到尉迟迥失败的消息，对柳庄说："我如果听从众人的话，国家也就保不住了。"

丞相杨坚刚开始掌握政权时，对黄公刘昉、沛公郑译十分厚待，赏赐他们无数的财物，委以心腹重任，对他们的建议无不听从，所以朝野上下无不奉承巴结他们，被称为"黄、沛"。这二人倚仗功劳而骄纵恣肆，贪图钱财，不处理事务。他们推辞出任监军之后，杨坚开始疏远他们，对他们的恩惠和礼遇也就逐渐减淡。高颎从军队回到朝廷后，日益受到杨坚的宠信。当时王谦、

司马消难未平，坚忧之，忘寝与食。而昉逸游纵酒，相府事多遗落。坚乃以高颎代昉为司马，不忍废译，阴敕官属不得白事于译。译犹坐听事，无所关预，惶惧顿首，求解职，坚犹以恩礼慰勉之。

周王谊帅四总管至郧州，司马消难拥其众以鲁山、甑山二镇来奔。

九月庚戌，以随世子勇为洛州总管、东京小冢宰，总统旧齐之地。壬子，以左丞相坚为大丞相，罢左、右丞相之官。

冬十月，周丞相坚杀陈惑王纯及其子。周梁睿将步骑二十万讨王谦，谦分命诸将据险拒守，睿奋击，屡破之，蜀人大骇。谦遣其将达奚惎、高阿那肱、乙弗虔等帅众十万攻利州，堰江水以灌之。城中战士不过二千，总管昌黎豆卢勣，昼夜拒守，凡四旬，时出奇兵击惎等，破之。会梁睿至，惎等遁去。睿自剑阁入，进逼成都。谦令达奚惎、乙弗虔城守，亲帅精兵五万，背城结陈。睿击之，谦战败，将入城，惎、虔以城降。谦将麾下三十骑走新都，新都令王宝执之。戊寅，睿斩谦及高阿那肱，剑南平。

十二月甲子，周以大丞相坚为相国，总百揆，去都督中外、大冢宰之号，进爵为王，以安陆等二十郡为随国，赞拜不名，备九锡之礼。坚受王爵、十郡而已。

司马消难的叛乱还未平息，杨坚十分担忧，寝食不安。而刘昉成日游玩纵酒，相府的公务很多被他耽误。于是，杨坚让高颎代替刘昉担任司马的职务，同时不忍心罢免郑译，只好暗中嘱咐官吏不必向郑译上报公事。郑译只是干坐在那里等待处理事务，却没人请示，心中惶惶不安，向杨坚顿首谢罪，自动请求离职，杨坚仍然施以恩惠，以礼相待，以此安慰郑译。

北周的王谊率领四位总管到达郧州，司马消难率领部众献出鲁山、甑山二镇归降北周。

九月庚戌（二十八日），北周朝廷任命随公杨坚的长子杨勇担任洛州总管、东京小冢宰，统辖原先北齐的地区。壬子（三十日），朝廷任命左丞相杨坚为大丞相，撤销左、右丞相的官职。

冬季十月，北周丞相杨坚处死陈惑王宇文纯和他的儿子。北周梁睿率领步兵骑兵二十万人讨伐王谦，王谦命令将领据守各处要塞，进行抵抗，梁睿率领军队奋勇攻击，屡屡打败王谦，蜀地的人十分惊骇。王谦派遣部将达奚惎、高阿那肱、乙弗虔等人率领十万兵马攻打利州，筑堰拦截长江水以大水漫灌利州。利州城内的守军不足两千人，但利州总管、昌黎人豆卢勣率领守军昼夜防守，坚持了四十天，并时常派出奇兵袭击达奚惎等人的军队，获得战果。适逢梁睿率军赶到，达奚惎等人率军逃走。梁睿从剑阁进入蜀地，进逼成都。王谦命令达奚惎、乙弗虔守卫成都城，然后亲自率领五万精兵，背靠着成都城布下战阵。梁睿向王谦的战阵发动攻击，王谦战败，正准备进城，达奚惎、乙弗虔却献城归降梁睿。王谦只率领三十名骑兵逃往新都，新都县令王宝将他捉拿。戊寅（二十六日），梁睿将王谦和高阿那肱斩杀，剑南获得平定。

十二月甲子（十三日），北周朝廷下诏，任命大丞相杨坚为相国，统辖百官总理国家政事，免去他都督中外诸军事、大冢宰的称号，进爵位为王，以安陆等二十郡作为随国，特许杨坚朝见天子时不必唱名，并赐予九锡殊礼。但是杨坚只接受了王爵，以及十个郡的封地，其馀的都加以辞谢。

十三年春二月甲寅，隋王始受相国、百揆、九锡之命，建台置官。丙辰，诏进王妃独孤氏为王后，世子勇为太子。开府仪同大将军庾季才，劝隋王宜以今月甲子应天受命，太傅李穆、开府仪同大将军卢贲亦劝之。于是周主下诏，逊居别宫。甲子，命兼太傅杞公椿奉册，大宗伯赵煚奉皇帝玺绂，禅位于隋。隋王冠远游冠，受册、玺，改服纱帽、黄袍，入御临光殿，服衮冕，如元会之仪。大赦，改元开皇。命有司奉册祀于南郊。遣少冢宰元孝矩代太子勇镇洛阳。孝矩名矩，以字行，天赐之孙也，女为太子妃。

少内史崔仲方劝隋主除周六官，依汉、魏之旧，从之。置三师、三公及尚书、门下、内史、秘书、内侍五省，御史、都水二台，太常等十一寺，左右卫等十二府，以分司统职。又置上柱国至都督十一等勋官，以酬勤劳。特进至朝散大夫七等散官，以加文武官之有德声者。改侍中为纳言。以相国司马高颎为尚书左仆射，兼纳言，相国司录京兆虞庆则为内史监，兼吏部尚书，相国内郎李德林为内史令。

乙丑，追尊皇考为武元皇帝，庙号太祖；皇妣吕氏为元明皇后。丙寅，修庙社。立王后独孤为皇后，王太子勇为皇太子。丁卯，以大将军赵煚为尚书右仆射。己巳，封周静帝为介公，周氏诸王皆降爵为公。

初，刘、郑矫诏以隋主辅政，杨后虽不预谋，然以嗣主幼冲，恐权在他族，闻之，甚喜。后知其父有异图，意颇

十三年(581)春季二月甲寅(初四),隋王杨坚接受相国、总领百官和九锡的封赐诏命,建立台省,设置官吏。丙辰(初六),朝廷下诏晋封隋王妃独孤氏为王后,长子杨勇为太子。开府仪同大将军庾季才劝说隋王应该在本月甲子日顺应天命接受皇位,太傅李穆、开府仪同大将军卢贲也同样劝说隋王。于是北周静帝发布诏令,退位迁居到别的宫殿。甲子(十四日),北周静帝责成兼太傅、杞公宇文椿手捧册书,大宗伯赵煚手捧皇帝玺印,禅位给隋王杨坚。隋王戴着远游冠,接受了册书、御玺,然后改戴白纱帽,穿上黄袍,进入临光殿,戴上皇冠,穿上衮服,按照皇帝每年元月元日朝会文武百官的礼仪登基称帝。随后下诏大赦天下,改年号为开皇。命令主管部门手捧书册前往南郊祭天。派遣少冢宰元孝矩接替太子杨勇镇守洛阳。元孝矩,名矩,以字行世,是元天赐的孙子,女儿是太子杨勇的妃子。

少内史崔仲方劝告隋文帝废除北周所建立的六官制度,恢复汉、魏时期的职官制度,隋文帝采纳了他的意见。于是,设置三师、三公和尚书、门下、内史、秘书、内侍五省,御史、都水二台,太常等十一寺,左卫、右卫等十二府,分别执掌朝廷政务。另设置上柱国到都督共十一等勋官,以酬赏勤勉和立功的官员。设置特进到朝散大夫共七等散官,以封授享有德行和名声的文武官员。还把侍中改称纳言。同时,任命相国司马高颎为尚书左仆射,兼纳言,相国司录、京兆人虞庆则为内史监,兼吏部尚书,相国内郎李德林为内史令。

乙丑(十五日),隋文帝追尊父亲杨忠为武元皇帝,庙号太祖;母亲吕氏为元明皇后。丙寅(十六日),诏令修建隋王室的宗庙、社庙。册立王后独孤氏为皇后,王太子杨勇为皇太子。丁卯(十七日),隋文帝任命大将军赵煚为尚书右仆射。己巳(十九日),隋文帝封周静帝为介公,北周皇室诸王的爵位全部降为公。

起初,刘昉、郑译假传圣旨让杨坚辅佐朝政,天元皇后杨氏虽没有参加谋议,但因为静帝尚年幼,担心皇权落在他族手中,听说杨坚辅政,十分高兴。后来知道自己父亲怀有异谋,心中

不平，形于言色，及禅位，愤惋逾甚。隋主内甚愧之，改封乐平公主。久之，欲夺其志，公主誓不许，乃止。

隋主与周载下大夫北平荣建绪有旧，隋主将受禅，建绪为息州刺史，将之官，隋主谓曰："且踌躇，当共取富贵。"建绪正色曰："明公此旨，非仆所闻。"及即位，来朝，帝谓之曰："卿亦悔不？"建绪稽首曰："臣位非徐广，情类杨彪。"帝笑曰："朕虽不晓书语，亦知卿此言不逊！"

上柱国窦毅之女，闻隋受禅，自投堂下，抚膺太息曰："恨我不为男子，救舅氏之患！"毅及襄阳公主掩其口曰："汝勿妄言，灭吾族！"毅由是奇之。及长，以适唐公李渊。渊，昞之子也。

虞庆则劝隋主尽灭宇文氏，高颎、杨惠亦依违从之，李德林固争，以为不可。隋主作色曰："君书生，不足与议此！"于是周太祖孙谯公乾恽、冀公绚，闵帝子纪公湜，明帝子酆公贞、宋公实，高祖子汉公赞、秦公贽、曹公允、道公充、蔡公兑、荆公元，宣帝子莱公衍、郢公术皆死。德林由此品位不进。

五月，隋主潜害周静帝，葬于恭陵，以其族人洛为嗣。

愤愤不平，在言行举止上也显露出来，等到静帝禅位给杨坚之后，她心中更是愤恨悲伤。隋文帝也在心中感到愧疚，于是把女儿改封为乐平公主。很久以后，隋文帝想让女儿出嫁，乐平公主誓死不从，只好作罢。

隋文帝和原北周载下大夫、北平人荣建绪有交情，在隋文帝准备接受禅让时，荣建绪正被任命为息州刺史，准备前往上任时，杨坚对他说："你暂且等待等待，我们应当共享荣华富贵。"荣建绪庄重地回答说："您的这些话，不是我所希望听到的。"隋文帝即位之后，荣建绪来朝拜隋文帝，隋文帝对他说："你感到后悔吗？"荣建绪跪拜说："臣虽然没有处在晋、宋禅让时候的东晋秘书监徐广的位置，但和东汉末年的太尉杨彪情况类似。"隋文帝笑道："朕虽然不懂得什么掌故，却也知道你这话不够恭敬！"

上柱国窦毅的女儿听说隋王杨坚接受了北周静帝的禅让，扑倒在堂阶下，抚胸叹息说："我恨自己不是一个男子汉，不能拯救舅舅一族的灾难！"窦毅和襄阳公主连忙捂住她的嘴说："你千万不要乱讲，这样会招致灭族之灾！"但窦毅因此觉得女儿不同于一般的女子。等女儿长大后，窦毅将她嫁给唐公李渊。李渊，是李昞的儿子。

虞庆则劝告隋文帝将宇文氏全族灭掉，高颎、杨惠也同意虞庆则的建议，李德林却坚决反对，认为不能这么做。隋文帝变了脸色说："你只是一个书生，没资格讨论此事！"于是，北周太祖的孙子谯公宇文乾恽、冀公宇文绚，闵帝的儿子纪公宇文湜，明帝的儿子酆公宇文贞、宋公宇文实，高祖的儿子汉公宇文赞、秦公宇文贽、曹公宇文允、道公宇文充、蔡公宇文兑、荆公宇文元，宣帝的儿子莱公宇文衍、郢公宇文术，全部都被处死。李德林也因此没有再得到提升。

五月，隋文帝暗中害死北周静帝，将他葬于恭陵，让静帝的族人宇文洛继承他的香火。

始兴王谋逆

陈宣帝太建十三年冬十二月，始兴王叔陵，太子之次弟也，与太子异母，母曰彭贵人。叔陵为江州刺史，性苛刻狡险。新安王伯固，以善谐谑，有宠于上及太子。叔陵疾之，阴求其过失，欲中之以法。叔陵入为扬州刺史，事务多关涉省阁，执事承意顺旨，即讽上进用之，微致违忤，必抵以大罪，重者至殊死。伯固惮之，乃谄求其意。叔陵好发古冢，伯固好射雉，常相从郊野，大相款狎，因密图不轨。伯固为侍中，每得密语，必告叔陵。

十四年春正月己酉，上不豫，太子与始兴王叔陵、长沙王叔坚并入侍疾。叔陵阴有异志，命典药吏曰："切药刀甚钝，可砺之。"甲寅，上殂，仓猝之际，叔陵命左右于外取剑，左右弗悟，取朝服木剑以进，叔陵怒。叔坚在侧，闻之，疑有变，伺其所为。乙卯，小敛，太子哀哭俯伏，叔陵抽剉药刀斫太子，中项，太子闷绝于地。母柳皇后走来救之，

始兴王谋逆

陈宣帝太建十三年(581)冬季十二月,始兴王陈叔陵是太子陈叔宝的二弟,和太子为异母兄弟,生母是彭贵人。陈叔陵担任江州刺史,性情苛刻狡诈。新安王陈伯固因为善于诙谐戏谑,受到陈宣帝和皇太子的宠爱。陈叔陵忌恨陈伯固,就在暗中搜寻他的过失,想使他身陷法网。后来,陈叔陵调入京城担任扬州刺史,政务多和尚书、中书二省有关,朝臣中凡顺从陈叔陵意旨的,便劝说宣帝加以提拔任用,而稍稍违忤他的人,便被他诬陷成犯大罪,甚或被处死。陈伯固也十分忌惮他,只好向他谄媚奉承,处处投其所好。陈叔陵喜欢发掘古墓,陈伯固喜欢打猎射鸡,因此二人常常相携去郊野玩乐,彼此十分亲昵,进而秘密图谋不轨。陈伯固当时是侍中,每次得知机密消息,都告诉陈叔陵。

十四年(582)春季正月己酉(初五),陈宣帝患病,太子和始兴王陈叔陵、长沙王陈叔坚一起入宫服侍。陈叔陵因为暗中怀有夺位企图,便命令掌管药品的官吏说:"切药草的刀太钝了,你去磨一磨。"甲寅(初十),宣帝驾崩,在仓促之间,陈叔陵命令左右随从到宫外取剑,左右随从没有领悟到他的用意,取来朝服和木剑呈献给他,陈叔陵大怒。陈叔坚在一旁看到这种情景,怀疑陈叔陵将要作乱,便在暗中监视他的行动。乙卯(十一日),宣帝遗体入殓,太子俯伏痛哭,陈叔陵乘机抽出切药刀砍向太子,砍中脖子,太子顿时昏倒在地。太子生母柳皇后跑过来救护太子,

又斫后数下。乳媪吴氏自后掣其肘，太子乃得起。叔陵持太子衣，太子自奋得免。叔坚手扼叔陵，夺去其刀，仍牵就柱，以其褶袖缚之。时吴媪已扶太子避贼，叔坚求太子所在，欲受生杀之命。叔陵多力，奋袖得脱，突走出云龙门，驰车还东府，召左右断青溪道，赦东城囚以充战士，散金帛赏赐，又遣人往新林追其所部兵。仍自被甲，著白布帽，登城西门招募百姓。又召诸王将帅，莫有至者，唯新安王伯固单马赴之，助叔陵指挥。叔陵兵可千人，欲据城自守。

时众军并缘江防守，台内空虚。叔坚白柳后，使太子舍人河内司马申，以太子命召右卫将军萧摩诃入见受敕，帅马步数百趣东府，屯城西门。叔陵惶恐，遣记室韦谅送其鼓吹与摩诃，谓之曰："事捷，必以公为台鼎。"摩诃绐报之曰："须王心膂节将自来，方敢从命。"叔陵遣其所亲戴温、谭骐驎诣摩诃，摩诃执以送台，斩其首，徇东城。

叔陵自知不济，入内，沈其妃张氏及宠妾七人于井，帅步骑数百自小航渡，欲趣新林，乘舟奔隋。行至白杨路，为台军所邀。伯固见兵至，旋避入巷，叔陵驰骑拔刃追之，伯固复还。叔陵部下多弃甲溃去。摩诃马容陈智深迎刺叔陵僵仆，陈仲华就斩其首，伯固为乱兵所杀。自寅至巳乃定。叔陵诸子并赐死，伯固诸子宥为庶人。韦谅及前衡阳内史

结果也中了几刀。太子的乳母吴氏从背后扯住陈叔陵的胳膊，太子才得以爬起来。陈叔陵又抓住太子的衣服，太子奋力挣脱。这时，陈叔坚扑上去用手臂扼住陈叔陵的脖子，夺下刀子，然后把他拖到柱子旁，用他的衣袖将他捆绑在柱子上。当时，乳母吴氏已经扶着太子躲避开，陈叔坚出殿寻找太子，请示他如何处理这桩谋杀事件。陈叔陵健壮有力，奋力挣脱了捆缚，冲出云龙门，驾车驰回东府城，立即召集左右亲信截断青溪道，赦免东府城的囚徒，让他们充当战士，并散发金银财帛赏赐他们，又派人前往新林追召所属军队。陈叔陵亲自穿上甲胄，头戴白布帽，登上西城门，招募百姓。他又派人征召宗室诸王和朝廷将帅，但无人前来，只有新安王陈伯固单身一人骑马前来响应，协助陈叔陵指挥部队。陈叔陵的兵众大约有一千人，打算在东府城中据守。

当时朝廷各支军队全都分布在长江南岸防守，京城中兵力空虚。陈叔坚禀告柳皇后，派遣太子舍人、河内人司马申以太子的名义下令召右卫将军萧摩诃入宫接受敕令，率领数百步兵、骑兵进军东府城，驻扎在西门外。陈叔陵惊慌害怕，派遣记室韦谅将皇上所赐的鼓吹送给萧摩诃，对他说："如果我举事成功，一定委任你为辅政大臣。"萧摩诃欺骗韦谅说："必须请始兴王的心腹将领亲自来说，我才听从命令。"于是陈叔陵派遣亲信将领戴温、谭骐驎来到萧摩诃军中，萧摩诃将他们逮捕送往台城处斩，又将他们的尸首拿回东府城外示众。

陈叔陵知道自己大势已去，便回到府中，把妃子张氏和七名宠妾沉到井中溺死，率领数百名步兵和骑兵从小航渡过秦淮河，想先逃往新林，再乘船投奔隋朝。走到白杨路，遭到朝廷军队的截击。陈伯固看到军队到来，便躲入巷中，陈叔陵拔出刀来，骑马赶上他，陈伯固只好再回到队伍中。陈叔陵的部下遭到截击后大多弃甲逃散。萧摩诃的马前卫士陈智深迎面把陈叔陵刺下马来，陈仲华上前就势斩下首级，陈伯固则被乱兵杀死。从凌晨一直到近午，混战才平息下来。陈叔陵的几个儿子全都被赐令自杀，陈伯固的儿子们则免于一死，降为平民。韦谅和前任衡阳内史

彭暠、谘议参军兼记室郑信、典签俞公喜并伏诛。暠，叔陵舅也。信、谅有宠于叔陵，常参谋议。谅，粲之子也。丁巳，太子即皇帝位，大赦。

癸亥，以长沙王叔坚为骠骑将军、开府仪同三司、扬州刺史；萧摩诃为车骑将军、南徐州刺史，封绥远公，始兴王叔陵家金帛累巨万，悉以赐之；以司马申为中书通事舍人。

乙丑，尊皇后为皇太后。时帝病创，卧承香殿，不能听政。太后居柏梁殿，百司众务，皆决于太后。帝创愈，乃归政焉。丁卯，封皇弟叔重为始兴王，奉昭烈王祀。秋九月丙午，以长沙王叔坚为司空，将军、刺史如故。

长城公至德元年。初，上病创，不能视事，政无大小，皆决于长沙王叔坚，权倾朝廷。叔坚颇骄纵，上由是忌之。都官尚书山阴孔范，中书舍人施文庆，皆恶叔坚而有宠于上，日夕求其短，构之于上。上乃即叔坚骠骑将军本号，用三司之仪，出为江州刺史。以祠部尚书江总为吏部尚书。秋八月，长沙王叔坚未之江州，复留为司空，实夺之权。冬十二月丙辰，司空长沙王叔坚免。叔坚既失恩，心不自安，乃为厌媚，醮日月以求福。或上书告其事，帝召叔坚，囚于西省，将杀之，令近侍宣敕数之。叔坚对曰："臣之本心，非有他故，但欲求亲媚耳。臣既犯天宪，罪当万死。臣死之日，

彭暠、谘议参军兼记室郑信、典签俞公喜等人被全部处死。彭暠，是陈叔陵的舅舅。郑信、韦谅则是陈叔陵宠爱的部下，常常为陈叔陵出谋划策。韦谅，是韦粲的儿子。丁巳(十三日)，太子陈叔宝即皇帝位，大赦天下。

癸亥(十九日)，朝廷任命长沙王陈叔坚为骠骑将军、开府仪同三司、扬州刺史；任命萧摩诃为车骑将军、南徐州刺史，封为绥远公，并将始兴王陈叔陵的亿万家财全部赐给他；任命司马申为中书通事舍人。

乙丑(二十一日)，陈后主尊奉皇后为皇太后。当时，陈后主伤势仍然很严重，在承香殿中卧床休养，不能上朝听政。太后居住在柏梁殿，朝廷的事务都由太后决定。陈后主伤愈之后，太后便将朝政交还给后主处理。丁卯(二十三日)，后主封皇弟陈叔重为始兴王，继承昭烈王陈道谈的香火。秋季九月丙午(初五)，后主任命长沙王陈叔坚为司空，原来所封的骠骑将军、扬州刺史职位仍然保留。

陈长城公至德元年(583)。起初，陈后主伤势未好，不能处理朝政，朝廷上无论大小事情，都由长沙王陈叔坚决断，陈叔坚因此权倾朝野。陈叔坚十分骄横放纵，后主因此开始对他产生疑忌。都官尚书、山阴人孔范和中书舍人施文庆都厌恶陈叔坚，并且受到后主的宠信，便朝夕寻找陈叔坚的过错，然后向后主诬陷他。于是，陈后主让陈叔坚以骠骑将军的称号，并享受和三司一样的礼仪，出任江州刺史。又任命祠部尚书江总为吏部尚书。秋季八月，长沙王陈叔坚还没有前往江州赴任，后主又让他留在朝廷担任司空，但夺去他的实权。冬季十二月丙辰(二十三日)，司空、长沙王陈叔坚被免去官职。陈叔坚失去了后主对他的恩宠之后，心中十分不安，于是运用妖魅之术，祭祀太阳、月亮，来祈求福佑。有人向后主上书告发此事，后主召陈叔坚进宫，把他囚禁在中书省，打算处死他，派遣左右近臣宣读敕令，历数他的罪行。陈叔坚回答说："臣的本意，没有其他想法，只是想亲近和讨好陛下而已。臣既然触犯了国法，罪该万死。臣死的时候，

必见叔陵，愿宣明诏，责之于九泉之下。”帝乃赦之，免官而已。

一定会见到陈叔陵，臣希望能够向他宣读陛下的诏令，在九泉之下谴责他的罪行。”后主于是赦免了他的死罪，只把他的官职免去了。

隋灭陈

陈宣帝太建十三年春，隋主既受周禅，三月戊子，以上开府仪同三司贺若弼为吴州总管，镇广陵；和州刺史河南韩擒虎为庐州总管，镇庐江。隋主有并吞江南之志，问将帅于高颎，颎荐弼与擒虎，故置于南边，使潜为经略。

长城公至德二年，上于光昭殿前起临春、结绮、望仙三阁，各高数十丈，连延数十间，其窗、牖、壁带、县楣、栏、槛皆以沉、檀为之，饰以金玉，间以珠翠，外施珠帘，内有宝床、宝帐，其服玩瑰丽，近古所未有。每微风暂至，香闻数里。其下积石为山，引水为池，杂植奇花异卉。

上自居临春阁，张贵妃居结绮阁，龚、孔二贵嫔居望仙阁，并复道交相往来。又有王、李二美人，张、薛二淑媛，袁昭仪、何婕妤、江修容，并有宠，迭游其上。以宫人有文学者袁大舍等为女学士。仆射江总虽为宰辅，不亲政务，日与都官尚书孔范、散骑常侍王瑳等文士十馀人，侍上游宴后庭，无复尊卑之序，谓之“狎客”。上每饮酒，使诸妃、嫔

隋灭陈

陈宣帝太建十三年(581)春季,隋文帝接受了北周静帝的禅让之后,在三月戊子这天,任命上开府仪同三司贺若弼为吴州总管,镇守广陵;任命和州刺史、河南人韩擒虎为庐州总管,镇守庐江。隋文帝怀有吞并长江以南地区的志向,向高颎访求将帅,高颎推荐了贺若弼和韩擒虎,所以隋文帝将他们安置在南部边境,让他们暗中筹划攻打陈国。

陈长城公至德二年(584),陈后主在光昭殿前修建临春、结绮、望仙三座楼阁,各高数十丈,绵延数十间,楼阁的窗户、壁带、悬楣、栏杆都用沉香木和檀木制成,用金、玉加以装饰,还点缀着珍珠翡翠,门窗均挂有珠帘,室内布置宝床、宝帐,穿戴玩赏的东西瑰奇华丽,为近世所未有。每当微风吹来,香飘数里。阁下用石头堆成假山,引入水流积为池塘,间杂种上奇花异草。

后主自己居住在临春阁,张贵妃住在结绮阁,龚、孔二贵嫔住在望仙阁,楼阁之间由天桥连接,往来方便。另外,后宫中还有王、李二美人,张、薛二淑媛,袁昭仪、何婕妤、江修容,都受到后主宠爱,轮番在三座楼阁上游玩。后主任命宫女中有文才的袁大舍等人为女学士。仆射江总虽然担任宰相,但从不过问政事,成日和都官尚书孔范、散骑常侍王瑳等十几个文人学士,陪伴后主在皇宫后庭游玩宴乐,甚至连君臣尊卑的秩序也不顾及,所以被当时人称为"狎客"。后主每次饮酒,便叫各位嫔妃、

及女学士与狎客共赋诗，互相赠答，采其尤艳丽者，被以新声，选宫女千馀人习而歌之，分部迭进。其曲有《玉树后庭花》《临春乐》等，大略皆美诸妃嫔之容色。君臣酣歌，自夕达旦，以此为常。

张贵妃名丽华，本兵家女，为龚贵嫔侍儿，上见而说之，得幸，生太子深。贵妃发长七尺，其光可鉴，性敏慧，有神彩，进止闲华，每瞻视眄睐，光采溢目，照映左右。善候人主颜色，引荐诸宫女，后宫咸德之，竞言其善。又有厌魅之术，常置淫祀于宫中，聚女巫鼓舞。上怠于政事，百司启奏，并因宦者蔡脱兒、李善度进请。上倚隐囊，置张贵妃于膝上，共决之。李、蔡所不能记者，贵妃并为条疏，无所遗脱。因参访外事，人间有一言一事，贵妃必先知白之。由是益加宠异，冠绝后庭。宦官近习，内外连结，援引宗戚，纵横不法，卖官鬻狱，货赂公行，赏罚之命，不出于外。大臣有不从者，因而谮之。于是孔、张之权熏灼四方，大臣执政皆从风谄附。

孔范与孔贵嫔结为兄妹。上恶闻过失，每有恶事，孔范必曲为文饰，称扬赞美，由是宠遇优渥，言听计从。群臣有谏者，辄以罪斥之。中书舍人施文庆，颇涉书史，尝事上于东宫，聪敏强记，明闲吏职，心算口占，应时条理，由是大被亲幸。

女学士和狎客一起赋诗，彼此赠送酬答，并将其中特别艳丽的诗作挑选出来，谱上曲子，挑选一千名宫女演习歌唱，轮流分部演出。其中著名的曲子有《玉树后庭花》《临春乐》等，大都是赞美诸位嫔妃的美貌。君臣共同饮酒酣歌，通宵达旦，习以为常。

张贵妃名叫张丽华，本是将门之女，先前是龚贵妃的侍女，陈后主对她一见钟情，得到宠幸之后，生下太子陈深。张贵妃的头发长达七尺，光彩照人，天性又聪明颖慧，神采飞扬，举止娴雅，顾盼凝眸之间，光彩夺目，映照左右。而且她善于体察后主的心意，向后主推荐各位俊秀的宫女，所以后宫的宫女都对她感恩戴德，竞相向后主赞美她。张贵妃还擅长祈祷鬼神的方术，经常在后宫举行不合礼制的祭祀，聚集女巫在鼓声中跳舞。后主对朝廷政事十分厌倦，凡有启奏文书，都由宦官蔡脱兒、李善度转呈请示。后主则倚着松软的靠垫，让张贵妃坐在膝上，一起审阅和处理。凡是蔡脱兒、李善度没有记住的事情，张贵妃都能逐条陈述，毫无遗漏。张贵妃进而留心和访察宫廷外的事务，群臣和百姓的所有言论和事情，张贵妃都会事先告诉后主。因此张贵妃更是受到后主的宠爱，后宫之中无人可比。陈后主身边的宦官、亲近侍臣，和朝廷上的官员互相勾结，彼此推荐宗亲担任官职，胡作非为，甚至卖官枉法，贿赂公行，连朝廷赏罚官吏的权力，也由宫中的太监、近臣把持。朝廷大臣如有不顺从他们的，就寻机加以陷害。于是，孔贵嫔、张贵妃的权势，简直让很远的人都感到被烤得炙热，朝廷大臣和最高长官也都依从她们的旨意行事，竞相依附奉承。

孔范和孔贵嫔结拜为兄妹。陈后主厌恶听到别人说他有过失，所以，每当陈后主犯了过失之后，孔范总是设法为后主掩饰，并称颂和赞美后主，因此后主也就日益宠爱孔范，对他言听计从。群臣中如有人敢于直言进谏，孔范就对他们安加罪名，然后将他们贬斥出朝廷。中书舍人施文庆，颇通经史，后主当太子时曾供职于东宫，聪明机敏，博闻强记，熟悉各个官位的职能，算术十分熟练，各种事务都处理得井井有条，因此很受后主的信任。

又荐所善吴兴沈客卿、阳惠朗、徐哲、暨慧景等，云有吏能，上皆擢用之，以客卿为中书舍人。客卿有口辩，颇知朝廷典故，兼掌金帛局。旧制，军人、士人并无关市之税。上盛修宫室，穷极耳目，府库虚空，有所兴造，恒苦不给。客卿奏请不问士庶并责关市之征，而又增重其旧。于是以阳惠朗为太市令，暨慧景为尚书金、仓都令史。二人家本小吏，考校簿领，豪厘不差，然皆不达大体，督责苛碎，聚敛无厌，士民嗟怨。客卿总督之，每岁所入，过于常格数十倍。上大悦，益以施文庆为知人，尤加亲重，小大众事，无不委任。转相汲引，珥貂蝉者五十人。

孔范自谓文武才能，举朝莫及，从容白上曰："外间诸将，起自行伍，匹夫敌耳。深见远虑，岂其所知！"上以问施文庆，文庆畏范，亦以为然，司马申复赞之。自是将帅微有过失，即夺其兵，分配文吏，夺任忠部曲以配范及蔡徵。由是文武解体，以至覆灭。

三年。初，北地傅縡以庶子事上于东宫，及即位，迁秘书监、右卫将军兼中书通事舍人，负才使气，人多怨之。施文庆、沈客卿共谮縡受高丽使金，上收縡下狱。縡于狱中上书曰："夫君人者，恭事上帝，子爱下民，省嗜欲，远谄佞，未明求衣，日旰忘食，是以泽被区宇，庆流子孙。陛下顷来酒色过度，不虔郊庙大神，专媚淫昏之鬼，小人在侧，

施文庆还推荐朋友吴兴人沈客卿、阳惠朗、徐哲、暨慧景等人，说他们有担任官吏的才干，后主对他们都加以提拔，并任命沈客卿担任中书舍人。沈客卿能言善辩，通晓朝廷礼仪，兼掌中书省金帛局。按照朝廷的旧有制度，军人、读书人都不必交纳入市关税。但由于后主大修宫室，极尽奢华，官府财库空虚，碰到兴造项目，常苦于无钱支付。沈客卿上书请求，不管读书人还是平民，都必须交纳入市关税，并且还请求提高征收数额。于是后主任命阳惠朗为太市令，暨慧景为尚书金、仓都令史。这两人本是小吏出身，审查核对文簿，没有一丝差错，但他们都不会统筹全局，督查苛刻琐碎，只知道一味地为官府聚敛财物，使读书人和百姓全都叹息埋怨。沈客卿总管并监督税务，每年所得的收入，超过往年的几十倍。后主十分高兴，更加认为施文庆知人善用，也更加亲近和重用他，无论大小事情，全都委任给他。施文庆一伙人，互相推荐引用，爬上高官之位的竟达五十人。

孔范认为自己是文武全才，朝廷上无人能比，坦然自若地对后主说："朝廷外面的各位将帅，都是行伍出身，只有匹夫之勇。至于深谋远虑，哪是他们所能懂得的！"后主以此征询施文庆的意见，施文庆因畏惧孔范，也就随声附和，中书舍人司马申又给孔范帮腔。从此，将帅们有谁稍稍犯了一点过失，后主便削夺去他的兵马，而分配给文官，一次，后主夺取任忠的部曲分配给孔范和蔡徵。因此，文臣武将全都离心离德，最终导致陈王朝的灭亡。

三年(585)。起初，北地人傅縡以太子庶子的身份在东宫侍奉后主，等到后主即位，又晋升为秘书监、右卫将军兼中书通事舍人，但由于他恃才傲物，大家都讨厌他。施文庆、沈客卿一起诬陷傅縡接受了高丽使者的金钱，后主下令将傅縡逮捕下狱。傅縡在监狱里上书说："作为帝王，应当恭敬地侍奉上天，爱民如子，节制嗜好和欲望，疏远奸人佞臣，天未明便穿衣起床，天已晚忘记吃饭，这样才能广布恩泽于天下，遗留福庆给子孙万代。可是，近来陛下过度沉湎于酒色之中，敬奉郊庙大神也不够虔诚，而专心一意地事奉淫荡昏愦之鬼，小人聚集在陛下身边，

宦竖弄权，恶忠直若仇雠，视生民如草芥，后宫曳绮绣，厩马馀菽粟，百姓流离，僵尸蔽野，货贿公行，帑藏损耗，神怒民怨，众叛亲离。臣恐东南王气自斯而尽。”书奏，上大怒，顷之，意稍解，遣使谓缂曰：“我欲赦卿，卿能改过不？”对曰：“臣心如面，臣面可改，则臣心可改。”上益怒，令宦者李善庆穷治其事，遂赐死狱中。上每当郊祀，常称疾不行，故缂言及之。

祯明元年。初，隋主受禅以来，与陈邻好甚笃，每获陈谍，皆给衣马礼遣之，而高宗犹不禁侵掠。故太建之末，隋师入寇，会高宗殂，隋主即命班师，遣使赴吊，书称姓名顿首。帝答之益骄，书末云：“想彼统内如宜，此宇宙清泰。”隋主不悦，以示朝臣，上柱国杨素以为主辱臣死，再拜请罪。

隋主问取陈之策于高颎，对曰：“江北地寒，田收差晚，江南水田早熟。量彼收获之际，微征士马，声言掩袭，彼必屯兵守御，足得废其农时。彼既聚兵，我便解甲。再三若此，彼以为常，后更集兵，彼必不信。犹豫之顷，我乃济师，登陆而战，兵气益倍。又，江南土薄，舍多茅竹，所有储积皆非地窖，密遣行人因风纵火，待彼修立，复更烧之。不出数年，自可财力俱尽。”隋主用其策，陈人始困。

宦官弄权，厌恶忠直之士如同仇人，看轻百姓如同草芥，后宫中绮衣绣服拖满地，马厩里粟麦过剩，而百姓却流离失所，僵尸遍野，朝廷官员贿赂成风，国库日益空虚，上天发怒，下民怨恨，众叛亲离。臣恐怕东南方帝王的气数，从此就要消失了。”奏章呈上后，后主大怒，过了一会儿，怒气逐渐平息下来，便派使者对傅縡说：“我打算赦免你，你能改正错误吗？”傅縡回答说：“臣的心性如同臣的相貌，如果臣的相貌能改变，那么臣的心性才能改变。”后主更加愤怒，命令宦官李善庆彻底清查傅縡的罪行，然后赐他在狱中自杀。后主每次在举行郊祀的时候，总是称说生病而不前往祭祀，所以傅縡在奏章中提出这件事。

祯明元年（587）。起初，隋文帝接受北周静帝的禅让以后，与陈朝结邻交好特别真诚，每次抓获陈朝的探子，都赠给衣服和马匹，礼貌地遣送回国，然而陈朝高宗还是不断地派兵侵扰隋朝边境。所以，在太建末年时，隋朝军队对陈朝发动进攻，恰巧陈朝高宗驾崩，隋文帝立即命令军队撤回本国，并派遣使者前往吊唁，在书信中还有“杨坚顿首”的话。因此，陈后主的回信也就更加骄狂起来，信末还这样写道：“想你所统辖的区域内如果安定，这便是天下清平。”隋文帝很不高兴，让朝廷大臣传看，上柱国杨素认为君主受辱，臣下该死，行了二次跪拜礼，请求治罪。

隋文帝向高颎询问攻取陈朝的计策，高颎回答说：“长江以北地区气候寒冷，田里的收成较晚，而长江以南地区的水稻成熟得早些。估计到了他们收获的季节，我们调集少量兵马，声称要大举进攻，他们必定屯军进行防御，这样就可使他们耽误收割。等到他们把兵马聚集起来，我们就让军队解散。如此多次，他们也就习以为常，往后我们再调集兵马，他们就不会相信我们要发动进攻。他们犹豫不决之际，我们的大军便渡过长江，登陆作战，士气更加高涨。此外，江南地区土层较薄，房舍又大多用茅草竹片搭成，家财、食物也不是储存在地窖里，我们可以秘密派人乘着风势纵火烧屋，等他们修好后，又去焚烧。不出几年，他们自然财尽力竭。”隋文帝采纳了这个主意，陈朝人开始感到困窘。

于是杨素、贺若弼及光州刺史高劢、虢州刺史崔仲方等争献平江南之策。仲方上书曰："今唯须武昌以下，蕲、和、滁、方、吴、海等州，更帖精兵，密营度计；益、信、襄、荆、基、郢等州，速造舟楫，多张形势，为水战之具。蜀、汉二江是其上流，水路冲要，必争之所。贼虽于流头、荆门、延洲、公安、巴陵、隐矶、夏首、蕲口、湓城置船，然终聚汉口、峡口，以水战大决。若贼必以上流有军，令精兵赴援者，下流诸将即须择便横渡；如拥众自卫，上江水军鼓行以前。彼虽恃九江、五湖之险，非德无以为固；徒有三吴、百越之兵，无恩不能自立矣。"隋主以仲方为基州刺史。

及受萧岩等降，隋主益忿，谓高颎曰："我为民父母，岂可限一衣带水不拯之乎！"命大作战船。人请密之，隋主曰："吾将显行天诛，何密之有！"使投其柿于江，曰："若彼惧而能改，吾复何求！"

杨素在永安，造大船，名曰"五牙"，上起楼五层，高百余尺，左右前后置六拍竿，并高五十尺，容战士八百人。次曰"黄龙"，置兵百人。自余"平乘""舴艋"等，各有等差。

晋州刺史皇甫绩将之官，稽首言陈有三可灭，帝问其状，对曰："大吞小，一也；以有道伐无道，二也；纳叛臣萧岩，于我有词，三也。陛下若命将出师，臣愿展丝发之效！"隋主劳而遣之。

时江南妖异特众，临平湖草久塞，忽然自开。帝恶之，

在此时，杨素、贺若弼和光州刺史高劢、虢州刺史崔仲方等争相向隋文帝进献平定江南的计策。崔仲方上书说："现在只要从武昌以下，蕲、和、滁、方、吴、海等州增添精兵，秘密部署渡江计划；在益、信、襄、荆、基、郢等州迅速营造战船，尽量壮大声势，做好水战用具。蜀、汉二江是长江的上游，水陆要地，为兵家必争之地。敌方虽然在流头、荆门、延洲、公安、巴陵、隐矶、夏首、蕲口、湓城部署了船只，但最终还是会聚集到汉口、峡口和我们决一死战。如果敌方认定我们在上游布有重兵，定会命令精兵奔赴上游增援，那我们下游的诸位将帅就可以选挑时机横渡长江；如果敌方把精兵部署在下游防卫京城，我们在上游的水军便可以顺流而下。敌方虽然仰仗九江、五湖的天险，但失去了德行，就无法再固守；他们徒然拥有三吴、百越的兵马，但失去了朝廷的恩典，也就无法自立了。"隋文帝任命崔仲方为基州刺史。

陈朝接受后梁萧岩等人投降后，隋文帝对南陈更加愤怒，对高颎说："我作为天下百姓的父母，哪能被长江天险所隔绝而不去拯救他们呢！"下令沿江各州大造战船。有人请求做得秘密一些，隋文帝说："我将公开替上天诛杀罪恶，有什么可保密的呢！"还让造船者把砍下的碎木片扔到长江中，说："陈朝如果因恐惧而改过，我还要求什么呢？"

杨素在永安所建造的大船，名叫"五牙"，船上建起五层的高楼，达一百多尺高，船的前后左右设置六根拍竿，均高五十尺，可以容纳八百名士卒。次等的船名叫"黄龙"，可乘载一百人。其馀的船称为"平乘""舴艋"等，规模大小不等。

晋州刺史皇甫绩行将赴任，向隋文帝叩头辞行时说平定陈朝有三个理由，隋文帝问他具体指哪些，皇甫绩回答说："大国吞并小国，这是第一条；以有道讨伐无道，这是第二条；对方接纳叛臣萧岩，我们师出有名，这是第三条。如果陛下选将出兵讨伐，臣愿意效微薄之力！"隋文帝对他加以慰劳，然后让他赴任。

当时，江南地区妖异奇怪的事情屡屡出现，临平湖长期以来被水草堵塞不通，此时突然自动疏通。陈后主非常厌恶这件事，

乃自卖于佛寺为奴以厌之。又于建康造大皇寺，起七级浮图，未毕，火从中起而焚之。

吴兴章华，好学，善属文，朝臣以华素无伐阅，竞排诋之，除太市令。华郁郁不得志，上书极谏，略曰："昔高祖南平百越，北诛逆虏；世祖东定吴会，西破王琳；高宗克复淮南，辟地千里。三祖之功勤亦至矣。陛下即位，于今五年，不思先帝之艰难，不知天命之可畏；溺于嬖宠，惑于酒色，祠七庙而不出，拜三妃而临轩；老臣宿将弃之草莽，谄佞谗邪升之朝廷。今疆埸日蹙，隋军压境，陛下如不改弦易张，臣见麋鹿复游于姑苏矣！"帝大怒，即日斩之。先是，隋征梁主入朝，梁叔父安平王岩、弟义兴王𤩽来奔。

二年春正月，遣散骑常侍袁雅等聘于隋，又遣散骑常侍九江周罗睺将兵屯峡口，侵隋峡州。三月甲戌，隋遣兼散骑常侍程尚贤等来聘。戊寅，隋下诏曰："陈叔宝据手掌之地，恣溪壑之险，劫夺闾阎，资产俱竭，驱逼内外，劳役弗已。穷奢极侈，俾昼作夜。斩直言之客，灭无罪之家；欺天造恶，祭鬼求恩；盛粉黛而执干戈，曳罗绮而呼警跸。自古昏乱，罕或能比。君子潜逃，小人得志；天灾地孽，物怪人妖；衣冠钳口，道路以目。重以背德违言，摇荡疆埸，昼伏夜游，鼠窃狗盗。天之所覆，无非朕臣，每关听览，有怀伤恻。

便把自己卖给佛寺当奴隶，想借此镇住妖异现象的发生。又在建康城中建造大皇寺，在寺中建了一座七层宝塔，还未完工，宝塔中突然起火，最终被烧毁。

吴兴人章华，好学不倦，善写文章，陈朝的官员因为他一无资历，二无门第，竞相排挤和诋毁他，因此后主只好任命他为太市令。章华郁郁不得志，上书极力劝谏，大略说："过去高祖在南面平定百越，在北面诛灭叛贼侯景；世祖在东面平定吴兴、会稽地区，在西面打败王琳；高宗则收复淮南，拓地千里。三位先帝的功绩和劳苦已经到了极点。陛下即位，至今已有五年，不曾考虑先帝创业的艰难，也不知道天命的可畏之处；耽溺于宠妾嬖臣，沉湎于酒色，祭祀天子七庙时托故不往，册封三位妃子时却亲临殿堂；老臣宿将，抛弃在草莽之中，谄佞奸邪，提拔在朝廷之上。现在，边界日益紧缩，隋朝大兵压境，陛下如不改过自新，臣恐怕又要看见麋鹿游荡在建康城的废墟之上了！"后主大怒，当日将他斩首。在此之前，隋征召后梁国主入京朝见，后梁国主的叔父安平王萧岩、弟弟义兴王萧瓛主动投奔陈朝。

二年(588)春季正月，陈后主派遣散骑常侍袁雅等人聘问隋朝，另外又派遣散骑常侍、九江人周罗睺率领军队驻扎在峡口，入侵隋朝的峡州。三月甲戌(初五)，隋朝派遣兼散骑常侍程尚贤等人回访陈朝。戊寅(初九)，隋文帝下诏书说："陈叔宝占据着巴掌大的弹丸之地，仰仗着深溪险壑的天险，劫夺百姓，使他们倾家荡产，并且还驱迫他们，无休止地四处供奉劳役。自己却穷奢极欲，无日无夜。斩杀直言进谏的人士，诛灭没有犯罪的家族；欺瞒上天，作恶多端，祭祀妖鬼，祈求福佑；抬高粉黛美人的身价，让人执戈侍卫，增重罗绮女子的声威，让人清道开路。自古以来再昏愦腐败的君王，也极少能和他相比。君子潜逃，小人得志；上天降下灾祸，地上出现妖孽，事物反常，人妖屡现；士大夫缄口沉默，路人以目示意。再加上背信弃义，犯我边疆，白昼隐伏，夜间出来骚扰，犹如鼠窃狗盗。苍天之下，无人不是朕的臣子，每次听说或读到江南百姓受苦受难的奏疏，都感到心中悲痛。

可出师授律，应机诛殄。在斯一举，永清吴越。”又送玺书暴帝二十恶，仍散写诏书三十万纸，遍谕江外。

冬十月己未，隋置淮南行省于寿春，以晋王广为尚书令。帝遣兼散骑常侍王琬、兼通直散骑常侍许善心聘于隋。隋人留于客馆，琬等屡请还，不听。甲子，隋以出师，有事于太庙；命晋王广、秦王俊、清河公杨素皆为行军元帅。广出六合，俊出襄阳，素出永安，荆州刺史刘仁恩出江陵，蕲州刺史王世积出蕲春，庐州总管韩擒虎出庐州，吴州总管贺若弼出广陵，青州总管弘农燕荣出东海，凡总管九十，兵五十一万八千，皆受晋王节度。东接沧海，西距巴、蜀，旌旗舟楫，横亘数千里。以左仆射高颎为晋王元帅长史，右仆射王韶为司马，军中事皆取决焉，区处支度，无所凝滞。

十一月丁卯，隋主亲饯将士。乙亥，至定城，陈师誓众。十二月，隋军临江。高颎谓行台吏部郎中薛道衡曰："今兹大举，江东必可克乎？"道衡曰："克之。尝闻郭璞有言：'江东分王三百年，复与中国合。'今此数将周，一也；主上恭俭勤劳，叔宝荒淫骄侈，二也；国之安危在所委任，彼以江总为相，唯事诗酒，拔小人施文庆，委以政事，萧摩诃、任蛮奴为大将，皆一夫之用耳，三也；我有道而大，彼无德而小，量其甲士不过十万，西自巫峡，东至沧海，分之则势悬而力弱，聚之则守此而失彼，四也。席卷之势，事在

因此朕下令出师讨伐，以正国法，顺应时机，诛杀暴君。此次兴兵，定能永远扫平吴越地区。”又派遣使者把盖有玺印的文书送给南陈朝廷，历数陈后主二十条罪状，还抄写了三十万份诏书，向江南地区广为散发。

冬季十月己未（二十三日），隋朝在寿春设置淮南行省，任命晋王杨广为尚书令。陈后主派遣兼散骑常侍王琬、兼通直散骑常侍许善心聘问隋朝。隋朝人将他们软禁在客馆中，王琬等人屡次请求让他们回国，都不被允许。甲子（二十八日），隋文帝因为即将发兵攻陈，到太庙祭告祖先；并命令晋王杨广、秦王杨俊、清河公杨素都担任行军元帅。杨广率军出六合，杨俊率军出襄阳，杨素率军出永安，荆州刺史刘仁恩率军出江陵，蕲州刺史王世积率军出蕲春，庐州总管韩擒虎率军出庐州，吴州总管贺若弼率军出广陵，青州总管弘农人燕荣率军出东海，共有九十名总管，五十一万八千名士兵，都受晋王杨广的统一指挥。全部战线东起沧海，西接巴蜀，旌旗和船桨连绵数千里。隋文帝任命左仆射高颎为晋王杨广的元帅长史，任命右仆射王韶为元帅司马，军中的事都由他们商议决定，他们安排各路军队的进退攻守，解决军需供应，十分迅速果断，没有贻误。

十一月丁卯（初二），隋文帝亲自为出征将士饯行。乙亥（初十），隋文帝驾临定城，举行誓师大会。十二月，隋军进至长江北岸。高颎对行台吏部郎中薛道衡说：“此次大举出兵，江东地区一定能够平定吗？”薛道衡说：“能平定。我曾经听郭璞有句话说：‘江东分据称王三百年，复与中原合一。’如今三百年的时间快到了，这是其一；皇上生活节俭，勤于政事，陈叔宝荒淫骄奢，这是其二；国家的安危，在于用人，陈国任命江总为宰相，江总醉心于诗酒，又提拔小人施文庆，把政事委付给他，萧摩诃、任忠等大将，都只有匹夫之勇，这是其三；我们拥持道义，国力强盛，他们没有仁德，国力衰微，他们的甲兵充其量也不过十万，在西起巫峡，东到沧海的广阔战线上，如果分兵防守则势孤力单，集中防守则顾此失彼，这是其四。形成这种席卷江南的势头，事态就

不疑。”颎忻然曰：“得君言成败之理，令人豁然。本以才学相期，不意筹略乃尔。”

秦王俊督诸军屯汉口，为上流节度。诏以散骑常侍周罗睺都督巴峡缘江诸军事以拒之。杨素引舟师下三峡，军至流头滩。将军戚昕以青龙百馀艘、兵数千人守狼尾滩，地势险峭，隋人患之。素曰：“胜负大计，在此一举。若昼日下船，彼见我虚实，滩流迅激，制不由人，则吾失其便，不如以夜掩之。”素亲帅黄龙数千艘，衔枚而下。遣开府仪同三司王长袭引步卒自南岸击昕别栅，大将军刘仁恩帅甲骑自北岸趣白沙。迟明而至，击之，昕败走，悉俘其众，劳而遣之，秋毫不犯。素帅水军东下，舟舻被江，旌甲曜日。素坐平乘大船，容貌雄伟，陈人望之，皆惧，曰：“清河公即江神也！”江滨镇戍闻隋军将至，相继奏闻，施文庆、沈客卿并抑而不言。

初，上以萧岩、萧瓛，梁之宗室，拥众来奔，心忌之，故远散其众，以岩为东扬州刺史，瓛为吴州刺史，使领军任忠出守吴兴郡，以襟带二州。使南平王嶷镇江州，永嘉王彦镇南徐州。寻召二王赴明年元会，命缘江诸防船舰悉从二王还都，为威势以示梁人之来者。由是江中无一斗船，上流诸州兵皆阻杨素军，不得至。

无可疑虑。"高颎欣然道:"听了你对成功和失败的分析,使我豁然开朗。我原本只是钦佩你的才学,不料你还能筹运方略到如此地步。"

秦王杨俊率领各支军队进驻汉口,负责指挥长江上游地区军队的行动。陈后主下诏任命散骑常侍周罗睺为都督巴峡缘江诸军事,抗击杨俊。杨素率领水师顺江而下,越过三峡,进到流头滩。陈朝将军戚昕率领百馀艘青龙战船、士兵数千人防守在狼尾滩,这里地势险要,隋朝人为此担心。杨素说:"胜败大计,在此一举。如果我们在白天顺流而下发动攻击,一方面会被敌人发现我们的虚实,另一方面迅激的急流险滩也使得战船难以驾驶,我们也就失去了上游的有利位置,不如乘着黑夜对敌人发动袭击。"于是,杨素亲自统率数千艘黄龙战船,让全军战士口中衔枚,顺流而下。杨素又派遣开府仪同三司王长袭率领步卒从南岸袭击戚昕的侧翼营栅,大将军刘仁恩率领披甲骑兵从北岸直取白沙。天快亮时,各支军队到达指定地点,同时发动猛攻,戚昕战败逃走,所辖将士全部被隋军俘获,杨素款待他们之后,将他们遣散,对他们没有一点侵犯。杨素率领水师继续顺流东下,大小战船布满江面,旌旗和甲胄在阳光下闪耀。杨素坐在一艘"平乘"的帅船上,容貌雄伟,南陈人看见之后都十分害怕,说:"清河公就是长江水神!"长江沿岸地区的陈朝戍将听说隋朝大军即将到来,相继向朝廷奏报,施文庆、沈客卿将这些奏章全部压下,不向后主禀报。

起初,后梁宗室萧岩、萧瓛带领江陵军民归降陈朝,后主对他们心存疑忌,所以将这些军民遣发到边远地区,并任命萧岩为东扬州刺史,萧瓛为吴州刺史,又让领军任忠出守吴兴郡,以防范和挟制以上二州。后主还委派南平王陈嶷镇守江州,永嘉王陈彦镇守南徐州。不久,征召陈嶷、陈彦二王回京师参加次年正月的大朝会,并命令布置在沿江一带的船舰都跟随二王返回京师,借机向后梁的军民炫耀国威。因此,长江上没有一艘陈朝的战船,而长江上游诸州的兵力都被杨素所困,无法增援中下游。

湘州刺史晋熙王叔文，在职既久，大得人和，上以其据有上流，阴忌之。自度素与群臣少恩，恐不为用，无可任者，乃擢施文庆为都督、湘州刺史，配以精兵二千，欲令西上，仍征叔文还朝。文庆深喜其事，然惧出外之后，执事者持己短长，因进其党沈客卿以自代。

未发间，二人共掌机密。护军将军樊毅言于仆射袁宪曰："京口、采石俱是要地，各须锐兵五千，并出'金翅'二百，缘江上下，以为防备。"宪及骠骑将军萧摩诃皆以为然，乃与文武群臣共议，请如毅策。施文庆恐无兵从己，废其述职，而客卿又利文庆之任，己得专权，俱言于朝曰："必有论议，不假面陈，但作文启，即为通奏。"宪等以为然，二人赍启入，白帝曰："此是常事，边城将帅足以当之。若出人船，必恐惊扰。"

及隋军临江，间谍骤至，宪等殷勤奏请，至于再三。文庆曰："元会将逼，南郊之日，太子多从，今若出兵，事便废阙。"帝曰："今且出兵，若北边无事，因以水军从郊，何为不可？"又曰："如此则声闻邻境，便谓国弱。"后又以货动江总，总内为之游说，帝重违其意，而迫群官之请，乃令付外详议。总又抑宪等，由是议久不决。帝从容谓侍臣曰："王气在此。

陈朝的湘州刺史、晋熙王陈叔文，任职已经很久，颇得人心，后主因为陈叔文占据着长江上游地区，暗中对他有所疑虑。后主考虑到自己一向对朝廷百官没有什么恩义，担心他们不肯替自己卖力，找不到可以相信任用的人，只好提拔施文庆为都督、湘州刺史，调配给他两千精兵，想让他西上，同时征召陈叔文返回朝廷。施文庆对这桩任命十分欣喜，但担心自己离开朝廷之后，执掌朝政的人挑自己的短处，于是向后主推荐同党沈客卿接替自己的职位。

在施文庆尚未赴任的一段时间内，他和沈客卿二人共同执掌朝廷机要。护军将军樊毅对仆射袁宪说："京口、采石都是战略要地，需要各派五千精锐兵马，以及二百艘'金翅'战船，沿江上下巡逻，作为防备。"袁宪和骠骑将军萧摩诃都认为应该按照樊毅说的这样做，便和朝廷文武百官共同商议，打算奏请后主采用樊毅的建议。施文庆担心因为无兵可带而被后主撤销自己的出任，而沈客卿也认为施文庆一旦出任，自己便可以在朝廷专执朝政，所以二人都在朝堂上说："如果有讨论和建议，不必当面启奏皇上，只要写在奏章上，我们立即转奏给皇上。"袁宪等人同意，于是二人带上奏疏进入宫中，对后主说："隋军骚扰是件平常事，边境的将帅们足可以抗击他们。如果从京师调拨军队和船舰，一定会引起惊慌。"

等到隋朝大军兵临长江，间谍骤然增多，袁宪等人多次急切地上奏后主，请求发兵抵抗。施文庆说："元会的日子快到了，南郊大祀这天，太子必须多率兵马，如果现在调兵出朝廷，南郊大祀就无法举行了。"后主说："现在暂且把军队派出，如果北部边境没有事情，可以让水军参加南郊大祀，怎么不行呢？"施文庆又说："这样做会被邻国知道，认为我们国势衰弱。"后来施文庆贿赂江总，让江总入宫为他劝说后主，后主不便违背江总的意见，但又迫于群臣的再三奏请，只好命令再由朝廷百官聚议决定。于是，江总压抑袁宪等人的意见，讨论了很久都没有做出决策。后主神色自若地对左右侍臣说："君王的气数仍然留在这里。

齐兵三来，周师再来，无不摧败。彼何为者邪！”都官尚书孔范曰：“长江天堑，古以为限隔南北，今日虏军岂能飞渡邪？边将欲作功劳，妄言事急。臣每患官卑，虏若渡江，臣定作太尉公矣！”或妄言北军马死，范曰：“此是我马，何为而死！”帝笑以为然，故不为深备，奏伎、纵酒、赋诗不辍。

隋文帝开皇九年春正月乙丑朔，陈主朝会群臣，大雾四塞，入人鼻，皆辛酸，陈主昏睡，至晡时乃寤。是日，贺若弼自广陵引兵济江。先是弼以老马多买陈船而匿之，买弊船五六十艘，置于渎内。陈人觇之，以为内国无船。弼又请缘江防人每交代之际，必集广陵，于是大列旗帜，营幕被野。陈人以为隋兵大至，急发兵为备，既知防人交代，其众复散。后以为常，不复设备。又使兵缘江时猎，人马喧噪。故弼之济江，陈人不觉。韩擒虎将五百人自横江宵济采石，守者皆醉，遂克之。晋王广帅大军屯六合镇桃叶山。

丙寅，采石戍主徐子建驰启告变。丁卯，召公卿入议军旅。戊辰，陈主下诏曰：“犬羊陵纵，侵窃郊畿，蜂虿有毒，宜时扫定。朕当亲御六师，廓清八表，内外并可戒严。”以骠骑将军萧摩诃、护军将军樊毅、中领军鲁广达并为都督，

齐国三次发兵入侵，周国军队也来了两次，全都被我朝击败。杨坚又能干出什么来呢！”都官尚书孔范说：“长江天堑，自古以来就把南北隔为两方，难道今天的隋朝军队能飞过长江来吗？边境的将帅想获取功劳，所以谎报边事紧急。我正觉得自己官职还不够高，敌寇如果真的渡江，我也就能建功立业，至少也可以当个太尉公了！”又有人妄称隋军战马过江，必定不能生还。孔范顺势说：“这些都是我的军马，怎么会死亡呢？”后主大笑，认为孔范说得很对，所以后主根本没有认真布置边境的防备，照旧奏乐观舞，饮酒赋诗。

隋文帝开皇九年(589)春季正月乙丑是初一，陈后主在朝堂大会群臣，这天大雾弥漫，雾气吸入鼻孔，又酸又辣，陈后主散朝后又昏睡过去，到下午四时左右才醒来。同一天，隋朝贺若弼率领军队从广陵渡江。起先，贺若弼卖掉军中老马，用所得的钱财购买了许多陈朝人的船只，将它们隐藏起来，然后又买了五六十艘破船，停泊在小河里。陈朝人侦察情况，认为隋朝没有船只。贺若弼又奏请朝廷批准，每次沿江一带军队换防时，都让军队汇集在广陵，此时隋朝大军的旗帜和营帐，布满野外。陈朝人认为隋朝的大军将要进攻，急忙调发军队加强防备，后来知道这是隋朝军队换防，就把已经聚集的军队解散。陈朝逐渐对隋朝的做法习以为常，也就不再加强防备。贺若弼还经常派军队在沿江一带打猎，人欢马叫。所以贺若弼渡江时，陈朝人并没有发觉。韩擒虎率领五百人从横江浦夜渡，到达采石矶，陈朝守军全都大醉，隋军轻易地攻下了采石。晋王杨广率领大军驻扎在六合镇的桃叶山。

丙寅(初二)，陈朝的采石守将徐子建飞马向朝廷报告隋军已经渡江的消息。丁卯(初三)，陈后主召集公卿大臣入宫商议军事。戊辰(初四)，陈后主下诏说：“狗、羊之徒竟然凌逼放肆，侵犯我京城近郊，好比毒蜂毒蝎螫人，应当及时扫灭他们。朕将亲自统率大军，廓清天下，并宣布全国进入戒严状态。”同时，任命骠骑将军萧摩诃、护军将军樊毅、中领军鲁广达均担任都督，

司空司马消难、湘州刺史施文庆并为大监军。遣南豫州刺史樊猛帅舟师出白下，散骑常侍皋文奏将兵镇南豫州。重立赏格，僧、尼、道士，尽令执役。

庚午，贺若弼攻拔京口，执南徐州刺史黄恪。弼军令严肃，秋毫不犯，有军士于民间酤酒者，弼立斩之。所俘获六千馀人，弼皆释之，给粮劳遣，付以敕书，令分道宣谕。于是所至风靡。

樊猛在建康，其子巡摄行南豫州事。辛未，韩擒虎进攻姑孰，半日，拔之，执巡及其家口。皋文奏败还。江南父老素闻擒虎威信，来谒军门者昼夜不绝。

鲁广达之子世真在新蔡，与其弟世雄及所部降于擒虎，遣使致书招广达。广达时屯建康，自劾，诣廷尉请罪。陈主慰劳之，加赐黄金，遣还营。樊猛与左卫将军蒋元逊将青龙八十艘于白下游弈，以御六合兵。陈主以猛妻子在隋军，惧有异志，欲使镇东大将军任忠代之，令萧摩诃徐谕猛，猛不悦，陈主重伤其意而止。

于是贺若弼自北道，韩擒虎自南道并进，缘江诸戍，望风尽走。弼分兵断曲阿之冲而入。陈主命司徒豫章王叔英屯朝堂，萧摩诃屯乐游苑，樊毅屯耆阇寺，鲁广达屯白土冈，忠武将军孔范屯宝田寺。己卯，任忠自吴兴入赴，仍屯朱雀门。

司空司马消难、湘州刺史施文庆均为大监军。派遣南豫州刺史樊猛率领水军由白下城出发，散骑常侍皋文奏率军镇守南豫州。下令设立重赏，并征发僧人、尼姑、道士供奉劳役。

庚午（初六），贺若弼攻取京口，俘获了南徐州刺史黄恪。贺若弼的军队纪律严明，丝毫不侵犯百姓的利益，军中有士卒向百姓买酒喝，贺若弼立即将其处斩。京口一役所俘获的六千多陈朝士兵，全部被贺若弼释放，并发给粮食，加以款待，同时让他们携带隋文帝的敕书，沿途散发宣传。因此，贺若弼所到之处，陈朝军队望风逃散。

陈朝的南豫州刺史樊猛当时正在建康，由他的儿子樊巡代理南豫州事务。辛未（初七），韩擒虎进攻姑孰，只用半天时间便攻取下来，俘虏了樊巡和他的一家。皋文奏也败逃回建康。江南地区的百姓们都早已听说韩擒虎的威名，前来军营谒见的人昼夜不断。

陈朝鲁广达的儿子鲁世真驻守在新蔡，鲁世真和他的弟弟鲁世雄率领部众归降韩擒虎，韩擒虎命令他们写信招降父亲鲁广达。鲁广达当时屯驻在建康，接到儿子的书信后，亲自上表弹劾自己，并到廷尉请求治罪。陈后主安慰并劝勉了他，并额外赏赐给他黄金，将他遣送回军营。樊猛和左卫将军蒋元逊率领八十艘“青龙”战船在白下城的江面上游弋，准备抵御从六合发动进攻的隋军。陈后主因为樊猛的妻子儿女都被隋军俘虏，担心他投降隋军，想要派遣镇东大将军任忠代替樊猛，便命令萧摩诃向樊猛委婉说明情况，樊猛听后十分不愉快，陈后主难于违背樊猛的意愿，只好作罢。

这时，贺若弼从北路，韩擒虎从南路，一齐推进，沿江守军望风逃走。贺若弼分派兵马，占领曲阿，切断了陈朝援军的通道，自己率主力进逼建康。陈后主命令司徒、豫章王陈叔英守卫朝堂，萧摩诃率军驻守乐游苑，樊毅率军驻守耆阇寺，鲁广达率军驻守白土冈，忠武将军孔范率军驻守宝田寺。己卯（十五日），任忠率军自吴兴入援京师，依旧驻守朱雀门。

辛未，贺若弼进据钟山，顿白土冈之东。晋王广遣总管杜彦与韩擒虎合军，步骑二万屯于新林。蕲州总管王世积以舟师出九江破陈将纪瑱于蕲口，陈人大骇，降者相继。晋王广上状，帝大悦，宴赐群臣。

时建康甲士尚十馀万人，陈主素怯懦，不达军事，唯昼夜啼泣，台内处分，一以委施文庆。文庆既知诸将疾己，恐其有功，乃奏曰："此等怏怏，素不伏官，迫此事机，那可专信？"由是诸将凡有启请，率皆不行。

贺若弼之攻京口也，萧摩诃请将兵逆战，陈主不许。及弼至钟山，摩诃又曰："弼悬军深入，垒堑未坚，出兵掩袭，可以必克。"又不许。陈主召摩诃、任忠等于内殿议军事，忠曰："兵法，客贵速战，主贵持重。今国家足食足兵，宜固守台城，缘淮立栅，北军虽来，勿与交战；分兵断江路，无令彼信得通。给臣精兵一万，金翅三百艘，下江径掩六合。彼大军必谓其渡江将士已被俘获，自然挫气。淮南土人与臣旧相知悉，今闻臣往，必皆景从。臣复扬声欲往徐州，断彼归路，则诸军不击自去。待春水既涨，上江周罗睺等众军必沿流赴援。此良策也。"陈主不能从。明日，欻然曰："兵久不决，令人腹烦，可呼萧郎一出击之。"任忠叩头苦请勿战，孔范又奏："请作一决，当为官勒石燕然。"陈主从之，谓摩诃曰："公可为我一决！"摩诃曰："从来行阵，

辛未这天，贺若弼进占钟山，驻扎在白土冈的东面。晋王杨广派遣总管杜彦和韩擒虎合兵，共二万步兵骑兵，驻扎在新林。蕲州总管王世积率领水军出九江，在蕲口击溃陈将纪瑱，南陈军队十分惊骇，纷纷投降。晋王杨广上表禀报了前线军情，隋文帝大喜，于是宴请朝廷百官，并大加赏赐。

当时建康城中尚有十多万守军，陈后主一向性格怯懦，不懂军事，只是昼夜哭泣，台省的所有军务，全都委托给施文庆处理。施文庆知道诸位将领都厌恶自己，唯恐他们立功，便启奏后主说："这些将帅们心中不满，一向都不服从命令，在这种危急关头，怎么能够完全信任他们?"从此，凡是诸位将帅有什么建议，大都不被后主采纳。

贺若弼攻打京口时，萧摩诃请求率军抗击，陈后主不允许。贺若弼进驻钟山后，萧摩诃又说："贺若弼孤军深入，立足未稳，如果我们乘机出兵袭击他，一定可以将他打败。"陈后主还是不同意。陈后主召集萧摩诃、任忠等人到宫中内殿商议军事，任忠说："按照兵法，进攻者利在速战速决，防守者利在固守。现在，国家的粮食和兵马都很充足，应该固守台城，沿着秦淮河设立营栅，北军到来，我们也不和他们交战；另外再派兵切断长江的通道，不让隋军互相联络。请求陛下派给我一万精兵，三百艘'金翅'战船，顺江而下，掩袭六合。他们的大军一定以为渡江的将士已被我们击败，自然士气大伤。淮南地区的土著居民和臣十分熟悉，听说臣前往，一定会群起响应。然后臣再声称将要进攻徐州，切断他们的归路，那么隋朝的各支军队也就不战自退了。等到春天江水上涨，长江上游的周罗睺等各支军队一定会顺流而下，赶来增援。这是好计策啊。"陈后主也不采纳任忠的建议。第二天，后主眼睛一亮说："两军长久相持，不进行决战，令人心中烦躁，可叫萧摩诃出城，进攻敌人。"任忠叩头苦求不要出战，这时，孔范说："请求陛下决定和敌人决一死战，我将为陛下刻石立碑纪念战功。"陈后主听从了他的主意，便对萧摩诃说："你替我率领军队和敌人决一胜负！"萧摩诃说："过去行军打仗，

为国为身，今日之事，兼为妻子。”陈主多出金帛赋诸军以充赏。甲申，使鲁广达陈于白土冈，居诸军之南，任忠次之，樊毅、孔范又次之，萧摩诃军最在北。诸军南北亘二十里，首尾进退不相知。

贺若弼将轻骑登山，望见众军，因驰下，与所部七总管杨牙、员明等甲士凡八千，勒陈以待之。陈主通于萧摩诃之妻，故摩诃初无战意，唯鲁广达以其徒力战，与弼相当。隋师退走者数四，弼麾下死者二百七十三人，弼纵烟以自隐，窘而复振。陈兵得人头，皆走献陈主求赏。弼知其骄惰，更引兵趣孔范。范兵暂交即走，陈诸军顾之，骑卒乱溃，不可复止，死者五千人。员明擒萧摩诃，送于弼，弼命牵斩之，摩诃颜色自若，乃释而礼之。

任忠驰入台，见陈主言败状，曰：“官好住，臣无所用力矣！”陈主与之金两縢，使募人出战。忠曰：“陛下唯当具舟楫，就上流众军，臣以死奉卫。”陈主信之，敕忠出部分，令宫人装束以待之，怪其久不至。时韩擒虎自新林进军，忠已帅数骑迎降于石子冈。领军蔡徵守朱雀航，闻擒虎将至，众惧而溃。忠引擒虎军直入朱雀门，陈人欲战，忠挥之曰：“老夫尚降，诸君何事？”众皆散走。于是城内文武百司皆遁出，唯尚书仆射袁宪在殿中，尚书令江总等数人居省中。陈主谓袁宪曰：“我从来接遇卿不胜馀人，今日但以追愧。非唯朕无德，亦是江东衣冠道尽。”

都是为了国家，为了自己，今日却要兼顾妻子儿女。”陈后主拿出许多金银财帛，赐给诸军作为奖赏。甲申（二十日），陈后主命令鲁广达在白土冈摆开阵势，位置处于各支军队的南端，往北依次是任忠、樊毅、孔范，萧摩诃率军居于北端。各支军队所布下的战阵，南北相距二十里，彼此之间缺乏联络。

贺若弼率领轻骑兵登上山岗，看见陈朝的各支大军，随即飞马驰向营地，和部下七个总管杨牙、员明等人率领八千甲兵，列阵迎战。陈后主和萧摩诃的妻子私通，所以萧摩诃起先并没有为陈后主作战的念头，只有鲁广达率领部众奋力作战，和贺若弼的军队相匹敌。贺若弼的军队曾四次被打退，二百七十三人战死，贺若弼下令释放烟幕作为掩蔽，士兵们才摆脱困境，重新振作起来。陈朝士兵斩获隋军人头，都跑去献给后主，请求赏赐。贺若弼知道敌军骄傲怠惰，便重新率兵冲击孔范的战阵。孔范的军队刚一交战就败走，陈朝的各支军队看到这种情形，骑兵、步卒一齐溃逃而去，互相践踏，无法阻止，死了五千人。员明擒获萧摩诃送交贺若弼，贺若弼下令推下去斩首，萧摩诃却依然神色自如，于是，贺若弼下令给他松绑，并以礼相待。

任忠驰马进入台城，见到陈后主，讲述了战败的情形，说：“陛下好自为之，臣已无能为力了！”后主赐给他两串金子，让他募集人马，出城作战。任忠说：“陛下只能准备船只，到长江上游和各支援军汇合，我将誓死护卫陛下。”后主相信了他，命他出宫部署，又让宫女们收拾行装，等待任忠，却久等不来，心中开始狐疑。此时，韩擒虎正从新林进军，任忠已带着几名骑兵在石子冈迎降韩擒虎。陈朝领军蔡徵驻守朱雀航，听说韩擒虎将要来到，士卒大都惊慌逃散。任忠领着韩擒虎直入朱雀门，有的士兵想抵抗，任忠朝他们挥手说：“老夫尚且投降了，你们还抵抗什么？”士众全都逃散。此时台城内的文武百官全都逃遁出京城，唯独尚书仆射袁宪留在大殿里，尚书令江总等则在尚书省中。陈后主对袁宪说：“我从前对待你一向不比别人好，今日我只是感到惭愧。这并非只是朕没有德行，也是由于江东士大夫的气节丧尽了。”

陈主遑遽，将避匿，宪正色曰："北兵之入，必无所犯。大事如此，陛下去欲安之？臣愿陛下正衣冠，御正殿，依梁武帝见侯景故事。"陈主不从，下榻驰去，曰："锋刃之下，未可交当，吾自有计。"从宫人十馀出后堂景阳殿，将自投于井，宪苦谏不从。后阁舍人夏侯公韵以身蔽井，陈主与争，久之，乃得入。既而军人窥井，呼之，不应，欲下石，乃闻叫声，以绳引之，惊其太重，及出，乃与张贵妃、孔贵嫔同束而上。沈后居处如常。太子深年十五，闭阁而坐，舍人孔伯鱼侍侧，军士叩阁而入，深安坐，劳之曰："戎旅在涂，不至劳也？"军士咸致敬焉。时陈人宗室王侯在建康者百馀人，陈主恐其为变，皆召入，令屯朝堂，使豫章王叔英总督之，又阴为之备。及台城失守，相帅出降。

贺若弼乘胜至乐游苑，鲁广达犹督馀兵苦战不息，所杀获数百人。会日暮，乃解甲，面台再拜恸哭，谓众曰："我身不能救国，负罪深矣！"士卒皆涕泣歔欷，遂就擒。诸门卫皆走，弼夜烧北掖门入，闻韩擒虎已得陈叔宝，呼视之，叔宝惶惧，流汗股栗，向弼再拜。弼谓之曰："小国之君当大国之卿，拜乃礼也。入朝不失作归命侯，无劳恐惧。"既而耻功在韩擒虎后，与擒虎相詬，挺刃而出。欲令蔡徵为叔宝作降笺，

陈后主惊慌失措，想要躲藏起来，袁宪严肃地说："隋军进入皇宫，一定不敢对陛下有所侵犯。大势已经这个样子了，陛下离开这里，又能到哪里去呢？臣希望陛下整理好衣冠，坐在正殿上，依照当初梁武帝接见侯景的做法。"陈后主不听从他的建议，走下御床，一边飞跑，一边说："刀刃之下，不可冒险，我自有主张。"于是让十几个宫女跟随跑到后堂的景阳殿，打算投井而死，袁宪苦苦劝阻，后主依然不听。后阁舍人夏侯公韵用身体挡住井口，陈后主和他相争，过了很久才得以跳入井中。事后，隋军士兵向井中探视，大声呼叫，没有回声，士兵扬言要把石块投入井中，于是井下传来呼叫声，士兵用绳子往上拉人，感到非常沉重，大为吃惊，及至拉上来，才看见是陈后主和张贵妃、孔贵嫔三人绑在绳子上一同上来。沈皇后则仍如平常一样，毫不惊慌。太子陈深年仅十五，令人将阁门关上，端正地坐着，舍人孔伯鱼在其身边侍立。隋军士兵推门而入，陈深安然坐定，对他们说："一路烟尘，还不至过于疲劳吧？"士兵们全都朝他致敬。当时，陈朝皇室诸位王侯留在建康城内的共有一百多人，陈后主担心他们变乱，将他们全部召入宫中，命令他们聚集在朝堂上，又让豫章王陈叔英负责监督和管理，并在暗中严加戒备。台城失守以后，他们挨个投降了隋朝。

贺若弼率领军队乘胜进攻乐游苑，鲁广达仍率领残兵奋力抵抗，杀死和俘虏了数百名隋兵。战到天黑时分，鲁广达解下甲胄，面向台城，行了两次跪拜礼，痛哭失声，然后对士兵们说："我不能拯救国家，罪过深重啊！"士兵们也痛哭流泪，于是束手被擒。台城的宫门侍卫全都逃走，贺若弼在夜里烧毁北掖门，进入皇宫，听说韩擒虎已经抓获陈叔宝，就将他喊过来看，陈叔宝惊惶害怕，冷汗直冒，两腿发抖，向贺若弼行了两次跪拜礼。贺若弼对他说："小国的君主，相当大国的公卿大臣，行跪拜礼，这是合乎礼节的。你到了朝廷，仍能封个归命侯什么的，不必恐惧。"过后不久，贺若弼因功劳不如韩擒虎而感到羞耻，和韩擒虎争吵起来，以至于拔出佩刀相向。又想让蔡徵替陈叔宝起草投降书，

命乘骡车归己，事不果。弼置叔宝于德教殿，以兵卫守。

高颎先入建康，颎子德弘为晋王广记室，广使德弘驰诣颎所，令留张丽华。颎曰："昔太公蒙面以斩妲己，今岂可留丽华？"乃斩之于青溪。德弘还报，广变色曰："昔人云：'无德不报。'我必有以报高公矣！"由是恨颎。

丙戌，晋王广入建康，以施文庆受委不忠，曲为谄佞以蔽耳目，沈客卿重赋厚敛以悦其上，与太市令阳慧朗、刑法监徐析、尚书都令史暨慧皆为民害，斩于石阙下，以谢三吴。使高颎与元帅府记室裴矩收图籍，封府库，资财一无所取，天下皆称广，以为贤。矩，让之之弟子也。

广以贺若弼先期决战，违军令，收以属吏。上驿召之，诏广曰："平定江表，弼与韩擒虎之力也。"赐物万段。又赐弼与擒虎诏，美其功。

开府仪同三司王颁，僧辩之子也，夜，发陈高祖陵，焚骨取灰，投水而饮之。既而自缚，归罪于晋王广。广以闻，上命赦之。诏陈高祖、世祖、高宗陵，总给五户分守之。

上遣使以陈亡告许善心，善心衰服号哭于西阶之下，

并且让陈叔宝坐着骡车加在自己的行军队伍中，结果都没有实现。当时贺若弼见过陈叔宝之后，便把陈叔宝关押在德教殿中，并派士兵把守。

高颎先入建康城，他的儿子高德弘担任晋王杨广的记室，杨广派他飞马赶到高颎的营地，传令高颎留下张丽华。高颎说："过去姜太公蒙着脸杀死妲己，今天又怎么可以留下张丽华？"于是在青溪将张丽华处死。高德弘回去报告杨广，杨广变了脸色，说："古人说：'对别人没恩德，别人是不报答的。'我必定有办法报答高颎的恩德！"因此十分怨恨高颎。

丙戌（二十二日），晋王杨广进入建康城，认为施文庆接受委任，却不忠心报国，反而以谄言和诡计掩蔽天子的耳目，沈客卿增加赋税徭役，压榨百姓，来讨取天子的欢心，这二人和太市令阳慧朗、刑法监徐析、尚书都令史暨慧景都是祸国殃民的奸臣，在石阙下处斩，以向三吴地区的百姓谢罪。杨广又命令高颎和元帅府记室裴矩收取陈朝的地图和户籍，封存陈朝的官府仓库，金银财物一无所取，因此，天下的人都称颂杨广，认为他十分贤明。裴矩，是裴让的侄子。

杨广因为贺若弼在未得到命令之前便率军和陈朝大军进行决战，违反了军令，下令将他逮捕，交给执法官吏处理。隋文帝通过驿传，将贺若弼召回朝廷，并诏令杨广说："这次平定江南，全是贺若弼和韩擒虎的功劳。"并赏赐给贺若弼一万段的布帛。隋文帝又赐给贺若弼和韩擒虎诏书，赞扬他们的功绩。

开府仪同三司王颁，是王僧辩的儿子，他在夜里掘了陈高祖的陵墓，把高祖的尸骨烧成灰，投入水中，然后喝下。随后，王颁将自己捆绑起来，向晋王杨广自首，请求治罪。杨广将王颁的案子上奏请示隋文帝如何处理，隋文帝下令赦免王颁。隋文帝又下诏给陈高祖、陈世祖、陈高宗的陵墓安排五户守陵人，分别负责守护陵墓。

隋文帝杨坚派遣使者把陈朝已经灭亡的消息告诉给许善心，许善心于是穿上丧服，站在客馆西边的台阶下面失声痛哭，

藉草东向坐三日。敕书唁焉。明日，有诏就馆，拜通直散骑常侍，赐衣一袭。善心哭尽哀，入房改服，复出，北面立，垂泣，再拜受诏。明日乃朝，伏泣于殿下，悲不能兴。上顾左右曰："我平陈国，唯获此人。既能怀其旧君，即我之诚臣也。"敕以本官直门下省。

陈水军都督周罗睺与郢州刺史荀法尚守江夏，秦王俊督三十六总管水陆十馀万屯汉口，不得进，相持逾月。陈荆州刺史陈慧纪遣南康内史吕忠肃屯岐亭，据巫峡，于北岸凿岩，缀铁锁三条，横截上流以遏隋船，忠肃竭其私财以充军用。杨素、刘仁恩奋兵击之，四十馀战，忠肃守险力争，隋兵死者五千馀人，陈人尽取其鼻以求功赏。既而隋师屡捷，获陈之士卒，三纵之。忠肃弃栅而遁，素徐去其锁。忠肃复据荆门之延洲，素遣巴蜑千人，乘五牙四艘，以拍竿碎其十馀舰，遂大破之，俘甲士二千馀人，忠肃仅以身免。陈信州刺史顾觉屯安蜀城，弃城走。陈慧纪屯公安，悉烧其储蓄，引兵东下，于是巴陵以东无复城守者。陈慧纪帅将士三万人，楼船千馀艘，沿江而下，欲入援建康，为秦王俊军所拒，不得前。是时，陈晋熙王叔文罢湘州，还，至巴州，慧纪推叔文为盟主，而叔文已帅巴州刺史毕宝等致书请降于俊，俊遣使迎劳之。会建康平，晋王广命陈叔宝手书招上江诸将，使樊毅诣周罗睺，陈慧纪子正业诣慧纪谕指。

并在干草上面向东方坐了三天。隋文帝派人送去敕书向他表示慰问。第二天，隋文帝派人送诏书到客馆，任命许善心为通直散骑常侍，并赐予一套朝服。许善心又痛哭了一场，表示对陈朝灭亡的哀悼，然后进房换上朝服，出来后面北而立，流着眼泪，拜了两次接受诏书。次日，许善心朝见隋文帝，在大殿里伏地悲泣，以致站不起来。隋文帝看着左右的朝臣说："我平定了陈国，只是得到了这个人。他既然怀念他的旧君主，就是我的忠臣。"于是敕令许善心以本官散骑常侍入值门下省。

陈朝的水军都督周罗睺和郢州刺史荀法尚镇守江夏，隋朝秦王杨俊率领三十六位总管和十几万水陆军队驻扎汉口，无法前进，双方相持月馀。陈朝荆州刺史陈慧纪派遣南康内史吕忠肃驻扎岐亭，据守巫峡，并在长江北岸凿石成孔，横江拉了三条铁链，阻截上游江面，遏制隋军战船，吕忠肃拿出自己所有的家财充当军用。杨素、刘仁恩奋力出击，连续四十多次战斗，但吕忠肃仍然据险固守，结果隋军死了五千多人，陈朝士兵将他们的鼻子全部割下，以邀功请赏。不久，隋军接连获胜，多次释放俘获的陈朝士卒。吕忠肃放弃营垒，率军逃走，杨素便得以从容地撤除横锁江面的三条铁链。吕忠肃再次盘踞在荆门的延洲，杨素派遣一千巴蜑人，乘坐四艘"五牙"战船，用船上的拍竿击碎了吕忠肃的十馀艘船舰，于是大败吕忠肃的军队，俘虏两千多甲兵，吕忠肃则只身逃走。陈朝信州刺史顾觉驻扎在安蜀城，弃城逃走。陈慧纪率军驻扎在公安，也将所有物资储备烧毁，率兵往东逃跑，此时，巴陵以东地区不再有陈朝的守军。陈慧纪率领三万将士，一千多艘大船，顺江而下，想增援建康，但被秦王杨俊的军队所阻，无法前进。这时，陈朝晋熙王陈叔文正卸任湘州刺史，返回建康，到达巴州时，陈慧纪推举陈叔文为盟主，但陈叔文已经和巴州刺史毕宝等人派使者送信给杨俊请求投降，杨俊派遣使者迎接和慰劳陈叔文等人。适逢建康已经平定，晋王杨广命令陈叔宝写亲笔信招降长江上游地区的陈朝诸将，并派遣樊毅前往周罗睺处晓谕，陈慧纪的儿子陈正业前往陈慧纪处晓谕。

时诸城皆解甲，罗睺乃与诸将大临三日，放兵散，然后诣俊降。陈慧纪亦降，上江皆平。杨素下至汉口，与俊会。王世积在蕲口，闻陈已亡，移书告谕江南诸郡，于是江州司马黄偲弃城走，豫章等诸郡太守皆诣世积降。

癸巳，诏遣使者巡抚陈州郡。二月乙未，废淮南行台省。

陈吴州刺史萧瓛能得物情，陈亡，吴人推瓛为主，右卫大将军武川宇文述帅行军总管元契、张默言等讨之；落丛公燕荣以舟师自东海至，亦受述节度。陈永新侯陈君范自晋陵奔瓛，并军拒述。述军且至，瓛立栅于晋陵城东，留兵拒述，遣其将王褒守吴州，自义兴入太湖，欲掩述后。述进破其栅，回兵击瓛，大破之；又遣兵别道袭吴州，王褒衣道士服弃城走。瓛以馀众保包山，燕荣击破之，瓛将左右数人匿民家，为人所执。述进至奉公埭，陈东扬州刺史萧岩以会稽降，与瓛皆送长安，斩之。

杨素之下荆门也，遣别将庞晖将兵略地，南至湘州，城中将士，莫有固志，刻日请降。刺史岳阳王叔慎，年十八，置酒会文武僚吏，酒酣，叔慎叹曰："君臣之义，尽于此乎？"长史谢基伏而流涕。湘州助防遂兴侯正理在坐，乃起曰："主辱臣死。诸君独非陈国之臣乎？今天下有难，实致命之秋也，纵其无成，犹见臣节。青门之外，有死不能。今日之机，不可犹豫，后应者斩！"众咸许诺。乃刑牲结盟，

当时各个城池的陈朝守军都已放下武器，周罗睺便和诸位部将大哭三天，将军队遣散，然后到杨俊那里投降。陈慧纪也向隋军投降，长江上游全部平定。杨素的水军驶抵汉口，和杨俊会合。王世积在蕲口，听说陈朝已灭亡，便传递文书给江南各郡，于是，陈朝江州司马黄偲弃城逃走，豫章等郡的太守都向王世积投降。

癸巳(二十九日)，隋文帝下诏，派遣使者巡视并安抚陈朝各州郡。二月乙未(初一)，隋朝撤销淮南行台省。

陈朝吴州刺史萧瓛很能获取民心，陈朝灭亡后，吴地人推戴萧瓛为皇帝。隋朝右卫大将军、武川人宇文述统率行军总管元契、张默言等人去讨伐萧瓛；落丛公燕荣率水军从东海赶来，也接受宇文述的指挥。陈朝永新侯陈君范从晋陵投奔萧瓛，合力抵抗宇文述的大军。宇文述的大军即将来到时，萧瓛命令在晋陵城的东面设营栅，留下兵马抗击宇文述，并且派遣部将王褒镇守吴州，从义兴进入太湖，想从背后攻打宇文述。宇文述进兵攻破晋陵城东的营栅后，迅速回兵攻打萧瓛，获得大胜；又派遣兵马另选路线袭击吴州，王褒放弃吴州城，伪装成道士逃走。萧瓛又率领残馀兵马据守包山，被燕荣击破，只好带着几名随从人员藏匿在百姓家中，被人抓获。宇文述大军到达奉公埭，陈朝东扬州刺史萧岩献出会稽城投降，和萧瓛都被押送到长安城斩首。

杨素率大军到达荆门时，派遣别将庞晖领兵攻城略地，庞晖南进至湘州，城中的将士早已没有斗志，庞晖限令他们在指定日期内投降。湘州刺史岳阳王陈叔慎，年仅十八，宴请文武僚属，酒喝到酣畅处，陈叔慎叹息说："君主和臣属之间的大义，就这样结束了吗？"长史谢基伏在地上流泪。湘州助防、遂兴侯陈正理也在，于是站起来说："君主受辱，臣属就犯了死罪。在座各位有谁不是陈国的臣子？如今国家有难，正是我们以死报国的时候，纵然不能成功，也可以显示我们做臣子的气节。如果就这样做一名亡国之臣，隐居也活不成。在今天这个危急关头，谁都不能犹豫，如谁答应得稍慢，就将他处斩！"僚属们都响应陈正理的号召。于是陈叔慎和文武僚属们杀牲饮血，共同立下盟誓，

仍遣人诈奉降书于庞晖。晖信之，克期而入。叔慎伏甲待之，晖至，执之以徇，并其众皆斩之。叔慎坐于射堂，招合士众，数日之中，得五千人。衡阳太守樊通、武州刺史邬居业皆请举兵助之。隋所除湘州刺史薛胄将兵适至，与行军总管刘仁恩共击之。叔慎遣其将陈正理与樊通拒战，兵败。胄乘胜入城，擒叔慎。仁恩破邬居业于横桥，亦擒之。俱送秦王俊，斩于汉口。

岭南未有所附，数郡共奉高凉郡太夫人洗氏为主，号圣母，保境拒守。诏遣柱国韦洸等安抚岭外，陈豫章太守徐璒据南康拒之，洸等不得进。晋王广遣陈叔宝遗夫人书，谕以国亡，使之归隋。夫人集首领数千人，尽日恸哭，遣其孙冯魂帅众迎洸。洸击斩徐璒，入，至广州，说谕岭南诸州皆定。表冯魂为仪同三司，册洗氏为宋康郡夫人。洸，夐之子也。

衡州司马任瓌劝都督王勇据岭南，求陈氏子孙，立以为帝。勇不能用，以所部来降，瓌弃官去。瓌，忠之弟子也。

于是陈国皆平，得州三十，郡一百，县四百。诏建康城邑宫室，并平荡耕垦，更于石头城置蒋州。晋王广班师，留王韶镇石头，委以后事。

三月己巳，陈叔宝与其王公百司发建康，诣长安，大小在路，五百里累累不绝。帝命权分长安士民宅以俟之，

同时派人假装把投降书送给庞晖。庞晖相信了他们的诚意，按约定的日期进城受降。陈叔慎事先埋伏好甲兵，庞晖到后，便抓住了他，将其立即处斩，连同他带领进城的将士也全部处斩。陈叔慎坐在射堂上，招集士人百姓，数日之间，招到五千人。衡阳太守樊通、武州刺史邬居业都请求发兵协助陈叔慎抗击隋军。隋朝所委任的湘州刺史薛胄也在这时率军赶到，便和行军总管刘仁恩共同攻打湘州。陈叔慎派遣部将陈正理和樊通共同抗击隋军，结果战败。薛胄乘胜攻入城内，擒获陈叔慎。刘仁恩在横桥击破邬居业，也将他擒获。陈叔慎、邬居业被送交给秦王杨俊，在汉口斩首。

岭南地区一直没有归属，数郡一起尊奉高凉郡太夫人洗氏为首领，号称圣母，保卫边境不受侵犯。隋文帝下诏命令柱国韦洸等人前往安抚岭南各郡，陈朝豫章太守徐璒据守南康郡抵抗，使韦洸等人无法前进。晋王杨广命令陈叔宝写信给洗夫人，告诉她陈国已经灭亡，让她归降隋朝。洗夫人收到信后，召集数千名首领，痛哭了一整天，然后派遣孙子冯魂率军前去迎接韦洸。韦洸率军击杀徐璒，进至广州，劝说并晓谕岭南各州，于是岭南各州获得安定。韦洸上表朝廷授予冯魂仪同三司，并册封洗氏为宋康郡夫人。韦洸，是韦夐的儿子。

陈朝衡州司马任瓌劝说都督王勇占据岭南，并寻找陈氏的子孙，立为皇帝。王勇没有采用任瓌的建议，率领部众投降隋朝，任瓌弃官逃走。任瓌，是任忠的侄子。

至此，原来陈朝廷的国境，全部得以平定，隋朝共得到三十个州，一百个郡，四百个县。隋文帝下诏，将建康城的城墙、宫室、住宅全部拆毁，改为农田让百姓耕种，另外在石头城设置蒋州。晋王杨广班师回朝时，留下王韶镇守石头城，委托他处理善后事宜。

三月己巳（初六），陈叔宝和他的王公百官从建康出发，前往长安，大人、孩子陆续启程，队伍连绵达五百里。隋文帝下令暂且把长安官吏和百姓的住宅调拨出一些来，作为他们的住处，

内外修整，遣使迎劳，陈人至者如归。夏四月己亥，帝幸骊山，亲劳旋师。乙巳，诸军凯入，献俘于太庙。陈叔宝及诸王侯将相并乘舆服御、天文图籍等以次行列，仍以铁骑围之，从晋王广、秦王俊入，列于庙廷。拜广为太尉，赐辂车、乘马、衮冕之服、玄圭、白璧。丙午，帝坐广阳门观，引陈叔宝于前，及太子、诸王二十八人，司空司马消难以下至尚书郎凡二百馀人，帝使纳言宣诏劳之。次使内史令宣诏，责以君臣不能相辅，乃至灭亡。叔宝及其群臣并愧惧伏地，屏息不能对。既而宥之。

初，武元帝迎司马消难，与消难结为兄弟，情好甚笃，帝每以叔父礼事之。及平陈，消难至，特免死，配为乐户。二旬而免，犹以旧恩引见，寻卒于家。鲁广达追伤本朝沦覆，得疾不疗，愤慨而卒。

庚戌，帝御广阳门宴将士，自门外夹道列布帛之积，达于南郭，班赐各有差，凡用三百馀万段。故陈之境内，给复十年，馀州免其年租赋。

乐安公元谐进曰："陛下威德远被，臣前请以突厥可汗为候正，陈叔宝为令史，今可用臣言矣。"帝曰："朕平陈国，本以除逆，非欲夸诞。公之所奏，殊非朕心。突厥不知山川，何能警候？叔宝昏醉，宁堪驱使！"谐默然而退。

里里外外重新修整一番，并派遣使者前去迎接和慰劳，这些陈朝降民到达长安之后，如同回到家一样。夏季四月己亥（初六），隋文帝驾临骊山，亲自慰劳凯旋的将士。乙巳（十二日），各路大军凯旋进入长安，在太庙举行献俘仪式。陈叔宝和诸位原陈朝的王公将相以及车乘、服饰、天文、图籍等依次排列，同时由铁甲骑兵加以围护，跟随晋王杨广和秦王杨俊进入，排列在太庙前。隋文帝任命杨广为太尉，赐给他辂车、乘马、衮服、玄圭、白璧。丙午（十三日），隋文帝坐在广阳门的观台上，传令带上陈叔宝和太子、二十八位宗室诸王，以及从司空司马消难以下到尚书郎共二百多人，由纳言宣读隋文帝的诏书对他们加以抚慰。然后又由内史令宣读诏书，指责他们由于君臣之间不能同心同德，才招致国家的灭亡。陈叔宝和他的群臣都十分惭愧并惧怕，屏着气息伏拜在地上，无言以对。随后，隋文帝又赦免了他们。

起初，司马消难由北齐投奔北周时，隋文帝的父亲武元帝杨忠前往接应司马消难，并同司马消难结为异姓兄弟，交情深厚，隋文帝都是用对待叔父的礼节对待司马消难。陈朝平定以后，司马消难来到长安，隋文帝特赦他免于一死，只是将他发配为乐户。二十天后，隋文帝又免去他的乐户身份，成为平民，并且还按旧恩召见他，不久后，司马消难死于家中。鲁广达为陈朝的覆灭感到十分悲痛，为此得病，干脆不治，愤慨而死。

庚戌（十七日），隋文帝驾临广阳门，宴享得胜回朝的将士，用来奖赏的布帛，堆放在道路两侧，从广阳门外一直堆到城南墙根，分别按照等级给予奖赏，总共用去了三百多万段布帛。原陈朝境内地区，免除十年的赋税徭役；其馀地区，免除当年赋税徭役。

乐安公元谐对隋文帝说："陛下的威望和德行，流播远方，臣从前曾请求陛下任命突厥可汗为候正，陈叔宝为令史，如今陛下可以采纳我的建议了。"隋文帝说："朕平定陈国，本是为了铲除叛逆，不是想夸耀。你所禀告的，很不符合我的心意。突厥可汗不懂山川形势，怎么能侦察报警？陈叔宝昏庸嗜酒，怎么能够使用！"元谐说不出话，退了出来。

辛酉，进杨素爵为越公，以其子玄感为仪同三司，玄奖为清河郡公；赐物万段，粟万石。命贺若弼登御坐，赐物八千段，加位上柱国，进爵宋公。仍各加赐金宝及陈叔宝妹为妾。

贺若弼、韩擒虎争功于帝前。弼曰："臣在蒋山死战，破其锐卒，擒其骁将，震扬威武，遂平陈国。韩擒虎略不交陈，岂臣之比？"擒虎曰："本奉明旨，令臣与弼同时合势以取伪都，弼乃敢先期，逢贼遂战，致令将士伤死甚多。臣以轻骑五百，兵不血刃，直取金陵，降任蛮奴，执陈叔宝，据其府库，倾其巢穴。弼至夕方扣北掖门，臣启关而纳之。斯乃救罪不暇，安得与臣相比？"帝曰："二将俱为上勋。"于是进擒虎位上柱国，赐物八千段。有司劾擒虎放纵士卒，淫污陈宫，坐此不加爵邑。

加高颎上柱国，进爵齐公，赐物九千段，帝劳之曰："公伐陈后，人言公反，朕已斩之。君臣道合，非青蝇所能间也。"帝从容命颎与贺若弼论平陈事，颎曰："贺若弼先献十策，后于蒋山苦战破贼。臣文吏耳，焉敢与大将论功。"帝大笑，嘉其有让。帝之伐陈也，使高颎问方略于上仪同三司李德林，以授晋王广。至是，帝赏其功，授柱国，封郡公，赏物三千段。已宣敕讫，或说高颎曰："今归功于李德林，诸将必当愤惋，且后世观公有若虚行。"颎入言之，乃止。

辛酉(二十八日),隋文帝下诏,把杨素的爵位晋封为越公,授予他的儿子杨玄感仪同三司的待遇,杨玄奖为清河郡公;赐给杨素布帛一万段,粟米一万石。命令贺若弼登上御座,赐给布帛八千段,加授官位上柱国,进封爵位为宋公。同时分别又赏赐杨素、贺若弼等人许多金银财宝,还把陈叔宝的妹妹送给他们当妾。

贺若弼、韩擒虎在隋文帝面前互相争功。贺若弼说:“臣在蒋山拼死力战,击破陈朝的精锐人马,擒获陈朝骁将,打出了威势,于是才平定陈国。韩擒虎则几乎没有和陈朝军队交战,怎么能和臣相比?”韩擒虎说:“臣原先奉受陛下的明确旨令,让臣和贺若弼合兵同时攻取陈朝都城,但贺若弼竟然孤军深入,逢敌便战,以致将士死伤惨重。臣率领五百轻装骑兵,兵不血刃,便直取金陵,降服任忠,活捉陈叔宝,占领官府仓库,捣毁陈朝巢穴。贺若弼到晚上方才到达北掖门,由臣开门让他进宫。贺若弼抵罪还来不及,怎么能和臣相比?”隋文帝说:“你们二位将军都立了上等功勋。”于是,进级授予韩擒虎上柱国,赐予布帛八千段。有关部门弹劾韩擒虎放纵士卒奸淫陈朝宫女,韩擒虎因此没有加封爵邑。

隋文帝加封高颎为上柱国,进封爵位齐公,赏赐布帛九千段,并慰劳他说:“你讨伐平定陈国以后,有人说你要谋反,朕已把说这话的人斩首。朕和你君臣之间同心同德,不是谗言所能离间的。”隋文帝又让高颎和贺若弼各自评论平定陈朝的功绩,高颎说:“贺若弼最先提出平定陈国的十条计策,后来又在蒋山奋力苦战,击破敌军。臣只是一个文职官员,怎么敢和大将争论功劳。”隋文帝听后大笑,赞赏高颎的谦逊作风。隋文帝决定讨伐陈国以前,曾派高颎向上仪同三司李德林询问计谋策略,让晋王杨广按李德林的计策行事。平陈得胜后,隋文帝赏赐李德林的功劳,授予他为柱国,封为郡公,赏给布帛三千段。敕令宣读之后,有人劝高颎说:“现在把功劳都归于李德林,各位将领一定会愤愤不平,而且后代的人看你,你这样做好像是虚伪的行径。”于是高颎进宫向隋文帝禀告,隋文帝只好作罢。

以秦王俊为扬州总管四十四州诸军事，镇广陵。晋王广还并州。

晋王广之戮陈五佞也，未知都官尚书孔范，散骑常侍王瑳、王仪，御史中丞沈瓘之罪，故得免。及至长安，事并露。乙未，帝暴其过恶，投之边裔，以谢吴、越之人。瑳刻薄贪鄙，忌害才能；仪倾巧侧媚，献二女以求亲昵；瓘险惨苛酷，发言邪谄。故同罪焉。

帝给赐陈叔宝甚厚，数得引见，班同三品。每预宴，恐致伤心，为不奏吴音。后监守者奏言："叔宝云：'既无秩位，每预朝集，愿得一官号。'"帝曰："叔宝全无心肝！"监者又言："叔宝常醉，罕有醒时。"帝问："饮酒几何？"对曰："与其子弟日饮一石。"帝大惊，使节其酒，既而曰："任其性；不尔，何以过日？"帝以陈氏子弟既多，恐其在京城为非，乃分置边州，给田业使为生，岁时赐衣服以安全之。

诏以陈尚书令江总为上开府仪同三司，仆射袁宪、骠骑萧摩诃、领军任忠皆为开府仪同三司，吏部尚书吴兴姚察为秘书丞。上嘉袁宪雅操，下诏，以为江表称首，授昌州刺史。闻陈散骑常侍袁元友数直言于陈叔宝，擢拜主爵侍郎。谓群臣曰："平陈之初，我悔不杀任蛮奴。受人荣禄，

隋文帝任命秦王杨俊为扬州总管四十四州诸军事，镇守广陵。晋王杨广回并州。

晋王杨广诛杀陈朝五奸臣时，还不知道陈朝都官尚书孔范，散骑常侍王瑳、王仪，御史中丞沈瓘的罪行，所以这几人得以免除一死。等陈君臣到达长安之后，这几人的罪行被揭露出来。乙未这天，隋文帝公布了他们的罪恶行径，将他们放逐到边远地区，以向吴、越地区的百姓谢罪。王瑳为人刻薄，贪婪卑鄙，嫉贤害能；王仪阴险狡诈，巧于奉承，把两个女儿献给陈后主以邀恩宠；沈瓘阴险残酷，说起话来对下邪恶凶狠、对上谄媚奉承。所以隋文帝将他们一同治罪。

隋文帝供给和赏赐陈叔宝的财物十分丰厚，又屡次接见他，并让他和三品以上官员享受同等待遇。每当陈叔宝参加宴会时，隋文帝担心引起他的伤感，便禁止在宴会上演奏吴音。后来负责监守陈叔宝的人上奏隋文帝说："陈叔宝说：'我现在没有官位，却常常要参加朝廷集会，所以希望得到一个官号。'"隋文帝说："陈叔宝一点心肝都没有！"不久，监守的人又说："陈叔宝经常喝醉，很少有清醒的时候。"隋文帝问道："他喝多少酒？"监守的人回答说："他和他的家人子弟每天能喝一石酒。"隋文帝十分吃惊，派人对他们的酗酒加以节制，不久，隋文帝说："随着他的性子去吧，如果不喝酒，他又怎么打发日子呢？"隋文帝因为陈氏宗室子弟很多，恐怕他们在京城作乱，便将他们分别安置在边境州县，分配给他们田产，使他们得以为生，并且每年都派人赐给他们衣服，让他们平安地度日。

隋文帝下诏，任命原陈朝尚书令江总为上开府仪同三司，原仆射袁宪、骠骑将军萧摩诃、领军任忠均为开府仪同三司，原吏部尚书、吴兴人姚察为秘书丞。隋文帝嘉奖袁宪一向持守节操，下诏称赞他是江南士大夫的表率，任命他为昌州刺史。又听说原陈朝散骑常侍袁元友屡次直言进谏陈叔宝，于是下诏升任他为吏部主爵侍郎。隋文帝对群臣说："我很后悔在刚刚平定陈国的时候，没有把任忠处死。任忠接受了陈叔宝的恩宠和俸禄，

兼当重寄，不能横尸徇国，乃云‘无所用力’，与弘演纳肝何其远也！”

帝见周罗睺，慰谕之，许以富贵。罗睺垂泣对曰：“臣荷陈氏厚遇，本朝沦亡，无节可纪。得免于死，陛下之赐也，何富贵之敢望！”贺若弼谓罗睺曰：“闻公郢、汉捉兵，即知扬州可得，王师利涉，果如所量。”罗睺曰：“若得与公周旋，胜负未可知也。”顷之，拜上仪同三司。先是，陈裨将羊翔来降，伐陈之役，使为乡导，位至上开府仪同三司，班在罗睺上。韩擒虎于朝堂戏之曰：“不知机变，乃立在羊翔之下，能无愧乎？”罗睺曰：“昔在江南，久承令问，谓公天下节士，今日所言，殊非所望。”擒虎有愧色。

帝之责陈君臣也，陈叔文独欣然有得色。既而复上表自陈：“昔在巴州，已先送款，乞知此情，望异常例。”帝虽嫌其不忠，而欲怀柔江表，乃授叔文开府仪同三司，拜宜州刺史。

初，陈散骑常侍韦鼎聘于周，遇帝而异之，谓帝曰：“公当大贵，贵则天下一家，岁一周天，老夫当委质于公。”及至德之初，鼎为太府卿，尽卖田宅，大匠卿毛彪问其故，鼎曰：“江东王气，尽于此矣！吾与尔当葬长安。”及陈平，上召鼎为上仪同三司。鼎，叡之孙也。

并担任显要职务，却不仅没有战死沙场，报效国家，而且竟然还说出‘无能为力’这样的话来，这和战国时代弘演为卫懿公献出肝脏的行为，相差得多么远！”

隋文帝召见周罗睺，用好言加以抚慰劝勉，并承诺要使他荣华富贵。周罗睺流泪答道：“臣蒙受陈朝的厚待，现在朝廷灭亡了，实在已经没有什么节操了。能够得以免除一死，这是陛下对臣的恩赐，又怎敢期望荣华富贵呢？”贺若弼对周罗睺说：“我听说您被调到郢、汉地区指挥军队，就知道扬州垂手而得了，结果朝廷军队顺利渡过长江，一如我所预料。”周罗睺说：“如果我能够率军和您对阵，那么双方谁胜谁负就难说了。”不久，隋文帝拜授周罗睺为上仪同三司。起初，陈朝裨将羊翔归降隋朝，在讨伐陈朝的战役中，让他担任向导，因此品位达到上开府仪同三司，在朝廷大会上排列在周罗睺的前面。韩擒虎在朝堂上耍笑周罗睺说：“你不懂得随机应变，结果现在排到了羊翔的后面，难道心中不觉得惭愧吗？”周罗睺说：“我过去在江南时，久闻您的好名声，认为您是天下有节操的人士，但您今日所说的话，却实在让我大失所望。”韩擒虎面有愧色。

隋文帝谴责陈朝君臣时，唯独陈叔文很高兴，面带喜色。不久，陈叔文上表陈述说：“过去我在巴州的时候，事先已经向朝廷请求归降，请求陛下明察此事，并希望陛下给予我和其馀的归降者不同的待遇。”隋文帝虽然非常厌恶他的不忠，但为了怀柔江南地区，以获取民心，便授拜陈叔文为开府仪同三司，并任命其为宜州刺史。

起初，陈朝散骑常侍韦鼎聘问北周，见到文帝，觉得他不同寻常，便对文帝说：“您将会十分显贵，贵至天下成为一家，十二年后，我将向您称臣子。”等到陈后主至德初年，韦鼎担任太府卿，他把田地住宅全部卖掉，大匠卿毛彪问他原因，韦鼎说：“江东帝王的气数到这儿已经尽了！我和你将来也就安葬在长安了。”等到隋朝平定陈朝之后，隋文帝召见韦鼎，拜他为上仪同三司。韦鼎，是韦叡的孙子。

壬戌，诏曰："今率土大同，含生遂性，太平之法，方可流行。凡我臣民，澡身浴德，家家自修，人人克念。兵可立威，不可不戢；刑可助化，不可专行。禁卫九重之馀，镇守四方之外，戎旅军器，皆宜停罢。世路既夷，群方无事，武力之子，俱可学经；民间甲仗，悉皆除毁。颁告天下，咸悉此意。"

贺若弼撰其所画策上之，谓为《御授平陈七策》。帝弗省，曰："公欲发扬我名，我不求名。公宜自载家传。"弼位望隆重，兄弟并封郡公，为刺史、列将，家之珍玩，不可胜计，婢妾曳罗绮者数百，时人荣之。其后突厥来朝，上谓之曰："汝闻江南有陈国天子乎？"对曰："闻之。"上命左右引突厥诣韩擒虎前曰："此是执得陈国天子者。"擒虎厉色顾之，突厥惶恐，不敢仰视。

右卫将军庞晃等短高颎于上，上怒，皆黜之，亲礼逾密。因谓颎曰："独孤公，犹镜也，每被磨莹，皎然益明。"初，颎父宾为独孤信僚佐，赐姓独孤氏，故上常呼为独孤而不名。

十四年冬闰十月甲寅，诏以齐、梁、陈宗祀废绝，命高仁英、萧琮、陈叔宝以时修祭，所须器物，有司给之。陈叔宝从帝登邙山，侍饮，赋诗曰："日月光天德，山河壮帝居。

壬戌(二十九日),隋文帝下诏说:“如今天下统一,百姓各得其所,太平盛世的法律制度,才可以施行。凡属我大隋的臣民百姓,从现在起,都应该洁身自爱,沐浴德行,家家努力,弘扬德化,人人自觉,克制私欲。发动战争,可以树立国威,但不能不加以节制;施行刑罚,可以帮助推行教化,但不能肆意专行。除了护卫京师皇宫以及镇守要塞边疆的军队之外,其馀的军队一律解散,军器物资也一律停止建造和征用。天下道路平坦安全,四方安定无事,将帅军人的子弟,都必须开始学习经书儒学;民间的刀枪器械,全部予以销毁。特此颁告天下,希望天下臣民百姓都了解朕的意愿。”

贺若弼把他当初所献的计策撰写成文字献给隋文帝,题名为《御授平陈七策》。隋文帝不看,说:“你想提高我的名声,我又不求名声。你应该把它记载在自己的家传里。”贺若弼位高望重,他的兄弟们都被封为郡公,担任刺史、列将,家中所藏的珍奇玩物,多得无法计算,婢妾使女也都穿戴绫罗绸缎,多达数百人,十分受到当时人的夸赞。后来,突厥派使者来长安朝见天子,隋文帝对他说:“你听说过江南有位陈国天子吗?”突厥使者回答说:“听说过。”隋文帝命令左右侍卫领着突厥使者到韩擒虎的面前,告诉他说:“这位就是抓获陈国天子的将军。”韩擒虎威严地盯着突厥使者,突厥使者惊惶恐惧,不敢仰头看他。

右卫将军庞晃等人向隋文帝揭发高颎的过失,隋文帝大怒,将他们全都罢免,相反却对高颎更加亲近礼遇。隋文帝对高颎说:“您就像一面镜子一样,每经过一次打磨,就更加皎洁明亮。”起初,高颎的父亲高宾为独孤信的僚属,被赐姓独孤氏,所以隋文帝经常把高颎呼为独孤公,而不叫他的名字。

十四年(594)冬季闰十月甲寅(二十三日),隋文帝下诏,由于北齐、梁、陈三国帝室的宗庙祭祀已经废绝了,让高仁英、萧琮、陈叔宝分别按照时节对各自的祖先进行祭祀,所需要的器具祭品,由有关部门负责供给。陈叔宝跟随隋文帝登上邙山,在服侍隋文帝饮酒时,作了一首诗说:“日月光天德,山河壮帝居。

太平无以报，愿上东封书。”并表请封禅，帝优诏答之。他日，复侍宴，及出，帝目之曰：“此败岂不由酒？以作诗之功，何如思安时事！当贺若弼度京口，彼人密启告急，叔宝饮酒，遂不之省。高颎至日，犹见启在床下，未开封，此诚可笑，盖天亡之也。昔苻氏征伐所得国，皆荣贵其主，苟欲求名，不知违天命。与之官，乃违天也。”

仁寿四年冬十一月壬子，陈叔宝卒，赠大将军、长城县公，谥曰炀。

太平无以报，愿上东封书。”并上表请求隋文帝上泰山祭祀天地，隋文帝下了一道言辞亲切的诏令答复他。又有一天，陈叔宝又在隋文帝的宴会上作陪，等陈叔宝退席时，隋文帝看着他说：“这个人的失败难道不正是因为酒吗？把工夫花在作诗上面，哪如用在思考如何安定局势上面！当贺若弼渡江攻下京口时，就有人写密奏告急，而此时陈叔宝却还在饮酒，没有拆看。高颎那天到达建康，看见那份密奏还在床下，封口都没打开，这真是可笑，大概是上天要让陈朝灭亡。从前苻坚攻打下来的国家，都让原来的国君保持荣华富贵，假如他这是想以此求得名声，却不知已经违背了天意。下令把官爵赐封给这些亡国之君，便是违背天意。”

仁寿四年(604)冬季十一月壬子(二十日)，陈叔宝去世，死后被追赠为大将军、长城县公，谥号为炀。

隋易太子

陈宣帝太建十三年春二月甲子，周禅位于隋王。隋王以太子勇为皇太子，封子雁门公广为晋王，俊为秦王，秀为越王，谅为汉王。

隋文帝开皇二十年。初，上使太子勇参决军国政事，时有损益，上皆纳之。勇性宽厚，率意任情，无矫饰之行。上性节俭，勇尝文饰蜀铠，上见而不悦，戒之曰："自古帝王未有好奢侈而能久长者。汝为储后，当以俭约为先，乃能奉承宗庙。吾昔日衣服，各留一物，时复观之以自警戒。恐汝以今日皇太子之心忘昔时之事，故赐汝以我旧所带刀子一枚，并菹酱一合，汝昔作上士时常所食也。若存记前事，应知我心。"

后遇冬至，百官皆诣勇，勇张乐受贺。上知之，问朝臣曰："近闻至日内外百官相帅朝东宫，此何礼也？"太常少卿辛亶对曰："于东宫，乃贺也，不得言朝。"上曰："贺者正可三数十人，随情各去，何乃有司征召，一时普集？太子法服

隋易太子

陈宣帝太建十三年(581)春季二月甲子(十四日),北周静帝将皇位禅让给隋王杨坚。杨坚册立王太子杨勇为皇太子,封儿子雁门公杨广为晋王,杨俊为秦王,杨秀为越王,杨谅为汉王。

隋文帝开皇二十年(600)。起初,隋文帝让太子杨勇参与朝廷军国大事的决断,杨勇经常提出一些更改意见,隋文帝都予以采纳。杨勇性情宽厚,直率任性,不会弄虚作假。隋文帝天性节约俭朴,杨勇曾经把蜀地制造的铠甲加以修饰,隋文帝看见后非常不高兴,告诫他说:“自古以来,凡喜好奢侈的帝王,从来不能长久保住江山。你作为未来的皇帝,应当以节俭为先,这样才能事奉和承继宗庙。我过去所穿的衣服,都各留了一件,经常拿出来看看它们,以便告诫自己。我担心你如今以皇太子自居而忘记了过去的事情,所以,我送你一把我过去佩带的刀,以及一盒你从前当上士时经常吃的腌菜。如果你能够记住从前的事情,就应该懂得我的苦心。”

后来到了冬至,朝廷百官都去拜见杨勇,杨勇下令陈设音乐,接受百官祝贺。隋文帝知道后,询问朝臣说:“最近听说冬至这天朝内朝外百官相继去东宫朝见太子,这是什么礼法?”太常少卿辛亶回答说:“百官去东宫,是祝贺,不能说成是朝见。”隋文帝说:“如果是祝贺,就应该是三二十人,各自随意前去,为什么竟由有关部门通知大家,集中起来同时前去?并且太子身穿礼服,

设乐以待之，可乎？"因下诏曰："礼有等差，君臣不杂。皇太子虽居上嗣，义兼臣子。而诸方岳牧正冬朝贺，任土作贡，别上东宫，事非典则，宜悉停断。"自是恩宠始衰，渐生猜阻。

勇多内宠，昭训云氏尤幸。其妃元氏无宠，遇心疾，二日而薨。独孤后意有他故，甚责望勇。自是云昭训专内政，生长宁王俨、平原王裕、安成王筠，高良娣生安平王嶷、襄城王恪、王良媛生高阳王该、建安王韶，成姬生颍川王煚，后宫生孝实，孝范。后弥不平，颇遣人伺察，求勇过恶。

晋王广知之，弥自矫饰，唯与萧妃居处，后庭有子皆不育，后由是数称广贤。大臣用事者，广皆倾心与交。上及后每遣左右至广所，无贵贱，广必与萧妃迎门接引，为设美馔，申以厚礼。婢仆往来者，无不称其仁孝。上与后尝幸其第，广悉屏匿美姬于别室，唯留老丑者，衣以缦彩，给事左右，屏帐改用缣素，故绝乐器之弦，不令拂去尘埃。上见之，以为不好声色，还宫，以语侍臣，意甚喜，侍臣皆称庆，由是爱之特异诸子。上密令善相者来和遍视诸子，对曰："晋王眉上双骨隆起，贵不可言。"上又问上仪同三司韦鼎："我诸儿谁得嗣位？"对曰："至尊、皇后所最爱者当与之，非臣敢预知也。"上笑曰："卿不肯显言邪！"

奏起音乐，来接待你们，能这样吗？”于是隋文帝下诏说：“礼法有等级差别，君王和臣属之间不能混杂。皇太子虽然是皇位的继承人，但在道义上也是臣子。各地长官在冬至日入朝进贺，献上土特产品作为贡品的时候，另外又给皇太子献上贡品，这种事不符合礼制，应该全部停止。”从此以后，隋文帝对杨勇的恩宠开始减弱，并且逐渐产生猜疑的戒心。

杨勇姬妾很多，其中云昭训最受宠爱。杨勇的正妃元氏不受宠爱，突然得了心脏疾病，两天后就去世了。独孤皇后猜疑元氏的死另有原因，严厉责怪杨勇。此后云昭训在东宫内总揽事务，她生了长宁王杨俨、平原王杨裕、安成王杨筠，高良娣生了安平王杨嶷、襄成王杨恪，王良媛生了高阳王杨该、建安王杨韶，成姬生了颍川王杨煚，其他宫人生了杨孝实、杨孝范。独孤皇后更加不快，常常派人到东宫窥伺探察，寻找杨勇的过失。

晋王杨广知道后，更加注意掩饰自己，只和萧妃居住在一起，对后宫宫女所生的孩子都不加以抚育，因此独孤皇后经常称赞杨广贤德。执掌朝政的大臣，杨广都用尽心思和他们交往。每次隋文帝和皇后派遣左右侍臣去杨广的住处，不论贵贱，杨广都带着萧妃亲自到大门迎接，备下美味佳肴款待，并赠送厚礼。那些常来常往的奴仆，无人不称赞杨广仁厚忠孝。隋文帝和皇后曾经驾幸杨广的住处，杨广将美貌的姬妾全都藏到别的居室，只留下年老和貌丑的，穿着不带装饰的衣服，在左右侍候，连屏风和帷帐都改用朴素的帛布，特意弄断乐器的丝弦，并且不让扫掉上面的灰尘。隋文帝看到这些情景，便认为杨广不喜欢音乐美色，回宫后把看见的情景都告诉左右侍臣，觉得很高兴，这些侍臣也都对隋文帝表示庆贺，因此隋文帝喜爱杨广的程度，超出了喜爱其他儿子的程度。隋文帝秘密命令善于看相的来和为几个儿子看相，来和禀报说：“晋王的两副眉骨隆起很高，无比尊贵。”隋文帝又询问仪同三司韦鼎：“我的几个儿子谁可以继承皇位？”韦鼎回答说：“陛下和皇后最钟爱谁，谁就该继承皇位，这不是臣下我敢预测的。”隋文帝笑着说：“你不肯明说呀！”

晋王广美姿仪，性敏慧，沈深严重；好学，善属文；敬接朝士，礼极卑屈。由是声名籍甚，冠于诸王。

广为扬州总管，入朝，将还镇，入宫辞后，伏地流涕，后亦泫然泣下。广曰："臣性识愚下，常守平生昆弟之意，不知何罪失爱东宫，恒蓄盛怒，欲加屠陷。每恐谗谮生于投杼，鸩毒遇于杯勺，是用勤忧积念，惧履危亡。"后忿然曰："睍地伐渐不可耐。我为之娶元氏女，竟不以夫妇礼待之，专宠阿云，使有如许豚犬。前新妇遇毒而夭，我亦不能穷治，何故复于汝发如此意？我在尚尔，我死后，当鱼肉汝乎！每思东宫竟无正嫡，至尊千秋万岁之后，遣汝等兄弟向阿云儿前再拜问讯，此是几许苦痛邪！"广又拜，呜咽不能止，后亦悲不自胜。自是后决意欲废勇立广矣。

广与安州总管宇文述素善，欲述近己，奏为寿州刺史。广尤亲任总管司马张衡，衡为广画夺宗之策。广问计于述，述曰："皇太子失爱已久，令德不闻于天下。大王仁孝著称，才能盖世，数经将领，频有大功；主上之与内宫，咸所钟爱，四海之望，实归大王。然废立者国家大事，处人父子骨肉之间，诚未易谋也。然能移主上意者，唯杨素耳，素所与谋者唯其弟约。述雅知约，请朝京师，与约相见，共图之。"广大悦，多赍金宝，资述入关。

晋王杨广容貌英俊，仪态典雅，机敏聪慧，性格深沉庄严；好学不倦，擅长文辞；对朝廷人士恭敬接待，十分谦逊礼让。因此，杨广的名声十分盛大，在诸位王子中数第一。

杨广担任扬州总管，一次，杨广回京朝见父皇之后，在返回扬州前，又入宫向母后辞行，伏拜在地上，流泪不止，独孤皇后也伤心地落下眼泪。杨广说："儿臣性情愚拙，见识短浅，时时顾念兄弟之间的情义，不知道在哪里得罪了太子，太子常常满怀怒气，想对我加以陷害。我常常担心谗言会被您相信，饮食器皿中被人施放毒药，因此心中十分忧虑，害怕大祸临头。"独孤皇后气愤地说："晛地伐越来越让人无法忍受了。我替他娶了元氏的女儿，他竟然不按照夫妇的礼节对待她，而一心宠爱阿云，以至于生下了一群猪狗孩儿。原先，他新过门的妻子被毒死，我也无法追究了，但又为何对你生出如此的念头！我活着时尚且如此，如果我死了，他不是要把你当成菜板上的鱼和肉了吗？我每次想到太子竟然没有正妻生的嫡子，在你们父皇去世之后，留下你们兄弟几个向阿云跪拜问候，这是多么痛苦的事啊！"杨广再次跪拜，呜咽不停，独孤皇后也悲伤万分。从此独孤皇后决意要废掉杨勇，另立杨广为太子。

杨广和安州总管宇文述一向友好，想拉拢他，于是奏请隋文帝任命宇文述为寿州刺史。杨广尤其亲近和信任总管司马张衡，张衡为杨广谋划夺太子位的计策。杨广向宇文述请教计策，宇文述说："皇太子失去皇上的宠爱已经很久，况且也没有什么为天下人所闻知的德行。而殿下以仁爱忠孝著称于世，才能举世无双，屡次担任军队统帅，立有卓越的功勋；皇上和皇后也对殿下十分钟爱，四海之内的期待，也都归于殿下。但是，废立太子是国家的重大事情，而我又处于你们父子骨肉之间，的确难以替殿下谋划。然而，能够改变皇上主意的，只有杨素一个人，杨素又只和他的弟弟杨约商议事情。我和杨约是知己，请让我回京师朝见皇上，借此和杨约相见，共同筹划这件事情。"杨广十分高兴，送给宇文述许多金银财宝，作为他入关活动的费用。

约时为大理少卿，素凡有所为，皆先筹于约而行之。述请约，盛陈器玩，与之酣畅，因而共博，每阳不胜，所赍金宝尽输之。约所得既多，稍以谢述，述因曰："此晋王之赐，令述与公为欢乐耳。"约大惊曰："何为尔？"述因通广意，说之曰："夫守正履道，固人臣之常致；反经合义，亦达者之令图。自古贤人君子，莫不与时消息以避祸患。公之兄弟，功名盖世，当涂用事有年矣，朝臣为足下家所屈辱者，可胜数哉？又，储后以所欲不行，每切齿于执政；公虽自结于人主，而欲危公者固亦多矣！主上一旦弃群臣，公亦何以取庇？今皇太子失爱于皇后，主上素有废黜之心，此公所知也。今若请立晋王，在贤兄之口耳。诚能因此时建大功，王必永铭骨髓，斯则去累卵之危，成太山之安也。"约然之，因以白素。素闻之，大喜，抚掌曰："吾之智思殊不及此，赖汝起予。"约知其计行，复谓素曰："今皇后之言，上无不用，因机会早自结托，则长保荣禄，传祚子孙。兄若迟疑，一旦有变，令太子用事，恐祸至无日矣！"素从之。

后数日，素入侍宴，微称"晋王孝悌恭俭，有类至尊"，用此揣后意。后泣曰："公言是也！吾儿大孝爱，每闻至尊及我遣内使到，必迎于境首，言及违离，未尝不泣。又其新妇亦大可怜，我使婢去，常与之同寝共食。岂若睍地伐与

当时杨约担任大理少卿，杨素只要打算干什么事，都先和杨约商量，然后才去做。宇文述邀请杨约会面，摆下许多器皿玩物，和杨约一起畅饮，然后一起赌博，宇文述每次都假装败北，将所携带的金银财宝全部输给了杨约。杨约赢了这么多东西，便向宇文述略表谢意，宇文述趁机说："这是晋王给的赏赐，让我和你一起玩乐的。"杨约十分惊讶地说："这是为什么？"于是宇文述便把杨广的意思转告给杨约，鼓动杨约说："遵守常规固然是作为臣子的本分，但违反常规以符合道义，也不失为明智之举。自古以来的贤人君子，没有不关注世情以躲避灾祸的。你们兄弟功名盖世，长期执掌着朝廷大权，朝臣中被你们一家所折屈侮辱的，难道数得清吗？况且，皇太子因为不能为所欲为，常常对执政大臣表示切齿痛恨；你虽然主动去接近皇上，但想陷害你的人也是很多的！一旦皇上驾崩，你又靠谁来庇护呢？如今皇太子失去皇后的宠爱，皇上也一向怀有废黜太子的念头，这你也是清楚的。现在请求皇上立晋王为太子，就全靠你这张嘴了。你果真能够趁此时机立下大功，晋王必定将你铭记在心，这样你也就免除了累卵之危，而能像泰山一样安全稳固了。"杨约同意他的建议，便把这些话转告给杨素。杨素听说后，十分高兴，拍着手掌说："我的智虑远远达不到这样的地步，全靠你启发我。"杨约知道他的计策成功了，便又对杨素说："如今，凡是皇后所说的话，皇上无不采纳，应当趁机早日结交和依托皇后，这样才能永保荣华富贵，并且传给子孙后代。兄长如果迟疑不决，一旦情况发生变化，让太子执掌政权，那么恐怕我们就要大祸临头了！"杨素听从了杨约的主意。

几天后，杨素入宫陪宴，略微说了"晋王忠孝友悌，谦恭俭朴，与皇上一样"的话，以此探测独孤皇后的想法。独孤皇后流着泪说："你说得很对！我这个儿子十分孝顺仁爱，每次听说皇上和我派遣使者去他那里，他都亲自远迎，而且每次谈及同双亲远离，没有一次不伤心落泪的。他的新婚妻子也十分让人怜爱，我派婢女去看望她，她经常和婢女同食共寝。哪会像睍地伐和

阿云对坐，终日酣宴，昵近小人，疑阻骨肉！我所以益怜阿麽者，常恐其潜杀之。”素既知后意，因盛言太子不才。后遂遗素金，使赞上废立。

勇颇知其谋，忧惧，计无所出，使新丰人王辅贤造诸厌胜。又于后园作庶人村，室屋卑陋，勇时于中寝息，布衣草褥，冀以当之。上知勇不自安，在仁寿宫，使杨素观勇所为。素至东宫，偃息未入，勇束带待之，素故久不进以激怒勇，勇衔之，形于言色。素还言：“勇怨望，恐有他变，愿深防察！”上闻素谮毁，甚疑之。后又遣人伺觇东宫，纤介事皆闻奏，因加诬饰以成其罪。

上遂疏忌勇，乃于玄武门达至德门量置候人，以伺动静，皆随事奏闻。又，东宫宿卫之人，侍官以上，名籍悉令属诸卫府，有勇健者咸屏去之，出左卫率苏孝慈为淅州刺史。勇愈不悦。太史令袁充言于上曰：“臣观天文，皇太子当废。”上曰：“玄象久见，群臣不敢言耳。”充，君正之子也。

晋王广又令督王府军事姑臧段达私赂东宫幸臣姬威，令伺太子动静，密告杨素。于是内外喧谤，过失日闻。段达因胁姬威曰：“东宫过失，主上皆知之矣。已奉密诏，定当废立。君能告之，则大富贵！”威许诺，即上书告之。

阿云面对面地对坐，终日沉溺于酒宴，亲近小人，猜忌和提防骨肉兄弟！所以我更加疼爱阿麽，常常害怕睍地伐暗害他。”杨素得知独孤皇后的想法后，便竭力指责皇太子杨勇，说他没有才能。独孤皇后便送给杨素许多财物，让他促成皇上废黜杨勇，而立杨广为皇太子之事。

杨勇对他们的谋划也深有所知，十分担忧，无计可施，便命令新丰人王辅贤制造一些巫咒之术的用具，来诅咒杨广。又在东宫后园中建了一个平民村，村中房屋简陋，杨勇经常在村中歇息，身穿布衣，铺着草席，希望以此挡住大家的议论。隋文帝知道杨勇心中不安，一次在仁寿宫，吩咐杨素去察看杨勇的行为。杨素来到东宫门口，歇脚不入，杨勇已换好装束在内等待杨素，杨素故意拖拉不进去，想借此激怒杨勇，杨勇果然怀恨在心，并在言辞举止上显露出来。杨素回来向隋文帝说：“杨勇心怀怨恨，恐怕会发生变故，希望陛下多加提防！”隋文帝听了杨素毁谤的话，更加猜疑杨勇。独孤皇后还派人到东宫伺探，把细枝末节都禀报给隋文帝，添油加醋地编织杨勇的罪状。

隋文帝于是逐渐疏远并猜忌杨勇，竟至于在玄武门到至德门之间的路上安置人伺探东宫的动静，并随时禀报情况。隋文帝还将担任侍官以上的东宫侍卫人员的名册都划分到各个卫府，将勇敢健壮的侍卫人员全部调离东宫，把左卫率苏孝慈也调离朝廷担任淅州刺史。这都使杨勇的心中更加不愉快。太史令袁充对隋文帝说：“臣观察天象，皇太子应当被废黜。”隋文帝说：“上天的征兆已经出现很久了，大臣们只是不敢指出罢了。”袁充，是袁君正的儿子。

晋王杨广又命令督王府军事、姑臧人段达暗中贿赂太子宠臣姬威，让他伺探太子的动静，秘密报告给杨素。于是，宫廷内外都有人诽谤议论杨勇，每天都可以听到他的过失。这时，段达威胁姬威说：“皇太子的过失，皇上都已知道了。我已接到密诏，一定要废黜太子。如果你能够加以告发，日后必能荣华富贵！”姬威答应下来，便上书告发杨勇。

秋九月壬子，上至自仁寿宫。翌日，御大兴殿，谓侍臣曰："我新还京师，应开怀欢乐，不知何意翻邑然愁苦。"吏部尚书牛弘对曰："臣等不称职，故至尊忧劳。"上既数闻谮毁，疑朝臣悉知之，故于众中发问，冀闻太子之过。弘对既失旨，上因作色，谓东宫官属曰："仁寿宫此去不远，而令我每还京师，严备仗卫，如入敌国。我为下利，不解衣卧，昨夜欲近厕，故在后房恐有警急，还移就前殿，岂非尔辈欲坏我家国邪？"于是执太子左庶子唐令则等数人，付所司讯鞫，命杨素陈东宫事状以告近臣。

素乃显言之曰："臣奉敕向京，令皇太子检校刘居士馀党。太子奉诏，作色奋厉，骨肉飞腾，语臣云：'居士党尽伏法，遣我何处穷讨？尔作右仆射，委寄不轻，自检校之，何关我事！'又云：'昔大事不遂，我先被诛。今作天子，竟乃令我不如诸弟，一事以上，不得自遂！'因长叹回视云：'我大觉身妨。'"上曰："此儿不堪承嗣久矣，皇后恒劝我废之。我以布衣时所生，地复居长，望其渐改，隐忍至今。勇尝指皇后侍儿谓人曰'是皆我物'。此言几许异事！其妇初亡，我深疑其遇毒，尝责之，勇即怼曰'会杀元孝矩'，此欲害我而迁怒耳。长宁初生，朕与皇后共抱养之，自怀彼此，连遣来索。且云定兴女，在外私合而生，想此由来，何必是其体胤。昔晋太子取屠家女，其儿即好屠割。今傥非类，

秋季九月壬子（二十六日），隋文帝从仁寿宫返回京师。次日，隋文帝驾临大兴殿，对左右侍臣说："我刚刚回到京师，本应该畅饮快乐一番，却不知什么缘故，心中反倒十分忧愁。"吏部尚书牛弘回答说："臣等不称职，所以使陛下感到忧愁劳累。"隋文帝屡次听到关于杨勇的坏话后，疑心朝廷大臣都已知道了，所以在这时向众臣发问，希望能听到太子的过失。牛弘的回答没有对上隋文帝的心思，于是隋文帝脸色一变，对太子的属官们说："仁寿宫离这里并不远，我却每次返回京师时都得带上足够的护卫，好像进入敌国一样。我闹腹泻，也不敢脱衣睡觉，昨天夜里要上厕所，近的厕所本来是在后房，我担心有什么意外，只好到前殿去上厕所，这难道不是你们这些人要危害我的家国吗？"于是下令逮捕太子左庶子唐令则等人，交付给有关部门审讯，又命令杨素把太子的所作所为告诉左右近臣。

杨素于是公开地说："臣奉皇上的敕令到京师，命令皇太子追查刘居士的馀党。太子接到诏书，变了脸色，以致肌肉几乎要从骨头上飞离出来，厉声对臣说：'刘居士的馀党全部都已受到制裁，还派我去哪里追查？你是右仆射，责任不轻，自己去追查吧，关我何事！'又说：'假如过去禅让那样的大事没有成功，我就第一个受到诛杀。如今将做天子，竟然让我连几个弟弟都不如，只要有事，就不由我做主！'又长叹环视说：'我觉得太不自由了。'"皇上说："我这个儿子没有资格继承皇位，其实早就有了苗头，皇后也时常劝我将他废黜。我只是考虑到他是我当平民时所生，又排行老大，才指望他慢慢改过，所以一直忍耐到今天。杨勇曾经指着皇后的侍女对别人说'这些人都是我的'。这话说得多么奇怪！他的新妇刚去世时，我非常怀疑她是被毒死的，曾经责怪他，杨勇便回答说'应当杀掉元孝矩'，这是想要害我而迁怒他人。长宁王刚出生时，朕和皇后一起把他抱来抚养，杨勇却怀有别的想法，连续派人前来索要。况且，云定兴的女儿，是私生的，由此想来，长宁王不一定就是他的亲骨肉。从前晋太子娶了屠户的女儿，生的儿子便嗜好屠宰。如今倘若选错了人，

便乱宗祏。我虽德惭尧、舜，终不以万姓付不肖子！我恒畏其加害，如防大敌。今欲废之以安天下！”

左卫大将军五原公元旻谏曰：“废立大事，诏旨若行，后悔无及。谗言罔极，惟陛下察之。”上不应，命姬威悉陈太子罪恶。威对曰：“太子由来与臣语，唯意在骄奢，且云：‘若有谏者，正当斩之，不杀百许人，自然永息。’营起台殿，四时不辍。前苏孝慈解左卫率，太子奋髯扬肘曰：‘大丈夫会当有一日，终不忘之，决当快意。’又宫内所须，尚书多执法不与，辄怒曰：‘仆射以下，吾会戮一二人，使知慢我之祸。’每云：‘至尊恶我多侧庶，高纬、陈叔宝岂孽子乎？’尝令师姥卜吉凶，语臣云：‘至尊忌在十八年，此期促矣。’”上泫然曰：“谁非父母生，乃至于此！朕近览《齐书》，见高欢纵其儿子，不胜忿愤，安可效尤邪！”于是禁勇及诸子，部分收其党与。杨素舞文巧诋，锻炼以成其狱。

居数日，有司承素意，奏：“元旻尝曲事于勇，情存附托。在仁寿宫，勇使所亲裴弘以书与旻，题云‘勿令人见’。”上曰：“朕在仁寿宫，有纤介事，东宫必知，疾于驿马。怪之甚久，岂非此徒邪？”遣武士执旻于仗。右卫大将军元胄时当下直，不去，因奏曰：“臣向不下直者，为防元旻耳。”上以旻及裴弘付狱。

先是，勇见老枯槐，问：“此堪何用？”或对曰：“古槐尤宜取火。”时卫士皆佩火燧，勇命工造数千枚，欲以分赐左右。至是，

便要败坏宗祠。我虽然德行比不上唐尧虞舜，也不至于把天下百姓交付给一个不肖子孙！我总是担心他谋害我，所以才像防备敌人一样防备他。现在我准备将他废黜，以使天下平安！”

左卫大将军、五原公元旻劝告说：“废立太子是大事，诏令一旦执行，就无法反悔。谗言没个头，请求陛下明察。”隋文帝不回应，命姬威将太子的罪过和恶行全部陈述出来。姬威回答说：“太子和臣说话，向来十分骄横，他说：‘如果有人劝谏，就应该把他杀掉，杀百来个人，自然就耳边清静了。’太子营造亭台宫殿，一年四季都不停止。上次苏孝慈被解除左卫率的职务，太子气得胡子都竖了起来，挥动胳膊说：‘大丈夫终究会有一天，能够决断快意，我不会忘记这事。’还有，东宫里所索取的东西，尚书大多严守制度，没有供给，太子便经常生气地说：‘我将把仆射以下的官员，杀他一两个，让他们看看怠慢我的后果。’又常常说：‘皇上厌恶我有这么多姬妾，北齐后主高纬、南陈后主陈叔宝难道是庶子吗？’又曾经让巫婆占卜吉凶，告诉我说：‘皇上的忌期在开皇十八年(598)，这个期限快到了。’”隋文帝伤心地说：“谁不是父母所生，竟到如此地步！朕最近翻阅《齐书》，读到高欢放纵他的儿子一节，不禁十分气愤，怎能仿效这种人！”于是把杨勇和他的儿子都拘禁起来，并分别逮捕了他的党羽。杨素挥舞文笔，巧言诋毁，罗织罪名，以使杨勇定案。

过了几天，有关部门秉承杨素的意思，上奏说：“元旻曾经曲意奉随杨勇，有阿附结交的事情。在仁寿宫，杨勇派亲信裴弘送信给元旻，信封上题有‘勿令人见’的字眼。”隋文帝说：“朕在仁寿宫住，有一丁点小事，太子都知道，比驿马还快。对此我已经疑心很久了，难道不是这个家伙通风报信的吗？”便派遣卫士到左卫仗逮捕元旻。右卫大将军元胄当时值完班而没有离开，乘机上奏说：“臣先前不下值的原因，就是为了提防元旻。”隋文帝下令把元旻和裴弘投入监狱。

起先，杨勇见到枯老的槐树，问道：“这树有什么用？”有人回答：“古槐树尤其适宜点火。”当时杨勇的卫士都随身携带火燧，杨勇命工匠造了几千枚火燧，想把它们分给左右侍卫。到这时，

获于库。又药藏局贮艾数斛，索得之，大以为怪，以问姬威，威曰："太子此意别有所在。至尊在仁寿宫，太子常饲马千匹，云：'径往守城门，自然饿死。'"素以威言诘勇，勇不服，曰："窃闻公家马数万匹，勇忝备太子，马千匹，乃是反乎？"素又发东宫服玩，似加雕饰者，悉陈之于庭，以示文武群官，为太子之罪。上及皇后迭遣使责问勇，勇不服。

冬十月乙丑，上使人召勇，勇见使者惊曰："得无杀我邪？"上戎服陈兵，御武德殿，集百官立于东面，诸亲立于西面，引勇及诸子列于殿庭，命内史侍郎薛道衡宣诏，废勇及其男、女为王、公主者并为庶人。勇再拜言曰："臣当伏尸都市，为将来鉴戒。幸蒙哀怜，得全性命！"言毕，泣下流襟，既而舞蹈而去，左右莫不闵默。长宁王俨上表乞宿卫，辞情哀切，上览之闵然。杨素进曰："伏望圣心同于螫手，不宜复留意。"己巳，诏："元旻、唐令则及太子家令邹文腾、左卫率司马夏侯福、典膳监元淹、前吏部侍郎萧子宝、前主玺下士何竦并处斩，妻妾子孙皆没官。车骑将军榆林阎毗、东郡公崔君绰、游骑尉沈福宝、瀛州术士章仇太翼，特免死，各杖一百，身及妻子、资财、田宅皆没官。副将作大匠高龙叉、率更令晋文建、通直散骑侍郎元衡皆处尽。"于是集群官于广阳门外，宣诏戮之。乃移勇于内史省，给五品料食。赐杨素物三千段，元胄、杨约并千段，赏鞫勇之功也。文林郎杨孝政上书谏曰："皇太子为小人所误，宜加训诲，不宜废黜。"上怒，挞其胸。

这些火燧在仓库被查获。又在药藏局搜出几斛艾绒，人们奇怪，便询问姬威，姬威说："太子这样安排是另有用意。皇上住在仁寿宫，太子长期饲养着一千匹马，说：'如果直接去把守城门，他们自然也就饿死了。'"杨素拿姬威所提供的话去盘问杨勇，杨勇不服气，说："我听说你家的马匹有数万匹，我作为太子，养了一千匹马便成了图谋反叛吗?"杨素又搜出东宫里的服饰玩器，凡看上去装饰雕琢过的，便都陈列在朝堂，展示给朝廷文武百官看，作为太子的罪证。隋文帝和皇后屡次派遣使者去责问杨勇，杨勇都不承认。

冬季十月乙丑(初九)，隋文帝派人召见杨勇，杨勇看到使者吃惊地说："莫非要杀我吗?"隋文帝穿着戎装，排列卫队，驾临武德殿，召集百官立于东面，诸位皇亲立于西面，命人引入杨勇和他的几个儿子，站在大殿中间，让内史侍郎薛道衡宣读诏书，废黜杨勇以及他为王、为公主的儿子和女儿，全部贬为平民。杨勇拜了又拜，说："臣本应被押到街市斩首示众，以作为后人的借鉴。幸而承蒙陛下哀怜，我才得以保全性命!"说罢，眼泪流满了衣襟，随后，按朝仪退出，大殿内的人无不用沉默表示同情。长宁王杨俨上表请求担任宫廷宿卫，文辞凄婉，真情哀切，隋文帝看了后十分难过。杨素上前说："希望陛下看待这件事就像被毒蛇咬了一口，不要对这章表动心了。"己巳(十三日)，隋文帝下诏："元旻、唐令则和太子家令邹文腾、左卫率司马夏侯福、典膳监元淹、前吏部侍郎萧子宝、前主玺下士何竦，全部处斩，妻、妾和子孙全都没官为奴。车骑将军榆林人阎毗、东郡公崔君绰、游骑尉沈福宝、瀛州术士章仇太翼，特赦免死罪，各受杖刑一百，本人及妻子儿女、家产田宅全部没官为奴，没收充公。副将作大匠高龙叉、率更令晋文建、通直散骑侍郎元衡，都责令他们自尽。"于是在广阳门外会集百官，宣读诏书，处死上述判死刑的人。杨勇被迁移到内史省，领取五品官员的俸禄。隋文帝赏赐给杨素三千段布帛，元胄、杨约各一千段布帛，奖励他们审讯杨勇的功劳。文林郎杨孝政上书劝告说："皇太子被小人教坏，应该加以训诫教诲，不应该废黜。"隋文帝大怒，用鞭子抽打他的胸部。

初，云昭训父定兴，出入东宫无节，数进其奇服异器以求悦媚。左庶子裴政屡谏，勇不听，政谓定兴曰："公所为不合法度。又，元妃暴薨，道路籍籍，此于太子，非令名也。公宜自引退，不然，将及祸。"定兴以告勇，勇益疏政，由是出为襄州总管。唐令则为勇所昵狎，每令以弦歌教内人，右庶子刘行本责之曰："庶子当辅太子以正道，何有取媚于房帷之间哉？"令则甚惭而不能改。时沛国刘臻、平原明克让、魏郡陆爽，并以文学为勇所亲，行本怒其不能调护，每谓三人曰："卿等止解读书耳！"夏侯福尝于阁内与勇戏，福大笑，声闻于外，行本闻之，待其出，数之曰："殿下宽容，赐汝颜色。汝何物小人，敢为亵慢！"因付执法者治之。数日，勇为福致请，乃释之。勇尝得良马，欲令行本乘而观之，行本正色曰："至尊置臣于庶子，欲令辅导殿下，非为殿下作弄臣也。"勇惭而止。及勇败，二人已卒，上叹曰："向使裴政、刘行本在，勇不至此。"

勇尝宴宫臣，唐令则自弹琵琶，歌《妩媚娘》，洗马李纲起白勇曰："令则身为宫卿，职当调护，乃于广座自比倡优，进淫声，秽视听。事若上闻，令则罪在不测，岂不为殿下之累邪？臣请速治其罪！"勇曰："我欲为乐耳，君勿多事。"纲遂趋出。及勇废，上召东宫官属切责之，皆惶惧无敢对者，

起初，云昭训的父亲云定兴，出入东宫没有节制，屡次向皇太子杨勇进献奇异的服饰和器物，以取悦太子。左庶子裴政屡次加以劝谏，杨勇就是不听，裴政只好对云定兴说："你的行为不符合礼法制度。而且元妃突然去世，道路上议论纷纷，不利于太子的名声。你最好主动退隐，不然的话将要遭到灾祸。"云定兴把这些话告诉杨勇，杨勇就更加疏远裴政，并因此把裴政贬出去担任襄州总管。唐令则被杨勇亲近宠爱，常常让他教授东宫的宫女唱歌跳舞，右庶子刘行本责备他说："作为庶子官，应当用纯正道义辅佐太子，为什么要用声色歌舞去取媚太子呢？"唐令则十分惭愧，却无法改正。当时，沛国人刘臻、平原人明克让、魏郡人陆爽都因通晓学问而受到杨勇的亲近宠爱，刘行本很气愤他们没有调教太子，经常对这三人说："你们只是懂得读书写字罢了！"夏侯福有一次和杨勇在房间里游戏，夏侯福笑声很大，声音传出了门外，被刘行本听见，等到夏侯福出来，刘行本数落他说："殿下宽宏大量，才给你面子。你算什么人物，竟敢在殿下面前如此轻慢！"随后把夏侯福交给执掌刑罚的人，对他治罪。几天后，杨勇替夏侯福求情，刘行本才释放了他。杨勇曾经得到一匹良马，想让刘行本骑上去给他看看，刘行本严肃地说："皇上把臣安排在庶子这个职位上，是要臣辅助引导殿下，不是给殿下当弄臣。"杨勇感到惭愧，只好作罢。等到杨勇被废黜后，裴政、刘行本二人已去世，隋文帝叹息说："假使裴政、刘行本还在人世，杨勇也不至如此。"

一次，杨勇宴请东宫的臣属，唐令则一边弹奏琵琶，一边唱《娬媚娘》，洗马李纲从座中站起，对杨勇说："唐令则的身份是宫廷官员，职责是调教保护殿下，但他却在大庭广众面前把自己当成歌伎优伶，弹奏淫靡的音乐，污染大家的耳目。如果让皇上知道此事，唐令则的罪责就大了，这岂不是要连累殿下吗？臣请求立即将他治罪！"杨勇说："我只是想玩乐玩乐，你不必多事。"李纲于是赶紧退出宴会。杨勇被废黜后，隋文帝召集东宫的官员，严厉地指责他们，大家都十分惊慌害怕，无人敢回话，

纲独曰："废立大事，今文武大臣皆知其不可而莫肯发言，臣何敢畏死，不一为陛下正白言之乎？太子性本中人，可与为善，可与为恶。向使陛下择正人辅之，足以嗣守鸿基；今乃以唐令则为左庶子，邹文腾为家令，二人唯知以弦歌鹰犬娱悦太子，安得不至于是邪？此乃陛下之过，非太子之罪也。"因伏地流涕呜咽。上惨然良久曰："李纲责我，非为无理，然徒知其一，未知其二。我择汝为宫臣，而勇不亲任，虽更得正人，何益哉？"对曰："臣之所以不被亲任者，良由奸臣在侧故也。陛下但斩令则、文腾，更选贤才以辅太子，安知臣之终见疏弃也？自古国家废立冢嫡，鲜不倾危，愿陛下深留圣思，无贻后悔。"上不悦，罢朝，左右皆为之股栗，会尚书右丞缺，有司请人，上指纲曰："此佳右丞也。"即用之。

十一月戊子，立晋王广为皇太子。天下地震，太子请降章服，宫官不称臣。十二月戊午，诏从之。以宇文述为左卫率。始，太子之谋夺宗也，洪州总管郭衍预焉，由是征衍为左监门率。

帝囚故太子勇于东宫，付太子广掌之。勇自以废非其罪，频请见上申冤，而广遏之不得闻。勇于是升树大叫，声闻帝所，冀得引见。杨素因言"勇情志昏乱，为癫鬼所著，不可复收"，帝以为然，卒不得见。

只有李纲说:“废立太子是国家的重大事情,如今满朝文武官员都知道不能这样做,却无人敢站出来发言,臣怎么能因为畏惧死亡而不向陛下堂堂正正地讲讲看法呢?太子的天性原本属于中等人,可以使他变好,也可以使他变坏。假使陛下先前就挑选正直的人辅佐太子,太子一定能够继承皇朝基业;后来却任命唐令则为左庶子,邹文腾为家令,这两个人只懂得用声色犬马来娱悦太子,又怎能不使太子落到现在的地步呢?这本来是陛下的过失,并不是太子的罪过啊。”说完便伏在地上痛哭流泪。隋文帝神色黯然,好久才回复说:“李纲对我的责备,并非全无道理,但是你只知其一,不知其二。我挑选你担任东宫臣僚,但是杨勇却不亲近和信任你,即使换上再正直的人,又有什么用处呢?”李纲回答说:“臣之所以不受太子的亲近信任,实在是因为有奸臣在太子身边的缘故。陛下只要处死唐令则、邹文腾,再另外选择贤才辅佐太子,又怎么就知道臣最后仍被太子疏远和厌弃呢?自古以来,废黜嫡长子的国家,很少有不出现倾覆危亡的,希望陛下可以好好考虑,不要留下悔恨。”隋文帝听了很不高兴,宣布退朝,旁边的官员都替李纲捏着一把汗,恰巧尚书右丞的职位空缺,有关部门奏请安排人选,隋文帝指着李纲说:“这是位很好的尚书右丞。”当下就任用了他。

十一月戊子(初三),隋文帝册立晋王杨广为皇太子。国内发生地震,太子请求免穿礼服,东宫官属在太子面前不必称臣。十二月戊午(初三),隋文帝下诏,批准太子的奏请。又任命宇文述为左卫率。当初,太子密谋夺取皇位继承权时,洪州总管郭衍参与了密谋,因此杨广征召郭衍担任东宫的左监门率。

隋文帝把原太子杨勇囚禁在东宫,交给太子杨广看管。杨勇认为自己不应该被废黜,多次请求面见父皇为自己申辩,都被杨广阻拦,不让隋文帝知道。于是杨勇爬到树上大声喊叫,让声音传到隋文帝的住处,希望能得到召见。杨素趁机说“杨勇神智昏乱,被疯鬼附身,无法恢复”,隋文帝相信了他的话,最终还是没有召见杨勇。

初，帝之克陈也，天下皆以为将太平，监察御史房彦谦私谓所亲曰："主上忌刻而苛酷，太子卑弱，诸王擅权，天下虽安，方忧危乱。"其子玄龄亦密言于彦谦曰："主上本无功德，以诈取天下，诸子皆骄奢不仁，必自相诛夷，今虽承平，其亡可翘足待。"

仁寿二年。益州总管蜀王秀，容貌瑰伟，有胆气，好武艺。帝每谓独孤后曰："秀必以恶终，我在当无虑，至兄弟，必反矣。"大将军刘哙之讨西爨也，帝令上开府仪同三司杨武通将兵继进，秀以嬖人万智光为武通行军司马。帝以秀任非其人，谴责之，因谓群臣曰："坏我法者，子孙也。譬如猛虎，物不能害，反为毛间虫所损食耳。"遂分秀所统。

自长史元岩卒后，秀渐奢僭，造浑天仪，多捕山獠充宦者，车马被服，拟于乘舆。

及太子勇以谗废，晋王广为太子，秀意甚不平。太子恐秀终为后患，阴令杨素求其罪而谮之。上遂征秀，秀犹豫，欲谢病不行。总管司马源师谏，秀作色曰："此自我家事，何豫卿也？"师垂涕对曰："师忝参府幕，敢不尽心！圣上有敕追王，已淹时月，今乃迁延未去。百姓不识王心，傥生异议，内外疑骇，发雷霆之诏，降一介之使，王何以自明？愿王熟计之！"朝廷恐秀生变，七月，以原州总管独孤楷为益州总管，驰传代之。楷至，秀犹未肯行。楷讽谕久之，

起初，隋文帝平定陈朝后，天下百姓都认为将要太平了，监察御史房彦谦私下对所亲近的人说："皇上性情猜忌严厉，行事苛刻残酷，太子性情谦卑软弱，诸位宗王拥有大权，天下虽然安定了，却正要忧虑再度动乱。"他的儿子房玄龄也暗中对房彦谦说："皇上本来没有什么功劳和德行，只是利用奸计得到了天下，各位王子也都骄横奢侈，没有仁爱之心，必定自相残杀。目前，皇室虽然太平无事，但它的灭亡却也不远了。"

仁寿二年(602)。益州总管、蜀王杨秀容貌俊伟，很有胆量和气魄，喜好武艺。隋文帝常对独孤皇后说："杨秀肯定不得善终，我在世时当然不用担忧，一旦他的兄弟继承了皇位，他一定造反。"大将军刘哙讨伐西爨时，隋文帝命令上开府仪同三司杨武通率兵随后出发，杨秀任命他宠信的万智光充任杨武通的行军司马。隋文帝认为杨秀任命的人不合适，便责备杨秀，并对群臣说："破坏我的法度的，是我的子孙。就好比猛虎，别的动物不能伤害它，却反被毛间虫损害。"于是削减了杨秀统领的军队。

自从长史元岩去世后，杨秀逐渐变得奢侈，也干些僭越的事情，既制作浑天仪，还抓了很多山里的獠人充当太监，车马、服饰也效仿皇帝的规格。

等到太子杨勇因遭谗言被废黜，晋王杨广当上太子，杨秀心中十分愤愤不平。太子杨广担心杨秀成为后患，暗中命令杨素寻找杨秀的过失，然后在隋文帝面前诋毁他。于是隋文帝征召杨秀进京，杨秀犹豫不决，想要以生病为理由推辞进京。总管司马源师劝告杨秀，杨秀生气道："这是我的家事，和你有什么相干?"源师垂泪回答说："我有愧成为大王府中的幕僚，怎能不尽心尽力？皇上敕令殿下进京，已经很久了，至今殿下还拖延不去。天下百姓不了解殿下的心意，倘若引起误解，使朝廷内外惊疑骇惧，致使皇上动怒下诏，派来一名使者，殿下又怎样为自己申辩呢？希望殿下深思熟虑!"朝廷担心杨秀叛乱，在七月任命原州总管独孤楷为益州总管，乘驿马飞速赴任，替换杨秀。独孤楷到达益州，杨秀还不肯出发入京。独孤楷劝说开导了许久，

乃就路。楷察秀有悔色，因勒兵为备。秀行四十馀里，将还袭楷，觇知有备，乃止。

八月甲子，皇后独孤氏崩。太子对上及宫人哀恸绝气，若不胜丧者；其处私室，饮食言笑如平常。又，每朝令进二镒米，而私令外取肥肉脯鲊，置竹筒中，以蜡闭口，衣襆裹而纳之。

冬闰十月，蜀王秀至长安，上见之，不与语。明日，使使切让之，秀谢罪，太子诸王流涕庭谢，上曰："顷者秦王糜费财物，我以父道训之；今秀蠹害生民，当以君道绳之。"于是付执法者。开府仪同三司庆整谏曰："庶人勇既废，秦王已薨，陛下见子无多，何至如是？蜀王性甚耿介，今被重责，恐不自全。"上大怒，欲断其舌，因谓群臣曰："当斩秀于市以谢百姓。"乃令杨素等推治之。

太子阴作偶人，缚手钉心，枷锁杻械，书上及汉王姓名，仍云"请西岳慈父圣母神兵收杨坚、杨谅神魂，如此形状，勿令散荡"。密埋之华山下，杨素发之，又云"秀妄述图谶，称京师妖异，造蜀地征祥"。并作檄文，云"指期问罪"，置秀集中，俱以闻奏。上曰："天下宁有是邪？"十二月癸巳，废秀为庶人，幽之内侍省，不听与妻子相见，唯獠婢二人驱使，连坐者百馀人。秀上表摧谢，且曰："伏愿慈恩，赐垂矜愍，残息未尽之间，希与瓜子相见。请赐一穴，令骸骨有所。"瓜子，其爱子也。上因下诏数其十罪，且曰："我今不

杨秀才动身上路。独孤楷觉察杨秀有反悔之意，便率领军队做了防备。杨秀走了四十多里，想返回袭击独孤楷，探知独孤楷早有防备，只好回头上路。

八月甲子（十九日），独孤皇后驾崩。太子在皇上和宫人面前悲痛欲绝，好像自己也要跟着死去；但在自己府里，饮食谈笑如同平常。另外，杨广每天早晨都让送进二镒米饭，私下却派人到外面买鱼、肉，装在竹筒里，以蜡封口，用包袱裹着带进府中。

冬季闰十月，蜀王杨秀到达长安，隋文帝召见他，却不和他说话。第二天，隋文帝派遣使者严厉地责备杨秀，杨秀谢罪，太子和诸位宗王也都在庭院里流泪认错，隋文帝说："过去秦王杨俊浪费财物，我用父亲的身份训诫他；现在杨秀祸害百姓，我就要用君王的身份惩治他。"于是将杨秀交给执法官员处理。开府仪同三司庆整劝告说："杨勇既已废为平民，秦王又已去世，陛下现今儿子不多了，何必这样？蜀王性情耿直，如今被严厉责罚，恐怕他难以承受。"隋文帝大怒，想割掉庆整的舌头，又对群臣说："应当将杨秀在街市上斩首示众，以向百姓谢罪。"便命令杨素等人对杨秀推勘处治。

太子暗中制作木偶人，将它的手脚捆绑起来，并将针钉在其心上，给其戴上枷锁，然后写上隋文帝和汉王杨谅的姓名，另写上"请西岳慈父圣母神兵收杨坚、杨谅神魂，就保持这样的形状，不要使它散开流失"。秘密埋在华山下，让杨素把它发掘出来，然后说"杨秀大胆编造图谶，声称京师出现妖异，制造蜀地的祥瑞兆象"。又伪造檄文，其中说"指日便可问罪"，将檄文掺到杨秀的文集中，杨素把这些情况都报告给隋文帝。隋文帝说："天下难道有这样的事吗？"十二月癸巳（二十日），将杨秀废黜为平民，幽禁在内侍省，不许同妻子儿女相见，只供给两个獠人婢人听使唤，牵连获罪的达一百多人。杨秀上表悲伤地认罪说："希望陛下赐予同情怜悯，恩准我在喘息未断之时，得以和瓜子一见。并请恩赐我一个墓穴，让我的骸骨有个归处。"瓜子是杨秀的爱子。隋文帝下诏，列举了杨秀十条罪状，并且说："我现在不

知杨坚、杨谅是汝何亲！”后乃听与其子同处。

初，杨素尝以少谴敕送南台，命治书侍御史柳彧治之。素恃贵，坐彧床。彧从外来见之，于阶下端笏整容谓素曰：“奉敕治公之罪。”素遽下，彧据案而坐，立素于庭，辩诘事状。素由是衔之。蜀王秀尝从彧求李文博所撰《治道集》，彧与之，秀遗彧奴婢十口。及秀得罪，素奏彧以内臣交通诸侯，除名为民，配戍怀远镇。

帝使司农卿赵仲卿往益州穷案秀事，秀之宾客经过之处，仲卿必深文致法，州县长吏坐者太半。上以为能，赏赐甚厚。

久之，贝州长史裴肃遣使上书，称：“高颎以天挺良才，元勋佐命，为众所疾，以至废弃。愿陛下录其大功，忘其小过。又二庶人得罪已久，宁无革心？愿陛下弘君父之慈，顾天性之义，各封小国，观其所为。若能迁善，渐更增益；如或不悛，贬削非晚。今者自新之路永绝，愧悔之心莫见，岂不哀哉？”书奏，上谓杨素曰：“裴肃忧我家事，此亦至诚也。”于是征肃入朝。太子闻之，谓左庶子张衡曰：“使勇自新，欲何为也？”衡曰：“观肃之意，欲令如吴太伯、汉东海王耳。”肃至，上面谕以勇不可复收之意而罢遣之。肃，侠之子也。

知道杨坚、杨谅是你的什么亲人?”但是后来还是允许杨秀和他的儿子在一起。

起初,杨素曾有一次因一个小过失而被送到御史台,隋文帝命令治书侍御史柳彧将杨素治罪。杨素仗着地位尊贵,坐在柳彧的坐榻上。柳彧从外面回来见此情形,就在台阶下端正笏板,整理仪容,对杨素说:“我奉皇上的敕令,处治您的罪。”杨素急忙下来,柳彧手扶桌案而坐,让杨素站在庭中,审问杨素的过失。杨素因此对柳彧怀恨在心。蜀王杨秀曾经向柳彧索要李文博撰写的《治道集》,柳彧将此书送给了杨秀,杨秀于是送给柳彧十个奴婢作为酬谢。杨秀获罪后,杨素上奏说柳彧以朝廷官员的身份和外地诸侯王勾结往来,而使柳彧被免职降为平民,发配到怀远镇戍边。

隋文帝派遣司农卿赵仲卿前往益州彻底追查杨秀的案情,杨秀门客所到过的地方,赵仲卿必会引用法律条文设法治罪,那些州县长官,有一半人受到处罚。隋文帝认为赵仲卿十分能干,对他的赏赐十分丰厚。

过了许久,贝州长史裴肃派遣使者上书说:“高颎由于天赋杰出,才能优越,又是开国元勋和辅弼大臣,受到众人的嫉妒,以致被废黜。希望陛下记着高颎的大功,忘记他的小过。此外,杨勇、杨秀二人获罪已经很长时间了,难道他们没有一点改过自新的心意吗?希望陛下弘扬作为君王和父亲的仁慈,顾念父子之间的情义,每人封给一个小国,以观后效。如果他们能逐渐变好,就提高他们的地位;如果仍不改悔,再加以贬斥也不为晚。现在,他们失去了改过自新的机会,悔恨的心情也不为人理解,这不是很可悲吗?”奏书呈上之后,隋文帝对杨素说:“裴肃为我的家事担忧,这也是十分诚挚啊。”于是征召裴肃入朝。太子得知后,对左庶子张衡说:“让杨勇改过自新,想干什么?”张衡说:“我揣摩裴肃的用意,是想让他像吴国的太伯、汉代的东海王那样。”裴肃来到朝廷,隋文帝亲自告诉他杨勇疯鬼缠身无法恢复的情况,然后让裴肃回去。裴肃,是裴侠的儿子。

杨素弟约及从父文思、文纪、族父忌并为尚书、列卿，诸子无汗马之劳，位至柱国、刺史。广营资产，自京师及诸方都会，邸店、碾硙、便利田宅，不可胜数；家僮千数，后庭妓妾曳绮罗者以千数；第宅华侈，制拟宫禁；亲故吏布列清显。既废一太子及一王，威权愈盛。朝臣有违忤者，或至诛夷；有附会及亲戚，虽无才用，必加进擢。朝廷靡然，莫不畏附。敢与素抗而不挠者，独柳彧及尚书右丞李纲、大理卿梁毗而已。

毗见杨素专权，恐为国患，乃上封事曰："臣闻臣无有作威作福，其害于而家，凶于而国。窃见左仆射越国公素，幸遇愈重，权势日隆，搢绅之徒，属其视听。忤意者严霜夏零，阿旨者膏雨冬澍。荣枯由其唇吻，废兴候其指麾；所私皆非忠谠，所进咸是亲戚，子弟布列，兼州连县。天下无事，容息异图；四海有虞，必为祸始。夫奸臣擅命，有渐而来。王莽资之于积年，桓玄基之于易世，而卒殄汉祀，终倾晋祚。陛下若以素为阿衡，臣恐其心未必伊尹也。伏愿揆鉴古今，量为处置，俾洪基永固，率土幸甚！"书奏，上大怒，收毗系狱，亲诘之。毗极言："素擅宠弄权，将领之处，杀戮无道。又太子及蜀王罪废之日，百僚无不震悚，唯素扬眉奋肘，喜见容色，利国家有事以为身幸。"上无以屈，乃释之。其后上亦寖疏忌素，乃下敕曰："仆射国之宰辅，

杨素的弟弟杨约和叔父杨文思、杨文纪，以及族叔杨忌都官居尚书、列卿，他们的儿子并没有立下汗马功劳，却也都担任柱国、刺史。杨氏一家广泛营取资财，从京师到各地大都市，拥有无数客店、作坊、良田、美宅；家中奴仆达数千之多，后庭衣着华丽的歌伎姬妾也以千计数；宅第华丽奢侈，规模可与皇宫相比；亲戚和故旧遍布朝廷。自从太子和蜀王被废黜之后，杨家权势更加显赫。如有朝臣和他们作对，便遭到诛杀灭族；那些亲属或阿附他们的人，即使没有什么才干，也都得到提拔任用。朝廷内外，无不屈服于杨家的权势之下，纷纷依附。敢于和杨素对抗而不屈从的人，只有柳彧和尚书右丞李纲、大理卿梁毗三人。

梁毗看到杨素专擅朝政，担心他成为国家的祸患，便密奏皇上说："臣听说，一个臣子如果作威作福，就会危害其家，祸患国家。臣发现左仆射、越国公杨素越来越受到陛下的重用，权势也日益显赫，士大夫都看他脸色行事。忤逆他的人，便要遭到像严霜酷暑一样的打击；阿附他的人，便能受到他如雨露般的滋润。每个人的荣辱升降，都由他一开口，一摆手决定；他所偏爱的人，都不是忠直之士，他所举荐的人，全是自己的亲戚，他的门生子弟，遍布各州各县。天下太平无事的话，还可以把反叛阴谋遏制住；但一旦国家出现动乱，杨素必定是祸首。奸臣专擅朝廷权力，是由来已久的事情。王莽靠的是苦心经营多年，桓玄也在皇权变动时打下了基础，最终王莽覆灭了西汉的国祚，桓玄也倾覆了东晋的帝业。陛下如果让杨素担任辅佐大臣，臣恐怕他的心未必和伊尹一样。希望陛下借鉴古今之事，谨慎从事，以使帝业能够永远牢固，天下百姓十分幸运！"奏章呈上后，隋文帝大怒，将梁毗逮捕，并亲自审问。梁毗激切地说："杨素倚仗陛下的宠爱而专擅朝权，对朝廷的将帅，竟也随意加以杀戮。此外，太子和蜀王因罪被废黜的那天，百官无不震惊恐惧，只有杨素扬眉挥肘，喜形于色，将国家的灾难看成是自己的幸事。"隋文帝没有什么话可以反驳他，便将他释放。事后，隋文帝也就逐渐疏远了杨素，并产生猜忌之意，于是下敕令说："仆射是国家的辅佐大臣，

不可躬亲细务，但三五日一向省，评论大事。”外示优崇，实夺之权也。素由是终仁寿之末，不复通判省事。出杨约为伊州刺史。素既被疏，吏部尚书柳述益用事，摄兵部尚书，参掌机密，素由是恶之。

四年春正月甲子，帝幸仁寿宫。乙丑，诏赏赐支度，事无巨细，并付皇太子。夏四月乙卯，上不豫。六月庚申，赦天下。秋七月甲辰，上疾甚，卧与百僚辞诀，并握手歔欷。丁未，崩于大宝殿。

初，文献皇后既崩，宣华夫人陈氏、容华夫人蔡氏皆有宠。陈氏，陈高宗之女；蔡氏，丹杨人也。上寝疾于仁寿宫，尚书左仆射杨素、兵部尚书柳述、黄门侍郎元岩皆入阁侍疾。召皇太子入居大宝殿。太子虑上有不讳，须预防拟，手自为书，封出问素。素条录事状以报太子，宫人误送上所，上览而大恚。陈夫人平旦出更衣，为太子所逼，夫人拒之，得免，归于上所，上怪其神色有异，问其故。夫人泫然曰：“太子无礼！”上恚，抵床曰：“畜生何足付大事？独孤误我！”乃呼柳述、元岩曰：“召我儿！”述等将呼太子，上曰：“勇也。”述、岩出阁为敕书。杨素闻之，以白太子。矫诏执述、岩，系大理狱；追东宫兵士帖上台宿卫，门禁出入，并取宇文述、郭衍节度。令右庶子张衡入寝殿侍疾，尽遣后宫出就别室。俄而上崩，故中外颇有异论。陈夫人与后宫闻变，

不必亲自处理细小的事务，只需三五天到尚书省一趟，评判一下大事即可。”表面上这是对杨素的优待恩宠，实际上是削夺他的权力。因此，一直到仁寿末年，杨素也没有再处理尚书省的事务。隋文帝又把杨约调出朝廷，担任伊州刺史。杨素被疏远之后，吏部尚书柳述的权力越来越大，并代理兵部尚书，参与军国机密，因此受到杨素的忌恨。

四年(604)春季正月甲子(二十七日)，隋文帝驾幸仁寿宫。乙丑(二十八日)，隋文帝下诏，凡赏赐、财政收支，不论事大事小一律由太子杨广负责处理。夏季四月乙卯这天，隋文帝生病。六月庚申这天，下诏大赦天下。秋季七月甲辰(初十)，隋文帝病重，躺在床上和朝廷百官诀别，并握住大臣们的手悲伤抽泣。丁未(十三日)，隋文帝在大宝殿驾崩。

起初，文献皇后去世后，宣华夫人陈氏、容华夫人蔡氏都受到隋文帝的宠爱。陈氏，是陈高宗的女儿；蔡氏，是丹杨人。隋文帝患病住在仁寿宫，尚书左仆射杨素、兵部尚书柳述、黄门侍郎元岩都入宫照看。隋文帝召皇太子入宫居住在大宝殿。杨广考虑到一旦父皇去世，便需要做好预防措施，亲笔修书一封，密封好送给杨素。杨素把情况逐条开列，回复太子，送信的宫人却将信误送到隋文帝那里，隋文帝看信后大怒。天刚亮，陈夫人出外换衣服，被太子杨广逼迫，陈夫人拒绝太子，挣脱得免，回到隋文帝的住处，隋文帝看她面有异色，问她是什么缘故。陈夫人流着泪说：“太子非礼！”隋文帝十分愤怒，捶着床说：“这个畜生！怎么能把国家大事交给他？独孤皇后误了我！”便叫柳述、元岩说：“把我儿子召来！”柳述等人正要去叫太子，隋文帝说：“是杨勇。”柳述、元岩走出大殿起草敕书。杨素得知情况，马上报告太子杨广。杨广假传圣旨，将柳述、元岩逮捕，送往大理狱；并迅速调来东宫卫士宿卫隋文帝的寝殿，禁止任何人出入宫门，全都听宇文述、郭衍指挥。同时，命令右庶子张衡进入寝殿照看隋文帝，所有宫人都被赶到其他房间。过了一会儿，隋文帝就驾崩了，所以，朝廷内外很有些议论。陈夫人和宫女听说发生变故，

相顾战栗失色。晡后,太子遣使者赍小金合,帖纸于际,亲署封字,以赐夫人。夫人见之,惶惧,以为鸩毒,不敢发。使者促之,乃发,合中有同心结数枚。宫人咸悦,相谓曰:“得免死矣!”陈氏恚而却坐,不肯致谢,诸宫人共逼之,乃拜使者。其夜,太子蒸焉。

乙卯,发丧,太子即皇帝位。会伊州刺史杨约来朝,太子遣约入长安,易留守者。矫称高祖之诏,赐故太子勇死,缢杀之,然后陈兵集众,发高祖凶问。炀帝闻之,曰:“令兄之弟,果堪大任。”追封勇为房陵王,不为置嗣。

汉王谅有宠于高祖,为并州总管,自山以东,至于沧海,南距黄河,五十二州皆隶焉。特许以便宜从事,不拘律令。谅自以所居天下精兵处,见太子勇以谗废,居常怏怏。及蜀王秀得罪,尤不自安,阴蓄异图,言于高祖,以“突厥方强,宜修武备”,于是大发工役,缮治器械,招集亡命,左右私人殆将数万。突厥尝寇边,高祖使谅御之,为突厥所败,其所领将帅坐除解者八十馀人,皆配防岭表。谅以其宿旧,奏请留之,高祖怒曰:“尔为藩王,惟当敬依朝命,何得私论宿旧,废国家宪法邪?嗟乎小子,尔一旦无我,或欲妄动。彼取尔如笼内鸡雏耳,何用腹心为!”

王頍者,僧辩之子,倜傥好奇略,为谅谘议参军,萧摩诃,陈氏旧将,二人俱不得志,每郁郁思乱,皆为谅所亲善,赞成其阴谋。

面面相觑,战栗失色。黄昏后,太子派使者端来一个小金盒,盒边贴着一张封条,封字由杨广亲笔书写,赐给陈夫人。陈夫人见到小金盒,惊惶失措,以为是毒药,不敢打开。使者催促她,陈夫人只好打开来看,看见盒内是几枚同心结。宫女们都十分高兴,互相说:“我们可以免去一死了!”陈夫人愤怒地退回座位,不肯道谢,最后,在宫女们的逼迫下,陈夫人才向使者拜谢。这天晚上,太子杨广强行奸污了陈夫人。

乙卯(二十一日),朝廷为隋文帝发丧,太子杨广即皇帝位。适逢伊州刺史杨约进京朝拜,太子把杨约召进长安,替换原来的长安守官。杨约假称文帝的遗诏,将原太子杨勇赐死,把他缢杀,然后安排好卫队,召集众人,宣布隋文帝的死讯。炀帝听说后,对杨素说:“你的弟弟果然能够担当重任。”追封杨勇为房陵王,没有为他安排继承香火的人。

汉王杨谅受到隋文帝的宠爱,担任并州总管,从崤山以东直到沧海,南边直到黄河,其间的五十二个州,都隶属杨谅。此外,隋文帝还授给杨谅见机行事的特权,不受律令的约束。杨谅认为自己统率的地方是天下精兵集中的地方,看到太子杨勇因谗言被废黜,在平素时常怏怏不乐。蜀王杨秀获罪被废之后,杨谅更加不安,暗中准备发难,对隋文帝说“突厥势力正强,应该修整军备”,于是大规模征发工匠役夫,修造武器,招募亡命之徒,身边的徒众将尽数万人。突厥曾经侵犯边境,隋文帝派杨谅抵御突厥人,被突厥人打败,部下将领有八十多人因罪被发配到岭南戍边。由于这些人都是杨谅的老部下,杨谅上奏请求留下他们,隋文帝生气地说:“你作为藩王,应当恭敬地依从朝廷的命令,怎么可以因私情而打算留下旧将,毁坏国家的法令呢?你这个小子,一旦我不在了,就要轻举妄动了吧。要知道人家要抓你就像抓笼子里的小鸡一样,你培植心腹下属有什么用?”

王頍,是王僧辩的儿子,性情洒脱,善于谋略,担任杨谅的谘议参军,萧摩诃是陈朝旧将,二人都郁郁不得志,经常想叛乱,一起受到杨谅的优待与信任,便帮助杨谅实现密谋大计。

会荧惑守东井，仪曹邺人傅奕晓星历，谅问之曰：“是何祥也？”对曰：“天上东井，黄道所经，荧惑过之，乃其常理；若入地上井，则可怪耳。”谅不悦。

及高祖崩，炀帝遣车骑将军屈突通以高祖玺书征之。先是，高祖与谅密约：“若玺书召汝，‘敕’字傍别加一点，又与玉麟符合者，当就征。”及发书无验，谅知有变。诘通，通占对不屈，乃遣归长安。谅遂发兵反。

总管司马安定皇甫诞切谏，谅不纳。诞流涕曰：“窃料大王兵资非京师之敌。加以君臣位定，逆顺势殊。士马虽精，难以取胜。一旦陷身叛逆，絓于刑书，虽欲为布衣，不可得也。”谅怒，囚之。

岚州刺史乔钟葵将赴谅，其司马京兆陶模拒之曰：“汉王所图不轨，公荷国厚恩，位为方伯，当竭诚效命，岂得身为厉阶乎！”钟葵失色曰：“司马反邪！”临之以兵，辞气不挠，钟葵义而释之。军吏曰：“若不斩模，无以压众心。”乃囚之。于是从谅反者凡十九州。

王頍说谅曰：“王所部将吏，家属尽在关西，若用此等，则宜长驱深入，直据京都，所谓疾雷不及掩耳；若但欲割据旧齐之地，宜任东人。”谅不能决，乃兼用二策，唱言杨素反，将诛之。

当时，正赶上火星处在井宿的位置，仪曹、邺人傅奕通晓天文星象，杨谅便询问他说："这是什么征兆？"傅奕回答说："天上的井宿，处于太阳所经过的黄道上，火星经过东井，属于正常运行；倘若火星进入代表地上分野的井宿位置，那才属于怪异现象。"杨谅听了很不高兴。

隋文帝驾崩之后，隋炀帝派遣车骑将军屈突通带着盖有隋文帝玉玺的诏书宣召杨谅进京。原先隋文帝和杨谅暗中约定："如果我用玺书召你进京，'敕'字边上另加一点，而且还要和玉麟符相契合，你才可以应召入朝。"杨谅打开敕书，看到发来的玺书没有特殊标记，与原约不能验证，便知道发生了变故。盘问屈突通，屈突通没有说出真实情况，杨谅只好将他遣回长安。于是，杨谅起兵造反。

总管司马、安定人皇甫诞极力劝说杨谅不要起兵，杨谅没有听从。皇甫诞流着泪说："我认为殿下的兵力无法和朝廷相匹敌。加上君臣之间的位置也已经确定，大顺和大逆的情势不一样。殿下的兵马虽然精锐，却也难以取胜。殿下一旦处于叛逆的地位，就要受到刑法制裁，那时即使想当一个平民，也都不可能了。"杨谅大怒，将皇甫诞囚禁。

岚州刺史乔钟葵打算投奔杨谅，他的司马京兆人陶模劝阻说："汉王图谋不轨，而您身受朝廷重恩，担任一方的长官，应该竭诚报国，怎么能够参与谋反呢？"乔钟葵变了脸色，拿着兵器对他说："司马要造反吗？"陶模面对武器，毫不改色，乔钟葵认为他很讲道义，放了他。部下军吏说："如果不处死陶模，就没办法镇服住军心。"乔钟葵于是把陶模囚禁起来。当时跟随杨谅起兵的，共有十九个州。

王頍对杨谅说："殿下所统率的将士和官吏，他们的家属都在关西，如果要使用这些人，就应该长驱直入，占领长安，这就叫迅雷不及掩耳；但是，如果殿下只想据守原先齐国的地盘，就应该使用关东人。"杨谅犹豫不决，便同时使用两条计策，杨谅声称杨素造反，率兵讨伐。

总管府兵曹闻喜裴文安说谅曰："井陉以西，在王掌握之内，山东士马，亦为我有，宜悉发之。分遣羸兵屯守要害，仍令随方略地，帅其精锐，直入蒲津。文安请为前锋，王以大军继后，风行雷击，顿于霸上，咸阳以东，可指麾而定。京师震扰，兵不暇集，上下相疑，群情离骇，我陈兵号令，谁敢不从！旬日之间，事可定矣。"谅大悦，于是遣所署大将军余公理出太谷，趣河阳；大将军綦良出滏口，趣黎阳；大将军刘建出井陉，略燕、赵；柱国乔钟葵出雁门；署文安为柱国，与柱国纥单贵、王聃等直指京师。

帝以右武卫将军洛阳丘和为蒲州刺史，镇蒲津。谅简精锐数百骑戴羃离，诈称谅宫人还长安，门司弗觉，径入蒲州，城中豪杰亦有应之者。丘和觉其变，逾城，逃归长安。蒲州长史勃海高义明、司马北平荣毗皆为反者所执。裴文安等未至蒲津百馀里，谅忽改图，令纥单贵断河桥，守蒲州，而召文安还。文安至，谓谅曰："兵机诡速，本欲出其不意，王既不行，文安又返，使彼计成，大事去矣。"谅不对。以王聃为蒲州刺史，裴文安为晋州刺史，薛粹为绛州刺史，梁菩萨为潞州刺史，韦道正为韩州刺史，张伯英为泽州刺史。代州总管天水李景发兵拒谅，谅遣其将刘暠袭景，景击斩之。谅复遣乔钟葵帅劲勇三万攻之，景战士不过数千，加以城池不固，为钟葵所攻，崩毁相继，景且战且筑，士卒皆殊死斗，钟葵屡败。司马冯孝慈、司法吕玉并骁勇善战，

总管府兵曹、闻喜人裴文安劝告杨谅说："井径以西地区，在殿下的控制之中，崤山以东的兵马，也由我们领有，应该全部进行征发。可以分派老弱兵马驻守要塞，命令他们随时准备攻城略地，而殿下亲自率领精兵，直入蒲津关。我请求担任前锋，殿下亲率大军随后，我们快速挺进，猛烈出击攻打到霸上，咸阳以东的地区便可以挥手而定。京师受到震动惊扰，来不及调集军队，君臣上下互相猜疑，离心离德，在这种形势下，我们摆下军队，发出号令，谁敢不服从？十天之内，大事可成。"杨谅十分高兴，于是派遣由自己任命的大将军余公理从太谷出兵，直取河阳；大将军綦良从滏口出兵，直取黎阳；大将军刘建从井陉出兵，攻取燕、赵地区；柱国乔钟葵从雁门出兵；同时任命裴文安为柱国，和柱国纥单贵、王聃等人直指京师长安。

炀帝任命右武卫将军、洛阳人丘和担任蒲州刺史，镇守蒲津关。杨谅挑选数百名精锐骑兵，戴上面遮，诈称是杨谅的宫女返回长安，把守关门的卫士都没有察觉到有诈，于是这支小部队径直进入蒲津关，城中的一些豪杰人士也起来响应。丘和发觉城中有了变故，越过城墙逃回长安。蒲州的长史、勃海人高义明，司马、北平人荣毗，都被反叛的士兵捉住。裴文安等人到达离蒲津关百里左右的地方，杨谅忽然改变主意，命令纥单贵拆毁河桥，据守蒲州，并把裴文安召回来。裴文安到达后，对杨谅说："兵贵神速，我本打算出其不意地发动进攻，殿下不打算这么干，又把我召了回来，使对方的计谋成功，现在大势已经离去了。"杨谅无言以对。杨谅任命王聃为蒲州刺史，裴文安为晋州刺史，薛粹为绛州刺史，梁菩萨为潞州刺史，韦道正为韩州刺史，张伯英为泽州刺史。代州总管、天水人李景发兵抗击杨谅，杨谅派遣部下将领刘暠袭击李景，被李景击杀。杨谅又派遣乔钟葵率领三万劲兵攻打李景，李景的战士不过数千人，加上城池不够坚固，又遭到乔钟葵的猛烈进攻，城墙相继塌毁，李景只好一边战斗，一边修补城墙，李景的士卒们也都拼死战斗，多次将乔钟葵的进攻击退。李景的部下司马冯孝慈、司法吕玉都是骁勇善战的猛士，

仪同三司侯莫陈乂多谋画，工拒守之术，景知三人可用，推诚任之，已无所关预，唯在阁持重，时抚循而已。

杨素将轻骑五千袭王聃、纥单贵于蒲州，夜，至河际，收商贾船，得数百艘，船内多置草，践之无声，遂衔枚而济。迟明，击之，纥单贵败走，聃惧，以城降。有诏征素还。初，素将行，计日破贼，皆如所量。于是以素为并州道行军总管、河北道安抚大使，帅众数万以讨谅。

谅之初起兵也，妃兄豆卢毓为府主簿，苦谏，不从，私谓其弟懿曰："吾匹马归朝，自得免祸，此乃身计，非为国也。不若且伪从之，徐伺其便。"毓，勣之子也。毓兄显州刺史贤言于帝曰："臣弟毓素怀志节，必不从乱，但逼凶威，不能自遂。臣请从军，与毓为表里，谅不足图也。"帝许之。贤密遣家人赍敕书至毓所，与之计议。谅出城，将往介州，令毓与总管属朱涛留守。毓谓涛曰："汉王构逆，败不旋踵，吾属岂可坐受夷灭，孤负家国邪！当与卿出兵拒之。"涛惊曰："王以大事相付，何得有是语！"因拂衣而去，毓追斩之。出皇甫诞于狱，与之协计，及开府仪同三司宿勤武等闭城拒谅。部分未定，有人告谅，谅袭击之。毓见谅至，绐其众曰："此贼军也！"谅攻城南门，稽胡守南城，不识谅，射之，矢下如雨。谅移攻西门，守兵识谅，即开门纳之，毓、诞皆死。

仪同三司侯莫陈乂富有谋略，且又擅长防守，李景知道这三人可以担当重任，便将守城重任交付他们，自己全不干预，只是坐镇衙署，时时安抚巡视而已。

杨素率领五千轻装骑兵在蒲州袭击王聃、纥单贵，夜里，来到黄河边，收集了几百条商船，船内铺上许多草，踏上去没有声响，然后，士卒们口中衔枚登船渡河。天快亮时，发动攻击，纥单贵败逃，王聃十分害怕，献城投降。这时，炀帝下诏命令杨素返回京师长安。起初，杨素动身前，预先计算好打败叛军的日期，结果都没有差错。于是，炀帝任命杨素为并州道行军总管、河北道安抚大使，率领数万兵马讨伐杨谅。

杨谅开始起兵时，王妃的哥哥豆卢毓担任府主簿，苦苦劝阻杨谅不要起兵，杨谅都不听从，豆卢毓私下对弟弟豆卢懿说："我独自一人归顺朝廷，自然可以免除灾祸，但这是为自身考虑，不是为国家考虑。不如暂且依从他，慢慢再见机行事。"豆卢毓，是豆卢勣的儿子。豆卢毓的哥哥显州刺史豆卢贤对炀帝说："臣的弟弟豆卢毓一向怀有志向和气节，一定不会跟着造反，肯定是迫于叛贼的威胁，不能做主。臣请求跟随军队前往，和豆卢毓里应外合，杨谅也就容易平定了。"炀帝答应了他的请求。豆卢贤暗中派遣家人带着皇帝敕书到豆卢毓的住所，和他计议大事。杨谅准备出城前往介州，命令豆卢毓和总管属朱涛留下守城。豆卢毓对朱涛说："汉王兴兵作乱，眼见着就会失败，我们怎么可以被牵连进去遭受灭族的灾祸，并且又辜负国家呢？我和你应当出兵抗拒杨谅。"朱涛吃惊地说："汉王把重任托付给我们，怎么能说这样的话！"于是拂袖而去，豆卢毓追上去杀死朱涛。他把皇甫诞从监狱中放出来，与其合计，联合开府仪同三司宿勤武等人关闭城门抗击杨谅。豆卢毓还未部署完毕，有人把这消息告诉了杨谅，杨谅率军袭击豆卢毓。豆卢毓看杨谅回来，就欺骗士兵说："这是贼军！"杨谅攻打南城门，而南城门是由稽胡人把守，他们不认识杨谅，用弓箭射击，箭如雨下。杨谅转攻西门，城门卫兵认识杨谅，便放杨谅进城，结果豆卢毓、皇甫诞都被处死。

綦良攻慈州刺史上官政，不克，引兵攻行相州事薛胄，又不克，遂自滏口攻黎州，塞白马津。余公理自太行下河内，帝以右卫将军史祥为行军总管，军于河阴。祥谓军吏曰："余公理轻而无谋，恃众而骄，不足破也。"公理屯河阳，祥具舟南岸，公理聚兵当之。祥简精锐于下流潜济，公理闻之，引兵拒之，战于须水。公理未成列，祥击之，公理大败。祥东趣黎阳，綦良军不战而溃。祥，宁之子也。

帝将发幽州兵，疑幽州总管窦抗有贰心，问可使取抗者于杨素。素荐前江州刺史勃海李子雄，授上大将军，拜广州刺史。又以左领军将军长孙晟为相州刺史，发山东兵，与李子雄共经略之。晟辞以男行布在谅所部，帝曰："公体国之深，终不以儿害义，朕今相委，公其勿辞。"李子雄驰至幽州，止传舍，召募得千馀人。抗来诣子雄，子雄伏甲擒之。抗，荣定之子也。

子雄遂发幽州兵步骑三万，自井陉西击谅。时刘建围戍将京兆张祥于井陉，子雄破建于抱犊山下，建遁去。李景被围月馀，诏朔州刺史代人杨义臣救之。义臣帅马步二万，夜出西陉。乔钟葵悉众拒之。义臣自以兵少，悉取军中牛驴，得数千头，复令兵数百人，人持一鼓潜驱之，匿于涧谷间。晡后，义臣复与钟葵战，兵初合，命驱牛驴者疾进，一时鸣鼓，尘埃涨天，钟葵军不知，以为伏兵发，因而奔溃，义臣纵击，大破之。晋、绛、吕三州皆为谅城守，杨素各以二千

綦良攻打慈州刺史上官政，没有攻克，便率军攻打行相州事薛胄，又没有攻克，于是从滏口进攻黎州，堵住了白马津。余公理从太行山行军到河内，炀帝任命右卫将军史祥为行军总管，率军驻扎在河阴。史祥对军吏说："余公理轻率无谋，仗恃兵力众多而骄横，很容易打败。"余公理驻扎河阳，史祥在南岸集结船只，余公理调集兵马准备抗击。史祥挑选精锐士卒暗中从下游渡河，余公理知道后，率兵前来抗击，在须水大战。余公理的军队阵势还没摆好，史祥率军发动袭击，余公理大败。史祥向东直取黎阳，綦良的军队不战而溃。史祥，是史宁的儿子。

炀帝准备征调幽州兵马，但怀疑幽州总管窦抗怀有二心，便向杨素询问谁可以把窦抗抓起来。杨素推荐前江州刺史、勃海人李子雄，炀帝授予李子雄上大将军的勋号，并任命他为广州刺史。又任命左领军将军长孙晟为相州刺史，调发山东兵马，和李子雄共同筹划此事。长孙晟借口儿子长孙行布在杨谅军中，推辞就任，炀帝说："您能够体谅国家的艰难，终归不会因为儿子的缘故而损害了君臣大义，现在朕委予你重任，请不要推辞。"李子雄骑马来到幽州，就在驿舍住下，招募了一千多人。窦抗前来会见李子雄，李子雄埋伏甲士将他逮捕。窦抗，是窦荣定的儿子。

李子雄调发幽州的三万步兵骑兵，从井陉向西攻打杨谅。当时，刘建率领的叛军在井陉包围了戍将、京兆人张祥，李子雄在抱犊山下大败刘建，刘建率兵逃走。李景被包围一个多月后，炀帝下诏命令朔州刺史、代郡人杨义臣前往援救。杨义臣率领两万步兵骑兵，连夜通过西陉关。乔钟葵集中全部兵马阻击杨义臣。杨义臣鉴于自己的兵力较少，便集中了军中所有的牛和驴，共有数千头，又命令几百名士兵，每人带一面鼓，暗中把牛、驴赶到山谷里隐藏起来。黄昏过后，杨义臣再次同乔钟葵交战，刚一短兵相接，杨义臣便下令击鼓驱赶牛、驴快速冲向敌阵，扬起满天灰尘，乔钟葵的军队不知底细，以为是对方的伏兵杀来，因此一下子奔逃溃败，杨义臣纵兵猛击，大败乔钟葵的军队。晋州、绛州、吕州三州都替杨谅据城坚守，杨素向各城派出两千

人縻之而去。谅遣其将赵子开拥众十馀万，栅绝径路，屯据高壁，布陈五十里。素令诸将以兵临之，自引奇兵潜入霍山，缘崖谷而进。素营于谷口，自坐营外，使军司入营简留三百人守营，军士惮北军之强，不欲出战，多愿守营，因尔致迟。素责所由，军司具对，素即召所留三百人出营，悉斩之。更令简留，人皆无愿留者。素乃引军驰进，出北军之北，直指其营，鸣鼓纵火。北军不知所为，自相蹂践，杀伤数万。谅所署介州刺史梁脩罗屯介休，闻素至，弃城走。

谅闻赵子开败，大惧，自将众且十万，拒素于蒿泽。会天大雨，谅欲引军还，王頍谏曰："杨素悬军深入，士马疲弊，王以锐卒自将击之，其势必克。今望敌而退，示人以怯，沮战士之心，益西军之气，愿王勿还。"谅不从，退守清源。

王頍谓其子曰："气候殊不佳，兵必败，汝可随我。"杨素进击谅，大破之，擒萧摩诃。谅退保晋阳，素进兵围之，谅穷蹙，请降，馀党悉平。帝遣杨约赍手诏劳素。王頍将奔突厥，至山中，径路断绝，知必不免，谓其子曰："吾之计数不减杨素，但坐言不见从，遂至于此。不能坐受擒获，以成竖子名。吾死之后，汝慎勿过亲故。"于是自杀，瘗之石窟中。其子数日不得食，遂过其故人，竟为所擒。并获頍尸，枭于晋阳。

兵马以牵制对方。杨谅派遣部将赵子开率领十馀万兵马，用栅栏堵塞小路，然后在高壁岭驻扎下来，布下的阵势长达五十里。杨素命令诸位将领率兵和叛军对阵，亲自率领奇兵潜入霍山，顺着崖谷前进。杨素在谷口安下营寨，亲自坐在营门外，派军司进营挑选三百名士兵守卫大营，士兵都害怕杨谅军队的强大，不想出战，都想留守大营，因此耽误了时间。杨素责问缘由，军司实情回报，杨素立即召集留守大营的三百名士兵出营，将他们全部斩首。再次命令挑选士兵留守大营，结果没有一个人愿意留下。于是，杨素率领军队急速前进，从杨谅军队的北面出击，直取杨谅的大营，一路击鼓放火。杨谅的军队惊慌失措，自相践踏，死伤了几万人。杨谅任命的介州刺史梁脩罗驻扎在介休，听说杨素来到，弃城逃走。

杨谅闻知赵子开被击败，十分恐惧，亲自率领近十万的人马在蒿泽抗击杨素。恰巧碰上天降大雨，杨谅打算率领军队撤退，王頍劝阻他说："杨素领兵孤军深入，人马疲惫不堪，如果殿下亲自率领精锐士卒袭击对方，势必能够获得胜利。现在如果看见敌人便退走，就会让敌人以为我们胆怯，挫伤我军将士的士气，而鼓舞了敌人的士气，希望殿下一定不要撤退。"杨谅不听从他的劝告，率领军队退守清源。

王頍对他的儿子说："情况很不妙，我军必定失败，你要紧跟着我。"杨素进攻杨谅，大获全胜，活捉了萧摩诃。杨谅退保晋阳，杨素进军包围晋阳，杨谅走投无路，请求投降，接着杨谅的残馀也都被平定。炀帝派遣杨约带上亲笔诏书慰劳杨素。王頍打算投奔突厥，走入山中，道路断绝，知道已无法幸免，便对他的儿子说："我的计谋韬略不亚于杨素，只是由于我的话没被采纳，才到如此地步。我不能坐等被人抓获，以成全那小子的名声。我死去以后，你千万不要去找亲戚朋友。"说完，便自杀而死，儿子把王頍的尸体埋在石洞里。后来，由于几天没吃饭，他的儿子便找到王頍的老朋友家中，最终被抓获。王頍的尸体也被找到，在晋阳悬头示众。

群臣奏汉王谅当死，帝不许，除名为民，绝其属籍，竟以幽死。谅所部吏民坐谅死徙者二十馀万家。初，高祖与独孤后甚相爱重，誓无异生之子，尝谓群臣曰："前世天子，溺于嬖幸，嫡庶分争，遂有废立，或至亡国。朕旁无姬侍，五子同母，可谓真兄弟也，岂有此忧邪！"帝又惩周室诸王微弱，故使诸子分据大镇，专制方面，权侔帝室。及其晚节，父子兄弟迭相猜忌，五子皆不以寿终。

臣光曰：昔辛伯谂周桓公曰："内宠并后，外宠贰政，嬖子配嫡，大都偶国，乱之本也。"人主诚能慎此四者，乱何自生哉！隋高祖徒知嫡庶之多争，孤弱之易摇，曾不知势钧位逼，虽同产至亲，不能无相倾夺。考诸辛伯之言，得其一而失其三乎！

群臣上奏说汉王杨谅罪应处死，炀帝没有批准，只是将他废黜为平民，并从宗室除去他的名籍，最后，杨谅被幽禁而死。杨谅部下的官吏和平民，因牵连而被处死或放逐的有二十多万家。起初，隋文帝和独孤皇后彼此互敬互重，发誓没有姬妾所生的儿子，隋文帝曾经对群臣说："前代皇帝，溺爱宠姬宠妾，以致嫡子、庶子互相争夺，才出现废立太子的事情，有的甚至因此亡国。朕的身边没有姬妾，五个儿子都是同一个母亲，可说是真正的同胞兄弟，难道还会有夺位的忧虑吗？"隋文帝又鉴于北周皇室诸王势力弱小，因而让他的几个儿子分别据守一方重镇，独当一面，权力和皇帝几乎相等。等到隋文帝晚年，父子、兄弟互相猜忌，五个儿子都未能寿终正寝。

史臣司马光评论说：过去辛伯劝告周桓公说："内宠姬妾的地位和皇后相同，外宠大臣的权力大到可以像天子那样发号施令，庶子的势力和嫡子相等，大的都城和国都一样强大，这些都是动乱的根本原因。"作为君王，果真能够在这四个方面慎重从事，动乱又会从哪里发生呢？隋文帝只知道嫡子和庶子之间存在很多纷争，藩王的势力弱小容易使基业出现动摇，却不知道各位嫡子之间如果势均力敌，即使是一母所生的至亲骨肉，也不能免于互相倾轧夺位。用辛伯的话来加以考索，隋文帝是吸取了其中的一条而忽略了其馀的三条啊！

卷第二十六

突厥朝隋

梁武帝大同十一年春二月，魏丞相泰遣酒泉胡安诺槃陀始通使于突厥。突厥本西方小国，姓阿史那氏，世居金山之阳，为柔然铁工。至其酋长土门，始强大，颇侵魏西边。安诺槃陀至，其国人皆喜曰："大国使者至，吾国其将兴矣。"

简文帝大宝二年夏六月，土门恃其强盛，求婚于柔然。柔然头兵可汗大怒，使人詈辱之曰："尔，我之锻奴也，何敢发是言！"土门亦怒，杀其使者，遂与之绝，而求婚于魏，魏丞相泰以长乐公主妻之。

元帝承圣元年春正月，突厥土门自号伊利可汗，号其妻为"可贺敦"，子弟谓之"特勒"，别将兵者皆谓之"设"。

二年春二月，突厥伊利可汗卒，子科罗立，号乙息记可汗。三月，遣使献马五万于魏。乙息记卒，舍其子摄图而立其弟俟斤，号木杆可汗。木杆状貌奇异，性刚勇，多智略，善用兵，邻国畏之。

冬十一月癸亥，齐主自晋阳亲追突厥于朔州，突厥请将，许之而还。自是贡献相继。

突厥朝隋

梁武帝大同十一年(545)春季二月,西魏丞相宇文泰派遣酒泉胡人安诺槃陀第一次出使突厥。突厥本来是西方的一个小国,姓阿史那氏,世代住在金山之南,给柔然人当冶铁工奴。一直到土门担任酋长后,才开始变得强大,不断侵犯西魏边境。安诺槃陀来到突厥后,突厥人都高兴地说:“大国的使者来到我国,我国将要兴盛了。”

梁简文帝大宝二年(551)夏季六月,土门仗着突厥的强盛,来向柔然国求婚。柔然头兵可汗大怒,派使者去詈骂侮辱土门说:“你,不过是我打铁的工奴,怎敢说这种话!”土门也很生气,杀掉了柔然使者,于是与柔然国断绝关系,转头去向西魏求婚,西魏丞相宇文泰把长乐公主嫁给他。

梁元帝承圣元年(552)春季正月,突厥土门酋长自称伊利可汗,称其妻为“可贺敦”,称子弟为“特勒”,其他将领都称“设”。

二年(553)春季二月,突厥伊利可汗去世,其子科罗继位,号称乙息记可汗。三月,派使者向西魏献马五万匹。乙息记死时,舍弃了儿子摄图而立他的弟弟俟斤为可汗,号称木杆可汗。木杆可汗形貌奇异,性格刚猛,足智多谋,善于用兵,邻国都怕他。

冬季十一月癸亥(初五),北齐国主高洋从晋阳亲自领兵追击突厥到朔州,突厥人请求投降,北齐主接受突厥的投降之后返回。从这以后,突厥一直向北齐朝贡接连不断。

敬帝绍泰元年冬十二月，木杆西破嚈哒，东走契丹，北并契骨，威服塞外诸国。其地东自辽海，西至西海，长万里，南自沙漠以北五六千里皆属焉。

太平元年，突厥木杆可汗袭击吐谷浑，魏太师泰使凉州刺史史宁帅骑随之，吐谷浑奔南山。宁说木杆使攻树敦、贺真二城，以拔其根本，木杆从之。木杆破贺真，获吐谷浑可汗夸吕。宁破树敦，虏其征南王，还，与木杆会于青海。详见《吐谷浑盛衰》。

陈文帝天嘉四年。初，周人与突厥木杆连兵伐齐，许纳其女为后，遣御伯大夫杨荐等往结之。齐人亦遣使求昏。木杆欲执荐等送齐，荐知而责之，木杆许共平东贼，然后送女。详见《周伐齐》。

冬十二月，突厥木杆、地头、步离三可汗以十万骑会周师于晋阳。

五年春正月，突厥引兵出塞，纵兵大掠，自晋阳以往七百里，人畜无遗。

秋九月，突厥寇齐幽州，众十馀万，入长城，大掠而还。突厥自幽州还，留屯塞北。闰月，突厥寇齐幽州。

六年春二月辛丑，周遣陈公纯、许公贵、神武公窦毅、南阳公杨荐等备皇后仪卫行殿，并六宫百二十人，诣突厥可汗牙帐逆女。夏五月，突厥遣使至齐，始与齐通。

临海王光大二年春二月，突厥木杆可汗贰于周，更许齐人以昏，留陈公纯等数年不返。会大雷风，坏其穹庐，

梁敬帝绍泰元年(555)冬季十二月,木杆可汗向西部击溃了嚈哒,向东部赶走了契丹,向北部兼并了契骨,威力慑服塞外各国。突厥的疆域东起辽海,西到西海,有万里之遥,南部从沙漠以北,五六千里都统属于他。

太平元年(556),突厥木杆可汗袭击吐谷浑,西魏太师宇文泰派凉州刺史史宁带领骑兵跟随木杆可汗作战,吐谷浑逃到南山。史宁劝说木杆可汗,让他攻打树敦、贺真二城,来拔掉吐谷浑的根基,木杆可汗听从了这一建议。木杆可汗攻破贺真,抓到了吐谷浑的夸吕可汗。史宁攻破树敦,俘虏了吐谷浑的征南王,返回,与木杆可汗在青海会师。详见《吐谷浑盛衰》。

陈文帝天嘉四年(563)。当初,北周和突厥木杆可汗集结军队征讨北齐,北周允诺迎娶可汗的女儿为皇后,派遣御伯大夫杨荐等人前去结盟。北齐也派遣使者向木杆可汗求婚。木杆可汗想把杨荐等人抓起来送到北齐,杨荐知道这件事情之后斥责他,木杆可汗答应一起平定东面的逆贼,然后再把女儿送到北周。详见《周伐齐》。

冬季十二月,突厥木杆、地头、步离三可汗率领十万骑兵与北周在晋阳会师。

五年(564)春季正月,突厥率领军队出塞,放任士兵大肆劫掠,自晋阳以北七百里的地方,人及牲畜都被洗劫一空。

秋季九月,突厥进犯北齐幽州,士兵有十馀万人,进入长城,大肆劫掠后返回。突厥从幽州返回后,在塞北驻军屯田。闰月,突厥再次侵犯北齐幽州。

六年春季(565)二月辛丑这天,北周派遣陈公宇文纯、许公宇文贵、神武公窦毅、南阳公杨荐等人,配备上皇后规格的仪仗、侍卫和行殿,与六宫一百二十人,一起来到突厥可汗的牙帐迎接可汗之女。夏季五月,突厥派遣使者到北齐,开始与北齐往来。

陈临海王光大二年(568)春季二月,突厥木杆可汗对北周有了不臣之心,还答应了和北齐通婚,将陈公宇文纯等人扣押了好几年不让他们回去。恰逢雷电风雨大作,损毁了可汗的帐篷,

旬日不止，木杆惧，以为天谴，即备礼送其女于周，纯等奉之以归。三月癸卯，至长安，周主行亲迎之礼。

宣帝太建四年，突厥木杆可汗卒，复舍其子大逻便而立其弟，是为佗钵可汗。佗钵以摄图为尔伏可汗，统其东面；又以其弟褥但可汗之子为步离可汗，居西面。周人与之和亲，岁给缯絮锦彩十万段。突厥在长安者，衣锦食肉，常以千数。齐人亦畏其为寇，争厚赂之。佗钵益骄，谓其下曰："但使我在南两儿常孝，何忧于贫！"

五年，突厥求昏于齐。

九年，周师之克晋阳也，齐使开府仪同三司纥奚永安求救于突厥，比至，齐已亡。

十年夏四月庚申，突厥寇周幽州，杀掠吏民。五月己丑，周高祖帅诸军伐突厥，遣柱国原公姬愿、东平公神举等将兵五道俱入。帝不豫，诏停诸军。六月，帝殂。冬十一月，突厥寇周边，围酒泉，杀掠吏民。

十一年春二月，突厥佗钵可汗请和于周，周主以赵王招女为千金公主，妻之。突厥寇周并州。六月，周发山东诸民修长城。

十二年春二月戊午，突厥入贡于周，且迎千金公主。夏六月，周遣汝南公神庆、司卫上士长孙晟送千金公主于突厥。

十三年，突厥佗钵可汗病且卒，谓其子菴逻曰："吾兄不立其子，委位于我。我死，汝当避大逻便。"及卒，国人将立

十天没有停，木杆可汗十分畏惧，以为是上天在谴责他，马上礼仪周备地送女儿去北周，陈公宇文纯等人侍奉她回来。三月癸卯（初三），到达长安，北周君主亲自来迎接。

陈宣帝太建四年（572），突厥木杆可汗去世，也舍弃他的儿子大逻便而立他的弟弟为可汗，这就是佗钵可汗。佗钵任摄图为尔伏可汗，统管突厥东部；又任命他的弟弟褥但可汗的儿子为步离可汗，住在突厥西部。北周与突厥和亲，每年送给他们缯帛丝绵十万段。在长安的突厥人，衣锦食肉，待遇优渥，有上千人。北齐也担心突厥进犯，都争着用优厚的待遇贿赂他们。佗钵可汗越来越骄傲，跟他的部下说："只要我还在，南边的两个儿子就会经常孝敬我们，不用担心贫困！"

五年（573），突厥向北齐求婚。

九年（577），北周军队攻克晋阳的时候，北齐派开府仪同三司纥奚永安向突厥求救，等突厥军队赶来时，北齐已经灭亡了。

十年（578）夏季四月庚申（二十三日），突厥侵犯北周幽州，杀害抢掠当地的人。五月己丑（二十三日），北周高祖亲自率领众军征伐突厥，派柱国原公宇文姬愿、东平公宇文神举等人，一起领兵分五路挺进。北周高祖身体不舒服，下诏命令众军停止。六月，高祖驾崩。冬季十一月，突厥入侵北周边境，围攻酒泉，杀害抢掠当地人。

十一年（579）春季二月，突厥佗钵可汗向北周求和，北周的君主把赵王宇文招的女儿封为千金公主，嫁给佗钵可汗。突厥又侵犯北周的并州。六月，北周征发崤山以东的民众修筑长城，以抵御突厥。

十二年（580）春季二月戊午（初二），突厥向北周进贡，并迎娶千金公主。夏季六月，北周派遣汝南公宇文神庆、司卫上士长孙晟送千金公主到突厥。

十三年（581），突厥佗钵可汗病危，将要死去，对他的儿子菴逻说："我的哥哥不立他的儿子大逻便，而把大位交给了我。我死之后，你们兄弟应当让位大逻便。"等到他去世，突厥国人准备拥立

大逻便。以其母贱,众不服。菴逻母贵,突厥素重之。摄图最后至,谓国人曰:“若立菴逻者,我当帅兄弟事之。若立大逻便,我必守境,利刃长矛以相待。”摄图长,且雄勇,国人莫敢拒,竟立菴逻为嗣。大逻便不得立,心不服菴逻,每遣人詈辱之,菴逻不能制,因以国让摄图。国中相与议曰:“四可汗子,摄图最贤。”共迎立之,号沙钵略可汗,居都斤山。菴逻降居独洛水,称第二可汗。大逻便乃谓沙钵略曰:“我与尔俱可汗子,各承父后。尔今极尊,我独无位,何也?”沙钵略患之,以为阿波可汗,还领所部。又沙钵略从父玷厥,居西面,号达头可汗。诸可汗各统部众,分居四面。沙钵略勇而得众,北方皆畏附之。

隋主既立,待突厥礼薄,突厥大怨。千金公主伤其宗祀覆没,日夜言于沙钵略,请为周室复仇。沙钵略谓其臣曰:“我,周之亲也,今隋公自立而不能制,复何面目见可贺敦乎!”乃与故齐营州刺史高宝宁合兵为寇。隋主患之,敕缘边修保障,峻长城,命上柱国武威阴寿镇幽州,京兆尹虞庆则镇并州,屯兵数万以备之。

初,奉车都尉长孙晟送千金公主入突厥,突厥可汗爱其善射,留之竟岁,命诸子弟贵人与之亲友,冀得其射法。沙钵略弟处罗侯,号突利设,尤得众心,为沙钵略所忌,密托心腹阴与晟盟。晟与之游猎,因察山川形势,部众强弱,靡不知之。及突厥入寇,晟上书曰:“今诸夏虽安,戎虏尚梗。

大逻便。因为大逻便的母亲出身低微，众人不服。菴逻的母亲出身高贵，突厥人素来敬重她。摄图最后一个到来，对国人说："如果立菴逻为可汗，我一定率领众兄弟事奉他。如果立大逻便为可汗，我一定把守边境，用利刃长矛来等待他。"摄图年长且勇猛，国人没有人敢抗拒他，最终立菴逻为可汗继位人。大逻便没有当上可汗，内心对菴逻不服，经常派人责骂侮辱菴逻，菴逻没办法制服他，于是把可汗之位让给摄图。国人互相谈论说："可汗的四个儿子里，数摄图最贤能。"于是一起迎接拥立摄图，称沙钵略可汗，住在都斤山。菴逻降住在独洛水，称第二可汗。大逻便于是对沙钵略可汗说："我与你都是可汗的儿子，各自继承父亲的世系。如今你登上至尊之位，我却没有地位，这是为何？"沙钵略可汗将他视为祸患，就封他为阿波可汗，命其回故地统领他的部落。另外，沙钵略可汗的叔父玷厥，居住在西面，称达头可汗。众可汗各自统领部众，分别居住在突厥的四面。沙钵略可汗英勇剽悍得民心，北方各部落都敬畏归附他。

隋文帝即位之后，对突厥的礼遇淡薄，突厥极为怨恨。千金公主因为自己的宗祀覆没非常伤心，日日夜夜不断地向沙钵略可汗进言，请求他为北周复仇。沙钵略可汗跟他的臣子说："我，是北周的亲戚，现在隋公自立为帝，我却没有阻止他，还有什么脸面去见可贺敦夫人呢？"于是和原来的北齐营州刺史高宝宁合兵入犯。隋文帝将其视为大患，诏令边境地区修筑屏障，修葺加固长城，又命令上柱国武威人阴寿镇守幽州，京兆尹虞庆则镇守并州，屯兵数万来防备突厥。

当初，奉车都尉长孙晟护送千金公主到突厥，突厥可汗欣赏他高超的射箭技术，留他在突厥住了一年，令子弟和贵族同他亲近，希望能学到他的箭法。沙钵略可汗的弟弟处罗侯，号称突利设，非常得人心，受到沙钵略可汗的猜忌，他秘密派遣自己的心腹，暗中结盟长孙晟。长孙晟陪他游玩打猎，趁机察访突厥的山川形势和部众强弱，将一切了解清楚。等到突厥进犯，长孙晟向隋文帝上书说："现在中原各地虽然安定，但是突厥还不服从。

兴师致讨，未是其时，弃于度外，又相侵扰，故宜密运筹策，渐以攘之。玷厥之于摄图，兵强而位下，外名相属，内隙已彰，鼓动其情，必将自战。又，处罗侯者，摄图之弟，奸多势弱，曲取众心，国人爱之，因为摄图所忌，其心殊不自安，迹示弥缝，实怀疑惧。又，阿波首鼠，介在其间，颇畏摄图，受其牵率，唯强是与，未有定心。今宜远交而近攻，离强而合弱。通使玷厥，说合阿波，则摄图回兵，自防右地。又引处罗，遣连奚、霫，则摄图分众，还备左方。首尾猜嫌，腹心离阻，十数年后，乘衅讨之，必可一举而空其国矣。”帝省表，大悦，因召与语。晟复口陈形势，手画山川，写其虚实，皆如指掌，帝深嗟异，皆纳用之。遣太仆元晖出伊吾道，诣达头，赐以狼头纛。达头使来，引居沙钵略使上。以晟为车骑将军，出黄龙道，赍币赐奚、霫、契丹，遣为乡导，得至处罗侯所，深布心腹，诱之内附。反间既行，果相猜贰。

十四年夏四月庚寅，隋大将军韩僧寿破突厥于鸡头山，上柱国李充破突厥于河北山。五月己未，高宝宁引突厥寇隋平州，突厥悉发五可汗控弦之士四十万入长城。六月乙酉，隋上柱国李光败突厥于马邑。突厥又寇兰州，

如果兴兵讨伐，现在还不到时机，如果不顾虑它，它又总是侵犯骚扰我们，所以应该周密的筹划，逐渐攘除它。突厥达头可汗玷厥对沙钵略可汗摄图来说，兵力强大，但是地位低下，虽然名义上从属于摄图，但内里的矛盾已经很明显了，煽动离间他们，必定会使他们互相攻击。另外，处罗侯，他是摄图的弟弟，十分奸诈，却势单力薄，虽然能曲意矫饰获取民心，使突厥国人爱戴他，但也因此被摄图猜忌，内心极度不安，表面上设法遮掩，其实深怀疑虑恐惧。还有阿波可汗大逻便，首鼠两端，处在玷厥和摄图之间，相当惧怕摄图，受他的牵引，谁强大就依附谁，没有坚定的心。现在应该交结远方的，攻打近处的，离间强大的，联合弱小的。派使者与玷厥建立联系，说服阿波可汗与我们联合，那么摄图就得撤军，防守他自己的西部地区。再拉拢处罗侯，派使者联结东边的奚、霫部落，这样的话摄图就得分出兵力去防备东部地区。这样一来，突厥就会上下猜忌，离心离德，十多年以后，我们就可以趁机讨伐他们，必能一举扫平突厥。"隋文帝看了长孙晟的上表，十分高兴，于是召见长孙晟面谈。长孙晟又一边陈说形势，一边用手指画出突厥的山川分布，描述突厥的虚实情况，就像对自己的手掌一样了解，隋文帝叹服惊异，将他的建议全部采纳。派遣太仆元晖从伊吾道出发，去往达头可汗那里，赐给达头可汗用狼头作标志的大旗。达头可汗的使者来到长安，引见时让他位居沙钵略可汗使者的上方。任命长孙晟为车骑将军，从黄龙道出发，携带钱财赏赐奚、霫、契丹等部族，让他们做向导，得以到达处罗侯的住所，长孙晟与其深谈，循循劝导，诱导他归服北周。反间计实行以后，突厥内部果然互相猜忌，产生二心。

十四年(582)夏季四月庚寅(十七日)，隋朝大将军韩僧寿在鸡头山打败突厥，上柱国李充在河北山打败突厥。五月己未(十六日)，原北齐营州刺史高宝宁引领突厥入侵隋朝平州，突厥派出五个可汗的全部骑兵四十万，入侵长城以南。六月乙酉(十三日)，隋朝上柱国李光在马邑打败突厥。突厥又向兰州进犯，

凉州总管贺娄子幹败之于可洛峐。冬十月癸酉，隋太子勇屯兵咸阳以备突厥。

十二月乙酉，隋遣沁源公虞庆则屯弘化以备突厥。行军总管达奚长儒将兵二千，与突厥沙钵略可汗遇于周槃，沙钵略有众十馀万，军中大惧。长儒神色慷慨，且战且行，为虏所冲突，散而复聚，四面抗拒。转斗三日，昼夜凡十四战，五兵咸尽，士卒以拳殴之，手皆骨见，杀伤万计。虏气稍夺，于是解去。长儒身被五疮，通中者二，其战士死伤者什八九。诏以长儒为上柱国，馀勋回授一子。

时柱国冯昱屯乙弗泊，兰州总管叱列长叉守临洮，上柱国李崇屯幽州，皆为突厥所败。于是突厥纵兵自木硖、石门两道入寇，武威、天水、安定、金城、上郡、弘化、延安，六畜咸尽。沙钵略更欲南入，达头不从，引兵而去。长孙晟又说沙钵略之子染干诈告沙钵略曰："铁勒等反，欲袭其牙。"沙钵略惧，回兵出塞。

长城公至德元年春二月，突厥寇隋北边。

夏四月，突厥数为隋寇。隋主下诏曰："往者周、齐抗衡，分割诸夏，突厥之虏，俱通二国。周人东虑，恐齐好之深，齐氏西虞，惧周交之厚。谓虏意轻重，国遂安危，盖并有大敌之忧，思减一边之防也。朕以为厚敛兆庶，多惠豺狼，未尝感恩，资而为贼。节之以礼，不为虚费，省徭薄赋，国用有馀。因入贼之物，加赐将士，息道路之民，务为耕织。清边制胜，成策在心。凶丑愚暗，未知深旨，将大定之日，

隋朝凉州总管贺娄子幹在可洛峐打败了他们。冬季十月癸酉(初三),隋朝太子杨勇带领军队驻守在咸阳,以防突厥进犯。

十二月乙酉(十六日),隋朝派沁源公虞庆则驻军弘化以防备突厥。行军总管达奚长儒率两千兵马,在周槃与突厥沙钵略可汗相遇,沙钵略部众有十多万人,隋军非常恐惧。达奚长儒神情慷慨,一边战斗,一边行进,被突厥军冲杀,分散后又聚合,在四面抗击敌军。转战三天,日夜交战有十四次,兵器被打光,士卒们就赤手空拳殴击突厥兵,手都打烂露出了骨头,杀伤突厥兵数以万计。突厥士气逐渐衰竭,于是解围离去。达奚长儒身上有五处创伤,重伤两处,其部众死伤人数占十分之八九。隋文帝下诏封达奚长儒为上柱国,封授不尽的功勋传给他的一个儿子。

当时隋朝柱国冯昱在乙弗泊驻扎,兰州总管叱列长叉守卫临洮,上柱国李崇屯驻幽州,都被突厥军所败。于是突厥纵兵从木硖、石门两路入侵,武威、天水、安定、金城、上郡、弘化、延安等地的牲畜都被劫掠无馀。沙钵略可汗还想向南进发,达头可汗不同意,带领部队退去。长孙晟又去游说沙钵略的儿子染干,让他向沙钵略谎称:"铁勒等部族反叛,准备攻击您的牙帐。"沙钵略畏惧了,于是带兵退还。

陈长城公至德元年(583)春季二月,突厥侵犯隋朝北部边境。

夏季四月,突厥多次入犯隋朝,隋文帝下诏说:"从前北周、北齐两国相互抗衡,分割中原,突厥这胡虏,与两个国家都有交往。北周顾虑东边,担心北齐与突厥交往太深;北齐顾虑西边,害怕北周与突厥交往太厚。双方都认为突厥的向背很重要,关系着国家的安危,这是因为他们都有大敌当前的担忧,想要减轻一面边境的防守压力。朕认为对百姓收重税,用来向豺狼施加恩惠,突厥并不会感恩,反而更会助纣为虐。我要用礼义节制它,不要再耗费财物,减少徭役赋税,国家的用度充足有馀。把原来给突厥的财物,赐给将士们,让路上服役的百姓停下来,专心致力于种地纺织。清除边患,克敌制胜,我心中已有成熟的对策。突厥愚笨,不明白我们深远的用意,将来天下大定的时候,

比战国之时，乘昔世之骄，结今时之恨。近者尽其巢窟，俱犯北边，盖上天所忿，驱就齐斧。诸将今行，义兼含育，有降者纳，有违者死，使其不敢南望，永服威刑。何用侍子之朝，宁劳渭桥之拜！"

于是命卫王爽等为行军元帅，分八道出塞击之。爽督总管李充等四将出朔州道，己卯，与沙钵略可汗遇于白道。李充言于爽曰："突厥狃于骤胜，必轻我而无备，以精兵袭之，可破也。"诸将多以为疑，唯长史李彻赞成之。遂与充帅精骑五千掩击突厥，大破之。沙钵略弃所服金甲，潜草中而遁。其军中无食，粉骨为粮，加以疾疫，死者甚众。甲午，突厥遣使入见于隋。

五月癸卯，隋行军总管李晃破突厥于摩那度口。隋秦州总管窦荣定帅九总管步骑三万出凉州，与突厥阿波可汗相拒于高越原，阿波屡败。荣定，炽之兄子也。

前上大将军京兆史万岁，坐事配敦煌为戍卒，诣荣定军门，请自效。荣定素闻其名，见而大悦。壬戌，将战，荣定遣人谓突厥曰："士卒何罪而杀之，但当各遣一壮士决胜负耳。"突厥许诺，因遣一骑挑战。荣定遣万岁出应之，万岁驰斩其首而还。突厥大惊，不敢复战，遂请盟，引军而去。

长孙晟时在荣定军中为偏将，使谓阿波曰："摄图每来，战皆大胜。阿波才入，遽即奔败，此乃突厥之耻也！且摄图之与阿波，兵势本敌。今摄图日胜，为众所崇；阿波不利，

再对比战国时代，凭借过去的骄横，结下当今的怨恨。最近突厥又倾巢出动，一起入犯北部边境，这大概是因为上天愤恨他们，所以驱使他们来送死。众位将军此次出征，要牢记含养化育的大义，接纳投降的士兵，杀死反抗的敌人，让突厥不敢再向南窥伺，永远慑服于隋朝的威刑。怎么用得着把儿子送入朝当人质，也不需要对方亲自到长安渭桥来拜伏！"

于是任卫王杨爽等人为行军元帅，兵分八路出塞进击突厥。杨爽指挥行军总管李充等四位将领从朔州道出塞，己卯（十二日），在白道遭遇突厥沙钵略可汗。李充跟杨爽说："突厥惯于速战速决，定会轻视我军而不加防备，用精兵去袭击他们，一定能击破。"大部分将领对李充的建议表示怀疑，只有元帅府长史李徹赞成。于是和李充领五千精锐骑兵袭击突厥，把突厥打得大败。沙钵略可汗丢弃了他穿戴的金甲，藏在草丛中逃走。突厥军中没有粮食，把骨头粉碎当粮食，再加上疫病流行，死了很多人。甲午（二十七日），突厥派遣使者入隋廷觐见。

五月癸卯（初六），隋朝行军总管李晃在摩那度口打败突厥军队。隋朝秦州总管窦荣定率领九总管步兵和骑兵三万从凉州出发，和突厥阿波可汗在高越原对峙，阿波可汗屡次战败。窦荣定是太傅窦炽的侄子。

原上大将军京兆人史万岁，因罪被发配到敦煌当戍卒，他来到窦荣定的军门，请求为其效力。窦荣定平素就听说过他的名声，见到他后很高兴。壬戌（二十五日），将要开始交战时，窦荣定派人对突厥说："士卒们有什么罪过而被杀，不如我们双方各派一名壮士来决胜负。"突厥答应了，于是派出一名骑士前来挑战。窦荣定派史万岁出马应战，史万岁飞驰而去，斩下敌将首级回来。突厥人大惊失色，不敢再战了，于是请求结盟，带兵退去。

长孙晟这时正在窦荣定军中任偏将，他派人对阿波可汗说："摄图每次进犯，交战都能获胜。你阿波可汗初来乍到，立即失败逃走，这是突厥的耻辱啊！况且摄图与你阿波可汗，本来势均力敌。现在摄图总能取胜，被众人崇拜；你阿波可汗出师不利，

为国生辱。摄图必当以罪归阿波，成其宿计，灭北牙矣。愿自量度，能御之乎？”阿波使至，晟又谓之曰：“今达头与隋连和，而摄图不能制。可汗何不依附天子，结连达头，相合为强，此万全计也。岂若丧兵负罪，归就摄图，受其戮辱邪！”阿波然之，遣使随晟入朝。

沙钵略素忌阿波骁悍，自白道败归，又闻阿波贰于隋，因先归，袭击北牙，大破之，杀阿波之母。阿波还，无所归，西奔达头。达头大怒，遣阿波帅兵而东，其部落归之者将十万骑，遂与沙钵略相攻，屡破之，复得故地，兵势益强。贪汗可汗素睦于阿波，沙钵略夺其众而废之，贪汗亡奔达头。沙钵略从弟地勤察，别统部落，与沙钵略有隙，复以众叛归阿波。连兵不已，各遣使诣长安请和求援。隋主皆不许。

六月，突厥寇幽州，隋幽州总管广宗壮公李崇帅步骑三千拒之。转战十馀日，师人多死，遂保砂城。突厥围之，城荒颓，不可守御，晓夕力战，又无所食，每夜出掠虏营，得六畜以继军粮。突厥畏之，厚为其备，每夜中结陈以待之。崇军苦饥，出辄遇敌，死亡略尽，及明，奔还城者尚百许人，然多重伤，不堪更战。突厥意欲降之，遣使谓崇曰：“若来降者，封为特勒。”崇知不免，令其士卒曰：“崇丧师徒，罪当万死。今日效命，以谢国家。汝俟吾死，且可降贼，

为突厥国带来耻辱。摄图必定把罪名加在你头上，实现他一向的计划，灭掉你的北部牙帐。希望你自己估算，能抵抗摄图吗？”阿波可汗的使者来到隋营，长孙晟又对他说：“如今达头可汗与隋朝联合交好，而摄图不能制服。阿波可汗为什么不依附隋朝天子，结交达头可汗，联合在一起成为强大的力量，这是最万无一失的计谋啊。难道这比不上丧失兵马，担负罪责，回去后屈就摄图，被他侮辱杀戮吗？”阿波可汗觉得长孙晟说得很对，于是派使者同长孙晟一起入京朝拜。

沙钵略可汗素来忌惮阿波可汗的勇猛强悍，自从在白道战败而还后，又听说阿波可汗勾结隋朝，于是抢先回到突厥，进攻北方牙帐，将其打得大败，杀掉阿波可汗的母亲。阿波可汗回来后，没有落脚的地方，向西投奔达头可汗。达头可汗非常生气，派阿波可汗率领军队向东挺近，重新归附的部落有将近十万骑兵，于是阿波可汗与沙钵略可汗相互攻打，屡次打败沙钵略可汗，又占领了原来的辖地，兵势更加强盛。贪汗可汗素来与阿波可汗友好和睦，沙钵略可汗夺走他的部众又将他废黜，贪汗可汗逃亡投奔达头可汗。沙钵略可汗的堂弟地勤察另外统领一个部落，与沙钵略可汗有矛盾，又率领部众叛乱，归附阿波可汗。突厥内部争战不休，各自派遣使者到长安请求讲和、求取支援，隋文帝都不答应。

六月，突厥入犯幽州，隋朝幽州总管广宗壮公李崇率步骑兵三千抵御突厥。转战十多天，隋军士卒大多战死，于是退守砂城。突厥包围砂城，砂城荒废颓坏，无法防御，隋军日夜奋战，又缺乏食物，就每天夜里出城抢掠突厥营寨，夺取牛羊牲畜充当军粮。突厥惧怕隋军，就加强防备，每晚结成阵势等待隋军前来。李崇全军饥苦难耐，出城就会遇到敌军，以致死亡殆尽，等到天亮，逃奔砂城的还有一百多人，但大多受了重伤，无法再战。突厥想让他们投降，派使者对李崇说：“若有来投降的，就封为特勤。”李崇知道难免一死，命令士兵说：“我李崇丧失军士，罪该万死。今天效命沙场，报答国家。你们等我死后，可暂且投降突厥，

便散走，努力还乡，若见至尊，道崇此意。”乃挺刃突陈，复杀二人，突厥乱射，杀之。秋七月辛丑，以豫州刺史代人周摇为幽州总管，命李崇子敏袭爵。

秋八月壬午，隋遣尚书左仆射高颎出宁州道，内史监虞庆则出原州道，以击突厥。

二年春二月，突厥苏尼部男女万馀口降隋。突厥达头可汗请降于隋。秋九月，突厥沙钵略可汗数为隋所败，乃请和亲。千金公主自请改姓杨氏，为隋主女。隋主遣开府仪同三司徐平和使于沙钵略，更封千金公主为大义公主。晋王广请因衅乘之，隋主不许。

沙钵略遣使致书曰：“从天生大突厥天下贤圣天子伊利俱卢设莫何沙钵略可汗致书大隋皇帝：皇帝，妇父，乃是翁比。此为女夫，乃是儿例。两境虽殊，情义如一。自今子子孙孙，乃至万世，亲好不绝。上天为证，终不违负！此国羊马，皆皇帝之畜，彼之缯彩，皆此国之物。”帝复书曰：“大隋天子贻书大突厥沙钵略可汗：得书，知大有善意。既为沙钵略妇翁，今日视沙钵略与儿子不异。时遣大臣往彼省女，复省沙钵略也。”于是遣尚书右仆射虞庆则使于沙钵略，车骑将军长孙晟副之。

沙钵略陈兵列其珍宝，坐见庆则，称病不能起，且曰：“我诸父以来，不向人拜。”庆则责而谕之。千金公主私谓庆则曰：“可汗豺狼性，过与争，将啮人。”长孙晟谓沙钵略曰：“突厥与隋俱大国天子，可汗不起，安敢违意，但可贺敦为帝女，则可汗是大隋女婿，奈何不敬妇翁！”沙钵略笑

有机会就分散逃走,努力回乡,如果有见到皇上的,就告诉他我李崇的心意。”于是拔刀冲击敌阵,又杀死两人,突厥乱箭射杀了他。秋季七月辛丑这天,隋朝任命豫州刺史代郡人周摇为幽州总管,命李崇的儿子李敏承袭父爵。

秋季八月壬午(十六日),隋朝派遣尚书左仆射高颎从宁州道出发,内史监虞庆则从原州道出发,进击突厥。

二年(584)春季二月,突厥苏尼部落有一万多人投降隋朝。突厥达头可汗也向隋朝请求归降。秋季九月,突厥沙钵略可汗多次被隋朝打败,于是请求和亲。千金公主自请改姓为杨氏,作隋文帝的女儿。隋文帝派遣开府仪同三司徐平和出使沙钵略可汗处,改封千金公主为大义公主。晋王杨广请求乘突厥内乱袭击它,隋文帝没有同意。

沙钵略派使者向隋文帝呈送书信说:“从天生大突厥天下贤圣天子伊利俱卢设莫何沙钵略可汗呈上书信给大隋皇帝:皇帝是我夫人的父亲,就是我的岳父。我是您女儿的丈夫,就是您的儿子。两国辖境虽不同,但情义却是一样的。从今以后,子子孙孙,直到万世,我们都亲密友好,永不断绝。上天做证,始终不违反背弃!我国的牲畜,都是皇帝的牲畜,贵朝的缯帛,也都是我国的财物。”隋文帝回信说:“大隋天子赠信给大突厥沙钵略可汗:看到书信,知道你有非常大的好意。我既然是你沙钵略夫人的父亲,现在就把你沙钵略看作我的儿子。现在我要派大臣前往贵地看望我的女儿,并一同看望你。”于是派尚书右仆射虞庆则出使沙钵略可汗处,车骑将军长孙晟作为副使陪同前往。

沙钵略可汗部署军队,陈列珍宝,坐着接见虞庆则等人,称因病不能起身,还说:“从我父辈以来,从来不向别人跪拜。”虞庆则斥责并劝导他。千金公主私下向虞庆则说:“沙钵略可汗有着豺狼的本性,过分与他争执,他是会咬人的。”长孙晟对沙钵略可汗说:“突厥可汗与隋朝皇帝都是大国的天子,可汗不肯起身,我们怎敢违背您的意愿,但是可贺敦是大隋皇帝的女儿,那么可汗就是大隋朝的女婿,女婿怎么能不尊敬岳父呢?”沙钵略笑着

谓其达官曰："须拜妇翁。"乃起拜顿颡，跪受玺书，以戴于首。既而大惭，与群下相聚恸哭。庆则又遣称臣，沙钵略谓左右曰："何谓臣？"左右曰："隋言臣，犹此云奴耳。"沙钵略曰："得为大隋天子奴，虞仆射之力也。"赠庆则马千匹，并以从妹妻之。

三年。初，突厥阿波可汗既与沙钵略有隙，分而为二。阿波浸强，东距都斤，西越金山，龟兹、铁勒、伊吾及西域诸胡悉附之，号西突厥。隋主亦遣上大将军元契使于阿波以抚之。秋七月，突厥沙钵略既为达头所困，又畏契丹，遣使告急于隋，请将部落度漠南，寄居白道川。隋主许之，命晋王广以兵援之，给以衣食，赐之车服鼓吹。沙钵略因西击阿波，破之。而阿拔国乘虚掠其妻子。官军为击阿拔，败之，所获悉与沙钵略。沙钵略大喜，乃立约，以碛为界，因上表曰："天无二日，土无二王，大隋皇帝真皇帝也，岂敢阻兵恃险，偷窃名号！今感慕淳风，归心有道，屈膝稽颡，永为藩附。"遣其子库合真入朝。

八月丙戌，库合真至长安。隋主下诏曰："沙钵略往虽与和，犹是二国。今作君臣，便成一体。"因命肃告郊庙，普颁远近，凡赐沙钵略诏，不称其名。宴库合真于内殿，引见皇后，赏劳甚厚。沙钵略大悦，自是岁时贡献不绝。

对他身边的首领们说："看来我还是应该跪拜岳父。"于是起身迎拜，额头触碰地面，跪着接受玺书，将其顶在头上。之后，沙钵略可汗感到非常惭愧，与属下相聚痛哭。虞庆则又让突厥向隋朝称臣，沙钵略可汗问左右侍从："什么叫臣子？"侍从们说："隋朝所说的臣子，就好比我们这里所说的奴仆罢了。"沙钵略可汗说："我能够成为大隋天子的奴仆，全靠虞仆射的力量啊。"于是送给虞庆则一千匹马，并把堂妹嫁给他为妻。

三年(585)。当初，突厥阿波可汗已经和沙钵略有嫌隙，分裂为了两部分。阿波可汗渐渐强大，领地东至都斤山，西部越过金山，龟兹、铁勒、伊吾以及西域各部落都归附于他，号称西突厥。隋文帝也派遣上大将军元契出使阿波可汗处来安抚他。秋季七月，突厥沙钵略可汗被达头可汗困扰，又畏惧契丹，派使者向隋朝告急，请求率领本部落转移至漠南，寄居在白道川。隋文帝答应了，命令晋王杨广带兵前往接应，供给衣服食物，还赏赐给沙钵略可汗车舆、礼服、鼓吹等仪仗用品。沙钵略可汗乘势向西攻打阿波可汗，击败了他。而阿拔国乘沙钵略可汗后方空虚，掠走了他的妻子儿女。隋军替他攻打阿拔国，将其打败，将缴获的物品全部送给了沙钵略。沙钵略很高兴，于是与隋朝订立盟约，将沙漠作为分界，之后献表说："天上没有两个太阳，地上没有两个国王，大隋皇帝是真正的皇帝，我怎么敢仗恃军队，凭借天险去盗取名号呢？今日我感念仰慕大隋敦厚古朴的风俗，想归心于有道的国君，屈膝下拜，以额触地，永远做隋的藩国附属。"派他的儿子库合真入朝。

八月丙戌(初二)，库合真到达长安。隋文帝下诏说："沙钵略以前虽然与我们交好，但仍然是两个国家。如今你我成为君臣，就是一个整体了。"就下令祭祀天地和祖先，恭肃地禀告此事，颁布通告昭告各地，凡是赐给沙钵略可汗的诏书，不直接称呼他的名字。隋文帝还在内殿宴请库合真，将其引见给皇后，赏赐慰劳很丰厚。沙钵略非常高兴，从此以后每年都按时向隋朝进贡不间断。

四年春正月庚午，隋颁历于突厥。

祯明元年夏四月，突厥沙钵略可汗遣其子入贡于隋，因请猎于恒、代之间。隋主许之，仍遣人赐以酒食，沙钵略帅部落再拜受赐。沙钵略寻卒，隋为之废朝三日，遣太常吊祭。

初，沙钵略以其子雍虞闾懦弱，遗令立其弟叶护处罗侯。雍虞闾遣使迎处罗侯，将立之。处罗侯曰："我突厥自木杆可汗以来，多以弟代兄，以庶夺嫡，失先祖之法，不相敬畏。汝当嗣位，我不惮拜汝。"雍虞闾曰："叔与我父，共根连体，我，枝叶也，岂可使根本反从枝叶，叔父屈于卑幼乎！且亡父之命，何可废也！愿叔勿疑！"遣使相让者五六，处罗侯竟立，是为莫何可汗。以雍虞闾为叶护。遣使上表言状。隋使车骑将军长孙晟持节拜之，赐以鼓吹、幡旗。

莫何勇而有谋，以隋所赐旗鼓西击阿波。阿波之众以为得隋兵助之，多望风降附。遂生擒阿波，上书请其死生之命。隋主下其议，乐安公元谐请就彼枭首。武阳公李充请生取入朝，显戮以示百姓。隋主谓长孙晟："于卿何如？"晟对曰："若突厥背诞，须齐之以刑。今其昆弟自相夷灭，阿波之恶非负国家。因其困穷，取而为戮，恐非招远之道。不如两存之。"左仆射高颎曰："骨肉相残，教之蠹也，宜存养以示宽大。"隋主从之。

四年(586)春季正月庚午(十九日),隋朝在突厥颁行大隋新历。

陈长城公祯明元年(587)夏季四月,突厥沙钵略可汗派他的儿子向隋朝进献贡品,就便请求允许他们在恒州、代州之间地区打猎。隋文帝答应了,还派使者赐给他们酒水饭菜,沙钵略可汗率领本部落拜了又拜,接受了隋文帝的赏赐。不久之后沙钵略可汗去世,隋朝为他罢朝三日,派太常寺卿前往哀悼祭拜。

当初,沙钵略因为他的儿子雍虞闾懦弱无能,临终前留下命令立他的弟弟叶护处罗侯为可汗。雍虞闾派使者去迎接处罗侯,准备拥立他为可汗。处罗侯说:"我们突厥自木杆可汗以来,可汗继承多是以弟代兄,以庶夺嫡,违背了祖宗之法,上下互相不尊重。你理当继位,我不在乎跪拜你。"雍虞闾说:"叔父您与我父亲是骨肉至亲,共根连体,而我好比枝叶,怎么能使根本反而服从枝叶,让叔父您屈居在晚辈之下呢!更何况这是亡父的遗命,怎么可以违背呢!希望叔父不要再有疑虑了!"双方派遣使者相互推让了五六次,处罗侯最终即位,就是莫何可汗。他任命雍虞闾为叶护。派遣使者向隋文帝上表,禀报即位始末。隋朝派遣车骑将军长孙晟为使者,持节册拜莫何可汗,并赐给他鼓吹等仪仗用品和幡旗。

莫何可汗智勇双全,凭借隋朝赐给他的幡旗和鼓吹,向西攻打阿波可汗。阿波可汗的部众以为莫何可汗得到了隋军的帮助,大多望风而降。于是活捉了阿波可汗,上书隋文帝,请示如何处置他。隋文帝召集大臣们计议此事,乐安公元谐建议就地斩首。武阳公李充建议把他押解到长安,由朝廷明令处死,以示百姓。隋文帝问长孙晟:"爱卿怎么看?"长孙晟回答说:"如果是突厥违命背叛,理应依法严惩。现在是他们兄弟之间互相残杀,阿波可汗的罪恶,并非是有负于大隋。趁他危困之时,下令诛杀他,恐怕不是招抚远方所应采用的方法。不如两存其国,相互制衡。"尚书左仆射高颎说:"骨肉相互残害,是推行教化的蠹害,应该赦免并抚恤阿波可汗,来显示朝廷的宽大胸怀。"隋文帝听从了他们的意见。

二年冬十二月，突厥莫何可汗西击邻国，中流矢而卒。国人立雍虞闾，号颉伽施多那都蓝可汗。

隋文帝开皇十三年。上之灭陈也，以陈叔宝屏风赐突厥大义公主。公主以其宗国之覆，心常不平，书屏风，为诗叙陈亡以自寄。上闻而恶之，礼赐渐薄。彭公刘昶先尚周公主，流人杨钦亡入突厥，诈言昶欲与其妻作乱攻隋，遣钦来密告大义公主，发兵扰边。都蓝可汗信之，乃不修职贡，颇为边患。上遣车骑将军长孙晟使于突厥，微观察之。公主见晟，言辞不逊，又遣所私胡人安遂迦与杨钦计议，扇惑都蓝。晟至京师，具以状闻。上遣晟往索钦，都蓝不与，曰："检校客内无此色人。"晟乃赂其达官，知钦所在，夜，掩获之，以示都蓝，因发公主私事，国人大以为耻。都蓝执安遂迦等，并以付晟。上大喜，加授开府仪同三司，仍遣入突厥废公主。内史侍郎裴矩请说都蓝使杀公主。时处罗侯之子染干，号突利可汗，居北方，遣使求婚。上使裴矩谓之曰："当杀大义公主，乃许婚。"突利复谮之于都蓝，都蓝因发怒，杀公主，更表请婚。朝议将许之，长孙晟曰："臣观雍虞闾反覆无信，直以与玷厥有隙，所以欲依倚国家，虽与为婚，终当叛去。今若得尚公主，承藉威灵，玷厥、染干

二年(588)冬季十二月,突厥莫何可汗攻打西边的邻国,因中流箭而死。突厥国人拥立雍虞闾为可汗,号称颉伽施多那都蓝可汗。

隋文帝开皇十三年(593)。隋文帝灭掉陈朝的时候,把陈后主陈叔宝的屏风赏赐给了突厥的大义公主。大义公主因为她的宗国北周灭亡,内心一直愤愤不平,于是就在屏风上作诗,叙述陈朝的灭亡以寄托对故国的哀思。文帝听到后就开始厌恶大义公主,对公主的礼遇赏赐也慢慢减少。彭公刘昶以前也娶了北周的公主,流民杨钦逃入突厥,谎称刘昶要和妻子一起兴兵作乱,攻打隋朝,于是派杨钦来秘密地告诉大义公主,请突厥出兵侵扰隋朝边境。都蓝可汗听信了杨钦的话,于是不再遵守藩国的职责,按时朝贡,渐渐成为边境的祸患。隋文帝派遣车骑将军长孙晟出使突厥,暗中观察了解情况。大义公主见到长孙晟后,言辞粗暴无礼,又派和她私通的胡人安遂迦去和杨钦谋划,煽动蛊惑都蓝可汗。长孙晟到长安后,将情况详细上奏。隋文帝派遣长孙晟去突厥索要杨钦,都蓝可汗不肯给,说:"检查过我的宾客了,没有这个人。"长孙晟于是贿赂突厥的首领们,知道了杨钦的藏身之地,在夜里突然将其抓获,把他带给都蓝可汗看,趁机揭发了大义公主和安遂迦的私情,突厥国人知道后将其看成是极大的耻辱。都蓝可汗抓住安遂迦等人,将其交给长孙晟带回长安。隋文帝大喜,加授长孙晟开府仪同三司,又派他去突厥,废掉大义公主。内史侍郎裴矩自请出使突厥,说服都蓝可汗去杀掉大义公主。这时处罗侯的儿子染干,号称突利可汗,住在北方,派使者来向隋朝求婚。隋文帝就派裴矩对他说:"杀掉大义公主,朝廷才能答应婚事。"于是突利可汗也向都蓝可汗说大义公主的坏话,都蓝可汗大怒,杀死了大义公主,重新上表隋朝求婚。朝廷商议之后,准备应允,长孙晟说:"我看雍虞闾反复无常,没有信用,只因为和西突厥达头可汗玷厥有嫌隙,所以才想倚靠我朝,即使与他通婚,他最终也会叛变而去。如果今天他能够娶到公主,必定会凭借大隋的威势发号施令,玷厥与染干

必受其征发。强而更反，后恐难图。且染干者，处罗侯之子，素有诚款，于今两代，前乞通婚，不如许之，招令南徙，兵少力弱，易可抚驯，使敌雍虞闾以为边捍。”上曰：“善。”复遣晟慰谕染干，许尚公主。

十七年秋七月戊戌，突厥突利可汗来逆女，上舍之太常，教习六礼，妻以宗女安义公主。上欲离间都蓝，故特厚其礼，遣太常卿牛弘、纳言苏威、民部尚书斛律孝卿相继为使。突利本居北方，既尚主，长孙晟说其帅众南徙，居度斤旧镇，锡赉优厚。都蓝怒曰：“我，大可汗也，反不如染干！”于是朝贡遂绝，亟来抄掠边鄙。突利伺知动静，辄遣奏闻，由是边鄙每先有备。

十九年春二月，突厥突利可汗因长孙晟奏言：“都蓝可汗作攻具，欲攻大同城。”诏以汉王谅为元帅，尚书左仆射高颎出朔州道，右仆射杨素出灵州道，上柱国燕荣出幽州道以击都蓝，皆取汉王节度。然汉王竟不临戎。都蓝闻之，与达头可汗结盟，合兵掩袭突利，大战长城下，突利大败。都蓝尽杀其兄弟子侄，遂渡河入蔚州。突利部落散亡，夜，与长孙晟以五骑南走。比旦，行百馀里，收得数百骑。突利与其下谋曰：“今兵败入朝，一降人耳，大隋天子岂礼我乎？玷厥虽来，本无冤隙，若往投之，必相存济。”晟知之，

必然会受他的指挥调度。这样都蓝可汗的势力会更加强盛，如果再反叛，那时恐怕就难以制伏了。况且染干是处罗侯的儿子，素来有诚心，到现在已有两代，之前他曾请求通婚，不如就答应他，然后招抚他，让他向南迁徙，他兵卒少力量弱，容易驯服，让他抵抗雍虞闾来帮我们保卫北方边疆。”隋文帝说：“好。”又派长孙晟去安慰晓谕染干，答应把公主嫁给他为妻。

十七年(597)秋季七月戊戌(二十四日)，突厥突利可汗来长安迎娶公主，隋文帝招待他在太常寺居住，派人教他学习中原婚礼纳采、问名、纳吉、纳征、请期、迎亲的六礼，将室宗之女安义公主嫁给他。隋文帝想要离间都蓝可汗和突利可汗，故意给突利可汗特别优厚的礼遇，并派太常卿牛弘、纳言苏威、民部尚书斛律孝卿相继作为使节前往。突利可汗本来居住在北方，娶了安义公主以后，长孙晟劝说他率部众往南迁徙，到度斤山旧镇去居住，朝廷对他赏赐优厚。都蓝可汗生气地说：“我是大可汗，现在反而不如染干了！”于是断绝了对隋朝的朝贡，多次兴兵劫掠隋朝边境。突利可汗每次察觉到都蓝可汗的行动，就派使者奏报朝廷，因此隋朝边境每次都预先做好了防备。

十九年(599)春季二月，突厥突利可汗通过长孙晟向朝廷上奏说：“都蓝可汗正制造攻城器械，打算攻打大同城。”隋文帝下诏，任命汉王杨谅为元帅，尚书左仆射高颎由朔州道出兵，右仆射杨素由灵州道出兵，上柱国燕荣由幽州道出兵，攻打都蓝可汗，各路军队都受汉王杨谅指挥调度。但是汉王杨谅不亲自到达前线。都蓝可汗听到隋朝出兵的消息后，与达头可汗结盟，两方合兵突袭突利可汗，在长城下展开激战，突利可汗大败。都蓝可汗杀光了突利可汗的兄弟子侄，乘势渡过黄河进入蔚州。突利可汗的部落四散而逃，他与长孙晟在夜里带领五个骑兵向南逃走。等到天亮时，已走了一百多里，收拢了数百名骑兵。突利可汗与部下商议说：“现在我们兵败入京朝见，不过是个投降者而已，大隋天子怎会礼遇我们？达头可汗玷厥虽然杀来，但我们与他本无仇怨，如果去投奔他，他必然会收留。”长孙晟知道后，

密遣使者入伏远镇，令速举烽。突利见四烽俱发，以问晟，晟绐之曰："城高地迥，必遥见贼来。我国家法，若贼少，举二烽；来多，举三烽；大逼，举四烽。彼见贼多而又近耳。"突利大惧，谓其众曰："追兵已逼，且可投城。"既入镇，晟留其达官执室领其众，自将突利驰驿入朝。

夏四月丁酉，突利至长安。帝大喜，以晟为左勋卫骠骑将军，持节护突厥。上令突利与都蓝使者因头特勒相辨诘，突利辞直，上乃厚待之。都蓝弟都速六弃其妻子，与突利归朝，上嘉之，使突利多遗之珍宝以慰其心。

高颎使上柱国赵仲卿将兵三千为前锋，至族蠡山，与突厥遇，交战七日，大破之。追奔至乞伏泊，复破之，虏千馀口，杂畜万计。突厥复大举而至，仲卿为方陈，四面拒战，凡五日。会高颎大兵至，合击之，突厥败走，追度白道，逾秦山七百馀里而还。杨素军与达头遇。先是诸将与突厥战，虑其骑兵奔突，皆以戎车步骑相参，设鹿角为方陈，骑在其内。素曰："此乃自固之道，未足以取胜也。"于是悉除旧法，令诸军为骑陈。达头闻之，大喜曰："天赐我也！"下马仰天而拜，帅骑兵十馀万直前。上仪同三司周罗睺曰："贼陈未整，请击之。"先帅精骑逆战，素以大兵继之，突厥大败，达头被重创而遁，杀伤不可胜计，其众号哭而去。

秘密派遣使者进入伏远镇，下令迅速点燃烽火。突利可汗看见四处的烽火都燃起来了，就向长孙晟询问情况，长孙晟欺骗他说："烽火台位于高处，地面平阔，一定是远远地就发现了有敌军入侵。按照我们大隋的规定，如果敌军少，就点燃两处烽火；敌军来得多，就点燃三处烽火；如果大兵压境，就点燃四处烽火。现在四处烽火都燃起来了，是守城的将士发现敌军很多又很近。"突利可汗十分害怕，对他的部众说："追兵已经逼近，只好进城避难。"进入伏远镇以后，长孙晟留下突厥首领执室率领部众，自己带着突利可汗乘驿马入朝。

夏季四月丁酉（初二），突利可汗到达长安。隋文帝很高兴，任命长孙晟为左勋卫骠骑将军，持符节监护突厥。隋文帝让突利可汗与都蓝可汗的使者因头特勒进行辩论，突利可汗理直气壮，文帝于是厚待他。都蓝可汗的弟弟都速六抛弃妻子儿女，与突利可汗一起归附朝见，文帝嘉奖了他，让突利可汗多送一些奇珍异宝给他，来抚慰他的忠心。

高颎派遣上柱国赵仲卿率军三千为前锋，进至族蠡山，与突厥军队相遇，交战七天后，大败突厥军。追击至乞伏泊，又击破了对方，俘虏了一千多人，牲畜上万头。突厥军又大举杀到，赵仲卿布下方阵，四面抗击，战斗了五天。正巧高颎率大队人马赶到，与赵仲卿合击突厥军，突厥军队战败逃跑，隋军追击越过白道，翻过秦山七百多里，然后还师。杨素的军队与达头可汗相遇。之前，众将与突厥军作战，担忧突厥骑兵往来突击，采用战车、步兵和骑兵交叉配合作战的方式，用带尖的木桩布下方阵，骑兵位于阵内。杨素说："这是自我防守的阵法，难以克敌取胜。"于是将旧打法全部废除，让各军组成骑兵战阵。达头可汗听说后很高兴，说："这是上天赐给我的机会啊！"下马对天敬拜，率领十馀万骑兵直奔隋军。上仪同三司周罗睺说："贼军阵形还没布好，请求立即出击。"于是率领精锐骑兵先行迎战，杨素指挥大军随后跟进，突厥大败，达头可汗重伤逃跑，敌军死伤不计其数，突厥部众号啕痛哭而去。

冬十月甲午，以突厥突利可汗为意利珍豆启民可汗，华言“意智健”也。突厥归启民者男女万馀口，上命长孙晟将五万人于朔州，筑大利城以处之。时安义公主已卒，复使晟持节送宗女义成公主以妻之。

晟奏：“染干部落，归者益众，虽在长城之内，犹被雍虞闾抄掠，不得宁居。请徙五原，以河为固，于夏、胜两州之间，东西至河，南北四百里，掘为横堑，令处其内，使得任情畜牧。”上从之。又令上柱国赵仲卿屯兵二万为启民防达头，代州总管韩洪等将步骑一万镇恒安。达头骑十万来寇，韩洪军大败，仲卿自乐宁镇邀击，斩首虏千馀级。

帝遣越公杨素出灵州，行军总管韩僧寿出庆州，太平公史万岁出燕州，大将军武威姚辩出河州，以击都蓝。师未出塞，十二月乙未，都蓝为部下所杀，达头自立为步迦可汗，其国大乱。长孙晟言于上曰：“今官军临境，战数有功，虏内自携离，其主被杀，乘此招抚，可以尽降。请遣染干部下分道招慰。”上从之。降者甚众。

二十年夏四月壬戌，突厥达头可汗犯塞，诏命晋王广、杨素出灵武道，汉王谅、史万岁出马邑道以击之。长孙晟帅降人为秦州行军总管，受晋王节度。晟以突厥饮泉，易可行毒，因取诸药毒水上流，突厥人畜饮之多死，于是大惊曰：“天雨恶水，其亡我乎！”因夜遁。晟追之，斩首千馀级。

冬季十月甲午(初二),隋朝册封突厥突利可汗为意利珍豆启民可汗,汉语的意思是“智慧康健”。突厥部落归附启民可汗的,有一万多人,文帝命令长孙晟率五万人在朔州修建大利城来安置这些人。此时安义公主已经去世,又派遣长孙晟执持旌节护送室宗女义成公主嫁给启民可汗。

长孙晟上奏说:“染干部落前来归附的人越来越多,虽然让他们居住在长城以内,却还遭到都蓝可汗雍虞闾的劫掠,不得安宁。请求把他们迁徙到五原地区,将黄河作为天然屏障,在夏、胜两州之间,东西都到黄河边上,南北相隔四百里,挖掘横向的壕沟,让突厥人住在里面,使他们任意放牧。”隋文帝听从了他的建议。又命令上柱国赵仲卿屯兵两万,为启民可汗防御达头可汗,代州总管韩洪等人统领步、骑兵一万人镇守恒安。达头可汗率十万骑兵入犯,韩洪军队大败,赵仲卿由乐宁镇阻拦袭击达头部队,斩获突厥首级一千多。

隋文帝派越公杨素从灵州出兵,行军总管韩僧寿从庆州出兵,太平公史万岁从燕州出兵,大将军武威人姚辩从河州出兵,攻打都蓝可汗。隋军还没有出塞,十二月乙未(初四),都蓝可汗被部下所杀,达头可汗自立为步迦可汗,突厥国大乱。长孙晟对隋文帝说:“现在官军已逼近突厥国境,几次交战都取得成功,突厥内部分崩离析,可汗又被杀死,不如趁机去招抚他们,突厥会全部投降。请求派遣染干的部下分道去招抚慰问突厥部众。”隋文帝采纳了他的建议。归降的突厥人非常多。

二十年(600)夏季四月壬戌(初四),突厥达头可汗侵犯隋朝边塞,隋文帝下达诏书,命令晋王杨广、越公杨素从灵武道出兵,汉王杨谅、太平公史万岁从马邑道出兵,一同去攻打达头可汗。长孙晟统率归降的突厥人,充任秦州行军总管,接受晋王杨广的指挥调遣。长孙晟知道突厥人饮用泉水,容易投毒,于是搜集了各种毒药,投放在泉水上游,突厥人和牲畜饮用泉水后大多中毒死去,于是突厥人惊恐地说:“上天降下恶水,是要灭掉我们吧!”因此连夜逃跑。长孙晟率军追击他们,斩首一千馀级。

史万岁出塞，至大斤山，与虏相遇。达头遣使问："隋将为谁？"候骑报："史万岁也。"突厥复问："得非敦煌戍卒乎？"候骑曰："是也。"达头惧而引去。万岁驰追百馀里，纵击，大破之，斩数千级。逐北，入碛数百里，虏远遁而还。诏遣长孙晟复还大利城，安抚新附。

达头复遣其弟子俟利伐从碛东攻启民，上又发兵助启民守要路，俟利伐退走入碛。启民上表陈谢曰："大隋圣人可汗怜养百姓，如天无不覆，地无不载。染干如枯木更叶，枯骨更肉，千世万世，常为大隋典羊马也。"帝又遣赵仲卿为启民筑金河、定襄二城。

仁寿元年春正月，突厥步迦可汗犯塞，败代州总管韩洪于恒安。夏五月，突厥男女九万口来降。冬十一月，诏以杨素为云州行军元帅，长孙晟为受降使者，挟启民可汗北击步迦。

二年春三月，突厥思力俟斤等南渡河，掠启民男女六千口、杂畜二十馀万而去。杨素帅诸军追击，转战六十馀里，大破之。突厥北走，素复进追，夜，及之。恐其越逸，令其骑稍后，亲引两骑并降突厥二人与虏并行，虏不之觉。候其顿舍未定，趣后骑掩击，大破之，悉得人畜以归启民。自是突厥远遁，碛南无复寇掠。

三年，突厥步迦可汗所部大乱，铁勒、仆骨等十馀部，皆叛步迦降于启民。步迦众溃，西奔吐谷浑。长孙晟送启民置碛口，启民于是尽有步迦之众。

史万岁率军出塞，到大斤山时与突厥相遇。达头可汗派使者去问："隋朝大将是谁？"侦察骑兵回报："是史万岁。"突厥使者又问："难道是敦煌的那位戍卒？"侦察骑兵回报："是的。"达头可汗害怕而退去。史万岁飞速追赶百馀里，猛烈攻击，大败突厥，斩首数千人。史万岁又继续追击败军，进入沙漠数百里，直到突厥逃亡远处才返回。隋文帝下诏，派长孙晟再次回到大利城，去安抚那些新近归附的突厥人。

达头可汗又派他的侄子俟利伐从沙漠东面攻打启民可汗，隋文帝再次发兵援助启民可汗防守军事要道，俟利伐退到沙漠中去。启民可汗上表感谢说："大隋圣人可汗怜爱养护百姓，恩德如上天一样无不覆盖，如大地一样无不承载。染干我就像枯树长出新叶，枯骨长出新肉，愿意千世万世，永远为大隋放羊牧马。"隋文帝又派赵仲卿为启民可汗修筑金河、定襄两座城池。

仁寿元年(601)春季正月，突厥步迦可汗又侵犯边塞，在恒安打败隋朝代州总管韩洪。夏季五月，突厥九万多人来归降。冬季十一月，隋文帝下诏，任命杨素为云州行军元帅，长孙晟为受降使者，带领启民可汗向北进攻步迦可汗。

二年(602)春季三月，突厥思力俟斤等人向南渡过黄河，掠夺启民可汗部众六千人、牧畜二十多万头离去。杨素统领各军前去追击，转战六十多里，大败突厥军。突厥向北逃跑，杨素又率军追击，夜里赶上了他们。杨素担心他们逃掉，命部下骑兵稍稍后退，亲自带着两个骑兵和归降的两个突厥人与突厥军队一起行进，突厥军队没有察觉到。等到突厥军队还没安置妥当的时候，杨素催促后面的大队骑兵突然袭击，大破突厥军，将俘获的全部人畜都给了启民可汗。从此以后，突厥人逃得远远的，沙漠以南不再有侵扰掠夺之事。

三年(603)，突厥步迦可汗所统率的部众大乱，铁勒、仆骨等十多个部落都背叛步迦可汗，归降启民可汗。步迦的部众溃散后，他向西投奔吐谷浑。长孙晟护送启民可汗到碛口安置，于是启民可汗将步迦可汗的全部部众都吞并了。

炀帝大业三年春正月朔旦，大陈文物。时突厥启民可汗入朝，见而慕之，请袭冠带，帝不许。明日，又帅其属上表固请，帝大悦，谓牛弘等曰："今衣冠大备，致单于解辫，卿等功也！"各赐帛甚厚。

夏四月丙寅，车驾北巡。己亥，顿赤岸泽。五月丁巳，突厥启民可汗遣其子拓特勒来朝。戊午，发河北十馀郡丁男凿太行山，达于并州，以通驰道。丙寅，启民遣其兄子毗黎伽特勒来朝。辛未，启民遣使请自入塞奉迎舆驾，上不许。六月戊子，车驾顿榆林郡。帝欲出塞耀兵，径突厥中，指于涿郡，恐启民惊惧，先遣武卫将军长孙晟谕旨。启民奉诏，因召所部诸国奚、霫、室韦等酋长数十人咸集。晟见牙帐中草秽，欲令启民亲除之，示诸部落，以明威重，乃指帐前草曰："此根大香。"启民遽嗅之，曰："殊不香也。"晟曰："天子行幸所在，诸侯躬自洒扫，耕除御路，以表至敬之心。今牙内芜秽，谓是留香草耳！"启民乃悟曰："奴之罪也！奴之骨肉皆天子所赐，得效筋力，岂敢有辞？特以边人不知法耳，赖将军教之。此将军之惠，奴之幸也。"遂拔所佩刀，自芟庭草，其贵人及诸部争效之。于是发榆林北境，至其牙，东达于蓟，长三千里，广百步，举国就役，开为御道。帝闻晟策，益嘉之。

隋炀帝大业三年(607)春季正月初一,炀帝大规模地在宫中陈列典章文物。此时突厥启民可汗入朝觐见,见到这些之后非常仰慕,请求袭用隋朝的衣冠服饰,隋炀帝没有答应他的请求。第二天,启民可汗又率领他的部属们上表恳切请求,隋炀帝非常高兴,对牛弘等人说:“如今我朝的衣冠礼仪十分完备,以致单于自愿解掉他的发辫,这都是你们的功劳啊!”分别赐给牛弘等人丰厚的绢帛。

夏季四月丙寅这天,隋炀帝去北方巡视。己亥(二十一日),在赤岸泽停留。五月丁巳(初九),突厥启民可汗派他的儿子拓特勒来朝见。戊午(初十),征发河北十多个郡的男丁开凿太行山,到达并州,以开通驰道。丙寅(十八日),启民可汗派他兄长的儿子毗黎伽特勒前来朝见。辛未(二十三日),启民可汗派使者请求亲自入塞奉护迎接炀帝,炀帝没有答应。六月戊子(十一日),炀帝停驻在榆林郡。炀帝想出塞去炫耀兵力,径直进入突厥境内,去往涿郡,因担心启民可汗惊恐,先派武卫将军长孙晟去传达旨意。启民可汗接到隋炀帝的诏书,就把所属的奚、霫、室韦等部落的酋长几十人都召集在一起,准备迎接圣驾。长孙晟看到启民可汗牙帐中杂草肮脏,打算让启民可汗亲自清除掉,示范给各个部落看,以表示对朝廷的敬重,于是长孙晟指着牙帐前的野草说:“这草很香。”启民可汗赶紧去闻,说:“一点儿也不香。”长孙晟说:“天子巡幸所到之地,诸侯都要亲自洒扫,修整御道,以表示至诚崇敬之心。现在你的牙帐内杂草丛生,我以为是留香草呢!”启民可汗才醒悟说:“这是我的罪过!我的骨肉都是天子赐给的,有向天子效力的机会,怎么敢推辞呢?只是因为边区小民不知道法度罢了,全靠将军您教诲我们。这是将军您的恩惠,是奴仆我的幸运。”于是拔出佩刀亲自割除杂草,他手下的显贵以及各个部落都争相效仿启民可汗。于是从榆林北境,直到启民可汗的牙帐,向东一直到蓟县,长三千里,宽一百步,征调突厥全国部众都去服劳役,开辟出御道。炀帝知道长孙晟的策略后,更加赞许他。

丁酉，启民及义成公主来朝行宫。己亥，吐谷浑、高昌并遣使入贡。甲辰，上御北楼观渔于河，以宴百僚。定襄太守周法尚朝于行宫，太府卿元寿言于帝曰："汉武出关，旌旗千里。今御营之外，请分为二十四军，日别遣一军发，相去三十里，旗帜相望，钲鼓相闻，首尾相属，千里不绝。此亦出师之盛者也！"法尚曰："不然。兵亘千里，动间山川，猝有不虞，四分五裂。腹心有事，首尾未知，道路阻长，难以相救。虽有故事，乃取败之道也。"帝不怿，曰："卿意如何？"法尚曰："结为方陈，四面外拒，六宫及百官家属并在其内。若有变起，所当之面，即令抗拒，内引奇兵，出外奋击。车为壁垒，重设钩陈，此与据城，理亦何异。若战而捷，抽骑追奔，万一不捷，屯营自守，臣谓此万全之策也。"帝曰："善！"因拜法尚左武卫将军。

启民可汗复上表，以为："先帝可汗怜臣，赐臣安义公主，种种无乏。臣兄弟嫉妒，共欲杀臣。臣当是时，走无所适，仰视唯天，俯视唯地，奉身委命，依归先帝。先帝怜臣且死，养而生之，以臣为大可汗，还抚突厥之民。至尊今御天下，还如先帝养生臣及突厥之民，种种无乏。臣荷戴圣恩，言不能尽。臣今非昔日突厥可汗，乃是至尊臣民，愿帅部落变改衣服，一如华夏。"帝以为不可。秋七月辛亥，赐启民玺书，谕以"碛北未静，犹须征战，但存心恭顺，何必变服？"

帝欲夸示突厥，令宇文恺为大帐，其下可坐数千人。甲寅，帝于城东御大帐，备仪卫，宴启民及其部落，作散乐。

丁酉(二十日),启民可汗和义成公主到行宫来朝拜。己亥(二十二日),吐谷浑、高昌都派使者来朝见、进贡。甲辰(二十七日),炀帝登上北楼观看渔人在黄河中捕鱼,拿来宴请百官。定襄太守周法尚到行宫来朝见,太府卿元寿对炀帝说:"当年汉武帝出关时,旌旗绵延千里。如今在御营之外,请把军队分成二十四军,每天派遣一军进发,每军相距三十里,旗帜相望,钲鼓相闻,首尾相连,千里不绝。这也是出师的盛况啊!"周法尚说:"不能这样。军队绵延千里,在山川中行进,如果突遇不测的话,队伍就会四分五裂。如果中央有事,首尾部队不知道,即使知道,道路险阻漫长,难以相救。虽然有汉武帝出关兵连千里的故事,但这是招致失败的办法。"炀帝听了不高兴,说:"爱卿你觉得应该怎么办?"周法尚说:"将军队列成方阵,四面对外防御,六宫以及百官的家属都在阵内。如果发生变故,就命受敌的那面抵抗,并从阵内派出奇兵,向外冲出奋起还击。用战车做壁垒,再设置钩阵,这与据守城池的原理是一样的。假如作战取胜,就调派骑兵追击,万一失败,还可以屯营自守,我认为这才是万全的策略。"炀帝说:"好!"于是认命周法尚为左武卫将军。

启民可汗又上表,认为:"先帝可汗怜惜我,把安义公主嫁给我,所有用品都不缺乏。我的兄弟们妒忌我,都想杀掉我。我当时走投无路,抬头只有天,低头只有地,将身家性命托付给先帝。先帝怜惜我将死,养护我使我活了下来,让我做了大可汗,返还家乡安抚突厥民众。陛下如今驾驭天下,依然像先帝那样养护臣下和突厥民众,所有用品也不缺乏。我深受圣上恩典,言语无法表达感激之情。我如今已不是过去的突厥可汗,而是陛下的臣民,我愿率领部落百姓变易服装,与华夏一样。"炀帝认为不可。秋季七月辛亥(初四),赐给启民可汗玺书,说:"漠北还不平静,仍需要征战,只要你们有心恭顺朝廷,何必变易服装?"

隋炀帝想向突厥炫耀隋朝的威风,就命令宇文恺制作大帐,帐内能够坐下几千人。甲寅(初七),炀帝进入城东的大帐,准备好仪仗侍卫,宴请启民可汗及其部落酋长,命人演奏散乐。

诸胡骇悦，争献牛羊驼马数千万头。帝赐启民帛二十万段，其下各有差。又赐启民路车乘马，鼓吹幡旗，赞拜不名，位在诸侯王上。又诏发丁男百馀万筑长城，西距榆林，东至紫河。尚书左仆射苏威谏，帝不听，筑之二旬而毕。

八月壬午，车驾发榆林，历云中，溯金河。时天下承平，百物丰实，甲士五十馀万，马十万匹，旌旗辎重，千里不绝。令宇文恺等造观风行殿，上容侍卫者数百人，离合为之，下施轮轴，倏忽推移。又作行城，周二千步，以板为干，衣之以布，饰以丹青，楼橹悉备。胡人惊以为神，每望御营，十里之外，屈膝稽颡，无敢乘马。启民奉庐帐以俟车驾。乙酉，帝幸其帐。启民奉觞上寿，跪伏恭甚，王侯以下袒割于帐前，莫敢仰视。帝大悦，赋诗曰："呼韩顿颡至，屠耆接踵来。何如汉天子，空上单于台！"皇后亦幸义成公主帐。帝赐启民及公主金瓮各一，并衣服被褥锦彩，特勒以下，受赐各有差。帝还，启民从入塞，己丑，遣归国。

四年夏四月乙卯，诏以："突厥启民可汗遵奉朝化，思改戎俗，宜于万寿戍置城造屋，其帷帐床褥以上，务从优厚。"

五年春正月，突厥启民可汗来朝，礼赐益厚。冬十一月，突厥启民可汗卒，上为之废朝三日，立其子咄吉，是为始毕可汗。表请尚公主，诏从其俗。

八年春二月，北平襄侯段文振为兵部尚书，上表，以为

各个部落酋长都惊骇欣悦，争相献上牛、羊、骆驼和马匹数千万头。炀帝赐给启民可汗绢帛二十万段，他的属下按照等级也各有赏赐。炀帝又赐给启民可汗辂车、坐骑、鼓吹、幡旗等仪仗，特许他朝拜时不必先报姓名，地位在诸侯王以上。又下诏，征发男丁一百多万去修筑长城，西到榆林，东至紫河。尚书左仆射苏威劝阻，炀帝不听，修筑了二十天后完工。

八月壬午（初六），炀帝从榆林出发，经过云中郡，沿金河而上。当时天下太平，物产丰裕，随行的士兵有五十多万，战马十万匹，旌旗和运送物资的车辆，千里不绝。炀帝命令宇文恺等人修造观风行殿，上面可以容纳侍卫几百人，行殿可以拆分、组装，下设轮轴，可以迅速地推移。又制造行城，周长有两千步，用木板为主体，外面用布包上，再画上画装饰，观台、望敌楼全都齐备。胡人惊叹不已，认为神功，每望见御营，十里之遥就跪下磕头，没有敢骑马的。启民可汗奉献庐帐以等待炀帝的到来。乙酉（初九），炀帝亲临启民可汗的庐帐。启民可汗捧着酒杯为炀帝祝寿，跪在地上，非常恭敬，突厥王侯以下的人，都在帐前敬候天子，袒露身体亲自割肉，不敢仰视。炀帝很高兴，赋诗说："呼韩顿颡至，屠耆接踵来。何如汉天子，空上单于台！"皇后也临幸了义成公主的牙帐。炀帝赐给启民可汗和义成公主金瓮各一只，以及衣服、被褥、锦缎等，特勒以下的官员，也受到不同等级的赏赐。炀帝返程，启民可汗跟随炀帝入塞，己丑（十三日），炀帝让他回国。

四年（608）夏季四月乙卯（十三日），炀帝下诏说："突厥启民可汗遵奉朝廷的教化，想改变戎狄的习俗，可以在万寿戍建城造屋，他们所用的帷帐、床褥等物品，务必从优供应。"

五年（609）春季正月，突厥启民可汗来京朝拜，受到的礼遇和赏赐更加优厚。冬季十一月，突厥启民可汗去世，炀帝为他罢朝三日，册立他的儿子咄吉，这就是始毕可汗。始毕可汗上表请求续娶义成公主，炀帝下诏，命令遵从突厥的习俗。

八年（612）春季二月，北平襄侯段文振出任兵部尚书，上表，认为

帝"宠待突厥太厚,处之塞内,资以兵食。戎狄之性,无亲而贪,异日必为国患,宜以时谕遣,令出塞外,然后明设烽候,缘边镇防,务令严重,此万岁之长策也"。三月辛卯,文振卒,帝甚惜之。

炀帝“对突厥的恩宠过于丰厚，将他们安置在塞内，供给他们武器、粮食。然而戎狄的本性，不近人情又很贪婪，以后必会成为国家的祸患，应该在适当的时间下诏遣返，让他们迁回塞外，然后公开设置烽火台，在边境镇守，务必让将士重视防备，这才是长治久安的政策”。三月辛卯（十二日），段文振去世，炀帝非常惋惜。

隋讨高丽

隋文帝开皇十七年，高丽王汤闻陈亡，大惧，治兵积谷，为拒守之策。是岁，上赐汤玺书，责以“虽称藩附，诚节未尽”。且曰：“彼之一方，虽地狭人少，今若黜王，不可虚置，终须更选官属，就彼安抚。王若洒心易行，率由宪章，即是朕之良臣，何劳别遣才彦！王谓辽水之广，何如长江？高丽之人，多少陈国？朕若不存含育，责王前愆，命一将军，何待多力？殷勤晓示，许王自新耳。”汤得书，惶恐，将奉表陈谢，会病卒。子元嗣立，上使使拜元为上开府仪同三司，袭爵辽东公。元奉表谢恩，因请封王，上许之。

十八年春二月，高丽王元帅靺鞨之众万馀寇辽西，营州总管韦冲击走之。上闻而大怒，乙巳，以汉王谅、王世积并为行军元帅，将水陆三十万伐高丽。以尚书左仆射高颎为汉王长史，周罗睺为水军总管。夏六月丙寅，下诏

隋讨高丽

隋文帝开皇十七年(597),高丽国王高汤听说陈朝灭亡了,十分害怕,于是加紧整治军队,囤积粮草,筹划拒敌坚守的计策。这一年,文帝赐予高汤玺书,责备他"虽然声称藩国内附,但表示忠诚的礼节并没有尽到"。而且还说:"你那一块地方,虽然土地狭小,人口稀少,但如果现在废黜了你的王位,也不能空设官署,终究还是需要朝廷重新选派官属,到你那里去安抚黎民百姓。你如果洗心革面,改变行止,完全依照旧时的规矩办,那你就是我的良臣,我又何必另派贤才呢?你觉得辽水的广大,比起长江怎么样?高丽的人,比陈朝多还是少?我如果不是心存包容化育,而是要责问你以前的过失,那只需派遣一位将军前去就行,何必再花更多的力气!殷切地对你开导示喻,是允许你改过自新罢了。"高汤接到文帝的玺书后惊慌恐惧,准备向朝廷献章表陈情谢罪,赶上他得病去世。他的儿子高元继位,文帝派使者拜授高元为上开府仪同三司,承袭父爵辽东公。高元奉献章表谢恩,趁机请求加封为王,文帝答应了他的请求。

十八年(598)春季二月,高丽王高元率靺鞨族部众一万多人进犯辽西,营州总管韦冲率军迎战并击退了他们。文帝听说后勃然大怒,乙巳(初四),任命汉王杨谅、上柱国王世积同为行军元帅,领水陆军三十万人讨伐高丽。任命尚书左仆射高颎为汉王长史,周罗睺为水军总管。夏季六月丙寅(二十七日),文帝下诏,

黜高丽王元官爵。汉王谅军出临渝关,值水潦,馈运不继,军中乏食,复遇疾疫。周罗睺自东莱泛海趣平壤城,亦遭风,船多飘没。秋九月己丑,师还,死者什八九。高丽王元亦惶惧遣使谢罪,上表称"辽东粪土臣元",上于是罢兵,待之如初。

百济王昌遣使奉表,请为军导。帝下诏谕以"高丽服罪,朕已赦之,不可致伐"。厚其使而遣之。高丽颇知其事,以兵侵掠其境。

炀帝大业六年,帝之幸启民帐也,高丽使者在启民所,启民不敢隐,与之见帝。黄门侍郎裴矩说帝曰:"高丽本箕子所封之地,汉、晋皆为郡县,今乃不臣,别为异域。先帝欲征之久矣,但杨谅不肖,师出无功。当陛下之时,安可不取,使冠带之境,遂为蛮貊之乡乎?今其使者亲见启民举国从化,可因其恐惧,胁使入朝。"帝从之,敕牛弘宣旨曰:"朕以启民诚心奉国,故亲至其帐。明年当往涿郡,尔还日语高丽王,宜早来朝,勿自疑惧,存育之礼,当如启民。苟或不朝,将帅启民往巡彼土。"高丽王元惧,藩礼颇阙,帝将讨之,课天下富人买武马,匹至十万钱,简阅器仗,务令精新,或有滥恶,则使者立斩。

废黜高丽王高元的官爵。汉王杨谅的兵马从临渝关出击，正好赶上大雨成灾，后方粮草运输接续不上，军中缺乏食物，又遇上疾疫流行。周罗睺从东莱渡海直扑平壤城，也遭到大风袭击，船只大多漂走沉没。秋季九月己丑（二十一日），隋军被迫撤军，士兵死亡的占十分之八九。高丽王高元也惊慌恐惧，派遣使者向隋廷谢罪，上表称自己是"辽东粪土臣子高元"，文帝于是停战，对待他还是和以前一样。

百济国王余昌派遣使节向隋文帝奉献章表，请求担任隋军的前导，带随军讨伐高丽。文帝下诏，告诉他"高丽已经服罪，我已赦免了他们，不可以再进行讨伐"。丰厚地赏赐了百济使者并让他回国。高丽全面了解到这件事，就出兵侵扰掠杀百济的边境地区。

隋炀帝大业六年（610），炀帝驾临启民可汗牙帐的时候，高丽使者也正在启民可汗那里，启民可汗不敢隐瞒，就和高丽使者一起拜见炀帝。黄门侍郎裴矩劝炀帝说："高丽本来是西周时箕子的封地，汉、晋时期都成为所统辖的郡县，如今却不称臣，另外独立而成为异域国家。先帝打算征服高丽已经很久了，只是杨谅不成器，出师却没有建立战功。而今正当陛下您君临天下之时，怎能不征服它，而使华夏礼仪之邦的辖区，成为蛮貊部族的乡土呢？今天高丽使者亲眼看到了启民可汗全国顺从教化，可以趁着他惊恐畏惧，胁迫高丽派遣使节入朝。"炀帝采纳了他的意见，命牛弘宣达意旨说："朕因启民可汗诚心敬奉我大隋，所以亲自来到他的牙帐。明年按行程要去涿郡，你回去时告诉高丽王，应该尽早来朝见，不要自己疑虑恐惧，大隋存恤养育的礼遇，一定会同对待启民可汗一样。如果不来朝见，将会率领启民可汗前去巡视你们那块地方。"高丽国王高元担心自己作为藩国应奉行的朝觐礼仪做得很不到位，炀帝将讨伐他，于是便向本国富人征税，来购买军马，每匹马价格高达十万钱，又检阅军队，挑选兵器，要求务必精良崭新，如果发现有粗制滥造的，使者就立刻将他斩首。

七年春二月乙亥，帝自江都行幸涿郡。壬午，下诏讨高丽。敕幽州总管元弘嗣往东莱海口造船三百艘。官吏督役，昼夜立水中，略不敢息，自腰以下皆生蛆，死者什三四。夏四月庚午，车驾至涿郡之临朔宫，文武从官九品以上，并令给宅安置。先是，诏总征天下之兵，无问远近，俱会于涿。又发江淮以南水手一万人，弩手三万人，岭南排𬬻手三万人，于是四远奔赴如流。五月，敕河南、淮南、江南造戎车五万乘送高阳，供载衣甲幔幕，令兵士自挽之；发河南、北民夫以供军须。秋七月，发江、淮以南民夫及船运黎阳及洛口诸仓米至涿郡，舳舻相次千馀里。载兵甲及攻取之具，往还在道常数十万人，填咽于道，昼夜不绝，死者相枕，臭秽盈路，天下骚动。

八年春正月，四方兵皆集涿郡。帝征合水令庾质，问曰："高丽之众不能当我一郡，今朕以此众伐之，卿以为克不？"对曰："伐之可克，然臣窃有愚见，不愿陛下亲行。"帝作色曰："朕今总兵至此，岂可未见贼而先自退邪？"对曰："战而未克，惧损威灵。若车驾留此，命猛将劲卒，指授方略，倍道兼行，出其不意，克之必矣。事机在速，缓则无功。"帝不悦，曰："汝既惮行，自可留此。"右尚方署监事耿询上书切谏，帝大怒，命左右斩之，何稠苦救，得免。

壬午，诏左十二军出镂方、长岑、溟海、盖马、建安、南苏、辽东、玄菟、扶余、朝鲜、沃沮、乐浪等道，右十二军出黏蝉、含资、浑弥、临屯、候城、提奚、蹋顿、肃慎、碣石、东暆、

七年(611)春季二月乙亥(十九日),炀帝从江都出巡驾临涿郡。壬午(二十六日),下诏讨伐高丽。命令幽州总管元弘嗣前往东莱海口监造战船三百艘。官吏督促工匠们,昼夜站立在水中,丝毫不敢休息,从腰以下都生了蛆,死者占十分之三四。夏季四月庚午(十五日),炀帝的车驾到达涿郡的临朔宫,跟从的文武百官,凡是九品以上的,都下令给予宅邸安置。在此之前,炀帝下诏征发全国的兵丁,不论距离远近,全都聚集在涿郡。又征发长江、淮河以南的水手一万人,弓弩手三万人,岭南的排镩手三万人,至此从四方遥远地区奔赴涿郡的人,如同流水一般。五月,命令河南、淮南、江南制造兵车五万辆送往高阳,供载运衣甲帐幕使用,命令兵士们自己拉车;又征发河南、河北的民夫来供应军需。秋季七月,征发长江、淮河以南的民夫和船只,运送黎阳以及洛口等处官仓的谷米到涿郡,船只首尾相接绵延一千多里。运送武器铠甲和攻城器械的人,在路上往返奔波,常常有数十万人,堵塞住道路,日夜不断,累死的人一个压一个,恶臭秽气充斥整个道路,天下动荡不安。

八年(612)春季正月,四方兵马都在涿郡集合。炀帝召来合水县令庾质问道:"高丽的民众还抵不上我大隋的一个郡,如今朕率领这么多的军队去讨伐它,你认为能攻克吗?"庾质回答说:"征伐它肯定会攻克,但我私下有一种愚昧的看法,不愿陛下亲自前往。"炀帝脸色一变说:"朕如今集结全国军队在这里,怎能还没看见贼军就先自己撤退呢?"庾质回答说:"交战却未能攻克,恐怕有损陛下的声威。如果陛下留在此地,指挥猛将强兵,面授谋略,日夜兼程,出其不意,打败它是一定的。战事的关键在于神速,迟缓就会无功。"炀帝听后很不高兴,说:"你既然害怕前往,可以自己留在这里。"右尚方署监事耿询上书恳切劝谏,炀帝勃然大怒,命令左右斩杀他,何稠苦苦营救,耿询才免于一死。

壬午(初二),炀帝下诏,命左十二军由镂方、长岑、溟海、盖马、建安、南苏、辽东、玄菟、扶余、朝鲜、沃沮、乐浪等道出击,右十二军由黏蝉、含资、浑弥、临屯、候城、提奚、蹋顿、肃慎、碣石、东暆、

带方、襄平等道。骆驿引途，总集平壤，凡一百一十三万三千八百人，号二百万，其馈运者倍之。宜社于南桑乾水上，类上帝于临朔宫南，祭马祖于蓟城北。帝亲授节度：每军大将、亚将各一人；骑兵四十队，队百人，十队为团；步卒八十队，分为四团，团各有偏将一人；其铠胄、缨拂、旗幡，每团异色；受降使者一人，承诏慰抚，不受大将节制；其辎重散兵等亦为四团，使步卒挟之而行。进止立营，皆有次叙仪法。癸未，第一军发。日遣一军，相去四十里，连营渐进。终四十日，发乃尽，首尾相继，鼓角相闻，旌旗亘九百六十里。御营内合十二卫，三台、五省、九寺，分隶内、外、前、后、左、右六军，次后发，又亘八十里。近古出师之盛，未之有也。

二月，以段文振为左候卫大将军，出南苏道。文振于道中疾笃，上表曰："窃见辽东小丑，未服严刑，远降六师，亲劳万乘。但夷狄多诈，深须防拟，口陈降款，毋宜遽受。水潦方降，不可淹迟。唯愿严勒诸军，星驰速发，水陆俱前，出其不意，则平壤孤城，势可拔也。若倾其本根，馀城自克。如不时定，脱遇秋霖，深为艰阻，兵粮既竭，强敌在前，靺鞨出后，迟疑不决，非上策也。"三月辛卯，文振卒，帝甚惜之。

癸巳，上始御师，进至辽水。众军总会，临水为大陈，高丽兵阻水拒守，隋兵不得济。左屯卫大将军麦铁杖谓人曰：

带方、襄平等道出击。人马络绎不绝，路上相继，最后在平壤总会师，共计一百一十三万三千八百人，号称二百万，那些运送军需物资的人又是这些军队的一倍。为求吉利，应在桑乾河南面祭祀土神，在临朔宫的南面祭祀天帝，在蓟城的北面祭祀天驷星。炀帝亲自指挥调度：每支军队安排大将、副将各一人；骑兵四十队，每队一百人，十队为一团；步兵八十队，分为四团，每团各设偏将一人；每团的铠甲头盔、缨拂、旗幡，颜色各有区别；还设置一名受降使者，专门负责承宣诏书、慰劳安抚，不受大将的节制；那些物资运输队、散兵等也划分为四个团，让步兵护送行进。有关行进、停驻和安营，都有一定的次序和礼法。癸未（初三），第一军出发。以后每天遣发一军，军与军之间相距四十里，一营接一营逐步前进。用了四十天才遣发完毕，各军首尾相接，鼓角相闻，旌旗绵延九百六十里之远。炀帝的御营由十二卫组成，三台、五省、九寺分别隶属于内、外、前、后、左、右六军，依次在大军之后出发，又绵延八十里之远。近古出师的盛况，从来没有像这样的。

二月，炀帝任命段文振为左候卫大将军，从南苏道出发。段文振在途中病得很重，奏上章表说："我私下认为辽东这个小丑部落，不服从朝廷威严的法令，致使六军从远处降临，亲自有劳陛下的万乘之尊。然而狄夷生性多诈，必需严加防范，他们口头上陈说归降的诚意，陛下不要立即接受。大雨正要降下，不能再拖延下去。只希望陛下严格约束各军，星夜奔驰，快速进击，水陆并进，出其不意，那么平壤这座孤城，势必可以攻下。如果动摇了高丽国的根本，其馀的城池就会不攻自破。假如不抓住时机迅速平定，若遇上秋季大雨，会造成严重的艰难险阻，到那时武器和粮食已经枯竭，强敌就在前面，靺鞨再从后方捣乱，迟疑不决，不是上策。"三月辛卯（十二日），段文振病死，炀帝十分痛惜。

癸巳（十四日）这天，炀帝开始指挥军队，行军至辽水西岸。各军全都集结在一起，面对辽水摆下大规模的阵式，高丽军凭借辽水抗拒守卫，隋兵渡不过去。左屯卫大将军麦铁杖对人说：

“丈夫性命自有所在，岂能然艾灸頞，瓜蒂歕鼻，治黄不差，而卧死儿女手中乎！”乃自请为前锋，谓其三子曰：“吾荷国恩，今为死日！我得良杀，汝当富贵。”帝命工部尚书宇文恺造浮桥三道于辽水西岸，既成，引桥趣东岸，桥短不及岸丈馀。高丽兵大至，隋兵骁勇者争赴水接战，高丽兵乘高击之，隋兵不得登岸，死者甚众。麦铁杖跃登岸，与虎贲郎将钱士雄、孟叉等皆战死。乃敛兵，引桥复就西岸。诏赠铁杖宿公，使其子孟才袭爵，次子仲才、季才并拜正议大夫。更命少府监何稠接桥，二日而成。诸军相次继进，大战于东岸，高丽兵大败，死者万计。诸军乘胜进围辽东城，即汉之襄平城也。车驾度辽，引曷萨那可汗及高昌王伯雅观战处以慑惮之，因下诏赦天下。命刑部尚书卫文昇、尚书右丞刘士龙抚辽左之民，给复十年，建置郡县，以相统摄。

诸将之东下也，帝亲戒之曰：“今者吊民伐罪，非为功名。诸将或不识朕旨，欲轻兵掩袭，孤军独斗，立一身之名以邀勋赏，非大军行法。公等进军，当分为三道，有所攻击，必三道相知，毋得轻军独进，以致失亡。又，凡军事进止，皆须奏闻待报，毋得专擅。”辽东数出战不利，乃婴城固守，帝命诸军攻之。又敕诸将：“高丽若降，即宜抚纳，不得纵兵。”辽东城将陷，城中人辄言请降，诸将奉旨不敢赴机，先令驰奏，比报至，城中守御亦备，随出拒战。如此再三，

"大丈夫的性命有本来该亡绝的地方，怎么能点燃艾绒灼炙鼻梁来缓解头痛，用瓜蒂打出喷嚏来通气，像这样来治疗黄热病，痊愈不了，而只能在小儿女手中卧病死去！"于是主动请求充当先锋，对他的三个儿子说："我承受国家的恩遇，如今是我为国捐躯的日子！如果我得以战死，你们定当富贵。"炀帝命令工部尚书宇文恺在辽水西岸修造三道浮桥，修成后，铺设浮桥直扑东岸，浮桥短，离岸边还差一丈多。高丽兵大举压过来，隋军中骁勇的将士争相跳入水中迎战，高丽兵从高处回击隋兵，隋兵无法登上东岸，战死的人非常多。麦铁杖纵身一跃，登上东岸，与虎贲郎将钱士雄、孟叉等人都战死了。于是隋军收兵，将浮桥拖回西岸。炀帝下诏追赠麦铁杖为宿公，让他的长子麦孟才承袭父爵，次子麦仲才、麦季才都拜授正议大夫。又命令少府监何稠接续浮桥，两天便完成了。各军依次相继推进，在辽河东岸展开激战，高丽兵大败，战死者数以万计。隋军乘胜推进，围攻辽东城，也就是汉代的襄平城。炀帝的车驾渡过辽水，带领曷萨那可汗及高昌国国王麹伯雅观战来威慑他们两个，随即下诏，大赦天下。命令刑部尚书卫文昇、尚书右丞刘士龙安抚辽东的百姓，免除十年徭役，并在那里设置郡县，来逐级统领。

众将向东进军时，炀帝亲自训诫他们说："这次出征是慰问受难百姓，讨伐有罪之人，不是为了功名。诸位将领中有人不知道我的旨意，只想用轻装兵马突然袭击，孤军独力搏斗，建立功名来邀功请赏，这不是我们天朝大军的打法。明公等人进军，应当分成三路，遇到要攻击的对象，一定要三路人马互相告知，不许轻军独进，以致失利败亡。再有，凡是军事上的推进与停驻，都要奏报，等待答复，不得独断专行。"驻守辽东城的高丽军几次出战不利，于是据城固守，炀帝下令各军攻打城池。同时又严令各军将领："高丽如果投降，应立即安抚接纳，不得纵兵击杀。"辽东城临近沦陷，城中的高丽人就声称请求归降，众将承奉炀帝旨意，不敢抓住战机行动，先派人飞速奏报炀帝，等到答复回来，城中的守御也已布置停当，随即又出兵抗战。这样反复几次，

帝终不悟。既而城久不下。六月己未，帝幸辽东城南，观其城池形势，因召诸将诘责之曰："公等自以官高，又恃家世，欲以暗懦待我邪？在都之日，公等皆不愿我来，恐见病败耳。我今来此，正欲观公等所为，斩公辈耳！公今畏死，莫肯尽力，谓我不能杀公邪？"诸将咸战惧失色。帝因留止城西数里，御六合城。高丽诸城各坚守不下。

右翊卫大将军来护兒帅江、淮水军，舳舻数百里，浮海先进，入自浿水，去平壤六十里，与高丽相遇，进击，大破之。护兒欲乘胜趣其城，副总管周法尚止之，请俟诸军至俱进。护兒不听，简精甲四万，直造城下。高丽伏兵于罗郭内空寺中，出兵与护兒战而伪败，护兒逐之入城，纵兵俘掠，无复部伍。伏兵发，护兒大败，仅而获免，士卒还者不过数千人。高丽追至船所，周法尚整陈待之，高丽乃退。护兒引兵还屯海浦，不敢复留应接诸军。

左翊卫大将军宇文述出扶余道，右翊卫大将军于仲文出乐浪道，左骁卫大将军荆元恒出辽东道，右翊卫将军薛世雄出沃沮道，右屯卫将军辛世雄出玄菟道，右御卫将军张瑾出襄平道，右武候将军赵孝才出碣石道，涿郡太守检校左武卫将军崔弘昇出遂城道，检校右御卫虎贲郎将卫文昇出增地道，皆会于鸭绿水西。述等兵自泸河、怀远二镇，人马皆给百日粮，又给排甲、枪矟并衣资、戎具、火幕，人别三石已上，重莫能胜致。下令军中："遗弃米粟者斩！"士卒皆于幕下掘坑埋之，才行及中路，粮已将尽。

炀帝始终执迷不悟。到后来辽东城很久都攻不下来。六月己未（十一日）这天，炀帝亲自驾临辽东城南面，观察这座城池的形势，随后召集众将斥责他们说："明公等人自以为官位高贵，又依仗家世显赫，想用暗昧怯懦来看待我吗？在京师的时候，明公等人都不愿我亲自前来，是怕让我看到实际战况，对失败予以责罚吧。我今天来到这里，恰恰是想看明公等人的所作所为，斩杀明公这群人罢了！明公等人今天怕死，不肯尽全力拼杀，认为我不能斩杀明公等人吗？"众将都战栗不已，惊惧失色。炀帝趁势停留在辽东城西数里远的地方，住在六合城。高丽各个城池都坚守，攻不下来。

右翊卫大将军来护兒统率江、淮水军，战船排列几百里，渡海先行，从浿水进入高丽，距离平壤六十里，与高丽军相遇，挥兵进击，大败高丽军。来护兒打算乘胜直攻平壤城，副总管周法尚制止他，请等各军到齐后一起进攻。来护兒不听，挑选四万精锐甲士，直抵城下。高丽在外城内空寺中设下伏兵，先出兵与来护兒交战，假装败退，来护兒率兵追入平壤城，放纵士兵俘获抢夺，乱不成军。这时高丽的伏兵突然出击，来护兒大败，仅仅免获一死，士卒们生还的不过几千人。高丽军一直追杀到隋军停船的地方，周法尚严阵以待，高丽军这才撤退。来护兒率军返回，屯聚在海边，不敢再留在原地接应各军。

左翊卫大将军宇文述从扶余道出兵，右翊卫大将军于仲文从乐浪道出兵，左骁卫大将军荆元恒从辽东道出兵，右翊卫将军薛世雄从沃沮道出兵，右屯卫将军辛世雄由玄菟道出兵，右御卫将军张瑾从襄平道出兵，右武候将军赵孝才从碣石道出兵，涿郡太守、检校左武卫将军崔弘昇从遂城道出兵，检校右御卫虎贲郎将卫文昇从增地道出兵，都在鸭绿江西岸会合。宇文述等路军队从泸河、怀远二镇出发，人马都发放一百天的粮食，又发放排甲、枪槊和衣服、战具、火幕，每人负担三石以上，重得难以承受。为此下令军中"遗弃米粟的人一律斩首！"士卒们都在幕帐下挖坑把东西埋起来，结果部队才走到半路，粮食已经快吃光了。

高丽遣大臣乙支文德诣其营诈降，实欲观虚实。于仲文先奉密旨："若遇高元及文德来者，必擒之。"仲文将执之，尚书右丞刘士龙为慰抚使，固止之。仲文遂听文德还，既而悔之，遣人绐文德曰："更欲有言，可复来。"文德不顾，济鸭绿水而去。仲文与述等既失文德，内不自安。述以粮尽，欲还。仲文议以精锐追文德，可以有功，述固止之，仲文怒曰："将军仗十万之众，不能破小贼，何颜以见帝！且仲文此行，固知无功，何则？古之良将能成功者，军中之事，决在一人，今人各有心，何以胜敌！"时帝以仲文有计画，令诸军谘禀节度，故有此言。由是述等不得已而从之，与诸将渡水追文德。文德见述军士有饥色，故欲疲之，每战辄走。述一日之中，七战皆捷，既恃骤胜，又逼群议，于是遂进，东济萨水，去平壤城三十里，因山为营。文德复遣使诈降，请于述曰："若旋师者，当奉高元朝行在所。"述见士卒疲弊，不可复战，又平壤城险固，度难猝拔，遂因其诈而还。述等为方陈而行，高丽四面钞击，述等且战且行。秋七月壬寅，至萨水，军半济，高丽自后击其后军，右屯卫将军辛世雄战死。于是诸军俱溃，不可禁止。将士奔还，一日一夜至鸭绿水，行四百五十里。将军天水王仁恭为殿，击高丽，却之。来护兒闻述等败，亦引还。唯卫文昇一军独全。

高丽派遣大臣乙支文德到隋军军营诈降，实际上是想一探他们的虚实。于仲文事先接到炀帝的密旨："如果遇到高元和乙支文德前来，一定要擒获他们。"于仲文准备拿下乙支文德，尚书右丞刘士龙这时充任慰抚使，坚决不让他这样做。于仲文于是听任乙支文德回去了，随后又后悔，派人欺骗乙支文德说："还有什么要谈的，可以再来。"乙支文德头也不回，渡过鸭绿江就离开了。于仲文和宇文述等人放跑了乙支文德以后，内心都恐慌不安。宇文述因为军中粮食已尽，准备返回。于仲文提议派精锐部队追击乙支文德，可以立功，宇文述坚决制止他，于仲文发怒说："将军你辖领十万大军，却不能打败一个小贼，有什么脸面去见皇帝！况且我于仲文此次出征，本来就知道不会有功，为什么呢？古代的良将能够建功立业的，都是军中事务由一个人裁决，如今每个人各有想法，靠什么战胜敌人呢？"当时炀帝认为于仲文有谋略，命令各军要向他咨询、禀报并受他指挥调遣，所以才有这番话。因此，宇文述等人不得已而听从了于仲文的意见，与众将士一起渡江追击乙支文德。乙支文德发现宇文述的士兵面有饥色，故意想让他们疲惫，每次一交战就败退。宇文述在一天之内，七战七捷，既仰仗突然取胜，又迫于众将的舆论，于是就继续进攻，东渡萨水，在距离平壤城三十里的地方，借助山势扎下营寨。乙支文德又派遣使者来诈降，向宇文述请求道："如果隋军回师，我们定当奉持高元到皇帝的临时住地去朝见。"宇文述见手下的士卒疲惫不堪，不能再战，又鉴于平壤城险固，估计很难一下子攻克，于是就顺着高丽人的诈降而返还。宇文述等人布下方阵往回撤，高丽军从四面包抄攻击，宇文述等人一边迎战，一边行进。秋季七月壬寅（二十四日），到达萨水，隋军刚渡过一半时，高丽军从后面袭击隋军的后军，右屯卫将军辛世雄战死。于是各军全都溃散，无法控制。将士们往回逃奔，一天一夜就跑到鸭绿江边，全程四百五十里。将军天水人王仁恭担任后卫，抗击高丽军，打退了他们。来护兒听说宇文述等人战败，也带兵退还。只有卫文昇一支军队得以保全。

初，九军度辽，凡三十万五千，及还至辽东城，唯二千七百人，资储器械巨万计，失亡荡尽。帝大怒，锁系述等。癸卯，引还。

初，百济王璋遣使请讨高丽，帝使之觇高丽动静，璋内与高丽潜通。隋军将出，璋使其臣国智牟来请师期，帝大悦，厚加赏赐，遣尚书起部郎席律诣百济，告以期会。及隋军渡辽，百济亦严兵境上，声言助隋，实持两端。

是行也，唯于辽水西拔高丽武厉逻，置辽东郡及通定镇而已。八月，敕运黎阳、洛口、太原等仓谷向望海顿，使民部尚书庐江樊子盖留守涿郡。九月庚寅，车驾至东都。

宇文述素有宠于帝，且其子士及尚帝女南阳公主，故帝不忍诛。甲申，与于仲文等皆除名为民。斩刘士龙以谢天下。萨水之败，高丽追围薛世雄于白石山，世雄奋击，破之，由是独得免官。以卫文昇为金紫光禄大夫。诸将皆委罪于于仲文，帝既释诸将，独系仲文。仲文忧恚，发病困笃，乃出之，卒于家。

九年春正月丁丑，诏征天下兵集涿郡。始募民为骁果，修辽东古城以贮军粮。二月壬午，诏："宇文述以兵粮不继，遂陷王师。乃军吏失于支料，非述之罪，宜复其官爵。"寻又加开府仪同三司。帝谓侍臣曰："高丽小虏，侮慢上国。今拔海移山，犹望克果，况此虏乎！"乃复议伐高丽。

当初，九路隋军渡过辽水的共有三十万五千人，等撤回到辽东城时，只剩下二千七百人，军中原来的物资、器械多得用巨万计算，到这时全都损失掉了。炀帝勃然大怒，将宇文述等人戴上刑具关押起来。癸卯（二十五日），炀帝率军返回。

当初，百济国王余璋派遣使者请求讨伐高丽，炀帝让他们窥探高丽国的动静，而余璋又与高丽国暗中串通。隋军将要出动时，余璋派遣他的大臣国智牟来请示出兵的日期，炀帝非常高兴，予以丰厚的赏赐，派遣尚书起部郎席律到百济国，告诉他们会师的时间。等到隋军渡过辽水，百济国也在国境上严加布设军队，声称协助隋朝，实际是怀有二心。

这次隋朝大举出兵，只在辽水西部攻克了高丽的武厉逻，设置了辽东郡和通定镇而已。八月，炀帝下令运送黎阳、洛口、太原等官仓的谷米到望海顿，让民部尚书庐江人樊子盖留守涿郡。九月庚寅（十三日），炀帝的车驾回到东都洛阳。

宇文述在炀帝那里向来受到宠信，而且他的儿子宇文士及娶了炀帝的女儿南阳公主，所以炀帝不忍心杀他。甲申（初七），宇文述与于仲文等人都被除去名籍，废为平民。斩杀了刘士龙，来向天下人谢罪。萨水兵败时，高丽军追击薛世雄，并在白石山包围了他，薛世雄率众奋力拼杀，打败了敌军，因此只有他受到免官的处分。任命卫文昇为金紫光禄大夫。众将都把罪过推诿到于仲文身上，炀帝赦免众将以后，只把于仲文关了起来。于仲文忧郁愤恨而生病，病得很严重，这才被放出来，在家中死去。

九年（613）春季正月丁丑（初二），隋炀帝下诏征发全国兵丁，在涿郡集结。首次招募百姓为骁果成员，整修辽东古城来存放军粮。二月壬午这天，隋炀帝下诏说："宇文述因为武器粮食接续不上，于是使朝廷大军陷入困境被攻破。这是军吏在供应军需方面的失职，并不是宇文述的罪过，应该恢复他的官爵。"很快又加封宇文述为开府仪同三司。隋炀帝对侍臣说："高丽一个小小的胡虏，竟敢侮辱怠慢天朝大国。如今就是拔海移山，也有希望能够实现，何况是这个胡虏呢！"于是又商议讨伐高丽。

左光禄大夫郭荣谏曰："戎狄失礼，臣下之事。千钧之弩，不为鼷鼠发机，奈何亲辱万乘以敌小寇乎？"帝不听。

夏四月庚午，车驾度辽。壬申，遣宇文述与上大将军杨义臣趣平壤，左光禄大夫王仁恭出扶余道。仁恭进军至新城，高丽兵数万拒战，仁恭帅劲骑一千击破之，高丽婴城固守。帝命诸将攻辽东，听以便宜从事。飞楼、橦、云梯、地道四面俱进，昼夜不息，而高丽应变拒之，二十馀日不拔，主客死者甚众。冲梯竿长十五丈，骁果吴兴沈光升其端，临城与高丽战，短兵接，杀十数人。高丽竞击之而坠，未及地，适遇竿有垂絙，光接而复上。帝望见，壮之，即拜朝散大夫，恒置左右。

辽东城久不拔，帝遣造布囊百馀万口，满贮土，欲积为鱼梁大道，阔三十步，高与城齐，使战士登而攻之。又作八轮楼车，高出于城，夹鱼梁道，欲俯射城内。指期将攻，城内危蹙。会杨玄感反书至，帝大惧。兵部侍郎斛斯政素与玄感善，玄感之反，政与之通谋。玄纵兄弟亡归，政潜遣之。帝将穷治玄纵等党与，政内不自安，六月戊辰，亡奔高丽。庚午，夜二更，帝密召诸将，使引军还，军资、器械、攻具，积如丘山，营垒、帐幕，按堵不动，皆弃之而去。众心恟惧，无复部分，诸道分散。高丽即时觉之，然不敢出，但于城内鼓噪。

左光禄大夫郭荣劝谏说:“戎狄野蛮失礼,这是臣下要处理的事情。千钧的弓箭,不向小老鼠发射,陛下为什么要自己辱没万乘之尊,去攻打小小的敌寇呢?”隋炀帝不听。

夏季四月庚午(二十七日),炀帝的车驾渡过辽水。壬申(二十九日),派遣宇文述与上大将军杨义臣率军直击平壤,左光禄大夫王仁恭从扶余道出兵。王仁恭率领军队进击新城,几万高丽军拒守迎战,王仁恭率领强健骑兵一千人击败了他们,高丽军据城固守。炀帝命令众将攻打辽东城,允许他们可以见机行事。隋军利用飞楼、冲锋车、云梯、地道从四面一起进攻,日夜不停,而高丽军也采取相应的方式来抵抗,二十多天仍没有攻下城池,双方战死的人都特别多。隋军所用的冲梯竿长十五丈,骁果吴兴人沈光爬到竿子顶端,抵临城墙与高丽士兵交战,短兵相接,斩杀敌军数十人。高丽兵竞相攻击沈光,让他掉下来,还没有着地时,正好碰到梯竿上悬挂的绳索,沈光抓住绳索又往上攀登。炀帝看到这个场面,认为沈光十分勇敢强壮,立刻任命他为朝散大夫,常常把他安置在左右。

辽东城很长时间都没有攻下,炀帝命人缝制了一百多万只布袋,里面装满土,打算堆积成像鱼脊梁一样的大道,宽三十步,高与城墙相齐,让战士攀登上去攻打辽东城。又制作了八轮楼车,高度超过了城墙,设置在鱼梁道两旁,打算俯射城内。很快就到了隋军发起强攻的日子,辽东城内危急紧迫。恰逢此时杨玄感反叛的报告文书送到,炀帝大为恐惧。兵部侍郎斛斯政平素与杨玄感友善,杨玄感反叛,斛斯政曾和他一起串通谋划。杨玄纵兄弟逃跑回去,斛斯政暗地里遣送他们。炀帝要彻底追究查办杨玄纵等人的党羽,斛斯政内心忐忑不安,六月戊辰(二十六日),他逃亡去投奔高丽。庚午(二十八日)这天夜里二更时分,炀帝秘密召见各位将领,让他们带兵回朝,军用物资、器械、攻城用具,堆积如山,营垒、帐幕原地不动,都遗弃在那里而离开。众人惊恐不安,不再各自成军,各道人马分散开来。高丽军及时发觉了隋军的变动,但不敢出击,只是在辽东城内击鼓呐喊。

至来日午时，方渐出外，四远觇侦，犹疑隋军诈之。经二日，乃出数千兵追蹑，畏隋军之众，不敢逼，常相去八九十里。将至辽水，知御营毕渡，乃敢逼后军。时后军犹数万人，高丽随而抄击，最后羸弱数千人为所杀略。

初，帝再征高丽，复问太史令庾质曰："今段何如？"对曰："臣实愚迷，犹执前见。陛下若亲动万乘，劳费实多。"帝怒曰："我自行犹不克，直遣人去，安得有功？"及还，谓质曰："卿前不欲我行，当为此耳。"

十年春二月辛未，诏百僚议伐高丽，数日，无敢言者。戊子，诏复征天下兵，百道俱进。三月壬子，帝行幸涿郡，士卒在道，亡者相继。癸亥，至临渝宫，祃祭黄帝，斩叛军者以衅鼓，亡者亦不止。夏四月甲午，车驾至北平。

秋七月癸丑，车驾次怀远镇。时天下已乱，所征兵多失期不至，高丽亦困弊。来护兒至卑奢城，高丽举兵逆战，护兒击破之，将趣平壤，高丽王元惧，甲子，遣使乞降，囚送斛斯政。帝大悦，遣使持节召护兒还。护兒集众曰："大军三出，未能平贼，此还不可复来，劳而无功，吾窃耻之。今高丽实困，以此众击之，不日可克。吾欲进兵径围平壤，取高元，献捷而归，不亦善乎？"答表请行，不肯奉诏。长史崔君肃固争，

等到第二天中午时分，才逐渐外出，到四方远处窥探侦察，还怀疑是隋军欺骗他们。又过了两天，才派出数千名兵众追击跟踪隋军，但害怕隋军众多，不敢逼近，始终保持离隋军八九十里。快到辽水时，探知炀帝御营已全部渡过辽水，这才敢逼近后军。这时隋军后军还有数万人，高丽军随即进行包抄袭击，隋军最后面的几千名瘦弱士兵被他们斩杀掳掠。

当初，炀帝第二次征讨高丽时，又问太史令庾质说："这次情况会怎么样？"庾质回答说："臣下我实在是愚钝，仍坚持上次的看法。陛下如果亲自移动万乘之尊去讨伐，劳费实在太多。"炀帝发怒说："我亲自去还不能取胜，只是派遣别人去，哪里会获得战功？"等到战败而归后，又对庾质说："爱卿你以前不想让我前去，应该就是害怕这个结局吧。"

十年(614)春季二月辛末(初三)，炀帝下诏，命文武百官商议讨伐高丽，一连几天，都没有官吏敢说话。戊子(二十日)，又下诏征发全国兵丁，从各道同时并进。三月壬子(十四日)，炀帝巡行驾临涿郡，士兵们奔波在路上，逃亡的人一个挨一个。癸亥(二十五日)，炀帝到达临渝宫，在野外祭祀黄帝，斩杀叛逃的士卒，用他们的血来涂旗鼓，但逃亡的人仍无法制止。夏季四月甲午(二十七日)，炀帝的车驾抵达北平郡。

秋季七月癸丑(十七日)，炀帝的车驾停驻在怀远镇。这时天下已经大乱，所征发的士兵大都超过期限还没有到达，高丽国也因战争困顿、疲惫。来护兒抵达卑奢城，高丽国发兵迎战，来护兒打败了他们，准备直击平壤，高丽王高元非常恐惧，就在甲子(二十八日)这天，派遣使者乞求投降，并用囚车把斛斯政押送过来。炀帝十分高兴，派使者执持符节宣召来护兒撤回。来护兒召集手下部众说："大军三次出征，不能平定贼虏，这次回去，就不能再来了，劳而无功，我私下对此感到耻辱。现在高丽实际上困顿不堪，凭借我们这些军队进击它，用不了多久就可以攻下。我想继续进兵直接围攻平壤，抓住高元，告捷回师，这不很好吗？"于是上表请求挺进，不肯奉诏撤兵。长史崔君肃坚决争辩，

护兒不可,曰:“贼势破矣,独以相任,自足办之。吾在阃外,事当专决,宁得高元还而获谴,舍此成功,所不能矣!”君肃告众曰:“若从元帅违拒诏书,必当闻奏,皆应获罪。”诸将惧,俱请还,乃始奉诏。

八月己巳,帝自怀远镇班师。邯郸贼帅杨公卿帅其党八千人抄驾后第八队,得飞黄上厩马四十二匹而去。冬十月丁卯,上至东都。己丑,还西京。以高丽使者及斛斯政告太庙。仍征高丽王元入朝,元竟不至。敕将帅严装,更图后举,竟不果行。

初,开皇之末,国家殷盛,朝野皆以高丽为意,刘炫独以为不可,作《抚夷论》以刺之,至是,其言始验。十一月丙申,杀斛斯政于金光门外。

来护兒不认可，说："高丽的锐势已经破灭，皇上授权我独当一面，我自己足可以操办。我在朝外，有事理应自行决断，我宁可抓到高元，回去受到谴责，但要我放弃这次成功的机会，实在办不到！"崔君肃通告众人说："如果顺从元帅，违抗诏书，我一定会上奏禀明天子，到那个时候你们都会获罪。"众将害怕了，都请求撤还，来护兒这才奉诏回军。

八月己巳（初四），炀帝从怀远镇班师回朝。邯郸反贼首领杨公卿率领他的党羽八千人袭击炀帝车驾后方的第八队，获得飞黄上厩马四十二匹后离去。冬季十月丁卯（初三），炀帝抵达东都洛阳。己丑（二十五日），返回西京长安。炀帝用高丽使者以及斛斯政祭告太庙。又征召高丽国国王高元入朝觐见，高元最终没有来。炀帝又命令将帅整理行装，准备采取下一步军事行动，最后也未能成行。

当初，隋文帝开皇末年，国家殷实昌盛，朝野上下都把高丽当作讨伐的目标，只有刘炫认为不能这样，并写了一篇《抚夷论》来讥讽这些人，到炀帝这时候，他的言论开始应验。十一月丙申（初二），在金光门外斩杀了斛斯政。

炀帝亡隋

隋文帝仁寿四年，章仇太翼言于帝曰："陛下木命，雍州为破木之冲，不可久居。又谶云：'修治洛阳还晋家。'"帝深以为然。十一月乙未，幸洛阳，留晋王昭守长安。丙申，发丁男数十万掘堑，自龙门东接长平、汲郡，抵临清关，渡河至浚仪、襄城，达于上洛，以置关防。癸丑，下诏于伊、洛营建东京。

炀帝大业元年春三月丁未，诏杨素与纳言杨达、将作大匠宇文恺营建东京，每月役丁二百万人，徙洛州郭内居民及诸州富商大贾数万户以实之。废二崤道，开葼册道。敕宇文恺与内史舍人封德彝等营显仁宫，南接皂涧，北跨洛滨。发大江之南、五岭以北奇材异石，输之洛阳。又求海内嘉木异草，珍禽奇兽，以实园苑。辛亥，命尚书右丞皇甫议发河南、淮北诸郡民，前后百馀万，开通济渠。自西苑引穀、洛水达于河。复自板渚引河历荥泽入汴。又自大梁之东引汴水入泗，达于淮。又发淮南民十馀万开邗沟，自山阳至杨子入江。渠广四十步，渠旁皆筑御道，树以柳，自长安至江都，置离宫四十馀所。庚申，遣黄门侍郎王弘等往江南

炀帝亡隋

隋文帝仁寿四年(604),章仇太翼对炀帝说:“陛下属木命,雍州是克木之地,不能久居。又有谶语说:‘修治洛阳还晋家。’”炀帝听后深以为然。十一月乙未(初三),炀帝驾幸洛阳,留下晋王杨昭守长安。丙申(初四),炀帝征发丁男几十万挖掘壕沟,从龙门向东连接长平、汲郡,到达临清关,越过黄河到浚仪、襄城,到达上洛,用来布设关防。癸丑(二十一日),炀帝下诏在伊水、洛水一带营建东京。

隋炀帝大业元年(605)春季三月丁未(十七日),下诏派杨素和纳言杨达、将作大匠宇文恺营建东京,每个月役使壮丁二百万人,迁徙洛州城内的居民以及各个州的富商大贾数万户充实东京。废弃二崤道,开辟葼册道。敕令宇文恺和内史舍人封德彝等修建显仁宫,显仁宫南连皂涧,北边跨到洛水岸边。征调长江以南、五岭以北的奇材异石,运输到洛阳。又搜求海内的嘉木异草、珍禽奇兽,充实皇家园林。辛亥(二十一日),命令尚书右丞皇甫议征发河南、淮北各郡民夫,前后有一百多万人,开凿通济渠。从西苑引穀河、洛水通到黄河。又从板渚引黄河水经过荥泽流入汴水。又从大梁的东面引汴水进入泗水通到淮河。又征发淮南民夫十多万人开凿邗沟,从山阳到杨子进入长江。通济渠宽四十步,渠旁都修筑御道,栽种柳树,从长安到江都沿途设置离宫四十多所。庚申(三十日),派黄门侍郎王弘等到江南

造龙舟及杂船数万艘。东京官吏督役严急，役丁死者什四五，所司以车载死丁，东至城皋，北至河阳，相望于道。又作天经宫于东京，四时祭高祖。

夏五月，筑西苑，周二百里。其内为海，周十馀里，为方丈、蓬莱、瀛洲诸山，高出水百馀尺，台观宫殿，罗络山上，向背如神。海北有龙鳞渠，萦纡注海内。缘渠作十六院，门皆临渠，每院以四品夫人主之，堂殿楼观，穷极华丽。宫树秋冬凋落，则翦彩为华叶，缀于枝条，色渝则易以新者，常如阳春。沼内亦翦彩为荷芰菱芡，乘舆游幸，则去冰而布之。十六院竞以殽羞精丽相高，求市恩宠。上好以月夜从宫女数千骑游西苑，作《清夜游曲》，于马上奏之。

秋八月壬寅，上行幸江都，发显仁宫，王弘遣龙舟奉迎。乙巳，上御小朱航，自漕渠出洛口，御龙舟。龙舟四重，高四十五尺，长二百尺，上重有正殿、内殿、东、西朝堂；中二重有百二十房，皆饰以金玉；下重内侍处之。皇后乘翔螭舟，制度差小，而装饰无异。别有浮景九艘，三重，皆水殿也。又有漾彩、朱鸟、苍螭、白虎、玄武、飞羽、青凫、陵波、五楼、道场、玄坛、楼船、板艒、黄篾等数千艘，后宫、诸王、公主、百官、僧、尼、道士、蕃客乘之，及载内外百司供奉之物。共用挽船士八万馀人，其挽漾彩以上者九千馀人，谓之殿脚，皆以锦彩为袍。又有平乘、青龙、艨艟、艚䑿、八棹、艇舸等数千艘，并十二卫兵乘之，并载兵器帐幕，兵士自引，不给夫。舳舻相接二百馀里，照曜川陆，骑兵翊两岸而行，

监造龙舟以及各种船只数万艘。东京的官吏督监工程严酷迫急，服役的壮丁死去十之四五，主管部门用车装着死去的壮丁，东到成皋，北到河阳，在路上连绵不断。又在东京修建天经宫，一年四季祭祀高祖杨坚。

夏季五月，营建西苑，方圆二百里。苑内有大湖，周长十多里，湖中建造了方丈、蓬莱、瀛洲等诸座仙山，高出水面一百多尺，楼台观阁与宫殿布列于山上，从哪个方向看都有如仙境。湖的北面有龙鳞渠，曲折蜿蜒地流入湖内。沿着龙鳞渠建有十六院，院门都面向渠水，每院都由一位四品夫人主持，院内的堂殿楼观，极其华丽。宫内树木秋冬季节枝叶凋落，就裁剪彩绸做成花叶，悬缀在枝条上，颜色旧了就换新的，景色常如阳春。池沼内也裁剪彩绸做成荷花、菱角、芡实，炀帝若乘坐轿辇前来游玩，就除去池中坚冰布置一新。十六院争相用佳肴珍馐的精致奇丽比试高低，以求得到炀帝恩宠。炀帝喜欢在月夜带领几千名宫女骑马游赏西苑，还创作了《清夜游曲》，在马背上演奏。

秋季八月壬寅（十五日），炀帝巡幸江都，从显仁宫出发，王弘派龙舟前来迎接。乙巳（十八日），炀帝乘坐小朱航船，从漕渠出洛口，换乘龙舟。龙舟有四层，高四十五尺，长二百尺，顶层有正殿、内殿、东西朝堂；中间两层，置有一百二十个房间，所有房间都用金银珠玉装饰；底层是内侍们住的地方。皇后萧氏乘坐翔螭舟，形制比炀帝乘坐的龙舟略小一些，但是装饰并没有什么不同。另有浮景船九艘，每艘有三层，都是水上宫殿。还有漾彩、朱鸟、苍螭、白虎、玄武、飞羽、青凫、陵波、五楼、道场、玄坛、楼船、板艊、黄篾等船数千艘，是给后宫、诸王、公主、百官、僧尼、道士、蕃邦宾客们乘坐的，并装载朝廷内外各官署进献的物品。这些船只共用挽船的民夫八万多人，其中纤挽漾彩以上船只的有九千多人，称为“殿脚”，都穿着锦缎彩绸制成的袍服。还有平乘、青龙、艨艟、艚䑠、八棹、艇舸等船数千艘，全供十二卫兵士乘坐，并装载兵器、帐幕，由兵士自己挽船前行，不配备纤夫。舟船首尾相接二百多里，灯火照耀江河陆地，骑兵在两岸护卫前行，

旌旗蔽野。所过州县，五百里内皆令献食，多者一州至百轝，极水陆珍奇。后宫厌饫，将发之际，多弃埋之。

二年春正月辛酉，东京成，进将作大匠宇文恺位开府仪同三司。

二月丙戌，诏吏部尚书牛弘等议定舆服、仪卫制度。以开府仪同三司何稠为太府少卿，使之营造，送江都。稠智思精巧，博览图籍，参会古今，多所损益。衮冕画日、月、星、辰，皮弁用漆纱为之。又作黄麾三万六千人仗，及辂辇车舆，皇后卤簿，百官仪服，务为华盛，以称上意。课州县送羽毛，民求捕之，网罗被水陆，禽兽有堪氅毦之用者，殆无遗类。乌程有高树，逾百尺，旁无附枝，上有鹤巢，民欲取之，不可上，乃伐其根，鹤恐杀其子，自拔氅毛投于地。时人或称以为瑞，曰："天子造羽仪，鸟兽自献毛羽。"所役工十万馀人，用金银钱帛钜亿计。帝每出游幸，羽仪填街溢路，亘二十馀里。三月庚午，上发江都。夏四月庚戌，自伊阙陈法驾，备千乘万骑入东京。辛亥，御端门，大赦，免天下今年租赋。制五品已上文官乘车，在朝弁服，佩玉；武官马加珂，戴帻，服袴褶。文物之盛，近世莫及也。

秋七月甲戌，元德太子昭薨，帝哭之，数声而止，寻奏声伎，无异平日。八月辛卯，封皇孙倓为燕王，侗为越王，侑为代王，皆昭之子也。九月乙丑，立秦孝王子浩为秦王。

旌旗遮蔽山野。所经过的州县，五百里以内都命令进献食物，多的一州要进献一百车，极尽水陆珍奇美味。后宫的嫔妃们都吃腻了，要出发时，大多把食物扔掉埋起来。

二年(606)春季正月辛酉(初六)，东京建成，炀帝晋升将作大匠宇文恺为开府仪同三司。

二月丙戌(初一)，炀帝下诏命吏部尚书牛弘等人议定车马服饰、仪仗制度。任命开府仪同三司何稠为太府少卿，让他负责督办，并送往江都。何稠聪慧精巧，他博览图书，融汇古今，对前代样式有不少减损和增补。他在天子的礼服和礼冠上描画日、月、星、辰，用漆纱制成皮帽。又创制了三万六千人的黄麾仪仗，以及辂辇、车舆和皇后的仪仗，文武百官的礼服，都务求华丽隆盛，来符合炀帝的心意。又督课各州县进献羽毛，百姓为了求取捕捉，在水上、陆地上都布满了罗网，能用作羽毛装饰的飞禽走兽，几乎被捕尽杀绝。乌程县有棵大树超过一百尺高，树周围没有枝杈，树上有个鹤巢，百姓想把它取下来，但爬不上去，于是砍伐树根，鹤怕人们杀掉幼鹤，就主动拔下羽毛投到地上。当时有人称这是祥瑞，说："天子制作有羽毛装饰的仪仗，鸟兽就自献羽毛。"为此役使的工匠有十多万人，耗费的金银钱帛不计其数。炀帝每次外出巡游，仪仗卫队填街塞路，连绵二十多里。三月庚午(十六日)，炀帝从江都出发。夏季四月庚戌(二十六日)，从伊阙布设天子车驾，配备了千乘万骑的车驾仪仗进入东京。辛亥(二十七日)，炀帝驾临端门，大赦天下，免除全国今年的租赋。制定五品以上文官乘车，上朝时穿戴的礼帽礼服、佩玉等的品级规制；武官的马匹要用珂贝装饰，人要戴头巾，穿骑服。礼乐典章之隆盛，近世无法相比。

秋季七月甲戌(二十二日)，元德太子杨昭去世，炀帝哭悼他，哭了几声就停止了，没过多久就演奏起音乐，让歌妓献唱，与平时没有什么两样。八月辛卯(初九)，封皇孙杨倓为燕王，杨侗为越王，杨侑为代王，他们都是杨昭的儿子。九月乙丑(十四日)，封秦孝王的儿子杨浩为秦王。

冬十月，置洛口仓于巩东南原上，筑仓城，周回二十馀里，穿三千窖，窖容八千石以还，置监官并镇兵千人。十二月，置回洛仓于洛阳北七里，仓城周回十里，穿三百窖。

初，齐温公之世，有鱼龙、山车等戏，谓之散乐。周宣帝时，郑译奏征之。高祖受禅，命牛弘定乐，非正声清商及九部四舞之色，悉放遣之。帝以启民可汗将入朝，欲以富乐夸之。太常少卿裴蕴希旨，奏括天下周、齐、梁、陈乐家子弟皆为乐户。其六品以下至庶人，有善音乐者，皆直太常。帝从之。于是四方散乐，大集东京，阅之于芳华苑积翠池侧。有舍利兽先来跳跃，激水满衢，鼋鼍、龟鳖、水人、虫鱼，遍覆于地。又有鲸鱼喷雾翳日，倏忽化成黄龙，长七八丈。又二人戴竿，上有舞者，欻然腾过，左右易处。又有神鳌负山，幻人吐火，千变万化。伎人皆衣锦绣缯彩，舞者鸣环佩，缀花毦。课京兆、河南制其衣，两京锦彩为之空竭。帝多制艳篇，令乐正白明达造新声播之，音极哀怨。帝甚悦，谓明达曰："齐氏偏隅，乐工曹妙达犹封王；我今天下大同，方且贵汝，宜自修谨！"

三年夏四月庚辰，下诏欲安辑河北，巡省赵、魏。丙寅，车驾北巡。六月，帝过雁门。自榆林出塞，甲士五十万，旌旗辎重千里不绝。作观风殿及行城，周二千步。八月，幸突厥启民帐而还。事见《突厥朝隋》。

冬季十月，在巩县东南原上设置洛口仓，修建仓城，方圆二十多里，开凿了三千个粮窖，每窖可容纳八千石以上的粮食，还设置监官和镇守的兵士一千人。十二月，在洛阳以北七里处设置回洛仓，仓城方圆十里，开凿了三百个粮窖。

当初，在北齐温公高纬时代，民间有鱼龙、山车等杂戏，被称为散乐。北周宣帝时，郑译奏请征召这些散乐乐人。隋高祖杨坚接受北周禅位登基后，命令牛弘制定礼乐，凡是不属于正声、清商以及九部、四舞的乐舞品类，全部遣散掉。炀帝因为启民可汗将要入京朝见，想用富丽的音乐舞蹈向他炫耀。太常少卿裴蕴迎合炀帝的旨意，奏请搜检北周、北齐、梁、陈的乐家子弟，把他们都编为乐户。那些六品以下的官吏直至平民百姓中有擅长音乐的，都进入太常寺供职。炀帝听从了裴蕴的这一建议。从此各地的散乐乐人都汇集到东京洛阳，并在芳华苑积翠池旁进行检阅。有舍利兽先来跳跃，忽然激水注满街道，鼋鼍、龟鳖、水人、虫鱼遍地都是。还有鲸鱼，喷雾遮蔽天日，一瞬间化为一条黄龙，有七八丈长。又有两人头顶长竿，竿上有人跳舞，猛然飞腾而过，左右互换了位置。还有神鳌背负大山、魔术艺人口中吐火等，异彩纷呈，千变万化。艺人都身穿锦绣缯彩，献舞者身上环佩叮当，还点缀着花色羽毛。炀帝命令京兆、河南两地制作艺人穿的服装，两京的锦缎彩绸为此空竭。炀帝还大量创作艳诗，命令乐正白明达谱上新曲教人演奏，音调极为哀婉愁怨。炀帝非常高兴，对白明达说："齐朝偏居一隅，乐工曹妙达尚且被封王；如今我大隋天下大同，正要让你显贵，你自己要修明职守谨慎行事啊！"

三年(607)夏季四月庚辰(初二)，炀帝下诏打算安抚黄河以北地区，巡视赵、魏一带。丙寅这天，炀帝到北方巡幸。六月，炀帝经过雁门。从榆林出塞，护卫的甲士有五十万，旌旗和运输物资的车辆千里不绝。建造了观风殿以及行城，行城周长两千步。八月，炀帝巡幸突厥启民可汗的牙帐后返回。事见《突厥朝隋》。

西域诸胡多至张掖交市，帝使吏部侍郎裴矩掌之。矩知帝好远略，诸商胡至者，矩诱访诸国山川风俗，王及庶人仪形服饰，撰《西域图记》三卷，合四十四国，入朝奏之。仍别造地图，穷其要害，从西倾以去，纵横所亘，将二万里。发自敦煌，至于西海，凡为三道：北道从伊吾，中道从高昌，南道从鄯善，总凑敦煌。且云："以国家威德，将士骁雄，泛濛汜而越昆仑，易如反掌。但突厥、吐浑分领羌、胡之国，为其壅遏，故朝贡不通。今并因商人密送诚款，引领翘首，愿为臣妾。若服而抚之，务存安辑，皇华遣使，弗动兵车，诸蕃既从，浑、厥可灭，混壹戎、夏，其在兹乎！"帝大悦，赐物五百段，日引矩至御坐，亲问西域事。矩盛言"胡中多诸珍宝，吐谷浑易可并吞"。帝于是慨然慕秦皇、汉武之功，甘心将通西域，四夷经略，咸以委之。以矩为黄门侍郎，复使至张掖，引致诸胡，啖之以利，劝令入朝。自是西域胡往来相继，所经郡县，疲于送迎，糜费以万万计，令中国疲弊以至于亡，皆矩之唱导也。

四年正月乙巳，诏发河北诸军百馀万众穿永济渠，引沁水南达于河，北通涿郡。丁男不供，始役妇人。三月乙丑，车驾幸五原，因出塞，巡长城。帝无日不治宫室，两京及江都，苑囿亭殿虽多，久而益厌，每游幸，左右顾瞩，无可意者，不知所适。乃备责天下山川之图，躬自历览，以求胜地可置宫苑者。夏四月，诏于汾州之北汾水之源，营汾阳宫。

西域各部落胡人大多到张掖进行互市贸易，炀帝派吏部侍郎裴矩专门掌管这件事。裴矩知道炀帝喜欢经略远方，经商的胡人们来到后，裴矩就探询各国的山川与风俗，国王以及平民的仪表形貌和服饰，撰写了《西域图记》三卷，合计四十四国，入朝上奏了这本书。同时还绘制了地图，包括了西域所有的重要地点，从西倾山开始，纵横连亘将近二万里。从敦煌出发，到达西海，共有三条通道：北道经伊吾，中道经高昌，南道经鄯善，总汇于敦煌。而且说："凭借国家的威力恩德，将士的骁勇雄健，渡过濛汜水，翻越昆仑山，易如反掌。只是突厥、吐谷浑分别统领着羌胡各国，羌胡各国被他们阻塞与遏制，所以入朝进贡不能畅通。如今都通过商人秘密转达诚挚恳切的心愿，引颈翘首而盼，愿意成为我大隋的臣属。倘若降服并安抚他们，务必使他们安定辑睦，只需由朝廷派出使者，不动用军队，各个番邦臣服我们以后，吐谷浑、突厥就可以消灭，使戎狄和华夏融为一体，恐怕就在这个时候吧！"炀帝非常高兴，赏赐裴矩丝织品五百段，每天引见裴矩到御座旁，亲自询问他西域的事。裴矩极言"西域多有各种奇珍异宝，吐谷浑也容易吞并"。炀帝从此慨然仰慕秦始皇、汉武帝的功业，一心一意要开通西域，将经营谋划四夷的事，都交付裴矩处理。任命裴矩为黄门侍郎，又派他到张掖，招引各胡人部落，用利益引诱他们，劝他们入京朝觐。从这以后西域各部落往来不断，所经过的郡县，疲于送往迎来，花费都用亿来计算，终于使隋朝疲乏凋敝，以致灭亡，都是出自裴矩的倡导。

四年(608)正月乙巳(初一)，炀帝下诏，征发河北各军一百多万人开凿永济渠，引沁水向南流入黄河，向北通往涿郡。男丁供给不足，开始役使妇人。三月乙丑(二十二日)，炀帝巡幸五原，因便出塞，巡视长城。炀帝没有一天不修建宫室，两京以及江都，尽管苑囿、亭殿很多，时间长了就越来越厌倦，每次出游巡幸，总是左顾右看，没有中意的宫苑，不知道该去哪里。于是遍求天下的山川地图，亲自一一阅览，来寻觅可以设置宫苑的胜地。夏季四月，炀帝下诏在汾州北面、汾水的源头营建汾阳宫。

秋七月辛巳，发丁男二十馀万筑长城，自榆谷而东。九月辛未，征天下鹰师悉集东京。至者万馀人。

五年春正月丙子，改东京为东都。戊子，上自东都西还。二月戊申，车驾至西京。三月己巳，西巡河右。乙亥，幸扶风旧宅。夏四月癸亥，出临津关，渡黄河，至西平，陈兵讲武，将击吐谷浑。五月乙亥，上大猎于拔延山，长围亘二十里。庚辰，入长宁谷，度星岭。丙戌，至浩亹川。以桥未成，斩都水使者黄亘及督役者九人，数日，桥成，乃行。

六月辛丑，帝谓给事郎蔡徵曰："自古天子有巡狩之礼，而江东诸帝多傅脂粉，坐深宫，不与百姓相见，此何理也？"对曰："此其所以不能长世。"丙午，至张掖。帝之将西巡也，命裴矩说高昌王麹伯雅及伊吾吐屯设等，啖以厚利，召使入朝。壬子，帝至燕支山，伯雅、吐屯设等及西域二十七国谒于道左。皆令佩金玉，被锦罽，焚香奏乐，歌舞喧噪。帝复令武威、张掖士女盛饰纵观，衣服车马不鲜者，郡县督课之。骑乘填咽，周亘数十里，以示中国之盛。吐屯设献西域数千里之地，上大悦。癸丑，置西海、河源、鄯善、且末等郡，谪天下罪人为戍卒以守之。命刘权镇河源郡积石镇，大开屯田，扞御吐谷浑，以通西域之路。是时天下凡有郡一百九十，县一千二百五十五，户八百九十万有奇。东西九千三百里，南北万四千八百一十五里。隋氏之盛，极于此矣。

秋季七月辛巳(初十),征发壮丁二十多万修筑长城,从榆谷向东延伸。九月辛未(初一),将天下的驯鹰师都征召聚集到东京,到来的有一万馀人。

五年(609)春季正月丙子(初八),改东京为东都。戊子(二十日),炀帝从东都洛阳向西返回。二月戊申(十一日),车驾到达西京长安。三月己巳(初二),炀帝又向西巡视河西地区。乙亥(初八),驾幸扶风郡杨家旧宅。夏季四月癸亥(二十七日),炀帝出临津关,渡过黄河,到达西平,布列军队,讲习武事,准备攻打吐谷浑。五月乙亥(初九),炀帝在拔延山举行大规模的狩猎,长围绵延曲折达二十里。庚辰(十四日),炀帝进入长宁谷,翻过星岭。丙戌(二十日),抵达浩亹川。因为桥梁没有修成,斩杀了都水使者黄亘和负责监工的九个人,几天后,桥梁建成,才继续前行。

六月辛丑(初六),炀帝对给事郎蔡徵说:“自古以来天子有巡狩的礼制,而江东各朝的皇帝大多涂脂抹粉,安坐深宫,不与百姓见面,这是什么道理呢?”蔡徵回答道:“这就是他们的王朝不能长久的原因。”丙午(十一日),炀帝到达张掖。炀帝准备西巡时,命令裴矩游说高昌王麹伯雅和伊吾王吐屯设等,用厚利引诱他们,召令他们入京朝觐。壬子(十七日),炀帝到达燕支山,麹伯雅、吐屯设等和西域二十七国的国王都在路旁拜谒。炀帝让他们全都佩戴金银珠玉,身穿锦衣,焚香奏乐,歌舞欢腾。炀帝又命令武威、张掖两地百姓盛装打扮,纵情观看,衣服车马不艳丽整洁的,由郡县官员督责他们。马匹车辆充塞道路,前后绵延几十里,以此来显示中原王朝的强盛。吐屯设进献西域数千里的领地,炀帝十分高兴。癸丑(十八日),设置西海、河源、鄯善、且末等郡,流放天下罪人作为戍卒前来守卫这些地方。命令刘权镇守河源郡积石镇,大规模开发屯田,抵御吐谷浑,保证西域道路的畅通。这时全国共有一百九十个郡,一千二百五十五个县,有八百九十多万户百姓。疆域东西有九千三百里,南北有一万四千八百一十五里。隋朝的兴盛,在此时达到了顶点。

帝谓裴矩有绥怀之略，进位银青光禄大夫。自西京诸县及西北诸郡，皆转输塞外，每岁钜亿万计。经途险远及遇寇钞，人畜死亡不达者，郡县皆征破其家。由是百姓失业，西方先困矣。

丙辰，上御观风殿，大备文物，引高昌王麹伯雅及伊吾吐屯设升殿宴饮，其馀蛮夷使者陪阶庭者二十馀国，奏九部乐及鱼龙戏以娱之，赐赉有差。戊午，赦天下。吐谷浑有青海，俗传置牝马于其上，得龙种。秋七月丁卯，置马牧于青海，纵牝马二千匹于川谷以求龙种，无效而止。

车驾东还，行经大斗拔谷，山路隘险，鱼贯而出。风雪晦冥，文武饥馁沾湿，夜久不逮前营，士卒冻死者太半，马驴什八九，后宫妃、主或狼狈相失，与军士杂宿山间。九月癸未，车驾入西京。冬十一月丙子，复幸东都。

六年春正月，帝以诸蕃酋长毕集洛阳，丁丑，于端门街盛陈百戏。戏场周围五千步，执丝竹者万八千人，声闻数十里。自昏达旦，灯火光烛天地，终月而罢，所费巨万。自是岁以为常。诸蕃请入丰都市交易，帝许之。先命整饰店肆，檐宇如一，盛设帷帐，珍货充积，人物华盛，卖菜者亦藉以龙须席。胡客或过酒食店，悉令邀延就坐，醉饱而散，不取其直，绐之曰："中国丰饶，酒食例不取直。"胡客皆惊叹。其黠者颇觉之，见以缯帛缠树，曰："中国亦有贫者，衣不盖形，

炀帝认为裴矩有安抚怀柔的韬略，晋升他为银青光禄大夫。从西京各县及西北各郡，都辗转运输物资到塞外，每年的花费以亿万来计算。所经路途艰险遥远，或是遇上强盗劫掠，人畜死亡而不能送到目的地的，郡县都要再行征调，以致家业破产。百姓因此失去生计，西部地区先贫困起来了。

丙辰（二十一日），炀帝亲临观风殿，大规模陈列车服仪仗等，带高昌王麹伯雅以及伊吾王吐屯设上殿宴饮，其馀蛮夷部落的使者在殿台阶前庭中陪宴的，有二十多个邦国，还演奏九部乐和鱼龙戏来娱乐，对各国来使赏赐不等。戊午（二十三日），大赦天下。吐谷浑境内有青海，民间传说把母马放在青海，能得到龙种。秋季七月丁卯（初二），在青海设置牧马场，在河谷间纵养两千匹母马，来求取龙种，结果无效，只好作罢。

炀帝车驾向东返回，经过大斗拔谷时，因山路狭窄险峻，队伍只好鱼贯而出。当时风雪大作，天昏地暗，文武百官饥饿难忍，湿冷难耐，入夜很久了还没有到达宿营地，士卒冻死的有一大半，马驴冻死的有十之八九，后宫的妃嫔、公主有的狼狈走散，与军士们混杂露宿在山间。九月癸未（十九日），炀帝车驾回到西京长安。冬季十一月丙子（十三日），又巡幸东都洛阳。

六年（610）春季正月，炀帝因各部落酋长都汇集在洛阳，丁丑（十五日）那天，在端门街上举行盛大的百戏表演。戏场周长有五千步，手持乐器进行演奏的有一万八千人，声音传到几十里以外。从黄昏一直到第二天清晨，灯火照亮了天地，直到月末才宣告结束，耗费财物巨万。从这以后每年都是这样。各部落请求到丰都市场进行贸易，炀帝答应了他们的请求。事先命令整修装饰店铺，屋檐样式整齐划一，店内都设有帷帐，珍奇货物摆得满满的，店主华装盛服，连卖菜的也要用龙须席铺地。胡族客人每经过酒食店，都命令店主要邀请他们入座，酒醉饭饱后才散去，不收取酒饭钱，还哄骗他们说："中国丰裕富饶，酒饭照例都不收钱。"胡族客人全都惊叹不已。其中聪明的人有所察觉，看到用丝绸缠树，就说："中原王朝也有贫困的人，他们衣不蔽体，

何如以此物与之，缠树何为?”市人惭不能答。

帝称裴矩之能，谓群臣曰：“裴矩大识朕意，凡所陈奏，皆朕之成算，未发之顷，矩辄以闻。自非奉国尽心，孰能若是?”是时矩与左翊卫大将军宇文述、内史侍郎虞世基、御史大夫裴蕴、光禄大夫郭衍皆以谄谀有宠。述善于供奉，容止便辟，侍卫者咸取则焉。郭衍尝劝帝五日一视朝，曰：“无效高祖，空自勤苦。”帝益以为忠，曰：“唯有郭衍心与朕同。”

帝临朝凝重，发言降诏，辞义可观。而内存声色，其在两都及巡游，常以僧、尼、道士、女官自随，谓之四道场。梁公萧钜，琮之弟子；千牛左右宇文皛，庆之孙也；皆有宠于帝。帝每日于苑中林亭间盛陈酒馔，敕燕王倓与钜、皛及高祖嫔御为一席，僧、尼、道士、女官为一席，帝与诸宠姬为一席，略相连接。罢朝即从之宴饮，更相劝侑，酒酣殽乱，靡所不至，以是为常。杨氏妇女之美者，往往进御。皛出入宫掖，不限门禁，至于妃嫔、公主皆有丑声，帝亦不之罪也。

二月庚申，以所征周、齐、梁、陈散乐悉配太常，皆置博士弟子以相传授，乐工至三万馀人。

三月癸亥，帝幸江都宫。初，帝欲大营汾阳宫，令御史大夫张衡具图奏之。衡承间进谏曰：“比年劳役繁多，百姓疲弊，伏愿留神，稍加抑损。”帝意甚不平，后目衡谓侍臣曰：“张衡自谓由其计画，令我有天下也。”乃录齐王暕携皇甫诩从驾及前幸涿郡祠恒岳时父老谒见者衣冠多不整，谴衡

不如把这些给他们，缠树干什么？”市场的人惭愧得无言以对。

炀帝称赞裴矩的才能，对群臣说：“裴矩非常能体会朕的意图，凡是他陈奏的事，都是朕已经考虑好的，在还没说出来时，裴矩总能先上奏给朕听。若非为国尽心，有谁能够像他这样呢！”当时裴矩和左翊卫大将军宇文述、内史侍郎虞世基、御史大夫裴蕴、光禄大夫郭衍都靠阿谀奉承得到宠幸。宇文述善于侍奉炀帝，一举一动都谄媚逢迎，侍卫炀帝的人都把他当成榜样。郭衍曾经劝炀帝五天上一次朝，说：“不要效法先帝，白白让自己辛勤劳苦。”炀帝更加认为郭衍忠诚，说：“只有郭衍与朕同心。”

炀帝上朝时神态凝重，说话和颁降诏书，言辞堂皇。但他骨子里却存念声色，他在东、西两京居住以及外出巡游时，常常让僧、尼、道士和女官跟随自己，称他们为四道场。梁公萧钜是萧琮的侄子，千牛左右宇文皛是宇文庆的孙子，他们都受到炀帝的宠幸。炀帝每天在禁苑的树林亭阁间大摆酒宴，命令燕王杨倓与萧钜、宇文皛以及高祖杨坚的妃嫔坐一席，僧、尼、道士、女官坐一席，炀帝本人和宠爱的姬妾们坐一席，各席相连。炀帝退朝后就入席开宴，宴饮时相互劝酒，酒酣之际错杂混乱，无所不为，这是常有的事。杨氏的妇人有长得漂亮的，往往进献给炀帝侍寝。宇文皛出入皇宫内庭，不受门禁限制，以至于妃嫔、公主都有很不好的名声，炀帝也不怪罪她们。

二月庚申（二十八日），把所征召的北周、北齐、梁朝、陈朝的散乐艺人全部安排在太常寺，都设置博士弟子以便互相传授技艺，乐工多达三万多人。

三月癸亥（初二），炀帝巡幸江都宫。当初，炀帝想要大规模营建汾阳宫，命令御史大夫张衡准备好图样奏上。张衡趁方便的时候进谏说：“连年劳役繁多，百姓疲惫，臣希望陛下留神，稍微减少一些劳役。”炀帝心中很不高兴，日后眼睛盯着张衡对侍臣说：“张衡自认为是由他筹谋策划，才使我拥有了天下。”于是举出过去齐王杨暕带着皇甫诩跟随御驾以及前番巡幸涿郡祭祀恒山时当地父老等拜见者大多衣冠不整的两件事，谴责张衡

以宪司不能举正，出为榆林太守。久之，衡督役筑楼烦城，因帝巡幸，得谒帝。帝恶衡不损瘦，以为不念咎，谓衡曰："公甚肥泽，宜且还郡。"复遣之榆林。未几，敕衡督役江都宫。礼部尚书杨玄感使至江都，衡谓玄感曰："薛道衡真为枉死。"玄感奏之。江都郡丞王世充又奏衡频减顿具。帝于是发怒，锁诣江都市，将斩之。久乃得释，除名为民，放还田里。以王世充领江都宫监。

冬十二月，敕穿江南河，自京口至馀杭，八百馀里，广十馀丈，使可通龙舟，并置驿宫、草顿，欲东巡会稽。

七年春二月己未，上升钓台，临杨子津，大宴百僚。乙亥，帝自江都行幸涿郡，御龙舟，渡河入永济渠，仍敕选部、门下、内史、御史四司之官于船前选补，其受选者三千馀人，或徒步随船三千馀里，不得处分，冻馁疲顿，因而致死者什一二。壬午，下诏讨高丽。讨高丽事见《隋讨高丽》。

帝自去岁谋讨高丽，诏山东置府，令养马以供军役。又发民夫运米，积于泸河、怀远二镇，车牛往者皆不返，士卒死亡过半，耕稼失时，田畴多荒。加之饥馑，谷价踊贵，东北边尤甚，斗米直数百钱。所运米或粗恶，令民籴而偿之。又发鹿车夫六十馀万，二人共推米三石，道途险远，不足充糇粮，至镇，无可输，皆惧罪亡命。重以官吏贪残，因缘侵渔，百姓困穷，财力俱竭，安居则不胜冻馁，死期交急，

身为监察官员却不能检举纠正，将他外放为榆林太守。过了很长时间，张衡监督营建楼烦城，因炀帝巡幸楼烦，得以谒见炀帝。炀帝厌恶张衡没有劳损瘦削，认为他没把过失放在心上，就对张衡说："你太肥胖圆润了，应该暂且回榆林郡去。"又派他到榆林。没过多久，敕令张衡监督营建江都宫。礼部尚书杨玄感出使到江都，张衡对杨玄感说："薛道衡真是冤枉死的。"杨玄感把这话上奏给炀帝。江都郡丞王世充又劾奏张衡屡次减少供应的器物。炀帝于是发怒，将张衡戴上刑具押赴江都闹市，准备斩杀他。很久以后，张衡才得以释放，削除名籍废为平民，遣返到原籍。让王世充兼任江都宫监。

冬季十二月，敕令开凿江南河，从京口到余杭，长八百多里，宽十多丈，使河面能通航龙舟，并设置驿宫、临时停顿处，准备向东巡视会稽。

七年(611)春季二月己未(初三)，炀帝登上钓台，面对杨子津，大宴百官。乙亥(十九日)，炀帝从江都起程巡幸涿郡，乘坐龙舟，渡过黄河进入永济渠，同时敕令选部、门下、内史、御史四司的官员在船前等待选补，他们中被选中的有三千多人，有的徒步随船行走了三千多里，没有得到处置，冻饿疲顿，因此而致死的占十分之一二。壬午(二十六日)，炀帝下诏征讨高丽。征讨高丽事见《隋讨高丽》。

炀帝自去年谋划征讨高丽，就下诏在崤山以东设置鹰扬府，命令多养马匹供应战事。又征发民夫运米，储存在泸河、怀远二镇，运粮的车和牛去了之后都没能返回，士卒死亡过半，农作物耕种失时，田地大多荒芜。再加上饥荒，谷价腾贵，东北边境地区尤其严重，一斗米价值好几百钱。所运送的粮米有的粗糙恶劣，就命令卖给百姓来补偿损失。又征发小车车夫六十多万，两人一起推三石米，路途艰险遥远，三石米还不足以充当途中的干粮，到达泸河、怀远二镇时，没有可交的粮食，就都畏罪逃亡。再加上官吏贪婪凶残，借机侵剥鱼肉百姓，百姓穷困，财力与人力都耗尽了，安分守己则受不了冻饿的折磨，死期又将迫近，

剽掠则犹得延生，于是始相聚为群盗。邹平民王薄拥众据长白山，剽掠齐、济之郊，自称知世郎，言事可知矣。又作《无向辽东浪死歌》以相感劝，避征役者多往归之。平原东有豆子䴚，负海带河，地形深阻，自高齐以来，群盗多匿其中。有刘霸道者，家于其旁，累世仕宦，赀产富厚。霸道喜游侠，食客常数百人，及群盗起，远近多往依之，有众十馀万，号"阿舅贼"。漳南人窦建德，同县孙安祖，亦集无赖少年，入高鸡泊中为群盗。时鄃人张金称聚众河曲，蓨人高士达聚众于清河境内为盗。事见《唐平河朔》。

自是所在群盗蜂起，不可胜数，徒众多者至万馀人，攻陷城邑。甲子，敕都尉、鹰扬与郡县相知追捕，随获斩决，然莫能禁止。

八年春三月癸巳，上始御师，进至辽水。夏六月己未，帝幸辽东城南。秋七月，进军至萨水，高丽击之，诸军俱溃。初，九军度辽，凡三十万五千，及还至辽东城，二千七百人，资储器械亡失荡尽。九月庚寅，车驾至东都。

九年春正月丁丑，诏征天下兵集涿郡。己亥，命刑部尚书卫文昇等辅代王侑留守西京。

二月，帝复议伐高丽，左光禄大夫郭荣谏，不听。三月丙子，济阴孟海公起为盗，保据周桥，众至数万。丁丑，发丁男十万城大兴。戊寅，帝幸辽东，命民部尚书樊子盖等辅越王侗留守东都。时所在盗起。齐郡王薄、孟让，北海郭方预，清河张金称，平原郝孝德，河间格谦，勃海

而抢劫掠夺尚且能够活命，于是开始相互聚结，成为强盗团伙。邹平县百姓王薄拥领部众占据长白山，劫掠齐郡、济北郡的郊野地区，他自称知世郎，意思是人事可知。他又创作《无向辽东浪死歌》来感染、劝导百姓，逃避征役的人大多前去归附他。平原郡东有个叫豆子䴚的地方，背靠大海连接黄河，地形幽深险阻，自从北齐以来，盗贼们大多隐匿在这里。有个叫刘霸道的人，在豆子䴚旁边居住，他家世代做官，资产雄厚。刘霸道喜爱游侠所为，家中的食客常常有几百人，等到群盗兴起，远近的人大多前去依附他，拥有部众十多万，号称“阿舅贼”。漳南县人窦建德，还有同县的孙安祖，也聚集一众无赖少年，进入高鸡泊中做了盗贼。当时，鄃县人张金称在河曲聚集部众，蓨郡人高士达在清河境内聚众为盗。事见《唐平河朔》。

从此群盗蜂拥而起，不可胜数，徒众多的达一万多人，纷纷攻陷城邑。甲子，炀帝命令都尉、鹰扬郎将与郡县互相配合追捕盗贼，抓到了就在当地处死，但是仍然无法制止。

八年(612)春季三月癸巳(十四日)，炀帝开始亲自指挥军队，隋军推进到辽水。夏季六月己未(十一日)，炀帝驾临辽东城南。秋季七月，进军到萨水，高丽军抗击隋军，隋军各部都溃败了。起初，隋朝九路大军渡过辽水，总共有三十万五千人，等回到辽东城时，只剩下两千七百人，军资储备和兵械器具全都损失掉了。九月庚寅(十三日)，炀帝车驾回到东都。

九年(613)春季正月丁丑(初二)，炀帝下诏征天下之兵在涿郡集结。己亥(二十四日)，炀帝命令刑部尚书卫文昇等人辅佐代王杨侑留守西京。

二月，炀帝再次商议征伐高丽，左光禄大夫郭荣劝谏，炀帝不听。三月丙子(初二)，济阴人孟海公起事为盗，他据守周桥，部众达到几万人。丁丑(初三)，炀帝下诏征发男丁十万修筑大兴城。戊寅(初四)，炀帝驾临辽东，命民部尚书樊子盖等人辅佐越王杨侗留守东都。当时各地盗贼蜂起。齐郡人王薄、孟让，北海人郭方预，清河人张金称，平原人郝孝德，河间人格谦，勃海人

孙宣雅各聚众攻剽，多者十馀万，少者数万人，山东苦之。天下承平日久，人不习兵，郡县吏每与贼战，望风沮败。夏四月庚午，车驾度辽。

礼部尚书杨玄感反于黎阳。秋七月癸未，余杭民刘元进起兵以应玄感。元进手长尺馀，臂垂过膝，自以相表非常，阴有异志。会帝再发三吴兵征高丽，三吴兵皆相谓曰："往岁天下全盛，吾辈父兄征高丽者犹太半不返。今已罢弊，复为此行，吾属无遗类矣。"由是多亡命。郡县捕之急，闻元进举兵，亡命者云集，旬月间，众至数万。

秋八月，玄感兵败，执送行在所，磔尸东都市。

癸卯，吴郡朱燮、晋陵管崇聚众寇掠江左。燮本还俗道人，涉猎经史，颇知兵法，形容眇小，为昆山县博士，与数十学生起兵，民苦役者赴之如归。崇长大，美姿容，志气倜傥，隐居常熟，自言有王者相，故群盗相与奉之。时帝在涿郡，命虎牙郎将赵六兒将兵万人屯杨子，分为五营以备南贼。崇遣其将陆觊渡江，夜，袭六兒，破其两营，收其器械军资而去，众益盛，至十万。

辛酉，帝使大理卿郑善果、御史大夫裴蕴、刑部侍郎骨仪、与留守樊子盖推玄感党与。仪，本天竺胡人也。帝谓蕴曰："玄感一呼而从者十万，益知天下人不欲多，多即相聚为盗耳，不尽加诛，无以惩后。"子盖性既残酷，蕴复受此旨，由是峻法治之，所杀三万馀人，皆籍没其家，枉死者

孙宣雅，各自聚众攻城劫掠，人多的有十馀万，人少的也有几万，崤山以东的百姓深受其害。天下已经太平很长时间了，人们都不习惯打仗了，郡县的官吏每次与盗贼交战，往往望风溃败。夏季四月庚午（二十七日），炀帝的车驾渡过辽水。

礼部尚书杨玄感在黎阳造反。秋季七月癸未（十一日），余杭人刘元进起兵响应杨玄感。刘元进手有一尺多长，胳膊垂下来能超过膝盖，自认为相貌仪表非同一般，暗中另有图谋。正好赶上炀帝再次征发三吴之兵去讨伐高丽，三吴被征发的兵丁都相互议论说："往年天下全盛之时，我们这些人的父兄去征讨高丽的，尚且有一多半回不来。如今国家已然疲弊，若再去征讨，我们这些人就没有剩下来的了。"因此兵丁大多逃亡。郡县搜捕逃兵很紧急，听说刘元进起兵，逃亡的人都聚集到他的麾下，一个月内部众就达到几万人。

秋季八月，杨玄感兵败，被抓获押送行在，在东都街市分尸。

癸卯（初二），吴郡人朱燮、晋陵人管崇聚众劫掠江左地区。朱燮本是还俗的道士，他涉猎经史，颇懂兵法，个子很小，这时正任昆山县的博士，与数十名学生起兵，那些苦于徭役的百姓奔赴他就像回自己家一样。管崇身材高大，相貌英俊，志气洒脱，隐居在常熟，自称有王者之相，因此群盗都尊奉他。当时炀帝在涿郡，命令虎牙郎将赵六兒领兵一万人驻扎在杨子，分为五营来防备南面的盗贼。管崇派他的部将陆颉渡过长江，趁夜间袭击赵六兒，攻破了他的两处营垒，缴获了官军的军资器械后离去，部众越来越多，达到十万人。

辛酉（二十日），炀帝派大理卿郑善果、御史大夫裴蕴、刑部侍郎骨仪与东都留守樊子盖究查杨玄感的党羽。骨仪本是天竺国的胡人。炀帝对裴蕴说："杨玄感振臂一呼，跟从他的人就有十万，我越发明白天下的人不必太多，多了就会聚集起来做盗贼，如果不把这些人全部诛灭，就没办法来惩戒后人。"樊子盖生性残忍酷虐，裴蕴又接受了炀帝这样的旨意，因此以严刑峻法来惩治杨玄感的党羽，斩杀三万多人，全都抄没家产，冤枉而死的

太半，流徙者六千馀人。玄感之围东都也，开仓赈给百姓。凡受米者，皆坑之于都城之南。玄感所善文士会稽虞绰、琅邪王胄俱坐徙边，绰、胄亡命，捕得，诛之。

帝善属文，不欲人出其右。薛道衡死，帝曰："更能作'空梁落燕泥'否？"王胄死，帝诵其佳句曰："'庭草无人随意绿'，复能作此语邪？"帝自负才学，每骄天下之士，尝谓侍臣曰："天下皆谓朕承藉绪馀而有四海，设令朕与士大夫高选，亦当为天子矣。"

帝从容谓秘书郎虞世南曰："我性不喜人谏，若位望通显而谏以求名者，弥所不耐。至于卑贱之士，虽少宽假，然卒不置之地上。汝其知之！"世南，世基之弟也。

九月己卯，东海民彭孝才起为盗，有众数万。冬十月丁丑，贼帅吕明星围东郡，虎贲郎将费青奴击破之。刘元进帅其众将渡江，会杨玄感败，朱燮、管崇共迎元进，推以为主，据吴郡，称天子，燮、崇俱为尚书仆射，署置百官，毗陵、东阳、会稽、建安豪杰多执长吏以应之。帝遣左屯卫大将军代人吐万绪、光禄大夫下邽鱼俱罗将兵讨之。十一月己酉，右候卫将军冯孝慈讨张金称于清河，孝慈败死。

十二月，唐县人宋子贤，善幻术，能变佛形，自称弥勒出世，远近信惑，遂谋因无遮大会举兵袭乘舆。事泄，伏诛，并诛党与千馀家。扶风桑门向海明亦自称弥勒出世，人有归心者，辄获吉梦，由是三辅人翕然奉之，因举兵反，众至数万。丁亥，海明自称皇帝，改元白乌。诏太仆卿杨义臣击破之。

占了一大半，被流放发配的有六千多人。杨玄感围攻东都时，曾经打开官仓赈济百姓。如今凡是领过粮米的，都在都城南面坑杀。与杨玄感有交情的文士会稽人虞绰、琅邪人王胄都获罪发配边疆，虞绰、王胄逃亡，被官府抓获，遭到诛杀。

炀帝擅长写诗作文章，不喜欢别人超过他。薛道衡被赐死时，炀帝说："看你还能写'空梁落燕泥'吗？"王胄死后，炀帝读到他写的佳句，说："'庭草无人随意绿'，你还能写出这样的句子吗？"炀帝对自己的才学非常自负，常常看不起天下的士人，曾对侍臣说："天下人都认为我是继承先帝遗业才坐拥四海的，假如让我与士大夫们在考场上比试一下才学，我也应该做天子啊。"

炀帝曾不慌不忙地对秘书郎虞世南说："我生性不喜欢别人进谏，如果是达官显贵想通过进谏来求取名声的，我更加不能忍耐。若是卑贱的士人进谏，虽然可以稍略宽容一些，但也决不让他有出头之日。你要明白这一点！"虞世南，是虞世基的弟弟。

九月己卯（初八），东海居民彭孝才起事当盗贼，拥有部众几万人。冬季十月丁丑（初七），盗贼首领吕明星围攻东郡，虎贲郎将费青奴回击并打败了他。刘元进统率他的部将渡过长江，正赶上杨玄感兵败，朱燮、管崇就一起迎接刘元进，推举他当盟主，占据吴郡，自称天子，朱燮、管崇都充任了尚书仆射，并设置百官，毗陵、东阳、会稽、建安的豪杰大都抓起地方官来响应他们。炀帝派遣左屯卫大将军代郡人吐万绪、光禄大夫下邽人鱼俱罗率兵去讨伐刘元进等人。十一月己酉（初九），右候卫将军冯孝慈在清河征讨张金称，冯孝慈战败身亡。

十二月，唐县人宋子贤，擅长幻术，能变幻出佛形，自称弥勒佛出世，远近的人都相信他并为之迷惑，于是宋子贤谋划趁举行无遮大会时举兵袭击炀帝车驾。事情败露，被处死，一并诛杀了他的党羽一千多家。扶风僧人向海明也自称是弥勒佛出世，凡有归附之心的人就可做吉梦，因此三辅一带的百姓都一致尊奉他，他乘势起兵造反，部众达几万人。丁亥（十八日），向海明自称皇帝，改年号白乌。炀帝诏令太仆卿杨义臣讨伐并打败了他。

刘元进攻丹阳，吐万绪济江击破之，元进解围去，绪进屯曲阿。元进结栅拒绪，相持百馀日。绪击之，贼众大溃，死者以万数。元进挺身夜遁，保其垒。朱燮、管崇等屯毗陵，连营百馀里，绪乘胜进击，复破之。贼退保黄山，绪围之，元进、燮仅以身免。于陈斩崇及其将卒五千馀人，收其子女三万馀口，进解会稽围。鱼俱罗与绪偕行，战无不捷，然百姓从乱者如归市，贼败而复聚，其势益盛。

元进退据建安，帝令绪进讨，绪以士卒疲弊，请息甲待来春，帝不悦。俱罗亦以贼非岁月可平，诸子在洛京，潜遣家仆迎之，帝怒。有司希旨，奏绪怯懦，俱罗败衄，俱罗坐斩，征绪诣行在，绪忧愤，道卒。

帝更遣江都丞王世充发淮南兵数万人讨元进。世充渡江，频战皆捷，元进、燮败死于吴，其馀众或降或散。世充召先降者于通玄寺瑞像前焚香为誓，约降者不杀。散者始欲入海为盗，闻之，旬月之间，归首略尽。世充悉坑之于黄亭涧，死者三万馀人。由是馀党复相聚为盗，官军不能讨，以至隋亡。帝以世充有将帅才，益加宠任。

是岁，诏为“盗者籍没其家”。时群盗所在皆满，郡县官因之各专威福，生杀任情矣。章丘杜伏威与临济辅公祏俱亡命为群盗。

刘元进攻打丹阳，吐万绪渡过长江击败了他，刘元进解围退去，吐万绪推进到曲阿驻扎。刘元进构筑木栅抵抗吐万绪，双方对峙了一百多天。吐万绪攻打刘元进，贼军部众大败溃散，死者数以万计。刘元进挺身奋战，乘夜逃走，据守他的营垒。朱燮、管崇等人屯驻在毗陵，连营一百多里，吐万绪乘胜攻击，又击败了他们。贼军退守黄山，吐万绪围攻他们，刘元进、朱燮仅得只身逃脱。官军在阵前斩杀了管崇和他的将士五千多人，俘获了他们的子女三万多人，继续推进，解除了对会稽城的围困。鱼俱罗和吐万绪一起行动，战无不胜，然而跟从作乱的百姓就像涌向集市一样，贼军溃败后又重新聚集起来，声势越来越大。

刘元进退守建安，炀帝命令吐万绪进兵讨伐，吐万绪认为士卒已十分疲惫，请求暂且停战，等明年春天再战，炀帝很不高兴。鱼俱罗也认为盗贼不是短时间内就能平定的，他的儿子还在东京洛阳，于是暗中派家奴来接走鱼俱罗，炀帝大怒。有关部门迎合炀帝旨意，上奏说吐万绪胆怯懦弱，鱼俱罗打了败仗，鱼俱罗因此获罪被斩，炀帝征召吐万绪赶赴行在，吐万绪忧惧怨愤，死在了路上。

炀帝改派江都丞王世充征发淮南兵数万人征讨刘元进。王世充渡过长江，多次与刘元进交战都获得胜利，刘元进、朱燮在吴县兵败身死，其馀部众有的投降，有的逃散。王世充召集先投降的贼众在通玄寺的佛像前焚香起誓，约定不斩杀投降的人。那些逃散的部众一开始想入海为盗，听到这个消息后，一月之内，基本上都投降了王世充。王世充把他们全部坑杀于黄亭涧，死去的有三万多人。由此刘元进、朱燮的馀党又相聚为盗，官军无法讨伐，一直到隋朝灭亡。炀帝认为王世充有将帅之才，更加宠信重用他。

这一年，炀帝下诏"凡是做强盗的，其家属财产一律被官府没收"。当时各地都是强盗，郡县官吏趁机各自专擅一方，作威作福，生杀予夺随心所欲。章丘人杜伏威与临济人辅公祏都逃亡在外，聚众当了盗贼。

十年春二月，议伐高丽。丁酉，扶风贼帅唐弼立李弘芝为天子，有众十万，自称唐王。三月壬子，帝行幸涿郡，士卒在道，亡者相继。夏四月，车驾至北平。

五月庚申，延安贼帅刘迦论自称皇王，建元大世，有众十万，与稽胡相表里为寇。诏以左骁卫大将军屈突通为关内讨捕大使，发兵击之。战于上郡，斩迦论并将卒万馀级，虏男女数万口而还。秋七月癸丑，车驾次怀远镇。八月己巳，班师。冬十月丁卯，上至东都。己丑，还西京。十一月乙卯，离石胡刘苗王反，自称天子，众至数万。将军潘长文讨之，不克。汲郡贼帅王德仁拥众数万，保林虑山为盗。帝将如东都，太史令庾质谏曰："比岁伐辽，民实劳弊，陛下宜镇抚关内，使百姓尽力农桑，三五年间，四海稍丰实，然后巡省，于事为宜。"帝不悦。质辞疾不从，帝怒，下质狱，竟死狱中。十二月壬申，帝如东都，赦天下。戊子，入东都。

东海贼帅彭孝才转掠沂水，彭城留守董纯讨擒之。纯战虽屡捷，而盗贼日滋，或谮纯怯懦，帝怒，锁纯诣东都，诛之。

孟让自长白山寇掠诸郡，至盱眙，众十馀万，据都梁宫，阻淮为固。江都丞王世充将兵拒之，为五栅以塞险要，羸形示弱。让笑曰："世充文法小吏，安能将兵？吾今生缚取，鼓行入江都耳！"时民皆结堡自固，野无所掠，贼众渐馁，

十年(614)春季二月，炀帝又命百官商议征讨高丽的事。丁酉(二十九日)，扶风郡的贼军首领唐弼拥立李弘芝为天子，有部众十万，自称唐王。三月壬子(十四日)，炀帝驾临涿郡，在路上逃亡的士兵接连不断。夏季四月，炀帝车驾到达北平郡。

五月庚申(二十三日)，延安贼军首领刘迦论自称皇王，建年号为大世，拥有部众十万，与稽胡里应外合，劫掠地方。炀帝下诏任命左骁卫大将军屈突通为关内讨捕大使，发兵攻打刘迦论。双方在上郡交战，斩杀刘迦论及其他将卒一万多人，俘获男女几万人，然后撤回。秋季七月癸丑(十七日)，炀帝车驾停驻在怀远镇。八月己巳(初四)，班师回朝。冬季十月丁卯(初三)，炀帝到达东都洛阳。己丑(二十五日)，回到西京长安。十一月乙卯(二十一日)，离石郡的胡人刘苗王造反，自称天子，部众达数万人。将军潘长文讨伐他，未能取胜。汲郡的贼军首领王德仁，有部众数万人，据守林虑山为盗。炀帝要到东都去，太史令庾质进谏说："连年征伐辽东，百姓实在是疲乏困弊，陛下应该安抚关内地区，让百姓们尽力于农桑，三五年内，天下逐渐充实富裕了，然后再到各地巡视，这样做才合适。"炀帝很不高兴。庾质推说有病，不随同炀帝出巡，炀帝大怒，把庾质关进监狱，庾质最终死在狱中。十二月壬申(初九)，炀帝动身前往东都，大赦天下。戊子(二十五日)，到达东都。

东海郡贼军首领彭孝才在沂水一带辗转劫掠，彭城留守董纯率军讨伐，并最终擒获了他。董纯作战虽然屡屡获胜，但是盗贼却日渐增多，有人毁谤董纯胆怯懦弱，炀帝大怒，把董纯上了枷锁押往东都，杀了他。

孟让从长白山劫掠各郡，到盱眙时，部众有十多万，占据了都梁宫，以淮水作为坚固的屏障。江都丞王世充领兵抵御他，设下五道栅栏来阻塞险要之处，装出羸弱的样子。孟让笑道："王世充这个舞文弄法的小吏，怎么会带兵打仗呢？我今天要生擒他，大张旗鼓地开进江都城！"这时百姓都聚集在一起，构筑堡垒以自卫，山野间已经没什么可掠夺的了，孟让的部众渐渐挨饿，

乃少留兵，围五栅，分人于南方抄掠。世充伺其懈，纵兵出击，大破之，让以数十骑遁去，斩首万馀级。

齐郡贼帅左孝友众十万屯蹲狗山，郡丞张须陀列营逼之，孝友窘迫出降。须陀威振东夏，以功迁齐郡通守，领河南道十二郡黜陟讨捕大使。涿郡贼帅卢明月众十馀万军祝阿，须陀将万人邀之。相持十馀日，粮尽，将退，谓将士曰："贼见吾退，必悉众来追，若以千人袭据其营，可有大利。此诚危事，谁能往者？"众莫对，唯罗士信及历城秦叔宝请行。于是须陀委栅而遁，使二人分将千人伏葭苇中。明月悉众追之，士信、叔宝驰至其栅，栅门闭，二人超升其楼，各杀数人，营中大乱，二人斩关以纳外兵，因纵火焚其三十馀栅，烟焰涨天。明月奔还，须陀回军奋击，大破之，明月以数百骑遁去，所俘斩无算。叔宝名琼，以字行。

十一年，帝以户口逃亡，盗贼繁多，二月庚午，诏民悉城居，田随近给。郡县驿亭村坞皆筑城。上谷贼帅王须拔自称漫天王，国号燕。贼帅魏刀兒自称历山飞。众各十馀万，北连突厥，南寇燕、赵。

初，高祖梦洪水没都城，意恶之，故迁都大兴。申明公李穆薨，高祖以浑为穆嗣，累官至右骁卫大将军，改封郕公。帝以其门族强盛，忌之。会有方士安伽陀言李氏当为天子，劝帝尽诛海内凡姓李者。浑从子将作监敏，小名洪兒，

于是孟让留下少部分兵力围攻王世充设下的五道栅栏，分兵到南方去劫掠。王世充趁贼军懈怠时，挥军出击，大破贼军，孟让只带着数十名骑兵逃走，王世充斩获首级一万多。

齐郡的贼军首领左孝友率领十万部众屯驻在蹲狗山，郡丞张须陀布设军营进逼他，左孝友走投无路，窘迫急困，只得出山投降。张须陀威震东夏，凭借此功升任齐郡通守，兼任河南道十二郡黜陟讨捕大使。涿郡贼军首领卢明月率众十馀万驻扎在祝阿县，张须陀率领一万名士兵截击他。双方相持了十多天，官军粮尽，将要退兵，张须陀对将士们说："贼军看到我们退兵，必定会率全部人马来追击，如果率一千人去袭击并占据他们的营寨，可以获得大胜。这确实是危险的差事，有谁能去呢？"众将没有谁能对答，只有罗士信以及历城人秦叔宝请求前往。于是张须陀遗弃营栅退走，让罗士信、秦叔宝二人每人率领一千人埋伏在芦苇丛中。卢明月出动全部兵马追击张须陀，罗士信、秦叔宝纵马飞奔到营栅前，栅门紧闭，二人攀登进入寨楼，各自杀了几个敌兵，敌兵营中大乱，二人又斩杀了把守营门的士兵，让外面的官军士兵进来，趁势纵火焚烧了贼军的三十多处营栅，火焰冲天。卢明月逃奔回营地，张须陀回军奋击，大破卢明月，卢明月带领数百名骑兵逃走，其部众被俘获和斩杀的不计其数。秦叔宝名琼，以字行于世。

十一年（615），炀帝因为民户逃亡，盗贼繁多，二月庚午（初七），诏令民众都要居住在城里，田地就近分配。郡县的驿亭和村坞都修筑城堡。上谷郡的贼军首领王须拔自称漫天王，国号燕。贼军首领魏刀兒也自称历山飞。他们各自拥有十多万部众，在北方勾结突厥，在南部寇掠燕、赵地区。

当初，高祖杨坚梦见洪水淹没了都城，十分厌恶，因此迁都大兴。申明公李穆去世，高祖让李浑承袭李穆的爵位，李浑多次升官，做到右骁卫大将军，改封郕公。炀帝因李浑宗族强盛，很忌惮他。恰巧有个叫安伽陀的方士宣称李氏当为天子，劝说炀帝杀掉天下所有姓李的人。李浑的侄子将作监李敏小名叫洪兒，

帝疑其名应谶，尝面告之，冀其引决。虎贲郎将河东裴仁基表告浑反，帝收浑、敏及宗族三十二人杀之。

三月己酉，帝行幸太原。夏四月，幸汾阳宫避暑。宫城迫隘，百官士卒布散山谷间，结草为营而居之。以卫尉少卿李渊为山西、河东抚慰大使，承制黜陟选补郡县文武官，仍发河东兵讨捕群盗。渊行至龙门，击贼帅毋端兒，破之。秋八月乙丑，帝巡北塞。突厥始毕帅骑数十万谋袭乘舆。事见《太宗平突厥》。

九月丁未，车驾还至太原。苏威言于帝曰："今盗贼不息，士马疲弊，愿陛下亟还西京，深根固本，为社稷计。"帝初然之。宇文述曰："从官妻子多在东都，宜便道向洛阳，自潼关而入。"帝从之。冬十月壬戌，帝至东都，顾眄街衢，谓侍臣曰："犹大有人在。"意谓向日平杨玄感，杀人尚少故也。杨玄感之乱，龙舟水殿皆为所焚，诏江都更造，凡数千艘，制度仍大于旧者。

壬申，卢明月帅众十万寇陈、汝。东海李子通起长白山，依左才相。才相忌之，渡淮与杜伏威合，自称将军。

城父朱粲始为县佐史，从军，遂亡命聚众为盗，谓之"可达寒贼"，自称迦楼罗王，众至十馀万，引兵转掠荆、沔及山南郡县，所过噍类无遗。十二月庚寅，诏民部尚书樊子盖发关中兵数万击绛贼敬盘陁等。子盖不分臧否，自汾水之北，村坞尽焚之，贼有降者皆坑之。百姓怨愤，益相聚为盗。诏以李渊代之，有降者，渊引置左右，由是贼众多降，

炀帝怀疑他的名字正好应验了谶语，曾当面告诉李敏，希望他能自杀。虎贲郎将河东人裴仁基告发李浑谋反，炀帝收捕了李浑、李敏以及他们宗族共三十二人，一并诛杀。

三月己酉（十七日），炀帝驾临太原。夏季四月，到汾阳宫避暑。宫城地方窄小，百官和士兵们分散在山谷间，用茅草搭成营帐居住。炀帝任命卫尉少卿李渊为山西、河东抚慰大使，可根据皇帝旨意罢黜、升迁、选任郡县级的文武官员，还负责征发河东兵马讨伐捕捉盗贼。李渊行进到龙门，攻击贼军首领毋端兒，打败了他。秋季八月乙丑（初五），炀帝巡视北部边塞。突厥始毕可汗率几十万骑兵图谋袭击炀帝的车驾。事见《太宗平突厥》。

九月丁未（十八日），炀帝的车驾回到太原。苏威对炀帝说："如今盗贼不息，士卒战马疲惫，愿陛下急速返回西京，深固根本，从江山社稷考虑才是。"炀帝一开始认为他说得对。宇文述却说："随同陛下出巡的官员，妻子儿女大多在东都，应取便道前往洛阳，从潼关进入。"炀帝听从了宇文述的建议。冬季十月壬戌（初三），炀帝到达东都，他向着街道左顾右盼，对侍臣说："这里还有很多人嘛。"意思是说当初平定杨玄感时，杀的人还少的缘故。杨玄感叛乱时，龙舟水殿都被他焚毁了，炀帝诏令江都重新修造，共计数千艘，形制比过去的还要大。

壬申（十三日），卢明月率众十万进犯陈州、汝州。东海人李子通起事于长白山，依附左才相。左才相忌惮他，他就渡过淮水与杜伏威汇合，自称将军。

城父人朱粲起初是县里的佐史，应诏从军，于是逃亡在外，聚集部众做了盗贼，人称他"可达寒贼"，他自称迦楼罗王，部众达十多万，带兵辗转劫掠荆州、沔阳及山南一带的郡县，其部众所到之处，人烟灭绝。十二月庚寅，炀帝诏令民部尚书樊子盖调发关中兵数万去攻打绛郡贼寇敬盘陁等。樊子盖不分善恶，自汾水以北，见到村坞就全部烧毁，前来投降的贼寇，也全部坑杀。百姓怨恨愤怒，越来越多的人相聚为盗。炀帝诏令李渊接替樊子盖，有投降的人，李渊就安置在身边，因此贼众大多前来投降，

前后数万人，馀党散入他郡。

十二年春正月，朝集使不至者二十馀郡，始议分遣使者十二道发兵讨捕盗贼。诏毗陵通守路道德集十郡兵数万人，于郡东南起宫苑，周围十二里，内为十六离宫，大抵仿东都西苑之制，而奇丽过之。又欲筑宫于会稽，会乱，不果成。三月上巳，帝与群臣饮于西苑水上，命学士杜宝撰《水饰图经》，采古水事七十二，使朝散大夫黄衮以木为之，间以妓航、酒船，人物自动如生，钟磬筝瑟，能成音曲。己丑，张金称陷平恩，一朝杀男女万馀口。又陷武安、钜鹿、清河诸县。金称比诸贼尤残暴，所过民无孑遗。夏四月丁巳，大业殿西院火，帝以为盗起，惊走，入西苑，匿草间，火定乃还。帝自八年以后，每夜眠中恒惊悸，云有贼，令数妇人摇抚，乃得眠。癸亥，历山飞别将甄翟兒众十万寇太原，将军潘长文败死。

帝问侍臣盗贼，左翊卫大将军宇文述曰："渐少。"帝曰："比从来少几何？"对曰："不能什一。"纳言苏威引身隐柱，帝呼前问之，对曰："臣非所司，不委多少，但患渐近。"帝曰："何谓也？"威曰："他日贼据长白山，今近在汜水。且往日租赋丁役，今皆何在？岂非其人皆化为盗乎？比见奏贼皆不以实，遂使失于支计，不时翦除。又昔在雁门，许罢征辽，今复征发，贼何由息？"帝不悦而罢。寻属五月五日，

前后共计数万人，馀党也流散到其他郡。

十二年(616)春季正月，各地没有前来参加大朝会的朝集使有二十多个郡，朝廷开始商议分别派十二道使者，发兵讨捕盗贼。炀帝诏令毗陵通守路道德召集十郡兵丁数万人，在郡城东南修筑宫苑，在方圆十二里的范围内，修建了十六座离宫，大致上仿效东都西苑的样式，但新奇华丽又超过了东都西苑。炀帝还打算在会稽营建宫殿，赶上天下大乱，未能建成。三月上巳节，炀帝与群臣在西苑水上宴饮，命令学士杜宝撰写《水饰图经》，收集古代七十二个有关水的故事，让朝散大夫黄衮雕刻木材把这些故事表现出来，间杂着乐妓的船只、装酒的船只，所刻人物都会自己动，栩栩如生，所制钟磬筝瑟，都能发出音乐曲调。己丑(初三)，张金称攻陷平恩城，一个早上就杀掉男女一万多人。又攻陷武安、钜鹿、清河各县。张金称与其他盗贼相比更加残暴，所过之处，人迹灭绝。夏季四月丁巳(初一)，大业殿西院发生火灾，炀帝以为是盗贼杀来，惊慌逃跑，进入西苑，藏匿在草丛中，火熄灭后才回去。炀帝从大业八年(612)以后，每晚睡觉时常常惊悸而醒，口称有贼，让几个妇人摇动抚摸着才能入睡。癸亥(初七)，历山飞魏刀兒的部将甄翟兒率众十万进犯太原，将军潘长文战败而死。

炀帝向侍臣询问盗贼的情况，左翊卫大将军宇文述说："盗贼逐渐减少了。"炀帝又问："比过去减少了多少呢?"宇文述回答说："还不到过去的十分之一。"纳言苏威起身躲到柱子后面，炀帝叫他上前来，又问他，苏威回答说："臣不负责这方面的事情，不知道到底有多少，但是贼患是越来越近了。"炀帝又问："这是什么意思?"苏威说："当初盗贼占据长白山，如今已近在汜水了。况且往日的租赋丁役，现在又都在什么地方呢? 难道不是那些人都变成盗贼了吗? 臣近来发现奏报贼情都不据实，于是导致对策失当，不能及时把盗贼剪除。另外，当初在雁门时，许诺停止征伐辽东，如今又要征发兵丁，盗贼怎么会平息呢?"炀帝很不高兴，就再不问了。没过多久，恰好赶上五月初五，

百僚多馈珍玩，威独献《尚书》。或谮之曰："《尚书》有《五子之歌》，威意甚不逊。"帝益怒。顷之，帝问威以伐高丽事，威欲帝知天下多盗，对曰："今兹之役，愿不发兵，但赦群盗，自可得数十万，遣之东征，彼喜于免罪，争务立功，高丽可灭。"帝不怿。威出，御史大夫裴蕴奏曰："此大不逊！天下何处有许多贼？"帝曰："老革多奸，以贼胁我！欲批其口，且复隐忍。"蕴知帝意，遣河南白衣张行本奏："威昔在高阳典选，滥授人官。畏怯突厥，请还京师。"帝令案验，狱成，下诏数威罪状，除名为民。后月馀，复有奏威与突厥阴图不轨者，事下裴蕴推之，蕴处威死。威无以自明，但摧谢而已。帝悯而释之，曰："未忍即杀。"遂并其子孙三世皆除名。

秋七月，江都新作龙舟成，送东都。宇文述劝幸江都，帝从之。右候卫大将军酒泉赵才谏曰："今百姓疲劳，府藏空竭，盗贼蜂起，禁令不行，愿陛下还京师，安兆庶。"帝大怒，以才属吏，旬日，意解，乃出之。朝臣皆不欲行，帝意甚坚，无敢谏者。建节尉任宗上书极谏，即日于朝堂杖杀之。甲子，帝幸江都，命越王侗与光禄大夫段达、太府卿元文都、检校民部尚书韦津、右武卫将军皇甫无逸、右司郎卢楚等总留后事。津，孝宽之子也。帝以诗留别宫人曰："我梦江都好，征辽亦偶然。"奉信郎崔民象以盗贼充斥，于建国门上表谏，帝大怒，先解其颐，然后斩之。

百官大多进献珍玩宝物，只有苏威献上《尚书》。有人毁谤他说："《尚书》中有《五子之歌》，苏威的用意非常不恭敬。"炀帝更加生气。不久，炀帝又问苏威征伐高丽的事，苏威想让炀帝知道天下的盗贼很多，就回答说："如今征辽之役，希望陛下先不要征兵，只需赦免群盗，自然就能得到数十万大军，派遣他们去东征，他们一定很高兴能够免除罪过，会争相立功，这样高丽就能灭掉了。"炀帝听后很不高兴。苏威退下后，御史大夫裴蕴上奏说："这苏威也太不恭敬了！天下哪有这么多盗贼啊？"炀帝说："这个老家伙太奸诈了，用盗贼多来威胁我！我真想抽他的嘴巴，暂且再忍耐一下吧。"裴蕴了解了炀帝的心意，就让河南平民张行本上奏说："苏威以前在高阳负责官员选拔时，随意授人官职。他因害怕突厥，就请求返回京师。"炀帝命令核实查证，案件成立，又下诏列举苏威的罪状，将其削除名籍贬为平民。一个多月后，又有人上奏苏威暗中与突厥勾结图谋不轨，此事交由裴蕴审讯，裴蕴判处苏威死刑。苏威自己没法辩明，只是伤感地谢罪而已。炀帝怜悯并释放了他，说："朕不忍心杀死你。"于是连同他的子孙三代一起削除名籍。

秋季七月，江都新造的龙舟完成，送到东都洛阳。宇文述劝炀帝巡幸江都，炀帝听从了他的建议。右候卫大将军酒泉人赵才进谏说："如今百姓疲敝，国库空虚，盗贼蜂起，命令无法施行，希望陛下回京师，安抚天下黎民。"炀帝大怒，把赵才交付司法官吏处置，十天后怒气才有所平息，于是放他出来。朝臣们都不想出行，但炀帝心意十分坚决，没有敢劝谏的人。建节尉任宗上书极力劝谏，当天在朝堂上用杖活活打死了他。甲子（初十），炀帝驾临江都，命令越王杨侗与光禄大夫段达、太府卿元文都、检校民部尚书韦津、右武卫将军皇甫无逸、右司郎卢楚等人总管留守东都洛阳事宜。韦津是韦孝宽的儿子。炀帝作诗留赠宫人告别道："我梦江都好，征辽亦偶然。"奉信郎崔民象因天下盗贼遍布，在洛阳建国门上表进谏，炀帝大怒，先敲掉了他的下巴，然后斩杀了他。

戊辰，冯翊孙华举兵为盗。虞世基以盗贼充斥，请发兵屯洛口仓，帝曰："卿是书生，定犹恇怯。"戊辰，车驾至巩。敕有司移箕山、公路二府于仓内，仍令筑城以备不虞。至汜水，奉信郎王爱仁复上表请还西京，帝斩之而行。至梁郡，郡人邀车驾上书曰："陛下若遂幸江都，天下非陛下之有！"又斩之。是时李子通据海陵，左才相掠淮北，杜伏威屯六合，众各数万。帝遣光禄大夫陈稜将宿卫精兵八千讨之，往往克捷。八月乙巳，贼帅赵万海众数十万，自恒山寇高阳。

冬十月己丑，许恭公宇文述卒。初，述子化及、智及皆无赖。化及事帝于东宫，帝宠昵之，及即位，以为太仆少卿。帝幸榆林，化及、智及冒禁与突厥交市，帝怒，将斩之，已解衣辫发，既而释之，赐述为奴。智及弟士及，以尚主之故，常轻智及，惟化及与之亲昵。述卒，帝复以化及为右屯卫将军，智及为将作少监。

韦城翟让亡命于瓦岗为群盗，同郡单雄信往从之，聚徒至万馀人。时又有外黄王当仁、济阳王伯当、韦城周文举、雍丘李公逸等，皆拥众为盗。李密亡命，往来诸帅间，说以取天下之策。

鄱阳贼帅操师乞自称元兴王，建元始兴，攻陷豫章郡，以其乡人林士弘为大将军。诏治书侍御史刘子翊将兵讨之。师乞中流矢死，士弘代统其众，与子翊战于彭蠡湖，子翊败死。士弘兵大振，至十馀万人。十二月壬辰，士弘自称皇帝，国号楚，建元太平。遂取九江、临川、南康、宜春等郡，

戊辰（十四日），冯翊郡人孙华起兵为盗。虞世基鉴于盗贼遍布，请求派兵驻守洛口仓，炀帝说："爱卿一介书生，必定还是恐惧胆怯。"戊辰（十四日），炀帝的车驾到达巩县。敕令有关部门把箕山、公路两鹰扬府迁往洛口仓内，又命令筑城，以防不测。到汜水时，奉信郎王爱仁又上表请求炀帝返回西京，炀帝斩了他，继续行进。到梁郡时，郡中百姓拦住车驾上书说："陛下如果真去江都，天下就不归陛下所有了！"炀帝又斩了他们。当时，李子通占据海陵，左才相劫掠淮北，杜伏威屯驻在六合，各自拥有部众数万人。炀帝派遣光禄大夫陈稜率领保卫皇宫的精兵八千人去讨伐他们，所到之处连连取胜。八月乙巳（二十一日），贼军首领赵万海率部众几十万人，从恒山进犯高阳。

冬季十月己丑（初六），许恭公宇文述去世。当初，宇文述的儿子宇文化及、宇文智及都是无赖之徒。宇文化及曾在东宫侍奉还是太子的炀帝，炀帝很宠幸亲近他，等到即位，封他为太仆少卿。炀帝巡幸榆林，宇文化及、宇文智及违反禁令与突厥进行贸易，炀帝大怒，准备杀了他们，已经脱去衣服散开发髻，不久又放了他们，将他们赐给宇文述做奴仆。宇文智及的弟弟宇文士及因为娶了公主的缘故，常常看不起宇文智及，只有宇文化及与宇文智及亲近。宇文述死后，炀帝又任命宇文化及为右屯卫将军，任命宇文智及为将作少监。

韦城人翟让逃亡在外，于瓦岗山聚众为盗，同郡人单雄信前去依附他，聚集徒众一万多人。当时还有外黄人王当仁、济阳人王伯当、韦城人周文举、雍丘人李公逸等，都聚众为盗。李密逃亡在外，往来于这些盗贼首领之间，用夺取天下的谋略劝导他们。

鄱阳的贼军首领操师乞自称元兴王，建年号为始兴，攻陷了豫章郡，任命他的同乡林士弘为大将军。炀帝下诏命令治书侍御史刘子翊率兵讨伐他。操师乞身中流箭而死，林士弘代替他统领部众，与刘子翊在彭蠡湖交战，刘子翊战败而死。林士弘军声势大振，部众达十馀万。十二月壬辰（初十），林士弘自称皇帝，国号楚，年号为太平。随即攻取九江、临川、南康、宜春等郡，

豪杰争杀隋守令，以郡县应之。其地北自九江，南及番禺，皆为所有。

诏以右骁卫将军唐公李渊为太原留守，以虎贲郎将王威、虎牙郎将高君雅为之副，将兵讨甄翟兒，与翟兒遇于雀鼠谷。渊众才数千，贼围渊数匝，李世民将精兵救之，拔渊于万众之中，会步兵至，合击，大破之。

张金称、郝孝德、孙宣雅、高士达、杨公卿等寇掠河北，屠陷郡县。隋将帅败亡相继，惟虎贲郎将王辩、清河郡丞杨善会数有功。帝遣太仆杨义臣讨张金称，金称与左右逃于清河之东，杨善会讨擒之，馀众皆归窦建德。

内史侍郎虞世基以帝恶闻贼盗，诸将及郡县有告败求救者，世基皆抑损表状，不以实闻，但云："鼠窃狗盗，郡县捕逐，行当殄尽，愿陛下勿以介怀！"帝良以为然，或杖其使者，以为妄言。由是盗贼遍海内，陷没郡县，帝皆弗之知也。杨义臣破降河北贼数十万，列状上闻，帝叹曰："我初不闻贼顿如此，义臣降贼何多也！"世基对曰："小窃虽多，未足为虑。义臣克之，拥兵不少，久在阃外，此最非宜。"帝曰："卿言是也。"遽追义臣，放散其兵，贼由是复盛。治书侍御史韦云起劾奏："世基及御史大夫裴蕴职典枢要，维持内外，四方告变，不为奏闻。贼数实多，裁减言少，陛下既闻贼少，发兵不多，众寡悬殊，往皆不克，故使官军失利，贼党日滋。请付有司结正其罪。"大理卿郑善果奏："云起诋訾名臣，

各地豪杰争相杀死隋朝的郡守县令，以整个郡县响应林士弘。北起九江，南到番禺的广大地域，都被林士弘所占有。

炀帝下诏，任命右骁卫将军唐公李渊为太原留守，任命虎贲郎将王威、虎牙郎将高君雅担任他的副手，率兵讨伐甄翟兒，与甄翟兒在雀鼠谷相遇。李渊的部众只有数千人，贼军把李渊围了好几层，李世民率精兵救援，在万军之中把李渊救了出来，恰好步兵也赶到了，合兵进击，大破甄翟兒。

张金称、郝孝德、孙宣雅、高士达、杨公卿等人劫掠黄河以北地区，屠戮攻陷郡县。隋朝将帅接连败亡，只有虎贲郎将王辩、清河郡丞杨善会屡次立功。炀帝派太仆杨义臣讨伐张金称，张金称与手下亲信逃到清河东部，杨善会讨伐并擒获了他，其馀部众都归附了窦建德。

内史侍郎虞世基因炀帝不喜欢听到有关贼盗的事，诸将帅及郡县有传来败报并求救的，虞世基都删改他们表章中奏报的情况，不据实禀报，只是说："鼠窃狗盗之徒，郡县正在搜捕追逐，马上就消灭光了，愿陛下不要把这些事放在心上！"炀帝也确实认为是这样，有时还杖责据实奏报的使者，认为他们胡说。因此盗贼遍布海内，攻陷郡县，炀帝对这些都不知道。杨义臣击败并收降了河北贼众数十万，开列战况奏报炀帝，炀帝感叹道："我之前没听说盗贼一下子到这种地步，杨义臣降服的贼众怎么这么多呢？"虞世基回答说："小贼虽多，但不足为虑。杨义臣虽击败了他们，但他拥兵也不少，长期让他在朝廷之外，这是最不合适的。"炀帝说："爱卿说得是。"于是马上追召杨义臣，遣散他的军队，盗贼因此又强盛起来。治书侍御史韦云起劾奏："虞世基和御史大夫裴蕴职掌中枢机要，维持内外局势，可四方上奏发生变乱，他们两个却不奏报陛下知道。盗贼人数实际上非常多，他们却削减压缩说很少，陛下既然听说盗贼人数少，发兵自然不多，双方众寡悬殊，前去讨伐都无法取胜，所以导致官军失利，贼党一天比一天增多。请把这两个人交付有关部门，追究处理他们的罪过。"大理卿郑善果上奏说："韦云起诋毁谩骂朝廷重臣，

所言不实，非毁朝政，妄作威权。”由是左迁云起为大理司直。

帝至江都，江、淮郡官谒见者，专问礼饷丰薄，丰则超迁丞、守，薄则率从停解。江都郡丞王世充献铜镜屏风，迁通守；历阳郡丞赵元楷献异味，迁江都郡丞。由是郡县竞务刻剥，以充贡献。民外为盗贼所掠，内为郡县所赋，生计无遗。加之饥馑无食，民始采树皮叶，或捣藁为末，或煮土而食之，诸物皆尽，乃自相食。而官食犹充牣，吏皆畏法，莫敢振救。王世充密为帝简阅江淮民间美女献之，由是益有宠。

河间贼帅格谦拥众十馀万，据豆子䴚，自称燕王，帝命王世充将兵讨斩之。谦将勃海高开道收其馀众，寇掠燕地，军势复振。

恭帝义宁元年春正月，右御卫将军陈稜讨杜伏威，伏威奋击，大破之。伏威乘胜破高邮，引兵据历阳，自称总管，以辅公祏为长史，分遣诸将徇属县，所至辄下，江淮间小盗争附之。事见《唐平江淮》。

丙辰，窦建德自称长乐王。辛巳，鲁郡贼帅徐圆朗攻陷东平，分兵略地，自琅邪以西，北至东平，尽有之，胜兵二万馀人。卢明月转掠河南，至于淮北，众号四十万，自称无上王。帝命江都通守王世充讨之，世充与战于南阳，大破之，斩明月，馀众皆散。二月壬午，朔方鹰扬郎将梁师都杀郡丞唐世宗，据郡，自称大丞相，北连突厥。马邑人刘武周杀太守王仁恭，自称太守。事见《唐平河东》。

李密、翟让袭兴洛仓，破之。让推密为主，上密号为魏公，即位，称元年。事见《唐平东都》。

言不符实，毁谤朝政，妄用威权。”于是炀帝把韦云起贬为大理司直。

炀帝到江都后，江淮地区各郡官吏前来谒见的，炀帝却专门查问他们礼品贡物的丰厚与寡薄，丰厚的就越级升迁为郡丞、通守，寡薄的就一律按官居原职处理。江都郡丞王世充进献铜镜和屏风，于是升任通守；历阳郡丞赵元楷进献珍奇美味，也升任江都郡丞。因此各郡县竞相肆意盘剥百姓，来充实进献之物。百姓外受盗贼的劫掠，内受郡县官吏的征敛，生计无着。再加上闹饥荒没有吃的，百姓便开始采集树皮树叶吃，有的把草秆捣成碎末，有的煮土吃，各种能吃的东西都吃光了，就人吃人。然而官仓中的粮食仍然很充裕，官吏们都畏惧刑法，没人敢赈济百姓。王世充还秘密为炀帝挑选江淮一带的民间美女献上去，因此越来越受炀帝的宠信。

河间的贼军首领格谦拥有部众十多万，占据豆子䴚，自称燕王，炀帝命令王世充率军讨伐并斩杀了他。格谦的部将勃海人高开道收拢馀部，劫掠燕地，军势又振兴起来。

隋恭帝义宁元年(617)春季正月，右御卫将军陈稜讨伐杜伏威，杜伏威奋力抗击，大破陈稜。杜伏威乘胜攻破高邮，带兵占据历阳，自称总管，任命辅公祏为长史，分别派遣众将攻取历阳郡所属各县，所到之处城池都被攻破，江淮一带的小股盗贼争相归附杜伏威。事见《唐平江淮》。

丙辰(初五)，窦建德自称长乐王。辛巳(三十日)，鲁郡贼军首领徐圆朗攻陷东平郡，分兵攻占土地，从琅邪郡以西，北到东平郡，都归他所有，拥有精兵两万多人。卢明月辗转攻掠河南地区，一直到淮北，部众号称有四十万，自称无上王。炀帝命江都通守王世充讨伐他，王世充与他在南阳交战，把他打得大败，斩杀了卢明月，馀众全部溃散。二月壬午(初一)，朔方郡鹰扬郎将梁师都杀死郡丞唐世宗，占据朔方郡，自称大丞相，向北联结突厥。马邑人刘武周杀死太守王仁恭，自称太守。事见《唐平河东》。

李密、翟让袭击兴洛仓，兴洛仓被攻破。翟让推举李密为首领，给李密上尊号为魏公，李密即位，称元年。事见《唐平东都》。

三月，梁师都略定雕阴、弘化、延安等郡，遂即皇帝位，国号梁，改元永隆。左翊卫蒲城郭子和坐事徙榆林。会郡中大饥，子和潜结敢死士十八人攻郡门，执郡丞王才，数以不恤百姓，斩之，开仓赈施。自称永乐王，改元丑平。尊其父为太公，以其弟子政为尚书令，子端、子升为左右仆射。有二千馀骑，南连梁师都，北附突厥，各遣子为质以自固。始毕以刘武周为定杨天子，梁师都为解事天子，子和为平杨天子。子和固辞不敢当，乃更以为屋利设。夏四月，汾阴薛举劫金城令郝瑗发兵，自称西秦霸王。事见《唐平陇右》。

李密帅众据回洛仓，以逼东都。越王侗遣太常丞元善达间行贼中，诣江都奏称："李密有众百万，围逼东都，据洛口仓，城内无食。若陛下速还，乌合必散，不然者，东都决没。"因歔欷呜咽，帝为之改容。虞世基进曰："越王年少，此辈诳之。若如所言，善达何缘来至？"帝乃勃然怒曰："善达小人，敢廷辱我。"因使经贼中向东阳催运，善达遂为群盗所杀。是后人人杜口，莫敢以贼闻。

世基容貌沈审，言多合意，特为帝所亲爱，朝臣无与为比。亲党凭之，鬻官卖狱，贿赂公行，其门如市。由是朝野共疾怨之。内史舍人封德彝托附世基，以世基不闲吏务，密为指画，宣行诏命，谄顺帝意，群臣表疏忤旨者，皆屏而不奏。鞫狱用法，多峻文深诋；论功行赏，则抑削就薄。

三月，梁师都攻占了雕阴、弘化、延安等郡，于是即皇帝位，国号为梁，改年号为永隆。左翊卫蒲城人郭子和因犯罪流放到榆林郡。适逢郡中发生大饥荒，郭子和暗中结交十八名敢死之士攻打郡门，捉住郡丞王才，历数他不体恤百姓疾苦的罪过，处死了他，并开仓赈济百姓。郭子和自称永乐王，改年号为丑平。尊奉他的父亲为太公，任命他的弟弟郭子政为尚书令，郭子端、郭子升为左右仆射。他拥有两千多名骑兵，向南联结梁师都，向北依附突厥，分别把自己的儿子送去当人质，以巩固自己的势力。突厥始毕可汗封刘武周为定杨天子，梁师都为解事天子，郭子和为平杨天子。郭子和坚决推辞不敢接受，于是改封他为屋利设。夏季四月，汾阴人薛举劫持金城县令郝瑗举兵起事，自称西秦霸王。事见《唐平陇右》。

李密率部众据守回洛仓，以进逼东都洛阳。越王杨侗派遣太常丞元善达秘密穿越贼军辖地，赶到江都奏报炀帝说："李密有部众一百万，包围进逼东都，占据了洛口仓，东都城内没有粮食。如果陛下疾速返还，这群乌合之众必定溃散，否则，东都一定会陷落的。"说着就唏嘘呜咽地哭了起来，炀帝也为之动容。虞世基进言道："越王还年轻，这些人诳骗他。如果真像所说那样，元善达是怎么来到这里的呢？"炀帝于是勃然大怒道："元善达这个小人，竟敢在朝堂上侮辱我。"于是派元善达经过盗贼辖地前往东阳催运粮草，元善达于是被群盗所杀。从此以后人人闭口不言，没有谁敢向炀帝奏报贼情。

虞世基外表看上去深沉稳重，言辞大多迎合炀帝旨意，特别受到炀帝的亲近与宠爱，朝中大臣无人能和他相比。亲朋党羽凭借他的势力，卖官鬻爵，收人钱财枉法断案，贿赂公行，其家门庭若市。因此朝廷内外对他十分痛恨。内史舍人封德彝阿附虞世基，因为虞世基不熟悉做官那一套，就秘密地替他筹划，如何传布执行皇帝诏命，如何逢迎顺从皇帝心意，群臣上疏有违背炀帝旨意的，都扣下不奏。审理案件施用刑法，大多引用严峻苛细的条文，深加诋毁；论功行赏时，就极力抑制削减，就低不就高。

故世基之宠日隆而隋政益坏。皆德彝所为也。

五月甲子，唐公李渊举兵于晋阳。秋七月，李渊发晋阳，移檄郡县，谕以尊立代王之意。武威鹰扬府司马李轨自称河西大凉王，置官属并拟开皇故事。薛举自称秦帝，立子仁果为太子。骁果从帝在江都者多逃亡，帝患之，以问裴矩，对曰："人情非有匹偶，难以久处，请听军士于此纳室。"帝从之。九月，悉召江都境内寡妇、处女集宫下，恣将士所取。或先与奸者听自首，即以配之。戊午，李渊帅诸军围河东，屈突通婴城自守。渊留诸将围河东，自引兵趣长安。庚申，诸军济河，甲子，至朝邑，舍于长春宫。冬十月，渊至长安。罗川令萧铣自称梁王。十一月，渊迎代王即位，遥尊炀帝为太上皇，进封渊为唐王。

唐高祖武德元年，隋炀帝至江都，荒淫益甚，宫中为百馀房，各盛供张，实以美人，日令一房为主人。江都郡丞赵元楷掌供酒馔，帝与萧后及幸姬历就宴饮，酒卮不离口，从姬千馀人亦常醉。然帝见天下危乱，意亦扰扰不自安，退朝则幅巾短衣，策杖步游，遍历台馆，非夜不止，汲汲顾景，唯恐不足。帝自晓占候卜相，好为吴语。常夜置酒，仰视天文，谓萧后曰："外间大有人图侬，然侬不失为长城公，卿不失为沈后，且共乐饮耳！"因引满沉醉。又尝引镜自照，顾谓萧后曰："好头颈，谁当斫之？"后惊问故，帝笑曰：

因此虞世基受到的恩宠日渐隆盛，而隋朝的政治却越来越败坏。这都是封德彝的所作所为造成的。

五月甲子（十五日），唐公李渊在晋阳起兵。秋季七月，李渊从晋阳出发，向各郡县发布檄文，宣布尊立代王杨侑的意图。武威郡鹰扬府司马李轨自称河西大凉王，设置官府僚属，全都效法隋文帝开皇年间的旧例。薛举自称秦帝，立其子薛仁果为太子。此时，随从炀帝在江都的骁果大都逃跑了，炀帝对此很担心，就问裴矩，裴矩回答说："从人情上讲，没有配偶，就难以久处，请听任军士们在这里娶妻纳妾吧。"炀帝听从了裴矩的建议。九月，召来江都境内所有的寡妇、处女聚集在皇宫前，任由将士们挑选。有原先就和某女子通奸的，听任其自首，随即把该女子许配给他。戊午（初十），李渊率领众军围攻河东郡，屈突通据城自守。李渊留下众将继续围攻河东，自己领兵前往长安。庚申（十二日），众军渡过黄河，甲子（十六日），抵达朝邑县，李渊住在长春宫。冬季十月，李渊抵达长安。这时罗川县令萧铣自称梁王。十一月，李渊迎立代王杨侑即皇帝位，杨侑遥尊炀帝为太上皇，进封李渊为唐王。

唐高祖武德元年（618），隋炀帝到江都后，更加荒淫，宫中设有一百多间房子，每间房子都大肆装修布置，里面住着美人，每天让一间房子的美人充当宴饮的主人。江都郡丞赵元楷负责供应美酒佳肴，炀帝、萧皇后以及受宠幸的美女逐房宴饮，酒杯不离口，随从的一千多个美女也常喝得醉醺醺的。然而炀帝眼见天下危急动乱，心里也乱糟糟的，忧虑不安，退朝后就头戴幅巾，身穿短衣，拄着木杖散步，走遍楼台馆舍，不到天黑不停步，不停地观赏四周美景，唯恐没有看全。炀帝自己通晓占卜相面，好说吴地方言。常常在半夜摆酒，抬头看天象，对萧皇后说："外面有不少人算计侬，但侬仍不失为长城公陈叔宝，你也不失为沈后，姑且只管一起饮酒享乐吧！"随后举起满杯，喝得烂醉。又曾经拿起铜镜照自己，转过头来对萧皇后说："好漂亮的头面脖颈，谁会砍下它呢？"萧皇后吃惊地问为什么要这样说，炀帝笑着说：

"贵贱苦乐,更迭为之,亦复何伤?"

帝见中原已乱,无心北归,欲都丹阳,保据江东,命群臣廷议之。内史侍郎虞世基等皆以为善。右候卫大将军李才极陈不可,请车驾还长安,与世基忿争而出。门下录事衡水李桐客曰:"江东卑湿,土地险狭,内奉万乘,外给三军,民不堪命,恐亦将散乱耳。"御史劾桐客谤毁朝政。于是公卿皆阿意言:"江东之民望幸已久,陛下过江,抚而临之,此大禹之事也。"乃命治丹阳宫,将徙都之。

时江都粮尽,从驾骁果多关中人,久客思乡里,见帝无西意,多谋叛归。郎将窦贤遂帅所部西走,帝遣骑追斩之,而亡者犹不止,帝患之。虎贲郎将扶风司马德戡素有宠于帝,帝使领骁果屯于东城,德戡与所善虎贲郎将元礼、直阁裴虔通谋曰:"今骁果人人欲亡,我欲言之,恐先事受诛;不言,于后事发,亦不免族灭,奈何?又闻关内沦没,李孝常以华阴叛,上囚其二弟,欲杀之。我辈家属皆在西,能无此虑乎?"二人皆惧,曰:"然则计将安出?"德戡曰:"骁果若亡,不若与之俱去。"二人皆曰:"善!"因转相招引,内史舍人元敏、虎牙郎将赵行枢、鹰扬郎将孟秉、符玺郎李覆、牛方裕、直长许弘仁、薛世良、城门郎唐奉义、医正张恺、勋侍杨士览等皆与之同谋,日夜相结约,于广座明论叛计,无所畏避。有宫人白萧后曰:"外间人人欲反。"后曰:"任汝奏之。"宫人言于帝,帝大怒,以为非所宜言,斩之。其后宫人复白后曰:"天下事一朝至此,无可救者,何用言之,

“贵贱苦乐交替承受，又有什么好伤感的呢？”

炀帝见中原已乱，无心回北方，想把国都迁到丹阳，据守江东，命群臣在朝堂上商议迁都的事。内史侍郎虞世基等人都认为很好。右候卫大将军李才极力陈说这样做不行，请求炀帝返回长安，与虞世基愤然争论后退了下去。门下录事衡水人李桐客说：“江东低洼潮湿，土地狭窄险恶，对内要奉养天子，对外要供养三军，百姓们承受不起，恐怕也会溃散作乱。”御史弹劾李桐客诽谤朝政。于是百官都逢迎炀帝的意旨，说：“江东的百姓，盼望陛下莅临已经很久了，陛下渡过长江，抚慰统治他们，这是大禹那样的事业啊。”于是炀帝下令修建丹阳宫，准备迁都丹阳。

当时江都粮食已尽，随从车驾的骁果大多是关中人，长期客居在外，难免思念故乡，见炀帝没有西归的意思，很多都打算叛逃回关中。郎将窦贤于是率本部人马西逃，炀帝派骑兵追上并斩了他，但逃亡的人仍然无法制止，炀帝对此很担心。虎贲郎将扶风人司马德戡向来很受炀帝宠信，炀帝命他统领骁果驻扎在东城，司马德戡与平时要好的虎贲郎将元礼、直阁裴虔通谋划说：“如今骁果人人都想逃亡，我打算奏明这件事，但担心说早了被杀头；若不奏明，等事情真发生了，也不免被灭族，怎么办呢？我又听说关中沦陷，李孝常在华阴反叛，皇上囚禁了他的两个弟弟，准备杀掉他们。我们这些人家属都在西边，能没有这种担心吗？”元礼、裴虔通听后都很害怕，说：“既然如此，有什么办法吗？”司马德戡说：“骁果如果逃亡，我们不如和他们一起逃。”二人都说：“好！”随后互相联络，内史舍人元敏、虎牙郎将赵行枢、鹰扬郎将孟秉、符玺郎李覆、牛方裕、直长许弘仁、薛世良、城门郎唐奉义、医正张恺、勋侍杨士览等都与他们同谋，日夜相互联系，在大庭广众之下公开讨论叛逃的事，无所畏惧和回避。有个宫女向萧皇后禀报说：“外边人人想要造反。”萧皇后说：“你去奏明皇上吧。”宫女向炀帝奏明情况，炀帝大怒，认为这不是下人该过问的事，斩了她。后来又有宫女向萧皇后禀报，萧皇后说：“天下局面一旦到了这个地步，就没有解救的办法了，哪里还需要去说，

徒令帝忧耳!”自是无复言者。

赵行枢与将作少监宇文智及素厚,杨士览,智及之甥也,二人以谋告智及,智及大喜。德戡等期以三月望日结党西遁,智及曰:“主上虽无道,威令尚行,卿等亡去,正如窦贤取死耳。今天实丧隋,英雄并起,同心叛者已数万人,因行大事,此帝王之业也。”德戡等然之。行枢、薛世良请以智及兄右屯卫将军许公化及为主,结约既定,乃告化及。化及性驽怯,闻之,变色流汗,既而从之。

德戡使许弘仁、张恺入备身府,告所识者云:“陛下闻骁果欲叛,多酝毒酒,欲因享会,尽鸩杀之,独与南人留此。”骁果皆惧,转相告语,反谋益急。乙卯,德戡悉召骁果军吏,谕以所为,皆曰:“唯将军命!”是日,风霾昼昏。晡后,德戡盗御厩马,潜厉兵刃。是夕,元礼、裴虔通直阁下,专主殿内。唐奉义主闭城门,与虔通相知,诸门皆不下键。至三更,德戡于东城集兵得数万人,举火与城外相应。帝望见火,且闻外喧嚣,问何事。虔通对曰:“草坊失火,外人共救之耳。”时内外隔绝,帝以为然。智及与孟秉于城外集千馀人,劫候卫虎贲冯普乐,布兵分守衢巷。燕王倓觉有变,夜,穿芳林门侧水窦而入,至玄武门,诡奏曰:“臣猝中风,命悬俄顷,请得面辞。”裴虔通等不以闻,执囚之。

说了只会让皇上白白担忧罢了！”从此宫中没有人再说起外面的情况了。

赵行枢与将作少监宇文智及向来交情很深，杨士览是宇文智及的外甥，他二人把叛逃的谋划告诉宇文智及，宇文智及听了非常高兴。司马德戡等人约定在三月十五日结伴向西逃去，宇文智及说：“主上虽然无道，可威严的法令还在施行，你等逃走，就像窦贤那样找死罢了。如今上天实际上是要灭亡隋朝，英雄同时崛起，怀着同样心思要反叛的，已经有好几万人，乘此机会干桩大事，这是帝王的功业啊。”司马德戡等人认为他说得对。赵行枢、薛世良请求让宇文智及的兄长右屯卫将军、许公宇文化及当盟主，结纳邀约已经确定下来，就去告知宇文化及。宇文化及天性驽钝、怯懦，听说这件事情后，面色失常，汗流不止，但不久就同意了。

司马德戡派许弘仁、张恺进入备身府，告诉认识的人说：“陛下听说骁果准备叛乱，配制了很多毒酒，打算趁宴享盛会时全部毒杀他们，只同南方人留在这里。”骁果都很惊恐，互相转告这番话，反叛的谋划更加急切。乙卯（三月初十），司马德戡召集所有骁果军吏，明确公布要采取的行动，大家都说：“一切听从将军吩咐！”就在这天，狂风大作，尘土弥漫，大白天变得一片昏暗。黄昏时，司马德勘偷出御厩的马匹，暗中磨快兵刃。这天夜里，元礼、裴虔通在阁下值宿，专门负责殿内的行动。唐奉义负责关闭城门，与裴虔通沟通好，各门都不落锁。到了三更时分，司马德戡在东城聚集兵马，得到数万人，点起大火与城外相呼应。炀帝望见火光，又听到外边喧闹叫嚣，寻问发生了什么事。裴虔通回答说：“草坊失火了，外边的人一起救火呢。”这时宫城内外已经隔绝，炀帝以为裴虔通说的是真的。宇文智及和孟秉在城外召集一千多人，劫持了候卫虎贲郎将冯普乐，部署兵力分头把守各个街巷。燕王杨倓发觉情况异常，夜里穿过芳林门旁边的水洞入宫，到玄武门时，谎奏说：“臣下我突然中风，命不久矣，请求与皇上当面诀别。”裴虔通等人不给他通报，抓住并囚禁了他。

丙辰，天未明，德戡授虔通兵，以代诸门卫士。虔通自门将数百骑至成象殿，宿卫者传呼有贼，虔通乃还，闭诸门，独开东门，驱殿内宿卫者令出，皆投仗而走。右屯卫将军独孤盛谓虔通曰："何物兵势太异！"虔通曰："事势已然，不预将军事。将军慎毋动！"盛大骂曰："老贼，是何物语！"不及被甲，与左右十馀人拒战，为乱兵所杀。盛，楷之弟也。千牛独孤开远帅殿内兵数百人诣玄览门，叩阁请曰："兵仗尚全，犹堪破贼。陛下若出临战，人情自定。不然，祸今至矣。"竟无应者，军士稍散。贼执开远，义而释之。先是，帝选骁健官奴数百人置玄武门，谓之给使，以备非常，待遇优厚，至以宫人赐之。司宫魏氏为帝所信，化及等结之使为内应。是日，魏氏矫诏悉听给使出外，仓猝之际无一人在者。

德戡等引兵自玄武门入，帝闻乱，易服逃于西阁。虔通与元礼进兵排左阁，魏氏启之，遂入永巷，问："陛下安在？"有美人出，指之。校尉令狐行达拔刀直进，帝映窗扉谓行达曰："汝欲杀我邪？"对曰："臣不敢，但欲奉陛下西还耳。"因扶帝下阁。虔通，本帝为晋王时亲信左右也，帝见之，谓曰："卿非我故人乎？何恨而反？"对曰："臣不敢反，但将士思归，欲奉陛下还京师耳。"帝曰："朕方欲归，正为上江米船不至。今与汝归耳！"虔通因勒兵守之。

至旦，孟秉以甲骑迎化及，化及战栗不能言，人有来谒之者，但俯首据鞍称罪过。化及至城门，德戡迎谒，引入朝堂，

丙辰(三月十一日),天还没有亮,司马德戡授予裴虔通兵马,来替换各门的卫士。裴虔通从宫门率领几百名骑兵到成象殿,宿卫的人挨个呼喊有贼,裴虔通又返回来,关闭各门,只开东门,将殿内宿卫的人驱赶出去,这些人全都放下武器逃跑了。右屯卫将军独孤盛对裴虔通说:“这是什么兵马,眼下形势太反常了!”裴虔通说:“事势已经这样了,和将军无关。将军千万小心不要乱动!”独孤盛大骂道:“老奸贼,你这是说的什么话!”骂完来不及穿上铠甲,就与身边十多个人一起拒战,被乱兵杀害了。独孤盛,是独孤楷的弟弟。千牛独孤开远率领几百名殿内兵到玄览门,敲击阁门请求说:“兵马武器尚且齐备,还能打败反贼。陛下如果出来督战,人心自然安定。不然的话,祸患今天就要来了。”里面始终没人答话,军士就渐渐散去。反贼抓住独孤开远,认为他忠义又放了他。在此以前,炀帝挑选了数百名骁勇强健的官奴安置在玄武门,称他们为给使,来防备不测,对他们的待遇十分优厚,甚至把宫女赐给他们。司宫魏氏得到炀帝的信任,宇文化及等人结纳他,让他做内应。这一天,魏氏假传诏旨,听任所有给使出外活动,以致仓促之际没有一人在场。

司马德戡等领兵从玄武门进入宫内,炀帝听说变乱,换装逃到西阁。裴虔通与元礼进兵排左阁,魏氏开门,于是进入永巷,问:“陛下在哪里?”有位美人出来指出所在地。校尉令狐行达拔刀向前冲,炀帝隔着窗户对他说:“你想杀我吗?”令狐行达回答说:“臣下不敢,只是想奉迎陛下西还长安。”然后扶着炀帝走下西阁。裴虔通,以前是炀帝当晋王时的亲信近臣,炀帝看到他,对他说:“你不是我的老部下吗?有什么怨恨要造反?”裴虔通回答说:“臣下我不敢反叛,只是将士们想要回去,打算奉迎陛下返还京师。”炀帝说:“我正打算回去,只是因为长江上游的运米船还没有到。现在和你回去吧!”裴虔通于是领兵看守炀帝。

到了第二天清晨,孟秉用武装骑兵迎接宇文化及,宇文化及浑身发抖说不出话,有人来参见他,他只是低头靠在马鞍上口称罪过。宇文化及来到宫门前,司马德戡奉迎拜谒,将他领入朝堂,

号为丞相。裴虔通谓帝曰:“百官悉在朝堂,陛下须亲出慰劳。”进其从骑,逼帝乘之。帝嫌其鞍勒弊,更易新者,乃乘之。虔通执辔挟刀出宫门,贼徒喜噪动地。化及扬言曰:“何用持此物出,亟还与手。”帝问:“世基何在?”贼党马文举曰:“已枭首矣!”于是引帝还至寝殿,虔通、德戡等拔白刃侍立。帝叹曰:“我何罪至此?”文举曰:“陛下违弃宗庙,巡游不息,外勤征讨,内极奢淫,使丁壮尽于矢刃,女弱填于沟壑,四民丧业,盗贼蜂起,专任佞谀,饰非拒谏,何谓无罪!”帝曰:“我实负百姓。至于尔辈,荣禄兼极,何乃如是?今日之事,孰为首邪?”德戡曰:“溥天同怨,何止一人!”化及又使封德彝数帝罪,帝曰:“卿乃士人,何为亦尔?”德彝赧然而退。帝爱子赵王杲,年十二,在帝侧,号恸不已,虔通斩之,血溅御服。贼欲弑帝,帝曰:“天子死自有法,何得加以锋刃!取鸩酒来!”文举等不许,使令狐行达顿帝令坐。帝自解练巾授行达,缢杀之。初,帝自知必及于难,常以罂贮毒药自随,谓所幸诸姬曰:“若贼至,汝曹当先饮之,然后我饮。”及乱,顾索药,左右皆逃散,竟不能得。萧后与宫人撤漆床板为小棺,与赵王杲同殡于西院流珠堂。

帝每巡幸,常以蜀王秀自随,囚于骁果营。化及弑帝,欲奉秀立之,众议不可,乃杀秀及其七男。又杀齐王暕

称他为丞相。裴虔通对炀帝说:“百官都在朝堂上,陛下应该亲自出面慰劳。”送上他护驾坐的战马,强逼炀帝乘上它。炀帝嫌这匹马的马鞍笼头破旧,等更换了新的,这才乘坐上去。裴虔通拉着马缰绳,提着刀走出宫门,乱兵高兴得大声呼叫,声震天地。宇文化及扬言说:“哪里还用拉这家伙出来,赶快把他送回去,让他自尽。”炀帝问道:“虞世基在哪里?”乱贼党羽马文举说:“已经斩首示众了!”于是将炀帝带回寝殿,裴虔通、司马德戡等人拔出锋利的刀剑侍立在两旁。炀帝叹息说:“我有什么罪,竟到这地步?”马文举说:“陛下你离弃宗庙,巡游不止,在外不停地征讨,在内极尽奢靡荒淫,以至于强壮的丁男都死在刀箭之下,柔弱的女子填在沟壑之中,士农工商丧失生计,盗贼蜂拥而起,又一味任用奸佞奉承的小人,文过饰非,拒不纳谏,怎么能说没有罪!”炀帝说:“我实在是有负于百姓。至于你们这帮人,享尽了荣华富贵,为什么竟还这样干?今天这事,谁是主谋?”司马德戡说:“普天之下的人都怨恨你,哪里只有一个人!”宇文化及又让封德彝列举炀帝诸多罪状,炀帝说:“爱卿是个士大夫,怎么也干这种事?”封德彝惭愧地退了下去。炀帝所喜爱的儿子赵王杨杲,年仅十二,在炀帝身旁,不停地号啕大哭,裴虔通斩杀了他,鲜血溅到了炀帝的御服上。乱贼打算杀死炀帝,炀帝说:“天子自有天子的死法,怎么能把刀锋加在他身上?快取毒酒来!”马文举等人不答应,让令狐行达按着炀帝让他坐下。炀帝自己解下练巾交给令狐行达,令狐行达勒死了炀帝。先前,炀帝自己知道将来一定有难,常用小口大腹的盛酒器具装满毒酒带在身边,对他所宠幸的各位美姬说:“如果乱贼来了,你们应当先喝下这毒酒,然后我再喝。”等叛乱发生,炀帝四处索取毒酒,身边的人都逃散了,最后也没有找到。萧皇后与宫人拆下漆床板做成小棺材,把炀帝和赵王杨杲一起停放在西院流珠堂。

炀帝每次巡游,经常让蜀王杨秀跟随自己,把他囚禁在骁果营。宇文化及杀了炀帝,打算尊奉杨秀立他为皇帝,众人议论认为不行,于是杀死了杨秀和他的七个儿子。又杀死了齐王杨暕

及其二子并燕王倓。隋氏宗室、外戚,无少长皆死,唯秦王浩素与智及往来,且以计全之。齐王暕素失爱于帝,恒相猜忌。帝闻乱,顾萧后曰:“得非阿孩邪?”化及使人就第诛暕,暕谓帝使收之,曰:“诏使且缓儿,儿不负国家。”贼曳至街中,斩之,暕竟不知杀者为谁,父子至死不相明。又杀内史侍郎虞世基、御史大夫裴蕴、左翊卫大将军来护皃、秘书监袁充、右翊卫将军宇文协、千牛宇文皛、梁公萧钜等及其子。钜,琮之弟子也。

难将作,江阳长张惠绍驰告裴蕴,与惠绍谋欲矫诏发郭下兵收化及等,扣门援帝。议定,遣报虞世基,世基疑告反者不实,抑而不许。须臾,难作,蕴叹曰:“谋及播郎,竟误人事!”虞世基宗人伋谓世基子符玺郎熙曰:“事势已然,吾将济卿南渡,同死何益!”熙曰:“弃父背君,求生何地?感尊之怀,自此决矣!”世基弟世南抱世基号泣请以身代,化及不许。黄门侍郎裴矩知必将有乱,虽厮役皆厚遇之,又建策为骁果娶妇。及乱作,贼皆曰:“非裴黄门之罪。”既而化及至,矩迎拜马首,故得免。化及以苏威不预朝政,亦免之。威名位素重,往参化及,化及集众而见之,曲加殊礼。百官悉诣朝堂贺,给事郎许善心独不至。许弘仁驰告之曰:“天子已崩,宇文将军摄政,阖朝文武咸集,天道人事自有代终,何预于叔而低回若此?”善心怒,不肯行。弘仁反走上马,泣而去。化及遣人就家擒至朝堂,既而释之,

和他的两个儿子，还有燕王杨倓。隋朝的宗室、外戚无论老少全都处死，只有秦王杨浩一向同宇文智及来往，宇文智及暂且用计保全了他。齐王杨暕一向在炀帝那里不受宠，父子二人经常互相猜忌。炀帝听闻叛乱发生，对萧皇后说："莫非是阿孩？"宇文化及派人到杨暕府第诛杀他时，杨暕以为是炀帝派人来抓他，就说："父皇曾下诏暂时放了孩儿，孩儿没有背负国家。"乱贼拖他到街上，斩杀了他，杨暕最终也不知道杀他的人是谁，他们父子俩到死也没互相了解。反贼又杀了内史侍郎虞世基、御史大夫裴蕴、左翊卫大将军来护兒、秘书监袁充、右翊卫将军宇文协、千牛宇文皛、梁公萧矩等以及他们的儿子。萧矩是萧琮的侄儿。

叛乱将要发生时，江阳长张惠绍飞速去告知裴蕴，裴蕴与张惠绍密谋，打算假传诏旨调发城外的军队逮捕宇文化及等人，反扣城门来援救炀帝。商议决定后，派人禀报虞世基，虞世基怀疑举告反叛的人不可信，压下来没有批准。片刻间叛乱发生，裴蕴叹息说："和虞世基商量，最终竟误了大事！"虞世基同族人虞伋对虞世基的儿子符玺郎虞熙说："事态已经是这样，我准备送你渡江南逃，一起去死有什么好处呢？"虞熙说："抛弃父亲背叛君主，能到哪里去求生？感谢您的挂念，从此永别了！"虞世基的弟弟虞世南抱着虞世基号啕痛哭，请求代替哥哥受刑，宇文化及不答应。黄门侍郎裴矩知道必将会有叛乱，即使是最低贱的奴仆也都厚待他们，又建议为骁果娶妻室。等到叛乱发生，乱贼都说："不是裴黄门的罪过。"没多久宇文化及到了，裴矩迎上去在马前拜见，所以免于一死。宇文化及因为苏威不干预朝政，也赦免了他。苏威名望和地位向来很高，前去参见宇文化及，宇文化及召集众人来见他，曲意给予特殊的礼遇。百官都到朝堂祝贺，只有给事郎许善心不来。许弘仁飞快前往告诉他说："天子已经驾崩，宇文将军代为处理国政，满朝文武都聚集在一起，天道人事，自有替代终结，与叔叔您有什么关系呢？而您却如此的流连。"许善心大怒，不肯起身。许弘仁转身走出去，上马哭着离开。宇文化及派人到许善心家中擒拿他到朝堂，不久又释放了他，

善心不舞蹈而出，化及怒曰："此人大负气！"复命擒还，杀之。其母范氏，年九十二，抚柩不哭，曰："能死国难，吾有子矣！"因卧不食，十馀日而卒。唐王之入关也，张季珣之弟仲琰为上洛令，帅吏民拒守，部下杀之以降。宇文化及之乱，仲琰弟琮为千牛左右，化及杀之。兄弟三人皆死国难，时人愧之。

化及自称大丞相，总百揆。以皇后令立秦王浩为帝，居别宫，令发诏画敕书而已，仍以兵监守之。化及以弟智及为左仆射，士及为内史令，裴矩为右仆射。

戊辰，隋恭帝诏以唐王为相国，总百揆。

宇文化及以左武卫将军陈稜为江都太守，综领留事。壬申，令内外戒严，云欲还长安。皇后六宫皆依旧式为御营，营前别立帐，化及视事其中，仗卫部伍，皆拟乘舆。夺江都人舟楫，取彭城水路西归。以折冲郎将沈光骁勇，使将给使营于禁内。行至显福宫，虎贲郎将麦孟才、虎牙郎钱杰与光谋曰："吾侪受先帝厚恩，今俯首事仇，受其驱帅，何面目视息世间哉？吾必欲杀之，死无所恨！"光泣曰："是所望于将军也。"孟才乃纠合恩旧，帅所将数千人，期以晨起将发时袭化及。语泄，化及夜与腹心走出营外，留人告司马德戡等，使讨之。光闻营内喧，知事觉，即袭化及营，空无所获。值内史侍郎元敏，数而斩之。德戡引兵入围之，杀光。

许善心没有行礼就退下去，宇文化及大怒说："这个人太负气了！"又命人将其抓回来，斩杀了他。许善心的母亲范氏已经九十二岁，抚摸着儿子的灵柩也不哭泣，而是说："你能死于国难，我算养了一个好儿子啊！"随后卧床不吃东西，十多天后去世。唐王李渊入关时，张季珣的弟弟张仲琰正担任上洛县令，率领官吏百姓抵抗坚守，部下杀死他投降唐王。宇文化及叛乱时，张仲琰的弟弟张琮正担任千牛左右，宇文化及杀了他。张氏三兄弟都死于国难，让当时的人感到很是羞愧。

宇文化及自称大丞相，总领百官。借用萧皇后的命令册立秦王杨浩为皇帝，住在别宫，只是让他在发布的诏书和敕令上签名而已，同时派兵监视看守他。宇文化及任命他的弟弟宇文智及为左仆射，宇文士及为内史令，裴矩为右仆射。

戊辰（三月二十三日），隋恭帝下诏任命唐王李渊为相国，总领百官。

宇文化及任命左武卫将军陈稜为江都太守，统领留守事宜。壬申（三月二十七日），命令内外严密防备，声称准备返回长安。皇后和六宫都按照旧例列入御营，营前另立帷帐，宇文化及在里边处理政务，仪仗和卫队的设置，都模拟天子的乘舆。掠夺江都人的船只船桨，取道彭城由水路向西返还。因为折冲郎将沈光骁勇善战，于是派他率领给使在禁内建营。行进到显福宫时，虎贲郎将麦孟才、虎牙郎钱杰与沈光密谋说："我们这些人都蒙受先帝的厚恩，如今低头事奉仇敌，受他驱使指挥，还有什么脸面活在世间呢？我们一定要杀掉宇文化及，就算死了也没有什么遗憾！"沈光流着泪说："这事就指望将军你了。"麦孟才于是召集聚合蒙受炀帝厚恩的旧部，率领手下数千名将士，约定在早晨起身将出发时袭击宇文化及。消息泄露，宇文化及夜里同自己的心腹躲到御营外面，留下人通知司马德戡等人，让他们去讨伐麦孟才一众。沈光听到御营内一片喧哗，知道事情败露，马上袭击宇文化及的营帐，空无所获。正好碰上内史侍郎元敏，就历数他的罪过杀了他。司马德戡带兵冲进来围攻沈光，杀了沈光。

其麾下数百人皆斗死，一无降者，孟才亦死。孟才，铁杖之子也。

宇文化及拥众十馀万，据有六宫，自奉养一如炀帝。每于帐中南面坐，人有白事者，嘿然不对，下牙，方取启状与唐奉义、牛方裕、薛世良、张恺等参决之。以少主浩付尚书省，令卫士十馀人守之，遣令史取其画敕，百官不复朝参。至彭城，水路不通，复夺民车牛得二千两，并载宫人珍宝。其戈甲戎器，悉令军士负之，道远疲剧，军士始怨。司马德戡窃谓赵行枢曰："君大谬误我！当今拨乱，必藉英贤。化及庸暗，群小在侧，事将必败，若之何？"行枢曰："在我等耳，废之何难！"初，化及既得政，赐司马德戡爵温国公，加光禄大夫。以其专统骁果，心忌之。后数日，化及署诸将分配士卒，以德戡为礼部尚书，外示美迁，实夺其兵柄。德戡由是愤怨，所获赏赐，皆以赂智及。智及为之言，乃使之将后军万馀人以从。于是德戡、行枢与诸将李本、尹正卿、宇文导师等谋，以后军袭杀化及，更立德戡为主。遣人诣孟海公，结为外助。迁延未发，待海公报。许弘仁、张恺知之，以告化及，化及遣宇文士及阳为游猎，至后军，德戡不知事露，出营迎谒，因执之。化及让之曰："与公戮力共定海内，出于万死。今始事成，方愿共守富贵，公又何反也？"德戡曰："本杀昏主，苦其淫虐，推立足下，而又甚之，逼于物情，

沈光部下数百人全都战死，没有一个人投降，麦孟才也战死了。麦孟才是麦铁杖的儿子。

宇文化及拥有十多万兵众，还霸占了六宫，自己享受的奉养和炀帝完全一样。宇文化及常常在帐中面朝南坐，众人中有禀告事情的，他都沉默不答复，等退帐后，才取出这些上奏的公文与唐奉义、牛方裕、薛世良、张恺等人商议裁定。把少主杨浩交付给尚书省，命令十多个卫士看守他，专派令史去取他签名盖印的诏令，百官不再朝拜参见他。到达彭城后，水路行不通，又掠夺百姓的车辆和牛，共得到两千辆，都用来运送宫人和珍宝。那些兵戈铠甲和武器，全都让军士背着走，路途遥远，非常疲劳，军士们开始怨恨。司马德戡私下对赵行枢说："你真是害苦我了！当今拨正乱局，必须依靠德才杰出的人。宇文化及庸下愚昧，一群小人围在他身边，事情一定会失败，应该对此怎么办呢？"赵行枢说："这全靠我们这些人了，废掉他有什么难的！"起初，宇文化及治理国政后，赐给司马德戡温国公的爵位，加授光禄大夫。因为他专擅独领骁果，宇文化及心里很忌惮他。几天后，宇文化及署任众将，分配士卒，任命司马德戡为礼部尚书，看上去是给他升了官，实际是夺了他的兵权。司马德戡因此愤怒怨恨，把所得到的赏赐，全拿来贿赂宇文智及。宇文智及替他说话，这才派他统领一万多名后军跟在大军的后面。这时候，司马德戡、赵行枢与众将李本、尹正卿、宇文导师等人谋划，利用后军击杀宇文化及，随即拥立司马德戡为主。并派人到孟海公那里，结纳他为外援。一直拖延没有采取行动，是在等待孟海公的回信。许弘仁、张恺了解到内情，把它禀告给宇文化及，宇文化及派宇文士及装作游猎，赶到后军，司马德戡不知道事情已经泄露，出营迎接拜见，宇文士及便将其抓了起来。宇文化及责备他说："我原本和明公你一起努力，共同平定海内，在诸多险境中死里逃生。如今刚刚成就大事，正想着和你共保富贵，明公为什么又要反叛呢？"司马德戡说："原来杀死昏君，是苦于他的荒淫暴虐，推举拥立足下你，可现在你比昏君更厉害，只是受到人情物态的困逼，

不获已也。”化及缢杀之,并杀其支党十馀人。孟海公畏化及之强,帅众具牛酒迎之。

萧铣即皇帝位,置百官,准梁室故事。炀帝凶问至长安。五月戊午,隋恭帝禅位于唐,甲子,唐王即皇帝位。戊辰,东都留守官奉越王即皇帝位,大赦,改元皇泰。六月乙酉,唐奉隋帝为酅国公。

宇文化及留辎重于滑台,以王轨为刑部尚书,使守之,引兵北趣黎阳。李密将徐世勣据黎阳,畏其军锋,以兵西保仓城。化及渡河,保黎阳,分兵围世勣。密帅步骑二万,壁于清淇,与世勣以烽火相应,深沟高垒,不与化及战。化及每攻仓城,密辄引兵以掎其后。密与化及隔水而语,密数之曰:“卿本匈奴皂隶破野头耳,父兄子弟,并受隋恩,富贵累世,举朝莫二。主上失德,不能死谏,反行弑逆,欲规篡夺。不追诸葛瞻之忠诚,乃为霍禹之恶逆,天地所不容,将欲何之?若速来归我,尚可得全后嗣。”化及默然,俯视良久,瞋目大言曰:“与尔论相杀事,何须作书语邪?”密谓从者曰:“化及庸愚如此,忽欲图为帝王,吾当折杖驱之耳!”化及盛修攻具以逼仓城,世勣于城外掘深沟以固守,化及阻堑,不得至城下。世勣于堑中为地道,出兵击之,化及大败,焚其攻具。

时李密请降,皇泰主令先平化及,赐以诏书。密受诏,

才没能实现原计划罢了。”宇文化及勒死了司马德戡，一并杀了他的十多个同党。孟海公畏惧宇文化及的强大，率领部众备下牛肉美酒迎接宇文化及。

萧铣即皇帝位，设置百官，遵用梁朝的旧制。炀帝的死讯传到长安。五月戊午（十四日），隋恭帝把帝位禅让给李唐，甲子（二十日）这天，唐王李渊即皇帝位。戊辰（二十四日），东都留守官尊奉越王杨侗即皇帝位，大赦天下，改年号为皇泰。六月乙酉（十二日），唐朝廷尊奉隋恭帝为酅国公。

宇文化及把军用物资留在滑台，任命王轨为刑部尚书，让他负责守护，自己带兵向北直击黎阳。李密的部将徐世勣据守黎阳，畏惧宇文化及军队威势，率兵向西撤退保卫仓城。宇文化及渡过黄河，占据黎阳，分兵包围徐世勣。李密统领两万步兵骑兵在清淇县布下防线，与徐世勣用烽火相应和，深挖壕沟，加高营垒，不同宇文化及正面迎战。宇文化及每次进攻仓城，李密就带兵牵制他的后方。李密与宇文化及隔着淇水对话，李密数落宇文化及说：“你原本是匈奴的奴隶破野头罢了，父兄子弟都蒙受隋朝的恩惠，世世代代享受富贵，举朝上下没有第二家。君主丧失仁德，你不能以死劝谏，反而做杀君谋逆的恶事，还想图谋篡夺天下。你不追比蜀国诸葛瞻的忠诚，反而去干汉代霍禹谋逆作恶的勾当，这真是天地所不容，你还想去哪里？倘若迅速前来归降我，还可以保全你的后嗣。”宇文化及沉默不语，低头看了很久，瞪着眼睛大声说：“现在我和你谈论的是双方攻杀的事情，何必编造些书上的废话！”李密对宇文化及的部下说：“宇文化及昏庸愚昧到这般地步，猛然想图谋当帝王，我定当折断棍杖驱逐他！”宇文化及大力修造攻城器具来进攻仓城，徐世勣在城外挖掘深沟来坚守，宇文化及被壕沟挡住，不能攻到城下。徐世勣在壕沟中挖掘地道，派遣军队袭击宇文化及，宇文化及大败，徐世勣烧毁了他修造的那些攻城器具。

这时李密向新登基的越王杨侗请求归降，皇泰主杨桐命令他先平定宇文化及，并赐给他诏书。李密接受了他的诏书，

东击化及。王轨降于密。化及大惧，欲取以北诸郡，其将陈智略等皆降，化及趣魏县。详见《唐平东都》。

秋八月，隋江都太守陈稜求得炀帝之柩，备天子仪卫，改葬于江都宫西吴公台下，其王公以下皆列瘗于帝茔之侧。九月辛未，追谥隋太上皇为炀帝。

宇文化及至魏县，张恺等谋去之，事觉，化及杀之。腹心稍尽，兵势日蹙，兄弟更无他计，但相聚酣宴，奏女乐。化及醉，尤智及曰："我初不知，由汝无计，强来立我。今所向无成，士马日散，负弑君之名，天下所不容。今者族灭，岂不由汝乎？"持其两子而泣。智及怒曰："事捷之日，初不赐尤，及其将败，乃欲归罪。何不杀我以降窦建德？"数相斗阋，言无长幼，醒而复饮，以此为恒。其众多亡，化及自知必败，叹曰："人生固当死，岂不一日为帝乎？"于是鸩杀秦王浩，即皇帝位于魏县，国号许，改元天寿，署置百官。冬十月丙戌，皇泰主以王世充为太尉。

二年春正月戊午，淮安王神通击宇文化及于魏县，化及不能抗，东走聊城。神通拔魏县，引兵追化及至聊城，围之。闰二月，宇文化及以珍货诱海曲诸贼，贼帅王薄帅众从之，与共守聊城。窦建德谓其群下曰："吾为隋民，隋为吾君。今宇文化及弑逆，乃吾仇也，吾不可以不讨！"乃引兵趣聊城。淮安王神通攻聊城，化及粮尽，请降，神通不许。

向东进击宇文化及。王轨向李密投降。宇文化及大为恐惧，打算攻下北部各郡，可他的部将陈智略等人全都投降了，宇文化及直奔魏县。详见《唐平东都》。

秋季八月，隋朝江都太守陈稜求到炀帝的灵柩，配齐天子所用的仪仗卫队，把炀帝改葬在江都宫西面的吴公台下，自王公以下遇难的臣僚，都依次埋葬在炀帝坟茔的旁边。九月辛未（二十九日），李唐追赠隋太上皇杨广的谥号为炀帝。

宇文化及抵达魏县，张恺等人秘密谋划，打算离开他，事情败露，宇文化及杀了张恺等人。宇文化及的心腹该跑的跑，该杀的杀，散失殆尽，兵势日益削弱，宇文兄弟们再也没有其他计谋，只是聚会宴饮，演奏女乐。宇文化及喝醉了，责怪宇文智及说："我当初不知道你们的密谋，由于你没有办法，才勉强来拥立我。如今所到之地一事无成，士卒兵马日渐溃散，我背着杀君的罪名，天下人都容不下我。现在眼看宗族要被诛灭，难道不都是因为你吗！"抱着他的两个儿子哭泣不已。宇文智及恼怒地说："事情成功时，你开始并没责怪，将要失败时，却要归罪于我。你为什么不杀掉我去投降窦建德？"宇文兄弟屡屡争吵打闹，说话不分长幼，酒醒后继续喝，把这当作常事。他们的部众大多逃亡，宇文化及自知一定会败亡，感叹说："人生本来是要死的，哪能不做一天皇帝呢！"于是毒杀了秦王杨浩，在魏县即皇帝位，定国号为许，改年号为天寿，设置百官。冬季十月丙戌（十五日），皇泰主杨桐任命王世充为太尉。

二年（619）春季正月戊午（十八日），淮安王李神通在魏县攻击宇文化及，宇文化及无力抵抗，向东逃跑到聊城。李神通攻下魏县，带兵追击宇文化及，追到聊城，包围了他。闰二月，宇文化及用珍宝奇货诱惑海边的各路贼军，贼军首领王薄率部众跟从宇文化及，和他共同坚守聊城。窦建德对他的部下说："我们是隋室的百姓，隋室是我们的君主。如今宇文化及杀君谋逆，就是我们的仇敌，我们不能不去讨伐！"于是带兵直奔聊城。淮安王李神通围攻聊城，宇文化及粮食耗尽请求归降，李神通不答应。

安抚副使崔世幹劝神通许之，神通曰："军士暴露日久，贼食尽计穷，克在旦暮，吾当攻取以示国威，且散其玉帛以劳将士，若受其降，将何以为军赏乎？"世幹曰："今建德方至，若化及未平，内外受敌，吾军必败。夫不攻而下之，为功甚易，奈何贪其玉帛而不受乎？"神通怒，囚世幹于军中。既而宇文士及自济北馈之，化及军稍振，遂复拒战。神通督兵攻之，贝州刺史赵君德攀堞先登，神通心害其功，收兵不战，君德大诟而下，遂不克。建德军且至，神通引兵退。

建德与化及连战，大破之，化及复保聊城。建德纵兵四面急攻，王薄开门纳之。建德入城，生擒化及。先谒隋萧皇后，语皆称臣，素服哭炀帝尽哀。收传国玺及卤簿仪仗，抚存隋之百官，然后执逆党宇文智及、杨士览、元武达、许弘仁、孟景，集隋官而斩之，枭首军门之外。以槛车载化及并二子承基、承趾至襄国，斩之。

夏四月癸卯，王世充称皇泰主命，禅位于郑，遣其兄世恽幽皇泰主于含凉殿。乙巳，王世充即皇帝位。戊申，世充奉皇泰主为潞国公。五月，王世充遣兄子唐王仁则及家奴梁百年鸩皇泰主，缢杀之，谥曰恭皇帝。事见《唐平东都》。

安抚副使崔世幹劝李神通答应，李神通说："军士遭受日晒雨淋，已经很长时间了，贼军粮食耗光无计可施，拿下他就在旦夕之间，我应当攻取他来显示国家威严，并且散发他的金玉绢帛来慰劳战士，如果接受他归降，将拿什么赏赐军队呢？"崔世幹说："如今窦建德马上就要到了，如果宇文化及还没平定，内外受敌，我军一定会失败。不进攻就拿下城池，这样建立军功太容易了，怎么能贪图他的宝玉丝帛而不接受投降呢？"李神通大怒，把崔世幹囚禁在军中。不久宇文士及从济北运送粮食给宇文化及，宇文化及的军队稍微振作起来，于是又抵抗交战。李神通督率兵马攻打聊城，贝州刺史赵君德攀住女墙率先登上城头，李神通心里嫉妒他的功劳，收兵不战，赵君德大骂着下城来，于是未能攻克聊城。窦建德的军队即将到达，李神通带兵退走。

窦建德与宇文化及接连交战，大破宇文化及，宇文化及又死保聊城。窦建德发兵从四面强攻，王薄打开城门来接纳窦建德。窦建德入城后，活捉了宇文化及。先去拜见隋室萧皇后，讲话都自称臣下，身穿白衣服哭悼炀帝来尽哀节。收缴隋朝传国玉玺以及帝后仪仗，安抚存恤隋室幸存的百官，然后将逆党宇文智及、杨士览、元武达、许弘仁、孟景全都抓了起来，召集隋室百官当场斩杀了他们，砍下他们的脑袋悬挂在军营门外。用囚车押送宇文化及和他的两个儿子宇文承基、宇文承趾到襄国郡，斩杀了他们。

夏季四月癸卯（初五），王世充宣称皇泰主的诏令，禅让帝位于郑，专派他的兄长王世恽把皇泰主幽禁在含凉殿。乙巳（初七），王世充即皇帝位。戊申（初十），王世充尊奉皇泰主为潞国公。五月，王世充派他的侄子唐王王仁则以及家奴梁百年给皇泰主喝下毒酒，然后勒死了他，谥为恭皇帝。事见《唐平东都》。

高祖兴唐

隋恭帝义宁元年。初，唐公李渊娶于神武肃公窦毅，生四男，建成、世民、玄霸、元吉；一女，适太子千牛备身临汾柴绍。

世民聪明勇决，识量过人，见隋室方乱，阴有安天下之志，倾身下士，散财结客，咸得其欢心。世民娶右骁卫将军长孙晟之女。右勋卫长孙顺德，晟之族弟也，与右勋侍池阳刘弘基皆避辽东之役，亡命在晋阳依渊，与世民善。左亲卫窦琮，炽之孙也，亦亡命在太原，素与世民有隙，每以自疑，世民加意待之，出入卧内，琮意乃安。

晋阳宫监猗氏裴寂，晋阳令武功刘文静，相与同宿，见城上烽火，寂叹曰："贫贱如此，复逢乱离，何以自存？"文静笑曰："时事可知，吾二人相得，何忧贫贱？"文静见李世民而异之，深自结纳，谓寂曰："此非常人。豁达类汉高，神武同魏祖，年虽少，命世才也。"寂初未然之。

高祖兴唐

隋恭帝义宁元年(617)。当初,唐公李渊迎娶神武肃公窦毅女为妻,生有四个男儿,依次是李建成、李世民、李玄霸、李元吉;还生有一个女儿,嫁给太子千牛备身临汾人柴绍。

李世民聪明、勇武、果断,见识胆量过人,看到隋室正处在动乱之中,暗暗立下了安定天下的志向,放下架子礼贤下士,散发财物广结宾客,无不获得他们的由衷拥戴。李世民迎娶右骁卫将军长孙晟的女儿为妻。右勋卫长孙顺德,是长孙晟的族弟,与右勋侍池阳人刘弘基都因为逃避征伐辽东的兵役,亡奔在晋阳依附李渊,与李世民亲近友善。左亲卫窦琮是窦炽的孙子,也亡奔在太原,一向与李世民存在嫌隙,窦琮常常因此而自怀疑虑,李世民特别留意厚待他,让他随便出入自己的卧室,窦琮心里才安稳下来。

晋阳宫监猗氏县人裴寂,晋阳县令武功人刘文静,两人住在一起,看到城上燃起的烽火,裴寂感叹说:“贫贱到这般地步,又赶上国家动乱流离,靠什么来保全自己呢?”刘文静笑道:“时事是可以预知的,我们俩人相投合,忧虑什么贫贱呢?”刘文静看到李世民认为他非同寻常,就主动和李世民深深结交,并对裴寂说:“这可不是一般人。他豁达大度就像汉高祖刘邦,神明威武同魏武帝曹操一个样,年纪虽轻,却是治国的英才。”裴寂起初并不赞同这种看法。

文静坐与李密连昏，系太原狱，世民就省之。文静曰："天下大乱，非高、光之才，不能定也。"世民曰："安知其无？但人不识耳。我来相省，非儿女子之情，欲与君议大事也。计将安出？"文静曰："今主上南巡江、淮，李密围逼东都，群盗殆以万数，当此之际，有真主驱驾而用之，取天下如反掌耳。太原百姓皆避盗入城，文静为令数年，知其豪杰，一旦收集，可得十万人，尊公所将之兵复且数万，一言出口，谁敢不从？以此乘虚入关，号令天下，不过半年，帝业成矣。"世民笑曰："君言正合我意。"乃阴部署宾客，渊不之知也。世民恐渊不从，犹豫久之，不敢言。

渊与裴寂有旧，每相与宴语，或连日夜。文静欲因寂关说，乃引寂与世民交。世民出私钱数百万，使龙山令高斌廉与寂博，稍以输之，寂大喜，由是日从世民游，情款益狎。世民乃以其谋告之，寂许诺。

会突厥寇马邑，渊遣高君雅将兵与马邑太守王仁恭并力拒之。仁恭、君雅战不利，渊恐并获罪，甚忧之。世民乘间屏人说渊曰："今主上无道，百姓困穷，晋阳城外皆为战场。大人若守小节，下有寇盗，上有严刑，危亡无日。不若顺民心，兴义兵，转祸为福，此天授之时也。"渊大惊曰："汝安得为此言，吾今执汝以告县官！"因取纸笔，欲为表。世民徐曰："世民睹天时人事如此，故敢发言。必欲执告，不敢辞死！"渊曰："吾岂忍告汝，汝慎勿出口！"明日，世民复说渊曰：

刘文静因与李密通婚而获罪，关押在太原监狱里，李世民去探望他。刘文静说："现在天下大乱，不具备汉高祖、光武帝那样的才能，是不能平定的。"李世民说："怎么就知道没有那样的雄主呢？只是人们看不出来罢了。我来探望您，并不是出于小儿女子的常情，是想与您商议大事啊。计策该从哪里找出来呢？"刘文静说："如今主上南巡江、淮，李密包围进逼东都，强盗团伙恐怕要用万来计算，在这个时候，如有真正的国主驱使驾驭任用他们，夺取天下就易如反掌。太原百姓都躲避强盗涌入城中，文静我当了好几年县令，深知那些豪杰，一旦把他们收拢聚集起来，就能得到十万人，令尊大人所统领的兵马又有将近几万人，一言出口，谁敢不服从？凭借这些兵力乘虚攻入关内，向天下发号施令，不超过半年，帝业就可以成就了。"李世民笑着说："您的话正与我的想法吻合。"于是暗中部署宾客，李渊不知道这种情况。李世民担心李渊不同意，犹豫了很久，不敢向李渊禀明。

李渊和裴寂有老交情，常在一起宴饮交谈，有时日夜不断。刘文静打算通过裴寂劝说李渊，于是引荐裴寂同李世民交往。李世民拿出私钱几百万，让龙山县令高斌廉与裴寂赌博，逐步输钱给他，裴寂大喜，从此每天陪从李世民交游，情谊越来越深厚。李世民就把自己的谋划告诉给裴寂，裴寂答应劝说李渊。

适逢突厥侵犯马邑郡，李渊派遣高君雅率领士兵，与马邑太守王仁恭合力抗拒突厥。王仁恭、高君雅作战不利，李渊担心同他们一起获罪，十分忧虑这件事。李世民趁着方便的时候屏退其他人劝说李渊道："如今主上昏庸无道，百姓贫困至极，晋阳城外都是战场。大人您如果拘守小节，下有流寇盗贼，上有严刑酷法，危亡已是迫在眉睫了。不如顺应民心，兴举义兵，转祸为福，这是皇天赐予的良机啊。"李渊大惊说："你怎么能说这种话，我今天要抓起你上报朝廷！"随后取来纸笔，要写表章。李世民缓慢地说道："世民我体察天时人事就是这样，所以敢讲刚才那番话。一定要把我抓起来上报，我不敢辞掉一死！"李渊说："我哪里忍心举告你，你千万小心别乱说！"第二天，李世民又劝说李渊道：

“今盗贼日繁，遍于天下。大人受诏讨贼，贼可尽乎？要之，终不免罪。且世人皆传李氏当应图谶，故李金才无罪，一朝族灭。大人设能尽贼，则功高不赏，身益危矣！唯昨日之言，可以救祸，此万全之策也，愿大人勿疑。”渊乃叹曰：“吾一夕思汝言，亦大有理。今日破家亡躯亦由汝，化家为国亦由汝矣！”

先是，裴寂私以晋阳宫人侍渊，渊从寂饮，酒酣，寂从容言曰：“二郎阴养士马，欲举大事，正为寂以宫人侍公，恐事觉并诛，为此急计耳。众情已协，公意如何？”渊曰：“吾儿诚有此谋，事已如此，当复奈何，正须从之耳。”

帝以渊与王仁恭不能御寇，遣使者执诣江都，渊大惧。世民与寂等复说渊曰：“今主昏国乱，尽忠无益。偏裨失律，而罪及明公。事已迫矣，宜早定计。且晋阳士马精强，宫监蓄积巨万，以兹举事，何患无成？代王幼冲，关中豪杰并起，未知所附，公若鼓行而西，抚而有之，如探囊中之物耳。奈何受单使之囚，坐取夷灭乎！”渊然之，密部勒，将发。会帝继遣使者驰驿赦渊及仁恭，使复旧任，渊谋亦缓。

渊之为河东讨捕使也，请大理司直夏侯端为副。端，详之孙也，善占候及相人，谓渊曰：“今玉床摇动，帝座不安，参墟得岁，必有真人起于其分，非公而谁乎？主上

“如今盗贼一天比一天增多，遍布天下。大人您承受诏命讨伐贼寇，贼寇能消灭光吗？总之，最终还免不掉获罪。况且世人都在传说李氏正该应合图谶，所以李金才没有罪，却在一个早晨被诛灭宗族了。大人您假设能灭尽贼寇，那也功高得不到赏赐，自身却更加危险了！只有我昨天的那番话，才能解救祸患，这是最保险的计策，希望大人您不要再迟疑。”李渊于是叹息说：“我一整夜都在考虑你的话，也的确很有道理。今天家破人亡也由你，变家为国也由你了！”

在此以前，裴寂私下让晋阳的宫女服侍李渊，李渊跟裴寂饮酒，喝到酣畅时，裴寂不慌不忙地说：“二郎暗地招兵买马，想要干一番大事业，正是因为这样我裴寂让宫女服侍您，恐怕事情败露，连您在内，我等一起被诛杀，所以才实施这样一条应急的计策罢了。众人的意愿已经协调一致，明公您意下如何呢？”李渊说：“我儿确实有这样的谋划，事情已到这地步，还能怎么办呢，只能听从罢了。”

炀帝因为李渊与王仁恭不能抵御贼寇，派使者要把他俩抓到江都，李渊大为惊惧。李世民与裴寂等人又劝说李渊道：“当今主上昏庸，国家混乱，尽忠没有益处。本来是副手超过灭贼的期限，罪责却推到您身上。事情已经很紧迫了，应该尽早确定对策。况且晋阳兵强马壮，宫监积蓄的财物多达巨万，靠这两样起兵，还担心什么不成功呢？代王杨侑年幼，关中豪杰群起造反，不知道应该归附谁，明公您要是擂鼓进军向西挺进，招抚并辖领这些人，就像探取囊中物品罢了。为什么要受一个使者的囚禁，坐取灭族呢！”李渊认为他们说得对，就秘密部署安排，准备起兵。恰逢此时炀帝又派使者乘用驿站车马赦免李渊和王仁恭，让他们官复原职，李渊的谋划也放慢了步伐。

李渊担任河东讨捕使时，请求让大理司直夏侯端作他的副手。夏侯端是夏侯详的孙子，善于占测天象以及相面方术，他对李渊说：“如今玉床星摇动，帝座星不安稳，岁星在参宿的位置，一定会有真人在它对应的区域崛起，不是明公又是谁呢？主上

猜忍，尤忌诸李，金才既死，公不思变通，必为之次矣。”渊心然之。及留守晋阳，鹰扬府司马太原许世绪说渊曰：“公姓在图箓，名应歌谣；握五郡之兵，当四战之地，举事则帝业可成，端居则亡不旋踵，唯公图之。”行军司铠文水武士䕶、前太子左勋卫唐宪、宪弟俭皆劝渊举兵。俭说渊曰：“明公北招戎狄，南收豪杰，以取天下，此汤、武之举也。”渊曰：“汤、武非所敢拟，在私则图存，在公则拯乱，卿姑自重，吾将思之。”宪，邕之孙也。时建成、元吉尚在河东，故渊迁延未发。

刘文静谓裴寂曰：“先发制人，后发制于人。何不早劝唐公举兵，而推迁不已？且公为宫监，而以宫人侍客，公死可尔，何误唐公也？”寂甚惧，屡趣渊起兵。渊乃使文静诈为敕书，发太原、西河、雁门、马邑民年二十已上五十已下悉为兵，期岁暮集涿郡，击高丽。由是人情恟恟，思乱者益众。

及刘武周据汾阳宫，世民言于渊曰：“大人为留守，而盗贼窃据离宫，不早建大计，祸今至矣！”渊乃集将佐谓之曰：“武周据汾阳宫，吾辈不能制，罪当族灭，若之何？”王威等皆惧，再拜请计。渊曰：“朝廷用兵，动止皆禀节度。今贼在数百里内，江都在三千里外，加以道路险要，复有他贼据之，以婴城胶柱之兵，当巨猾豕突之势，必不全矣。进退维谷，何为而可？”威等皆曰：“公地兼亲贤，同国休戚，若俟奏报，

猜忌残忍，尤其忌恨各个姓李的大臣，李金才已经死了，明公您不考虑变通，必定会成为李金才的后继者了。”李渊心里认为确实是这样。等到留守晋阳，鹰扬府司马太原人许世绪劝说李渊道：“明公您的姓氏出现在图谶上，名字应合歌谣，掌握五郡的人马，位处四面出战的宝地，起兵举事就能够成就帝业，端坐不动就立刻灭亡，这全由明公您来考虑了。”行军司铠文水人武士彟、原太子左勋卫唐宪、唐宪的弟弟唐俭都劝说李渊起兵。唐俭劝说李渊道：“明公您在北面招抚戎狄，在南面收服豪杰，以此来夺取天下，这是商汤和周武王一样的壮举啊。”李渊说：“商汤、周武王不是我所敢比拟的，我从私人方面讲是图谋自存，从公家方面讲是拯救乱世，爱卿你姑且自重，我将考虑这件事。”唐宪是唐邕的孙子。这时李建成、李元吉还在河东郡，所以李渊往后拖延着没起兵。

刘文静对裴寂说：“先发制人，后发就被人所制。你为什么不尽早劝说唐公起兵，却一个劲儿推迟拖延下去？况且你身为宫监，却用宫女侍奉贵客，你死去也就算了，为什么还要贻误唐公呢！”裴寂十分害怕，多次催促李渊起兵。李渊于是让刘文静伪造敕书，征发太原、西河、雁门、马邑等郡年龄在二十岁以上，五十岁以下的男子全都当兵，限定在年底集结到涿郡攻打高丽。由此人心搅动，想叛乱的人越来越多。

等到刘武周占据汾阳宫，李世民向李渊进言说：“大人您身为留守，但让盗贼窃据了离宫，不尽早定下大计，祸难现在就来到了！”李渊于是召集将佐，对他们说：“刘武周窃据汾阳宫，我们这些人不能制服他，罪该诛灭宗族，对此应当怎么办？”王威等人都很恐惧，连连下拜，请求对策。李渊说：“朝廷用兵，前进或者停驻都要禀明圣上。如今盗贼在数百里以内，江都在三千里以外，加上道路险要，还有其他盗贼盘踞，凭借只知据守城池、不知变通的士卒，去抵挡十分狡猾、像野猪一样奔窜的盗贼，必定不能够保全。我们进退两难，怎么办才行呢？”王威等人都说：“明公您地位兼具宗亲和贤臣，同国家休戚与共，如果等着奏报，

岂及事机？要在平贼，专之可也。”渊阳若不得已而从之者，曰：“然则先当集兵。”乃命世民与刘文静、长孙顺德、刘弘基等各募兵，远近赴集，旬日间近万人。仍密遣使召建成、元吉于河东，柴绍于长安。

王威、高君雅见兵大集，疑渊有异志，谓武士彟曰：“顺德、弘基皆背征三侍，所犯当死，安得将兵？”欲收按之。士彟曰：“二人皆唐公客，若尔，必大致纷纭。”威等乃止。留守司兵田德平欲劝威等按募人之状，士彟曰：“讨捕之兵，悉隶唐公，威、君雅但寄坐耳，彼何能为！”德平亦止。

晋阳乡长刘世龙密告渊云：“威、君雅欲因晋祠祈雨，为不利。”五月癸亥夜，渊使世民伏兵于晋阳宫城之外。甲子旦，渊与威、君雅共坐视事，使刘文静引开阳府司马胙城刘政会入立庭中，称有密状。渊目威等取状视之，政会不与，曰：“所告乃副留守事，唯唐公得视之。”渊阳惊曰：“岂有是邪？”视其状，云：“威、君雅潜引突厥入寇。”君雅攘袂大诟曰：“此乃反者欲杀我耳。”时世民已布兵塞衢路，文静因与刘弘基、长孙顺德等共执威、君雅系狱。丙寅，突厥数万众寇晋阳，轻骑入外郭北门，出其东门。渊命裴寂等勒兵为备，而悉开诸城门，突厥不能测，莫敢进。众以为威、君雅实召之也，渊于是斩威、君雅以徇。渊部将王康达将千馀人出战，皆死，城中恟惧。渊夜遣军潜出城，旦则

哪里赶得上战事的契机？总之在于扫平盗贼，专断也是可以的。”李渊装出不得已而听从的模样，开口说：“既然如此，那首先应当召集兵马。”于是命令李世民与刘文静、长孙顺德、刘弘基等人分头招募兵士，远近的百姓赶来应募汇集，十天之内就集结起将近一万人。李渊同时秘密派遣使者到河东郡召回李建成、李元吉，到长安召回柴绍。

王威、高君雅眼见兵士大量聚集，怀疑李渊有反叛的企图，对武士彟说：“长孙顺德、刘弘基都是逃避征发的三侍军官，所犯的罪过理当处死，怎么能带兵呢？”打算逮捕审讯他们。武士彟说：“这两人都是唐公的宾客，真像你们那样干，必定会导致乱成一团糟。”王威等人这才作罢。留守司兵田德平想劝说王威等人调查招募兵丁的情况，武士彟说：“讨捕的人马，全部隶属唐公，王威、高君雅只是寄身在唐公这里罢了，他们能管什么事呢？”田德平也作罢了。

晋阳乡长刘世龙秘密告知李渊说：“王威、高君雅想趁晋祠祈雨，干害人的勾当。”五月癸亥（十四日）夜里，李渊派李世民在晋阳宫城外设下伏兵。甲子（十五日）清晨，李渊与王威、高君雅坐在一起处理政务，特让刘文静带着开阳府司马胙城人刘政会进来站在庭堂中，声称有密事禀报。李渊使眼色让王威等取书状来看，刘政会不给，说：“所告发的是副留守的事，只有唐公才能看。”李渊假装吃惊说：“哪里会有这种事？”取过书状看，上面说：“王威、高君雅暗中勾引突厥入侵。”高君雅捋起衣袖大骂道：“这是反叛的人想杀害我们。”这时李世民已部署兵马堵住了通行的道路，刘文静随即和刘弘基、长孙顺德等一起捉住王威、高君雅，关进了监狱。丙寅（十七日），数万突厥部众进犯晋阳，轻装骑兵冲进了外城北门，又从东门出去。李渊命裴寂等人率兵防备，而把各个城门全部打开，突厥不能测知虚实，不敢进城。众人都以为王威、高君雅确实招引了突厥，李渊于是斩杀了王威、高君雅，传首示众。李渊的部将王康达率领一千多人出战，全都战死，晋阳城中惊恐不安。李渊夜里派军队悄悄出城，清晨又

张旗鸣鼓自他道来，如援军者。突厥终疑之，留城外二日，大掠而去。

李建成、李元吉弃其弟智云于河东而去，吏执智云送长安，杀之。建成、元吉遇柴绍于道，与之偕行。六月己卯，李建成等至晋阳。

刘文静劝李渊与突厥相结，资其士马以益兵势，渊从之，自为手启，卑辞厚礼，遗始毕可汗云："欲大举义兵，远迎主上，复与突厥和亲，如开皇之时。若能与我俱南，愿勿侵暴百姓。若但和亲，坐受宝货，亦唯可汗所择。"始毕得启，谓其大人曰："隋主为人，我所知也，若迎以来，必害唐公而击我无疑矣。苟唐公自为天子，我当不避盛暑，以兵马助之。"即命以此意为复书。使者七日而返，将佐皆喜，请从突厥之言，渊不可。裴寂、刘文静等皆曰："今义兵虽集而戎马殊乏，胡兵非所须，而马不可失。若复稽回，恐其有悔。"渊曰："诸君宜更思其次。"寂等乃请尊天子为太上皇，立代王为帝，以安隋室。移檄郡县，改易旗帜，杂用绛白，以示突厥。渊曰："此可谓掩耳盗钟，然逼于时事，不得不尔。"乃许之，遣使以此议告突厥。

西河郡不从渊命。甲申，渊使建成、世民将兵击西河。命太原令太原温大有与之偕行，曰："吾儿年少，以卿参谋军事，事之成败，当以此行卜之。"时军士新集，咸未阅习，建成、世民与之同甘苦，遇敌则以身先之。近道菜果，非买不食，军士有窃之者，辄求其主偿之，亦不诘窃者，

大张旗鼓从另外的道路上杀来，好像是援军。突厥始终疑惑不定，在城外逗留了两天，大肆掠夺后离去。

李建成、李元吉把他们的弟弟李智云丢弃在河东郡拔脚就走了，当地官吏捉住李智云押送到长安，杀死了他。李建成、李元吉在路上遇到了柴绍，与他同行。六月己卯这天，李建成等人到达晋阳。

刘文静劝李渊与突厥相联结，凭借突厥的兵马来壮大兵势，李渊听从了他的建议，亲自写成书信，言辞谦卑，又备下厚重的礼物，送给始毕可汗说："我想大举义兵，从远处迎请隋室主上回京，重新与突厥和亲，如同开皇年间一样。如果贵邦能和我一起南下，希望不要侵扰蹂躏百姓。倘若只是和亲，可以坐受珍宝财货，也只管请可汗您选择。"始毕可汗得到书信，对他的大臣说："隋朝皇帝的为人，我是清楚的，如果把他迎回来，必定要杀害唐公又攻打我们，这是确切无疑的。假如唐公自己作天子，我们应当不避盛暑，用兵马去帮助他。"随即命人按照这个意思写成回信。李渊的使者七天就返回晋阳，将佐们都很高兴，请求李渊顺从突厥的话，李渊不答应。裴寂、刘文静等人都说："如今义兵虽然聚集起来了，但战马却特别缺乏，胡兵不是必要的，可马匹却不能失去。如果回信拖延，恐怕突厥会后悔。"李渊说："各位应再想想其他办法。"裴寂等人于是请求尊奉当今天子杨广为太上皇，拥立代王杨侑为皇帝，来安定隋室。传布檄文到各郡县，改换旗帜，间杂使用红白两种颜色，来向突厥表示晋阳方面与隋室有区别。李渊说："这可以说是掩耳盗钟，但受时事逼迫，也不得不这样做。"于是同意下来，派使者把这种动议告知突厥。

西河郡不服从李渊的命令。甲申（初五），李渊派李建成、李世民率兵进击西河。命太原令太原人温大有和二人同行，说："我儿子年纪轻，靠您参谋军事，事情的成败，要用这次行动预测了。"当时军士刚刚募集，还未进行检阅训练，李建成、李世民与他们同甘共苦，遇到敌人身先士卒。道旁的蔬菜瓜果，不是买的不准吃，军士有偷盗的，就找到物主赔偿，也不究诘偷盗的人，

军士及民皆感悦。至西河城下，民有欲入城者，皆听其入。郡丞高德儒闭城拒守，己丑，攻拔之。执德儒至军门，世民数之曰："汝指野鸟为鸾，以欺人主，取高官，吾兴义兵，正为诛佞人耳！"遂斩之。自馀不戮一人，秋毫无犯，各慰抚使复业，远近闻之大悦。建成等引兵还晋阳，往返凡九日。渊喜曰："以此行兵，虽横行天下可也。"遂定入关之计。

渊开仓以赈贫民，应募者日益多。渊命为三军，分左右，通谓之义士。裴寂等上渊号为大将军。癸巳，建大将军府，以寂为长史，刘文静为司马，唐俭及前长安尉温大雅为记室，大雅仍与弟大有共掌机密，武士彟为铠曹，刘政会及武城崔善为、太原张道源为户曹，晋阳长上邽姜謩为司功参军，太谷长殷开山为府掾，长孙顺德、刘弘基、窦琮及鹰扬郎将高平王长谐、天水姜宝谊、阳屯为左右统军，自馀文武，随才授任。又以世子建成为陇西公、左领军大都督，左三统军隶焉；世民为敦煌公、右领军大都督，右三统军隶焉。各置官属。以柴绍为右领军府长史，谘议谯人刘赡领西河通守。道源名河，开山名峤，皆以字行。开山，不害之孙也。

突厥遣其柱国康鞘利等送马千匹诣李渊为互市，许发兵送渊入关，多少随所欲。丁酉，渊引见康鞘利等，受可汗书，礼容尽恭，赠遗康鞘利等甚厚。择其马之善者，止市其半。义士请以私钱市其馀，渊曰："虏饶马而贪利，其来将不已，恐汝不能市也。吾所以少取者，示贫，且不以为急故也。当为汝贳之，不足为汝费。"

军士和百姓都感怀喜悦。兵临西河城下，百姓有想进城的，都听任他们先进城。郡丞高德儒闭城抵抗，己丑（初十），拿下了西河城。抓住高德儒押到军营门前，李世民数落他说："你指野鸟为凤凰，欺骗皇上，谋取高官，我们兴起义兵，正是为了诛杀奸佞的人！"于是斩杀了高德儒。其馀的人一个不杀，秋毫无犯，分别进行抚慰，让他们各复本业，远近听说后都十分高兴。李建成等人领兵回到晋阳，往返共计九天。李渊欣喜地说："像这样用兵，即使横行天下也是可以的。"于是确定下入关的大计。

李渊打开官仓赈济贫民，应募当兵的人越来越多。李渊下令分成三军，每军又分左、右，通称这些人为义士。裴寂等人给李渊奉上称号为大将军。癸巳（十四日），建立了大将军府，任命裴寂为长史，刘文静为司马，唐俭以及原长安尉温大雅为记室，温大雅同时和他的弟弟温大有一起掌管机密，任命武士彟为铠曹，刘政会以及武城人崔善为、太原人张道源为户曹，晋阳县长上邽人姜謩为司功参军，太谷县长殷开山为府掾，长孙顺德、刘弘基、窦琮以及鹰扬郎将高平人王长谐、天水人姜宝谊、阳屯为左右统军，其馀的文武官员，根据才干来授任。又封世子李建成为陇西公、左领军大都督，左三统军隶属他统辖；封授李世民为敦煌公、右领军大都督，右三统军隶属他统辖。二人分别设置官吏僚属。任命柴绍为右领军府长史，谘议谯县人刘赡兼西河通守。张道源本名叫河，殷开山本名叫峤，两人都以表字在世人中称用。殷开山是殷不害的孙子。

突厥派柱国康鞘利等人送上一千多匹战马到李渊这里来进行贸易，许诺发兵护送李渊入关，发兵多少随李渊确定。丁酉（十八日），李渊引见康鞘利等人，接受了始毕可汗的书信，礼仪容止都极为恭敬，送给康鞘利等人的礼物十分丰厚。挑选马匹中的良马，只买下一半。军中义士请求用自己的钱买下另一半，李渊说："胡虏马匹多又贪图厚利，他们将会不断到来，恐怕你们就买不起了。我少买他们的马，是表示贫困，而且也不让突厥感到是急需的缘故。我应为你们赊购马匹，不能让你们破费。"

乙巳，灵寿贼帅郗士陵帅众数千降于渊，渊以为镇东将军、燕郡公，仍置镇东府，补僚属，以招抚山东郡县。

己巳，康鞘利北还，渊命刘文静使于突厥以请兵。私谓文静曰："胡骑入中国，生民之大蠹也。吾所以欲得之者，恐刘武周引之共为边患。又，胡马行牧，不费刍粟，聊欲藉之以为声势耳，数百人之外，无所用之。"

秋七月壬子，李渊以子元吉为太原太守，留守晋阳宫，后事并委之。癸丑，渊帅甲士三万发晋阳，立军门誓众，并移檄郡县，谕以尊立代王之意。西突厥阿史那大柰亦帅其众以从。甲寅，遣通议大夫张纶将兵徇稽胡。丙辰，渊至西河，慰劳吏民，赈赡穷乏。民年七十已上，皆除散官，其馀豪俊，随才授任。口询功能，手注官秩，一日除千馀人。受官者皆不取告身，各分渊所书官名而去。渊入雀鼠谷，壬戌，军贾胡堡，去霍邑五十馀里。代王侑遣虎牙郎将宋老生帅精兵二万屯霍邑，右武候大将军屈突通将骁果数万屯河东以拒渊。会积雨，渊不得进，遣府佐沈叔安等将羸兵还太原，更运一月粮。乙丑，张纶克离石，杀太守杨子崇。

刘文静至突厥，见始毕可汗，请兵，且与之约曰："若入长安，民众土地入唐公，金玉缯帛归突厥。"始毕大喜。丙寅，遣其大臣级失特勒先至渊军，告以兵已上道。

乙巳（二十六日），灵寿贼军首领郗士陵率部众数千人归降李渊，李渊任命他为镇东将军，封为燕郡公，同时设置镇东府，补派僚属，来招抚崤山以东的郡县。

己巳这天，康鞘利北上回国，李渊命令刘文静出使突厥请求援兵。他私下对刘文静说："胡人骑兵进入中原，是生灵百姓的大害。我想得到这些援兵，是担心刘武周勾引突厥共同构成边境的祸患。另外，胡地马匹随地放牧，不用费草料，姑且打算借突厥来造成声势罢了，你请来数百人就够了，多了就没地方使用他们了。"

秋季七月壬子（初四），李渊任命李元吉为太原太守，让他留守晋阳宫，走后的一切事务都交付给李元吉料理。癸丑（初五），李渊统率全副武装的兵士三万人从晋阳出发，在军营门前誓师，并向各郡县传布檄文，宣明尊立代王杨侑为帝的本意。西突厥阿史那大柰也率领他的部众跟从李渊出征。甲寅（初六），李渊派遣通议大夫张纶带领士兵攻占稽胡部落。丙辰（初八），李渊到达西河郡，慰劳官吏百姓，赈济贫民。民众中年纪在七十岁以上的人，都授予散官职衔，其馀的英豪俊杰，根据才干授予职任。一边询问他们的功劳、才能，一边注录所授官职的品级，一天就任命了一千多人。接受官职的人都不拿委任状，各自分别记住李渊所写下的官名就离去了。李渊率领军队进入雀鼠谷，壬戌（十四日），驻扎在贾胡堡，此地距离霍邑五十多里。代王杨侑派遣虎牙郎将宋老生率领精兵两万人屯守霍邑，右武候大将军屈突通率领骁果数万名屯守河东郡来抗拒李渊。正赶上连降大雨，李渊不能挺进，于是派遣府佐沈叔安等人率领体弱的士兵返回太原，再运一个月的粮食来。乙丑（十七日），张纶攻克离石郡，杀死了太守杨子崇。

刘文静抵达突厥，拜见始毕可汗，请求发兵，并且与他约定："如果攻入长安，民众土地归唐公，金玉缯帛归突厥。"始毕可汗大喜。丙寅（十八日），派遣他的大臣级失特勒先到李渊军中，告知突厥军已经上路。

渊以书招李密。密自恃兵强，欲为盟主，已巳，使祖君彦复书曰："与兄派流虽异，根系本同。自唯虚薄，为四海英雄共推盟主。所望左提右挈，戮力同心，执子婴于咸阳，殪商辛于牧野，岂不盛哉？"且欲使渊以步骑数千自至河内，面结盟约。渊得书，笑曰："密妄自矜大，非折简可致。吾方有事关中，若遽绝之，乃是更生一敌。不如卑辞推奖以骄其志，使为我塞成皋之道，缀东都之兵，我得专意西征。俟关中平定，据险养威，徐观蚌鹬之势以收渔人之功，未为晚也。"乃使温大雅复书曰："吾虽庸劣，幸承馀绪，出为八使，入典六屯，颠而不扶，通贤所责。所以大会义兵，和亲北狄，共匡天下，志在尊隋。天生蒸民，必有司牧，当今为牧，非子而谁？老夫年逾知命，愿不及此。欣戴大弟，攀鳞附翼。唯弟早膺图箓，以宁兆民！宗盟之长，属籍见容，复封于唐，斯荣足矣。殪商辛于牧野，所不忍言；执子婴于咸阳，未敢闻命。汾晋左右，尚须安辑，盟津之会，未暇卜期。"密得书甚喜，以示将佐曰："唐公见推，天下不足定矣！"自是信使往来不绝。

雨久不止，渊军中粮乏。刘文静未返，或传突厥与刘武周乘虚袭晋阳，渊召将佐谋北还。裴寂等皆曰："宋老生、

李渊写信招抚李密。李密自仗兵强马壮，想当盟主，己巳（二十一日），让祖君彦回信说："我与兄长您虽然家支宗派不同，但祖根原本相同，全都姓李。我只知自己力虚才薄，却被天下英雄共同推举为盟主。大家的愿望是绝对服从命令，同心协力，像汉高祖那样在咸阳绑起秦王子婴，像周武王那样在牧野歼灭殷纣王，这种大业难道不隆盛吗！"还打算让李渊率领步兵和骑兵数千人亲自赶到河内郡，当面缔结盟约。李渊接到书信后笑着说："李密妄自尊大，不是一封书信就能招来的。我对关中正要用兵，如果猛然回绝他，就另外树立了一个敌手。不如用卑恭的言辞推重夸赞他，使他心志骄纵，让他替我们堵住成皋的道路，牵制住东都的兵马，如此，我们就能一意西征。等到关中平定，我们据守险要，养精蓄锐，慢慢观察崤山以东地区蚌鹬相争的局势，来坐收渔人之利，也不算晚啊。"于是让温大雅回信说："我虽然平庸拙劣，侥幸继承了李氏的统系，出朝就承担八使的重任，入朝就掌领六军，而国家颠覆却不扶持，这是通达贤明的人所要责备的。所以我才大规模会集义兵，与北狄和亲，共同匡正天下，志意在于尊奉隋室。上天降生百姓，必定会有管理他们的长官，当今能作长官的人，不是您还能是谁？老夫我已经年过五十了，心愿不在这上面。我欣然拥戴你这位大兄弟，而这已是攀龙鳞，附凤翅了。只愿兄弟早日承应图谶，来使天下万民获得安宁！你身为宗盟的领袖，我的属籍要是还能被你容纳，把我再封在唐地，能获得这种荣耀就足够了。至于像周武王那样在牧野歼灭殷纣王，是我所不忍心讲出口的；像汉高祖那样在咸阳绑起秦王子婴，也是我不敢听命于您的。汾水晋阳周围，还需要安抚和睦，至于像周武王那样在孟津大会天下诸侯，我还来不及卜定日期。"李密得到回信后十分高兴，把它拿给将佐看，说道："唐公推重我，天下平定就不成一档事了！"从这以后，双方信使往来不断。

大雨下了很长时间一直不停止，李渊军中粮食十分缺乏。刘文静还没有回来，有人在军中传言突厥与刘武周乘虚要袭击晋阳，李渊召集将佐谋议，是否向北回军。裴寂等人都说："宋老生、

屈突通连兵据险，未易猝下。李密虽云连和，奸谋难测。突厥贪而无信，唯利是视。武周，事胡者也。太原一方都会，且义兵家属在焉，不如还救根本，更图后举。”李世民曰：“今禾菽被野，何忧乏粮？老生轻躁，一战可擒。李密顾恋仓粟，未遑远略。武周与突厥外虽相附，内实相猜。武周虽远利太原，岂可近忘马邑？本兴大义，奋不顾身以救苍生，当先入咸阳，号令天下。今遇小敌，遽已班师，恐从义之徒一朝解体，还守太原一城之地为贼耳，何以自全？”李建成亦以为然，渊不听，促令引发。世民将复入谏，会日暮，渊已寝，世民不得入，号哭于外，声闻帐中。渊召问之，世民曰：“今兵以义动，进战则克，退还则散。众散于前，敌乘于后，死亡无日，何得不悲？”渊乃悟曰：“军已发，奈何？”世民曰：“右军严而未发，左军虽去，计亦未远，请自追之。”渊笑曰：“吾之成败皆在尔，知复何言，唯尔所为。”世民乃与建成分道夜追左军复还。丙子，太原运粮亦至。

八月己卯，雨霁。庚辰，李渊命军中曝铠仗行装。辛巳旦，东南由山足细道趣霍邑。渊恐宋老生不出，李建成、李世民曰：“老生勇而无谋，以轻骑挑之，理无不出。脱其固守，则诬以贰于我。彼恐为左右所奏，安敢不出？”渊曰：“汝测之善。老生不能逆战贾胡，吾知其无能为也！”渊与

屈突通联结兵力据守险要，不容易一下子就攻下。李密虽说要联结和好，但他的奸诈图谋很难测知。突厥贪婪又没有信义，唯利是图。刘武周又属于事奉突厥的那类人。太原是一方的都会，况且义兵的家属都在那里，不如撤回营救根本所在，再图谋日后的行动。"李世民说："现在稻谷遍野，忧虑什么缺乏粮食？宋老生轻狂浮躁，打一仗就能擒获他。李密舍不得粮仓谷米，来不及考虑长远的谋略。刘武周与突厥表面上尽管相互亲附，骨子里实际彼此猜忌。刘武周虽然往远处贪求太原，哪里能在近处就忘记马邑？我们原本是兴举大义，奋不顾身，来拯救苍生，应当先进入咸阳，向天下发号施令。如今遇到小小的敌人，突然就要班师，恐怕随从义举的徒众，一个早晨就会解体，回去守卫太原，那就一座孤城的地方全都是盗贼了，靠什么来自我保全？"李建成也认为是这样，李渊拒不听从，督促众人让他们领兵开拔。李世民准备再进去劝谏，赶上天色已黑，李渊已经睡下，李世民不能入内，就在外面号哭，哭声传到营帐中。李渊召他进来询问原因，李世民说："如今兵马是仰仗大义来动用，前进交战就能获胜，撤退返回就会溃散。部众溃散在前，敌军追击在后，死亡就在眼前，我哪能不悲伤？"李渊于是醒悟，说："军队已经上路，怎么办呢？"李世民说："右军整装尚未启程，左军虽然离去，估计还没有走远，请让我亲自去追回他们。"李渊笑着说："我的成败都在你身上了，事理明白了还能说什么，随你去办吧。"李世民于是同李建成分道星夜追赶，左军又回来了。丙子（二十八日），太原的军粮也运到了。

八月己卯（初一），雨过天晴。庚辰（初二），李渊命军中晾晒铠甲器械和行装。辛巳（初三）清晨，沿东南方向，从山脚下的小路直扑霍邑。李渊担心宋老生不出战，李建成、李世民说："宋老生有勇无谋，用轻骑兵挑动他，按理不会不出战。倘或他坚持拒守，就说他要归降我们，以此来诬陷他。他害怕被左右的人劾奏，哪敢不出战？"李渊说："你们推测得很对。宋老生在我屯驻贾胡堡时就没敢迎战，我当时就看出他不能有什么作为！"李渊与

数百骑先至霍邑城东数里以待步兵，使建成、世民将数十骑至城下，举鞭指麾，若将围城之状，且诟之。老生怒，引兵三万自东门、南门分道而出，渊使殷开山趣召后军。后军至，渊欲使军士先食而战，世民曰："时不可失。"渊乃与建成陈于城东，世民陈于城南。渊、建成战小却，世民与军头临淄段志玄自南原引兵驰下，冲老生陈，出其背。世民手杀数十人，两刀皆缺，流血满袖，洒之复战。渊兵复振，因传呼曰："已获老生矣！"老生兵大败，渊兵先趣其门，门闭，老生下马投堑，刘弘基就斩之，僵尸数里。日已暮，渊即命登城，时无攻具，将士肉薄而登，遂克之。

渊赏霍邑之功，军吏疑奴应募者不得与良人同，渊曰："矢石之间，不辨贵贱，论勋之际，何有等差？宜并从本勋授。"壬午，渊引见霍邑吏民，劳赏如西河，选其丁壮使从军。关中军士欲归者，并授五品散官，遣归。或谏以官太滥，渊曰："隋氏吝惜勋赏，此所以失人心也，奈何效之？且收众以官，不胜于用兵乎！"

丙戌，渊入临汾郡，慰抚如霍邑。庚寅，宿鼓山。绛郡通守陈叔达拒守，辛卯，进攻，克之。叔达，陈高宗之子，有才学，渊礼而用之。

数百名骑兵先到霍邑城东面几里外的地方去等待步兵，让李建成、李世民率领数十名骑兵奔到霍邑城下，举着马鞭指挥部署，做出像要即将包围霍邑城的模样，并且辱骂宋老生。宋老生勃然大怒，带领三万人马从东门、南门分路出击。李渊派遣殷开山赶快去召集后军。后军开到，李渊想让军士们先吃饱再交战，李世民说："时机不可错过。"李渊于是和李建成在霍邑城东摆下战阵，李世民在霍邑城南摆下战阵。李渊、李建成与宋老生交战，稍略退却，李世民与军头临淄县人段志玄从南部平地带兵飞驰直下，冲向宋老生的战阵，在他的背后出现。李世民亲手杀死数十人，两把刀都砍缺了刀口，鲜血沾满了衣袖，直往下流，甩掉之后又继续作战。李渊的兵马又振作起来，乘势一个接一个高呼说："已经活捉宋老生了！"宋老生的军队大败，李渊的兵马抢先直扑城门，城门关闭，宋老生下马跳入壕沟，刘弘基近前斩杀了他，隋军的死尸横卧有好几里。太阳已经落山，李渊随即下令登城，当时没有攻城器具，将士们肉搏血战登上城头，于是攻克了霍邑。

李渊奖赏在攻取霍邑之中有功的将士，军吏提出奴仆应募当兵的人同良民百姓应募当兵的人不能同等奖赏的问题，李渊说："在箭石之间作战，不分什么贵贱，评定功劳时，哪能再有等级差别？无论是奴仆，还是良民百姓，都应该一律按本人的功劳颁赏授勋。"壬午（初四），李渊接见霍邑城的官吏平民，慰劳赏赐，同在西河郡所做的一样，并挑选其中的强壮男丁，让他们从军。关中军士打算回去的，一律授予五品散官，打发他们归乡。有人对封官太滥进行劝谏，李渊说："隋氏吝惜勋位封赏，这正是其失去人心的原因，怎么能再仿效他呢！况且用官职来收拢众人，不比用兵好得多嘛！"

丙戌（初八），李渊进入临汾郡，慰劳安抚同在霍邑所做的一样。庚寅（十二日），留宿在鼓山。绛郡通守陈叔达抗拒坚守，辛卯（十三日），李渊进攻绛郡，攻下了它。陈叔达是陈高宗的儿子，具有才干学问，李渊礼遇并任用他。

癸巳，渊至龙门，刘文静、康鞘利以突厥兵五百人、马二千匹来至。渊喜其来援，谓文静曰：“吾西行及河，突厥始至，兵少马多，皆君将命之功也。”

汾阳薛大鼎说渊：“请勿攻河东，自龙门直济河，据永丰仓，传檄远近，关中可坐取也。”渊将从之，诸将请先攻河东，乃以大鼎为大将军府察非掾。

河东县户曹任瓌说渊曰：“关中豪杰皆企踵以待义兵，瓌在冯翊积年，知其豪杰，请往谕之，必从风而靡。义师自梁山济河，指韩城，逼郃阳，萧造文吏，必望尘请服，孙华之徒，皆当远迎。然后鼓行而进，直据永丰，虽未得长安，关中固已定矣。”渊悦，以瓌为银青光禄大夫。

时关中群盗，孙华最强。丙申，渊至汾阴，以书招之。己亥，渊进军壶口，河滨之民献舟者日以百数，仍置水军。壬寅，孙华自郃阳轻骑渡河见渊，渊握手与坐，慰奖之，以华为左光禄大夫、武乡县公，领冯翊太守。其徒有功者，委华以次授官，赏赐甚厚。使之先济，继遣左右统军王长谐、刘弘基及左领军长史陈演寿、金紫光禄大夫史大柰将步骑六千自梁山济，营于河西以待大军。以任瓌为招慰大使，瓌说韩城，下之。渊谓长谐等曰：“屈突通精兵不少，相去五十馀里，不敢来战，足明其众不为之用。然通畏罪，不敢不出。若自济河击卿等，则我进攻河东，必不能守。若全军守城，

癸巳(十五日),李渊抵达龙门,刘文静、康鞘利带领五百突厥兵、两千匹战马来到了。李渊很高兴他们来增援,对刘文静说:"我向西行进到黄河,突厥兵恰巧到达,突厥兵少马多,都是您履行使命的功劳啊。"

汾阳人薛大鼎劝说李渊:"请不要进攻河东,从龙门直接渡过黄河,占据永丰仓,向远近各地传布檄文,这样关中地区就能安坐稳取了。"李渊准备采纳他的建议,众将却请求先攻打河东,于是李渊任命薛大鼎为大将军府察非掾,负责查处奸恶过失。

河东县户曹任瓌劝说李渊道:"关中豪杰都踮起脚跟焦急地等待义兵。我在冯翊郡多年,了解那里豪杰的情况,请让我去晓谕他们,必定会望风归顺。义师从梁山渡过黄河,直指韩城,逼近郃阳,萧造这样的文官,必定望见征尘就会请求降服,孙华一类人,也都会远远迎奉。然后擂鼓进军继续推进,直接占据永丰,尽管还没有得到长安,但关中实际上也就平定了。"李渊很高兴,任命任瓌为银青光禄大夫。

这时关内的强盗团伙,数孙华最强盛。丙申(十八日),李渊抵达汾阴,用书信招抚孙华。己亥(二十一日),李渊进军到壶口,河边百姓献纳舟船的,每天要用上百来计算,于是又组建了水军。壬寅(二十四日),孙华从郃阳骑着快马渡过黄河,拜见李渊,李渊拉着他的手和他一起坐下,慰抚嘉奖他,任命孙华为左光禄大夫、武乡县公,兼任冯翊太守。他的部众中凡立有功劳的人,授权给孙华,按照功劳大小授予官职,赏赐的物品十分丰厚。李渊让孙华先行渡过黄河,接着派遣左右统军王长谐、刘弘基以及左领军长史陈演寿、金紫光禄大夫史大柰率领步兵和骑兵六千人从梁山渡过黄河,在黄河西岸扎下营寨,等待大军来到。任命任瓌为招慰大使,任瓌去游说韩城,韩城归降了。李渊对王长谐等人说:"屈突通手下的精兵不少,与我军相距只有五十多里,他不敢来交战,足以表明他的部众不为他效力。但屈突通害怕获罪,又不敢不出战。如果他亲自率军渡过黄河攻击爱卿等人,我就去进攻河东郡,河东郡肯定守不住。如果他指挥全军守城,

则卿等绝其河梁，前扼其喉，后拊其背，彼不走必为擒矣。”

九月乙卯，张纶徇龙泉、文成等郡，皆下之，获文成太守郑元璹。元璹，译之子也。

屈突通遣虎牙郎将桑显和将骁果数千人夜袭王长谐等营，长谐等战不利，孙华、史大柰以游骑自后击显和，大破之。显和脱走入城，仍自绝河梁。丙辰，冯翊太守萧造降于李渊。造，脩之子也。

戊午，渊帅诸军围河东，屈突通婴城自守。将佐复推渊领太尉，增置官属，渊从之。时河东未下，三辅豪杰至者日以千数。渊欲引兵西趣长安，犹豫未决。裴寂曰："屈突通拥大众，凭坚城，吾舍之而去，若进攻长安不克，退为河东所踵，腹背受敌，此危道也。不若先克河东，然后西上。长安恃通为援，通败，长安必破矣。"李世民曰："不然。兵贵神速，吾席累胜之威，抚归附之众，鼓行而西，长安之人望风震骇，智不及谋，勇不及断，取之若振槁叶耳。若淹留自弊于坚城之下，彼得成谋修备以待我，坐费日月，众心离沮，则大事去矣。且关中蜂起之将，未有所属，不可不早招怀也。屈突通自守虏耳，不足为虑。"渊两从之，留诸将围河东，自引军而西。朝邑法曹武功靳孝谟，以蒲津、中潬二城降，华阴令李孝常以永丰仓降，仍应接河西诸军。孝常，圆通之子也。京兆诸县亦多遣使请降。

你们就拆毁河上的桥梁，在前面扼住他的咽喉，在后面拍击他的后背，他不逃走，就必定被我们擒获了。”

九月乙卯（初七），张纶率领军队去攻取龙泉、文成等郡，将这些地方都拿下了，俘获了文成郡太守郑元璹。郑元璹是郑译的儿子。

屈突通派遣虎牙郎将桑显和率领数千名骁果在夜里去袭击王长谐等人的营寨，王长谐等人迎战，未获战果，孙华、史大柰率游动骑兵从背后攻击桑显和，把他打得大败。桑显和脱身逃入城中，同时主动拆毁了黄河上的桥梁。丙辰（初八），冯翊太守萧造向李渊投降。萧造是萧脩的儿子。

戊午（初十），李渊统领各支军队围攻河东郡，屈突通据城自守。将佐又推戴李渊兼太尉，增设官吏僚属，李渊接受了。这时河东郡还没攻下来，三辅地区的豪杰投奔李渊的，每天要用上千来计算。李渊打算带兵向西直扑长安，但又犹豫不决。裴寂说：“屈突通拥有大军，依凭着坚固的城池，我们舍弃他而离去，如果进攻长安攻不下来，撤退时被河东的屈突通跟在脚后追击，腹背受敌，这是危败的打法。不如先拿下河东郡，然后向西进军。长安依仗屈突通为外援，屈突通失败，长安必然就能攻破了。”李世民说：“不是这样。兵贵神速，我们凭借屡战屡胜的军威，安抚归附的民众，擂鼓进军向西推进，长安人会望风而震动惊骇，论智还来不及谋划，讲勇还来不及决断，攻取它就像震落枯木上的败叶罢了。如果我们滞留不进，在坚固的城池下让自身困乏，对方就得以定出计谋，加强防备，来等待我们，而我们空耗时间，军心就会涣散沮丧，大事也就落空了。况且关中蜂拥而起的将领，还没有归属，不能不尽早招抚怀柔他们。屈突通原本是个看家奴罢了，对他不值得忧虑。”李渊同时采纳了两人的意见，留下众将围攻河东郡，自己领兵向西进发。朝邑县法曹武功人靳孝谟献上蒲津、中潬两座城池归降，华阴县令李孝常献上永丰仓归降，同时接应河西各支军队。李孝常是李圆通的儿子。京兆地区各县也大多派遣使者请求归降。

庚申，李渊帅诸军济河；甲子，至朝邑，舍于长春宫，关中士民归之者如市。丙寅，渊遣世子建成、司马刘文静帅王长谐等诸军数万人屯永丰仓，守潼关以备东方兵，慰抚使窦轨等受其节度。敦煌公世民帅刘弘基等诸军数万人徇渭北，慰抚使殷开山等受其节度。轨，琮之兄也。

冠氏长于志宁、安养尉颜师古及世民妇兄长孙无忌谒见渊于长春宫。师古名籀，以字行。志宁，宣敏之兄子。师古，之推之孙也。皆以文学知名，无忌仍有才略。渊皆礼而用之，以志宁为记室，师古为朝散大夫，无忌为渭北行军典签。

屈突通闻渊西入，署鹰扬郎将汤阴尧君素领河东通守，使守蒲坂，自引兵数万趣长安，为刘文静所遏。将军刘纲戍潼关，屯都尉南城，通欲往依之，王长谐先引兵袭斩纲，据城以拒通，通退保北城。渊遣其将吕绍宗等攻河东，不能克。

柴绍之自长安赴太原也，谓其妻李氏曰："尊公举兵，今偕行则不可，留此则及祸，奈何？"李氏曰："君第速行，我一妇人，易以潜匿，当自为计。"绍遂行。李氏归鄠县别墅，散家赀，聚徒众。渊从弟神通在长安，亡入鄠县山中，与长安大侠史万宝等起兵以应渊。西域商胡何潘仁入司竹园为盗，有众数万，劫前尚书右丞李纲为长史。李氏使其奴马三宝说潘仁与之就神通，合势攻鄠县，下之。神通众逾一万，自称关中道行军总管，以前药城长令狐德棻为记室。德棻，熙之子也。李氏又使马三宝说群盗李仲文、向善志、丘师利等，皆帅众从之。仲文，密之从父；师利，和之子也。

庚申（十二日），李渊统领众军渡过黄河；甲子（十六日），抵达朝邑县，住在长春宫，关中的士人平民归附他的，就像赶集市一样。丙寅（十八日），李渊派遣世子李建成、司马刘文静率领王长谐等各支军队数万人屯驻在永丰仓，守卫潼关，来防备东部的隋兵，慰抚使窦轨等人接受李建成的指挥调度。敦煌公李世民率领刘弘基等各支军队数万人攻打渭水以北地区，慰抚使殷开山等人接受李世民的指挥调度。窦轨是窦琮的兄长。

冠氏县长于志宁、安养县尉颜师古及李世民大舅子长孙无忌在长春宫拜见李渊。颜师古本名籀，在世间称用表字。于志宁是于宣敏的侄子。颜师古是颜之推的孙子。他们都凭文章学问闻名，长孙无忌同时具有才干谋略。李渊都礼遇任用他们，任命于志宁为记室，颜师古为朝散大夫，长孙无忌为渭北行军典签。

屈突通闻知李渊向西深入，命鹰扬郎将汤阴人尧君素兼河东通守，守卫蒲坂，自己领数万人马直奔长安，被刘文静阻挡。隋室将军刘纲守卫潼关，屯驻都尉南城，屈突通想去依附他，王长谐先带兵袭击斩杀了刘纲，占据都尉南城抗拒屈突通，屈突通退守都尉北城。李渊派部将吕绍宗等攻打河东郡，没有成功。

柴绍从长安赶赴太原时，对他的妻子李氏说："尊公大人起兵，如今你和我同行却办不到，留在这里就会遭到祸难，怎么办好呢？"李氏说："夫君你只管赶快出发，我一个妇道人家，是非常容易躲藏的，我自己会想办法。"柴绍于是上路了。李氏回到鄠县的别墅，散发家财，聚集起部众。李渊的堂弟李神通住在长安，逃入鄠县山林中，与长安大侠史万宝等人起兵来响应李渊。西域的胡族商人何潘仁进入司竹园当了强盗，拥有部众数万人，劫持了原尚书右丞李纲做长史。李氏派她的家奴马三宝去劝说何潘仁和她一起去归附李神通，联合造成声势，攻打鄠县，拿下了它。李神通的部众超过一万，自称关中道行军总管，任命原药城县长令狐德棻为记室。令狐德棻是令狐熙的儿子。李氏又派马三宝去劝说群盗李仲文、向善志、丘师利等人，他们都率领部众归附了李氏。李仲文是李密的叔父，丘师利是丘和的儿子。

西京留守屡遣兵讨潘仁等，皆为所败。李氏徇盩厔、武功、始平，皆下之，众至七万。左亲卫段纶，文振之子也，娶渊女，亦聚徒于蓝田，得万馀人。及渊济河，神通、李氏、纶各遣使迎渊。渊以神通为光禄大夫，子道彦为朝请大夫，纶为金紫光禄大夫。使柴绍将数百骑并南山迎李氏。何潘仁、李仲文、向善志及关中群盗，皆请降于渊，渊一一以书慰劳授官，使各居其所，受敦煌公世民节度。

刑部尚书领京兆内史卫文昇年老，闻渊兵向长安，忧惧成疾，不复预事，独左翊卫将军阴世师、京兆郡丞骨仪奉代王侑乘城拒守。己巳，渊如蒲津。庚午，自临晋济渭，至永丰仓劳军，开仓赈饥民。辛未，还长春宫。壬申，进屯冯翊。世民所至，吏民及群盗归之如流，世民收其豪俊以备僚属，营于泾阳，胜兵九万。李氏将精兵万馀会世民于渭北，与柴绍各置幕府，号"娘子军"。

先是，平凉奴贼数万围扶风太守窦琎，数月不下，贼中食尽。丘师利遣其弟行恭帅五百人负米麦持牛酒诣奴贼营，奴帅长揖，行恭手斩之，谓其众曰："汝辈皆良人，何故事奴为主，使天下谓之奴贼？"众皆俯伏曰："愿改事公。"行恭即帅其众与师利共谒世民于渭北，世民以为光禄大夫。琎，琮之从子也。隰城尉房玄龄谒世民于军门，世民一见如旧识，署记室参军，引为谋主。玄龄亦自以遇知己，罄竭心力，知无不为。

西京留守屡次派兵讨伐何潘仁等，都被他们打败了。李氏攻取盩厔、武功、始平，都成功拿下，部众达到七万人。左亲卫段纶是段文振的儿子，迎娶李渊的女儿为妻，也在蓝田县聚众起兵，得到一万多人。等李渊渡过黄河，李神通、李氏、段纶各自派遣使者迎接李渊。李渊任命李神通为光禄大夫，他的儿子李道彦为朝请大夫，段纶为金紫光禄大夫。让柴绍率领数百名骑兵一起去南山迎接李氏。何潘仁、李仲文、向善志以及关中地区的强盗团伙都向李渊请求归降，李渊一一用书信慰劳他们并授给官职，让他们各自住在自己的辖区内，接受敦煌公李世民的指挥调度。

刑部尚书兼京兆内史卫文昇已经年老，闻知李渊的军队向长安杀来，忧惧成疾，不再参与政事，只有左翊卫将军阴世师、京兆郡丞骨仪拥奉代王杨侑登城抗拒坚守。己巳（二十一日），李渊到达蒲津。庚午（二十二日），从临晋渡过渭水，到永丰仓慰劳军队，开仓赈济饥民。辛未（二十三日），返回长春宫。壬申（二十四日），进兵屯驻在冯翊郡。李世民所到的地方，官吏平民以及群盗像流水一样来归附，李世民收纳其中的英豪俊杰来充实自己的僚属，在泾阳安营，被他打败收编的兵众有九万。李氏率领一万多精兵在渭水北面同李世民会合，与柴绍各自设置幕府，号称“娘子军”。

在此以前，平凉郡由奴仆指挥的数万贼军围攻扶风太守窦琎，一连几个月没有攻下，贼军的粮食用光了。丘师利派遣他的弟弟丘行恭率领五百人背着米麦，带着牛肉酒浆来到奴贼的军营，奴贼的首领行长揖礼迎拜时，丘行恭亲手斩杀了他，对他的部众说：“你们都是良民百姓，为什么侍奉奴仆为首领，让天下人称你们是奴贼呢？”这些部众都低头跪下说：“愿意改正侍奉尊公您。”丘行恭立刻率领这些部众与丘师利一起到渭北拜见李世民，李世民封他为光禄大夫。窦琎是窦琮的侄子。隰城县尉房玄龄在军营门前拜见李世民，李世民刚一见到他就像见到老相识一样，署任为记室参军，把他引为首席谋士。房玄龄也自感遇到了知己，对李世民竭尽心力，凡是自己了解的，无不去做。

渊命刘弘基、殷开山分兵西略扶风，有众六万，南渡渭水，屯长安故城。城中出战，弘基逆击，破之。世民引兵趣司竹，李仲文、何潘仁、向善志皆帅众从之，顿于阿城，胜兵十三万，军令严整，秋毫不犯。乙亥，世民自盩厔遣使白渊，请期日赴长安。渊曰："屈突东行不能复西，不足虞矣！"乃命建成选仓上精兵自新丰趣长乐宫，世民帅新附诸军北屯长安故城，至并听教。延安、上郡、雕阴皆请降于渊。丙子，渊引军西行，所过离宫园苑皆罢之，出宫女还其亲属。冬十月辛巳，渊至长安，营于春明门之西北，诸军皆集，合二十馀万。渊命各依垒壁，毋得入村落侵暴。屡遣使至城下谕卫文昇等以欲尊隋之意，不报。辛卯，命诸军进围城。甲午，渊迁馆于安兴坊。

甲辰，李渊命诸军攻城，约："毋得犯七庙及代王、宗室，违者夷三族！"孙华中流矢卒。十一月丙辰，军头雷永吉先登，遂克长安。代王在东宫，左右奔散，唯侍读姚思廉侍侧。军士将登殿，思廉厉声诃之曰："唐公举义兵，匡帝室，卿等毋得无礼！"众皆愕然，布立庭下。渊迎王于东宫，迁居大兴殿后，听思廉扶王至顺阳阁下，泣拜而去。思廉，察之子也。渊还，舍于长乐宫，与民约法十二条，悉除隋苛禁。

渊之起兵也，留守官发其坟墓，毁其五庙。至是，卫文昇已卒。戊午，执阴世师、骨仪等，数以贪婪苛酷，且拒义师，

李渊命令刘弘基、殷开山分别领兵向西攻取扶风郡，拥有部众六万人，向南渡过渭水，驻扎在长安旧城。城中的隋军出战，刘弘基迎击，击破了隋军。李世民带兵直扑司竹园，李仲文、何潘仁、向善志都率领部众跟从他，停驻在阿城，被李世民收编的军队有十三万，军令严整，秋毫无犯。乙亥（二十七日），李世民从盩厔县派遣使者禀告李渊，请求约定日期开赴长安。李渊说："屈突通向东奔去不能再向西来了，他已不足为虑了！"于是命令李建成挑选永丰仓的精兵从新丰直扑长乐宫，李世民率领新近归附的众军向北移动，屯驻在长安旧城，一起到约定的地点听候指示。延安、上郡、雕阴等地都向李渊请求归降。丙子（二十八日），李渊统领军队向西行进，把途中的离宫、园苑都废除了，放出宫女，让她们回到亲属那里。冬季十月辛巳（初四），李渊抵达长安，在春明门西北安下营寨，各支军队都集结在一起，合计二十多万。李渊命令各军都守候在营垒防区以内，不许进入村落侵扰施暴。多次派遣使者到长安城下，向卫文昇等人宣明只想尊奉隋室的本意，城中不予答复。辛卯（十四日），命令众军推进，包围长安城。甲午（十七日），李渊把馆舍迁到安兴坊。

甲辰（二十七日），李渊命令众军攻打长安城，约定："不许触犯七庙和代王、隋朝宗族，违反命令的，诛灭三族！"孙华身中流箭死去。十一月丙辰（初九），军头雷永吉率先登上城墙，于是攻克了长安。代王杨侑在东宫，左右的人都逃散了，只有侍读姚思廉侍奉在身旁。李渊的军士准备登上大殿，姚思廉厉声呵斥他们说："唐公兴举义兵，匡助帝室，你们不得无礼！"众军士都愕然惊呆，分布站立在庭下。李渊到东宫迎奉代王杨侑，让他迁居到大兴殿后面，任凭姚思廉搀扶着代王走到顺阳阁下，流泪拜别离去。姚思廉是姚察的儿子。李渊返回，住在长乐宫，只与老百姓约法十二条，全部废除了隋朝的苛法禁令。

李渊起兵之后，留守西京长安的官吏挖掘了他家的祖坟，毁掉了他家的五庙。到这时，卫文昇已经去世。戊午（十一日），抓起阴世师、骨仪等人，历数他们贪婪苛酷，并且抗拒义师的罪过，

俱斩之。死者十馀人,馀无所问。马邑郡丞三原李靖,素与渊有隙,渊入城收靖,将斩之。靖大呼曰:“公兴义兵,欲平暴乱,乃以私怨杀壮士乎?”世民为之固请,乃舍之。世民因召置幕府。靖少负志气,有文武才略,其舅韩擒虎每抚之曰:“可与言将帅之略者,独此子耳!”

壬戌,李渊备法驾迎代王即皇帝位于天兴殿,时年十三。大赦改元,遥尊炀帝为太上皇。甲子,渊自长乐宫入长安。以渊为假黄钺、使持节、大都督内外诸军事、尚书令、大丞相,进封唐王。以武德殿为丞相府,改“教”称“令”,日于虔化门视事。乙丑,榆林、灵武、平凉、安定诸郡皆遣使请命。丙寅,诏军国机务,事无大小,文武设官,位无贵贱,宪章赏罚,咸归相府;唯郊祀天地,四时禘祫奏闻。置丞相府官属,以裴寂为长史,刘文静为司马。何潘仁使李纲入见,渊留之,以为丞相府司录,专掌选事。又以前考功郎中窦威为司录参军,使定礼仪。威,炽之子也。渊倾府库以赐勋人,国用不足,右光禄大夫刘世龙献策,以为:“今义师数万,并在京师,樵苏贵而布帛贱,请伐六街及苑中树为樵,以易布帛,可得十数万匹”。渊从之。己巳,以李建成为唐世子,李世民为京兆尹、秦公,李元吉为齐公。十二月癸未,追谥唐王渊大父襄公为景王,考仁公为元王,夫人窦氏为穆妃。

世民破薛仁杲于扶风。事见《唐平陇右》。

一起斩杀了他们。共处死十多人，其馀的人概不问罪。马邑郡丞三原人李靖，一向与李渊有矛盾，李渊进入长安城后收捕了李靖，准备将其斩杀。李靖大声叫道："尊公您兴举义兵，是想平息天下暴乱，竟然因为私人仇怨而杀害壮士吗？"李世民坚持替他求情，李渊才释放了他。李世民随后召用他，将他安置在自己的幕府里。李靖从年轻时就有大志和胆气，又具备文才武略，他的舅父韩擒虎常常抚摸着他说："可以和我谈论将帅谋略的，只有这个小伙子罢了！"

壬戌（十五日），李渊配备天子车驾在大兴殿迎立代王杨侑即皇帝位，当时杨侑年仅十三岁。大赦天下，改年号为义宁，遥尊炀帝为太上皇。甲子（十七日），李渊从长乐宫进入长安。杨侑特命李渊为假黄钺、使持节、大都督内外诸军事、尚书令、大丞相，进封爵位为唐王。把武德殿作为丞相府，下达的公文名称由"教"改称"令"，每天在虔化门处理政事。乙丑（十八日），榆林、灵武、平凉、安定各郡都派遣使者请求听命。丙寅（十九日），杨侑下诏，凡属军国机务，事项无论大小，设置文武百官，职位无论贵贱，各种典章制度和恩赏刑罚，都归丞相府料理；只有在京郊祭祀天地以及四季祭祀祖先，需要奏报。李渊设置丞相府官属，任命裴寂为长史，刘文静为司马。何潘仁派李纲入见李渊，李渊留下李纲，任命他为丞相府司录，专门负责选拔官员的事务。又任命原考功郎中窦威为司录参军，让他制定礼仪。窦威是窦炽的儿子。李渊拿出府库中的全部财物来赏赐有功勋的人，国家用度不足，右光禄大夫刘世龙献上对策，认为："如今义师有好几万人，全都驻扎在京师，柴草贵而布帛贱，请允许砍伐六街和宫苑中的树木作为木柴，来换取布帛，这样就能得到十几万匹布帛。"李渊采纳了他的建议。己巳（二十二日），封立李建成为唐世子，李世民为京兆尹、秦公，李元吉为齐公。十二月癸未（初七），追谥唐王李渊的祖父襄公李虎为景王，先父仁公李昞为元王，李渊的夫人窦氏为穆妃。

李世民在扶风大败薛仁杲。事见《唐平陇右》。

乙未，平凉留守张隆，丁酉，河池太守萧瑀及扶风、汉阳郡相继来降。以窦琎为工部尚书、燕国公，萧瑀为礼部尚书、宋国公。李孝恭击破朱粲，诸将请尽杀其俘。孝恭曰："不可，自是以往，谁复肯降矣？"皆释之。于是自金川出巴、蜀，檄书所至，降附者三十馀州。

屈突通与刘文静相持月馀，通复使桑显和夜袭其营。文静与左光禄大夫段志玄悉力苦战，显和败走，尽俘其众，通势益蹙。或说通降，通泣曰："吾历事两主，恩顾甚厚。食人之禄而违其难，吾不为也！"每自摩其颈曰："要当为国家受一刀！"劳勉将士，未尝不流涕，人亦以此怀之。丞相渊遣其家僮召之，通立斩之。及闻长安不守，家属皆为渊所虏，乃留显和镇潼关，引兵东出，将趣洛阳。通适去，显和即以城降文静。文静遣窦琮等将轻骑与显和追之，及于稠桑，通结陈自固。窦琮遣通子寿往谕之，通骂曰："此贼何来？昔与汝为父子，今与汝为仇雠！"命左右射之。显和谓其众曰："今京城已陷，汝辈皆关中人，去欲何之？"众皆释仗而降。通知不免，下马东南再拜，号哭曰："臣力屈至此，非敢负国，天地神祇实知之！"军人执通送长安，渊以为兵部尚书，赐爵蒋公，兼秦公元帅府长史。

渊遣通至河东城下招谕尧君素，君素见通，歔欷不自胜，通亦泣下沾衿，因谓君素曰："吾军已败，义旗所指，莫不响应，事势如此，卿当早降。"君素曰："公为国大臣，主上

乙未（十九日），平凉留守张隆，丁酉（二十一日），河池太守萧瑀以及扶风、汉阳郡相继来归降。李渊任命窦琎为工部尚书、燕国公，萧瑀为礼部尚书、宋国公。李孝恭击败朱粲，众将请求杀死全部俘虏。李孝恭说："这样不行，从此以后，谁还再肯投降呢？"于是全部释放了俘虏。从此，由金川穿过巴中、蜀地，檄书所到之处，投降归附的有三十多个州。

屈突通与刘文静相持了一个多月，屈突通又派桑显和乘夜袭击刘文静的军营。刘文静与左光禄大夫段志玄全力苦战，桑显和战败逃走，他的部众全被俘获，屈突通的处境更加窘迫。有人劝说屈突通投降，屈突通流着泪说："我接连事奉大隋的两位皇上，皇上对我的恩宠照顾十分优厚。吃人家的俸禄却违弃人家的危难，我不干！"经常用手摸他的脖子说："总之理应为国家挨一刀！"他慰劳勉励将士，没有不痛哭流涕的时候，人们也因此感怀他。丞相李渊派遣他的家童前去招降屈突通，屈突通当即斩杀了他。待到闻知长安失守，自己的家属都被李渊劫获，他就留下桑显和镇守潼关，自己带兵向东进发，准备直扑洛阳。屈突通刚刚离去，桑显和就献城投降了刘文静。刘文静派遣窦琮等率领轻骑兵同桑显和一道追击屈突通，追到稠桑，屈突通设下战阵自卫。窦琮派屈突通的儿子屈突寿前去劝谕他，屈突通骂道："你这个家贼来干什么？过去我与你是父子，如今与你是仇敌！"命令左右用弓箭射他。桑显和对屈突通的部众说："如今京城已经沦陷，你们都是关中人氏，想走到哪里去？"这些兵众都放下武器投降了。屈突通知道难免一死，下马朝东南拜了又拜，号哭说："臣下我力量穷竭，才落到这般地步，绝不敢背负国家，天地神灵确实知道这一点！"军士们抓住屈突通押送到长安，李渊封他为兵部尚书，赐爵位为蒋公，兼任秦公元帅府长史。

李渊派遣屈突通到河东郡城下招降劝谕尧君素，尧君素看到屈突通，叹息流泪不能控制，屈突通也泣下沾襟，随后对尧君素说："我军已经战败，义军大旗所指，没有不响应的，事势到了这般地步，您应早日归降。"尧君素说："尊公身为国家大臣，主上

委公以关中，代王付公以社稷，奈何负国生降？乃更为人作说客邪！公所乘马，即代王所赐也，公何面目乘之哉？”通曰：“吁，君素，我力屈而来！”君素曰：“方今力犹未屈，何用多言！”通惭而退。刘文静等引兵东略地，取弘农郡，遂定新安以西。甲辰，李渊遣云阳令詹俊、武功县正李仲衮徇巴、蜀，下之。

唐高祖武德元年春正月丁未朔，隋恭帝诏唐王剑履上殿，赞拜不名。唐王既克长安，以书谕诸郡县，于是东自商洛，南尽巴、蜀，郡县长史及盗贼渠帅、氐、羌酋长，争遣子弟入见请降，有司复书，日以百数。二月己卯，唐王遣太常卿郑元璹将兵出商洛，徇南阳，左领军府司马安陆马元规徇安陆及荆、襄。三月己酉，以齐公元吉为镇北将军、太原道行军元帅、都督十五郡诸军事，听以便宜从事。乙卯，徙秦公世民为赵公。戊辰，隋恭帝诏以十郡益唐国，仍以唐王为相国，总百揆，唐国置丞相以下官，又加九锡。王谓僚属曰：“此谄谀者所为耳。孤秉大政而自加宠锡，可乎？必若循魏、晋之迹，彼皆繁文伪饰，欺天罔人。考其实不及五霸，而求名欲过三王，此孤常所非笑，窃亦耻之。”或曰：“历代所行，亦何可废？”王曰：“尧、舜、汤、武，各因其时，取与异道，皆推其至诚以应天顺人，未闻夏、商之末必效唐、虞之禅也。若使少帝有知，必不肯为；若其无知，孤自尊而饰让，

把关中交付给你，代王把社稷托付给你，你为什么背叛国家，求生归降？竟然又替人家作说客！你所乘坐的战马，就是代王赐予的，尊公你还有什么脸面乘坐它呢？”屈突通说：“唉！君素，我力量穷竭才来的！”尧君素说：“我现在力量还没有穷竭，哪里用得着你再多说！”屈突通惭愧离去。刘文静等人带领士兵向东攻占地盘，夺取了弘农郡，于是平定了新安县以西地带。甲辰（二十八日），李渊派遣云阳县令詹俊、武功县正李仲衮去攻取巴、蜀，拿下了这些地方。

唐高祖武德元年（618）春季正月丁未这天是初一，隋恭帝下诏，特许唐王带剑穿鞋上殿，朝见行礼可以不自报官职姓名。唐王攻克长安后，用书信劝谕各郡县，于是东起商、洛地区，南到巴蜀全境，各郡县的长官以及盗贼首领、氐羌酋长，争相派遣子弟入见唐王请求归降，主管部门回信答复，每天用上百封来计算。二月己卯（初四），唐王派遣太常卿郑元璹领兵由商、洛出发，去攻取南阳，派左领军府司马安陆人马元规去攻取安陆以及荆州、襄州。三月己酉（初四），唐王任命齐公李元吉为镇北将军、太原道行军元帅、都督十五郡诸军事，授予他随机行事的权力。乙卯（初十），改封秦公李世民为赵公。戊辰（二十三日），隋恭帝下诏，把十个郡增拨给唐国作采邑，同时任命唐王为相国，总领百官，唐国可以设置丞相以下的官职，又加赐九锡。唐王对僚属说：“这是谄媚阿谀的小人干。我秉持大政，而自己给自己加授显示恩宠的九锡殊礼，这行得通吗？如果一定要沿循魏、晋的印迹，那全都是繁文矫饰，欺天又骗人。推考曹氏和司马氏的实绩，还比不上春秋五霸，可追求名声，却想超过夏商周三王，这是我经常非难嘲笑的，私下对此也感到可耻。”有的人分辩说：“这是历代所奉行的事，怎么可以废除？”唐王说：“唐尧、虞舜、商汤、周武王，各自依据当时的形势，取得或让出帝王尊位的方式不同，但都推布他们的至诚，来上应天意，下顺民心，没听说过夏朝、商朝的末代必定要效法唐尧、虞舜来禅让的。假如少帝杨侑很明白，必定不肯这样做；如果他不明白，我自己要尊崇却又矫饰推让，

平生素心所不为也。”但改丞相府为相国府,其九锡殊礼,皆归有司。

夏四月,炀帝凶问至长安,唐王哭之恸,曰:“吾北面事人,失道不能救,敢忘哀乎!”

五月戊午,隋恭帝禅位于唐,逊居代邸。甲子,唐王即皇帝位于太极殿,遣刑部尚书萧造告天于南郊,大赦,改元。罢郡,置州,以太守为刺史。推五运为土德,色尚黄。

六月甲戌朔,以赵公世民为尚书令,黄台公瑗为刑部侍郎,相国府长史裴寂为右仆射、知政事,司马刘文静为纳言,司录窦威为内史令,李纲为礼部尚书,参掌选事,掾殷开山为吏部侍郎,属赵慈景为兵部侍郎,韦义节为礼部侍郎,主簿陈叔达、博陵崔民幹并为黄门侍郎,唐俭为内史侍郎,录事参军裴晞为尚书右丞。以隋民部尚书萧瑀为内史令,礼部尚书窦琎为户部尚书,蒋公屈突通为兵部尚书,长安令独孤怀恩为工部尚书。瑗,上之从子;怀恩,舅子也。

上待裴寂甚厚,群臣无与为比,赏赐服玩,不可胜纪。命尚书奉御日以御膳赐寂,视朝必引与同坐,入阁则延之卧内,言无不从,称为裴监而不名。委萧瑀以庶政,事无大小,莫不关掌。瑀亦孜孜尽力,绳违举过,人皆惮之,毁之者众,终不自理。上尝有敕而内史不时宣行,上责其迟,瑀对曰:“大业之世,内史宣敕,或前后相违,有司不知所从,其易在前,其难在后。臣在省日久,备见其事。今王业经始,

这种勾当是我平生一向不愿干的。”唐王只把丞相府改为相国府，其馀九锡等特殊礼遇都打回到主管部门。

夏季四月，炀帝的死讯传到长安，唐王为之痛哭，说：“我面朝北方事奉君主，君主失道却不能挽救，敢忘掉哀痛吗！”

五月戊午（十四日），隋恭帝把帝位禅让给唐，退居在代王官邸。甲子（二十日），唐王李渊在太极殿登上皇帝宝座，派遣刑部尚书萧造在南郊敬告上天，大赦天下，改年号为武德。废除郡，改设州，把太守改为刺史。推算五行的循环次序，正应土德，颜色崇尚黄色。

六月甲戌这天是初一，唐高祖任命赵公李世民为尚书令，黄台公李瑗为刑部侍郎，相国府长史裴寂为右仆射、知政事，司马刘文静为纳言，司录窦威为内史令，李纲为礼部尚书，参与掌管选拔官吏的事务，府掾殷开山为吏部侍郎，府属赵慈景为兵部侍郎，韦义节为礼部侍郎，主簿陈叔达、博陵人崔民幹同为黄门侍郎，唐俭为内史侍郎，录事参军裴晞为尚书右丞。任命隋室民部尚书萧瑀为内史令，礼部尚书窦琎为户部尚书，蒋公屈突通为兵部尚书，长安令独孤怀恩为工部尚书。李瑗是李渊的侄儿，独孤怀恩是李渊舅父的儿子。

李渊对待裴寂特别优厚，群臣谁都比不上，赏赐给他的服装珍玩多得计算不清楚。命令尚书奉御每天把御膳赐给裴寂，上朝时一定让裴寂同自己坐在一起，回到内阁就邀请他进入卧室内，裴寂说的话没有不听从的，称呼他“裴监”这个老名号而不叫他的名字。李渊把日常政务都交付给萧瑀处理，事无大小，没有不由萧瑀过问掌握的。萧瑀也孜孜不倦尽心尽力，纠正违法的现象，举发朝臣的过失，人们都惧怕他，诋毁他的人很多，但他始终不自我申辩。李渊曾经下了一道敕令而内史没有及时宣布执行，李渊责备他们迟缓，萧瑀回答说：“大业年间，内史宣布敕令，有的前后互相矛盾，主管部门不知该奉从哪一道，就把容易办的放在前面，难办的搁在后面。臣下我在隋室内史省待的时间很长，相当详备地看见过这类事，如今帝王大业刚开始创设，

事系安危，远方有疑，恐失机会，故臣每受一敕必勘审，使与前敕不违，始敢宣行。稽缓之愆，实由于此。”上曰：“卿用心如是，吾复何忧？”

己卯，祔四亲庙主。追尊皇高祖瀛州府君曰宣简公；皇曾祖司空曰懿王；皇祖景王曰景皇帝，庙号太祖，祖妣曰景烈皇后；皇考元王曰元皇帝，庙号世祖，妣独孤氏曰元贞皇后。追谥妃窦氏曰穆皇后。每岁祀昊天上帝、皇地祇、神州地祇，以景帝配；感生帝、明堂，以元帝配。庚辰，立世子建成为皇太子，赵公世民为秦王，齐公元吉为齐王，宗室黄瓜公白驹为平原王，蜀公孝基为永安王，柱国道玄为淮阳王，长平公叔良为长平王，郑公神通为永康王，安吉公神符为襄邑王，柱国德良为新兴王，上柱国博义为陇西王，上柱国奉慈为勃海王。孝基、叔良、神符、德良，帝之从父弟；博义、奉慈，弟子；道玄，从父兄子也。乙酉，奉隋帝为酅国公。诏曰：“近世以来，时运迁革，前代亲族，莫不诛夷。兴亡之效，岂伊人力？其隋蔡王智积等子孙，并付所司，量才选用。”

丁酉，万年县法曹武城孙伏伽上表，以为：“隋以恶闻其过亡天下。陛下龙飞晋阳，远近响应，未期年而登帝位，徒知得之之易，不知隋失之之不难也。臣谓宜易其覆辙，务尽下情，凡人君言动，不可不慎。窃见陛下今日即位而明日有献鹞鸽者，此乃少年之事，岂圣主所须哉！又，百戏散乐，亡国淫声。近太常于民间借妇女裙襦五百馀袭以充妓衣，拟五月五日玄武门游戏，此亦非所以为子孙法也。

事情同国家安危紧密相连，让远方对敕令产生疑惑，恐怕反而失去事机，所以我每接受一道敕令，必要勘合详确，确保它与从前的敕令不矛盾，这才敢宣布执行。滞留延缓的过失，是由于这个原因。”李渊说：“爱卿用心如此精细，我还有什么可忧虑的？”

己卯（初六），唐室把四亲庙主附祭于祖庙。追尊皇高祖瀛州府君为宣简公；皇曾祖司空为懿王；皇祖景王为景皇帝，庙号为太祖，祖母为景烈皇后；皇父元王为元皇帝，庙号为世祖，母亲独孤氏为元贞皇后。追谥正妃窦氏为穆皇后。每年要祭祀昊天上帝、皇地祇、神州地祇，以景帝配享；祭祀代表土行的感生神帝和明堂，以元帝配享。庚辰（初七），册立世子李建成为皇太子，赵公李世民为秦王，齐公李元吉为齐王，宗室黄瓜公李白驹为平原王，蜀公李孝基为永安王，柱国李道玄为淮阳王，长平公李叔良为长平王，郑公李神通为永康王，安吉公李神符为襄邑王，柱国李德良为新兴王，上柱国李博义为陇西王，上柱国李奉慈为渤海王。李孝基、李叔良、李神符、李德良都是李渊的堂弟，李博义、李奉慈是李渊的侄儿，李道玄是李渊堂兄的儿子。乙酉（十二日），尊奉隋恭帝为酅国公。下诏说：“近世以来，时运变迁更改，前一朝代的皇室亲族，没有不被诛灭的。国家兴亡的效验，其实哪里是你前朝的人力能决定的？隋室蔡王杨智积等杨氏子孙，一起交付主管部门，根据才能大小来选拔任用。”

丁酉（二十四日），万年县法曹武城人孙伏伽奏上章表，认为：“隋朝因为厌恶听到它的过失而亡失天下。陛下从晋阳潜龙飞天，远近纷纷响应，还不到一年就登上了帝位，只知道得天下的容易，却不知道隋室失去天下也不难。臣下我认为应该一反隋室灭亡的覆辙，务必使下情全部上达，但凡人君的言论行动，不能不慎重。我私下发现陛下今天即位称帝，而第二天就有进献鹞雏的，这纯属少年子弟无聊事，哪里是圣明的君主所需要的呢？还有，百戏散乐是亡国的淫声。最近太常寺在民间借来五百多套妇女的裙子短衣，来充作歌妓服装，拟于五月五日端午节在玄武门游乐嬉戏，这也不是旨在让子孙后代效法的事。

凡如此类，悉宜废罢。善恶之习，朝夕渐染，易以移人。皇太子、诸王参僚左右，宜谨择其人。其有门风不能雍睦，为人素无行义，专好奢靡，以声色游猎为事者，皆不可使之亲近也。自古及今，骨肉乖离，以至败国亡家，未有不因左右离间而然也，愿陛下慎之。”上省表大悦，下诏褒称，擢为治书侍御史，赐帛三百匹，仍颁示远近。

秋九月，虞州刺史韦义节攻隋河东通守尧君素，久不下，军数不利。壬子，以工部尚书独孤怀恩代之。冬十一月癸丑，独孤怀恩攻尧君素于蒲阪。行军总管赵慈景尚帝女桂阳公主，为君素所擒，枭首城外，以示无降意。

隋将尧君素守河东，上遣吕绍宗、韦义节、独孤怀恩相继攻之，俱不下。时外围严急，君素为木鹅，置表于颈，具论事势，浮之于河。河阳守者得之，达于东都，皇泰主见而叹息，拜君素金紫光禄大夫。庞玉、皇甫无逸自东都来降，上悉遣诣城下，为陈利害，君素不从。又赐金券，许以不死。其妻又至城下，谓之曰：“隋室已亡，君何自苦?”君素曰：“天下名义，非妇人所知!”引弓射之，应弦而倒。君素亦自知不济，然志在守死，每言及国家，未尝不歔欷。谓将士曰：“吾昔事主上于藩邸，大义不得不死。必若隋祚永终，天命有属，自当断头以付诸君，听君等持取富贵。今城池甚固，仓储丰备，大事犹未可知，不可横生心也!”

诸如此类的事情，都应该废止。善恶方面的风习，朝夕会逐渐沾染，很容易改变人的性情。皇太子及诸王身边的参佐僚属，应该谨慎地择用合适的人选。凡是门风不能雍容和睦，为人一向没有德行道义，专门喜好奢靡，把声色游猎作为大事的人，都不能让他们亲近皇族。从古到今，骨肉至亲不和分离，以致败国亡家的，没有不是因为身边的人挑拨离间而造成的，希望陛下慎重对待这个问题。"李渊看过章表大为喜悦，下诏褒奖称赞，提升孙伏伽为治书侍御史，赏赐绢帛三百匹，同时把这道诏书颁布宣示远近各地。

秋季九月，虞州刺史韦义节攻打隋室河东通守尧君素，很长时间也没攻下，军队多次陷入不利境地。壬子（初十），委派工部尚书独孤怀恩代替韦义节。冬季十一月癸丑（十二日），独孤怀恩在蒲阪攻打尧君素。行军总管赵慈景婚配李渊的女儿桂阳公主，被尧君素擒获，砍下脑袋挂在城外示众，借此来表示决不投降的意向。

隋将尧君素坚守河东，李渊派遣吕绍宗、韦义节、独孤怀恩相继攻打该郡，都没有攻下来。当时城外围攻既严密，又紧急，尧君素制作木鹅，在鹅颈上拴系章表，详尽讲论事势，让木鹅在黄河水面上漂浮。河阳守军得到木鹅与章表，送到东都，皇泰主看过后不禁叹息，拜授尧君素为金紫光禄大夫。庞玉、皇甫无逸从东都来归降唐室，李渊把他俩都派到河东城下，为尧君素陈说利害，尧君素概不听从。李渊又赐给他金券，许诺决不杀他。他的妻子又到城下对他说："隋室已经灭亡了，夫君为什么还让自己受这份苦！"尧君素说："天下的名节大义，不是妇人能明白的！"拉弓射她，她随着弓弦响声就倒在了地上。尧君素也自知不会成功，但志在守城而死，每次讲到国家，未尝不叹息流泪。他对将士说："我从前在晋王藩邸事奉主上，论大义不得不死。如果隋室国统真的永远终结了，天命有所归属，我自然砍下头颅交给诸位，任凭诸位拿去取得富贵。如今河东城池十分坚固，粮仓储备丰裕齐全，大事怎么样还不可预知，不能另生二心！"

君素性严明,善御众,下莫敢叛。久之,仓粟尽,人相食,又获外人,微知江都倾覆。十二月丙子,君素左右薛宗等杀君素以降,传首京师。

二年秋八月丁酉,酅公薨,谥曰隋恭帝。无后,以族子行基嗣。

尧君素性情严厉明睿，善于统领部下，部下谁也不敢背叛。过了很长一段时间，仓中谷米吃光了，就人吃人，又抓到城外的人，约略了解到江都已经倾覆。十二月丙子（初六），尧君素身边的薛宗等人杀死尧君素投降，他的首级被传送到京师长安。

二年（619）秋季八月丁酉（初一），酅国公杨侑去世，谥号隋恭帝。隋恭帝没有后代，唐室把杨侑的族子杨行基作为他的香火奉祀人。

卷第二十七

唐平东都 李密 王世充

隋炀帝大业九年，礼部尚书杨玄感，骁勇，便骑射，好读书，喜宾客，海内知名之士多与之游。与蒲山公李密善。密，弼之曾孙也，少有才略，志气雄远，轻财好士，为左亲侍。帝见之，谓宇文述曰："向者左仗下黑色小儿，瞻视异常，勿令宿卫！"述乃讽密使称病自免，密遂屏人事，专务读书。尝乘黄牛读《汉书》，杨素遇而异之，因召至家，与语，大悦，谓其子玄感等曰："李密识度如此，汝等不及也！"由是玄感与为深交。时或侮之，密曰："人言当指实，宁可面谀！若决机两陈之间，喑呜咄嗟，使敌人震慑，密不如公；驱策天下贤俊，各申其用，公不如密。岂可以阶级稍崇而轻天下士大夫邪？"玄感笑而服之。

素恃功骄倨，朝宴之际，或失臣礼，帝心衔而不言，素亦觉之。及素薨，帝谓近臣曰："使素不死，终当族灭。"玄感颇知之，且自以累世贵显，在朝文武多父之故吏，见朝政日

唐平东都 李密 王世充

隋炀帝大业九年(613),礼部尚书杨玄感,勇猛骁悍,精于骑马射箭,爱好读书,喜欢广交宾客,国内的知名人士,大都和他交往。杨玄感与蒲山公李密的关系很好。李密,是李弼的曾孙,年轻时就很有才略,志气雄迈高远,轻财产,重友情,曾担任左亲侍。隋炀帝看到他,就对宇文述说:“刚才左边卫队那个黑皮肤的年轻人,眼光与常人不一样,不要让他担任宫廷警卫!”宇文述就暗示李密,让他假称有病而主动辞职,李密于是摒除一切人际交往,专心读书。他曾经骑在黄牛背上读《汉书》,杨素遇见了,觉得他不同寻常,随后把他请到家中。交谈之后,杨素十分高兴,对儿子杨玄感等人说:“李密有这样的识见和气度,你们都不如他!”从此,杨玄感与李密结为深交。有时,杨玄感要欺负他,李密正色说:“人说话要实事求是,岂可当面奉承!如果要在两军对垒的时候当机立断,或怒吼叫骂,使敌人胆战心惊,我不如你;但要指挥天下贤良俊杰,使他们各尽其用,你不如我。怎么可以因为官阶稍高就轻视天下士大夫呢?”杨玄感大笑,越发敬服他。

杨素倚恃着曾建立大功,态度傲慢,在朝见或宴会时,有时做出不符合臣子礼节的事来,炀帝心怀不满,但没说出口,杨素也有所觉察。到杨素死后,炀帝对左右近侍说:“假如杨素不死,终将有灭族之祸。”杨玄感对此略有所闻,但认为杨家世代显赫,朝中文武百官大多数是父亲的老部下,又见朝廷政治一天比一天

紊，而帝多猜忌，内不自安，乃与诸弟潜谋作乱。帝方事征伐，玄感自言："世荷国恩，愿为将领。"帝喜曰："将门必有将，相门必有相，固不虚也。"由是宠遇日隆，颇预朝政。

帝伐高丽，命玄感于黎阳督运，遂与虎贲郎将王仲伯、汲郡赞治赵怀义等谋，故逗遛漕运，不时进发，欲令渡辽诸军乏食。帝遣使者促之，玄感扬言水路多盗，不可前后而发。玄感弟虎贲郎将玄纵，鹰扬郎将万石，并从幸辽东，玄感潜遣人召之，二人皆亡还。万石至高阳，为监事许华所执，斩于涿郡。

时右骁卫大将军来护兒以舟师自东莱将入海趣平壤，玄感遣家奴伪为使者从东方来，诈称护兒反。六月乙巳，玄感入黎阳县，闭城，大索男夫，取帆布为牟、甲，署官属，皆准开皇之旧。移书傍郡，以讨护兒为名，各令发兵会于仓所。郡县官有干用者，玄感皆以运粮追集之，以赵怀义为卫州刺史，东光尉元务本为黎州刺史，河内郡主簿唐祎为怀州刺史。

治书侍御史游元，督运在黎阳，玄感谓曰："独夫肆虐，陷身绝域，此天亡之时也。我今亲帅义兵以诛无道，卿意如何？"元正色曰："尊公荷国宠灵，近古无比，公之弟兄，青紫交映，当谓竭诚尽节，上答鸿恩。岂意坟土未干，亲图反噬！仆有死而已，不敢闻命！"玄感怒而囚之，屡胁以兵，

混乱，而炀帝又多猜忌之心，因而内心很不安，就与几个弟弟密谋反叛作乱。当时，炀帝正一心忙着对外扩张，征伐高句丽，杨玄感就主动要求说："我们杨家世代蒙受国家恩典，我愿意作为将领率兵出战。"炀帝高兴地说："将军家里必出将军，宰相门内也必出宰相，这话一点不假。"从此，杨玄感一天比一天得宠，逐渐参予朝廷大事的决策。

炀帝远征高句丽，命杨玄感在黎阳监督军需运输。杨玄感就与虎贲郎将王仲伯、汲郡赞治赵怀义等策划商议，故意耽搁水路运输，不按时运送物资，想让远渡辽水的各路军队没有粮食吃。炀帝派使者催促，杨玄感就造舆论，说水路沿途盗贼很多，船队不能先后出发，要集中行动。杨玄感的弟弟虎贲郎将杨玄纵、鹰扬郎将杨万石，都跟随炀帝东征辽东，杨玄感秘密派人叫他们回来，两人都逃归。杨万石逃到高阳，被监事许华抓获，押到涿郡斩首。

当时，右骁卫大将军来护兒率领舰队从东莱出发，准备走海路进攻平壤，杨玄感派家奴假扮为从东方来的使者，诈称来护兒造反了。六月乙巳（初三），杨玄感进入黎阳县。他命令紧闭城门，并大肆搜索壮丁，用帆布做成兜鍪、铠甲，设置官署，都依照隋朝开皇年间的旧制。同时，发布文告遍送周围各郡，以讨伐来护兒为名，让各郡派兵到黎阳仓集合。郡县官吏中有才干的，杨玄感都以运送粮食为名把他们召来集中，任命赵怀义为卫州刺史，东光尉元务本为黎州刺史，河内郡主簿唐祎任怀州刺史。

治书侍御史游元在黎阳督运粮草，杨玄感对他说："残暴无道的君主任意施虐，眼下陷身于荒远之地，这正是上天要他灭亡的时刻。我今天亲自率领正义之军诛杀无道之君，你认为如何？"游元严肃地说："你父亲身受国家的恩宠，在近世无人能比拟。你们弟兄几个或是穿青，或是穿紫，交相辉映，地位都很高，正应该竭尽忠诚节义，报效皇恩，岂能想到，你父亲坟上泥土还没干，你就亲自图谋造反，加害于恩主！我只有一死，不敢服从你的安排。"杨玄感大怒，把他囚禁起来，多次用兵器来威胁他，

不能屈，乃杀之。元，明根之孙也。

玄感选运夫少壮者得五千馀人，丹杨、宣城篙梢三千馀人，刑三牲誓众，且谕之曰："主上无道，不以百姓为念，天下骚扰，死辽东者以万计。今与君等起兵以救兆民之弊，何如？"众皆踊跃称万岁。乃勒兵部分。唐祎自玄感所逃归河内。

先是，玄感阴遣家僮至长安，召李密及弟玄挺赴黎阳。及举兵，密适至，玄感大喜，以为谋主，谓密曰："子常以济物为己任，今其时矣！计将安出？"密曰："天子出征，远在辽外，去幽州犹隔千里。南有巨海，北有强胡，中间一道，理极艰危。公拥兵出其不意，长驱入蓟，据临渝之险，扼其咽喉。归路既绝，高丽闻之，必蹑其后，不过旬月，资粮皆尽，其众不降则溃，可不战而擒。此上计也。"玄感曰："更言其次。"密曰："关中四塞，天府之国，虽有卫文昇，不足为意。今帅众鼓行而西，经城勿攻，直取长安，收其豪杰，抚其士民，据险而守之。天子虽还，失其根本，可徐图也。"玄感曰："更言其次。"密曰："简精锐，昼夜倍道，袭取东都，以号令四方。但恐唐祎告之，先已固守。若引兵攻之，百日不克，天下之兵四面而至，非仆所知也。"玄感曰："不然。今百官家口并在东都，若先取之，足以动其心。且经城不拔，

游元始终不肯屈服，于是就杀了他。游元，是游明根的孙子。

杨玄感在从事运输的民工中挑选了五千多年轻力壮的，又在丹杨和宣城的船夫中挑选了三千多人。于是杀猪、牛、羊三牲誓师，并对众人说："君主荒淫无道，一点也不考虑百姓的利益，致使天下动荡不安，死在辽东的数以万计。今天，我与你们共同起兵，来解救百姓的苦难，怎么样？"大家都欢腾跳跃，高呼万岁。于是就整顿部署军队。唐祎从杨玄感处逃回河内。

在此之前，杨玄感悄悄派家僮到长安，叫李密和弟弟杨玄挺赶赴黎阳。到起兵之时，李密正好赶到，杨玄感大喜，把他当作主要谋士。杨玄感对李密说："你常常以拯救人民当作自己的责任，今天，正是你实现抱负的时候了！你认为应用怎样的计策？"李密说："天子亲自出征，今在遥远的辽东塞外，离幽州还有千里之隔。他的南面是浩瀚的大海，北面有强大的胡人，中间只有辽西走廊一条通道，处境极其艰难。你率军队出其不意，长驱直入，开进蓟州，占据临渝关险要地形，扼住他的咽喉。他的归路已断，高句丽听到消息，一定会在他背后追击，不超过一个月，军需粮草全部用完，他的部众不是投降，就是溃散，用不着交战就可以擒获。这是上等的计策。"杨玄感说："你再说说次等的。"李密说："关中地区，四面全是险要地势，是天府之国，虽有刑部尚书卫文昇在那里镇守，不值得担心。如今率军队擂起战鼓向西进发，经过城池不要去攻打，直接攻取长安。然后，收拢那里的豪杰，安抚那里的士人平民，占据险要而坚守。这时，天子即使回来，也已失去了统治的根本，可以慢慢地图谋天下大计。"杨玄感说："你说说更次一等的计策。"李密说："挑选精锐部队，日夜兼程，以加倍的速度急行军，袭击攻取东都，以东都为据点向四方发号施令。只是担心唐祎已经提醒他们，预先已做好准备固守。如果我们引兵攻城，一百天还不能攻克的话，全国各地的援兵从四面八方赶到，这后果就不是我所知道的了。"杨玄感说："事情并非如此。现在文武百官的家属都在东都，如果能抢先攻占东都，就足以动摇他们的军心。况且，如果经过城池都不去攻取，

何以示威！公之下计，乃上策也。”遂引兵向洛阳，遣杨玄挺将骁勇千人为前锋，先取河内。唐祎据城拒守，玄挺无所获。祎又使人告东都越王侗与樊子盖等勒兵为备。

脩武民相帅守临清关，玄感不得渡，乃于汲郡南渡河，从之者如市。使弟积善将兵三千自偃师南缘洛水西入，玄挺自白司马坂逾邙山南入，玄感将三千馀人随其后，相去十里许，自称大军。其兵皆执单刀柳楯，无弓矢甲胄。东都遣河南令达奚善意将精兵五千人拒积善，将作监、河南赞治裴弘策将八千人拒玄挺。善意渡洛南，营于汉王寺。明日，积善兵至，不战自溃，铠仗皆为积善所取。弘策出至白司马坂，一战，败走，弃铠仗者太半，玄挺亦不追。弘策退三四里，收散兵，复结陈以待之。玄挺徐至，坐息良久，忽起击之，弘策又败，如是五战。丙辰，玄挺直抵太阳门，弘策将十馀骑驰入宫城，自馀无一人返者，皆归于玄感。

玄感屯上春门，每誓众曰：“我身为上柱国，家累钜万金，至于富贵，无所求也。今不顾灭族者，但为天下解倒悬之急耳！”众皆悦。父老争献牛酒，子弟诣军门请自效者，日以千数。

内史舍人韦福嗣，洸之兄子也，从军出拒玄感，为玄感所获。玄感厚礼之，使与其党胡师耽共掌文翰。玄感令福嗣为书遗樊子盖，数帝罪恶，云：“今欲废昏立明，愿勿拘小礼，自贻伊戚。”樊子盖新自外藩入为京官，东都

怎么可以显示我们的威势！你提出的下策，实际是上策啊。”于是就率军攻向洛阳，派遣杨玄挺率领一千名勇猛将士作为先锋，先攻取河内。唐祎占据城池抵御固守，杨玄挺一无所获。唐祎又派人向东都越王杨侗与樊子盖等人报告，要他们整顿兵马加强戒备。

脩武县的百姓联合起来把守着临清关，杨玄感过不去，就在汲郡南面渡过黄河，跟随他的人多得像赶集一样。杨玄感派弟弟杨积善率三千兵马从偃师南面沿洛水向西挺进，杨玄挺从白司马坂翻过邙山向南推进，杨玄感率三千多人跟随在后面，相距十里左右，自称大军。士兵们都拿着单刀柳盾，没有弓箭，也不穿铠甲。东都派河南县令达奚善意率五千精兵抵挡杨积善，派将作监、河南赞治裴弘策率八千人马抵御杨玄挺。达奚善意渡过洛水南行，在汉王寺扎营。第二天，杨积善的兵马赶到，东都兵还没交战就已溃散，铠甲武器都被杨积善缴获。裴弘策出兵，行到白司马坂，一经交战就败退逃走，把大半铠甲武器都弃之不顾，杨玄挺也不去追赶。裴弘策退了三四里路，收拾四散的残兵，重新列阵以待。杨玄挺慢慢赶到，坐下休息了很长时间，突然间发起冲锋，裴弘策又被击败，就这样打了五仗。丙辰（十四日），杨玄挺直达太阳门，裴弘策率十多个骑士奔驰入宫城，其他出征者没有一个回来，都归顺杨玄感。

杨玄感驻扎在上春门，他常对众人起誓说：“我做官已做到上柱国，已有无数黄金的家产，对于荣华富贵，我已无所求。我现在冒着诛灭九族的危险，只是为天下人解除深重的灾难。”众人都十分高兴，父老们争着献上牛肉和酒，年轻人纷纷到军营请求从军效力，每天几乎都有几千人。

内史舍人韦福嗣，是韦洸的侄子，他从军出兵抵抗杨玄感，被杨玄感抓获。杨玄感对他非常礼遇，让他和党羽胡师耽一起掌管文书档案。杨玄感命韦福嗣写信给樊子盖，历数炀帝的罪恶，说：“现在我们要废掉昏君另立贤主，希望你不要拘泥于小节，自己招致灾祸。”樊子盖新近从地方官员调入京师任朝官，东都的

旧官多慢之，至于部分军事，未甚承禀。裴弘策与子盖同班，前出讨贼失利，子盖更使出战，不肯行，子盖命引出斩之以徇。国子祭酒河东杨汪，小有不恭，子盖又将斩之，汪顿首流血，乃得免。于是将吏震肃，无敢仰视，令行禁止。玄感尽锐攻城，子盖随方拒守，玄感不能克。然达官子弟应募从军者，闻弘策死，皆不敢入城。韩擒虎子世咢、观王雄子恭道、虞世基子柔、来护兒子渊、裴蕴子爽、大理卿郑善果子俨、周罗睺子仲等四十馀人皆降于玄感，玄感悉以亲重要任委之。善果，译之兄子也。

玄感收兵得五万馀人，分五千人守慈涧道，五千守伊阙道，遣韩世咢将三千人围荥阳，顾觉将五千人取虎牢。虎牢降，以觉为郑州刺史，镇虎牢。

代王侑使刑部尚书卫文昇帅兵四万救东都，文昇至华阴，掘杨素冢，焚其骸骨，示士卒以必死，遂鼓行出崤、渑，直趋东都城北。玄感逆拒之，文昇且战且行，屯于金谷。

辽东城久不拔，帝遣造布囊百馀万口，满贮土，欲积为鱼梁大道，阔三十步，高与城齐，使战士登而攻之。又作八轮楼车，高出于城，夹鱼梁道，欲俯射城内，指期将攻，城内危蹙。会杨玄感反书至，帝大惧，引纳言苏威入帐中，谓曰："此儿聪明，得无为患？"威曰："夫识是非，审成败，乃谓之聪明。玄感粗疏，必无所虑。但恐因此浸成乱阶耳。"

老资格官员大多都轻慢他，甚至连军事方面的部署也不向他报告。裴弘策在朝会时与樊子盖同一行列，因几次出击讨伐叛贼都失利，所以当樊子盖再次派他出战时，就不肯去，樊子盖就命令侍从把他拉出去斩首示众。国子祭酒河东人杨汪稍露出不恭敬的态度，樊子盖又要把他斩首，杨汪叩头求饶直到额头流血，才得以免死。于是将领官吏震惊肃然，没有人再敢抬头正视他，命令才得以推行，禁令也得到贯彻。杨玄感出动全部精锐部队攻城，樊子盖随机应变，竭力拒守，杨玄感无法取胜。然而原先响应招募，前来从军的达官子弟们，听到裴弘策被处死的消息，都不敢进入东都城。韩擒虎的儿子韩世谔、观王杨雄的儿子杨恭道、虞世基的儿子虞柔、来护兒的儿子来渊、裴蕴的儿子裴爽、大理卿郑善果的儿子郑俨、周罗睺的儿子周仲等四十几个人都投降杨玄感，杨玄感都委任他们担任事关机要的重要职务。郑善果，是郑译的侄子。

杨玄感召集兵马，共有五万多人，他分派五千人守卫慈涧道，五千人守伊阙道，派韩世谔率三千人包围荥阳，顾觉率五千人夺取虎牢。虎牢的隋军投降，就任命顾觉为郑州刺史，镇守虎牢。

代王杨侑派刑部尚书卫文昇率四万人马救援东都。卫文昇到达华阴，挖开杨素的坟墓，焚烧他的尸骨，向士兵们表示必死的决心。然后擂起战鼓从崤谷、渑池出发，直指东都城北。杨玄感迎面抵抗，卫文昇边战边行，屯驻于金谷。

炀帝攻辽东城，久攻不下，炀帝就派人制作一百多万只布袋，里面装满泥土，打算堆积成一条像鱼梁一样的大道，有三十步宽，堆得如城墙一般高，然后让士兵登上去攻城。又制造有八个轮子的楼车，比城墙还高，夹在鱼梁道两旁，准备居高临下，俯射城里。攻城的日期已经确定，城中情况十分危急。此时杨玄感反叛的公文送到，炀帝十分担忧，把纳言苏威叫到军帐中，对他说："杨玄感这小儿很聪明，你看他会不会造成祸患？"苏威说："一个人能分辨是非，预见成败，才可称得上聪明。杨玄感这人粗心不周密，不必过于忧虑，只是担心由此会形成动乱的来由。"

帝又闻达官子弟皆在玄感所，益忧之。帝问太史令庾质曰："玄感其有成乎？"质曰："玄感地势虽隆，素非人望，因百姓之劳，冀幸成功。今天下一家，未易可动。"

帝遣虎贲郎将陈稜攻元务本于黎阳，又遣左翊卫大将军宇文述、左候卫将军屈突通乘传发兵以讨玄感。来护兒至东莱，闻玄感围东都，召诸将议旋军救之。诸将咸以无敕，不宜擅还，固执不从，护兒厉声曰："洛阳被围，心腹之疾；高丽逆命，犹疥癣耳。公家之事，知无不为，专擅在吾，不关诸人，有沮议者，军法从事！"即日回军。令子弘、整驰驿奏闻。帝时还至涿郡，已敕护兒救东都，见弘、整，甚悦，赐护兒玺书曰："公旋师之时，是朕敕公之日，君臣意合，远同符契。"

先是，右武候大将军李子雄坐事除名，令从军自效，从来护兒在东莱，帝疑之，诏锁子雄送行在所。子雄杀使者，逃奔玄感。卫文昇以步骑二万渡瀍水，与玄感战，玄感屡破之。玄感每战，身先士卒，所向摧陷，又善抚悦其下，皆乐为致死，由是每战多捷，众益盛，至十万人。文昇众寡不敌，死伤太半且尽，乃更进屯邙山之阳，与玄感决战，一日十馀合。会杨玄挺中流矢死，玄感军乃稍却。

炀帝又听说很多高级官吏的子弟都在杨玄感那里，更加担忧。炀帝问太史令庾质说："杨玄感会成功吗？"庾质说："杨玄感地位虽高，势力虽大，但是他一向不得人心，只是利用人民劳苦，寄希望于侥幸获得成功罢了。现在大一统的局面，不是轻易能够动摇的。"

炀帝派遣虎贲郎将陈稜往黎阳进攻元务本，又派遣左翊卫大将军宇文述、左候卫将军屈突通乘驿车征发兵马去讨伐杨玄感。来护兒抵达东莱，听到杨玄感围攻东都的消息，召集了各位将领商议回军救援东都。将领们都认为没接到皇帝的敕令，不应该擅自回军，固执地不肯听从来护兒的调遣。来护兒厉声说道："洛阳被包围，这是国家的心腹之祸；高句丽不听从皇上命令，好比是疥癣小病。国家大事，既然已经知道了，就不能不做，擅自行动的罪责由我一人承担，与别人无关。有人再提反对意见的话，就按军法处治！"当天来护兒就率军往回赶，并命儿子来弘、来整乘驿马前去报告皇帝。炀帝这时已经回到了涿郡，已经下命令要来护兒去救援东都，见到来弘、来整，他非常高兴，在给来护兒盖有御印的信上说："你回军的时候，正是我命令你回军的日子，我们君臣心意一致，虽然相隔遥远，却如同符契那样相合。"

在此之前，右武候大将军李子雄因犯法被免职，命令他随军效力，立功赎罪。他跟随来护兒正在东莱，然而炀帝仍然怀疑他，诏令拘捕李子雄，把他送到行宫。李子雄就杀了炀帝派来的使者，投奔杨玄感。卫文昇率二万名步骑兵渡过瀍水与杨玄感交战，屡次被杨玄感击败。杨玄感每次作战，总是冲锋在前，勇不可当，因而无坚不摧。他又善于安抚取悦部下，因此人人都愿意为他效力，甚至不惜生命。这样，他每次打仗多能取胜，部众越来越多，达到十万人。卫文昇寡不敌众，死伤大半，几乎是全军覆没，于是重新集结兵力，进驻在邙山山南。与杨玄感决战，一天之中交战了十多次。正巧杨玄挺被流箭射死，杨玄感的军队略微向后撤退。

秋七月癸未，馀杭民刘元进起兵以应玄感，众至数万。始，杨玄感至东都，自谓天下响应，功在朝夕。得韦福嗣，委以心膂，不复专任李密。福嗣每画策，皆持两端。密揣知其意，谓玄感曰："福嗣元非同盟，实怀观望；明公初起大事而奸人在侧，听其是非，必为所误，请斩之！"玄感曰："何至于此？"密退，谓所亲曰："楚公好反而不欲胜，吾属今为虏矣！"

李子雄劝玄感速称尊号，玄感以问密，密曰："昔陈胜自欲称王，张耳谏而被外；魏武将求九锡，荀彧止而见诛。今者密欲正言，还恐追踪二子；阿谀顺意，又非密之本图。何者？兵起以来，虽复频捷，至于郡县，未有从者。东都守御尚强，天下救兵益至，公当挺身力战，早定关中，乃亟欲自尊，何示人不广也？"玄感笑而止。

屈突通引军屯河阳，宇文述继之，玄感问计于李子雄，子雄曰："通晓习兵事，若一得渡河，则胜负难决，不如分兵拒之。通不能济，则樊、卫失援。"玄感然之，将拒通。樊子盖知其谋，数击其营，玄感不得往。通济河，军于破陵。玄感分为两军，西抗文昇，东拒通。子盖复出兵大战，玄感军屡败，与其党谋之，李子雄曰："东都援军益至，我军数败，不可久留，不如直入关中，开永丰仓以振贫乏，三辅可指麾

秋季七月癸未(十一日),馀杭乡民刘元进聚集一批人起兵,响应杨玄感,人数达到几万。开始的时候,杨玄感到达东都,自以为天下人都会响应他,成功已是眼前的事。得到韦福嗣以后,把他当作心腹,不再专信李密了。韦福嗣每次出谋划策,都持骑墙观望的态度,模棱两可。李密看穿了他的意图,就对杨玄感说:"韦福嗣原先不是我们的同党,所以实际上怀着观望态度。明公你刚刚创建大事业,却有奸邪小人在身边,让他来判断是非,必定被他耽误,请把他杀了!"杨玄感说:"哪里严重到这地步?"李密退下后对亲信说:"楚公喜欢反叛却不想胜利,我们这些人都将成为俘虏了!"

李子雄劝杨玄感迅速称帝,杨玄感就去问李密。李密说:"过去陈胜想自立为王,张耳劝阻,被驱逐在外;曹操想加九锡,荀彧阻止却被杀戮。现在我如想说真话,恐怕步他们二人的后尘;如果阿谀奉承,顺你的意思说,又不是我的本意。为什么呢?我们自从起兵以来,虽然捷报频传,连连取胜,但是郡县政府都不肯跟从我们。东都敌军的防守力量还很强,各地的救兵一天比一天多,你应该挺身而出,奋力作战,尽早平定关中。为什么要急于称帝,向人们展示自己的心胸不广?"杨玄感大笑,暂时打消了称帝的念头。

屈突通领兵屯驻在河阳,宇文述也随后赶到。杨玄感问李子雄有什么对策,李子雄说:"屈突通很有军事经验,如果让他渡过黄河,谁胜谁负就难以预料了,不如分出一部分兵力抵抗他。屈突通不能渡河的话,樊子盖、卫文昇就会失去后援。"杨玄感觉得十分正确,准备分兵去对抗屈突通。樊子盖知道他的策略,就连连向杨玄感大营发动攻击,使杨玄感疲于招架,无法分兵北上。屈突通趁此机会渡过黄河,驻扎在破陵。杨玄感兵分两路,一路西向抗击卫文昇,一路东向抵御屈突通。樊子盖又出动军队大规模攻击,杨玄感一败再败。于是,又与同党商议对策,李子雄说:"东都援军不断赶到,我军屡次战败,不能够久留此地。不如长驱直入关中,打开永丰仓救济贫民,京畿三辅之地令旗一挥

而定，据有府库，东面而争天下，亦霸王之业也。”李密曰：“弘化留守元弘嗣握强兵在陇右，可声言其反，遣使迎公，因此入关，可以绐众。”

会华阴诸杨请为乡导，壬辰，玄感解东都围，引兵西趣潼关，宣言：“我已破东都、取关西矣！”宇文述等诸军蹑之。至弘农宫，父老遮说玄感曰：“宫城空虚，又多积粟，攻之易下。”玄感以为然。弘农太守蔡王智积谓官属曰：“玄感闻大军将至，欲西图关中，若成其计，则难克也。当以计縻之，使不得进，不出一旬，可以成擒。”及玄感军至城下，智积登陴詈之。玄感怒，留攻之。李密谏曰：“公今诈众西入，军事贵速，况乃追兵将至，安可稽留？若前不得据关，退无所守，大众一散，何以自全？”玄感不从，遂攻之，烧其城门，智积于内益火，玄感兵不得入。三日不拔，乃引而西。至阌乡，宇文述、卫文昇、来护兒、屈突通等军追及之于皇天原。玄感上槃豆，布陈亘五十里，且战且行，玄感一日三败。八月壬寅，玄感陈于董杜原，诸军击之，玄感大败，独与十馀骑奔上洛。追骑至，玄感叱之，皆反走。至葭芦戍，独与弟积善徒步走，自度不免，谓积善曰：“我不能受人戮辱，汝可杀我！”积善抽刀斫杀之，因自刺，不死，为追兵所执，与玄感首俱送行在所。磔玄感尸于东都市，

就可以平定，然后占有政府的库藏，向东面发展，与杨广争夺天下，这也是霸王事业。”李密建议说：“弘化留守元弘嗣占据陇右，手中掌握着强大的武装力量，我们可以宣称元弘嗣反叛朝廷，派人迎接您入关，这样就可以蒙骗众人。”

正巧此时华阴县的杨家族人来请求担任向导，壬辰（二十日），杨玄感解除对东都的包围，率军西上，向潼关进发，扬言说：“我军已攻陷东都，现在要去攻取关西了！”宇文述等几支部队紧追在后面。行进到弘农宫，当地父老拦住杨玄感的马劝他说：“弘农宫城内防守空虚，又有大批存粮，很容易攻下。”杨玄感觉得他们说得对。弘农太守、蔡王杨智积对属僚说：“杨玄感听到大军即将到达的消息，就想西向夺取关中。如果让他的计谋得逞，那就难以攻克了。要想个办法把他拖住，使他不能继续前进，不出十天，就可以活捉他了。”等到杨玄感的军队逼至城下，杨智积就登上城头女墙辱骂杨玄感。杨玄感大怒，就不顾既定方针，停留不前，拼命攻城。李密劝谏说：“你今天是蒙骗了部众向西进发，兵贵神速，何况后面追兵马上就到，怎么可以滞留在这里！如果我们不能向前占据潼关，后退又没有据点可守，情势危急时大众一哄而散，靠什么来保存自己？”杨玄感不听劝告，坚持发动攻击。他命人放火烧城门，而杨智积在城门内把火燃得更旺，使杨玄感的军队无法进城。攻了三天，仍不能攻克，杨玄感只好率兵继续向西进发。行到阌乡，宇文述、卫文昇、来护兒、屈突通等各军在皇天原追上了他。杨玄感占据槃豆，布下五十里的长阵，边战边行，一日之中，三次被击败。八月壬寅（初一），杨玄感在董杜原摆下阵势，各路追兵一起进攻，杨玄感大败，他仅与十几个骑兵一起逃奔上洛。追兵飞马赶到，杨玄感厉声叱责，都吓得返身逃走。杨玄感逃奔到葭芦戍，只剩下他和弟弟杨积善两人，徒步而走。杨玄感自知难逃一死，就对杨积善说：“我不能受别人施加的杀戮之辱，你把我杀了吧！”杨积善抽出佩刀把哥哥砍死，然后自杀，但是没死成，被追兵抓获，把他与杨玄感的首级一起送到隋炀帝行宫。炀帝命人在东都街市上把杨玄感碎尸万段，

三日，复斫而焚之。玄感弟玄奖为义阳太守，将赴玄感，为郡丞周旋玉所杀。仁行为朝请大夫，伏诛于长安。

玄感之围东都也，梁郡民韩相国举兵应之，玄感以为河南道元帅，旬月间众十馀万。攻剽郡县，至襄城，闻玄感败，众稍散，为吏所获，传首东都。

杨玄感之西也，韦福嗣亡诣东都归首，是时如其比者皆不问。樊子盖收玄感文簿，得其书草，封以呈帝，帝命执送行在。李密亡命，为人所获，亦送东都。樊子盖锁送福嗣、密及杨积善、王仲伯等十馀人诣高阳，密与王仲伯等窃谋亡去，悉使出其所赍金以示使者曰："吾等死日，此金并留付公，幸用相瘗，其馀即皆报德。"使者利其金，许诺，防禁渐弛。密请通市酒食，每宴饮，喧哗竟夕，使者不以为意，行至魏郡石梁驿，饮防守者皆醉，穿墙而逸。密呼韦福嗣同去，福嗣曰："我无罪，天子不过一面责我耳。"至高阳，帝以书草示福嗣，收付大理。诸应刑者支体糜碎，积善、福嗣仍加车裂。

十二年，李密之亡也，往依郝孝德，孝德不礼之。又入王薄，薄亦不之奇也。密困乏，至削树皮而食之，匿于淮阳村舍，变姓名，聚徒教授。郡县疑而捕之，密亡去，抵其妹夫雍丘令丘君明。君明不敢舍，匿转寄密于游侠王秀才家，秀才以女妻之。君明从侄怀义告其事，帝令怀义

示众三天，然后再剁成肉酱烧成灰烬。杨玄感的弟弟杨玄奖是义阳太守，准备投奔杨玄感时，被郡丞周旋玉杀了。杨仁行原是朝请大夫，此时也在长安被处死。

杨玄感包围东都时，梁郡的郡民韩相国率兵响应，杨玄感任命他为河南道元帅，一个月内，就聚集部众达十多万人。他们到处进攻剽掠郡县，一直攻到襄城，听说杨玄感已经败亡，部众就渐渐逃散，韩相国被地方官吏擒获，处死后首级被送到东都示众。

杨玄感向西进发时，韦福嗣偷偷逃到东都向官军投降，当时，像他这种情况的人都不加追究，宽大处理。樊子盖收缴了杨玄感的文书档案，发现韦福嗣所拟的书信底稿，就把它们密封起来，上呈炀帝，炀帝命令逮捕韦福嗣，把他押送到行宫。李密趁乱逃亡，被人擒获，也送到东都。樊子盖把韦福嗣、李密和杨积善、王仲伯等十几人用铁链锁着押送到高阳，李密与王仲伯等人暗中商议着逃跑，拿出随身携带的所有黄金给押送者看，说："我们这些人死的那天，这些金子就留给你，希望你能用它们把我们埋葬，多馀的就算是我们报答你的恩德。"押送者贪图这些黄金，满口许诺，并且渐渐放松了对他们的防范。李密又请求允许他们买酒喝，每次喝酒时，都喧闹呼叫，通宵达旦，押送者也不在意。走到魏郡石梁驿时，李密等把押送人员灌醉，破墙而逃。李密唤韦福嗣一起逃，韦福嗣说："我没有罪，天子不过会当面责骂我一顿罢了。"等押送到高阳，炀帝把收缴的韦福嗣起草的文告书信底稿给他看，命令把他送交大理寺。被判处死刑的人都被处置得肢体破碎，杨积善和韦福嗣还要再加上车裂酷刑。

十二年(616)，李密逃脱后，投奔依靠郝孝德，郝孝德对他很不尊重。又加入王薄的队伍，王薄也不重视他。李密走投无路，以至于削树皮充饥。他躲藏在淮阳农村里，变易姓名，在当地收徒教书。郡县衙门又对他产生怀疑要逮捕他，李密听到风声再度逃亡，投奔妹夫、雍丘县令丘君明。丘君明不敢留他住下，把他转移到侠义之士王秀才家中藏匿，王秀才把女儿嫁给他。丘君明的堂侄丘怀义向官府告发了李密的行踪，炀帝令丘怀义

自赍敕书与梁郡通守杨汪相知收捕。汪遣兵围秀才宅，适值密出外，由是获免，君明、秀才皆死。

韦城翟让为东都法曹，坐事当斩。狱吏黄君汉奇其骁勇，夜中潜谓让曰："翟法司，天时人事，抑亦可知，岂能守死狱中乎？"让惊喜，叩头曰："让，圈牢之豕，死生唯黄曹主所命。"君汉即破械出之。让再拜曰："让蒙再生之恩则幸矣，奈黄曹主何？"因泣下。君汉怒曰："本以公为大丈夫，可救生民之命，故不顾其死以奉脱，奈何反效儿女子涕泣相谢乎！君但努力自免，勿忧吾也！"让遂亡命于瓦岗为群盗。同郡单雄信，骁健，善用马槊，聚少年往从之。离狐徐世勣家于卫南，年十七，有勇略，说让曰："东郡于公与勣皆为乡里，人多相识，不宜侵掠。荥阳、梁郡，汴水所经，剽行舟商旅，足以自资。"让然之，引众入二郡界，掠公私船，资用丰给，附者益众，聚徒至万馀人。时又有外黄王当仁、济阳王伯当、韦城周文举、雍丘李公逸等皆拥众为盗。李密自雍丘亡命，往来诸帅间，说以取天下之策，始皆不信，久之，稍以为然，相谓曰："斯人公卿子孙，志气若是。今人人皆云杨氏将灭，李氏将兴。吾闻王者不死，斯人再三获济，岂非其人乎！"由是渐敬密。

密察诸帅，唯翟让最强，乃因王伯当以见让，为让画策，往说诸小盗，皆下之。让悦，稍亲近密，与之计事。密

携带诏书交与梁郡通守杨汪，命他前去搜捕。杨汪派兵包围了王秀才的住宅，正巧李密外出，这才逃掉一条命，而丘君明、王秀才都被斩杀。

韦城人翟让原是东郡的法曹，因事犯法，被处死刑。监狱小吏黄君汉十分钦佩他的勇猛，深夜里悄悄地对他说："翟法司，天命和民心，都已显而易见了，你怎么能够守在牢中等死？"翟让又惊又喜，对他叩头说："我翟让，已是圈中的猪，是生是死，都由你黄曹主决定。"黄君汉就打开他的枷锁，把他放出来。翟让再次拜谢说："我翟让蒙受你再生之恩，实是我的幸运，可是你怎么办呢？"说完流下了眼泪。黄君汉发怒说："我原以为你是男子汉大丈夫，可以去拯救人民的性命，因此才不顾自己安危帮你逃脱，为什么反去学那些小儿女的样子，哭哭啼啼地道谢！你只管想尽办法逃命，不用担心我！"于是翟让就逃到瓦岗，聚众为盗。同郡人单雄信，骁勇矫健，善于骑马使长矛，集结了一批年轻人，到瓦岗投奔翟让。离狐人徐世勣家住卫南，才十七岁，有勇力计谋，他劝翟让说："东郡对于你我来说都是乡里，那里的人大都认识，不宜去侵夺掠抢。荥阳、梁郡，是汴水流经的地方，我们去劫掠过往舟船和商人旅客，足以自给自足了。"翟让同意他的看法，带领部众进入二郡郡界，抢劫公私船只，资财逐渐充裕，依附者不断增多，集聚了一万多人。当时还有外黄人王当仁、济阳人王伯当、韦城人周文举、雍丘人李公逸等，都聚众为盗。李密从雍丘逃亡后，来往于这些叛民首领之间，反复向他们游说夺取天下的策略。开始时，他们都不相信，时间长了，渐渐觉得有道理。相互议论说："此人是公卿大官的子孙，志向气度如此不凡。现在人人都在传说'杨氏将灭，李氏将兴'。我听说命中注定为王的人不会死，此人多次得救，那将兴的李氏帝王恐怕就是他吧！"于是，渐渐敬重李密。

李密观察各首领中只有翟让势力最强，于是通过王伯当会见翟让，为翟让出谋划策。又为他去游说小股盗贼，都让他们归附了翟让。翟让很高兴，逐渐与李密亲近，常与他商议大计。李密

因说让曰:“刘、项皆起布衣为帝王。今主昏于上,民怨于下,锐兵尽于辽东,和亲绝于突厥,方乃巡游扬、越,委弃东都,此亦刘、项奋起之会也。以足下雄才大略,士马精锐,席卷二京,诛灭暴虐,隋氏不足亡也!”让谢曰:“吾侪群盗,旦夕偷生草间,君之言者,非吾所及也。”

会有李玄英者,自东都逃来,经历诸贼,求访李密,云:“斯人当代隋家。”人问其故,玄英言:“比来民间谣歌有《桃李章》曰:‘桃李子,皇后绕扬州,宛转花园里。勿浪语,谁道许?’‘桃李子’,谓逃亡者李氏之子也;皇与后,皆君也;‘宛转花园里’,谓天子在扬州无还日,将转于沟壑也;‘莫浪语,谁道许’者,密也。”既与密遇,遂委身事之。前宋城尉齐郡房彦藻,自负其才,恨不为时用,预于杨玄感之谋,变姓名亡命,遇密于梁、宋之间,遂与之俱游汉、沔,遍入诸贼,说其豪杰。还日,从者数百人,仍为游客,处于让营。让见密为豪杰所归,欲从其计,犹豫未决。

有贾雄者,晓阴阳占候,为让军师,言无不用。密深结于雄,使之托术数以说让。雄许诺,怀之未发,会让召雄,告以密所言,问其可否,对曰:“吉不可言。”又曰:“公自立恐未必成,若立斯人,事无不济。”让曰:“如卿言,蒲山公当自立,何来从我?”对曰:“事有相因。所以来者,将军姓翟,翟者,

趁机劝翟让说："刘邦、项羽都是平民出身，但都当了帝王。当今皇上昏庸在上，百姓怨愤在下，精锐部队全在辽东覆灭，与突厥的和亲关系也被断绝，这种时候，皇上还在扬州、越州巡游，弃东都于不顾，这正是刘邦、项羽之类好汉奋勇而起的良机。以你的雄才大略和精良兵马，完全可以横扫东西二京，诛灭暴君，轻而易举地推翻隋氏政权！"翟让辞谢说："我们这些人只是强盗，只能偷生于荒岭草泽之间，过一天算一天，你所说的，不是我能做到的。"

正巧有一个叫李玄英的人，从东都逃来，在一个个盗贼部队中寻访，要找李密，他说："这个人将取代隋氏坐天下。"有人追问他缘由，李玄英说："近来民间流传一首歌谣叫《桃李章》，歌谣唱道：'桃李子，皇后绕扬州，宛转花园里，勿浪语，谁道许！'桃李子，指的是逃亡的李氏之子；皇与后，指的是君王；宛转花园里，是说天子巡游扬州没有返回的日子，将死在山沟深渊中；莫浪语，谁道许，是密的意思。"不久，李玄英见到了李密，就全心全意地拥奉他。原宋城尉齐郡人房彦藻自认为很有才能，却恨得不到当朝重用，曾经参预杨玄感叛乱，杨玄感失败后，他变易姓名逃亡，在梁郡、宋城一带遇见李密，就一起遍游汉水、沔水流域，出入于各盗贼部队中，向其中的豪杰之士游说。当他们从汉、沔流域回来时，有数百人跟随，而李密仍作为游客，寄居在翟让的大营。翟让看到那么多豪杰都归附李密，想采纳李密曾提出的计划，但仍犹豫不决。

有个叫贾雄的人，通晓阴阳占卜，担任翟让的军师，翟让对他言听计从。李密竭力与贾雄结交，让他假托占卜等法术去劝说翟让。贾雄应允了，但一时还没机会去，正巧翟让召见贾雄，把李密劝他的话告诉贾雄，问他可行不可行，贾雄回答说："大吉大利，简直无法形容。"又说："你要是自立为王，恐怕未必会成功，如果拥立这个人，事情就没有办不成的。"翟让说："假如照你所说，蒲山公应该自立为王，又何必来投奔我？"贾雄说："事情都是相互联系着的。李密之所以来投奔，是因为将军你姓翟，翟，

泽也。蒲非泽不生,故须将军也。"让然之,与密情好日笃。

密因说让曰:"今四海糜沸,不得耕耘,公士众虽多,食无仓廪,唯资野掠,常苦不给。若旷日持久,加以大敌临之,必涣然离散。未若先取荥阳,休兵馆谷,待士马肥充,然后与人争利。"让从之,于是破金堤关,攻荥阳诸县,多下之。

荥阳太守郇王庆,弘之子也,不能讨,帝徙张须陀为荥阳通守以讨之。庚戌,须陀引兵击让,让向数为须陀所败,闻其来,大惧,将避之。密曰:"须陀勇而无谋,兵又骤胜,既骄且狠,可一战擒也。公但列陈以待,密保为公破之。"让不得已,勒兵将战,密分兵千馀人伏于大海寺北林间。须陀素轻让,方陈而前,让与战,不利,须陀乘之,逐北十馀里,密发伏掩之,须陀兵败。密与让及徐世勣、王伯当合军围之,须陀溃围出。左右不能尽出,须陀跃马复入救之,来往数四,遂战死。所部兵昼夜号哭,数日不止,河南郡县为之丧气。鹰扬郎将河东贾务本为须陀之副,亦被伤,帅馀众五千馀人奔梁郡,务本寻卒。诏以光禄大夫裴仁基为河南道讨捕大使,代领其众,徙镇虎牢。

让乃令密建牙,别统所部,号蒲山公营。密部分严整,凡号令士卒,虽盛夏,皆如背负霜雪。躬服俭素,所得金宝,悉颁赐麾下,由是人为之用。麾下士卒多为让士卒所陵辱,以

就是泽，蒲离开水泽无法生存，所以一定要依靠将军你啊。”翟让信以为真，从此与李密的交情日益加深。

李密趁机劝翟让说：“如今天下混乱不堪，百姓不能耕耘，你手下兵卒虽多，但是粮食没有库存，仅靠着在野外掠夺，常常为断粮发愁。这种情况如果长期维持，一旦强敌压境，部众必然溃逃离散。不如先攻取荥阳，驻扎在那里休整兵马食其粮食，等到兵强马壮，再去与人争夺天下。”翟让听从他的建议，于是发兵击破金堤关，进攻荥阳所属各县，大多数县城都被攻克。

荥阳太守、郇王杨庆，是杨弘的儿子，他无力讨伐翟让，炀帝把张须陀调来担任荥阳通守，负责讨伐之事。庚戌（二十七日），张须陀率兵攻击翟让，以前，翟让曾多次成为张须陀手下败将，听到他来了，极为恐惧，想躲避他。李密说：“张须陀有勇力但无谋略，他的军队又屡次获胜，一定是既骄傲又凶狠，可以一仗就将他活捉。你只要排好阵势等待着，我保证为你击败他。”翟让不得已，集结军队准备作战，李密分出一千多兵士埋伏在大海寺北面树林中。张须陀一向轻视翟让，把军队列成方阵前进。翟让与之交战，失利，张须陀乘机进击，向北追击了十多里，李密发动伏兵突然袭击，张须陀战败。李密与翟让及徐世勣、王伯当联合兵马包围张须陀，张须陀奋力突围而出。但他的部众没能全部冲出，张须陀跃马再次杀入重围去救援，这样往来四次，张须陀终于阵亡。他的部众日日夜夜痛哭，数日都不停止，河南各郡县听到这一消息，都士气沮丧。鹰扬郎将、河东人贾务本是张须陀的副将，也在战斗中受伤，他坚持着率五千多残兵逃奔到梁郡，不久就去世了。炀帝诏命光禄大夫裴仁基担任河南道讨捕大使，代替张须陀统领他的部众，迁徙到虎牢去镇守。

翟让命令李密建立自己的大营，单独统领他的部众，号称“蒲山公营”。李密部署严整，凡有命令下达，即使是在盛夏，士兵们也像背负着霜雪一样地感到寒意。李密自己的衣服节俭朴素，所获得的金银财宝会全部分赏给部下，因此人人都愿意为他效力。他的部下常常受到翟让士兵的欺侮凌辱，但因李密

威约有素，不敢报也。让谓密曰："今资粮粗足，意欲还向瓦岗，公若不往，唯公所适，让从此别矣。"让帅辎重东引，密亦西行至康城，说下数城，大获资储。让寻悔，复引兵从密。

恭帝义宁元年春二月，李密说翟让曰："今东都空虚，兵不素练，越王冲幼，越王，太子昭之子侗，炀帝命留守东都。留守诸官政令不壹，士民离心。段达、元文都，暗而无谋，以仆料之，彼非将军之敌。若将军能用仆计，天下可指麾而定也。"乃遣其党裴叔方觇东都虚实，留守官司觉之，始为守御之备，且驰表告江都。密谓让曰："事势如此，不可不发。兵法曰：'先则制于己，后则制于人。'今百姓饥馑，洛口仓多积粟，去都百里有馀，将军若亲帅大众，轻行掩袭，彼远未能救，又先无豫备，取之如拾遗耳。比其闻知，吾已获之，发粟以赈穷乏，远近孰不归附？百万之众，一朝可集，枕威养锐，以逸待劳，纵彼能来，吾有备矣。然后檄召四方，引贤豪而资计策，选骁悍而授兵柄，除亡隋之社稷，布将军之政令，岂不盛哉？"让曰："此英雄之略，非仆所堪，惟君之命，尽力从事，请君先发，仆为后殿。"庚寅，密、让将精兵七千人出阳城北，逾方山，自罗口袭兴洛仓，破之。开仓恣民所取，老弱襁负，道路相属。

军纪严明、管束严格，都不敢报复。翟让对李密说：“现在，部队粮草已基本充足了，我想回瓦岗去，你如果不去的话，就请自便吧，我与你从此就分手了。”于是翟让率领军队带着军用的物资向东进发，李密也向西来到康城，他又劝说了几个城池投降，获得了大量的物资储备。不久，翟让又后悔了，又率兵跟随着李密。

隋恭帝义宁元年(617)春季二月，李密劝翟让说：“现在东都防守空虚，守军平时缺乏训练，越王杨侗年龄幼小，越王，太子杨昭的儿子杨侗，炀帝命令他留守东都。其他留守官员政令不统一，因此兵士和百姓都产生离散之心。段达、元文都二人昏庸愚昧，没有智谋，我估计他们都不是将军你的对手。如果将军能用我的计策，令旗一挥，天下即可平定。”于是派遣党羽裴叔方到东都去探听虚实。东都的留守官员发觉了，立即着手做防御准备，并且派人飞马送报告到江都。李密对翟让说：“局势已经如此，我们不可以不发动了。兵法说‘抢先出手则一切由自己控制，后动手只好受人挟制’。现在百姓都饥饿难忍，而洛口仓却有许多存粮。洛口仓离东都有一百多里，将军如亲自率领大军，轻装前进，突然袭击，这时，东都路远一时不能来救，洛口仓事先又没有准备，攻取它就如从地上捡起东西一样容易。等到敌人得到消息，我们已经夺取到手。然后我们发放粮食救济贫苦的人民，远近乡民谁不愿来归附？一百万的军队，一个早上就可以召集到，我们依恃着威势，养精蓄锐，以逸待劳，即使东都出兵进攻，我们也有准备了。然后我们发布檄文号召四方，招徕豪杰贤士，听取他们的谋略；挑选骁勇强悍的壮士，授予他们兵权；彻底推翻隋朝政权，发布将军您的政令，这不是一件盛举吗？”翟让说：“这是英雄的谋略，不是我能够承担的，但是我听从你的指挥尽力而为，请你率先出发，我来殿后。”庚寅(初九)，李密、翟让率七千精兵经阳城北面，翻过方山，从罗口袭击兴洛仓，一举攻克。他们打开粮仓让人民任意搬取，前来取粮的老弱妇孺，背着扛着，在路上络绎不断。

朝散大夫时德叡以尉氏应密，前宿城令祖君彦自昌平往归之。君彦，珽之子也，博学强记，文辞赡敏，著名海内。吏部侍郎薛道衡尝荐之于高祖，高祖曰："是歌杀斛律明月人儿邪？朕不须此辈！"炀帝即位，尤疾其名，依常调选东平郡书佐，检校宿城令。君彦自负其才，恒郁郁思乱。密素闻其名，得之大喜，引为上客，军中书檄，悉以委之。

越王侗遣虎贲郎将刘长恭、光禄少卿房崱帅步骑三万五千讨密。时东都人皆以密为饥贼盗米，乌合易破，争来应募，国子三馆学士及贵胜亲戚皆来从军。器械修整，衣服鲜华，旌旗钲鼓甚盛。长恭等当其前，使河南讨捕使裴仁基等将所部兵自汜水而入以掩其后，约十一日会于仓城南，密、让具知其计。东都兵先至，士卒未朝食，长恭等驱之渡洛水，陈于石子河西，南北十馀里。密、让选骁雄，分为十队，令四队伏横岭下以待仁基，以六队陈于石子河东。长恭等见密兵少，轻之。让先接战，不利，密帅麾下横冲之。隋兵饥疲，遂大败，长恭等解衣潜窜得免，奔还东都，士卒死者什五六。越王侗释长恭等罪，慰抚之。密、让尽收其辎重器甲，威声大振。

让于是推密为主，上密号为魏公。庚子，设坛场，即位，称元年，大赦。其文书行下，称行军元帅府。其魏公府置三司、六卫，元帅府置长史以下官属。拜翟让为上柱国、司徒、

朝散大夫时德叡献出尉氏县以响应李密，原宿城县令祖君彦从昌平去投奔李密。祖君彦是祖珽的儿子，他学问渊博，记忆力强，文辞丰富，又文思敏捷，闻名于国内。吏部侍郎薛道衡曾把他推荐给隋文帝，文帝说："这就是用歌谣杀了斛律明月的那个人的儿子吗？我不需要这种人！"炀帝即位，更加嫉妒他的名声，按照常规把他调选为东平郡的书佐，检校宿城令。祖君彦对自己的才能很自负，因此常常郁闷不欢，希望天下大乱。李密久闻他的名声，见他来投奔非常高兴，把他当作上宾，军中的书信文告，全都交给他处理。

越王杨侗派遣虎贲郎将刘长恭、光禄少卿房崱率领三万五千名步骑兵讨伐李密。当时东都人都认为李密一伙是因饥饿抢米的盗贼，属于乌合之众，很容易击破，因而争相前来应募，连国子、大学、四门的三馆学士以及高官贵族的子弟也都来从军。他们的武器装备十分整齐，服装鲜亮华丽，旌旗飘扬，锣鼓震地，十分壮观。刘长恭等率兵攻李密军正面，派河南讨捕使裴仁基等率部众从汜水西部进入兴洛仓袭击对方后面，约定十一日在兴洛仓城南面汇合，李密、翟让对他们的计划了如指掌。东都的军队先到，士兵还没吃早饭，刘长恭等就驱赶着他们渡过洛水。在石子河西面列阵，自南而北长十多里。李密、翟让挑选勇猛将士分成十队，命其中四队埋伏在横岭下等待裴仁基，其馀六队在石子河东面列阵。刘长恭等人看到李密的军队人很少，内心就轻视他们。翟让先与东都军交战，失利，李密就率部下拦腰冲击。隋兵本来就又饿又累，此时无法支持，大败。刘长恭等人脱下鲜亮的衣服，悄悄逃跑，才得以幸免，返回东都，士兵战死的有十之五六。越王杨侗赦免了刘长恭等人的罪过，慰问安抚他们。李密、翟让收缴了东都军的全部装备和武器盔甲，威名大振。

于是翟让推举李密为盟主，上李密尊号为魏公。庚子（十九日），在广场中设置高台，李密即位，改年号称元年，大赦天下。李密发布的文告命令，署名行军元帅府。魏公府设置三司、六卫，元帅府设置长史以下的官属。李密任命翟让为上柱国、司徒、

东郡公，亦置长史以下官，减元帅府之半。以单雄信为左武候大将军，徐世勣为右武候大将军，各领所部。房彦藻为元帅左长史，东郡邴元真为右长史，杨德方为左司马，郑德韬为右司马，祖君彦为记室，其馀封拜各有差。于是赵、魏以南，江、淮以北，群盗莫不响应。孟让、郝孝德、王德仁及济阴房献伯、上谷王君廓、长平李士才、淮阳魏六兒、李德谦、谯郡张迁、魏郡李文相、谯郡黑社、白社、济北张青特、上洛周比洮、胡驴贼等皆归密。密悉拜官爵，使各领其众，置百营簿以领之。道路降者不绝如流，众至数十万。乃命其护军田茂广筑洛口城，周四十里而居之。密遣房彦藻将兵东略地，取安陆、汝南、淮安、济阳，河南郡县多陷于密。

夏四月，李密以孟让为总管、齐郡公。己丑夜，让帅步骑二千入东都外郭，烧掠丰都市，比晓而去。于是东都居民悉迁入宫城，台省府寺皆满。巩县长柴孝和、监察御史郑颋以城降密，密以孝和为护军，颋为右长史。

裴仁基每破贼得军资，悉以赏士卒，监军御史萧怀静不许，士卒怨之。怀静又屡求仁基长短劾奏之。仓城之战，仁基失期不至，闻刘长恭等败，惧不敢进，屯百花谷，固垒自守，又恐获罪于朝。李密知其狼狈，使人说之，啖以厚利。贾务本之子闰甫在军中，劝仁基降密，仁基曰："如萧御史何？"闰甫曰："萧君如栖上鸡，若不知机变，在明公一刀耳。"仁基从之，遣闰甫诣密请降。密大喜，以闰甫为元帅府司兵参军，兼直记室事，使之复命，遗仁基书，慰纳之。

东郡公，他的官邸也设置长史以下官属，人数比元帅府少一半。任命单雄信为左武候大将军，徐世勣为右武候大将军，各自统领自己的部众。任命房彦藻为元帅左长史，东郡人邴元真为右长史，杨德方为左司马，郑德韬为右司马，祖君彦为记室，其馀的人封爵拜官各有等级差别。于是赵、魏以南，长江、淮河以北的盗贼全都响应李密。孟让、郝孝德、王德仁以及济阴人房献伯，上谷人王君廓，长平人李士才，淮阳人魏六兒、李德谦，谯郡人张迁，魏郡人李文相，谯郡的黑社、白社，济北人张青特，上洛人周比洮、胡驴贼等都归附李密。李密全都授予他们官爵，让他们各自率领自己原有的人马，设置百营簿来总领管理他们。一时间，前来归降的人在道路上如流水般络绎不绝，部众达到几十万。于是命令护军田茂广负责修筑洛口城，方圆四十里，作为主要居住地。李密又派遣房彦藻率兵马向东夺取土地，攻取了安陆、汝南、淮安、济阳，河南的郡县大多也被李密攻陷。

夏季四月，李密任命孟让为总管、齐郡公。己丑（初九）夜间，孟让率领步骑兵两千人进入东都外城，在丰都市烧杀掳掠，近拂晓时才撤走。于是，东都的居民都迁入宫城，台、省、府、寺等各政府官邸都住满了人。巩县县长柴孝和、监察御史郑颋献城向李密投降，李密任命柴孝和为护军，郑颋为右长史。

裴仁基每次攻破贼军所缴获的物资，全部都赏赐给士卒，监军御史萧怀静不同意这样做，士卒们都怨恨他。萧怀静又多次收集裴仁基的过失弹劾他。洛口仓城一战，裴仁基没有按期赶到，听说刘长恭等失败，大为恐惧，不敢继续进军，屯驻在百花谷，固守营垒，又怕朝廷怪罪。李密知道他处境狼狈，派人前去游说，用厚利引诱他。贾务本的儿子贾闰甫在裴仁基军中，他劝裴仁基投降李密，裴仁基说："拿萧御史怎么办呢？"贾闰甫说："萧君就像栖身于窝上的鸡，他如果不知道随机应变，你一刀就可解决问题。"裴仁基同意，派贾闰甫到李密处请求投降。李密大喜，任命贾闰甫为元帅府司兵参军兼直记室事，让他回去向裴仁基汇报，并让他带信给裴仁基，表示慰问安抚，接受他的归附。

仁基还屯虎牢。萧怀静密表其事，仁基知之，遂杀怀静，帅其众以虎牢降密。密以仁基为上柱国、河东公。仁基子行俨，骁勇善战，密亦以为上柱国、绛郡公。

密得秦叔宝及东阿程咬金，皆用为骠骑。选军中尤骁勇者八千人，分隶四骠骑以自卫，号曰“内军”。常曰：“此八千人足当百万。”咬金后更名知节。罗士信、赵仁基皆帅众归密，密署为总管，使各统所部。

癸巳，密遣裴仁基、孟让帅二万馀人袭回洛东仓，破之。遂烧天津桥，纵兵大掠。东都出兵击之，仁基等败走，密自帅众屯回洛仓。东都兵尚二十馀万人，乘城击柝，昼夜不解甲。密攻偃师、金墉，皆不克。乙未，还洛口。

东都城内乏粮，而布帛山积，至以绢为汲绠，然布以爨。越王侗使人运回洛仓米入城，遣兵五千屯丰都市，五千屯上春门，五千屯北邙山，为九营，首尾相应，以备密。

丁酉，房献伯陷汝阴，淮阳太守赵陁举郡降密。

己亥，密帅众三万复据回洛仓，大修营堑以逼东都。段达等出兵七万拒之。辛丑，战于仓北，隋兵败走。丁未，密使其幕府移檄郡县，数炀帝十罪，且曰：“罄南山之竹，书罪无穷；决东海之波，流恶难尽。”祖君彦之辞也。

裴仁基回军仍驻守于虎牢。萧怀静秘密向炀帝报告此事，裴仁基知道了，就把萧怀静杀了，率领部众献出虎牢向李密投降。李密封裴仁基为上柱国、河东公。裴仁基的儿子裴行俨勇猛善战，李密也封他为上柱国、绛郡公。

李密又得到了秦叔宝和东阿人程咬金两位勇士，都任命为骠骑将军。并在军中挑选了八千名特别勇猛刚健的士兵，分别隶属于四名骠骑将军，充当自己的侍卫，号称为“内军”。李密常说：“这八千个人足以抵挡百万敌兵。”程咬金后来改名为程知节。罗士信、赵仁基都率部众前来归附李密，李密任命他们为总管，让他们各自统领原来的部属。

癸巳（十三日），李密派裴仁基、孟让率二万多人马袭击回洛东仓，一举攻破。于是就焚烧天津桥，放纵士兵大肆掠夺。东都派兵出击，裴仁基等被击败，撤退，李密就亲自率军队驻扎在回洛仓。这时东都还有二十多万士兵，他们轮流登城防守，敲击木梆警戒，白天黑夜都不解盔甲。李密出兵进攻偃师、金墉，都未能攻克。乙未（十五日），李密率军返回洛口。

东都城内粮食缺乏，而布帛却堆积如山，以至于用绢丝作为打水用的绳子，把布匹当柴燃烧着煮饭。越王杨侗派人到回洛仓运粮进城，他调动五千士兵驻守在丰都市，五千士兵驻扎在上春门，五千士兵屯驻在北邙山，共分为九个军营，首尾呼应，来防备李密的袭击。

丁酉（十七日），李密部将房献伯攻陷汝阴，淮阳太守赵陁献出郡城向李密投降。

己亥（十九日），李密率三万部众重新占据回洛仓，在那里大规模修营垒挖壕沟，紧逼东都。段达等率七万兵马出城抗击。辛丑（二十一日），两军在回洛仓北面交战，隋朝军队战败撤退。丁未（二十七日），李密派他的幕僚发布文告，在各郡县传递，文告中历数炀帝十大罪状，并且说：“即使把南山的竹子全都制成竹简，也写不完杨广的罪行；决开东海的波涛，也冲刷不尽杨广的罪恶。”这是祖君彦起草的。

五月，炀帝命监门将军泾阳庞玉、虎贲郎将霍世举将关内兵援东都。柴孝和说李密曰："秦地山川之固，秦、汉所凭以成王业者也。今不若使翟司徒守洛口，裴柱国守回洛，明公自简精锐西袭长安。既克京邑，业固兵强，然后东向以平河、洛，传檄而天下定矣。方今隋失其鹿，豪杰竞逐，不早为之，必有先我者，悔无及矣！"密曰："此诚上策，吾亦思之久矣。但昏主尚存，从兵犹众，我所部皆山东人，见洛阳未下，谁肯从我西入？诸将出于群盗，留之各竞雌雄，如此，则大业隳矣。"孝和曰："然则大军既未可西上，仆请间行观衅。"密许之。孝和与数十骑至陕县，山贼归之者万馀人。时密兵锋甚锐，每入苑，与隋兵连战。会密为流矢所中，卧营中。丁丑，越王侗使段达与庞玉等夜出兵，陈于回洛仓西北。密与裴仁基出战，达等大破之，杀伤太半，密乃弃回洛，奔洛口。庞玉、霍世举军于偃师，柴孝和之众闻密退，各散去。孝和轻骑归密，杨德方、郑德韬皆死。密以郑颋为左司马，荥阳郑乾象为右司马。

六月，李密复帅众向东都，丙申，大战于平乐园。密左骑、右步，中列强弩，鸣千鼓以冲之，东都兵大败，密复取回洛仓。

秋七月，炀帝遣江都通守王世充将江、淮劲卒，将军王隆帅邛黄蛮，河北大使太常少卿韦霁、河南大使虎牙郎将王辩等各帅所领同赴东都，相知讨李密。霁，世康之子也。

五月，隋炀帝命监门将军泾阳人庞玉、虎贲郎将霍世举率领关内兵救援东都。柴孝和劝李密说："秦地山川险固，过去秦和汉都是凭借着它成就帝王之业的。现在不如派翟司徒驻守洛口，裴柱国驻守回洛，明公你自己挑选精锐部队向西袭击长安。等到攻克了京都，基业巩固，军队强盛，然后再向东发展，平定河、洛地区，那时，传布一道檄文，天下就可平定了。眼下隋王室政权失落，天下豪杰竞相追逐夺取，我们不早日行动，必然有比我们先动手的人，届时后悔也来不及了！"李密说："这确实是上策，我也思考了很久。但是杨广这昏君还在，他的部众还有不少，我们所率领的都是崤山以东地区的人，看到洛阳没有攻下，有谁肯随我西进？各将领都是草莽盗贼出身，留他们在此就会相互争斗，决一雌雄，这样，我们的大业就毁了。"柴孝和说："大军既然不可能向西进发，那么我请求秘密前往，看看有什么可乘之机。"李密同意了。柴孝和就与几十名骑兵来到陕县，当地山林盗贼归附的有一万多人。当时李密的军队气势正盛，常常攻入东都西苑，与隋兵交战。恰好此时李密被流箭射中，躺在营中养伤。丁丑（二十八日），越王杨侗派段达与庞玉等在夜间出兵，在回洛仓西北方列阵。李密与裴仁基率兵出战，段达等人大破李密军，杀死打伤一半以上人马，李密只好放弃回洛，逃奔洛口。庞玉、霍世举驻军于偃师，柴孝和的部众听到李密败退的消息，各自逃散。柴孝和轻装骑马回到李密军中，杨德方、郑德韬都战死。李密任命郑颋为左司马，荥阳人郑乾象为右司马。

六月，李密又率军队向东都进军，丙申（十七日），两军大战于平乐园。李密在左翼部署骑兵，右翼是步兵，中间都是弓箭手，擂响了千面战鼓，三路齐发进行攻击，东都兵大败，李密又夺回了回洛仓。

秋季七月，隋炀帝派遣江都通守王世充率领长江、淮河一带的精锐部队，将军王隆率邛部的黄蛮，河北大使太常少卿韦霁、河南大使虎牙郎将王辩等各自率领统辖的军队一同奔赴东都，联合讨伐李密。韦霁，是韦世康的儿子。

炀帝诏左御卫大将军涿郡留守薛世雄将燕地精兵三万讨李密，命王世充等诸将皆受世雄节度，军所过盗贼，随便诛翦。

九月，武阳郡丞元宝藏以郡降李密，甲寅，密以宝藏为上柱国、武阳公。宝藏使其客钜鹿魏徵为启谢密，且请改武阳为魏州。又请帅所部西取魏郡，南会诸将取黎阳仓。密喜，即以宝藏为魏州总管，召魏徵为元帅府文学参军，掌记室。徵少孤贫，好读书，有大志，落拓不事生业。始为道士，宝藏召典书记。密爱其文辞，故召之。

初，贵乡长弘农魏德深，为政清静，不严而治。辽东之役，征税百端，使者旁午，责成郡县，民不堪命。唯贵乡闾里不扰，有无相通，不竭其力，所求皆给。元宝藏受诏捕贼，数调器械，动以军法从事。其邻城营造，皆聚于听事，官吏递相督责，昼夜喧嚣，犹不能济。德深听随便修营，官府寂然，恒若无事，唯戒吏以不须过胜馀县，使百姓劳苦。然民各自竭心，常为诸县之最，县民爱之如父母。宝藏深害其能，遣将千兵赴东都。所领兵闻宝藏降密，思其亲戚，辄出都门，东向恸哭而返。或劝之降密，皆泣曰："我与魏明府同来，何忍弃去？"

河南、山东大水，饿殍满野。炀帝诏开黎阳仓赈之，吏不时给，死者日数万人。徐世勣言于李密曰："天下大乱，本为

隋炀帝诏令左御卫大将军、涿郡留守薛世雄率领燕地的精锐部队三万人前去讨伐李密，责成王世充等各将领都受薛世雄指挥。军队经过处发现盗贼，可以根据情况杀戮剪除。

九月，武阳郡郡丞元宝藏献出武阳郡，向李密投降，甲寅（初六），李密封元宝藏为上柱国、武阳公。元宝藏让他的门客钜鹿人魏徵写信向李密致谢，并请求把武阳郡改称为魏州。又请求率领自己的部属向西攻取魏郡，南下会合各将领，共同攻取黎阳仓。李密十分高兴，就任命元宝藏为魏州总管，又召魏徵为元帅府文学参军，掌记室。魏徵年少时孤苦贫困，酷爱读书，胸有大志，为人洒脱不拘小节，不愿从事谋生之业。起初他当道士，元宝藏召他掌管书籍文书。李密喜欢他的文辞，因此召来为己所用。

起初，贵乡县长弘农人魏德深，处理政务清明简静，用法并不苛严，但却治理有方。炀帝征伐辽东时，苛捐杂税名目繁多，征税的使者交错往来，责成郡县政府向民催逼，百姓不堪负担。只有贵乡县的村落乡里没有骚扰，大家互通有无，并没有耗尽百姓的财力，政府需要的基本都能供给。元宝藏接受诏命搜捕盗贼，多次向地方上征调器械，而且动辄以军法处置。贵乡的邻近县城为营造这些器械，都把工匠聚集在厅堂里，由各官吏轮流监督，日夜喧闹不堪，仍不能完成任务。魏德深则听任工匠根据自己的方便选择地方营造，官府里一片寂静，好像什么事也没发生。他只告诫下属，不必去超过别的县，而让百姓更加劳苦。但是县民仍然各自尽心尽力，完成征调任务常常为各县之冠，贵乡县的百姓爱戴他如同爱自己的父母。元宝藏十分忌妒他的才能，派他率领一千名士兵增援东都。当魏德深所统之兵听到元宝藏投降李密的消息时，都思念自己的亲人，走出东都城门向东痛哭，然后又返回城内。有人劝他们也去投降李密，他们都流着泪说：“我们是与魏明府一起来的，怎么忍心弃他而去呢？”

河南、山东发生水灾，满山遍野到处都堆满饿死的人。隋炀帝下诏打开黎阳仓救济灾民，但是官吏们却没有及时发给，每天都有几万人死去。徐世勣对李密说：“天下大乱，本来就是因为

饥馑。今更得黎阳仓,大事济矣。”密遣世勣帅麾下五千人自原武济河,会元宝藏、郝孝德、李文相及洹水贼帅张升、清河贼帅赵君德共袭破黎阳仓,据之,开仓恣民就食,浃旬间,得胜兵二十馀万。武安、永安、义阳、弋阳、齐郡相继降密。窦建德、朱粲之徒亦遣使附密,密以粲为扬州总管、邓公。泰山道士徐洪客献书于密,以为:“大众久聚,恐米尽人散,师老厌战,难可成功。”劝密“乘进取之机,因士马之锐,沿流东指,直向江都,执取独夫,号令天下。”密壮其言,以书招之,洪客竟不出,莫知所之。

王世充、韦霁、王辩及河内通守孟善谊、河阳郡尉独孤武都各帅所领会东都,唯王隆后期不至。己未,越王侗使虎贲郎将刘长恭等帅留守兵,庞玉等帅偃师兵,与世充等合十馀万众。击李密于洛口,与密夹洛水相守。炀帝诏诸军皆受世充节度。

帝遣摄江都郡丞冯慈明向东都,为密所获。密素闻其名,延坐劳问,礼意甚厚。因谓曰:“隋祚已尽,公能与孤共立大功乎?”慈明曰:“公家历事先朝,荣禄兼备。不能善守门阀,乃与玄感举兵,偶脱罔罗,得有今日,唯图反噬,未谕高旨。莽、卓、敦、玄非不强盛,一朝夷灭,罪及祖宗。仆死而后已,不敢闻命!”密怒,囚之。慈明说防人席务本,使亡走。奉表江都,及致书东都论贼形势。至雍丘,为密将李公逸所获,密又义而释之。出至营门,翟让杀之。慈明,子琮之子也。

饥馑的缘故。如果再夺得黎阳仓，大事就可成功了。”李密派徐世勣率五千部众从原武渡过黄河，会同元宝藏、郝孝德、李文相及洹水县的盗贼首领张升、清河郡盗贼首领赵君德一起袭击并攻破了黎阳仓。他们据守着黎阳仓，打开仓门让人民任意取食，仅十天时间，就得到精兵二十多万。武安、永安、义阳、弋阳、齐郡都相继投降李密。窦建德、朱粲这些已有相当势力的人也派使者归附李密，李密任朱粲为扬州总管、邓公。泰山道士徐洪客向李密献书，认为："大部队长久聚集在一起，恐怕结果是粮尽人散。出征时间长了，士兵会产生厌战情绪，那样就难以取得成功。”他劝李密："乘着进取的良机，凭着军队的锐气，沿着运河向东进发，直扑江都，活捉残暴无道的君主，号令天下。”李密很欣赏他的豪气，写信召他来，可是徐洪客始终没出现，不知到哪里去了。

王世充、韦霁、王辩以及河内通守孟善谊、河南郡尉独孤武都各自率领所属部队在东都会师，只有王隆到约定的时间还没到。己未(十一日)，越王杨侗派虎贲郎将刘长恭等统帅留守部队，庞玉等率偃师兵，与王世充等会合，共有十多万人。在洛口攻击李密，与李密隔洛水对峙。炀帝诏令各军队都受王世充指挥。

炀帝派遣代理江都郡丞冯慈明前往东都，途中被李密擒获，李密早就听说冯慈明的名声，就请他坐下并安慰他，礼节周到，态度诚恳。乘机对他说："隋朝的气数已尽，你能不能和我一起共建大业?”冯慈明说："你们李家历来侍奉先帝，荣华富贵都已具备。你不能好好地维护自己的门第，反而与杨玄感一同起兵谋反。侥幸逃脱罗网，才有今天，仍然一心想着反叛，我不知道你有什么高见? 王莽、董卓、王敦、桓玄的势力并不是不强盛，但是一旦失败，夷灭九族，还要牵连到祖宗。我只有一死而已，不敢听从你的命令。”李密大怒，把他囚禁起来。冯慈明说服了看守他的席务本，暗中将他释放。冯慈明一面上书江都朝廷，一面写信给东都，描述、分析盗贼的情况。逃到雍丘时，被李密的部将李公逸抓获，李密钦佩他的义气，又把他放了。但是刚走到营门口，被翟让杀了。冯慈明，是冯子琮的儿子。

密之克洛口也，箕山府郎将张季珣固守不下，密以其寡弱，遣人呼之。季珣骂密极口，密怒，遣兵攻之，不能克。时密众数十万在其城下，季珣四面阻绝，所领不过数百人，而执志弥固，誓以必死。久之，粮尽水竭，士卒羸病，季珣抚循之，一无离背。自三月至于是月，城遂陷。季珣见密不肯拜，曰："天子爪牙，何容拜贼！"密犹欲降之，诱谕终不屈，乃杀之。季珣，祥之子也。

冬十月壬寅，王世充夜渡洛水，营于黑石。明日，分兵守营，自将精兵陈于洛北。李密闻之，引兵渡洛逆战，密兵大败，柴孝和溺死。密帅麾下精骑渡洛南，馀众东走月城，世充追围之。密自洛南策马直趣黑石，营中惧，连举六烽，世充释月城之围，狼狈自救。密还与战，大破之，斩首三千馀级。

王世充自洛北之败，坚壁不出。越王侗遣使劳之，世充惭惧，请战于密。十一月丙辰，世充与密夹石子河而陈，密布陈南北十馀里。翟让先与世充战，不利而退。世充逐之，王伯当、裴仁基从旁横断其后，密勒中军击之，世充大败，西走。

翟让司马王儒信劝让自为大冢宰，总领众务，以夺密权，让不从。让兄柱国荥阳公弘，粗愚人也，谓让曰："天子汝当自为，奈何与人？汝不为者，我当为之！"让但大笑，不以为意，

李密攻克洛口时，箕山府郎将张季珣固守着不肯投降。李密认为他人少力量弱，就派人去招降。张季珣用最难听的话诟骂李密，李密大怒，派军队攻击，却不能取胜。当时李密的几十万大军在洛口仓城下，张季珣四面与外隔绝，手下不过几百人，但是他守城的意志坚定，发誓至死不屈。时间长了，粮食吃尽，饮水断绝，士兵体力下降，衰弱病倒，张季珣亲自安抚慰问，没有一个人叛离。从三月直到九月，城池才被攻陷。张季珣见到李密不肯下拜，说："我是天子的部属，怎么可以向盗贼下拜！"李密仍想劝他投降，百般劝诱始终不屈服，于是把他杀了。张季珣，是张祥的儿子。

冬季十月壬寅（二十五日），王世充率军趁夜色渡过洛水，在黑石扎营。第二天，他分出一部分兵力守卫大营，自己率精兵在洛水北岸列阵。李密得到消息，领兵渡过洛水迎战。结果李密军大败，柴孝和溺死。李密率手下精锐骑兵渡过洛水向南行进，其馀部众向东逃奔到月城，王世充紧追不舍，包围了月城的军队。李密从洛水以南催马直逼黑石，留在黑石大营的王世充的军队大为恐惧，一连点燃六柱烽火告急，王世充急忙解除对月城的包围，狼狈地回军救援自己的营垒。李密乘机回军与之交战，大破王世充军，杀了三千多士卒。

王世充自从在洛水之北打了败仗后，一直坚守大营不再出战。越王杨侗派遣使者前去安抚慰劳，王世充又羞愧又恐惧，就向李密挑战。十一月丙辰（初九），王世充与李密在石子河两岸对阵，李密布下的阵营自南而北长十多里。翟让先出兵与王世充交战，失利，撤退。王世充驱众追赶，这时，王伯当、裴仁基从两侧切入，隔断了王世充后军，李密率中军出击，王世充大败，向西逃奔而去。

翟让的司马王儒信劝翟让自任大冢宰，总领军政要务，以此夺取李密的权力，翟让不同意。翟让的哥哥、柱国、荥阳公翟弘，是粗鲁而愚昧的人，他对翟让说："天子你应该自己当，为什么要让给别人？你不想当，我来做！"翟让只是大笑，并没放在心上，

密闻而恶之。总管崔世枢自鄢陵初附于密，让因之私府，责其货，世枢营求未办，遽欲加刑。让召元帅府记室邢义期博，逡巡未就，杖之八十。让谓左长史房彦藻曰："君前破汝南，大得宝货，独与魏公，全不与我！魏公我之所立，事未可知。"彦藻惧，以状告密，因与左司马郑颋共说密曰："让贪愎不仁，有无君之心，宜早图之。"密曰："今安危未定，遽相诛杀，何以示远？"颋曰："毒蛇螫手，壮夫解腕，所全者大故也。彼先得志，悔无所及。"密乃从之，置酒召让。戊午，让与兄弘及兄子司徒府长史摩侯同诣密，密与让、弘、裴仁基、郝孝德共坐，单雄信等皆立侍，房彦藻、郑颋往来检校。密曰："今日与达官饮，不须多人，左右止留数人给使而已。"密左右皆引去，让左右犹在。彦藻白密曰："今方为乐，天时甚寒，司徒左右，请给酒食。"密曰："听司徒进止。"让应曰："甚佳。"乃引让左右尽出，独密下壮士蔡建德持刀立侍。食未进，密出良弓，与让习射，让方引满，建德自后斫之，踣于床前，声若牛吼，并弘、摩侯、儒信皆杀之。徐世勣走出，门者斫之伤颈，王伯当遥诃止之。单雄信叩头请命，密释之。左右惊扰，莫知所为，密大言曰："与君等同起义兵，本除暴乱。司徒专行贪虐，陵辱群僚，无复上下。今所诛止其一家，诸君无预也。"命扶徐世勣置幕下，亲为傅创。让麾下欲散，密使单雄信

李密得知这事后就十分厌恶他。总管崔世枢起先在鄢陵起兵，刚归附李密时，翟让把他囚禁在自己的宅第，向他索取钱财，崔世枢设法筹集未果，翟让就要加刑处死。翟让召元帅府记室邢义期赌博，邢义期犹豫不决，结果没来，翟让就把他杖打八十。翟让对左长史房彦藻说："你前些时攻破汝南，得到许多金银财宝，你全献给了魏公，一点都没给我！魏公是我扶植的，以后事情怎样还不可知。"房彦藻十分恐惧，就把情况告诉李密，并且与左司马郑颋一起劝说李密："翟让贪婪自大，毫无仁爱之心，他现在不把你放在眼中，应该早日想法解决。"李密说："如今天下安危还没确定，就自相残杀，将给远近的人留下什么印象？"郑颋说："毒蛇咬了手，壮士也只好割断手腕，因为要保全更为重要的生命。如果让他先得手，后悔也来不及了。"李密这才同意，他摆下酒席，宴请翟让。戊午（十一日），翟让与哥哥翟弘以及侄子司徒府长史翟摩侯一起去见李密，李密与翟让、翟弘、裴仁基、郝孝德一同入座，单雄信等都侍立在旁，房彦藻、郑颋来往照料。李密说："今天与高官们一起喝酒，不需要那么多人，左右只留几个人服侍就可以了。"于是李密的手下都退去，翟让的侍卫还在。房彦藻对李密说："今天饮酒作乐，天这么冷，司徒左右的侍卫，也让他们去喝几杯吧。"李密说："这由司徒决定。"翟让答应说："很好。"于是把翟让的侍从都领出去，只留下李密手下的壮士蔡建德持刀侍立在一旁。还没开始上菜，李密取出一张好弓，让翟让试射，翟让刚刚把弓拉开，蔡建德在背后突然用刀猛砍，翟让扑倒在床前，发出牛吼般的声音，蔡建德把翟弘、翟摩侯、王儒信一并杀死。徐世勣逃出去，门卫挥刀就砍，伤了他的脖子，王伯当在远处看到，立即呵斥制止。单雄信叩头请求饶命，李密释放了他。翟让的侍卫都惊恐万分，不知该怎么办好。李密大声宣布说："我和大家一同兴起义兵，本来是为了铲除暴乱。但是司徒独断独行，贪婪暴虐，欺凌同僚，也不分尊卑上下。今天我要诛杀的只是翟让一家，与你们无关。"他命人把徐世勣扶到营帐下，亲自为他包扎伤口。翟让的部众准备逃散，李密派单雄信

前往宣慰，密寻独骑入其营，历加抚谕。令世勣、雄信、伯当分领其众，中外遂定。让残忍，摩侯猜忌，儒信贪纵，故死之日，所部无哀之者。然密之将佐始有自疑之心矣。始，王世充知让与密必不久睦，冀其相图，得从而乘之。及闻让死，大失望，叹曰："李密天资明决，为龙为蛇，固不可测也！"

十二月庚子，王世充军士有亡降李密者，密问："世充军中何所为？"军士曰："比见益募兵，再飨将士，不知其故。"密谓裴仁基曰："吾几落奴度中，光禄知之乎？吾久不出兵，世充刍粮将竭，求战不得，故募兵飨士，欲乘月晦以袭仓城耳，宜速备之。"乃命平原公郝孝德、琅邪公王伯当、齐郡公孟让勒兵分屯仓城之侧以待之。其夕三鼓，世充兵果至，伯当先遇之，与战，不利。世充兵即陵城，总管鲁儒拒却之。伯当更收兵击之，世充大败，斩其骁将费青奴，士卒战溺死者千馀人。世充屡与密战，不胜。越王侗遣使劳之，世充诉以兵少，数战疲弊，侗以兵七万益之。

唐高祖武德元年春正月，王世充既得东都兵，进击李密于洛北，败之，遂屯巩北。辛酉，世充命诸军各造浮桥渡洛击密，桥先成者先进，前后不一。虎贲郎将王辩破密外栅，密营中惊扰，将溃。世充不知，鸣角收众，密因帅敢死士乘之，世充大败，争桥溺死者万馀人。王辩死，世充仅自

前去解释、安慰，不久，李密又独自骑马来到翟让的大营，再三安抚慰问。命令徐世勣、单雄信、王伯当分别统领翟让的部属，军营内外才安定下来。翟让天性残忍，翟摩侯又好猜忌，王儒信贪婪放纵，因而他们死的那天，他们的部下没有为此哀痛的。然而李密的将佐属僚，从此失去安全感，有了猜疑之心。起初，王世充知道翟让与李密必定不会长久和睦相处，希望他们互相算计争斗，他好从中加以利用。听到翟让被杀的消息，他大失所望，叹息说："李密天资聪明果断，他到底是龙是蛇，实在不好预料啊！"

十二月庚子（二十四日），王世充军中有兵士逃亡，投降李密，李密问他说："王世充目前在军中做些什么？"兵士回答说："最近只见他又在招募人马，还一再犒劳将士，不知是什么缘故。"李密对裴仁基说："我几乎中了王世充这奴才的算计，你知道吗？我长久不出兵，王世充粮草快要用完，求战不得，因此才招募兵士，犒劳军队，想乘月色昏黑的时候袭击仓城，要迅速做准备。"于是命令平原公郝孝德、琅邪公王伯当、齐郡公孟让率兵分别屯守在仓城两侧等待敌军到来。这天夜里三更时分，王世充的军队果然来到。王伯当先与敌遭遇，交战失利。王世充的军队立即攀城而上，总管鲁儒将他们击退。王伯当重新整顿部队再次攻击，王世充军队大败，其勇将费青奴被斩杀，士兵战死、淹死的有一千多人。王世充屡次与李密交战都没能取胜，越王杨侗派使节慰劳他，王世充就诉说他的兵力太少，几次战斗后已疲惫不堪，杨侗就派出七万人，去补充王世充的力量。

唐高祖武德元年（618）春季正月，王世充获得了东都补充的军队之后，就在洛北进击并打败了李密，便屯驻在巩县北面。辛酉（十五日），王世充命令各部队分别制造浮桥，准备渡过洛水攻击李密。桥先造好的部队先进击，各军先后不一致。虎贲郎将王辩攻破李密军营的外围栅栏，李密军营中一片惊慌混乱，眼看李密军不能支持，就要溃败。王世充却不了解这一情况，吹响号角收兵，李密乘机率敢死队反击，王世充军队大败，士兵们争相过桥，挤下河淹死的有一万多人。王辩战死，王世充只逃得自

免，洛北诸军皆溃。世充不敢入东都，北趣河阳。是夜，疾风寒雨，军士涉水沾湿，道路冻死者又以万数。世充独与数千人至河阳，自系狱请罪，越王侗遣使赦之，召还东都，赐金帛、美女以安其意。世充收合亡散，复得万馀人，屯含嘉城，不敢复出。

密乘胜进据金墉城，修其门堞、庐舍而居之，钲鼓声闻于东都。未几，拥兵三十馀万，陈于北邙，南逼上春门。乙丑，金紫光禄大夫段达、民部尚书韦津出兵拒之。达望见密兵盛，惧而先还，密纵兵乘之，军遂溃，韦津死。于是偃师、柏谷及河阳都尉独孤武都、检校河内郡丞柳燮、职方郎柳续等各举所部降于密。窦建德、朱粲、孟海公、徐圆朗等并遣使奉表劝进，密官属裴仁基等亦上表请正位号，密曰："东都未平，不可议此。"

戊辰，唐王以世子建成为左元帅，秦公世民为右元帅，督诸军十馀万人救东都。东都乏食，太府卿元文都等募守城者不食公粮进散官二品，于是商贾执象而朝者，不可胜数。

二月，李密遣房彦藻、郑颋等东出黎阳，分道招慰州县。以梁郡太守杨汪为上柱国、宋州总管，又以手书与之曰："昔在雍丘，曾相追捕，射钩斩袂，不敢庶几。"汪遣使往来通意，密亦羁縻待之。彦藻以书招窦建德，使来见密。建德复书，卑辞厚礼，托以罗艺南侵，请捍御北垂。彦藻还，至卫州，贼帅王德仁邀杀之。德仁有众数万，据林虑山，

身一命，洛北各军全面崩溃。王世充不敢再回东都，向北奔赴河阳。当天夜里，风雨交加，寒不可当，兵士们涉水过河，浑身都湿透了，一路上冻死的数以万计。王世充只带着几千人到达河阳，他自己投入监狱囚禁，请求治罪，越王杨侗派使者前往表示赦免他，把他召回东都，赐给金银、绸缎、美女来安慰他。王世充收拾逃散的残馀部众，又得一万多人，屯驻在含嘉城，不敢再出战。

李密乘胜进击，占据了金墉城，修整那里的城门城墙与房屋官舍，住了下来，战鼓的声音可传到东都。不久，李密拥兵三十多万，在北邙列阵，向南进逼上春门。乙丑（十九日），金紫光禄大夫段达、民部尚书韦津出兵抵御。段达望见李密兵多势盛，内心恐惧，先撤兵而回。李密当即挥军进击，隋军大溃败，韦津战死。于是偃师、柏谷以及河阳都尉独孤武都、检校河内丞柳燮、职方郎柳续等都各自率领部属投降了李密。窦建德、朱粲、孟海公、徐圆朗等都派遣使者奉表章劝李密称帝，李密的属僚裴仁基等也上书请求确定皇帝位号。李密说：“东都还没有平定，不可以谈这事。”

戊辰（二十二日），唐王李渊派世子李建成为左元帅，秦公李世民为右元帅，统领各路人马共十多万人救援东都。东都当时粮食奇缺，太府卿元文都就招募自带口粮的守城者，并规定凡不吃公粮义务守城的一律进散官二品，一时间，手执象牙笏板上朝的商人不计其数。

二月，李密派遣房彦藻、郑颋从黎阳向东进发，分别去各州县进行招抚宣慰。任命梁郡太守杨汪为上柱国、宋州总管，又写亲笔信给他说：“过去在雍丘，曾遭到你的追捕，从前齐桓公被管仲射中带钩，晋文公被勃鞮砍断衣袖，但都不计前嫌，我现在不敢说与他们差不多，但我愿仿效。”杨汪派遣使者往来其间，传达交好之意，李密也竭力笼络他。房彦藻写信给窦建德，请他来与李密相见。窦建德回信，措辞谦卑，礼数周到，但推托说罗艺正南下侵袭，请允许他留下捍卫北疆。房彦藻返回时经过卫州，盗贼首领王德仁拦击并杀了他。王德仁有几万部众，占据着林虑山，

四出抄掠，为数州之患。

夏四月，世子建成等至东都，军于芳华苑，东都闭门不出，遣人招谕，不应。李密出军争之，小战，各引去。城中人多欲为内应者，赵公世民曰："吾新定关中，根本未固，悬军远来，虽得东都，不能守也。"遂不受。戊寅，引军还。

东都号令不出四门，人无固志。朝议郎段世弘等谋应西师，会西师已还，乃遣人招李密，期以己亥夜纳之。事觉，越王命王世充讨诛之。密闻城中已定，乃还。

五月，王德仁既杀房彦藻，李密遣徐世勣讨之，德仁兵败。甲寅，与武安通守袁子幹皆来降，诏以德仁为邺郡太守。

隋炀帝凶问至东都，戊辰，留守官奉越王即皇帝位，大赦，改元皇泰。以段达为纳言、陈国公，王世充为纳言、郑国公，元文都为内史令、鲁国公，皇甫无逸为兵部尚书、杞国公。又以卢楚为内史令，郭文懿为内史侍郎，赵长文为黄门侍郎，共掌朝政。时人号"七贵"。皇泰主眉目如画，温厚仁爱，风格俨然。

东都闻宇文化及西来，上下震惧。有盖琮者，上疏请说李密与之合势拒化及。元文都谓卢楚等曰："今仇耻未雪而兵力不足，若赦密罪使击化及，两贼自斗，吾徐承其弊。化及既破，密兵亦疲，又其将士利吾官赏，易可离间，并密亦

常常到四方抢劫掳掠，给远近几个州造成祸患。

夏季四月，唐王世子李建成等到达东都，军队驻扎在芳华苑。东都军队紧闭城门不出来接应，唐军派人前去解释，也不加理睬。李密出兵攻击，两军稍一接触，就各自引兵撤退。东都城里很多人想做唐军内应，赵公李世民说："我们刚刚平定了关中，根基还不牢固，又孤军出征，远道而来，即使得到东都，也是守不住的。"因而拒绝了这一要求。戊寅（初四），唐军撤回关中。

东都朝廷已不能控制局势，号令只能在城内生效，因而人心浮动，毫无斗志。朝议郎段世弘等商议响应李建成所率的西路军，恰好李建成已率军回师，于是就派人与李密联络，约定在己亥（二十五日）夜晚接应他入城。事情被发觉，越王杨侗命王世充讨伐并诛杀了段世弘等人。李密听说城中谋反者已被平定，就撤军而回。

五月，王德仁杀了房彦藻后，李密派徐世勣前往讨伐，王德仁被击败。甲寅（初十），王德仁与武安通守袁子幹一起向唐廷投降，唐高祖下诏任命王德仁为邺郡太守。

隋炀帝的死讯传到东都，戊辰（二十四日），东都的留守官员拥奉越王杨侗即皇帝位，大赦天下，改年号"皇泰"。任命段达为纳言、陈国公，王世充为纳言、郑国公，元文都为内史令、鲁国公，皇甫无逸为兵部尚书、杞国公。又任命卢楚为内史令，郭文懿为内史侍郎，赵长文为黄门侍郎，共同掌握朝政，当时人称之为"七贵"。皇泰主杨侗相貌端正，眉目如画，待人温和厚重，有仁爱之心，风度仪态庄重。

东都朝廷听说宇文化及正率领军队向西行进，朝野上下，一片恐慌。有一个叫盖琮的，上奏疏请求去游说李密，联合抗击宇文化及。元文都对卢楚等人说："如今宇文化及弑主之仇还没报，我们的兵力单薄又不足以雪耻，如果赦免李密的罪行，让他去攻击宇文化及，两个盗贼自相争斗，我们可以慢慢等待着他们的衰败。宇文化及被击破了，李密的军队也疲惫不堪了。李密的将士贪图我们的官爵赏赐，很容易离间，到那个时候，连李密也

可擒也。”楚等皆以为然，即以琮为通直散骑常侍，赍敕书赐密。

时密与东都相持日久，又东拒化及，常畏东都议其后，见盖琮至，大喜，遂上表乞降，请讨灭化及以赎罪，送所获凶党雄武郎将于洪建，遣元帅府记室参军李俭、上开府徐师誉等入见。皇泰主命戮洪建于左掖门外。元文都等以密降为诚实，盛饰宾馆于宣仁门东。皇泰主引见俭等，以俭为司农卿，师誉为尚书右丞，册拜密太尉、尚书令、东南道大行台行军元帅、魏国公，令先平化及，然后入朝辅政。以徐世勣为右武候大将军。仍下诏称密忠款，且曰：“其用兵机略，一禀魏公节度。”

元文都等喜于和解，谓天下可定，置酒作乐。王世充作色曰：“朝廷官爵，乃以与贼，志欲何为耶？”文都等亦疑世充，由是有隙。

秋七月，皇泰主遣大理卿张权、鸿胪卿崔善福赐李密书曰：“今日以前，咸共刷荡，使至以后，彼此通怀。七政之重，伫公匡弼，九伐之利，委公指挥。”权等既至，密北面拜受诏书。既无西虑，悉以精兵东击化及。密知化及军粮且尽，因伪与和。化及大喜，恣其兵食，冀密馈之。会密下有人获罪，亡抵化及，具言其情，化及大怒，其食又尽，乃渡永济渠，与密战于童山之下，自辰达酉。密为流矢所中，堕马闷绝，

能擒获了。”卢楚等都认为这计策好，于是就任命盖琮为通直散骑常侍，带着杨侗的敕书，前去游说李密。

当时，李密与东都已相持了很长时间，又要抵御东面的宇文化及，常常担心东都会袭击他的后方。看到盖琮前来，十分高兴，就向杨侗上表乞求投降，又请求让他出兵讨伐宇文化及来赎罪。李密把俘获的宇文化及的同党雄武郎将于洪建押送东都，又派遣元帅府记室参军李俭、上开府徐师誉等入东都朝见。皇泰主杨侗命令在左掖门外斩杀于洪建。元文都等人都认为李密是真心诚意地投降，就在宣仁门东侧为他大修宾馆。皇泰主接见了李俭等人，任命李俭为司农卿，徐师誉为尚书右丞，下册书拜授李密为太尉、尚书令、东南道大行台行军元帅、魏国公，命令他先平定宇文化及，然后入朝辅佐朝政。任命徐世勣为右武候大将军。还下诏赞扬李密的忠诚，并说：“军事行动及其谋略，一律听从魏公指挥。”

元文都等都十分高兴能与李密和解，认为这样一来，天下可以平定，于是就摆酒作乐。只有王世充气愤地说：“朝廷的官爵，都给了盗贼，这到底是想干什么？”元文都等都怀疑王世充，从此彼此间有了裂痕。

秋季七月，皇泰主杨侗派遣大理卿张权、鸿胪卿崔善福携带诏书前去见李密，诏书上说：“在此之前的事情，全都清除不论，从今以后，彼此真诚相待。国家的重要政务，还依靠你的匡救辅佐，征战大事，也全都委托你指挥。”张权等人到达之后，李密面向北方叩拜，接受诏书。李密既然已经没有了来自西方的顾虑，就调集全部的精兵向东进击宇文化及。李密知道宇文化及的军粮将要吃完，就假意与他讲和。宇文化及大喜，就不再要求他的士兵计划用粮，以为李密一定会供应给他粮食。恰巧此时李密手下有一个人犯法，畏罪潜逃到宇文化及那里，把真实的情况全都告诉了他，宇文化及一听，怒不可遏，而这时他的粮食又全都吃完了，于是就渡过永济渠，在童山脚下与李密交战，从上午七八点钟直打到傍晚。李密被流箭射中，从马上栽下昏了过去，

左右奔散，追兵且至，唯秦叔宝独捍卫之，密由是获免。叔宝复收兵与之力战，化及乃退。化及入汲郡求军粮，又遣使拷掠东郡吏民以责米粟。王轨等不堪其弊，遣通事舍人许敬宗诣密请降。密以轨为滑州总管，以敬宗为元帅府记室，与魏徵共掌文翰。房公苏威在东郡，随众降密。化及闻王轨叛，大惧，自汲郡引兵欲取以北诸郡，其将陈智略帅岭南骁果万馀人，樊文超帅江淮排䂎，张童兒帅江东骁果数千人，皆降于密。化及犹有众二万，北趣魏县。密知其无能为，西还巩洛，留徐世勣以备之。

李密每战胜，辄遣使告捷于皇泰主，隋人皆喜，王世充独谓其麾下曰："元文都辈，刀笔吏耳，吾观其势，必为李密所擒。且吾军士屡与密战，没其父兄子弟，前后已多，一旦为之下，吾属无类矣！"欲以激怒其众。文都闻之，大惧，与卢楚等谋因世充入朝，伏甲诛之。段达性庸懦，恐事不就，遣其婿张志以楚等谋告世充。戊午夜三鼓，世充勒兵袭含嘉门。元文都闻变，入奉皇泰主御乾阳殿，陈兵自卫，命诸将闭门拒守。将军跋野纲将兵遇世充，下马降之。将军费曜、田阇战于门外，不利。文都自将宿卫兵欲出玄武门以袭其后，长秋监段瑜称求门钥不获，稽留遂久。天且曙，文都引兵复欲出太阳门逆战，还至乾阳殿，世充已攻太阳门得入。皇甫无逸弃母及妻子，斫右掖门，西奔长安。

左右侍从都跑散了，追兵又很快将赶到，只有秦叔宝一个人奋力保卫，李密才能够免于一死。秦叔宝又集结部众重新力战，击退了宇文化及。宇文化及进入汲郡搜求军粮，又派人拷打东郡的官吏百姓要他们交纳粮食。王轨等人不堪忍受他的暴行，派通事舍人许敬宗到李密军营请求投降。李密任命王轨为滑州总管，任命许敬宗为元帅府记室，与魏徵一同掌管文书。房公苏威住在东郡，这时也随众人一起归附李密。宇文化及听到王轨反叛的消息，大为恐惧，从汲郡撤退想夺取汲郡以北的各郡。他的部将陈智略率领一万多名岭南的骁果军，樊文超率领江淮之地几千名排矟兵，张童兒率江东的骁果军几千人，都投降了李密。宇文化及还有部众二万人，向北进逼魏县。李密知道他已经不会有什么作为了，就率军向西回到巩、洛，留下徐世勣防备宇文化及。

李密每次打了胜仗，总派使者向皇泰主报捷，东都的隋朝官员都十分高兴。只有王世充对他的部下说："元文都之辈，只不过是办理文书的小吏而已，我观察形势，以后一定会被李密擒获。我们这支部队多次与李密交战，他的部众的父子兄弟，前后被我们杀死了许多，一旦成为李密的部下，我们这些人将无一幸存！"他想用这些话激怒他的部众。元文都得知后，十分恐慌，与卢楚等密谋，趁王世充入朝时，埋伏下甲士暗杀他。段达天性懦弱胆小，他担心事情不会成功，就派女婿张志去把卢楚等人的密谋告诉王世充。戊午（十五日），午夜三更，王世充领兵袭击含嘉门。元文都听说发生兵变，即入宫侍奉皇泰主到乾阳殿，部署军队自卫，命令各将领关闭宫门固守抵抗。将军跋野纲率军正与王世充相遇，即下马投降。将军费曜、田阇在宫门外与王世充交战，失利。元文都自己率领禁卫军准备出玄武门袭击王世充的背后，长秋监段瑜声称找不到钥匙，耽误了很久。天快亮了，元文都领兵想出太阳门迎战，刚回到乾阳殿，王世充已攻破太阳门进入宫城。皇甫无逸抛下母亲和妻子儿女，用刀砍开右掖门，向西逃往长安。

卢楚匿于太官署，世充之党擒之，至兴教门，见世充，世充令乱斩杀之。进攻紫微宫门，皇泰主使人登紫微观，问："称兵欲何为？"世充下马谢曰："元文都、卢楚等横见规图，请杀文都，甘从刑典。"段达乃令将军黄桃树执送文都。文都顾谓皇泰主曰："臣今朝死，陛下夕及矣！"皇泰主恸哭遣之，出兴教门，乱斩如卢楚，并杀卢、元诸子。段达又以皇泰主命开门纳世充，世充悉遣人代宿卫者，然后入见皇泰主于乾阳殿。皇泰主谓世充曰："擅相诛杀，曾不闻奏，岂为臣之道乎？公欲肆其强力，敢及我邪？"世充拜伏流涕谢曰："臣蒙先皇采拔，粉骨非报。文都等包藏祸心，欲召李密以危社稷，疾臣违异，深积猜嫌。臣迫于救死，不暇闻奏。若内怀不臧，违负陛下，天地日月，实所照临，使臣阖门殄灭，无复遗类。"词泪俱发。皇泰主以为诚，引令升殿，与语久之，因与俱入见皇太后。世充被发为誓，称不敢有贰心。乃以世充为左仆射、总督内外诸军事。比及日中，捕获赵长文、郭文懿，杀之。然后巡城，告谕以诛元、卢之意。世充自含嘉城移居尚书省，渐结党援，恣行威福。用兄世恽为内史令，入居禁中，子弟咸典兵马，分政事为十头，悉以其党主之，势震内外，莫不趋附，皇泰主拱手而已。

李密将入朝，至温，闻元文都等死，乃还金墉。东都大饥，私钱滥恶，太半杂以锡镮，其细如线，米斛直钱八九万。

卢楚藏匿于太官署，被王世充的部下抓获，押到兴教门，去见王世充，王世充命令属下用乱刀将其斩杀。王世充又进攻紫微宫门，皇泰主派人登上紫微观，问他："你兴兵想干什么？"王世充下马谢罪说："元文都、卢楚等无缘无故要加害于我，请杀了元文都，我甘愿受处罚。"段达就命令将军黄桃树把元文都逮捕，送交王世充。元文都回头看着皇泰主说："我早上死，晚上就会轮到陛下了！"皇泰主大哭，命他出宫。元文都一出兴教门，就像卢楚一样，被乱刀砍死，王世充还杀了卢楚、元文都所有的儿子。段达又据皇泰主的命令打开宫门让王世充进宫，王世充用自己的部下把禁卫军全部换下，然后入宫在乾阳殿晋见皇泰主。皇泰主对王世充说："你擅自诛杀大臣，也不奏报，这难道是做大臣的规矩吗？你滥用你的武力，胆敢杀我吗？"王世充伏身下拜，流着眼泪请罪说："我承蒙先皇的提拔，粉身碎骨也难以报恩。元文都等人心怀奸诈，有危害朝廷之心，想召来李密颠覆国家，他们痛恨我总是提出异议，对我的怀疑猜忌已经积得很深了。我是被迫自救，来不及奏报。如果我心怀不善，辜负陛下，天地日月均为明鉴，让我满门灭绝，一个都不留。"声泪俱下。皇泰主认为他是真诚的，就命他上殿，和他谈了很久，又和他一起入后宫晋见皇太后。王世充披散头发宣誓，绝不敢对隋廷怀有二心。于是，皇泰主任命王世充为左仆射，总督内外诸军事。将近中午，王世充又捕获了赵长文、郭文懿，把这两人杀了。然后巡视全城，向官吏与守军宣布诛杀元文都、卢楚的原因。王世充自己从含嘉城搬到尚书省居住，逐渐在朝中广结党羽，恣意地作威作福。他任用哥哥王世恽担任内史令，居住在宫内，王氏子弟都掌握兵权，把国家政事分成十部分，全部让自己的党羽主持，一时间，威势震动朝廷内外，没有人敢不趋附他，皇泰主只能听之任之。

李密正准备入朝，行至温县，听说元文都等人死了，就返回金墉。东都缺粮，大饥馑，私铸的钱币泛滥，多半在铜钱中夹杂锡环，薄得像细线一样，一斛米值八九万钱。

初,李密尝受业于儒生徐文远。文远为皇泰主国子祭酒,自出樵采,为密军所执。密令文远南面坐,备弟子礼,北面拜之。文远曰:“老夫既荷厚礼,敢不尽言!未审将军之志欲为伊、霍以继绝扶倾乎?则老夫虽迟暮,犹愿尽力;若为莽、卓,乘危邀利,则无所用老夫矣!”密顿首曰:“昨奉朝命,备位上公,冀竭庸虚,匡济国难,此密之本志也。”文远曰:“将军名臣之子,失涂至此,若能不远而复,犹不失为忠义之臣!”及王世充杀元文都等,密复问计于文远,文远曰:“世充亦门人也,其为人残忍褊隘,既乘此势,必有异图,将军前计为不谐矣。非破世充,不可入朝也。”密曰:“始谓先生儒者,不达时事,今乃坐决大计,何其明也!”文远,孝嗣之玄孙也。

初,李密既杀翟让,颇自骄矜,不恤士众。仓粟虽多,无府库钱帛,战士有功,无以为赏。又厚抚初附之人,众心颇怨。徐世勣尝因宴会刺讥其短,密不怿,使世勣出镇黎阳,虽名委任,实亦疏之。

密开洛口仓散米,无防守典当者,又无文券,取之者随意多少。或离仓之后,力不能致,委弃衢路,自仓城至郭门,米厚数寸,为车马所辚践。群盗来就食者并家属近百万口,无瓮盎,织荆筐淘米,洛水两岸十里之间,望之皆如白沙。密喜,谓贾闰甫曰:“此可谓足食矣!”闰甫对曰:“国以民为本,民以食为天。今民所以襁负如流而至者,以所天在此故也。

当初，李密曾经随儒生徐文远学习。徐文远是皇泰主的国子祭酒，在出城砍柴时，被李密的部下抓获。李密让徐文远面向南而坐，自己执弟子的礼节，面向北而拜。徐文远说："老夫我既然受此恭敬之礼，就不敢不畅所欲言。我不知道将军的志向如何，是想如伊尹、霍光那样接继断绝的皇统，扶持倾覆的国家吗？那么我虽然年迈，仍愿为你尽力；如果你想像王莽、董卓那样乘着国家危亡之际谋取私利，那么我对你是没什么用的。"李密叩头说："不久前才奉朝廷命令，位列公卿，正希望竭尽我平庸有限的能力，来拯救国难，这是我李密的本意啊。"徐文远说："将军是名臣之子，迷失了方向才落到今天的地步，如果能在走得不太远的时候回头，仍不失为一个忠义良臣。"到王世充杀了元文都等人以后，李密又向徐文远询问对策，徐文远说："王世充也是我的学生，他为人残忍偏激狭隘，现在乘着这一势头，必然有别的企图，将军原来的打算已不可能实现了，不击破王世充，你不可能入朝。"李密说："开始时以为先生是一介儒生，不通晓时势，现在坐在这儿就能决定大计，是多么的明智啊！"徐文远，是徐孝嗣的玄孙。

当初，李密杀了翟让，十分骄傲自负，不知体恤士兵。仓库存粮虽然很多，但是府库中没有金钱绸缎，战士立了功，没有什么可以赏赐的。又十分优待新归附的人，部众都很有怨气。徐世勣曾经趁宴会时讥讽他的短处，李密很不高兴，就派徐世勣去镇守黎阳，名义上是委以重任，实际上是疏远他。

李密打开洛口仓分发粮食，他既不设防守的人，也不设主管的人，又没有凭证，取米的人任意搬取。有的人在离开仓库后，实在搬不动，就把米丢弃在街道上，从粮仓城一直到外城门，一路上的米有几寸厚，被车马践踏。前来要粮食吃的盗贼带着家属，总数大约有近一百万人，他们没有瓮盎等容器，就编荆条筐来装米，米一路散漏，洛水两岸十里范围内，看上去像一片白沙。李密十分得意，对贾闰甫说："这可以说是足食了吧？"贾闰甫说："国家以人民为根本，人民以粮食为根本。今天人民之所以背着扛着像潮流一样涌来，是因为他们最根本的东西在这儿。

而有司曾无爱吝，屑越如此，窃恐一旦米尽民散，明公孰与成大业哉？”密谢之，即以闰甫判司仓参军事。

密以东都兵数败微弱，而将相自相屠灭，谓朝夕可平。王世充既专大权，厚赏将士，缮治器械，亦阴图取密。时隋军乏食，密军少衣，世充请交易，密难之。长史邴元真等各求私利，劝密许之。先是，东都人归密者，日以百数；既得食，降者益少，密悔而止。

密破宇文化及还，其劲卒良马多死，士卒疲病。世充欲乘其弊击之，恐人心不壹，乃诈称左军卫士张永通三梦周公，令宣意于世充，当勒兵相助击贼。乃为周公立庙，每出兵，辄先祈祷。世充令巫宣言“周公欲令仆射急讨李密，当有大功，不即兵皆疫死”。世充兵多楚人，信妖言，皆请战。世充简练精锐得二万馀人，马二千馀匹。九月壬子，出师击密，旗幡之上皆书永通字，军容甚盛。癸丑，至偃师，营于通济渠南，作三桥于渠上。密留王伯当守金墉，自引精兵出偃师北，阻邙山以待之。

密召诸将会议，裴仁基曰：“世充悉众而至，洛下必虚，可分兵守其要路，令不得东，简精兵三万，傍河西出以逼东都。世充还，我且按甲；世充再出，我又逼之。如此，则我有馀力，彼劳奔命，破之必矣。”密曰：“公言大善。今东都兵有三不可当：兵仗精锐，一也；决计深入，二也；食尽求战，三也。我但乘城固守，蓄力以待之，彼

而有关部门却如此不爱惜，这样糟蹋粮食，我担心一旦粮食搬光，人民也都散光，你靠什么来完成大业？"李密很感激他的提醒，就任命贾闰甫为判司仓，参军事。

李密因为东都军队几次战败，实力微弱，而文武官吏之间又自相屠杀，认为很快就可以平定。王世充专擅大权以后，重赏将士，修治武器装备，也在暗中计划谋取李密。当时东都隋军缺少粮食，李密的军队缺少服装。王世充提出互相交换，李密不肯应允。长史邴元真等各自为了谋求私利，竭力劝李密同意交换。在此之前，每天有几百个东都人来归顺李密，得到粮食之后，投降者越来越少，李密后悔了，停止了交换。

李密击败宇文化及后回师，丧失了许多精兵良马，士兵又疲惫多病。王世充打算趁李密军队疲困的时候攻击，又担心人心不一，就假称左军卫士张永通三次梦到周公，周公让他转告王世充，应该整顿军队相互协助攻击贼寇。于是，王世充就兴建周公庙，每次出兵都先向周公祈祷。王世充命巫师扬言："周公想命令仆射迅速前去讨伐李密，一定会建立大功，不立即出兵，士卒都会染上瘟疫死去。"王世充的士兵大多是楚人，很相信这种妖妄之言，都请求出战。王世充挑选出二万多精锐军士，二千多匹马。九月壬子（初十），王世充出兵攻击李密，旗帜上都写有"永通"二字，军容整齐壮观。癸丑（十一日），军队行至偃师，在通济渠南面扎营，在渠上架了三座桥。李密把王伯当留下守卫金墉，自己率精兵出偃师北面，以邙山为屏障严阵以待。

李密召集各将领商议对策，裴仁基说："王世充倾巢而出，洛阳必然守备空虚，我们可以用部分兵力把守他的必经之路，使他不能再向东，另外挑选三万精兵，沿黄河向西进发紧逼东都。王世充如回军，我们就按兵不动；王世充再次出军，我们又去进逼东都。这样，我们还有馀力，而他们却疲于奔命，肯定可以击破他了。"李密说："你的话很对。现在东都军队有三个不可抵挡，第一，武器精良；第二，决心要深入我方；第三，粮食吃完想通过战争解决问题。我们只要占据城池坚守，积蓄力量等待着，让他

欲斗不得，求走无路，不过十日，世充之头可致麾下。”陈智略、樊文超、单雄信皆曰：“计世充战卒甚少，屡经摧破，悉已丧胆。兵法曰，‘倍则战’，况不啻倍哉！且江、淮新附之士，望因此机展其勋效，及其锋而用之，可以得志。”于是诸将喧然，欲战者什七八，密惑于众议而从之。仁基苦争不得，击地叹曰：“公后必悔之。”魏徵言于长史郑颋曰：“魏公虽骤胜，而骁将锐卒多死，战士心怠，此二者难以应敌。且世充乏食，志在死战，难与争锋，未若深沟高垒以拒之，不过旬月，世充粮尽，必自退，追而击之，蔑不胜矣。”颋曰：“此老生之常谈耳。”徵曰：“此乃奇策，何谓常谈？”拂衣而起。

程知节将内马军与密同营在北邙山上，单雄信将外马军营于偃师城北。世充遣数百骑渡通济渠攻雄信营，密遣裴行俨与知节助之。行俨先驰赴敌，中流矢，坠于地，知节救之，杀数人，世充军披靡，乃抱行俨重骑而还。为世充骑所逐，刺槊洞过，知节回身捩折其槊，兼斩追者，与行俨俱免。会日暮，各敛兵还营。密骁将孙长乐等十许人皆被重创。

密新破宇文化及，有轻世充之心，不设壁垒。世充夜遣二百馀骑潜入北山，伏谿谷中，命军士皆秣马蓐食。甲寅旦，将战，世充誓众曰：“今日之战，非直争胜负，死生之分，在此一举。若其捷也，富贵固所不论；若其不捷，必无一人获免。所争者死，非独为国，各宜勉之！”迟明，

想斗却无法打，想走又没路可走，用不了十天，王世充的头就可到手。”陈智略、樊文超、单雄信都说：“估计王世充的士卒已很少，屡次打了败仗，将士都已吓破了胆。兵法说‘有一倍于敌方的力量就可以战’，何况我们现在不止一倍！再说江、淮地区新近归附的人士，都希望乘此机会展示身手，建立功勋，趁他们锐气正盛时加以利用，事情就可成功。”于是，各将领都议论纷纷，想出战的十有七八，李密受众人意见的影响，决定出战。裴仁基苦苦争辩没有效果，跺脚叹息说：“你以后一定会后悔的。”魏徵对长史郑颋说：“魏公虽然屡次取胜，但精兵勇将死了很多，士卒身心疲倦松懈，光这两点就难以应敌。况且王世充缺粮，一心要决一死战，很难与他争高低，不如深挖壕沟、高筑营垒来抵御他，不出一个月，王世充粮食吃尽，必然会自动退兵，那时再追击他，没有不胜的。”郑颋说：“这是老生常谈了。”魏徵说：“这是最妙的计策，怎么说是老生常谈！”说着拂袖而去。

程知节率内马军与李密一同在北邙山上扎营，单雄信率外马军在偃师城北扎营。王世充派几百名骑兵渡过通济渠攻打单雄信的大营，李密派裴行俨与程知节前往援助。裴行俨先催马奔赴战场，中流箭而坠马落地。程知节拼命救起了裴行俨，杀了好几个人。王世充的军队畏缩不前，程知节就抱着裴行俨同骑一匹马返回。一路被王世充的骑兵追逐，一追兵将长矛刺来，穿透程知节的铠甲，程知节返身折断长矛，顺手杀了追兵，与裴行俨一起逃脱。此时天色暗了，双方各自收兵还营。李密手下猛将孙长乐等十几人都受重伤。

李密刚打败宇文化及，因而有些轻视王世充，晚上宿营，军营四周不设围墙。王世充派二百多骑兵利用夜色掩护悄悄进入北邙山，埋伏在山涧峡谷中，命令士兵们喂饱战马，尽量吃饱饭。甲寅（十二日）清晨，将要出击。王世充集合部众誓师说：“今天这一战，并不只为了胜负，而是生死天数在此一举。如果战胜，荣华富贵自然不在话下；如果失败，将无一人能幸免。现在进行的是生死之争，不仅仅是为了国家，各位都应努力啊！”天亮后，

引兵薄密。密出兵应之，未及成列，世充纵兵击之。世充士卒皆江、淮剽勇，出入如飞。世充先索得一人貌类密者，缚而匿之，战方酣，使牵以过陈前，噪曰："已获李密矣！"士卒皆呼万岁。其伏兵发，乘高而下，驰压密营，纵火焚其庐舍。密众大溃，其将张童仁、陈智略皆降，密与万馀人驰向洛口。

世充夜围偃师，郑颋守偃师，其部下翻城纳世充。初，世充家属在江都，随宇文化及至滑台，又随王轨入李密，密留于偃师，欲以招世充。及偃师破，世充得其兄世伟、子玄应、玄恕、琼等，又获密将佐裴仁基、郑颋、祖君彦等数十人。世充于是整兵向洛口，得邴元真妻子、郑虔象母及密诸将子弟，皆抚慰之，令潜呼其父兄。

初，邴元真为县吏，坐赃亡命，从翟让于瓦冈，让以其尝为吏，使掌书记。及密开幕府，妙选时英，让荐元真为长史。密不得已用之，行军谋画，未尝参预。密西拒世充，留元真守洛口仓。元真性贪鄙，宇文温谓密曰："不杀元真，必为公患。"密不应。元真知之，阴谋叛密。杨庆闻之，以告密，密固疑焉。至是，密将入洛口城，元真已遣人潜引世充矣。密知而不发，因与众谋，待世充兵半济洛水，然后击之。世充军至，密候骑不时觉，比将出战，世充军悉已济矣。单雄信等又勒兵自据，密自度不能支，帅麾下轻骑奔虎牢，元真遂以城降。

王世充率军进逼李密。李密出兵应战，还没来得及列阵，王世充就挥兵猛攻。王世充的士卒都是江淮地区的剽悍勇士，行动十分迅捷。王世充先找到一个人，容貌酷似李密，把他捆绑好藏在一边，等战斗激烈时，让士卒牵着这人通过阵前，并且大声嚷嚷说："已经抓到李密了！"士兵们都高呼万岁。这时，王世充布置的伏兵顺势发动，居高直下，飞驰过来逼压李密大营，放火焚烧营内房舍。李密的兵众溃散，他的部将张童仁、陈智略都向王世充投降，李密率一万多人奔向洛口。

王世充趁夜包围偃师，郑颋是偃师的守将，而他的部下却倒献城池，迎接王世充入城。当初，王世充的家属在江都，跟随宇文化及来到滑台，随王轨一起投入了李密大营。李密把他们留在偃师，想以此为诱饵招降王世充。偃师被攻破，王世充找到了哥哥王世伟、儿子王玄应、王玄恕、王琼等人，又擒获李密的将佐裴仁基、郑颋、祖君彦等几十人。于是，王世充整顿军队攻向洛口，得到邴元真的妻子儿女、郑虔象的母亲以及李密各将领的子弟。王世充对他们加以安抚慰问，让他们暗中召唤自己的父兄。

起初，邴元真是县中小官吏，因犯贪污罪逃亡在外，跟随翟让来到瓦岗。翟让因为他曾做过小官，让他掌管文书。等到李密开设幕府时，精选当时的英才，翟让推荐邴元真担任长史。李密不得已任用了他，但有关军事行动的出谋划策，从未让他参与。李密向西去抵抗王世充，留下邴元真守卫洛口仓。邴元真生性贪婪卑鄙，宇文温曾对李密说："不杀邴元真，必然成为你的祸患。"李密没有答话。邴元真知道后，暗暗计划着反叛李密。杨庆听到消息告诉李密，李密也已在怀疑他。但这时，李密正准备进入洛口城，而邴元真已派人秘密地前去与王世充联系了。李密知道但不声张，召集众人商议，准备等王世充的军队渡洛水渡到一半时，出兵袭击。然而，当王世充军队到达时，李密的哨兵没有及时发现，等到发现后再整队出击时，王世充军队已全部渡过洛水了。单雄信等人又拥兵自守，不来增援，李密自己估计不能支持，率部下轻装逃奔虎牢，邴元真就献出洛口，投降了王世充。

初，雄信骁捷，善用马槊，名冠诸军，军中号曰“飞将”。彦藻以雄信轻于去就，劝密除之，密爱其才，不忍也。及密失利，雄信遂以所部降世充。

密将如黎阳，或曰：“杀翟让之际，徐世勣几死，今失利而就之，安可保乎？”时王伯当弃金墉保河阳，密自虎牢归之，引诸将共议。密欲南阻河，北守太行，东连黎阳，以图进取。诸将皆曰：“今兵新失利，众心危惧，若更停留，恐叛亡不日而尽。又人情不愿，难以成功。”密曰：“孤所恃者众也，众既不愿，孤道穷矣。”欲自刎以谢众。伯当抱密号绝，众皆悲泣，密复曰：“诸君幸不相弃，当共归关中。密身虽无功，诸君必保富贵。”府掾柳爕曰：“明公与唐公同族，兼有畴昔之好；虽不陪起兵，然阻东都，断隋归路，使唐公不战而据长安，此亦公之功也。”众咸曰：“然。”密又谓王伯当曰：“将军室家重大，岂复与孤俱行哉？”伯当曰：“昔萧何尽帅子弟以从汉王，伯当恨不兄弟俱从，岂以公今日失利遂轻去就乎？纵分身原野，亦所甘心！”左右莫不感激，从密入关者凡二万人。于是密之将帅、州县多降于隋。

冬十月，李密将至，上遣使迎劳，相望于道。密大喜，谓其徒曰：“我拥众百万，一朝解甲归唐，山东连城数百，知

当初，单雄信作战骁勇敏捷，善于在马上使用长枪，军队中称他为“飞将”。房彦藻认为单雄信这人忠义不足，对归顺还是反叛这种事关大节的问题十分轻率，就劝李密把他除掉。李密爱惜他的才能，不忍心下手。等到李密失利，单雄信就率领部下投降王世充。

李密准备到黎阳去，有人说：“在诛杀翟让的时候，徐世勣差一点也丢了性命。今天我们失利了去投奔他，怎么可以保证无事呢?”当时王伯当放弃了金墉据守河阳，李密从虎牢投奔到河阳，召集各将领商议今后的策略。李密打算，南面依靠黄河，北面凭借太行山，东面连接黎阳，以此为基础，再进一步扩展势力。众将领都说：“如今大军刚刚打了败仗，人人感到危险、恐惧，如果再停留在这里，恐怕叛变的叛变，逃亡的逃亡，用不了几天队伍就完了。再说人心已去，不愿再尽力，因此难以成功。”李密说：“我所依靠的就是你们大家，大家既然不愿再努力，我也没路可走了。”说着想自杀向众人谢罪。王伯当抱着李密哭喊得昏了过去，其他人也都伤心地哭泣。李密又说：“各位如果不嫌弃的话，我们就一起归顺关中唐政府，我李密虽然没有功劳，各位一定能保住富贵。”府掾柳燮说：“明公您与唐公是同一宗族，又曾经有友好的关系，你虽然没与他一同起兵，但是你阻隔了东都，切断隋军的归路，才使得唐公不经过战争就占据了长安，这也是您的功劳啊。”众将领都说：“是这样。”李密又对王伯当说：“将军的家族庞大，怎么能再与我同行?”王伯当说：“过去萧何率所有的子弟跟随汉王刘邦，我王伯当遗憾的是兄弟们不能都跟从你，怎么会因为今天失利，就轻易地离开你去依从别人？即使是粉身碎骨抛尸原野，我也心甘情愿。”周围的人无不深受感动，跟随李密入关的有二万人。原属于李密的将帅、州县政府都向隋朝廷投降。

冬季十月，李密将要抵达长安，李渊派去迎接慰问的使者接二连三，在路上前后相望。李密很高兴，对部属说：“我拥有百万兵力，今天脱下战袍归顺唐朝，山东地区一连几百个城池，知道

我在此，遣使招之，亦当尽至。比于窦融，功亦不细，岂不以一台司见处乎？”己卯，至长安，有司供待稍薄，所部兵累日不得食，众心颇怨。既而以密为光禄卿、上柱国，赐爵邢国公。密既不满望，朝臣又多轻之，执政者或来求贿，意甚不平。独上亲礼之，常呼为弟，以舅子独孤氏妻之。

癸未，王世充收李密美人珍宝及将卒十馀万人还东都，陈于阙下。乙酉，皇泰主大赦。丙戌，以世充为太尉、尚书令、总督内外诸军事，仍使之开太尉府，备置官属，妙选人物。

李密总管李育德以武陟来降，拜陟州刺史。其馀将佐刘德威、贾闰甫、高季辅等相继来降。

上使李密迎秦王世民于豳州。密自恃智略功名，见上犹有傲色，及见世民，不觉惊服。私谓殷开山曰：“真英主也，不如是，何以定祸乱乎？”

徐世勣据李密旧境，未有所属。魏徵随密至长安，久不为朝廷所知，乃自请安集山东，上以为秘书丞，乘传至黎阳，遗徐世勣书，劝之早降。世勣遂决计西向，谓长史阳翟郭孝恪曰：“此民众土地，皆魏公有也。吾若上表献之，是利主之败，自为功以邀富贵也，吾实耻之。今宜籍郡县户口士马之数以启魏公，使自献之。”乃遣孝恪诣长安，又运粮以饷淮安王神通。上闻世勣使者至，无表，止有启与密，

我在这儿，如果派人前去征召他们，一定会全部归附的。比起东汉的窦融，我的功劳也不算小了，难道会不安排我一个台司级的职务吗？”己卯（初八），李密到达长安，有关部门供应招待逐渐差了，所率兵众接连几天没有饭吃，大家心中都有怨气。不久，唐朝廷任命李密为光禄卿、上柱国，赐予他邢国公的爵位。李密的期望没有实现，朝中大臣们又大多轻视他，有些掌握实权的人还要向他索取贿赂，因而内心特别忿忿不平。唯有高祖李渊还能亲切有礼地对待他，常常称他为弟，并把舅舅的儿女独孤氏嫁给他。

癸未（十二日），王世充带着收罗到的李密遗留的美女、珍宝以及将士十几万人回到东都，把战利品都陈列在宫门下。乙酉（十四日），皇泰主大赦天下。丙戌（十五日），任命王世充为太尉、尚书令，总督内外诸军事，又让他设立太尉府，精选有才能的人，配备文武官属。

李密的总管李育德献出武陟，投降唐朝，被任命为陟州刺史。李密其他的将佐刘德威、贾闰甫、高季辅等也相继前来投降。

李渊派李密前往豳州去迎接李世民凯旋。李密依恃着自己的智慧谋略以及所建的功名，平时见到高祖时还有傲慢的神色，而见到李世民，不由得震惊钦服。私下里对殷开山说：“这是真正的英明君主啊，不是这样的人，怎能平定祸乱呢？”

徐世勣占据着原属李密的地盘，谁也不归附。魏徵随李密到长安后，一直没受到朝廷重视，就主动请求到山东地区招徕安抚徐世勣。李渊任命他为秘书丞，让他乘驿车到黎阳，写信给徐世勣，劝他早日投降。于是徐世勣决定投奔西方归附唐朝，他对长史阳翟人郭孝恪说：“这里的百姓和土地都属魏公所有，我如果上表献给朝廷，是利用主人的失败，作为自己的功劳而求取富贵荣华，这种行为我深以为耻。现在应把郡县的户口、士人、马匹的数目都登记清楚，上报魏公，由他自己献给朝廷。”于是就派遣郭孝恪到长安，又运送粮食供应给淮安王李神通。李渊听说徐世勣的使者已经到了长安，可是没有奏章，而只有给李密的报告，

甚怪之。孝恪具言世勣意，上乃叹曰："徐世勣不背德，不邀功，真纯臣也！"赐姓李氏。以孝恪为宋州刺史，使与世勣经营虎牢以东，所得州郡，委之选补。

李密骄贵日久，又自负归国之功，朝廷待之不副本望，郁郁不乐。尝遇大朝会，密为光禄卿，当进食，深以为耻，退，以告左武卫大将军王伯当。伯当心亦怏怏，因谓密曰："天下事在公度内耳。今东海公在黎阳，襄阳公在罗口，河南兵马，屈指可计，岂得久如此也？"密大喜，乃献策于上曰："臣虚蒙荣宠，安坐京师，曾无报效。山东之众皆臣故时麾下，请往收而抚之。凭藉国威，取王世充如拾地芥耳！"上闻密故将士多不附世充，亦欲遣密往收之，群臣多谏曰："李密狡猾好反，今遣之，如投鱼于泉，放虎于山，必不反矣！"上曰："帝王自有天命，非小子所能取。借使叛去，如以蒿箭射蒿中耳！今使二贼交斗，吾可以坐收其弊。"十二月辛未，遣密诣山东，收其馀众之未下者。密请与贾闰甫偕行，上许之，命密及闰甫同升御榻，赐食，传饮卮酒曰："吾三人同饮是酒以明同心，善建功名，以副朕意。丈夫一言许人，千金不易。有人确执不欲弟行，朕推赤心于弟，非他人所能间也。"密、闰甫再拜受命。上又以王伯当为密副而遣之。

感到十分奇怪。郭孝恪详细解释了徐世勣的本意，于是李渊叹息说："徐世勣不违背忠义之德，不求取功劳，真是一个纯正的臣子啊！"于是，赐徐世勣姓李氏。任命郭孝恪为宋州刺史，让他与徐世勣一起谋取虎牢以东的地区，所得到的州县，由他们委任官吏。

李密长期处于尊贵的地位，惯于骄纵，又仗着归附朝廷的功劳，觉得朝廷给他的待遇不符合他本来的愿望，因而郁郁不欢。曾经遇上一次大朝会，李密作为光禄卿，应该负责上菜进食等事务，他认为是奇耻大辱。退朝后，就把这事告诉了左武卫大将军王伯当。王伯当心中也感到失意，就对李密说："天下的事，全在于你的算计与图谋。现在东海公徐世勣在黎阳，襄阳公在罗口，黄河以南可调动的兵马，屈指可计算出来，怎能够长期这样下去？"李密大喜，就向李渊献计说："我凭空蒙受着陛下给予的荣耀与恩宠，安稳地坐在京师，还未曾报效国家。山东各地的小股力量，都是我过去的部属，我请求前去安抚招降，凭借着国家的威力，谋取王世充就像捡起地上一棵草一样。"李渊也听说李密的老部下大多不愿归附王世充，也想派遣李密前去收服他们。然而大臣们都劝谏说："李密狡猾，反复无常，今天派他出去，就像把鱼投放在泉水里，把老虎放归到山林中，他一定不会回来了！"李渊说："帝王是上天所命，不是小子能取到的。即使他叛变逃走，也好比是用蒿制成的箭又射回在蒿草中，既无用也不足惜。现在让两贼相互争斗，我们可以坐收渔利。"十二月辛未（初一），李渊派遣李密到山东，收服他还没有投降的部众。李密请求与贾闰甫一起去，李渊同意了，命李密和贾闰甫一起登上御榻，赐给他们食物，又轮流喝下卮中的酒说："我们三个人一同喝下这杯酒，表明我们心意一致，希望你们好好建立功名，以符合我的本意。大丈夫答应别人一句话，用千两黄金也不能改变。确实有人坚持不让兄弟你去，我是一片真心对你，不是别人能够离间的。"李密、贾闰甫再次叩拜接受命令。李渊又任命王伯当为李密的副手派他一同去山东。

十二月，上遣李密分其麾下之半留华州，将其半出关。长史张宝德预在行中，恐密亡去，罪相及，上封事，言其必叛。上意乃中变，又恐密惊骇，乃降敕书劳来，令密留所部徐行，单骑入朝，更受节度。

密至稠桑，得敕，谓贾闰甫曰："敕遣我去，无故复召我还，天子向云，'有人确执不许'，此谮行矣。吾今若还，无复生理，不若破桃林县，收其兵粮，北走渡河。比信达熊州，吾已远矣。苟得至黎阳，大事必成，公意如何？"闰甫曰："主上待明公甚厚，况国家姓名，著在图谶，天下终当一统。明公既已委质，复生异图，任瓌、史万宝据熊、穀二州，此事朝举，彼兵夕至，虽克桃林，兵岂暇集，一称叛逆，谁复容人？为明公计，不若且应朝命，以明元无异心，自然浸润不行。更欲出就山东，徐思其便可也。"密怒曰："唐使吾与绛、灌同列，何以堪之？且谶文之应，彼我所共。今不杀我，听使东行，足明王者不死，纵使唐遂定关中，山东终为我有。天与不取，乃欲束手投人？公，吾之心腹，何意如是？若不同心，当斩而后行！"闰甫泣曰："明公虽云应谶，近察天人，稍已相违。今海内分崩，人思自擅，强者为雄。明公奔亡甫尔，谁相听受？且自翟让受戮之后，人皆谓明公弃恩忘本，今日谁肯复以所有之兵束手委公乎？彼必虑公见夺，逆相拒抗，一朝失势，岂有容足之地哉？自非荷恩殊厚者，讵能深言不讳乎？愿明公熟思之，

十二月，李渊让李密把部下一分为二，一半留在华州，另一半由他带出关。长史张宝德被安排在出关的那一部分，他担心李密一去不返，罪及于他，就呈密奏，声称李密必反无疑。李渊想中途变卦，又怕惊动了李密，就下敕书安抚慰问，命李密把队伍留下慢慢前进，只召他一人单骑入朝，接受别的任务。

李密行至稠桑，接到了敕书。他对贾闰甫说："敕书命我去山东，又无缘无故召我回去，皇上过去曾说过，'有人坚持不同意你去'，这种谮言已发挥作用了。我今天如回去，一定不能保住性命，不如攻陷桃林县，把那里的人马粮食占为己有，然后向北渡过黄河。等到消息传到熊州，我已经走远了。如果能到达黎阳，大事一定能够成功，你认为怎样？"贾闰甫说："皇上对你很好，况且李姓的国家，在图谶上说得明明白白，天下终究要统一。明公你既然已经投靠归顺，怎么又产生别的图谋。任瓌、史万宝占据着熊州、穀州，这事早上发动，晚上他们的兵就可以赶到，虽然攻克了桃林县，哪有时间集结军队？一旦叛变，谁还能容纳你？我为您设想，不如暂且听从朝廷命令，以表明你没有异心，谗言自然就失去作用。再想出使山东，慢慢再考虑可行的方法。"李密生气地说："唐政府只让我如周勃、灌婴一样列位称臣，我怎么能够忍受！况且谶文所应验的李氏，是他和我共有的姓氏。今天他没杀我，听凭我向东行进，足以证明'王者不死'这句话。即使唐平定了关中，山东之地最终为我所有。上天赐给我不去取，反而自缚双手白白送人吗？你，是我的心腹，怎么会这样想？如果你与我不是一条心，我就杀了你再走！"贾闰甫流着泪说："明公你的姓氏虽然也符合图谶，但是我近来观察天象与人情，已经逐渐起了变化。现在海内分崩离析，人人都想擅断独行，势力强的就称雄称霸。明公你刚叛逃出来，谁肯听从你的命令？况且从翟让被杀以后，人人都说明公你忘恩负义，今天还有谁愿意再把自己的军队完全交给你呢？他们必然会担心你会夺兵权而加以抗拒，一朝失势，哪里还会有容身之地呢？如果不是蒙受你特殊恩典的人，谁会这样直言不讳呢？但愿明公再三考虑，

但恐大福不再。苟明公有所措身，闰甫亦何辞就戮？”密大怒，挥刃欲击之，王伯当等固请，乃释之。闰甫奔熊州。伯当亦止密，以为未可，密不从。伯当乃曰：“义士之志，不以存亡易心。公必不听，伯当与公同死耳，然终恐无益也。”

密因执使者，斩之。庚子旦，密给桃林县官曰：“奉诏暂还京师，家人请寄县舍。”乃简骁勇数十人，著妇人衣，戴幂䍦，藏刀裙下，诈为妻妾，自帅之入县舍，须臾，变服突出，因据县城。驱掠徒众，直趣南山，乘险而东，遣人驰告故将伊州刺史襄城张善相，令以兵应接。

右翊卫将军史万宝镇熊州，谓行军总管盛彦师曰：“李密，骁贼也，又辅以王伯当，今决策而叛，殆不可当也。”彦师笑曰：“请以数千之众邀之，必枭其首。”万宝曰：“公以何策能尔？”彦师曰：“兵法尚诈，不可为公言之。”即帅众逾熊耳山南，据要道，令弓弩夹路乘高，刀楯伏于溪谷，令之曰：“俟贼半渡，一时俱发。”或问曰：“闻李密欲向洛州，而公入山，何也？”彦师曰：“密声言向洛，实欲出人不意，走襄城，就张善相耳。若贼入谷口，我自后追之，山路险隘，无所施力，一夫殿后，必不能制。今吾先得入谷，擒之必矣。”

李密既渡陕，以为馀不足虑，遂拥众徐行，果逾山南出。彦师击之，密众首尾断绝，不得相救，遂斩密及伯当，

只恐怕像现在这样的福分不会再次降临。如果明公有安身之处，我贾闰甫又何惜一死呢？”李密大怒，挥刀要砍贾闰甫，被王伯当等人苦苦劝阻，才放了他。贾闰甫逃到熊州。王伯当也想制止李密，认为不可轻易起事，李密不听。王伯当就说：“义士的志向，不能因为存亡而改变，你如果一定不听，我王伯当与你一同死就是了，然而恐怕最终还是无用的。”

随后，李密就拘捕唐朝使者，把他杀了。庚子（三十日）凌晨，李密欺骗桃林县的官吏说：“我接到诏命暂时返回京师，我的家属请暂时让他们寄居在贵县府舍。”他挑选了几十名勇士，穿着妇女的衣服，戴着面纱，把刀藏在裙子下面，假扮为自己的妻妾，然后亲自带着他们进入县中府舍，一会儿，这些人变换服装突然冲出，乘势占据了县城。他们驱赶裹胁部众，直奔南山，凭借险要向东进发，又派人快马通知过去的部将伊州刺史襄城人张善相，命他派兵接应。

右翊卫将军史万宝镇守熊州，对行军总管盛彦师说：“李密是一个骁勇的盗贼，又有王伯当辅佐，今天他决定要反叛，恐怕不可抵挡。”盛彦师笑着说：“请让我率几千人马拦击，必定砍下李密的头。”史万宝说：“你采用什么计策能做到这点？”盛彦师说：“军事上讲究的是欺诈，现在我不能对你说。”于是率领兵众翻过熊耳山，在山南面占据了主要通道，命令弓箭手埋伏在路两旁的高处，步兵拿着刀盾埋伏在溪谷中，下令说：“等盗贼走过一半时，一起出击。”有人问他说：“听说李密想到洛州去，而你却埋伏在山里，这是为什么？”盛彦师说：“李密声称向洛州去，实际上是想乘我们没有防备，到襄城去投奔张善相。如果贼军进入山谷口，而我军在后面追的话，山路又险又窄，不能施展力量，他们只要派一名强将断后，我们就无法制服他。现在我们抢先入山谷，一定可以擒获他们了。”

李密过了陕州，认为其他地方不足为患，就带着部队慢慢前进，果然翻过山岭从南方进发。盛彦师挥兵袭击，李密的军队被切断，首尾失去联系，不能相互救援，于是斩杀了李密和王伯当，

俱传首长安。盛彦师以功赐爵葛国公，拜武卫将军，仍领熊州。李世勣在黎阳，上遣使以密首示之，告以反状。世勣北面拜伏号恸，表请收葬，诏归其尸。世勣为之行服，备君臣之礼，大具仪卫，举军缟素，葬密于黎阳山。

二年春正月壬寅，王世充悉取隋朝显官、名士为太尉府官属，杜淹、戴胄皆预焉。

王世充专总朝政，事无大小，悉关太尉府。台省监署，莫不阒然。世充立三牌于府门外：一求文学才识，堪济时务者；一求武勇智略，能推锋陷敌者；一求身有冤滞，拥抑不申者。于是上书陈事者日有数百，世充悉引见，躬自省览，殷勤慰谕，人人自喜，以为言听计从，然终无所施行。下至士卒厮养，世充皆以甘言悦之，而实无恩施。隋马军总管独孤武都为世充所亲任，其从弟司隶大夫机与虞部郎杨恭慎、前勃海郡主簿孙师孝、步兵总管刘孝元、李俭、崔孝仁谋召唐兵，使孝仁说武都曰："王公徒为儿女之态以悦下愚，而鄙隘贪忍，不顾亲旧，岂能成大业哉！图谶之文，应归李氏，人皆知之。唐起晋阳，奄有关内，兵不留行，英雄景附。且坦怀待物，举善责功，不念旧恶，据胜势以争天下，谁能敌之！吾属托身非所，坐待夷灭。今任管公兵近在新安，又吾之故人也，若遣间使召之，使夜造城下，吾曹共为内应，开门

把他们的首级都传送到长安。盛彦师因立了大功赐以葛国公的爵位，任武卫将军，仍然镇守熊州。李世勣在黎阳，李渊派人把李密的首级送给他看，并告诉他李密反叛的情况。李世勣面朝北方伏身叩头，嚎啕大哭，上书要求收葬李密尸骸，李渊下诏令把李密尸体送交李世勣。李世勣按照君臣的礼节为李密服丧，设立庞大的仪卫队，全军都穿素色丧服，把李密埋葬在黎阳山。

二年(619)春季正月壬寅(初二)，王世充让隋朝所有的高级官吏和著名人士都担任他太尉府的僚属，杜淹、戴胄都在其中。

王世充大权在握，总揽朝政，所有的大小事宜，都由太尉府决定，其他台、省、监、署等机构，都冷冷清清无事可做。王世充在太尉府门外立三块牌子，一是征召有知识才能、可以担当起匡时救世重任的人，一是征召有武功智谋、能冲锋陷阵的人，一是征求遭受冤屈、但又无路可申诉的人。于是上书反映各种事情的，每天都有几百人，王世充都召见他们，亲自阅文并加以询问，还好言好语地劝慰他们，于是人人都十分高兴，以为王世充必定会言听计从，然而到头来什么也没有解决。王世充对下层的士兵甚至是仆役，也都是用甜言蜜语来取悦他们，而实际上也并没有给予他们恩惠。隋朝马军总管独孤武都是王世充的亲信，他的堂弟、司隶大夫独孤机与虞部郎杨恭慎、原勃海郡主簿孙师孝、步兵总管刘孝元、李俭、崔孝仁等密谋引唐朝军队入城。就让崔孝仁去劝独孤武都说："王世充只会用那种小儿女的姿态来讨好部下，实际上他卑鄙、狭隘、贪婪、残忍，不顾念亲朋旧友之情，这样的人怎么能够成就大事业！图谶明白显示着天下应归于李氏，这已是人人皆知的了。唐从晋阳起兵，迅速占据关内，兵锋所指，畅通无阻，英雄豪杰如影随形地依附。况且李氏对人接物，胸怀坦荡，推广善行，奖励有功之士，又不念旧恶，这样的人占据着有利的形势来争夺天下，谁能与他对抗？我们这些人投错了门户，只好坐等着被屠杀灭族。目前，任管公的军队就近在新安，他是我的老友，如果派出密使去召唤他，让他率兵在夜里抵达城下，我们这批人作为内应，打开城门

纳之,事无不集矣。"武都从之。事泄,世充皆杀之。恭慎,达之子也。

初,王世充既杀元、卢,虑人情未服,犹媚事皇泰主,礼甚谦敬。又请为刘太后假子,尊号曰圣感皇太后。既而渐骄横,尝赐食于宫中,还家大吐,疑遇毒,自是不复朝谒。皇泰主知其终不为臣,而力不能制,唯取内库彩物大造幡花,又出诸服玩,令僧散施贫乏以求福。世充使其党张绩、董浚守章善、显福二门,宫内杂物,毫厘不得出。是月,世充使人献印及剑。又言河水清,欲以耀众,为己符瑞云。

闰二月丁巳,骠骑将军张孝珉以劲卒百人袭王世充汜水城,入其郛,沉米船百五十艘。

己未,世充寇穀州。世充以秦叔宝为龙骧大将军,程知节为将军,待之皆厚。然二人疾世充多诈,知节谓叔宝曰:"王公器度浅狭而多妄语,好为咒誓,此乃老巫妪耳,岂拨乱之主乎!"世充与唐兵战于九曲,叔宝、知节皆将兵在陈,与其徒数十骑,西驰百许步,下马拜世充曰:"仆荷公殊礼,深思报效。公性猜忌,喜信谗言,非仆托身之所,今不能仰事,请从此辞。"遂跃马来降,世充不敢逼。上使事秦王世民,世民素闻其名,厚礼之,以叔宝为马军总管,知节为左三统军。时世充骁将又有骠骑武安李君羡、征南将军临邑田留安,亦恶世充之为人,帅众来降。世民引君羡置左右,以留安为右四统军。

放他们进来，事情没有不成功的。”独孤武都同意了。事情败露，王世充把这些人都杀了。杨恭慎，是杨达的儿子。

当初，王世充杀了元文都、卢楚，担心人心不服，仍然对皇泰主曲意侍奉，礼节十分谦卑、恭敬。又请求做刘太后的干儿子，上刘太后尊号为“圣感皇太后”。不久，就逐渐变得骄纵蛮横，曾有一次在宫中参加宴会，回家后大吐，他怀疑食物中有毒，从此不再朝见。皇泰主知道他终究不甘心为人之臣，但是没有能力制服他，只好从皇宫府库中取出丝织品，做了许多幡花。又拿出衣服、玩物，让和尚们四处去散发、布施给贫困的人，以此来祈求福运。王世充派他的党羽张绩、董浚把守着章善门和显福门，宫中的东西，一丝一毫也不准拿出去。就在这个月，王世充指使人向他献金印和宝剑。又造舆论说黄河水突然变清，想以此眩惑众人，把这当作自己的祥瑞之兆。

闰二月丁巳（十七日），唐骠骑将军张孝珉率一百名精兵袭击王世充占据的汜水城，进入外城，把一百五十艘运米船沉入水中。

己未（十九日），王世充进犯穀州。王世充任命秦叔宝为龙骧大将军，程知节为将军，对他们特别优厚。但两人却厌恶王世充的诈伪，程知节对秦叔宝说：“王公气量小，见识浅，又好说大话，喜欢赌咒发誓，这纯粹是老巫婆，哪里是整治乱世的英明之主！”王世充与唐军在九曲交战，秦叔宝、程知节都率兵在军阵之中。两人与亲信士兵几十人向西奔驰了百馀步，然后下马向王世充叩拜说：“我们蒙受您的特殊礼遇，一直想对您效力。但是您生性猜忌，喜欢听谗言，不是我们可以托身的地方。如今我们不能再侍奉您，请让我们从此拜别。”于是跳上马飞奔唐军阵地投降，王世充不敢追逼。李渊让这两人跟随秦王李世民，李世民久闻这两人的名声，对他们十分优待，任命秦叔宝为马军总管，程知节为左三统军。当时，王世充的骁将当中，还有骠骑将军武安人李君羡、征南将军临邑人田留安，也厌恶王世充的为人，率部众向唐王朝投降。李世民把李君羡安排在自己身边，任命田留安为右四统军。

王世充囚李育德之兄厚德于获嘉，厚德与其守将赵君颖逐殷州刺史段大师，以城来降。以厚德为殷州刺史。

癸亥，陟州刺史李育德攻下王世充河内堡聚三十一所。乙丑，世充遣其兄子君廓侵陟州，李育德击走之，斩首千馀级。李厚德归省亲疾，使李育德守获嘉，世充并兵攻之，丁卯，城陷，育德及弟三人皆战死。

三月壬申，王世充寇穀州，刺史史万宝战不利。

王世充之寇新安也，外示攻取，实召文武之附己者议受禅。李世英深以为不可，曰："四方所以奔驰归附东都者，以公能中兴隋室故也。今九州之地，未清其一，遽正位号，恐远人皆思叛去矣。"世充曰："公言是也！"长史韦节、杨续等曰："隋氏数穷，在理昭然。夫非常之事，固不可与常人议之。"太史令乐德融曰："昔岁长星出，乃除旧布新之征。今岁星在角、亢。亢，郑之分野。若不亟顺天道，恐王气衰息。"世充从之。外兵曹参军戴胄言于世充曰："君臣犹父子也，休戚同之。明公莫若竭忠徇国，则家国俱安矣。"世充诡辞称善而遣之。世充议受九锡，胄复固谏，世充怒，出为郑州长史，使与兄子行本镇虎牢。乃使段达等言于皇泰主，请加世充九锡。皇泰主曰："郑公近平李密，已拜太尉，自是以来，未有殊绩，俟天下稍平，议之未晚。"段达曰："太尉欲之。"皇泰主熟视达曰："任公！"辛巳，达等以皇泰主之诏命世充为相国，假黄钺，总百揆，

王世充把李育德的哥哥李厚德囚禁在获嘉，李厚德与看守他的将领赵君颖驱逐了殷州刺史段大师，献出州城投降。唐王朝任命李厚德为殷州刺史。

癸亥（二十三日），陟州刺史李育德攻下了王世充在河内地区的堡垒村落三十一处。乙丑（二十五日），王世充派侄子王君廓攻击陟州，李育德把他击退，杀死了一千多人。李厚德回乡探望生病的父母，让李育德驻守获嘉，王世充集中兵力来进攻，丁卯（二十七日），城被攻陷，李育德和三个弟弟都阵亡了。

三月壬申（初三），王世充进犯榖州，榖州刺史史万宝迎战，失利。

王世充侵犯新安，表面上显示出要攻取城池，实际上是召集依附自己的文武百官商议接受禅让的事。李世英坚持认为不可，他说："四方人士之所以迅速归附东都，是因为你能够使隋王室中兴的缘故。如今全国九州之地，连一个州都没有平定，就急忙要正位称帝，恐怕远方之人都会考虑叛离而去。"王世充说："你说得对！"长史韦节、杨续等人说："隋朝气数已尽，取代他是理所当然的。这是不寻常的要紧事，本来就不能和这种平庸的人商量。"太史令乐德融说："去年有长星出现，是废旧立新的征兆。今年岁星在角、亢，亢宿是过去郑国的分野。如果不迅速顺应天道，恐怕王气就会衰落了。"王世充接受了这些意见。外兵曹参军戴胄对王世充说："君与臣就好比是父与子，应有福同享，有难同当。明公你不如尽忠报国，那样，国与家都会获得安定。"王世充假意称赞他的看法而把他打发走。王世充提出先接受九锡，戴胄又坚决反对，竭力劝阻，王世充大怒，把他贬出东都担任郑州长史，让他和自己的侄子王行本一起镇守虎牢。于是，王世充派段达等人向皇泰主进言，要求对王世充加授九锡。皇泰主说："郑公最近平定了李密，已经擢升为太尉，从这以后，没有特别的功劳，等天下稍平静，再议论此事也不迟。"段达说："太尉想要。"皇泰主紧紧逼视着段达说："随你便！"辛巳（十二日），段达等人以皇泰主的名义下诏命王世充为相国，假黄钺，总理百官政务，

进爵郑王，加九锡，郑国置丞相以下官。甲午，王世充遣其将高毗寇义州。

东都道士桓法嗣献《孔子闭房记》于王世充，言相国当代隋为天子。世充大悦，以法嗣为谏议大夫。世充又罗取杂鸟，书帛系颈，自言符命而纵之。有得鸟来献者，亦拜官爵。于是段达以皇泰主命，加世充殊礼，世充奉表三让。百官劝进，设位于都堂。纳言苏威年老，不任朝谒，世充以威隋氏重臣，欲以眩耀士民，每劝进，必冠威名。及受殊礼之日，扶威置百官之上，然后南面正坐受之。

夏四月，王世充令长史韦节、杨续等及太常博士衡水孔颖达，造禅代仪，遣段达、云定兴等十馀人入奏皇泰主曰："天命不常，郑王功德甚盛，愿陛下遵唐、虞之迹！"皇泰主敛膝据案，怒曰："天下，高祖之天下，若隋祚未亡，此言不应辄发；必天命已改，何烦禅让！公等或祖祢旧臣，或台鼎高位，既有斯言，朕复何望？"颜色凛冽，在廷者皆流汗。退朝，泣对太后。世充更使人谓之曰："今海内未宁，须立长君，俟四方安集，当复子明辟，必如前誓。"癸卯，世充称皇泰主命，禅位于郑，遣其兄世恽幽皇泰主于含凉殿，虽有三表陈让及敕书敦劝，皇泰主皆不知也。遣诸将引兵入清宫城，又遣术人以桃汤苇火祓除禁省。乙巳，王世充备法驾入宫，即皇帝位。丙午，大赦，改元开明。

封郑王，加九锡，郑国可以设置丞相以下的各级官属。甲午（二十五日），王世充派部将高毗进犯义州。

东都道士桓法嗣把《孔子闭房记》一书献给王世充，并声称相国将取代隋朝杨氏而当天子。王世充心花怒放，任命桓法嗣为谏议大夫。王世充捕捉网罗了一些飞鸟，在绸缎上写了字系在鸟脖子上，自称是天命的凭证，然后把鸟放掉。有人捉到这些鸟献上，也授予官爵。于是，段达又以皇泰主的名义下令，加授王世充特殊的礼遇，王世充三次上书辞让。文武百官都劝他接受，并在都堂内设座位。纳言苏威年事已高，平时被允许不用朝见。王世充鉴于苏威是隋朝的元老重臣，想借苏威的声望来向士人平民炫耀自己，每次百官劝进都把苏威的名字列在首位。等到接受特殊礼遇的那一天，让人扶着苏威站在百官之前，然后自己面向南方，安坐着接受百官拜见。

夏季四月，王世充命长史韦节、杨续等以及太常博士衡水人孔颖达制定禅让的礼仪，派段达、云定兴等十几人进宫对皇泰主说："上天的旨意不是永久不变的，郑王功劳大，品德高尚，希望陛下遵照唐尧、虞舜禅让的先例。"皇泰主收起盘坐的双膝，手按着几案，愤怒地说："天下，是高祖的天下，如果隋朝国运没有完，这种话不应出口；如果上天的旨意已经改变，何必再要禅让！你们有的是我祖辈时的旧臣，有的身居高官显爵，说出这种话，我还有什么指望？"皇泰主神色凛然，在场的官员都羞愧得直冒冷汗。退朝后，皇泰主对着太后，流泪不止。王世充另派人对他说："现在天下还没有安宁，需要立年长的国君，等到四方安定统一，一定让你恢复帝位，决不违背以前的誓言。"癸卯（初五），王世充声称奉皇泰主命令，隋禅让于郑，并派他的哥哥王世恽把皇泰主幽禁在含凉殿，以后虽然有王世充的三次上表辞让和皇泰主的敕书敦劝接受，其实皇泰主都不知道。王世充派各将领率兵进入皇宫，清理打扫，又让巫师点起芦苇火把，以桃木煮水洒扫各宫室官邸，以驱除邪气。乙巳（初七），王世充乘坐皇帝专用的车驾进宫，登皇帝位。丙午（初八），大赦天下，改年号为"开明"。

戊申,王世充立子玄应为太子,玄恕为汉王,馀兄弟宗族十九人皆为王。奉皇泰主为潞国公。以苏威为太师,段达为司徒,云定兴为太尉,张仅为司空,杨续为纳言,韦节为内史,王隆为左仆射,韦霁为右仆射,齐王世恽为尚书令,杨汪为吏部尚书,杜淹为少吏部,郑颋为御史大夫。世恽,世充之兄也。又以国子助教吴人陆德明为汉王师,令玄恕就其家行束脩礼。德明耻之,故服巴豆散,卧称病,玄恕入跪床下,对之遗利,竟不与语。德明名朗,以字行。

世充于阙下及玄武门等数处皆设榻,坐无常所,亲受章表。或轻骑游历衢市,亦不清道,民但避路而已。世充按辔徐行,语之曰:"昔时天子深居九重,在下事情无由闻彻。今世充非贪天位,但欲救恤时危,正如一州刺史,亲览庶务,当与士庶共评朝政,尚恐门有禁限,今于门外设坐听朝,宜各尽情。"又令西朝堂纳冤抑,东朝堂纳直谏。于是献书上策者日有数百,条流既烦,省览难遍,数日后,不复更出。

王世充将军丘怀义居门下内省,召越王君度、汉王玄恕、将军郭士衡杂妓妾饮博,侍御史张蕴古弹之。世充大怒,令散手执君度、玄恕,批其耳数十,又命引入东上阁,杖之各四十。怀义、士衡不问。赏蕴古帛百段,迁太子舍人。君度,世充之兄子也。

世充每听朝,殷勤诲谕,言词重复,千端万绪,侍卫之人不胜倦弊。百司奏事,疲于听受。御史大夫苏良谏曰:

戊申(初十),王世充立儿子王玄应为太子,王玄恕为汉王,其馀的兄弟宗族十九个人全都封为王。奉皇泰主为潞国公。任命苏威为太师,段达为司徒,云定兴为太尉,张仅为司空,杨续为纳言,韦节为内史,王隆为左仆射,韦霁为右仆射,齐王王世恽为尚书令,杨汪为吏部尚书,杜淹为少吏部,郑颋为御史大夫。王世恽,是王世充的哥哥。又任命国子助教吴人陆德明当汉王的老师,让王玄恕到他家去行拜师的礼仪。陆德明深以为耻,故意吞服巴豆散,卧床说有病。王玄恕进屋跪在床前,陆德明当着他的面泻肚子,一句话也不对他说。陆德明名叫陆朗,以字行世。

王世充在宫阙之下以及玄武门等几个地方都设有床榻,没有固定的办公地点,常亲自接受奏章。有时骑着马在街市上走过,也不戒严清道,百姓只要让路就可以。王世充按着马缰绳慢慢前进,对老百姓说:"过去皇帝都深居在九重宫禁之中,下面发生的事情无法直接使皇帝了解。今天我王世充不是贪图皇帝的宝座,只是想拯救眼前的危难,就像是一州的刺史,要亲自过问各种事务,也要与士人平民一起评议朝政,我仍怕宫门有所限制,所以特意在宫门外设立座位处理朝政,各位可以畅所欲言。"又下令在西朝堂内专门受理冤情陈述,东朝堂内专门接受各种批评意见。于是,每天都有几百个人上书言事或献策,这些书奏既难以分类整理,又不可能全部批阅,几天以后,王世充就不再出宫。

王世充手下的将军丘怀义居住在门下内省,常常邀请越王王君度、汉王王玄恕、将军郭士衡与艺妓侍妾混在一起喝酒赌博,侍御史张蕴古上奏弹劾他们。王世充知道后很生气,命令东西廊下的散手仗捉住王君度、王玄恕,打了几十个耳光,又命人把他们拉到东上阁,各打四十大板。但对丘怀义、郭士衡都不加追问。另外赏给张蕴古一百段绸缎,升任太子舍人。王君度,是王世充的侄子。

王世充每次主持朝会,总反复训谕,言词重复,千头万绪,抓不住重点,连侍卫人员也疲倦不堪,难以支持。各部门官员汇报政事时,也对啰嗦的问答觉得疲惫厌烦。御史大夫苏良劝谏说:

"陛下语太多而无领要，计云尔即可，何烦许辞也？"世充默然良久，亦不罪良，然性如是，终不能改也。

王世充数攻伊州，总管张善相拒之，粮尽，援兵不至，癸亥，城陷，善相骂世充极口而死。帝闻，叹曰："吾负善相，善相不负吾也！"赐其子爵襄城郡公。

五月，王世充陷义州，复寇西济州。遣右骁卫大将军刘弘基将兵救之。

癸巳，梁州总管、山东道安抚副使陈政为麾下所杀，携其首奔王世充。政，茂之子也。

王世充以礼部尚书裴仁基、左辅大将军裴行俨有威名，忌之。仁基父子知之，亦不自安，乃与尚书左丞宇文儒童、儒童弟尚食直长温、散骑常侍崔德本谋杀世充及其党，复尊立皇泰主，事泄，皆夷三族。齐王世恽言于世充曰："儒童等谋反，正为皇泰主尚在故也，不如早除之。"世充从之，遣兄子唐王仁则及家奴梁百年鸩皇泰主。皇泰主曰："更为请太尉，以往者之言，未应至此。"百年欲为启陈，世恽不许。又请与太后辞诀，亦不许。乃布席焚香礼佛："愿自今已往，不复生帝王家！"饮药，不能绝，以帛缢杀之，谥曰恭皇帝。世充以其兄楚王世伟为太保，齐王世恽为太傅，领尚书令。

秋七月，王世充遣其将罗士信寇縠州，士信帅其众千馀人来降。先是，士信从李密击世充，兵败，为世充所得，世充厚礼之，与同寝食。既而得邴元真等，待之如士信，士信耻之。士信有骏马，世充兄子赵王道询欲之，不与，

"陛下说的话太多但没切中要领,其实只要大概说一下如何处理就可以了,何必用那么多口舌?"王世充沉默很久,也不怪罪苏良,但是他天性如此,终究不能改变。

王世充好几次进犯伊州,唐总管张善相率兵抵抗。唐军粮食吃光,但援兵却没有赶到。癸亥(二十五日),伊州被攻陷。张善相用最难听的话大骂王世充,直至被杀。李渊听说后,叹息说:"是我辜负了张善相,张善相却没有辜负我。"赐给张善相的儿子襄城郡公的爵位。

五月,王世充攻陷义州,又去进犯西济州。唐遣右骁卫大将军刘弘基率兵救援。

癸巳(二十六日),唐梁州总管山东道安抚副使陈政被部下杀害,并携带着他的首级投奔王世充。陈政,是陈茂的儿子。

王世充因为礼部尚书裴仁基、左辅大将军裴行俨很有威望,对他们心存猜忌。裴仁基父子知道后,心中不安,就与尚书左丞宇文儒童、宇文儒童的弟弟尚食直长宇文温、散骑常侍崔德本密谋暗杀王世充和他的党羽,重新尊立皇泰主为帝。事情泄漏,这些人都被夷灭三族。齐王王世恽对王世充说:"宇文儒童等人谋反,正是由于皇泰主还存在的缘故,不如早日除掉他。"王世充同意了,就派侄子唐王王仁则和家奴梁百年一起用毒酒毒死皇泰主。皇泰主说:"你们为我再请问太尉,按照他过去的誓言,不应该到这种地步。"梁百年想替他转达,王世恽也不准。皇泰主又请求与太后诀别,王世恽不准。于是皇泰主布设座席焚香拜佛,祈祷说:"愿从今以后,不再生在帝王家!"喝下毒酒,但没有断气,又用绢帛勒死,定谥号为"恭皇帝"。王世充任命他哥哥楚王王世伟为太保,齐王王世恽为太傅,兼任尚书令。

秋季七月,王世充命部将罗士信进攻穀州,罗士信率部众一千多人向唐王朝投降。起先,罗士信随李密攻打王世充,战败后,被王世充俘获。王世充对他很优待,与他同吃同睡。不久又得到邴元真等人,也像对罗士信那样对他们,罗士信深以为耻。罗士信有匹骏马,王世充的侄子赵王王道询想要。罗士信不给,

世充夺之以赐道询，士信怒，故来降。上闻其来，甚喜，遣使迎劳，赐帛五千段，廪食其所部，以士信为陕州道行军总管。世充左龙骧将军临泾席辩与同列杨虔安、李君义皆帅所部来降。丙子，王世充遣其将郭士衡寇穀州，刺史任瓌大破之，俘斩且尽。甲申，行军总管刘弘基遣其将种如愿袭王世充河阳城，毁其河桥而还。

八月丙午，将军秦武通军至洛阳，败世充将葛彦璋。冬十月，王世充自将兵徇地至滑台，临黎阳。尉氏城主时德叡、汴州刺史王要汉、亳州刺史丁叔则遣使降之。以德叡为尉州刺史。要汉，伯当之兄也。

王世充遣其从弟世辩以徐、亳之兵攻雍丘，李公逸遣使求救，上以隔贼境，不能救。公逸乃留其属李善行守雍丘，身帅轻骑入朝，至襄城，为世充伊州刺史张殷所获，世充谓曰："卿越郑臣唐，其说安在？"公逸曰："我于天下，唯知有唐，不知有郑。"世充怒，斩之。善行亦没。上以公逸子为襄邑公。

三年，王世充将帅、州县来降者，时月相继。世充乃峻其法，一人亡叛，举家无少长就戮，父子、兄弟、夫妇许相告而免之。又使五家为保，有举家亡者，四邻不觉，皆坐诛。杀人益多而亡者益甚，至于樵采之人，出入皆有限数。公私愁窘，人不聊生矣。以宫城为大狱，意所忌者，并其家属收系宫中。诸将出讨，亦质其家属于宫中。禁止者

王世充就强夺此马赐给王道询。罗士信大怒，因此决定投降。李渊听到罗士信归附的消息，十分高兴，派使者前往慰劳，赐给他绸缎五千段，提供他部队所需的粮草，任命罗士信为陕州道行军总管。王世充的左龙骧将军临泾人席辩与同僚杨虔安、李君义都率部众来投降。丙子（初十），王世充派部将郭士衡进攻穀州，穀州刺史任瓌大破郭士衡，郭士衡的部众被俘被杀，几乎全军覆没。甲申（十八日），唐行军总管刘弘基派部将种如愿袭击王世充占据的河阳城，破坏了黄河大桥后撤军。

八月丙午（初十），将军秦武通的军队抵达洛阳，击败王世充的部将葛彦璋。冬季十月，王世充亲自率兵掠取土地，抵达滑台，进逼黎阳。尉氏城主时德叡、汴州刺史王要汉、亳州刺史丁叔则都派使者表示投降。王世充任命时德叡为尉州刺史。王要汉，是王伯当的哥哥。

王世充派遣他的堂弟王世辩率领徐州、亳州的军队去进攻雍丘，李公逸派使者向唐王朝求救。李渊因与雍丘之间夹着王世充的地盘，不能相救。李公逸就把他的部属李善行留下守雍丘，自己率领轻骑兵入朝，到襄城的时候，被王世充手下伊州刺史张殷擒获。王世充问他："你越过郑的地盘去向唐称臣，哪有这种道理？"李公逸说："普天之下，我只知道有唐，不知道有郑。"王世充大怒，把他杀了。李善行也被杀。李渊封李公逸的儿子为襄邑公。

三年（620），王世充的部将和州县长官向唐投降的，每时每月相继不断。王世充就颁布严峻的法令，凡一个人逃亡反叛的，全家老少都处死；如果父子、兄弟、夫妇间有相互告密的，允许告密的一方免死。又规定五家连保，如一家逃亡，其他四家没有觉察的，都一律处斩。但是他杀人越多，逃亡的人也越多，以至于对出城砍柴的人，都有规定限额。因此不论是官府还是百姓都境况窘迫，十分愁苦，人们无法维持生计。王世充又把宫城当作大监狱，对谁有所猜忌，就把这人连同家属一起囚禁在宫中。各将领出兵征伐，也把他们的家属当作人质留在宫里。被囚禁的

常不减万口，馁死者日有数十。世充又以台省官为司、郑、管、原、伊、殷、梁、凑、嵩、穀、怀、德等十二州营田使，丞、郎得为此行者，喜若登仙。

夏四月，罗士信围慈涧，王世充使太子玄应拒之，士信刺玄应坠马，人救之，得免。庚申，怀州总管黄君汉击王世充太子玄应于西济州，大破之。熊州行军总管史万宝邀之于九曲，又破之。辛酉，世充陷邓州。

五月，突厥遣阿史那揭多献马千匹于王世充，且求婚，世充以宗女妻之，并与之互市。显州行台尚书令楚王杨士林，虽受唐官爵，而北结王世充，南通萧铣，诏庐江王瑗与安抚使李弘敏讨之。兵未行，长史田瓒为士林所忌，六月甲寅，瓒杀士林，降于世充，世充以瓒为显州总管。

上议击世充，世充闻之，选诸州镇骁勇皆集洛阳，置四镇将军，募人分守四城。秋七月壬戌，诏秦王世民督诸军击世充。陕东道行台屈突通二子在洛阳，上谓通曰："今欲使卿东征，如卿二儿何？"通曰："臣昔为俘囚，分当就死，陛下释缚，加以恩礼。当是之时，臣心口相誓，期以更生馀年为陛下尽节，但恐不获死所耳。今得备先驱，二儿何足顾乎？"上叹曰："徇义之士，一至此乎！"

癸亥，突厥遣使潜诣王世充，潞州总管李袭誉邀击，败之，虏牛羊万计。

常常不少于一万个人，每天都有几十个人饿死。王世充又任命台、省等中央机构的官员分别担任司州、郑州、管州、原州、伊州、殷州、梁州、凑州、嵩州、縠州、怀州、德州等十二个州的营田使，那些尚书左右丞和各部门郎官得到了这一差使，高兴得如同登天成仙。

夏季四月，罗士信包围了慈涧，王世充派遣太子王玄应出兵增援。罗士信刺中王玄应，使他坠落在马下，幸亏有人出手救援，王玄应才得以逃脱。庚申（二十七日），唐怀州总管黄君汉在西济州攻击王世充的太子王玄应，大破郑军。熊州行军总管史万宝在九曲截击，又大破郑军。辛酉（二十八日），王世充攻陷邓州。

五月，突厥派遣阿史那揭多向王世充进献一千匹马，并且求婚。王世充同意让宗室女子嫁过去，并允许与突厥相互贸易。显州行台尚书令、楚王杨士林虽然接受了唐王朝的官爵，但却北面结交王世充，南面勾通萧铣。李渊下诏命令庐江王李瑗与安抚使李弘敏前往讨伐杨士林。军队还没有出发，长史田瓒因遭到杨士林猜忌，在六月甲寅（二十三日），田瓒杀了杨士林，投降王世充，王世充任命田瓒为显州总管。

李渊计划讨伐王世充，王世充得知后，挑选各州镇的精兵强将全部集中在洛阳，设置四镇将军，招募人守卫洛阳四城。秋季七月壬戌（初一），李渊下诏命令秦王李世民统领各路军队攻打王世充。陕东道行台屈突通的两个儿子都在洛阳，李渊对他说："现在想派你东征洛阳，可是你的两个儿子怎么办呢？"屈突通说："我过去是俘虏囚犯，理应被处死，陛下不仅释放了我，还给予恩宠礼遇。在当时，我就暗暗发誓，希望能以获得新生后的残馀之年，为陛下尽忠尽节，只担心没有机会死得其所。今天能够担任先锋，两个儿子又有什么可以顾念的？"李渊感叹说："一个要为忠义献身的人，竟可以做到这样！"

癸亥（初二），突厥派使节想悄悄潜入洛阳面见王世充，潞州总管李袭誉拦击，击败突厥军，并掳获牛羊数以万计。

壬午，秦王世民至新安。王世充遣魏王弘烈镇襄阳，荆王行本镇虎牢，宋王泰镇怀州，齐王世恽检校南城，楚王世伟守宝城，太子玄应守东城，汉王玄恕守含嘉城，鲁王道徇守曜仪城，世充自将战兵，左辅大将军杨公卿帅左龙骧二十八府骑兵，右游击大将军郭善才帅内军二十八府步兵，左游击大将军跋野纲帅外军二十八府步兵，总三万人，以备唐。弘烈、行本，世伟之子。泰，世充之兄子也。

罗士信将前锋围慈涧，王世充自将兵三万救之。己丑，秦王世民将轻骑前觇世充，猝与之遇，众寡不敌，道路险厄，为世充所围。世民左右驰射，皆应弦而毙，获其左建威将军燕琪，世充乃退。世民还营，埃尘覆面，军不复识，欲拒之，世民免胄自言，乃得入。旦日，帅步骑五万进军慈涧。世充拔慈涧之戍，归于洛阳。世民遣行军总管史万宝自宜阳南据龙门，将军刘德威自太行东围河内，上谷公王君廓自洛口断其饷道，怀州总管黄君汉自河阴攻回洛城，大军屯于北邙，连营以逼之。世充洧州长史繁水张公谨与刺史崔枢以州城来降。

八月，邓州土豪执王世充所署刺史来降。甲辰，黄君汉遣校尉张夜叉以舟师袭回洛城，克之，获其将达奚善定，断河阳南桥而还，降其堡聚二十馀。世充使太子玄应帅杨公卿等攻回洛，不克，乃筑月城于其西，留兵戍之。

壬午（二十一日），秦王李世民抵达新安。王世充派遣魏王王弘烈镇守襄阳，荆王王行本镇守虎牢，宋王王泰镇守怀州，齐王王世恽巡视洛阳南城，楚王王世伟守卫洛阳宝城，太子王玄应守卫洛阳东城，汉王王玄恕守卫含嘉城，鲁王王道徇守卫曜仪城，王世充自己统帅作战部队，左辅大将军杨公卿统领左龙骧二十八府骑兵，右游击大将军郭善才统领内军二十八府步兵，左游击大将军跋野纲统领外军二十八府步兵，总共三万人，来防备唐王朝军队的进攻。王弘烈、王行本，是王世伟的儿子。王泰，是王世充哥哥的儿子。

罗士信率领前锋部队包围慈涧，王世充亲自率领三万兵马前往救援。己丑（二十八日），秦王李世民率轻装骑兵前去侦察王世充动静，突然与王世充军队相遇，双方兵力悬殊，李世民寡不敌众，道路又十分险厄，被王世充包围。李世民策马驰骋，左右开弓射箭，敌人都随着弓弦的声响纷纷倒毙，又捕获了左建威将军燕琪，王世充才撤退。李世民返回军营，满面尘土，军士们都认不出他，想把他拒之门外，李世民脱去头盔，说明自己的身份，才得以进入军营。第二天，李世民率五万步骑兵进军慈涧。王世充撤出慈涧的守军，返回洛阳。李世民派行军总管史万宝从宜阳南下占据龙门，将军刘德威从太行山东进包围河内，上谷公王君廓从洛口出兵，切断王世充的运粮通道，怀州总管黄君汉从河阴进军攻击回洛城，自己率领大军，屯驻在北邙山，连接营阵，进逼洛阳。王世充属下的洧州长史繁水人张公谨与刺史崔枢，献出州城，向唐朝军队投降。

八月，邓州当地豪强拘捕王世充任命的刺史前来向唐王朝军队投降。甲辰（十四日），怀州总管黄君汉派遣校尉张夜叉率领水军袭击回洛城，攻克该城，擒获王世充手下的将领达奚善定，拆断河阳南桥之后返回，并使王世充属下的二十多个堡垒、聚落归降。王世充派遣太子王玄应率领杨公卿等人进攻回洛城，不能攻克，于是在回洛城西修筑钳制大城的半圆形小城，留下军队守卫。

世充陈于青城宫，秦王世民亦置陈当之。世充隔水谓世民曰："隋室倾覆，唐帝关中，郑帝河南，世充未尝西侵，王忽举兵东来，何也？"世民使宇文士及应之曰："四海咸仰皇风，唯公遏阻声教，为此而来！"世充曰："相与息兵讲好，不亦善乎？"又应之曰："奉诏取东都，不令讲好。"至暮，各引兵还。

九月癸酉，王世充显州总管田瓒以所部二十五州来降。自是襄阳声问与世充绝。

史万宝进军甘泉宫。丁丑，秦王世民遣右武卫将军王君廓攻轘辕，拔之。王世充遣其将魏隐等击君廓，君廓伪遁，设伏，大破之，遂东徇地，至管城而还。先是，王世充将郭士衡、许罗汉掠唐境，君廓以策击却之，诏劳之曰："卿以十三人破贼一万，自古以少制众，未之有也。"

世充尉州刺史时德叡帅所部杞、夏、陈、随、许、颍、尉七州来降。秦王世民以便宜命州县官并依世充所署，无所变易，改尉州为南汴州。于是河南州县相继来降。

辛巳，世民以五百骑行战地，登魏宣武陵。王世充帅步骑万馀猝至，围之，单雄信引槊直趋世民，尉迟敬德跃马大呼，横刺雄信坠马，世充兵稍却，敬德翼世民出围。世民、敬德更帅骑兵还战，出入世充陈，往返无所碍。屈突通

王世充在青城宫列阵，秦王李世民也列阵对抗。王世充隔着河水对李世民说："隋王朝灭亡，唐在关中称帝，郑在河南称帝，我王世充从没有向西进犯，大王您突然出动大军向东而来，这是为什么？"李世民派宇文士及回答他说："四海之内都仰慕皇上的风范，唯独你阻遏皇上声威教化的传布，就为这个原因而来！"王世充说："我们互相停战讲和，不也很好吗？"宇文士及又回答他说："我们奉诏命攻东都，没有命令我们讲和结好。"到傍晚，双方各自率军还营。

九月癸酉（十三日），王世充属下的显州总管田瓒率领他所管辖的二十五个州前来向唐王朝投降。从此，襄阳的王弘烈与洛阳的王世充之间断绝了消息来往。

唐行军总管史万宝进军甘泉宫。丁丑（十七日），秦王李世民派遣右武卫将军王君廓进攻轘辕，将它攻克。王世充派遣部将魏隐等人攻击王君廓，王君廓假装逃走，设下埋伏，大败魏隐等人的军队，于是向东夺取土地，到达管城后返回。在此之前，王世充手下的将领郭士衡、许罗汉侵入唐朝廷控制的地区劫掠，王君廓运用计策将他们击退，李渊下诏慰劳他说："你率领十三人打败一万贼寇，自古以来，以少胜多的事例还没有达到这种程度的。"

王世充属下的尉州刺史时德叡率领他所统辖的杞、夏、陈、随、许、颍、尉七个州来投降唐朝廷。秦王李世民运用唐高祖李渊授予的可根据情况相机行事的特权，命令上述地区的州县官吏，全部依照王世充当时的任命，不做变动，只是改尉州为南汴州。在这时，河南地区的州县先后前来投降。

辛巳（二十一日），李世民率五百名骑兵巡视战场，登上北魏宣武帝元恪的陵墓。王世充率步骑兵一万多人突然来到，把李世民包围，单雄信举着长矛直奔李世民，尉迟敬德跃马大叫，从侧面出击把单雄信刺下马来，王世充的军队稍稍退却，尉迟敬德保护着李世民冲出重围。李世民、尉迟敬德再率领骑兵返回攻击，他们出入王世充的战阵，来回冲杀如入无人之境。屈突通

引大兵继至，世充兵大败，仅以身免。擒其冠军大将军陈智略，斩首千馀级，获排矟兵六千。

冬十月甲午，王世充大将军张镇周来降。甲辰，行军总管罗士信袭王世充硖石堡，拔之。士信又围千金堡，堡中人骂之。士信夜遣百馀人抱婴儿数十至堡下，使儿啼呼，诈云"从东都来归罗总管"。既而相谓曰："此千金堡也，吾属误矣。"即去。堡中以为士信已去，来者洛阳亡人，出兵追之。士信伏兵于道，伺其门开，突入，屠之。

李密之败也，杨庆归洛阳，世充以为管州总管，妻以兄女。秦王世民逼洛阳，庆潜遣人请降，世民遣总管李世勣将兵往据其城。庆来降，拜上柱国、郇国公。

时世充太子玄应镇虎牢，军于荥、汴之间，闻之，引兵趣管城，李世勣击却之。使郭孝恪为书说荥州刺史魏陆，陆密请降。玄应遣大将军张志就陆征兵，丙辰，陆擒志等四将，举州来降。阳城令王雄帅诸堡来降，秦王世民使李世勣引兵应之，以雄为嵩州刺史，嵩南之路始通。魏陆使张志诈为玄应书，停其东道之兵，令其将张慈宝且还汴州，又密告汴州刺史王要汉使图慈宝，要汉斩慈宝以降。玄应闻诸州皆叛，大惧，奔还洛阳。诏以要汉为汴州总管，赐爵郳国公。

十一月戊子，安抚大使李大亮取王世充沮、华二州。

率领大部队随后赶到，王世充军队大败，王世充只身逃脱。唐朝军队擒获王世充手下的冠军大将军陈智略，斩杀一千多人，俘虏盾牌长矛军六千人。

冬季十月甲午（初五），王世充的大将军张镇周前来投降唐朝。甲辰（十五日），唐行军总管罗士信袭击王世充管辖的硖石堡，攻克了它。罗士信又包围了千金堡，城堡中的人大骂罗士信。夜晚，罗士信派遣一百多人，怀抱几十名婴儿来到千金堡下，让婴儿啼哭呼叫，假称"是从东都来归附罗总管的"。然后又相互说："这是千金堡，我们搞错了。"随即离去。城堡中的守军以为罗士信已经离去，来的是从洛阳逃出来的人，就出兵去追。罗士信在路边设下伏兵，等千金堡的堡门一开，突然攻入，在城堡中大肆屠杀。

李密兵败的时候，杨庆归附洛阳，王世充任命他为管州总管，并把哥哥的女儿嫁给他。秦王李世民进逼洛阳的时候，杨庆暗中派人前去请求归降。李世民派遣总管李世勣率领兵马前往占领了管州城。杨庆向唐朝投降，官拜上柱国，封郇国公。

当时，王世充的太子王玄应镇守虎牢，率军队驻扎在荥泽与汴水之间。听到杨庆投降的消息，领兵开赴管城，李世勣把他击退。李世勣让郭孝恪写信劝说荥州刺史魏陆，魏陆秘密请求归降。王玄应派大将军张志到魏陆那里征兵，丙辰（二十七日），魏陆擒获张志等四名将领，献出荥州向唐朝投降。阳城县令王雄率各城堡前来归降唐朝，秦王李世民派李世勣领兵接应他们，任命王雄为嵩州刺史，嵩山以南的道路从此被打通。魏陆让张志伪造王玄应的信，命令东路的军队停止前进，命令部将张慈宝暂时返回汴州。又秘密通知汴州刺史王要汉让他设法杀了张慈宝，王要汉斩杀张慈宝后向唐王朝投降。王玄应听说各州都已反叛，大为惊恐，逃奔回洛阳。唐高祖李渊下诏任命王要汉为汴州总管，赐以郳国公的爵位。

十一月戊子（二十九日），唐安抚大使李大亮攻取王世充统辖的沮州与华州。

唐兵逼洛阳，王世充遣使求救于窦建德，建德遣使诣世充，许以赴援。事见《唐平河朔》。

十二月辛卯，王世充许、亳等十一州皆请降。辛丑，王世充随州总管徐毅举州降。王世充遣其兄子代王琬、长孙安世诣窦建德报聘，且乞师。

四年春正月，王世充梁州总管程嘉会以所部来降。杜伏威遣其将陈正通、徐绍宗帅精兵二千，来会秦王世民击王世充，甲申，攻梁，克之。秦王世民选精锐千馀骑，皆皂衣玄甲，分为左右队，使秦叔宝、程知节、尉迟敬德、翟长孙分将之。每战，世民亲被玄甲帅之为前锋，乘机进击，所向无不摧破，敌人畏之。行台仆射屈突通、赞皇公窦轨将兵按行营屯，猝与王世充遇，战不利。秦王世民帅玄甲救之，世充大败，获其骑将葛彦璋，俘斩六千馀人。世充遁归。王世充太子玄应将兵数千人，自虎牢运粮入洛阳，秦王世民遣将军李君羡邀击，大破之，玄应仅以身免。

世民使宇文士及奏请进围东都，上谓士及曰："归语尔王：今取洛阳，止欲息兵，克城之日，乘舆法物，图籍器械，非私家所须者，委汝收之。其馀子女玉帛，并以分赐将士。"

二月辛丑，世民移军青城宫，壁垒未立，王世充帅众二万自方诸门出，凭故马坊垣堑，临穀水以拒唐兵，诸将皆惧。世民以精骑陈于北邙，登魏宣武陵以望之，谓左右曰："贼势窘矣，悉众而出，徼幸一战，今日破之，后不敢复出矣！"

唐朝军队进逼洛阳，王世充派使节向窦建德求援，窦建德派人面见王世充，答应他出兵救援。事见《唐平河朔》。

十二月辛卯（初三），王世充统辖的许州、亳州等十一个州都请求向唐朝廷投降。辛丑（十三日），王世充任命的随州总管徐毅献出州城投降唐王朝。王世充派遣他哥哥的儿子代王王琬和长孙王安世前往窦建德处酬答，并且请求出师增援。

四年（621）春季正月，王世充任命的梁州总管程嘉会率领部众向唐王朝投降。杜伏威派遣部将陈正通、徐绍宗率二千精兵前来与秦王李世民会合，攻击王世充，甲申（二十六日），进攻梁县，拿下了它。秦王李世民挑选精锐骑兵一千多名，都穿黑衣黑甲，分成左右两队，派秦叔宝、程知节、尉迟敬德、翟长孙分别率领。每次作战，李世民也披上黑色盔甲亲自率领他们做先锋，这支队伍总是把握时机进击，所攻之处没有不被打败的，敌军望而生畏。行台仆射屈突通、赞皇公窦轨带兵巡视各军营垒，突然与王世充军队相遇，交战失利。秦王李世民率黑甲军救援，大败王世充，擒获他的骑兵将领葛彦璋，俘虏、斩杀了六千多人。王世充逃归。王世充的太子王玄应率几千人马从虎牢运送粮食到洛阳，秦王李世民派遣将军李君羡拦击，大败王玄应军，王玄应仅逃出一命。

李世民派宇文士及回朝上书请求进军包围东都，李渊对宇文士及说："回去告诉你们秦王，我们现在攻取洛阳，只是想早日停止战争。攻陷之日，凡是隋朝皇家所用的乘舆、法物、图籍、器械等不是私人应有的东西，都委托你收起来，其他的男男女女、玉器布帛都分赏给将士们。"

二月辛丑（十三日），李世民把军营转移到青城宫，营寨还没建好，王世充率二万部众从方诸门出击，他们背靠旧马坊的墙垣沟堑，面对着穀水来抗拒唐军，唐军各将领不禁都恐慌起来。李世民率精锐骑兵在北邙山列阵，他登上北魏宣武帝陵墓眺望，对左右侍从说："盗贼的情势已十分窘迫了。他们出动了所有的军队，想凭侥幸一战取胜，今天如击败他，以后就再也不敢出动了。"

命屈突通帅步卒五千渡水击之，戒通曰："兵交则纵烟。"烟作，世民引骑南下，身先士卒，与通合势力战。世民欲知世充陈厚薄，与精骑数十冲之，直出其背，众皆披靡，杀伤甚众。既而限以长堤，与诸骑相失，将军丘行恭独从世民，世充数骑追及之，世民马中流矢而毙。行恭回骑射追者，发无不中，追者不敢前。乃下马以授世民，行恭于马前步执长刀，距跃大呼，斩数人，突陈而出，得入大军。世充亦帅众殊死战，散而复合者数四，自辰至午，世充兵始退。世民纵兵乘之，直抵城下，俘斩七千人，遂围之。骠骑将军段志玄与世充兵力战，深入，马倒，为世充兵所擒，两骑夹持其髻，将渡洛水，志玄踊身而奋，二人俱坠马，志玄驰归，追者数百骑，不敢逼。

初，骠骑将军王怀文为唐军斥候，为世充所获，世充欲慰悦之，引置左右。壬寅，世充出右掖门，临洛水为陈，怀文忽引槊刺世充，世充衷甲，槊折不能入，左右猝出不意，皆愕眙不知所为。怀文走趣唐军，至写口，追获，杀之。世充归，解去衷甲，袒示群臣曰："怀文以槊刺我，卒不能伤，岂非天所命乎？"

先是御史大夫郑颋不乐仕世充，多称疾不预事，至是谓世充曰："臣闻佛有金刚不坏身，陛下真是也。臣实多幸，得生佛世，愿弃官削发为沙门，服勤精进，以资陛下之神武。"

李世民命令屈突通率五千步兵渡过穀水进击，告诫他说："两军一交战，就立即燃起烟雾。"不久，烟雾升起，李世民率骑兵南下，他身先士卒，与屈突通会合在一起奋勇力战。李世民想了解王世充阵势的纵深情况，就与数十名骑兵冲入敌阵，直攻敌军背后，郑军无法抵抗，望风而倒，被杀伤很多人。不久，被长堤阻隔，李世民与其他将领走散，只有将军丘行恭一个人跟着。王世充的几个骑兵追上了他们，李世民的战马被流箭射中而倒毙。丘行恭调转马头射击追兵，箭无虚发，追兵不敢逼近。于是，丘行恭下马把坐骑让给李世民，自己在马前步行，他手拿长刀，左突右击，大声叱喝，连斩几人，冲出王世充军阵，与大军会合。王世充也率部众拼死作战，队伍几次溃散，又几次集结。从上午七八点钟一直战到中午，王世充的军队开始退却。李世民挥兵乘胜攻击，一直攻到城下，俘虏、斩杀了七千人，于是包围了东都洛阳。唐骠骑将军段志玄奋力与王世充的军队交战，深入敌阵，战马倒下，段志玄被王世充的士兵擒获。两名骑兵夹着他，并抓住他的头发，准备渡过洛水。段志玄奋力跳起，把两名骑兵撞下马背，然后骑马飞奔而回。后面有几百名骑兵追赶，但都不敢逼近。

当初，骠骑将军王怀文是唐军的侦察兵，被王世充抓获，王世充为了笼络他，把他安置在自己身边。壬寅（十四日），王世充出右掖门，面对洛水列阵，王怀文突然举起长矛刺王世充。王世充衣服内穿着护甲，长矛折断，刺不进去，左右侍卫猝不及防，一时惊呆了，不知所措。王怀文飞马奔向唐军，跑到写口，被追兵抓获，斩杀。王世充回营，悄悄脱下暗甲，然后袒露上身向大臣们展示说："王怀文用长矛刺我，却一点也没有伤我，难道这不是上天的旨意？"

在此之前，御史大夫郑颋不愿意在王世充手下做官，大多数时间都声称有病，不参预政事。到这时，他对王世充说："我听说佛有金刚不坏之身，陛下真是这种金刚之身啊。我实在很幸运，得以生存在真佛降临之世，我愿意放弃官位削去头发当和尚，勤勉地侍奉佛祖，精心一意地修炼升进，来增添陛下的神武。"

世充曰："国之大臣，声望素重，一旦入道，将骇物听。俟兵革休息，当从公志。"颋固请，不许。退谓其妻曰："吾束发从官，志慕名节，不幸遭遇乱世，流离至此，侧身猜忌之朝，累足危亡之地，智力浅薄，无以自全。人生会当有死，早晚何殊，姑从吾所好，死亦无憾。"遂削发被僧服。世充闻之，大怒曰："尔以我为必败，欲苟免邪？不诛之，何以制众？"遂斩颋于市。颋言笑自若，观者壮之。诏赠王怀文上柱国、朔州刺史。庚戌，王泰弃河阳走，其将赵夐等以城来降。别将单雄信、裴孝达与总管王君廓相持于洛口，秦王世民帅步骑五千援之，至轘辕，雄信等遁去，君廓追败之。乙卯，王世充怀州刺史陆善宗以城降。

秦王世民围洛阳宫城。城中守御甚严，大炮飞石重五十斤，掷二百步，八弓弩箭如车辐，镞如巨斧，射五百步。世民四面攻之，昼夜不息，旬馀不克。城中欲翻城者凡十三辈，皆不果发而死。唐将士皆疲弊思归，总管刘弘基等请班师，世民曰："今大举而来，当一劳永逸。东方诸州已望风款服，唯洛阳孤城，势不能久，功在垂成，奈何弃之而去？"乃下令军中曰："洛阳未破，师必不还，敢言班师者斩！"众乃不敢复言。上闻之，亦密敕世民使还，世民表称洛阳必可克，又遣参谋军事封德彝入朝面论形势。德彝言于上曰："世充得地虽多，率皆羁属，号令所行，唯洛阳一城而已，智尽

王世充说："你是国家大臣，一向德高望重，一旦皈依佛门，势必会引起世人惊骇。等到战事平息，一定顺从你的心愿。"郑颋坚决请求，王世充仍然不准。退朝后，郑颋对妻子说："我从幼年束发就出入官场，一心向往着声名节操，不幸遭逢乱世，流落到这里，置身于充满猜忌的朝廷，立足在危机四伏将要灭亡的地方，我的智慧和能力有限，没有办法保全自己。人生都有一死，早晚又有什么区别，姑且了结了我的心愿，死了也没什么遗憾了。"于是他削去头发披上了僧服。王世充闻讯，大为恼怒，说："你以为我一定会失败，想借此偷生吗？不杀了你，怎么能制服众人！"于是就在街市上将郑颋斩首。郑颋临死前谈笑自若，观看的人都钦佩他的豪气和胆量。唐高祖李渊下诏追赠王怀文为上柱国、朔州刺史。庚戌（二十二日），王泰放弃河阳逃跑，他的部将赵敻等人献出河阳城向唐投降。王世充的别将单雄信、裴孝达与唐总管王君廓在洛口相持，秦王李世民率五千步骑兵前去救援，行到轘辕，单雄信等逃遁，王君廓追上去打败了他们。乙卯（二十七日），王世充任命的怀州刺史陆善宗献怀州城向唐王朝投降。

秦王李世民包围洛阳宫城，城里的防守十分严密，大炮可以射出五十斤重的石头，射程可达二百步。八弓弩的箭杆像车辐一样，箭镞好像大斧，能射五百步远。李世民从四方强攻，日夜不停，一连十几天都没能攻克。城内想翻出城池投降的，前后有十三批，都还没来得及发动就被诛杀。唐军将士都疲惫不堪，想回关中，总管刘弘基等人也向李世民提出班师回朝。李世民说："我们大规模举兵而来，应该一劳永逸。东方各州都已经望风归服，只有洛阳一座孤城，势必不能持久。眼看就要大功告成，怎么能放弃回朝？"于是在军中下令："不破洛阳，坚决不回军，谁再敢提出班师，一律斩首。"众人不敢再议撤军的事。李渊听说后，也秘密敕令李世民撤军。李世民上表说一定可以攻克洛阳，又派遣参谋军事封德彝入朝当面向李渊陈述军事形势。封德彝对李渊说："王世充所得的地方虽多，但一般都是表面上的依附，真正接受他号令指挥的，只有洛阳一城而已。王世充已无计可施，

力穷,克在朝夕。今若旋师,贼势复振,更相连结,后必难图!”上乃从之。世民遗世充书,谕以祸福,世充不报。戊午,王世充郑州司兵沈悦遣使诣左武候大将军李世勣请降。左卫将军王君廓夜引兵袭虎牢,悦为内应,遂拔之,获其荆王行本及长史戴胄。悦,君理之孙也。

唐兵围洛阳,掘堑筑垒而守之。城中乏食,绢一匹直粟三升,布十匹直盐一升,服饰珍玩,贱如土芥。民食草根木叶皆尽,相与澄取浮泥,投米屑作饼食之,皆病,身肿脚弱,死者相枕倚于道。皇泰主之迁民入宫城也,凡三万家,至是无三千家。虽贵为公卿,糠覈不充,尚书郎以下,亲自负戴,往往馁死。窦建德使其将范愿守曹州,悉发孟海公、徐圆朗之众,西救洛阳。至滑州,王世充行台仆射韩洪开门纳之。己卯,军于酸枣。

秦王世民中分麾下,使屈突通副齐王元吉围守东都,世民将骁勇三千五百人东趣武牢。事见《唐平河朔》。

夏四月壬寅,王世充骑将杨公卿、单雄信引兵出战,齐王元吉击之,不利,行军总管卢君谔战死。王世充平州刺史周仲隐以城来降。

五月,擒窦建德。甲子,世充偃师、巩县皆降。乙丑,以太子左庶子郑善果为山东道抚慰大使。世充将王德仁弃故洛阳城而遁,亚将赵季卿以城降。秦王世民囚窦建德、王琬、长孙安世、郭士衡等至洛阳城下,以示世充。世充与建德

无力可使，攻克是早晚的事。今天如果班师，盗贼势力重新振作，再与其他势力勾结起来，以后就更难消灭他。”李渊同意了他的意见。李世民写信给王世充，向他分析祸福利害，王世充不做答复。戊午（三十日），王世充属下的郑州司兵沈悦派遣使者到左武候大将军李世勣处请求归降。唐左卫将军王君廓在夜间率军袭击虎牢，沈悦做内应，于是就夺取了虎牢，擒获了郑国的荆王王行本以及长史戴胄。沈悦，是沈君理的孙子。

唐朝军队包围了洛阳，挖壕沟筑堡垒困守着。洛阳城中缺乏粮食，一匹绢只值三升粟，十匹布只值一斤盐，各种服装饰品珍宝古玩便宜得像尘土野草。百姓把草根树叶全都吃光了，不得不取来泥土，澄清以后，拌上米屑做成饼当饭吃。吃下去的人都生了病，浑身肿胀，双脚发软，道路上到处是靠在一起饿死的人。当时皇泰主把居民迁进宫城的时候，一共有三万户，这时连三千家都不到了。即使是地位高贵的公卿，连米糠麦屑也吃不饱。尚书郎以下的官吏，都得亲自肩扛头顶地劳动，也常常有饿死的。窦建德派遣他的部将范愿守卫曹州，征调孟海公、徐圆朗的全部兵马向西救援洛阳。抵达滑州时，王世充属下的行台仆射韩洪打开城门迎他们入城。己卯（二十一日），窦建德军队抵达酸枣。

秦王李世民把军队一分为二，派屈突通协助齐王李元吉围守东都，李世民自己率三千五百名骁勇士兵向东往武牢进发。
事见《唐平河朔》。

夏季四月壬寅（十五日），王世充手下的骑将杨公卿、单雄信率兵出战，齐王李元吉迎击，失利，行军总管卢君谔阵亡。王世充任命的平州刺史周仲隐献出州城向唐投降。

五月，擒获窦建德。甲子（初七），王世充属下的偃师、巩县都向唐投降。乙丑（初八），唐王朝任太子左庶子郑善果为山东道抚慰大使。王世充的部将放弃旧洛阳城逃跑，他的副将赵季卿献出城池投降。秦王李世民押解着窦建德、王琬、长孙安世、郭士衡等人来到洛阳城下，向王世充展示。王世充与窦建德

语而泣，仍遣安世等入城言败状。世充召诸将议突围，走襄阳，诸将皆曰："吾所恃者夏王，夏王今已为擒，虽得出，终必无成。"丙寅，世充素服帅其太子、群臣二千馀人诣军门降。世民礼接之，世充俯伏流汗。世民曰："卿常以童子见处，今见童子，何恭之甚邪？"世充顿首谢罪。于是部分诸军，先入洛阳，分守市肆，禁止侵掠，无敢犯者。

丁卯，世民入宫城，命记室房玄龄先入中书、门下省，收隋图籍制诏，已为世充所毁，无所获。命萧瑀、窦轨等封库，收其金帛，班赐将士。收世充之党罪尤大者段达、王隆、崔洪丹、薛德音、杨汪、孟孝义、单雄信、杨公卿、郭什柱、郭士衡、董叡、张童兒、王德仁、朱粲、郭善才等十馀人斩于洛水之上。士民疾朱粲残忍，竞投瓦砾击其尸，须臾如冢。囚韦节、杨续、长孙安世等十馀人送长安。士民无罪为世充所囚者皆释之，所杀者祭而诔之。

戊寅，王世充徐州行台杞王世辩以徐、宋等三十八州诣河南道安抚大使任瓌请降，世充故地悉平。秋七月庚申，王世充行台王弘烈、王泰、左仆射豆卢行褒、右仆射苏世长以襄州来降。上与行褒、世长皆有旧，先是，屡以书招之，行褒辄杀使者。既至长安，上诛行褒而责世长。世长曰："隋失其鹿，天下共逐之。陛下既得之矣，岂可复忿同猎之徒，问争肉之罪乎？"上笑而释之，以为谏议大夫。

遥相对话，不禁流下眼泪。李世民让长孙安世等人进洛阳城去叙说战败的情况。王世充召集各将领商议突围的事情，准备南奔襄阳。各位将领都说："我们所依靠的就是夏王窦建德，如今夏王已被擒获，我们即使冲了出去，最终也不会成功。"丙寅（初九），王世充穿上白色服装带着太子、文武官员等二千多人到唐军营门投降。李世民以礼相待，王世充伏身在地，汗流浃背。李世民说："你常常把我看作小孩，如今见了小孩，为什么如此恭敬？"王世充叩头谢罪。于是，李世民整顿军队，分出部分人先进入洛阳城，分别守卫着街市商店，禁止侵夺劫掠，没有人敢违反禁令。

丁卯（初十），李世民进入洛阳宫城，命令记室房玄龄先到中书省、门下省，搜集隋朝的地图户籍、训令诏书，但是这些文件都已经被王世充毁掉了，什么也没找到。又命令萧瑀、窦轨封存隋朝府库，收集金银绸缎，颁赐给将士们。逮捕了王世充党羽中罪行特别大的段达、王隆、崔洪丹、薛德音、杨汪、孟孝义、单雄信、杨公卿、郭什柱、郭士衡、董叡、张童兒、王德仁、朱粲、郭善才等十几个人，把他们斩杀在洛水河畔。士人庶民都痛恨朱粲的残忍，争相往他的尸体上投掷瓦块石头，一会儿就堆积如坟墓。李世民囚禁了韦节、杨续、长孙安世等十几个人押送到长安。被王世充关押的无罪的百姓，一律释放。已被杀的，作诔文祭奠他们。

戊寅（二十一日），王世充任命的徐州行台、杞王王世辩献徐州、宋州等三十八州，到河南道安抚大使任瓌处请求投降。王世充的属地全部平定。秋季七月庚申（初五），王世充任命的行台王弘烈、王泰、左仆射豆卢行褒、右仆射苏世长献襄州向唐投降。李渊与豆卢行褒、苏世长过去都有交情，在此之前，多次写信召他们归附，豆卢行褒就把使者杀了。他们到长安后，李渊杀了豆卢行褒，又当面责备苏世长。苏世长说："隋失去了政权，天下人共同追逐。陛下既已取得了政权，怎么可以怀恨一同追逐的人，责问他们也想夺权的罪呢？"李渊大笑，释放了苏世长，任命他为谏议大夫。

甲子，俘王世充于太庙。上见王世充而数之，王世充曰："臣罪固当诛，然秦王许臣不死。"丙寅，诏赦世充为庶人，与兄弟子侄徙处蜀。王世充以防夫未备，置雍州廨舍。独孤机之子定州刺史修德帅兄弟至其所，矫称敕呼郑王，世充与兄世恽趋出，修德等杀之。诏免修德官。其馀兄弟子侄等，于道亦以谋反诛。

甲子（初九），将王世充作为俘虏献于太庙。李渊见到王世充，历数他的罪行，王世充说："我的罪固然该杀，但是秦王答应饶我不死。"丙寅（十一日），李渊下诏赦免王世充，贬为庶人，与兄弟子侄一起迁徙到蜀地居住。因防守押送人员还没配备好，王世充暂时被安置在雍州的官衙房舍中。独孤机的儿子、定州刺史独孤修德带着兄弟们来到他的住处，假称有敕令召唤郑王，王世充与哥哥王世恽赶紧出来，被独孤修德等人杀了。李渊下诏免除独孤修德的官职。王世充的其馀兄弟、儿子、侄子等，也在赴巴蜀的路途中因密谋反叛而被处死。

唐平河朔 窦建德

隋炀帝大业七年。漳南人窦建德少尚气侠,胆力过人,为乡党所归附。会募人征高丽,建德以勇敢选为二百人长。同县孙安祖亦以骁勇选为征士,安祖辞以家为水所漂,妻子馁死,县令怒笞之。安祖刺杀令,亡抵建德,建德匿之。官司逐捕,踪迹至建德家,建德谓安祖曰:“文皇帝时,天下殷盛,发百万之众以伐高丽,尚为所败。今水潦为灾,百姓困穷,加之往岁西征,行者不归,疮痍未复。主上不恤,乃更发兵亲击高丽,天下必大乱。丈夫不死,当立大功,岂可但为亡虏邪!”乃集无赖少年,得数百人,使安祖将之,入高鸡泊中为群盗,安祖自号将军。时鄃人张金称聚众河曲,蓨人高士达聚众于清河境内为盗。郡县疑建德与贼通,悉收其家属,杀之。建德帅麾下二百人亡归士达,士达自称东海公,以建德为司兵。顷之,孙安祖为张金称所杀,其众尽归建德,建德兵至万馀人。建德能倾身接物,与士卒均劳逸,

唐平河朔　窦建德

隋炀帝大业七年(611)。漳南人窦建德年轻时行侠仗义，胆识与勇力都超过一般人，乡里的人都很拥戴他。正好当时朝廷招募壮士征伐高句丽，窦建德由于特别勇敢被选为队长，统领着二百个士兵。同县人孙安祖也因为骁勇过人而被选为远征战士，孙安祖因家中遭水灾，妻子儿女都饿死，申请免除兵役。县令大怒，逮捕了孙安祖并鞭打他。孙安祖刺杀了县令，逃到窦建德的住处，窦建德把他藏起来。官府派人严加搜捕，跟踪找到窦建德家，窦建德对孙安祖说："文皇帝杨坚在位时，国家殷富鼎盛，那时发动百万军队征伐高句丽，还大败而归。而现在正闹水灾，百姓十分穷困，加上以前征伐吐谷浑，士卒都去而不归，往日的创伤还没平复。当今皇上毫不体恤民间疾苦，反而又要调发大军亲征高句丽，天下必定要大乱。大丈夫如果不死，就应建立大功，怎么能甘心成为东躲西藏的亡命之徒！"于是就纠集闲散的少年，有几百个人，让孙安祖率领着，在高鸡泊中落草为寇，孙安祖自己号称为将军。当时，还有鄃县人张金称在河曲、蓨县人高士达在清河境内聚众为盗。郡县政府怀疑窦建德与这些叛民勾结，就逮捕了窦建德的家属，全部诛杀。窦建德率领部下二百人投奔高士达，高士达自称东海公，让窦建德担任司兵。不久，孙安祖被张金称杀害，他的部众都投靠了窦建德，窦建德的兵力增加到一万多人。窦建德待人精诚有礼，与士兵们同甘共苦，

由是人争附之，为之致死。

十二年冬十二月，涿郡通守郭绚将兵万馀人讨高士达。士达自以才略不及窦建德，乃进建德为军司马，悉以兵授之。建德请士达守辎重，自简精兵七千人拒绚。诈为与士达有隙而叛，遣人请降于绚，愿为前驱，击士达以自效。绚信之，引兵随建德至长河，不复设备。建德袭之，杀虏数千人，斩绚首，献士达，张金称馀众皆归建德。杨义臣乘胜至平原，欲入高鸡泊讨之。建德谓士达曰："历观隋将，善用兵者无如义臣，今灭张金称而来，其锋不可当。请引兵避之，使其欲战不得，坐费岁月，将士疲倦，然后乘间击之，乃可破也。不然，恐非公之敌。"士达不从，留建德守营，自帅精兵逆击义臣，战小胜，因纵酒高宴。建德闻之曰："东海公未能破敌，遽自矜大，祸至不久矣。"后五日，义臣大破士达，于陈斩之，乘胜逐北，趣其营，营中守兵皆溃。建德与百馀骑亡去，至饶阳，乘其无备，攻陷之，收兵，得三千馀人。义臣既杀士达，以为建德不足忧，引去。建德还平原，收士达散兵，收葬死者，为士达发丧，军复大振，自称将军。先是，群盗得隋官及士族子弟，皆杀之，独建德善遇之；由是隋官稍以城降之，声势日盛，胜兵至十馀万人。

恭帝义宁元年春正月丙辰，窦建德为坛于乐寿，自称长乐王，置百官，改元丁丑。

因此人民都争相归附他，愿意为他效命。

十二年（616）冬季十二月，涿郡通守郭绚率领一万多人讨伐高士达。高士达觉得自己才干谋略都赶不上窦建德，就擢升他为军司马，把部队都交给他。窦建德请高士达留守，保护好粮草装备，自己挑选七千精兵前去抵抗郭绚。他假称与高士达不和而反叛，派人向郭绚请求投降，表示愿意担任政府军的前锋部队，去进攻高士达，为朝廷效力。郭绚相信了他，率领兵马跟随窦建德来到长河，并且不再防备他。窦建德趁机袭击郭绚，斩杀并俘虏了几千人，又砍下郭绚的头，献给高士达，张金称的其他部众也都归附于窦建德。杨义臣击败张金称之后，乘胜抵达平原，想进入高鸡泊讨伐高士达。窦建德对高士达说："观察隋朝的大小将领，没有比杨义臣更善于用兵的了。如今他消灭了张金称乘胜而来，锐气不可抵挡。你最好率领人马暂时躲避，让他想战却又不能战，干坐着消耗时光，等到他的部下疲惫时，再抓住机会袭击他，就可以打败他。否则的话，恐怕不是你所能抵挡的。"高士达不听，把窦建德留下看守大营，自己率领精兵迎面阻击杨义臣，刚刚获得小胜，就大摆宴席，喝酒庆祝。窦建德听到消息，说："东海公还没能打败敌人，就陡然骄傲自大，大祸临头的日子已经不远了。"五天之后，杨义臣大败高士达，并于阵前斩杀了高士达。又乘胜直逼高士达大营，营中的留守部队全都溃散。窦建德带着一百多骑兵得以逃脱，赶到饶阳，乘饶阳城守兵没有防备，攻克了城池，在当地招兵买马，重新结集了三千多人。杨义臣杀了高士达，认为窦建德不成气候，无须担忧，就班师回朝了。窦建德回到平原，聚集高士达的残部，安葬了阵亡者，又为高士达举行葬礼，重振军威，窦建德自称为将军。开始的时候，盗贼们抓到隋朝官员和士族的子弟一律斩首，只有窦建德和善地对待他们。于是隋朝官员逐渐献出城池投降，窦建德的声势不断强盛，兵力增加到十多万人。

隋恭帝义宁元年（617）春季正月丙辰（初五），窦建德在乐寿县设立高坛，自称"长乐王"，设置文武百官，改年号"丁丑"。

秋七月，炀帝诏左御卫大将军涿郡留守薛世雄将燕地精兵三万讨李密，命王世充等诸将皆受世雄节度，军所过盗贼，随便诛翦。世雄行至河间，军于七里井。窦建德士众惶惧，悉拔诸城南遁，声言还入豆子䴚。世雄以为畏己，不复设备，建德谋还袭之。其处去世雄营百四十里，建德帅敢死士二百八十人先行，令馀众续发，建德与其士众约曰："夜至，则击其营；已明，则降之。"未至二里所，天欲明，建德惶惑议降。会天大雾，人咫尺不相辨，建德喜曰："天赞我也！"遂突入其营击之，世雄士卒大乱，皆腾栅走。世雄不能禁，与左右数十骑遁归涿郡，惭恚发病卒。建德遂围河间。

唐高祖武德元年，隋河间郡丞王琮守郡城以拒群盗，窦建德攻之，岁馀不下。闻炀帝凶问，帅吏士发丧，乘城者皆哭。建德遣使吊之，琮因使者请降，建德退舍具馔以待之。琮言及隋亡，俯伏流涕，建德亦为之泣。诸将曰："琮久拒我军，杀伤甚众，力尽乃降，请烹之。"建德曰："琮，忠臣也，吾方赏之以劝事君，奈何杀之？往在高鸡泊为盗，容可妄杀人；今欲安百姓，定天下，岂得害忠良乎？"乃徇军中曰："先与王琮有怨敢妄动者，夷三族！"以琮为瀛州刺史。于是河北郡县闻之，争附于建德。

秋季七月，隋炀帝诏令左御卫大将军、涿郡留守薛世雄率领燕地的三万精兵讨伐李密，命令王世充等将领都受薛世雄指挥，并且指令军队经过之处，发现盗贼，可以按情况诛杀、剪灭。薛世雄行至河间，驻扎于七里井。窦建德的部众十分恐惧，纷纷放弃所占领的城池往南逃遁，扬言说要回到豆子䴚。薛世雄以为他们是畏惧朝廷军，就不再对他们防备，而窦建德却在密谋回军袭击。窦建德所在的地方距离薛世雄的大营有一百四十里，窦建德率领二百八十名敢死队先出发，命令其馀部队随后赶到。窦建德与他的士兵约定："如果是晚上赶到，就袭击薛世雄大营，如果赶到时天已亮，就只好向他投降。"离目的地还有二里路的时候，天色将明，窦建德十分恐慌，商量着是否投降。恰好此时天降浓雾，人们相距一尺难以辨认，窦建德大喜，说："这真是老天在帮助我！"于是就冲进薛世雄大营，左右突击，薛世雄的士兵一片混乱，都翻过军营的栅栏逃走，薛世雄根本无法禁止，只好与左右侍从数十名骑兵逃回涿郡。他又惭愧又愤恨，发病而死。窦建德就包围了河间。

唐高祖武德元年(618)，隋朝河间郡郡丞王琮坚守郡城，抗击盗贼进攻，窦建德围攻了一年多，但未能攻克。王琮听到隋炀帝的死讯，率官吏将士举行追悼仪式，在城墙上守卫的战士都悲哀痛哭。窦建德派人前去吊唁，王琮就请使者转达他投降的请求，窦建德后退三十里，准备好酒菜接待他。王琮谈到隋朝的灭亡，伏倒在地，痛哭不止，窦建德也陪着他落泪。将领们说："王琮长久地与我军对抗，给我们造成很大的伤亡，现在力量耗尽了才来归降，请把他烹杀了。"窦建德说："王琮是个忠臣，我正想赏赐他以勉励世人应如何事奉君王，怎么可以杀他？过去在高鸡泊落草为寇，尚可容忍随便杀人，今天要安抚百姓，平定天下，怎可残害忠良之臣？"于是，在军中宣布说："过去与王琮有怨有仇而现在敢轻举妄动的人，将夷灭三族。"任命王琮为瀛州刺史。于是黄河以北的许多郡县听到这一消息，都争相归附于窦建德。

先是，建德陷景城，执户曹河东张玄素，将杀之，县民千馀人号泣，请代其死，曰："户曹清慎无比，大王杀之，何以劝善？"建德乃释之，以为治书侍御史，固辞。及江都败，复以为黄门侍郎，玄素乃起。饶阳令宋正本，博学有才气，说建德以定河北之策，建德引为谋主。建德定都乐寿，命所居曰金城宫，备置百官。

冬十一月，有大鸟五集于乐寿，群鸟数万从之，经日乃去。窦建德以为己瑞，改元五凤。宗城人有得玄圭献于建德者，宋正本及景城丞会稽孔德绍皆曰："此天所以赐大禹也，请改国号曰夏。"建德从之。以正本为纳言，德绍为内史侍郎。

初，王须拔掠幽州，中流矢死，其将魏刀兒代领其众，据深泽，掠冀、定之间，众至十万，自称魏帝。建德伪与连和，刀兒弛备，建德袭击破之，遂围深泽；其徒执刀兒降，建德斩之，尽并其众。易、定等州皆降，唯冀州刺史麴稜不下。稜婿崔履行，暹之孙也，自言有奇术，可使攻者自败，稜信之。履行命守城者皆坐，毋得妄斗，曰："贼虽登城，汝曹勿怖，吾将使贼自缚。"于是为坛，夜，设章醮，然后自衣衰绖，杖行登北楼恸哭，又令妇女升屋四面振裙。建德攻之急，稜将战，履行固止之。俄而城陷，履行哭犹未已。建德见稜曰："卿忠臣也！"厚礼之，以为内史令。

在此之前，窦建德攻陷了景城，抓获了户曹河东人张玄素，准备把他杀了。当地居民一千多人呼号哭泣，请求代他一死，并说："户曹清廉谨慎，没人能与他相比，大王你如把这样的人杀了，还怎么来鼓励人们行善？"窦建德就放了他，并任命他为治书侍御史，张玄素坚决推辞了。等到江都政变，杨广被杀的消息传来，窦建德再任命他为黄门侍郎，张玄素才接受。饶阳县令宋正本，学问渊博，很有才气，他向窦建德提出了一套平定河北的策略，窦建德把他作为主要谋士。窦建德把首都定在乐寿，把自己居住的地方命名为金城宫，很完备地设置了文武百官。

冬季十一月，有五只大鸟降临在乐寿，又有几万只小鸟跟随着，盘旋停留了一整天才飞走。窦建德认为这是自己的祥瑞之兆，就改年号为"五凤"。宗城有个人得到一块黑色的玉圭献给窦建德，宋正本和景城丞会稽人孔德绍都说："过去上天赐给大禹的就是这种宝物，应把国号改为'夏'。"窦建德采纳了他们的建议。又任命宋正本为纳言，孔德昭为内史侍郎。

当初，王须拔攻掠幽州，被流箭射中而死。他的部将魏刀兒代替他统领部队，占据了深泽，在冀州、定州一带劫掠，渐渐聚集到十万人，魏刀兒就自称为魏帝。窦建德假意与他联合，魏刀兒逐渐放松了戒备，窦建德就趁机袭击，大败魏刀兒并包围了深泽。魏刀兒的部下捆绑着魏刀兒投降，窦建德斩杀了魏刀兒，兼并了他的队伍。易州、定州都投降窦建德，只有冀州刺史麴稜坚守着不肯屈服。麴稜的女婿崔履行，是崔暹的孙子，自称有奇特的法术，能够使进攻者自己溃败，麴稜相信了他。崔履行命令守城的将士都坐着，不准擅自迎战，说："哪怕是盗贼登上了城墙，你们也不要害怕，我会使他们束手就擒。"于是，他设立高坛，夜里向天帝上章祈祷，然后自己穿着丧服，拄着拐杖，登上北面城楼上大哭，又叫妇女们登上屋顶，朝四面八方撩动长裙。窦建德攻势猛烈，麴稜准备迎战，崔履行坚决制止他。不久，城被攻陷，崔履行还在大哭不止。窦建德见到麴稜说："你是个忠臣。"优礼相待，并任命他为内史令。

建德既克冀州，兵威益盛，帅众十万寇幽州。总管罗艺将逆战，薛万均曰："彼众我寡，出战必败，不若使羸兵背城阻水为陈，彼必渡水击我。万均请以精骑百人伏于城旁，俟其半渡击之，蔑不胜矣。"艺从之。建德果引兵渡水，万均邀击，大破之。建德竟不能至其城下，乃分兵掠霍堡及雍奴等县，艺复邀击，败之。凡相拒百馀日，建德不能克，乃还乐寿。万均，世雄之子也。

二年春闰二月，宇文化及保聊城，窦建德纵兵攻之，生擒化及。建德每战胜克城，所得资财，悉以分将士，身无所取。又不啖肉，常食蔬，茹粟饭。妻曹氏，不衣纨绮，所役婢妾，才十许人。及破化及，得隋宫人千数，即时散遣之。以隋黄门侍郎裴矩为左仆射，掌选事，兵部侍郎崔君肃为侍中，少府令何稠为工部尚书，右司郎中柳调为左丞，虞世南为黄门侍郎，欧阳询为太常卿。询，纥之子也。自馀随才授职，委以政事。其不愿留，欲诣关中及东都者亦听之，仍给资粮，以兵援之出境。隋骁果尚近万人，亦各纵遣，任其所之。又与王世充结好，遣使奉表于隋皇泰主，皇泰主封为夏王。建德起于群盗，虽建国，未有文物法度，裴矩为之定朝仪，制律令，建德甚悦，每从之谘访典礼。

窦建德陷邢州，执总管陈君宾。

初，宇文化及以隋大理卿郑善果为民部尚书，从至聊城，为化及督战，中流矢。窦建德克聊城，王琮获善果，责之曰："公名臣之家，隋室大臣，奈何为弑君之贼效命，苦战

窦建德攻克冀州后，兵势更加强盛，他率十万部众进攻幽州。总管罗艺准备迎战，薛万均说："他们人多我们人少，出战必定失败。不如派老弱的士兵出城，在河边列阵，他们必定会渡过河来攻击。请让我率领精锐骑兵一百人埋伏在城边，等到他们渡河到一半时，突然出击，那就没有不胜的道理了。"罗艺同意了。窦建德果然率兵渡河，薛万均按计划拦击，大败窦建德军。窦建德一直无法攻到幽州城下，就分出兵力去劫掠霍堡与雍奴等县，罗艺又出兵拦击，再次打败窦建德。双方共相持一百多天，窦建德无法取胜，只好撤兵回到乐寿。薛万均，是薛世雄的儿子。

二年(619)春季闰二月，宇文化及护守着聊城，窦建德发动大军猛攻，活捉了宇文化及。窦建德每攻下一城池，所得的金银财宝全部分给将士，自己分文不留。他平时不吃肉，常食蔬菜，吃糙米饭。妻子曹氏从不穿绫罗绸缎，侍妾婢女只有十几个人。打败宇文化及之后，得到隋后宫美女千馀人，都立刻遣散。窦建德任命原隋朝黄门侍郎裴矩为左仆射，掌管官吏选授，兵部侍郎崔君肃为侍中，少府令何稠为工部尚书，右司郎中柳调为左丞，虞世南为黄门侍郎，欧阳询为太常卿。欧阳询，是欧阳纥的儿子。其他人根据才能任以官职，委派有关事务。有不愿意留下来想到关中和东都去的，也都尊重他们的选择，发给粮食钱财派兵护送出境。隋朝号称"骁果"的武士还有近万人，窦建德也都将他们遣散，由他们任意选择去处。又与王世充建立友好关系，并派遣使者带着他的表章去见隋朝皇泰主，皇泰主封他为夏王。窦建德以草寇起家，虽然建立了国家，却没有典章制度，裴矩就为他制定朝廷礼仪，颁布法律政令，窦建德非常高兴，常常向裴矩询问典章礼仪方面的事情。

窦建德攻克邢州，擒获总管陈君宾。

当初，宇文化及任命隋朝大理卿郑善果为民部尚书，让他跟随到聊城，在一次战斗中，他为宇文化及督战，被流箭射中。窦建德攻克聊城后，王琮抓获了郑善果，责备他说："你是名门之后，隋王室的大臣，为什么要替弑君的乱臣贼子卖命，还要苦战

伤痍至此乎？”善果大惭，欲自杀，宋正本驰往救止之，建德复不为礼，乃奔相州，淮安王神通送之长安。三月庚午，善果至，上优礼之，拜左庶子、检校内史侍郎。

夏四月，窦建德闻王世充废皇泰主自立，乃绝之，始建天子旌旗，出警入跸，下书称诏，追谥隋炀帝为闵帝。齐王暕之死也，有遗腹子政道，建德立以为郧公。然犹依倚突厥以壮其兵势。隋义成公主遣使迎萧皇后及南阳公主，建德遣千馀骑送之，又传宇文化及首以献义成公主。

六月庚子，窦建德陷沧州。秋八月，窦建德将兵十馀万趣洺州，淮安王神通帅诸军退保相州。己亥，建德兵至洺州城下。丁未，窦建德陷洺州，总管袁子幹降之。乙卯，引兵趣相州，淮安王神通闻之，帅诸军就李世勣于黎阳。九月己巳，窦建德陷相州，杀刺史吕珉。

淮安王神通使慰抚使张道源镇赵州。庚寅，窦建德陷赵州，执总管张志昂及道源。建德以二人及邢州刺史陈君宾不早下，欲杀之，国子祭酒凌敬谏曰：“人臣各为其主用，彼坚守不下，乃忠臣也。今大王杀之，何以励群下乎？”建德怒曰：“吾至城下，彼犹不降，力屈就擒，何可舍也？”敬曰：“今大王使大将高士兴拒罗艺于易水，艺才至，兴即降，大王之意以为如何？”建德乃悟，即命释之。

冬十月己亥，赐幽州总管燕公罗艺姓李氏，封燕郡王。辛丑，李艺破建德于衡水。窦建德引兵趣卫州。建德每行军，常为

到创伤累累？”郑善果羞惭得无地自容，想自杀了事，宋正本迅速赶去劝阻他。窦建德不再理睬郑善果，于是他投奔到相州，唐淮安王李神通把他送到长安。三月庚午（初一），郑善果抵达长安，唐高祖李渊十分优待他，任命他为左庶子、检校内史侍郎。

夏季四月，窦建德听说王世充废黜了隋皇泰主自己登极称帝，就与王世充断绝了往来。并且开始建立夏王朝天子的旌旗，出入宫禁都要戒严清道，所下的命令称“诏”，追加隋炀帝的谥号为“闵帝”。隋朝齐王杨暕死的时候，有一个遗腹子叫杨政道，窦建德就立他为郧公。窦建德仍依靠突厥的势力来壮大自己的兵威。隋朝义成公主派人迎接萧皇后和南阳公主，窦建德派遣一千多骑兵护送，又把宇文化及的首级呈献给义成公主。

六月庚子（初三），窦建德攻陷沧州。秋季八月，窦建德率领十多万人马直逼洺州，淮安王李神通率各军撤退据守相州。己亥（初三），窦建德的军队抵达洺州城下。丁未（十一日），窦建德攻陷洺州，总管袁子幹投降。乙卯（十九日），窦建德又率兵进逼相州，淮安王李神通得到消息，率手下各军到黎阳投奔李世勣。九月己巳（初四），窦建德攻陷相州，诛杀了刺史吕珉。

淮安王李神通派慰抚使张道源镇守赵州。庚寅（二十五日），窦建德攻陷赵州，擒获总管张志昂和张道源。窦建德因为这两人与邢州刺史陈君宾不肯及早投降，打算杀了他们，国子祭酒凌敬劝谏说：“每个臣子都为各自的君主效力，他们坚守着不肯投降，只能说明他们是忠臣。今天大王如果杀他们，又将用什么来勉励你的下属呢？”窦建德恼怒地说：“我已逼到城下，他们还是不投降，直到势尽力绝才被擒获，怎么可以放过他们？”凌敬说：“如今大王派大将高士兴在易水抗击罗艺，罗艺的部队刚赶到，高士兴就投降了，大王对此有什么感想？”窦建德这才想明白，命令手下把三人释放。

冬季十月己亥（初四），唐王朝赐幽州总管、燕公罗艺改姓李，封他为燕郡王。辛丑（初六），李艺在衡水打败窦建德。窦建德率领军队向卫州进发。窦建德每次行军的时候，总是兵分

三道，辎重、细弱居中央，步骑夹左右，相去三里许。建德以千骑前行，过黎阳三十里，李世勣遣骑将丘孝刚将三百骑侦之。孝刚骁勇，善马槊，与建德遇，遂击之，建德败走。右方兵救之，击斩孝刚。建德怒，还攻黎阳，克之，虏淮安王神通，李世勣父盖、魏徵及帝妹同安公主。唯李世勣以数百骑走渡河，数日，以其父故，还诣建德降。卫州闻黎阳陷，亦降。建德以李世勣为左骁卫将军，使守黎阳，常以其父盖自随为质。以魏徵为起居舍人。滑州刺史王轨奴杀轨，携其首诣建德降。建德曰："奴杀主大逆，吾何为受之？"立命斩奴，返其首于滑州。吏民感悦，即日请降。于是其旁州县及徐圆朗等皆望风归附。己未，建德还洺州，筑万春宫，徙都之。置淮安王神通于下博，待以客礼。

十一月，李世勣欲归唐，恐祸及其父，谋于郭孝恪。孝恪曰："吾新事窦氏，动则见疑，宜先立效以取信，然后可图也。"世勣从之。袭王世充获嘉，破之，多所俘获，以献建德，建德由是亲之。

十二月，李世勣复遣人说窦建德曰："曹、戴二州，户口完实，孟海公窃有其地，与郑人外合内离。若以大军临之，指期可取。既得海公，以临徐、兖，河南可不战而定也。"建德以为然，欲自将徇河南，先遣其行台曹旦等将兵五万济河，世勣引兵三千会之。

三股：粮草装备与老幼病弱在当中，步兵与骑兵分别在左右两侧，相隔约有三里。窦建德率领一千骑兵在最前面开路，经过黎阳三十里的地方，李世勣派遣的骑兵将领丘孝刚率二百名骑兵发现了对方。丘孝刚骁勇善战，特别擅长在马上使用长矛。他遇到了窦建德，就发动攻击，窦建德战败撤退。右路兵赶到救援，斩杀了丘孝刚。窦建德遭此一击，大怒，回军进攻黎阳，拿下了它，俘虏了淮安王李神通、李世勣的父亲李盖、魏徵以及李渊的妹妹同安公主。只有李世勣带着几百骑兵渡过黄河逃走。过了几天，李世勣因为父亲在窦建德手中，又回来向窦建德投降。卫州听说黎阳陷落，也随之投降。窦建德任命李世勣为左骁卫将军，让他守卫黎阳，常常让李世勣的父亲李盖跟着自己作为人质。任命魏徵为起居舍人。滑州刺史王轨的奴仆谋杀了王轨，带着王轨的首级向窦建德投降。窦建德说："奴仆杀主人，是大逆不道的事。我怎么能够接受？"立即命令将这奴仆斩首，把他的首级送回滑州。滑州的官员百姓都很感激悦服，当天就请求投降。于是附近的州县和徐圆朗等都望风归附。己未（二十四日），窦建德返回洺州，修筑万春宫，把国都迁到这里。将淮安王李神通安置在下博，用客礼相待。

十一月，李世勣想归附唐朝，但是又怕连累到自己的父亲，就与郭孝恪一起商议。郭孝恪说："我们刚刚投效于窦建德，一有行动就会被怀疑，应该先做出成绩取得信任，然后才可以图谋。"李世勣同意他的看法，于是就去袭击王世充所统辖的获嘉，攻克后俘获了不少人员物资，将其进献给窦建德，窦建德由此对他亲近起来。

十二月，李世勣又派人劝说窦建德："曹州、戴州人口充实，现在被孟海公占据着，他与王世充貌似相合，内心却背离。如果大军压境，不用多久就可占取。打下了孟海公，再进逼徐州、兖州，黄河以南地区不需大战，就可以平定了。"窦建德十分赞同，打算亲自去攻占河南，就先派行台曹旦等率五万兵马渡过黄河，李世勣率兵三千人，与曹旦会合。

三年春正月，李世勣谋俟窦建德至河南，掩袭其营，杀之，冀得其父并建德土地以归唐。会建德妻产，久之不至。

曹旦，建德之妻兄也，在河南，多所侵扰，诸贼羁属者皆怨之。贼帅魏郡李文相，号李商胡，聚众五千馀人，据孟津中潬。母霍氏，亦善骑射，自称霍总管。世勣结商胡为昆弟，入拜商胡之母。母泣谓世勣曰："窦氏无道，如何事之？"世勣曰："母无忧，不过一月，当杀之，相与归唐耳！"世勣辞去，母谓商胡曰："东海公许我共图此贼，事久变生，何必待其来，不如速决。"是夜，商胡召曹旦偏裨二十三人，饮之酒，尽杀之。旦别将高雅贤、阮君明尚在河北未济，商胡以巨舟四艘济河北之兵三百人，至中流，悉杀之。有兽医游水得免，至南岸，告曹旦，旦严警为备。商胡既举事，始遣人告李世勣。世勣与曹旦连营，郭孝恪劝世勣袭旦，世勣未决，闻旦已有备，遂与孝恪帅数十骑来奔。商胡复引精兵二千北袭阮君明，破之。高雅贤收众去，商胡追之，不及而还。建德群臣请诛李盖，建德曰："世勣，唐臣，为我所虏，不忘本朝，乃忠臣也，其父何罪？"遂赦之。甲午，世勣、孝恪至长安。曹旦遂取济州，复还洺州。二月，窦建德攻李商胡，杀之。建德至洺州劝课农桑，境内无盗，商旅野宿。

三年(620)春季正月,李世勣谋划等窦建德到河南,就偷袭他的大营,把他杀了。他希望能找到父亲李盖连同窦建德统辖的国土一起归附唐朝。正好窦建德妻子生孩子,因此,窦建德延误很久,没有赶到。

曹旦,是窦建德妻子的哥哥,他领兵在河南,经常侵夺骚扰人民,附近其他受窦建德笼络的盗贼都十分怨恨他。有个盗贼首领魏郡人李文相,自号李商胡,聚集了五千人占据了孟津中潬。他的母亲霍氏也善于骑马射箭,自称为霍总管。李世勣与李商胡结拜为兄弟,入内堂拜见李商胡的母亲。霍氏哭泣着对李世勣说:"窦建德横行无道,你为什么要为他效力?"李世勣说:"母亲不要担忧,不超过一个月,我就会杀了窦建德,和你们一起归附唐朝。"李世勣告辞离去后,霍氏对李商胡说:"东海公答应我共同对付窦建德这个逆贼,时间拖延太久会发生变化,何必一定要窦建德来了才动手?不如迅速解决得好。"当天夜间,李商胡设宴招待曹旦左右军二十三人,把他们灌醉后全都杀了。曹旦的另外两个部将高雅贤、阮君明还在黄河北岸没有渡河,李商胡派了四艘大船运北岸的三百名士兵,船到河中间,把这些兵全杀了。有一个兽医及时跳入水中才免于一死,他游到南岸向曹旦报告,曹旦严加戒备。李商胡在动手之后才派人去通知李世勣。李世勣的大营与曹旦的军营靠在一起,郭孝恪劝李世勣袭击曹旦,李世勣犹疑不能决定,听说曹旦已有防备,就与郭孝恪一起率几十骑兵投奔唐王朝。李商胡又率二千精兵到北岸袭击阮君明,击败了他。高雅贤集结残部撤退,李商胡穷追不舍,终因没追上而退兵。窦建德手下大臣都要求杀了李世勣的父亲李盖,窦建德说:"李世勣原是唐朝臣子,被我虏获,仍不忘自己的朝廷,这真是忠臣啊!他的父亲又有什么罪?"于是就赦免了李盖。甲午(三十日),李世勣、郭孝恪到达长安。曹旦就攻取了济州,然后回到了洺州。二月,窦建德攻击李商胡,把李商胡杀了。窦建德在洺州勉励人民勤于农桑,国境之内没有盗贼,过路的商人和旅客在野外露宿也平安无事。

夏五月，窦建德遣高士兴击李艺于幽州，不克，退军笼火城。艺袭击，大破之，斩首五千级。建德大将军王伏宝，勇略冠军中，诸将疾之，言其谋反，建德杀之，伏宝曰："大王奈何听谗言，自斩左右手乎？"

秋八月，窦建德共州县令唐纲杀刺史，以州来降。上遣使与窦建德连和，建德遣同安长公主随使者俱还。

冬十月，窦建德帅众二十万复攻幽州。建德兵已攀堞，薛万均、薛万彻帅敢死士百人从地道出其背，掩击之，建德兵溃走，斩首千馀级。李艺兵乘胜薄其营，建德陈于营中，填堑而出，奋击，大破之，建德逐北，至其城下，攻之不克而还。

十一月，窦建德济河击孟海公。初，王世充侵建德黎阳，建德袭破殷州以报之。自是二国交恶，信使不通。及唐兵逼洛阳，世充遣使求救于建德。建德中书侍郎刘彬说建德曰："天下大乱，唐得关西，郑得河南，夏得河北，共成鼎足之势。今唐举兵临郑，自秋涉冬，唐兵日增，郑地日蹙，唐强郑弱，势必不支，郑亡，则夏不能独立矣。不如解仇除忿，发兵救之，夏击其外，郑攻其内，破唐必矣。唐师既退，徐观其变，若郑可取则取之，并二国之兵，乘唐师之老，天下可取也！"建德从之，遣使诣世充，许以赴援。又遣其礼部侍郎李大师等诣唐，请罢洛阳之兵，秦王世民留之，不答。

夏季五月，窦建德派高士兴到幽州攻打李艺，没取胜，退兵到笼火城。李艺出兵袭击，大败高士兴，杀了五千将士。窦建德手下大将军王伏宝智勇双全，全军无人超过他，将领们很妒忌他，就诬陷他谋反，窦建德下令杀了他。王伏宝临刑前说："大王为什么听信谗言，自己砍掉左右手？"

秋季八月，窦建德统辖的共州县令唐纲，杀了刺史，献出州城，投降唐王朝。唐朝皇帝李渊派遣使者与窦建德言和，窦建德让同安公主与使者一起回去。

冬季十月，窦建德率二十万人马再次进攻幽州。窦建德的兵士已在攀登城墙，薛万均、薛万徹率一百名敢死队员从地道钻出，在夏军背后袭击，窦建德的部下无法抵挡。溃败退走，有一千多人被杀。李艺率兵乘胜直逼夏军大营，窦建德在营中布阵，填平壕沟冲出军营反攻，大败李艺军队。于是，窦建德一直攻到幽州城下。攻城不下，只好撤退。

十一月，窦建德率领军队渡过黄河攻击孟海公。当初，王世充侵扰窦建德所统辖的黎阳，作为报复，窦建德就攻破了殷州。从此以后，两国关系恶化，来往中断。到唐朝大军紧逼洛阳时，王世充派人向窦建德求救。窦建德的中书侍郎刘彬劝窦建德说："现在天下大乱，唐占据了关西地区，王世充的郑国得到了黄河以南地区，而我们夏拥有河北地区，共同形成了三足鼎立的形势。现在唐朝兴兵紧逼郑国，从秋天一直到冬天，只见唐军一天比一天多，郑国的地盘一天比一天小，唐力量强而郑力量弱，势必不能长久维持下去。郑国灭亡，那夏也不可能独自存在了。还不如消除过去的仇怨，出兵救援他。夏兵攻外围，郑兵攻腹心，必定可以打败唐兵的。等唐朝大军退了以后，再慢慢观察时势变化，如果有可能就攻取郑国，合夏郑二国的兵力，乘唐军疲劳未消的时候，就可一举取得天下了。"窦建德同意了他的建议，派使者去见王世充，答应他将派兵援助。又派礼部侍郎李大师等到唐朝，请求他们解除对洛阳的包围，秦王李世民扣留了李大师不做答复。

十二月壬辰，燕郡王李艺又击窦建德于笼火城，破之。

张道源从窦建德在河南，密遣人诣长安，请出兵攻洺州以震山东。丙午，诏世让为行军总管，使将兵出土门，趣洺州。是岁，窦建德行台尚书令恒山胡大恩请降。

四年春二月，窦建德克周桥，虏孟海公。三月，行军总管刘世让攻窦建德黄州，拔之。洺州严备，世让不得进。会突厥将入寇，上召世让还。窦建德所署普乐令平恩程名振来降。

窦建德陷管州，杀刺史郭士安，又陷荥阳、阳翟等县，水陆并进，泛舟运粮，溯河西上。王世充之弟徐州行台世辩遣其将郭士衡将兵数千会之，合十馀万，号三十万，军于成皋之东原，筑宫板渚，遣使与王世充相闻。

先是，建德遗秦王世民书，请退军潼关，返郑侵地，复修前好。世民集将佐议之，皆请避其锋，郭孝恪曰："世充穷蹙，垂将面缚，建德远来助之，此天意欲两亡之也。宜据武牢之险以拒之，伺间而动，破之必矣！"记室薛收曰："世充保据东都，府库充实，所将之兵，皆江、淮精锐，即日之患，但乏粮食耳。以是之故，为我所持，求战不得，守则难久。建德亲帅大众，远来赴援，亦当极其精锐，致死于我。若纵之至此，两寇合从，转河北之粟以馈洛阳，则战争方始，偃兵无日，混一之期，殊未有涯也。今宜分兵守洛阳，深沟高垒，世充出兵，慎勿与战。大王亲帅骁锐，先据成皋，

十二月壬辰(初四),燕郡王李艺在笼火城再次攻击窦建德,击败夏军。

张道源归附窦建德后驻守在河南,他秘密派人到长安请求唐王朝出兵进攻洺州,以此动摇窦建德在山东的基业。丙午(十八日),李渊诏令刘世让任行军总管,率领兵马经土门关进逼洺州。这年,窦建德的行台尚书令恒山人胡大恩向唐王朝投降。

四年(621)春季二月,窦建德攻克周桥,虏获了孟海公。三月,行军总管刘世让攻克了窦建德统辖的黄州。洺州戒备森严,刘世让无法前进。正好这时突厥打算入侵中原,李渊把刘世让召回长安。窦建德委任的普乐县令平恩人程名振投降唐王朝。

窦建德攻陷管州,杀了刺史郭士安。又攻陷荥阳、阳翟等县,水路陆路一同进发,用船只运送粮食,逆黄河西上。王世充的弟弟徐州行台王世辩派遣手下将领郭士衡率数千士兵与夏军会合,总共约十万人马,号称三十万,驻扎在成皋的东原,在板渚修筑宫室,同时派使者向王世充报告。

起初,窦建德写信给秦王李世民,要求唐将军队退到潼关,把占领的郑国土地还给郑,恢复以前的友好关系。李世民召集将领们一起商议,多数人要求避开夏军的锋芒。郭孝恪反对说:“王世充已穷途末路了,很快就会双手反绑着来投降,窦建德老远赶来救助,这是上天希望郑夏两国都灭亡。应该占据武牢险要地势来抗拒夏军,等候机会采取行动,一定可以打败他们!”记室薛收说:“王世充占据着东都,物资储藏十分充足,所率领的兵士,都是长江、淮河一带的精锐部队,当前他们所担心的,只是缺少粮食。由于这个原因才被我们控制,想战战不得,想守又难以持久。窦建德亲自率领大军,远道赶来救援,也一定是尽其精锐部队,想和我们决一死战。如果放纵他到达此地,使两股贼寇力量会合,把河北的粮食运送到洛阳,那么,战争刚刚开始,什么时候可停止用兵则无法预见,统一天下,更是遥遥无期。现在应该分出部分兵力围守洛阳,加强工事,王世充如出兵攻击,决不能与之交战。大王您亲自率领骁勇精锐部队,先占据成皋,

厉兵训士，以待其至，以逸待劳，决可克也。建德既破，世充自下，不过二旬，两主就缚矣！”世民善之。收，道衡之子也。

萧瑀、屈突通、封德彝皆曰：“吾兵疲老，世充凭守坚城，未易猝拔。建德席胜而来，锋锐气盛，吾腹背受敌，非完策也。不若退保新安，以承其弊。”世民曰：“世充兵摧食尽，上下离心，不烦力攻，可以坐克。建德新破海公，将骄卒惰，吾据武牢，扼其咽喉。彼若冒险争锋，吾取之甚易。若狐疑不战，旬月之间，世充自溃。城破兵强，气势自倍，一举两克，在此行矣。若不速进，贼入武牢，诸城新附，必不能守。两贼并力，其势必强，何弊之承？吾计决矣！”通等又请解围据险以观其变，世民不许。中分麾下，使通等副齐王元吉围守东都，世民将骁勇三千五百人东趣武牢。时正昼出兵，历北邙，抵河阳，趋巩而去。王世充登城望见，莫之测也，竟不敢出。

癸未，世民入武牢。甲申，将骁骑五百，出武牢东二十馀里，觇建德之营。缘道分留从骑，使李世勣、程知节、秦叔宝将之，伏于道旁，才馀四骑，与之偕进。世民谓尉迟敬德曰：“吾执弓矢，公执槊相随，虽百万众若我何？”又曰：“贼见我而还，上策也。”去建德营三里所，建德游兵遇之，以为

在那里磨利武器，训练士兵，等待夏军的到来，我们是以逸待劳，一定可以战胜的。窦建德一旦被打败，王世充自然就会崩溃，不超过二十天，郑、夏两国君主就会被擒获了。”李世民十分赞同他的意见。薛收，是薛道衡的儿子。

萧瑀、屈突通、封德彝都说：“我们的军队也十分疲惫，王世充凭借着坚固的城池，不是轻易能马上攻克的。窦建德乘胜而来，锋芒锐利而士气盛，我们腹背受敌，不是妥善的计策。不如退守新安，等到敌人疲敝了再行动。”李世民说：“王世充现在是军事上受到挫折，粮食又快吃尽，上下背离，无法同心同德，不需要花大力攻击，可以轻易地取胜。窦建德刚刚击败了孟海公，将领骄傲，士卒懈怠。我们据守武牢，就好比是扼住了他的咽喉。他如果冒险前来争一高低，我们取胜是很容易的。他如犹豫不决，迟迟不战，那么，不过一个月，王世充就会崩溃。我们攻破坚城，兵力强大，胜利后必然士气倍增，一举可以制服两个敌人，就看这一次了。如果我们不迅速推进，敌人占据了武牢，那些州县都是刚归附我们的，必定不会坚守。如果让盗贼两股力量结合起来，势力必然增强，哪有什么疲敝可以等待？我的决心已定！”屈突通等人又请求暂时解除对洛阳的包围，占据险要，以观察形势变化，李世民不同意。于是，把所属军队一分为二，派屈突通等辅佐齐王李元吉围守东都，李世民率三千五百名骁勇战士向东直逼武牢。部队在正午出发，经过北邙，抵达河阳，直扑巩县。王世充在洛阳城上看见唐军移动，不知是为什么，始终不敢出兵攻击。

癸未（二十五日），李世民率军进入武牢。甲申（二十六日），又率领骁勇骑兵五百人到武牢东面二十多里处，窥看窦建德的军营。一路上把所率骑兵分别留下，命李世勣、程知节、秦叔宝带领，埋伏在道路两旁，只留下四名骑兵与他一起继续前进。李世民对尉迟敬德说：“我拿着弓箭，你手持长矛跟随，哪怕有百万大军，又能把我怎样？”又说：“盗贼如见到我就撤退，才是上策。”在离窦建德大营三里左右的地方，夏巡逻兵士遇见他们，以为是

斥候也。世民大呼曰："我秦王也。"引弓射之，毙其一将。建德军中大惊，出五六千骑逐之，从者咸失色。世民曰："汝弟前行，吾自与敬德为殿。"于是按辔徐行，追骑将至，则引弓射之，辄毙一人。追者惧而止，止而复来，如是再三，每来必有毙者，世民前后射杀数人，敬德杀十许人，追者不敢复逼。世民逡巡稍却以诱之，入于伏内，世勣等奋击，大破之，斩首三百馀级，获其骁将殷秋、石瓒以归。乃为书报建德，谕以"赵、魏之地，久为我有，为足下所侵夺。但以淮安见礼，公主得归，故相与坦怀释怨。世充顷与足下修好，已尝反覆，今亡在朝夕，更饰辞相诱，足下乃以三军之众，仰哺他人，千金之资，坐供外费，良非上策。今前茅相遇，彼遽崩摧，郊劳未通，能无怀愧？故抑止锋锐，冀闻择善，若不获命，恐虽悔难追。"窦建德迫于武牢不得进，留屯累月，战数不利，将士思归。

夏四月丁巳，秦王世民遣王君廓将轻骑千馀抄其粮运，又破之，获其大将军张青特。凌敬言于建德曰："大王悉兵济河，攻取怀州、河阳，使重将守之，更鸣鼓建旗，逾太行，入上党，徇汾、晋，趣蒲津。如此有三利：一则蹈无人之境，取胜可以万全；二则拓地收众，形势益强；三则关中震骇，郑围自解。为今之策，无以易此。"建德将从之，而王

唐侦察兵。李世民大声呼喊:“我是秦王李世民!”就张弓射箭,射死夏军一个将领。窦建德军营中闻讯大惊,出动五六千骑兵来追逐李世民,随从的几个骑兵都大惊失色。李世民说:“你们先走吧,我与尉迟敬德断后。”于是按住马缰绳缓缓前进,看到追赶的骑兵近了,就张弓射箭,总是一矢中的,射死一个敌兵。追兵害怕了就停下不追,看看李世民又回头前行了,就又追上来,就这样反反复复多次,每次总有人被击毙。李世民先后射死好几个人,尉迟敬德也杀了十几个人,追兵不敢再紧逼。李世民故意显得犹疑不决地慢慢退却,以诱惑敌人,把他们引进埋伏圈后,李世勣等奋力攻击,大败夏军,斩杀了三百多人,俘虏了夏军猛将殷秋、石瓒,这才撤军。然后,又写信给窦建德,劝谕他说:“原赵国魏国的土地,长久以来一直是我们的地盘,被你侵夺。只是由于淮安王受到你的礼遇,公主又承你送回,因此才对你坦诚相见,化解旧怨。王世充近来与你结盟和好,但他反复无常,现在危亡就在眼前,才对你花言巧语地引诱。你是统率着强大的三军却去仰赖别人喂食,拥有千金资财却眼看着别人花费,实在不是良策。今天你我仅是前锋相遇,你已大受挫折,我未去迎拜慰问于你,心中不能无愧。因此我暂时抑止前进的锋芒,希望听到你做出正确选择的消息。如果不能得到令人满意的答复,恐怕再后悔也无法弥补了。”窦建德被阻于武牢无法前进,屯驻了一个多月,几次出战都不能获胜,将士们都盼望回归故土。

夏季四月丁巳(三十日),秦王李世民派遣王君廓率一千多装备轻便的骑兵抄掠夏军粮食运输队,又获胜,并俘获夏军大将军张青特。凌敬对窦建德说:“大王您应率全部人马渡过黄河,攻取怀州、河阳,派高级将领镇守,转而,再擂响战鼓,树起旌旗,翻过太行山,进入上党,攻取汾州、晋州,直逼蒲津。这样打有三大好处:一是我们兵多势众,如入无人之境,取胜可以万无一失;二是可以借此拓展疆域,收取民众,使我们势力更强;三是能让关中惊骇震动,对郑国的包围自然会解除。以当前形势而言,没有比这更好的替代策略了。”窦建德正准备采纳这一建议,但王

世充遣使告急相继于道。王琬、长孙安世朝夕涕泣，请救洛阳，又阴以金玉啖建德诸将，以挠其谋。诸将皆曰："凌敬书生，安知战事，其言岂可用也？"建德乃谢敬曰："今众心甚锐，天赞我也，因之决战，必将大捷，不得从公言。"敬固争之，建德怒，令扶出。其妻曹氏谓建德曰："祭酒之言不可违也。今大王自滏口乘唐国之虚，连营渐进以取山北，又因突厥西抄关中，唐必还师自救，郑围何忧不解？若顿兵于此，老师费财，欲求成功，在于何日？"建德曰："此非女子所知！吾来救郑，郑今倒悬，亡在朝夕，吾乃舍之而去，是畏敌而弃信也，不可。"

谍者告曰："建德伺唐军刍尽，牧马于河北，将袭武牢。"五月戊午，秦王世民北济河，南临广武，察敌形势，因留马千馀匹，牧于河渚以诱之，夕还武牢。己未，建德果悉众而至，自板渚出牛口置陈，北距大河，西薄汜水，南属鹊山，亘二十里，鼓行而进。诸将皆惧，世民将数骑升高丘以望之，谓诸将曰："贼起山东，未尝见大敌，今度险而嚣，是无纪律，逼城而陈，有轻我心。我按兵不出，彼勇气自衰，陈久卒饥，势将自退，追而击之，无不克者。与公等约，甫过日中，必破之矣！"建德意轻唐军，遣三百骑涉汜水，距唐营一里所止。遣使与世民相闻曰："请选锐士数百与之剧。"世民遣王君廓将长槊二百以应之，相与交战，乍进乍退，两无胜负，

世充又派使者前来告急，而且接二连三，相继不断。王琬、长孙安世又天天痛哭流涕地请求窦建德救援洛阳，并暗中用金银财宝贿赂窦建德手下各将领，让他们阻挠凌敬的谋略实施。各将领都说："凌敬是一个书生，哪里懂得打仗的事情，他的话怎么可以采用？"窦建德于是向凌敬表示歉意说："如今，军心正锐不可当，这是老天在帮助我，趁此机会决战，一定会大获全胜，因此，我不能听从你的意见了。"凌敬仍坚持自己的看法力争，窦建德大怒，命人将凌敬架出营帐。窦皇后曹氏对窦建德说："凌敬的谋略，应该采纳。现在大王如从滏口深入，乘唐王国后方空虚，营寨相连，且战且进，攻取山北，再通过突厥向西抄掠关中，唐必定回军自救，还担心对郑的包围不解除？如果停留在这里，使军队疲困，财力耗费，想求得成功，也不知等到哪一天？"窦建德说："这事你们女人不懂！我出兵是来救郑的，眼下郑的形势危急，随时都可能灭亡，我却舍弃他们而离去，这是畏惧敌人又背信弃义，不能这样做。"

唐军刺探军情的人报告说："窦建德准备等我军草料用完，到河北放牧时，袭击武牢。"五月戊午（初一），秦王李世民北渡黄河，逼近广武，侦察夏军形势，乘机留下一千多匹马，在河岸吃草，用以诱惑敌人，自己却在晚上返回武牢。己未（初二），窦建德果然率全部兵力赶来，他们从板渚出牛口列阵，北到黄河，西近汜水，南连鹊山，绵延二十里，擂起战鼓前进。唐军将领都有点畏惧，李世民率几个骑兵登上高坡瞭望，对将领们说："盗贼起兵于山东，从没面临过强敌。如今正在穿越险境还大声喧嚣，这是没有纪律；紧逼城池而列阵，这是轻视我们。我们按兵不动，他们的勇气自会衰退，列阵久了，士兵饥饿难忍，势必自动退却，这时我们再追击，没有不胜的道理。我与各位相约，一过正午，我们一定可攻破他们！"窦建德心中轻视唐军，派三百骑兵渡过汜水，离唐军大营一里远的地方停下，派使者去告知李世民说："请挑选几百个精锐壮士，我们来恶战一场吧。"李世民派王君廓率二百名长矛手应敌，相互交战。双方时进时退，决不出胜负，

各引还。王琬乘隋炀帝骢马，铠仗甚鲜，迥出陈前以夸众。世民曰："彼所乘真良马也！"尉迟敬德请往取之，世民止之曰："岂可以一马丧猛士。"敬德不从，与高甑生、梁建方三骑直入其陈，擒琬，引其马以归，众无敢当者。世民使召河北马，待其至乃出战。

建德列陈，自辰至午，士卒饥倦，皆坐列，又争饮水，逡巡欲退。世民命宇文士及将三百骑经建德陈西，驰而南上，戒之曰："贼若不动，尔宜引归，动则引兵东出。"士及至陈前，陈果动，世民曰："可击矣！"时河渚马亦至，乃命出战。世民帅轻骑先进，大军继之，东涉汜水，直薄其陈。建德群臣方朝谒，唐骑猝来，朝臣趋就建德。建德召骑兵使拒唐兵，骑兵阻朝臣不得过，建德挥朝臣令却，进退之间，唐兵已至。建德窘迫，退依东陂。窦抗引兵击之，战小不利。世民帅骑赴之，所向皆靡。淮阳王道玄挺身陷陈，直出其后，复突陈而归，再入再出，飞矢集其身如猬毛，勇气不衰，射人，皆应弦而仆。世民给以副马，使从己，于是诸军大战，尘埃涨天。世民帅史大柰、程知节、秦叔宝、宇文歆等卷旆而入，出其陈后，张唐旗帜。建德将士顾见之，大溃，追奔三十里，斩首三千馀级。建德中槊，窜匿于牛口渚。车骑将军白士让、杨武威逐之，建德坠马，士让援槊欲刺之，建德曰："勿杀我，我夏王也，能富贵汝。"武威下擒之，载以从马，来见世民。

各自回军。王琬骑着隋炀帝的青毛马，铠甲兵器都十分鲜亮华丽，引人注目地跑到阵前来炫耀。李世民说："他骑的真是一匹好马啊！"尉迟敬德听了就要求前去夺来，李世民制止说："怎么可以为一匹马而损失一员猛将。"尉迟敬德不同意，与高甑生、梁建方三人骑马突入敌阵，生擒王琬，带着他的马飞驰回营，夏军无人敢出来阻挡。李世民又派人把放牧在河北的战马调回，等他们抵达再出战。

窦建德列下战阵，从早上直到正午，士兵们又饿又累，都坐下休息，又争着喝水，犹疑徘徊，打算退却。李世民命令宇文士及率领三百名装备轻便的骑兵经过夏军阵地的西侧，向南奔驰，告诫他们说："如果贼军沉得住气不动，你们马上回来，如果他们有动静，你们就领兵向东面杀出。"宇文士及来到了夏军阵前，夏军果然骚动起来，李世民说："现在可以出击了！"这时，在河北岸放牧的人马也赶到了，于是，下令出战。李世民率轻骑兵冲在前面，大队人马跟随在后，他们东渡汜水，直逼敌阵。这时，窦建德君臣正在行朝拜礼，唐骑兵突然出现，大臣们都惊慌失措，向窦建德身边靠拢。窦建德召集骑兵出击抵御唐兵，但是朝臣却挡住了骑兵的去路，无法通过。窦建德指挥文武百官退却，可就在这进退之间，唐军已经杀到。窦建德处境困急，只好退到东面坡地。窦抗率兵来攻，稍有失利。李世民领骑兵杀到，所向披靡。淮阳王李道玄冲锋陷阵，直冲到阵后，又返身冲回，如此两进两出，流箭射在他身上如同刺猬的毛，但他勇气丝毫不减，张弓射人，百发百中，敌人都应弦而倒。李世民把自己的备用马给他，让他紧随左右。于是两军大战，尘土蔽天。李世民率领史大柰、程知节、秦叔宝、宇文歆等人卷着大旗冲入敌阵阵后，展开唐军大旗。窦建德军士回头看见，顿时大溃。唐军追击三十里，杀了三千多人。窦建德被长矛刺中，逃窜到牛口渚躲藏起来。唐车骑将军白士让、杨武威紧追不舍，窦建德从马背坠落，白士让举起长矛准备刺向他，窦建德说："别杀我，我是夏王，我能让你富贵。"杨武威下马逮住他，驮在另一匹马上，一同来见李世民。

世民让之曰："我自讨王世充，何预汝事，而来越境，犯我兵锋！"建德曰："今不自来，恐烦远取。"建德将士皆溃去，所俘获五万人，世民即日散遣之，使还乡里。封德彝入贺，世民笑曰："不用公言，得有今日。智者千虑，不免一失乎！"德彝甚惭。建德妻曹氏与左仆射齐善行将数百骑遁归洺州。

壬申，齐善行以洺、相、魏等州来降。时建德馀众走至洺州，欲立建德养子为主，征兵以拒唐，又欲剽掠居民，还向海隅为盗。善行独以为不可，曰："隋末丧乱，故吾属相聚草野，苟求生耳。以夏王之英武，平定河朔，士马精强，一朝为擒，易如反掌，岂非天命有所属，非人力所能争邪！今丧败如此，守亦无成，逃亦不免，等为亡国，岂可复遗毒于民？不若委心请命于唐，必欲得缯帛者，当尽散府库之物，勿复残民也！"于是运府库之帛数十万段，置万春宫东街，以散将卒，凡三昼夜乃毕。仍布兵守坊巷，得物者即出，无得更入人家。士卒散尽，然后与右仆射裴矩、行台曹旦，帅其百官奉建德妻曹氏及传国八玺并破宇文化及所得珍宝请降于唐。上以善行为秦王左二护军，仍厚赐之。窦建德博州刺史冯士羡复推淮安王神通为慰抚山东使，徇下三十馀州，建德之地悉平。

秋七月甲子，秦王世民至长安。世民被黄金甲，齐王元吉、李世勣二十五将从其后，铁骑万匹，甲士三万人，前后部鼓吹。

李世民斥责他说："我来讨伐王世充，关你什么事，你却越出国境，来冒犯我的兵锋！"窦建德说："我今天不自己送上来，以后恐怕要烦劳你远征抓我啊。"窦建德的部众全部逃散，所俘获的五万人，李世民也当天释放了他们，让他们回归家园。封德彝入营帐向李世民道贺，李世民笑着说："当初不听你的话，才能有今天。聪明人有无数次成功的思虑，但也难免会有失误吧！"封德彝十分惭愧。窦建德的妻子曹氏与左仆射齐善行率领数百名骑兵逃归洺州。

壬申（十五日），齐善行献出洺州、相州、魏州，向唐王朝投降。当时，窦建德的残部逃回洺州，打算拥立窦建德的养子为国君，再征召兵马，抗拒唐军。还有人打算大肆掠夺民众，然后逃到沿海地区当强盗。齐善行都认为不可行，他说："隋朝末年，天下战乱，我们聚集在山林荒野，是为了求生存。靠着夏王的英明勇力，我们平定了河朔，而且兵强马壮。可是一日之间就被擒获，易如反掌，这难道不是上天赋予的国运已另有所属，不是人力所能抗争的吗！今天已一败涂地，继续固守，不会成功，若是逃跑，也难免灭亡，同样是要亡国，哪能再贻害于人民？不如诚意归附于唐。如果有人想得到绸缎等财物，应当把府库中的物品全部发放给大家，不要再去伤害人民！"于是就把仓库中储存的绸缎几十万段堆放在万春宫的东街，发给将士，历时三天三夜才发完。同时派兵防守在街坊小巷，拿到绸缎的士兵立即出城，不准再进入百姓家。等士兵都散尽了，齐善行与右仆射裴矩、行台曹旦率领文武官员，侍奉着曹皇后，带着八枚传国玉玺以及打败宇文化及时所获得的珍宝，向唐王朝投降。唐帝李渊任命齐善行为秦王左二护军，赏赐十分优厚。原夏王朝博州刺史冯士羡又推戴淮安王李神通担任慰抚山东使，降服了三十多个州，窦建德的领地就全部平定了。

秋季七月甲子（初九），秦王李世民回到了长安。李世民身穿黄金铠甲，齐王李元吉和李世勣等二十五员大将紧随在他后面，还有全副武装的骑兵一万人，步兵三万人，前后随有军乐。

俘王世充、窦建德及隋乘舆、御物献于太庙，行饮至之礼以飨之。丙寅，斩建德于市。

唐廷把战俘王世充、窦建德及隋王室车辆、御用物品等都奉献给太庙，并举行凯旋饮至之礼来慰劳将士。丙寅（十一日），在街市斩杀窦建德。

唐平陇右 薛举

隋恭帝义宁元年。汾阴薛举，侨居金城，骁勇绝伦，家赀钜万，交结豪杰，雄于西边，为金城府校尉。时陇右盗起，金城令郝瑗募兵得数千人，使举将而讨之。夏四月癸未，方授甲，置酒飨士，举与其子仁果及同党十三人，于座劫瑗发兵，囚郡县官，开仓赈施。自称西秦霸王，改元秦兴。以仁果为齐公，少子仁越为晋公，招集群盗，掠官牧马。贼帅宗罗睺帅众归之，以为义兴公。将军皇甫绾将兵一万屯枹罕，举选精锐二千人袭之，遂克枹罕。岷山羌酋锺利俗拥众二万归之，举兵大振。更以仁果为齐王，领东道行军元帅；仁越为晋王，兼河州刺史；罗睺为兴王，以副仁果。分兵略地，取西平、浇河二郡。未几，尽有陇西之地，众至十三万。

秋七月，薛举自称秦帝，立其妻鞠氏为皇后，子仁果为皇太子。遣仁果将兵围天水，克之，举自金城徙都之。仁果多力，善骑射，军中号万人敌。然性贪而好杀，尝获庾信

唐平陇右 薛举

隋恭帝义宁元年(617)。汾阴人薛举侨居在金城,他骁勇无比,家产雄厚,结交了许多英雄好汉,称雄于西部,任金城府校尉。当时陇右盗贼四起,金城县令郝瑗招募兵马,集合了数千人,命薛举率领去讨伐盗贼。夏季四月癸未(初三),郝瑗给这支队伍发放铠甲,并摆上酒席犒劳将士。薛举和他儿子薛仁果以及同党十三人就在坐席上劫持了郝瑗,宣布起事。他们囚禁了隋的郡县官,开粮仓赈济贫民。薛举自称西秦霸王,改年号为“秦兴”。封长子薛仁果为齐公,幼子薛仁越为晋公。然后广为招集各地盗贼,掠夺官府牧养的马匹。叛民首领宗罗睺率部众归附薛举,被封为义兴公。隋朝将军皇甫绾率一万兵马屯驻于枹罕,薛举挑选精锐甲士两千人去袭击,攻克了枹罕。岷山羌人首领锺利俗率二万部众归附薛举,薛举的兵威大振。又改封薛仁果为齐王,兼任东路行军元帅;封薛仁越为晋王,兼任河州刺史;封宗罗睺为兴王,任薛仁果的副手。让他们分别领兵掠取土地,攻克了西平、浇河二郡。没隔多久,薛举占有了陇西全部土地,部众达到十三万。

秋季七月,薛举自称为“秦帝”,立妻子鞠氏为皇后,儿子薛仁果为皇太子。薛举派薛仁果率兵包围天水,拿下了它,把都城从金城迁到天水。薛仁果有勇力,善于骑马射箭,军中称他为“万人敌”。然而他天性贪婪又残忍好杀,他曾经虏获了庾信的

子立，怒其不降，磔于火上，稍割以啖军士。及克天水，悉召富人，倒悬之，以醋灌鼻，责其金宝。举每戒之曰："汝之才略足以办事，然苛虐无恩，终当覆我国家。"举遣晋王仁越将兵趋剑口，至河池郡，太守萧瑀拒却之。

冬十二月，薛举遣其子仁果寇扶风，唐弼据汧源拒之。举遣使招弼，弼乃杀李弘芝，请降于举，仁果乘其无备，袭破之，悉并其众。弼以数百骑走诣扶风请降，扶风太守窦琎杀之。举势益张，众号三十万，谋取长安。闻丞相渊已定长安，遂围扶风。渊使李世民将兵击之，又使姜謩、窦轨俱出散关，安抚陇右。

癸巳，世民击薛仁果于扶风，大破之，追奔至陇坻而还。薛举大惧，问其群臣曰："自古天子有降者乎？"黄门侍郎钱唐褚亮曰："赵佗归汉，刘禅仕晋，近世萧琮，至今犹贵。转祸为福，自古有之。"卫尉卿郝瑗趋进曰："陛下失问！褚亮之言又何悖也！昔汉高祖屡经奔败，蜀先主亟亡妻子，卒成大业。陛下奈何以一战不利，遽为亡国之计乎？"举亦悔之曰："聊以此试君等耳。"乃厚赏瑗，引为谋主。

姜謩、窦轨进至长道，为薛举所败，引还。渊使通议大夫醴泉刘世让安集唐弼馀党，与举相遇，战败，为举所虏。

唐高祖武德元年，郝瑗说薛举，与梁师都及突厥连兵以取长安，举从之。突厥拒举、师都等，不纳其使。夏六月癸未，

儿子庚立，因为庚立不肯投降而怒不可遏，就把庚立吊在火上肢解，边烤边慢慢割下他的肉让军士们吃。攻克天水之后，又召集所有的富人，把他们倒挂着，用醋灌进鼻孔，以此来逼他们献出金银财宝。薛举常常告诫他说："你的才能足以办得成大事，但是你苛刻暴虐，对人无恩无义，总有一天，国与家都要毁在你的手中。"薛举派晋王薛仁越率兵攻剑口，行进到河池郡时，郡太守萧瑀出兵阻截，薛仁越只好退兵。

冬季十二月，薛举派儿子薛仁果进犯扶风，唐弼据守汧源抵抗。薛举派使者去招降唐弼，唐弼就杀掉李弘芝，向薛举投降。薛仁果趁唐弼毫无防备的时候，突袭并大破唐弼军队，兼并了他的所有部众。唐弼率几百骑兵逃到扶风请求投降，扶风太守窦琎杀了唐弼。薛举的势力不断扩张，号称拥有三十万大军，准备夺取长安。听说丞相李渊已经平定长安，就包围扶风。李渊派李世民率兵攻击薛仁果，又派姜謩、窦轨一起从散关出发，安抚陇右。

癸巳（十七日），李世民在扶风攻击薛仁果，大获全胜，又追击不舍，直到陇坻才回军。薛举十分恐惧，问大臣说："自古以来有皇帝向人投降的吗？"黄门侍郎钱塘人褚亮说："赵佗归附西汉，刘禅在晋朝做官，近世的萧琮，儿孙至今仍然显贵。皇帝投降，把灾难转化为福运，这是自古就有的事。"卫尉卿郝瑗急忙向前说："陛下不应问这种话！褚亮的话又是多么悖逆！过去汉高祖多次经受过失败逃亡，蜀汉刘备也几次保不住妻子儿女，但他们最终成就大业。陛下为什么因为一次战斗失利，就急忙做亡国的考虑呢？"薛举也后悔失言，说："我只是以此来试探你们的态度罢了。"于是重赏郝瑗，把他当作主要的谋士。

姜謩、窦轨进军到了长道，被薛举的军队打败，引兵撤回。李渊派通议大夫醴泉人刘世让去安抚召集唐弼的残部，却与薛举的军队相遇，刘世让战败，被薛举抓获。

唐高祖武德元年(618)，郝瑗向薛举提出建议，与梁师都以及突厥联合，集中兵力攻取长安，薛举同意了。但是，突厥却拒绝了薛举，梁师都等人不接待他的使节。夏季六月癸未（十日），

薛举寇泾州。以秦王世民为元帅，将八总管兵以拒之。

秋七月，薛举进逼高墌，游兵至于豳、岐，秦王世民深沟高垒不与战。会世民得疟疾，委军事于长史纳言刘文静、司马殷开山，且戒之曰："薛举悬军深入，食少兵疲，若来挑战，慎勿应也。俟吾疾愈，为君等破之。"开山退，谓文静曰："王虑公不能办，故有此言耳。且贼闻王有疾，必轻我，宜曜武以威之。"乃陈于高墌西南，恃众而不设备。举潜师掩其后，壬子，战于浅水原，八总管皆败，士卒死者什五六，大将军慕容罗睺、李安远、刘弘基皆没。世民引兵还长安，举遂拔高墌，收唐兵死者为京观，文静等皆坐除名。

八月，薛举遣其子仁果进围宁州，刺史胡演击却之。郝瑗言于举曰："今唐兵新破，关中骚动，宜乘胜直取长安。"举然之，会有疾而止。辛巳，举卒。太子仁果立，居于折墌城，谥举曰武帝。

己丑，以秦王世民为元帅，击薛仁果。九月甲寅，秦州总管窦轨击薛仁果，不利。骠骑将军刘感镇泾州，仁果围之。城中粮尽，感杀所乘马以分将士，感一无所啖，唯煮马骨取汁和木屑食之。城垂陷者数矣。会长平王叔良将兵至泾州，仁果乃扬言食尽，引兵南去。乙卯，又遣高墌人伪以城降，叔良遣感帅众赴之。己未，至城下，扣门，城中人曰：

薛举发兵进攻泾州。唐朝廷任命秦王李世民为元帅,率领八个总管所统的军队来抵抗。

秋季七月,薛举率军进逼高墌,派出游击部队在豳州、岐州一带活动。秦王李世民深挖战壕、高筑营垒,不和薛举军队交战。正好此时李世民患疟疾,把军队事宜委托给长史纳言刘文静、司马殷开山,并告诫他们说:"薛举孤军深入,粮食缺乏,士兵疲困,如果他们来挑战,切切不可应战。等我病好了,再为你们破敌。"殷开山退下后对刘文静说:"秦王担心你不能够处理好军务,因此才说这话。盗贼听说秦王生病的消息,一定会轻视我们,应该展示武力,以威势镇服他们。"于是在高墌西南列阵,依仗着兵多势众,而不加防备。薛举悄悄地调动军队从唐军背后突然袭击,壬子(九日),两军在浅水原大战,唐八总管的军队全部溃败,士兵阵亡的有十分之五六,大将军慕容罗睺、李安远、刘弘基都战死。李世民只好领兵退还长安,薛举于是占领了高墌,把唐军尸体收集起来堆成一座大冢。刘文静等都因这次大败而被削除官职。

八月,薛举派他的儿子薛仁果包围宁州,唐刺史胡演击退了薛军。郝瑗对薛举说:"现在唐军刚打了败仗,关中地区人心骚动不安,应该乘胜直接攻取长安。"薛举认为他的建议很正确。但恰在此时,薛举患病,这一计划就中止了。辛巳(初九),薛举去世。太子薛仁果继承帝位,居住在折墌城,议定薛举谥号为"武帝"。

己丑(十七日),唐王朝任李世民为元帅,向薛仁果进击。九月甲寅(十二日),唐秦州总管窦轨攻击薛仁果,没有获胜。骠骑将军刘感镇守泾州,薛仁果包围了州城。城中的粮食吃完了,刘感把自己的战马杀了,分给将士们充饥,自己一口也没吃,只是把马骨头煮汤,拌上木屑吞食。州城好几次濒临陷落,正好长平王李叔良率军队到泾州,薛仁果就扬言他的军队粮食已吃完,率兵南撤。乙卯(十三日),薛仁果指使高墌人假意献城投降,李叔良派刘感率兵众前去接应。己未(十七日),刘感到高墌城下,敲城门,城内有人说:

“贼已去，可逾城入。”感命烧其门，城上下水灌之。感知其诈，遣步兵先还，自帅精兵为殿。俄而城上举三烽，仁果兵自南原大下，战于百里细川，唐军大败，感为仁果所擒。仁果复围泾州，令感语城中云：“援军已败，不如早降。”感许之，至城下，大呼曰：“逆贼饥馁，亡在朝夕，秦王帅数十万众，四面俱集，城中勿忧，勉之！”仁果怒，执感，于城旁埋之至膝，驰骑射之，至死，声色逾厉。叔良婴城固守，仅能自全。感，丰生之孙也。

庚申，陇州刺史陕人常达击薛仁果于宜禄川，斩首千馀级。薛仁果屡攻常达，不能克，乃遣其将仵士政以数百人诈降，达厚抚之。乙丑，士政伺隙以其徒劫达，拥城中二千人降于仁果。达见仁果，词色不屈，仁果壮而释之。奴贼帅张贵谓达曰：“汝识我乎？”达曰：“汝逃死奴贼耳。”贵怒，欲杀之。人救之，得免。

薛仁果之为太子也，与诸将多有隙，及即位，众心猜惧。郝瑗哭举得疾，遂不起，由是国势浸弱。秦王世民至高墌，仁果使宗罗睺将兵拒之。罗睺数挑战，世民坚壁不出。诸将咸请战，世民曰：“我军新败，士气沮丧，贼恃胜而骄，有轻我心，宜闭垒以待之。彼骄我奋，可一战而克也。”乃令军中曰：“敢言战者斩！”相持六十馀日，仁果粮尽，其将梁胡郎等帅所部来降。世民知仁果将士离心，命

“薛贼已逃走，你们翻城墙进来吧。”刘感命令火烧城门，城上灌下水来把火浇灭。刘感发觉其中有诈，马上让步兵先撤退，自己率精锐部队断后。一会儿，城上燃起三堆烽火，薛仁果率兵从南原冲杀过来，两军在百里细川会战，唐军大败，刘感被薛仁果擒获。随后，薛仁果再次包围泾州，命刘感对城里的人说：“援兵已失败，不如早日投降。”刘感答应照他的话说，到了城下，刘感大声呼喊说：“反贼已粮尽饥饿，灭亡之日就在眼前，秦王率数十万大军，正从四面八方前来救援，城内的人不要担忧，你们一定要努力啊！”薛仁果大怒，把刘感捆绑在城旁，用泥土埋到他膝盖处，然后骑着马来回奔驰射他，刘感不断叫骂，直到断气。李叔良据城固守，勉强能保住。刘感，是刘丰生的孙子。

庚申（十八日），唐陇州刺史陕县人常达在宜禄川攻击薛仁果，杀了一千多人。薛仁果好几次向常达发动进攻，都不能取胜，就派他的部将仵士政率几百人向常达诈降，常达十分优待他。乙丑（二十三日），仵士政找到一个机会，让他的部下劫持常达，威逼裹胁着城中二千守军投降薛仁果。常达见到薛仁果，神色凛然，言词激昂，毫无屈服的样子，薛仁果认为他是个壮士，就把他释放了。薛军中一将领张贵问常达说：“你认识我吗？”常达回答说：“你是个逃亡的奴贼罢了。”张贵大怒，想杀死常达，幸亏旁人解救，才获生还。

薛仁果当太子的时候，和许多将领都有矛盾，等到登上皇帝宝座，各将领都心存猜疑和畏惧。郝瑗因薛举之死痛哭不已，以至于一病不起，从此国势逐渐衰弱。秦王李世民到达高墌，薛仁果派宗罗睺率兵抗拒唐军。宗罗睺几次向唐军挑战，李世民坚守不出。将领们纷纷要求出战，李世民说：“我军刚受挫折，士气不振，而逆贼依仗着刚得的胜利骄傲自大，十分轻视我们，我们应关起营垒等待时机。到他们更骄傲而我军士气奋发的时候，就可以一战而胜了。”于是号令军中：“再敢提出战的一律斩首！”两军相持了六十多天，薛仁果粮食吃完了，他的部将梁胡郎等率领部众向唐军投降。李世民知道薛仁果的将士已经离心，就命令

行军总管梁实营于浅水原以诱之。罗睺大喜，尽锐攻之，梁实守险不出。营中无水，人马不饮者数日。罗睺攻之甚急，世民度贼已疲，谓诸将曰："可以战矣！"迟明，使右武候大将军庞玉陈于浅水原南。罗睺并兵击之，玉战，几不能支，世民引大军自原北出其不意，罗睺引兵还战。世民帅骁骑数十先陷陈，唐兵表里奋击，呼声动地，罗睺士卒大溃，斩首数千级。世民帅二千馀骑追之，窦轨叩马苦谏曰："仁果犹据坚城，虽破罗睺，未可轻进，请且按兵以观之。"世民曰："吾虑之久矣，破竹之势，不可失也，舅勿复言！"遂进。仁果陈于城下，世民据泾水临之，仁果骁将浑幹等数人临陈来降。仁果惧，引兵入城拒守。日向暮，大军继至，遂围之。夜半，守城者争自投下。仁果计穷，己酉，出降。得其精兵万馀人，男女五万口。

诸将皆贺，因问曰："大王一战而胜，遽舍步兵，又无攻具，轻骑直造城下，众皆以为不克，而卒取之，何也？"世民曰："罗睺所将皆陇外之人，将骁卒悍。吾特出其不意而破之，斩获不多。若缓之，则皆入城，仁果抚而用之，未易克也；急之，则散归陇外，折墌虚弱，仁果破胆，不暇为谋。此吾所以克也。"众皆悦服。世民所得降卒，悉使仁果兄弟及宗罗睺、翟长孙等将之，与之射猎，无所疑间。贼畏威衔恩，

行军总管梁实在浅水原扎营来诱敌。宗罗睺大喜，出动所有的精锐部队进攻，梁实固守险要不出战。但军营中没有水，士兵战马一连几天都喝不上水。宗罗睺攻势很猛，李世民估计贼兵已经十分疲惫，就对将领们说："可以出战了。"天色将明时，派遣右武候大将军庞玉在浅水原南边列阵。宗罗睺集中兵力来攻击，庞玉出阵迎战，几乎不能支撑，这时，李世民率大军从浅水原北面出敌不意地发动攻击，宗罗睺只得率兵迎战。李世民亲自带领骁勇骑兵数十人冲锋陷阵，唐军内外奋勇夹击，呼喊声震天动地，宗罗睺的军队崩溃，战死者有数千之多。李世民又率领二千多名骑兵追击，窦轨拉住马缰绳苦苦劝阻说："薛仁果还占据着坚固的城池，虽然击破了宗罗睺，但是还不能轻率进兵，请暂且按兵不动，静观形势。"李世民说："我考虑很久了，现在发动攻击，势如破竹，这个机会不可失，舅父您不必再说了！"于是率军前进。薛仁果在城下列阵，李世民在泾水边与之对峙，薛仁果手下骁将浑幹等几人临阵投降。薛仁果恐惧了，率兵回城坚守。傍晚，唐大军相继赶到，包围了折墌城。半夜，守城的将士争相溜下城投降唐军。薛仁果毫无办法，己酉（八日）这天，出城投降。李世民获得薛仁果精兵一万多人，男女居民五万多人。

将领们都向李世民道贺，并问："大王一次出击就大获全胜，而您居然舍弃步兵不用，又不准备攻城器具，只率领轻装骑兵直逼城下，大家都认为不可能获胜，但您最终还是攻克了，这是为什么呢？"李世民说："宗罗睺所率领的都是陇外人，将领骁勇，士兵剽悍，因此我特意采用出其不意的战术来攻破他，但这一仗斩获并不多。如果我们进军迟缓，这些人全都逃进城内，薛仁果安抚并使用他们守城，就不容易攻克了；反之，我们急攻，这些人只好散归陇外。这样，折墌城的防守势必虚弱，薛仁果一定会胆战心惊，来不及考虑对策。这就是我取胜的原因。"将领们听了都心悦诚服。李世民俘虏的降兵，全部仍让薛仁果兄弟以及宗罗睺、翟长孙等统领，李世民和他们一起射箭打猎，毫无猜忌之心。薛氏部将一方面畏惧李世民的声威，一方面又感激他的恩德，

皆愿效死。世民闻褚亮名，求访，获之，礼遇甚厚，引为王府文学。上遣使谓世民曰："薛举父子多杀我士卒，必尽诛其党以谢冤魂。"李密谏曰："薛举虐杀不辜，此其所以亡也，陛下何怨焉？怀服之民，不可不抚！"乃命戮其谋首，馀皆赦之。

癸亥，秦王世民至长安，斩薛仁果于市。上赐常达帛三百段。赠刘感平原郡公，谥忠壮。扑杀仵士政于殿庭。以张贵尤淫暴，腰斩之。上享劳将士，因谓群臣曰："诸公共相翊戴以成帝业，若天下承平，可共保富贵。使王世充得志，公辈岂有种乎？如薛仁果君臣，岂可不以为前鉴也！"

都愿意为他尽忠效死。李世民久闻褚亮的名声，到处寻访，终于找到了他，对他十分礼敬，给予优厚的待遇，并让他担任秦王府文学。唐帝李渊派人对李世民说："薛举父子，杀了我大唐许多兵士，一定要把他们的同党全部杀光来安慰冤魂。"李密劝谏说："薛举虐待诛杀无辜的人，这正是他灭亡的原因，陛下何必去怨恨？已经归服的人，不可不加以安抚！"于是，李渊命令只杀为首分子，其馀的人全部赦免。

癸亥（十一月二十二日），秦王李世民回到长安，在街市上将薛仁果斩首。唐帝李渊赐给常达三百段绸缎。追封刘感为平原郡公，谥号"忠壮"。又在宫中庭院里将仵士政乱棍打死。因张贵特别淫虐残暴，处以腰斩。李渊用酒食犒劳将士们，乘便对大臣们说："靠着各位的共同辅佐，建立了帝王大业，如果天下太平，我们就可共保富贵。假如让王世充得以成功，你们还怎能父子保全呢？像薛仁果君臣这样，应该成为我们的前车之鉴！"

唐平河西 李轨

隋恭帝义宁元年。武威鹰扬府司马李轨，家富，好任侠。薛举作乱于金城，轨与同郡曹珍、关谨、梁硕、李赟、安脩仁等谋曰："薛举必来侵暴，郡官庸怯，势不能御，吾辈岂可束手并妻孥为人所虏邪！不若相与并力拒之，保据河右以待天下之变。"众皆以为然。欲推一人为主，各相让，莫肯当。曹珍曰："久闻图谶李氏当王。今轨在谋中，乃天命也。"遂相与拜轨，奉以为主。秋七月丙辰，轨令脩仁集诸胡，轨结民间豪杰，共起兵，执虎贲郎将谢统师、郡丞韦士政。轨自称河西大凉王，置官属并拟开皇故事。关谨等欲尽杀隋官，分其家赀，轨曰："诸人既逼以为主，当禀其号令。今兴义兵以救生民，乃杀人取货，此群盗耳，将何以济？"于是以统师为太仆卿，士政为太府卿。西突厥阙达度设据会宁川，自称阙可汗，请降于轨。

薛举遣其将常仲兴济河击李轨，与轨将李赟战于昌松，仲兴举军败没。轨欲纵遣之，赟曰："力战获俘，复纵以

唐平河西　李轨

隋恭帝义宁元年(617)。隋武威鹰扬府司马李轨，家产丰饶，喜欢行侠仗义。薛举在金城叛乱时，李轨与同郡人曹珍、关谨、梁硕、李赟、安脩仁等商议说："薛举必会来侵扰，地方官员都平庸胆怯，不可能抵挡得住，我们怎么可以自缚双手，毫不抵抗地连同妻子儿女一起被人活捉呢？不如大家齐心协力起兵抗拒，占据河右，等待局势变化。"大家都认为这看法正确。准备推举一人为首，众人却互相推让，都不肯当。曹珍说："一直听到这样一种预言'李氏将当皇帝'。现在李轨与我们同谋，这是天意。"于是大家一起参拜李轨，奉他为首领。秋季七月丙辰(初八)，李轨命令安脩仁集结各少数民族部落，自己则召集汉族民间豪杰，一同起兵，抓获了虎贲郎将谢统师、郡丞韦士政。李轨自称为"河西大凉王"，设置文武官员，都仿照隋文帝开皇年间的先例。关谨等人想把隋朝官员全都杀了，瓜分他们的家产。李轨说："你们既然逼我当首领，就应该听从我的命令。今天我们举义兵是为了拯救黎民百姓，杀人夺财，这是强盗的行径，怎么可以成就功业！"于是任命谢统师为太仆卿，韦士政为太府卿。西突厥的阙达度设占据了会宁川，自称"阙可汗"，此时向李轨投降。

薛举选派将领常仲兴渡过黄河去攻击李轨，与李轨的部将李赟在昌松交战，常仲兴全军覆灭。李轨想把俘获的将士释放，李赟劝阻说："我们拼命作战，才俘获了这些人，放他们回去以

资敌，将焉用之！不如尽坑之。”轨曰：“天若祚我，当擒其主，此属终为我有；若其无成，留此何益？”乃纵之。未几，攻张掖、敦煌、西平、枹罕，皆克之，尽有河西五郡之地。

唐高祖武德元年秋八月，上欲与李轨共图秦、陇，遣使潜诣凉州，招抚之，与之书，谓之从弟。轨大喜，遣其弟懋入贡。上以懋为大将军，命鸿胪少卿张俟德册拜轨为凉州总管，封凉王。冬十一月乙巳，凉王李轨即皇帝位，改元安乐。

李轨吏部尚书梁硕，有智略，轨常倚之以为谋主。硕见诸胡浸盛，阴劝轨宜加防察，由是与户部尚书安脩仁有隙。轨子仲琰尝诣硕，硕不为礼，乃与脩仁共谮硕于轨，诬以谋反，轨鸩硕，杀之。有胡巫谓轨曰：“上帝当遣玉女自天而降。”轨信之，发民筑台以候玉女，劳费甚广。河右饥，人相食。轨倾家财以赈之，不足，欲发仓粟，召群臣议之。曹珍等皆曰：“国以民为本，岂可爱仓粟而坐视其死乎？”谢统师等皆故隋官，心终不服，密与群胡为党，排轨故人，乃诟珍曰：“百姓饿者自是羸弱，勇壮之士终不至此。国家仓粟以备不虞，岂可散之以饲羸弱？仆射苟悦人情，不为国计，非忠臣也。”轨以为然，由是士民离怨。

增加敌人实力，又将怎么样才能让他们为我所用？不如把他们全都坑杀了。”李轨说：“上天如果保佑我，应该能擒获他们的首领，那么，这批人终将为我所有；如果上天不让我成功，留下他们又有什么用呢？”于是把俘虏全都释放了。没过多久，李轨进攻张掖、敦煌、西平、枹罕，都攻克了，于是河西五个郡均为李轨所有。

唐高祖武德元年(618)秋季八月，唐帝李渊打算与李轨共同对付薛举，谋取秦、陇之地，于是派遣使者秘密地潜入凉州向李轨招降、抚慰，给他书信，信上称他为堂弟。李轨十分高兴，便派弟弟李懋到长安朝见进贡。李渊任命李懋为大将军，命令鸿胪少卿张俟德携带册命之书，前去授拜李轨为凉州总管，封他为“凉王”。冬季十一月乙巳(初四)，凉王李轨登基称皇帝，改年号为“安乐”。

李轨的吏部尚书梁硕有智慧谋略，李轨常常倚重他，把他当作主要谋士。梁硕看到各部落的力量渐渐强盛，暗地里劝说李轨要严加防范，因此与户部尚书安脩仁产生隔阂。李轨的儿子李仲琰曾经去拜访梁硕，梁硕没把他当太子以礼相待，李仲琰大为不满，就与安脩仁一起在李轨面前进谗言，诬告梁硕有谋反行为，李轨就毒死了梁硕。有一个匈奴巫师对李轨说：“上帝将派一个玉女下凡。”李轨信以为真，征发民工筑一高台，等候玉女降临，耗费了大量人力财力。河右闹饥荒，人们互相吞食，李轨倾家荡产救济饥民。仍然解决不了问题，想打开国家粮库，就召集文武百官商议。曹珍等都说：“国家以人民为根基，怎么可以吝惜粮食而眼看着他们饿死？”谢统师等人都是隋朝旧臣，并不真心臣服于李轨，私下里与匈奴联合，排斥李轨的老部下，于是就诋毁曹珍说：“百姓饿死的，当然是老弱的人，健壮的勇士不会到这种地步。国家仓库中的粮食，是用来应付非常情况的，怎么可以发放来喂养无用的老弱！你身为仆射只知道收买人心，取悦人情，一点都不为国家着想，算什么忠臣！”李轨觉得有道理，于是饥饿的士人与平民都对李轨产生背离怨恨之心。

二年春二月，张俟德至凉，李轨召其群臣廷议曰："唐天子，吾之从兄，今已正位京邑。一姓不可自争天下，吾欲去帝号，受其官爵，可乎？"曹珍曰："隋失其鹿，天下共逐之，称王称帝者，奚啻一人！唐帝关中，凉帝河右，固不相妨。且已为天子，奈何复自贬黜？必欲以小事大，请依萧詧事魏故事。"轨从之。戊戌，轨遣其尚书左丞邓晓入见，奉书称"皇从弟大凉皇帝臣轨"而不受官爵。帝怒，拘晓不遣，始议兴师讨之。上遣使与吐谷浑可汗伏允连和，使击李轨。

李轨将安脩仁兄兴贵，仕长安，表请说轨，谕以祸福。上曰："轨阻兵恃险，连结吐谷浑、突厥，吾兴兵击之，尚恐不克，岂口舌所能下乎？"兴贵曰："臣家在凉州，奕世豪望，为民夷所附。弟脩仁为轨所信任，子弟在机近者以十数。臣往说之，轨听臣固善，若其不听，图之肘腋，易矣！"上乃遣之。

兴贵至武威，轨以为左右卫大将军。兴贵乘间说轨曰："凉地不过千里，土薄民贫。唐起太原，取函秦，宰制中原，战必胜，攻必取，此殆天启，非人力也。不若举河西归之，则窦融之功复见于今日矣！"轨曰："吾据山河之固，彼虽强大，若我何！汝自唐来，为唐游说耳。"兴贵谢曰："臣闻富贵不归故乡，如衣绣夜行，臣阖门受陛下荣禄，安肯附唐？但欲效其愚虑，可否在陛下耳。"于是退与脩仁阴结诸胡起

二年(619)春季二月,唐朝使臣张俟德到凉国,李轨召集大臣商议说:“唐朝天子是我的堂兄,现在已在京师登基。都是姓李的,不能自相争夺天下,我想撤销皇帝称号,接受唐朝官爵,可以吗?”曹珍说:“隋失去了政权,天下人都去追逐它。称王称帝的,何止一人!唐在关中称帝,凉在河右称帝,本来就互不妨碍。再说,您已是天子,为什么又自我贬黜?如果一定要以小国侍奉大国,也请依照萧詧事奉西魏的先例办事。”李轨接受了这一意见。戊戌(二十八日),李轨派尚书左丞邓晓入朝晋见李渊,奉上国书,自称“皇堂弟大凉皇帝臣李轨”,并表示不接受唐王朝的官爵。李渊大怒,扣留了邓晓不让他回国,开始讨论兴兵讨伐李轨。李渊派使者与吐谷浑可汗慕容伏允和解,让他去攻击李轨。

李轨的部将安脩仁的哥哥安兴贵在唐朝做官,上书请求去劝说李轨,向他说明利害得失。李渊说:“李轨倚仗着强兵,据守着险要,又与吐谷浑、突厥勾结。我如发动大军出击,还不能攻克,难道靠几句话能说动他吗?”安兴贵说:“我家世居凉州,几代人都有很高声望,当地百姓和蛮夷都乐于依附。我弟弟安脩仁现在深得李轨信任,安家子弟在李轨政权重要部门的有十几个。我去劝说,如李轨能听从我的话,那当然好,如果他不听,我在他左右,算计他也容易些。”于是,李渊就派他前往。

安兴贵到了武威,李轨任命他为左右卫大将军。安兴贵找机会游说李轨说:“凉国地域不过千里,土地贫瘠人民穷苦。唐从太原起家,夺取了函谷关和秦地,控制了中原,每战必胜,有攻必取,这恐怕是上天的旨意,不是人力所能办到的。我看不如献河西之地归附于唐,那么,当年窦融的功绩又会重现在今天了。”李轨说:“我占据着险要坚固的山河地势,唐虽然强大,又能把我怎样!你从唐朝来,是为唐游说的吧?”安兴贵马上道歉说:“我听说,已得到荣华富贵却不回到故乡去,就好像穿着锦衣绣袍在夜间走路一样。我一家都受陛下恩宠与俸禄,怎么肯依附于唐?只是想提出我愚蠢的忧虑供您参考,如何决定,还在于陛下!”于是,安兴贵退出宫来与安脩仁一起秘密与各部落勾结,起

兵击轨，轨出战而败，婴城自守。兴贵徇曰："大唐遣我来诛李轨，敢助之者夷三族！"城中人争出就兴贵。轨计穷，与妻子登玉女台，置酒为别。夏五月庚辰，兴贵执之以闻，河西悉平。

邓晓在长安，舞蹈称庆，上曰："汝为人使臣，闻国亡，不戚而喜，以求媚于朕，不忠于李轨，肯为朕用乎？"遂废之终身。

轨至长安，并其子弟皆伏诛。以安兴贵为右武候大将军、上柱国、凉国公，赐帛万段。安脩仁为左武候大将军、申国公。

兵攻击李轨。李轨组织力量反击，但却战败，只好据城坚守。安兴贵对众宣示说："大唐王朝派我来诛灭李轨，谁敢帮助他，就夷灭三族！"城里的军民争相出城投奔安兴贵。李轨无计可施，与妻子同登玉女台，摆上筵席，饮酒诀别。夏季五月庚辰（十三日），安兴贵擒获李轨并向李渊奏报，至此，河西地区完全平定。

被扣在长安的邓晓听到这一消息，就向李渊欢呼祝贺。李渊说："你作为凉的使节，听到亡国的消息，没有悲伤却如此高兴，以此来讨好我，你对李轨不忠，难道会真心为我所用？"就下令终身不录用邓晓。

李轨被押到长安，连同他的子弟后辈全部被斩首。唐朝廷任命安兴贵为右武候大将军、上柱国，赐爵凉国公，赏赐绸缎一万段。任命安脩仁为左武候大将军，封申国公。

唐平河东 刘武周

隋恭帝义宁元年。马邑太守王仁恭，多受货赂，不能振施。郡人刘武周，骁勇喜任侠，为鹰扬府校尉。仁恭以其土豪，甚亲厚之，令帅亲兵屯阁下。武周与仁恭侍儿私通，恐事泄，谋作乱，先宣言曰："今百姓饥馑，僵尸满道，王府君闭仓不赈恤，岂为民父母之意乎！"众皆愤怒。武周称疾卧家，豪杰来候问，武周椎牛纵酒，因大言曰："壮士岂能坐待沟壑？今仓粟烂积，谁能与我共取之？"豪杰皆许诺。春二月己丑，仁恭坐听事，武周上谒，其党张万岁等随入，升阶，斩仁恭，持其首出徇，郡中无敢动者。于是开仓以赈饥民，驰檄境内属城，皆下之，收兵得万馀人。武周自称太守，遣使附于突厥。

雁门郡丞河东陈孝意与虎贲郎将王智辩共讨刘武周，围其桑乾镇。壬寅，武周与突厥合兵击智辩，杀之，孝意奔还雁门。

唐平河东 刘武周

隋恭帝义宁元年(617)。马邑太守王仁恭,平时经常收取贿赂,却从不赈济与布施贫民。郡民刘武周,勇猛矫健,行侠仗义,担任鹰扬府校尉。王仁恭因他是当地豪杰,对他十分信任厚待,命令他率亲兵驻守于宫衙内宅。刘武周与王仁恭的侍妾私通,怕事情泄露,就谋划反叛。他先扬言说:“如今百姓饥饿难忍,尸首遍布道路,而王府君却紧闭粮仓,不肯赈济抚恤人民,这难道是身为百姓父母官应有的行为吗!”民众听后都愤恨不已。刘武周又假称生病,在家休息,当地英雄好汉纷纷登门问候,刘武周就杀牛备酒让大家畅饮,乘酒兴高声宣布说:“壮士怎么能够坐以待毙,弃尸沟壑?眼下仓库中的粮食堆在那儿腐烂,谁敢与我一起去夺取?”大家都表示愿意。春季二月己丑(初八),王仁恭正在官衙公堂处理公事,刘武周前去拜见。他的同党张万岁等人随之而入,走上台阶,斩杀了王仁恭,并提着他的首级亮出来示众,全郡没有人敢反抗。于是,刘武周就打开粮仓救济饥民,并发布文告遍传郡内所属各城,各城全部表示归服。刘武周集结兵力共有一万多人,于是他自称为太守,并派出使节向突厥表示归附。

雁门郡丞河东人陈孝意与虎贲郎将王智辩共同讨伐刘武周,包围了刘武周统辖的桑乾镇。壬寅(二十一日),刘武周与突厥联合出兵攻击王智辩并杀了他,陈孝意逃奔回雁门固守。

三月丁卯，武周袭破楼烦郡，进取汾阳宫，获隋宫人，以赂突厥始毕可汗。始毕以马报之，兵势益振，又攻陷定襄。突厥立武周为定杨可汗，遗以狼头纛。武周即皇帝位，立妻沮氏为皇后，改元天兴。以卫士杨伏念为尚书左仆射，妹婿同县苑君璋为内史令。武周引兵围雁门，陈孝意悉力拒守，乘间出击武周，屡破之。既而外无救援，遣间使诣江都，皆不报。孝意誓以必死，旦暮向诏敕库俯伏流涕，悲动左右。围城百馀日，食尽，校尉张伦杀孝意以降。

唐高祖武德二年春三月辛卯，刘武周寇并州。

夏四月，刘武周引突厥之众，军于黄蛇岭，兵锋甚盛。齐王元吉使车骑将军张达以步卒百人尝寇，达辞以兵少不可往，元吉强遣之，至则俱没。达忿恨，庚子，引武周袭榆次，陷之。丙辰，刘武周围并州，齐王元吉拒却之。戊午，诏太常卿李仲文将兵救并州。五月丙戌，刘武周陷平遥。

初，易州贼帅宋金刚，有众万馀，与魏刀兒连结。刀兒为窦建德所灭，金刚救之，战败，帅众四千西奔刘武周。武周闻其善用兵，得之，甚喜，号曰宋王，委以军事，中分家赀以遗之。金刚亦深自结，出其故妻，纳武周之妹。因说武周图晋阳，南向争天下。武周以金刚为西南道大行台，使将兵二万寇并州。丁未，武周进逼介州，沙门道澄以佛幡缒之入城，遂陷

三月丁卯（十七日），刘武周袭击并攻破了楼烦郡，并攻进汾阳宫大肆掠取，掳获了一批隋宫宫女送给突厥始毕可汗，以此来贿赂他。始毕可汗用一批马匹来回报他，于是，刘武周兵势更加强大。不久，又攻陷了定襄。突厥封刘武周为定杨可汗，送给他绣有狼头的大旗。刘武周登极称帝，立妻子沮氏为皇后，改年号为“天兴”。他任命卫士杨伏念为尚书左仆射，妹夫、同县人苑君璋为内史令。刘武周领兵包围雁门，陈孝意竭尽全力抵抗，一有机会就袭击刘武周，好几次击败刘武周军队。但是，陈孝意始终得不到外援，他派密使赶到江都，向皇帝求救，都没有回音。陈孝意发誓必以一死报国，每天早晚都向着存放皇帝诏书敕令的房间伏身痛哭，悲切之情，感动了身边所有的人。雁门被围一百多天，城中粮食吃尽，校尉张伦杀了陈孝意，献城投降。

唐高祖武德二年（619）春季，三月辛卯（二十二日），刘武周攻击唐王朝的并州。

夏季四月，刘武周率突厥兵马，驻扎在黄蛇岭，兵力强，气势盛。唐齐王李元吉派车骑将军张达率一百名步兵做试探性的攻击。张达认为兵力太少，难以交战而推辞，李元吉强迫他执行命令，结果全军覆没。张达忿恨不已，庚子（初二），引导刘武周袭击榆次，攻陷了这一城池。丙辰（十八日），刘武周率军包围了并州，齐王李元吉击退了他。戊午（二十日），李渊诏命太常卿李仲文率兵马救援并州。五月丙戌（十九日），刘武周攻陷了平遥。

当初，易州的叛民首领宋金刚有一万多名部众，与魏刀兒联合。魏刀兒被窦建德消灭时，宋金刚曾去救援，但是战败了，就率领四千部众向西投奔刘武周。刘武周听说他十分善于用兵，因此，见他来归附十分高兴，封他为“宋王”，把军事委托给他，把家产一分为二，送他一半。宋金刚也努力与刘武周结交，休掉了原来的妻子，改娶刘武周的妹妹。他乘势劝说刘武周谋取晋阳，向南发展，夺取天下。刘武周任命宋金刚为西南道大行台，让他率领二万人马去攻打并州。丁未（六月十日），刘武周的军队向前逼近介州，和尚道澄用佛幡当绳索缒入城中，于是攻陷了

介州。诏左武卫大将军姜宝谊、行军总管李仲文击之。武周将黄子英往来雀鼠谷，数以轻兵挑战，兵才接，子英阳不胜而走，如是再三，宝谊、仲文悉众逐之，伏兵发，唐兵大败，宝谊、仲文皆为所虏。既而俱逃归，上复使二人将兵击武周。上以刘武周入寇为忧，右仆射裴寂请自行。癸亥，以寂为晋州道行军总管，讨刘武周，听以便宜从事。

秋七月辛卯，宋金刚寇浩州，浃旬而退。九月，裴寂至介休，宋金刚据城拒之。寂军于度索原，营中饮涧水，金刚绝之，士卒渴乏。寂欲移营就水，金刚纵兵击之，寂军遂溃，失亡略尽，寂一日一夜驰至晋州。先是，刘武周屡遣兵攻西河，浩州刺史刘赡拒之，李仲文引兵就之，与共守西河。及裴寂败，自晋州以北城镇俱没，唯西河独存。姜宝谊复为金刚所虏，谋逃归，金刚杀之。裴寂上表谢罪，上慰谕之，复使镇抚河东。

刘武周进逼并州。齐王元吉绐其司马刘德威曰："卿以老弱守城，吾以强兵出战。"辛巳，元吉夜出兵，携其妻妾弃州奔还长安。元吉始去，武周兵已至城下，晋阳土豪薛深以城纳武周。上闻之，大怒，谓礼部尚书李纲曰："元吉幼弱，未习时事，故遣窦诞、宇文歆辅之。晋阳强兵数万，食支十年，兴王之基，一旦弃之！闻宇文歆首画此策，我当斩之！"纲曰："王年少骄逸，窦诞曾无规谏，又掩覆之，使士民愤怨，今日之败，诞之罪也。歆谏，王不悛，寻皆闻奏，乃忠臣也，岂可

介州。唐帝诏令左武卫大将军姜宝谊、行军总管李仲文出击。刘武周的部将黄子英在雀鼠谷中来来往往，屡次用少量军队向唐军挑战，双方刚交战，黄子英就佯装无法取胜逃走，这样重复了好几次，姜宝谊、李仲文出动所有兵力追击，这时，伏兵四起，唐军大败，姜宝谊和李仲文都被俘虏。不久两人都逃了回来，李渊又命他们率兵攻击刘武周。李渊因刘武周不断骚扰很忧虑，右仆射裴寂请求让他去抗击刘武周。癸亥（十六日），任命裴寂为晋州道行军总管，讨伐刘武周，并授予他可以见机行事的特权。

秋季七月辛卯（二十五日），宋金刚进犯浩州，十天后撤军。九月，裴寂抵达介休，宋金刚占据着城池抗拒。裴寂将军队驻扎在度索原，兵营中全靠涧水饮用，宋金刚切断了水源，唐军士卒又渴又乏。裴寂想把大营移到有水的地方，但宋金刚趁机攻击，裴寂的军队全面崩溃，有的战死，有的逃亡，几乎不剩一人。裴寂驱马疾驰了一天一夜逃到晋州。在此之前，刘武周屡次派兵马进攻西河，浩州刺史刘赡抵抗。李仲文领兵增援，与刘赡同守西河。到裴寂战败，自晋州以北的城镇全部陷落，只有西河仍然坚守未失。姜宝谊再次被宋金刚俘获，他仍谋划逃归，宋金刚就把他杀了。裴寂上书请罪，李渊安慰勉励他，仍让他镇抚河东。

刘武周率军进逼并州。齐王李元吉欺骗他的司马刘德威说："你率老弱残兵守卫城池，我率精锐部队出战。"辛巳（十六日），李元吉夜里出兵，携带着自己的妻妾，弃州城于不顾，逃归长安。李元吉刚离开，刘武周的军队已经赶到城下，晋阳的地方豪民薛深打开城门迎刘武周入城。李渊得到报告后大怒，对礼部尚书李纲说："元吉年幼，还不懂时事，所以才派遣窦诞、宇文歆辅佐他。晋阳有几万精锐部队，存粮足以支持十年，这是创建王业的基础，一日之间，就全部放弃！我听说是宇文歆第一个提出这一主意，我要杀掉他！李纲说："齐王年轻骄横，又贪图安逸，窦诞从不规劝他，反而处处替他掩盖，以至于激起了士人平民的愤恨与怨气。今天的失败，是窦诞的罪过。宇文歆多次劝谏，而齐王却并不改过，这些都一一奏报过，这是忠臣啊，怎么可以

杀哉!”明日,上召纲入,升御座曰:“我得公,遂无滥刑。元吉自为不善,非二人所能禁也。”并诞赦之。卫尉少卿刘政会在太原,为武周所虏,政会密遣人奉表论武周形势。

武周据太原,遣宋金刚攻晋州,拔之,虏右骁卫大将军刘弘基。弘基逃归,金刚进逼绛州,陷龙门。

冬十月,刘武周将宋金刚进攻浍州,陷之,军势甚锐。裴寂性怯,无将帅之略,唯发使骆驿,趣虞、泰二州收民入城堡,焚其积聚。民惊扰愁怨,皆思为盗。夏县民吕崇茂聚众自称魏王,以应武周,寂讨之,为所败。诏永安王孝基、工部尚书独孤怀恩、陕州总管于筠、内史侍郎唐俭等将兵讨之。

时王行本犹据蒲反,未下,亦与武周相应,关中震骇。上出手敕曰:“贼势如此,难与争锋,宜弃大河以东,谨守关西而已。”秦王世民上表曰:“太原,王业所基,国之根本。河东殷实,京邑所资,若举而弃之,臣窃愤恨。愿假臣精兵三万,必冀平殄武周,克复汾、晋。”上于是悉发关中兵以益世民所统,使击武周。乙卯,幸华阴,至长春宫以送之。十一月己卯,武周寇浩州。

秦王世民引兵自龙门乘冰坚渡河,屯柏壁,与宋金刚相持。时河东州县,俘掠之馀,未有仓廪,人情恇扰,聚入城堡,征敛无所得,军中乏食。世民发教谕民,民闻世民为帅而来,莫不归附,自近及远,至者日多,然后渐收其

杀他!”第二天,李渊召见李纲,让他坐在身旁,并说:“我有了你,才不至于滥施刑罚。元吉自己不求上进,不是他们两人能够禁止的。”于是连窦诞一同赦免。卫尉少卿刘政会在太原,被刘武周擒获,刘政会秘密派人送上奏章,分析刘武周的各方面情况。

刘武周占据了太原,派宋金刚攻打晋州,顺利地攻克,俘获了右骁卫大将军刘弘基。刘弘基逃回,宋金刚又进逼绛州,攻陷了龙门。

冬季十月,刘武周带领宋金刚进攻浍州,攻陷了该城,士气旺盛,有锐不可当之势。裴寂性情胆小懦弱,没有将帅的才略,只知道不断地派出使者,催促虞州、泰州把人民都聚居于城中,并且把村落中的积储全都焚烧。人民又惊又怕,由愁生怨,都产生反抗之心。夏县人吕崇茂聚集了一批人,自称魏王,与刘武周应合,裴寂前往讨伐,却被击败。唐帝李渊诏命永安王李孝基、工部尚书独孤怀恩、陕州总管于筠、内史侍郎唐俭率兵讨伐吕崇茂。

当时隋朝的将领王行本仍然占据着蒲坂不肯投降,他也与刘武周相呼应,关中人心惶惶。李渊发出手谕说:“盗贼有如此声势,看来很难与之相争,还是放弃大河以东地区,牢牢守住关西地区吧。”秦王李世民上书说:“太原,是我们成就帝王之业的基础,国家的根本所在。河东地区殷实富饶,京师所需物资都依赖那里,如果全部抛弃,我内心深感愤恨与遗憾。希望能拨给我三万精兵,我想一定能够消灭刘武周,收复汾、晋地区。”于是李渊调集关中所有军队来加强李世民的兵力,命他率军进攻刘武周。乙卯(二十日),李渊亲自到华阴,在长春宫为李世民饯行。十一月己卯(十四日),刘武周又进犯浩州。

秦王李世民率兵马从龙门踏着坚冰渡过黄河,屯驻在柏壁,与宋金刚对峙。当时河东州县在屡遭劫掠之后,仓库尽空,人心惊慌困扰,都聚集在城堡中。唐军向民众征收粮食,却无所得,军中粮食也渐渐缺乏。李世民发布文告晓谕人民,民众听说是李世民任大元帅,没有人不向他归附。随着消息的传播,由近到远,投奔而来的人日益增多,然后李世民逐渐在民众中征收

粮，军食以充。乃休兵秣马，唯令偏裨乘间抄掠，大军坚壁不战，由是贼势日衰。

世民尝自帅轻骑觇敌，骑皆四散，世民独与一甲士登丘而寝。俄而贼兵四合，初不之觉，会有蛇逐鼠，触甲士之面，甲士惊寤，遂白世民俱上马，驰百馀步，为贼所及，世民以大羽箭射殪其骁将，贼骑乃退。

十二月，于筠说永安王孝基急攻吕崇茂，独孤怀恩请先成攻具，然后进，孝基从之。崇茂求救于宋金刚，金刚遣其将善阳尉迟敬德、寻相将兵奄至夏县。孝基表里受敌，军遂大败，孝基、怀恩、筠、唐俭及行军总管刘世让皆为所虏。敬德名恭，以字行。上征裴寂入朝，责其败军，下吏，既而释之，宠待弥厚。

尉迟敬德、寻相将还浍州，秦王世民遣兵部尚书殷开山、总管秦叔宝等邀之于美良川，大破之，斩首二千馀级。顷之，敬德、相潜引精骑援王行本于蒲反，世民自将步骑三千从间道夜趋安邑，邀击，大破之。敬德、相仅以身免，悉俘其众，复归柏壁。诸将咸请与宋金刚战，世民曰："金刚悬军深入，精兵猛将，咸聚于是。武周据太原，倚金刚为扞蔽。金刚军无蓄积，以虏掠为资，利在速战。我闭营养锐以挫其锋，分兵汾、隰，冲其心腹，彼粮尽计穷，自当遁走。当待此机，未宜速战。"孝基谋逃归，武周杀之。

一些粮食，军粮才又充实起来。李世民休养士卒，喂饱战马，只命令偏将裨将找机会劫掠骚扰敌人，大军则坚守营垒不出战，从这以后，宋金刚的气势一天比一天衰退。

李世民曾经亲自率领轻骑兵前往侦察敌阵，当时，其他骑兵都分散在四处，李世民独自与一甲士登上高丘，在休息时不觉都睡着了。不久，贼兵从四面八方涌来，而李世民还没察觉，正巧有一条蛇追赶一只老鼠，碰到了甲士的脸，甲士惊醒，赶快叫醒李世民，两人火速跳上马，疾驰了一百多步，被贼兵追上，李世民反身用大羽箭射死了其中一员骁将，贼寇的骑兵才撤退。

十二月，于筠劝说永安王李孝基立即向吕崇茂发动攻击，独孤怀恩请求先准备攻城器具，然后再进发，李孝基同意了。吕崇茂向宋金刚求救，宋金刚就派他的部将善阳人尉迟敬德、寻相率领军队，在唐军没有防备的情况下赶到夏县。李孝基腹背受敌，大败。李孝基、独孤怀恩、于筠、唐俭以及行军总管刘世让都被俘虏。尉迟敬德原名尉迟恭，以表字行世。李渊征召裴寂入朝，责备他丧失军队的罪行，把他交付有关部门惩治，不久又释放了他，比以前更加恩宠优待他。

尉迟敬德、寻相完成任务后将回浍州，秦王李世民派兵部尚书殷开山、总管秦叔宝等在美良川拦击，大胜，斩杀了二千多敌军。不久，尉迟敬德、寻相悄悄地率精锐骑兵增援固守于蒲坂的王行本，李世民亲自率领步骑兵三千人在夜色掩护下从小道直逼安邑，拦腰进击，又一次大破贼军。尉迟敬德、寻相仅能保住自己性命，李世民俘获了他们所有的部众，回到柏壁。各将领都请求与宋金刚决战，李世民说："宋金刚孤军深入，他的精兵猛将全都集中在这儿。刘武周占据着太原，依靠宋金刚的保护和遮蔽。宋金刚的军中没有军备积储，靠抢夺掳掠来维持，所以速战速决对他是有利的。我们现在关闭营门养精蓄锐，来挫败他的锋芒。然后我们分兵攻打汾州、隰州，直冲敌人心脏，他们粮食吃完，无计可施时，自然会逃走。我们应该等待这一时机，不能速战速决。"李孝基被俘后一直谋划逃归，刘武周就把他杀了。

三年春正月，将军秦武通攻王行本于蒲反。行本出战而败，开门出降。辛巳，斩行本。宋金刚围绛州。二月，刘武周遣兵寇潞州，陷长子、壶关。潞州刺史郭子武不能御，上以将军河东王行敏助之。行敏与子武不叶，或言子武将叛，行敏斩子武以徇。乙巳，武周复遣兵寇潞州，行敏击破之。三月乙丑，刘武周遣其将张万岁寇浩州，李仲文击走之，俘斩数千人。甲申，行军副总管张纶败刘武周于浩州，俘斩千馀人。刘武周数攻浩州，为李仲文所败。宋金刚军中食尽，夏四月丁未，金刚北走，秦王世民追之。

秦王世民追及寻相于吕州，大破之。乘胜逐北，一昼夜行二百馀里，战数十合。至高壁岭，总管刘弘基执辔谏曰："大王破贼，逐北至此，功亦足矣，深入不已，不爱身乎？且士卒饥疲，宜留壁于此，俟兵粮毕集，然后复进，未晚也。"世民曰："金刚计穷而走，众心离沮。功难成而易败，机难得而易失，必乘此势取之。若更淹留，使之计立备成，不可复攻矣。吾竭忠徇国，岂顾身乎？"遂策马而进，将士不敢复言饥。追及金刚于雀鼠谷，一日八战，皆破之，俘斩数万人。夜，宿于雀鼠谷西原，世民不食二日，不解甲三日矣，军中止有一羊，世民与将士分而食之。丙辰，陕州总管于筠自金刚所逃来。世民引兵趣介休。金刚尚有众二万，戊午，出西门，背城布陈，

三年(620)春季正月,唐朝将军秦武通在蒲坂攻打王行本。王行本迎战,却打了败仗,只得打开城门投降。辛巳(十七日),将王行本斩首。宋金刚包围了绛州。二月,刘武周派遣军队进攻潞州,攻陷了长子、壶关。潞州刺史郭子武抵挡不住,李渊就派将军河东人王行敏去助他一臂之力。但王行敏和郭子武相处不融洽,有人报告说郭子武在密谋反叛,王行敏就杀了郭子武示众。乙巳(十一日),刘武周又派军队攻击潞州,王行敏反击并击败了他。三月乙丑(初二),刘武周派他的部将张万岁进攻浩州,李仲文出兵将他击退,俘获及斩杀了几千人。甲申(二十一日),行军副总管张纶在浩州击败了刘武周,俘虏及斩杀了一千多人。刘武周多次进攻浩州,都被李仲文击败。这时,宋金刚军中粮食吃完了,夏季四月丁未(十四日),宋金刚率军向北撤退,秦王李世民即发兵追击。

秦王李世民在吕州追上了寻相,彻底击败了他。又乘胜追击败兵,一天一夜急行军二百多里路,途中与敌军交战几十回合。唐军追到高壁岭,总管刘弘基拉住马缰劝谏说:“大王击破贼寇,一路追杀到此地,建立的功劳已经够大了,还要继续不停地深入,难道就不爱惜自己的身体?况且士兵都又饿又累,还是留在这儿扎营,等大军赶到,粮食也运来后再前进,也不算太迟。”李世民说:“宋金刚现在是黔驴技穷,不得不逃走,他的队伍已经是军心离散沮丧。建功困难失败易,良机易失而难得,一定要乘现在的优势攻取他们。如果再迟疑不进,让他们定出新的谋略,形成戒备,就不能再攻了。我尽忠报国,哪里顾得上爱惜身体?”于是又扬鞭催马前进,将士们都不敢再喊饿了。唐军在雀鼠谷追上了宋金刚,一天之内,八次交战,唐军都获胜,俘虏与斩杀了几万人。夜晚,唐军就在雀鼠谷西面平原上宿营,李世民已经两天没吃饭,身上的铠甲三天没脱了。军中只剩下一只羊,李世民和将士们共同分享。丙辰(二十三日),陕州总管于筠从宋金刚的大营逃回来。李世民领兵向介休进发。宋金刚还有二万部众,戊午(二十五日),他率兵马从西门出城,背靠着城墙列阵,

南北七里。世民遣总管李世勣等与战，小却，为贼所乘，世民帅精骑击之，出其陈后，金刚大败，斩首三千级。金刚轻骑走，世民追之数十里，至张难堡。浩州行军总管樊伯通、张德政据堡自守，世民免胄示之，堡中喜噪且泣。左右告以王不食，献浊酒、脱粟饭。

尉迟敬德收馀众守介休，世民遣任城王道宗、宇文士及往谕之，敬德与寻相举介休及永安降。世民得敬德，甚喜，以为右一府统军，使将其旧众八千，与诸营相参。屈突通虑其变，骤以为言，世民不听。

刘武周闻金刚败，大惧，弃并州走突厥。金刚收其馀众，欲复战，众莫肯从，亦与百馀骑走突厥。世民至晋阳，武周所署仆射杨伏念以城降。唐俭封府库以待世民。武周所得州县皆入于唐。

未几，金刚谋走上谷，突厥追获，腰斩之。岚州总管刘六兒从宋金刚在介休，秦王世民擒斩之。其兄季真，弃石州，奔刘武周将马邑高满政，满政杀之。

武周之南寇也，其内史令苑君璋谏曰："唐主举一州之众，直取长安，所向无敌，此乃天授，非人力也。晋阳以南，道路险隘，县军深入，无继于后，若进战不利，何以自还？不如北连突厥，南结唐朝，南面称孤，足为长策。"武周不听，留君璋守朔州。及败，泣谓君璋曰："不用君言，

由南至北，长达七里。李世民派总管李世勣等出战，战斗中唐军稍稍退却，盗贼便乘机进击，这时，李世民率精锐骑兵绕到敌人阵后出击，宋金刚大败，被唐军斩杀三千多人。宋金刚骑快马逃走，李世民紧追不舍，追了几十里，到达张难堡。浩州行军总管樊伯通、张德政占据城堡固守，一直不肯向刘武周屈服，这时，李世民摘下头盔让城里的人辨认，守军一看是李世民，欣喜万分，又是呼喊，又是哭泣。李世民左右侍卫告诉他们，秦王已经几天没吃饭了，守城将士赶忙献上城中所能找到的浑浊酒、糙米饭。

尉迟敬德收拾残部固守介休，李世民派任城王李道宗、宇文士及前去对他申明道理，尉迟敬德与寻相就献出介休和永安城，向唐朝投降。李世民得到尉迟敬德，十分高兴，任命他为右一府统军，仍让他率领八千名老部下，与各营掺杂驻扎。屈突通担心他会叛变，屡次提醒李世民，但李世民不听他的。

刘武周听说宋金刚失败了，十分恐惧，放弃并州，逃奔到突厥汗国。宋金刚收拾残馀部众准备再战，但将士们都不愿跟从，他只好也率领着一百多名骑兵投奔突厥。李世民率军抵达晋阳，刘武周任命的仆射杨伏念献城投降。唐俭将所有府库都封存起来，等待李世民处理。至此，被刘武周所占的州县已全部归属于唐。

不久，宋金刚打算逃往上谷，被突厥抓获，处以腰斩。唐岚州总管刘六兒追随宋金刚，一直在介休，秦王李世民把他擒获斩首。他的哥哥刘季真放弃石州，投奔刘武周的部将马邑人高满政，高满政把他杀了。

刘武周当时挥兵南下时，他的内史令苑君璋劝谏说："唐帝李渊用一个州的军队，直攻长安，所向无敌，这是上天要把江山授予他，不是人力所能办到的。晋阳以南地区，道路狭隘，如孤军深入，没有后继力量，万一作战不利，用什么办法能再回来？不如北面与突厥联合，南面与唐朝结交，就在自己的地盘上南面称王，这才是最好的计策。"刘武周不理会，而把苑君璋留下守朔州。到溃败之日，刘武周流着泪对苑君璋说："当初不听你的话，

以至于此。”久之，武周谋亡归马邑，事泄，突厥杀之。

上闻并州平，大悦。壬戌，宴群臣，赐缯帛，使自入御府，尽力取之。复唐俭官爵，仍以为并州道安抚大使。所籍独孤怀恩田宅资财，悉以赐之。

世民留李仲文镇并州，刘武周数遣兵入寇，仲文辄击破之，下城堡百馀所。诏仲文检校并州总管。

才落到今天的下场。”过了一段时间，刘武周密谋逃归马邑，计划泄漏，突厥就把他杀了。

李渊听到并州平定的消息，非常高兴。壬戌（二十九日），大宴文武官员，赐给他们绸缎，听任他们自己到皇宫仓库去尽力搬取。恢复唐俭的官爵，同时任命他为并州道安抚大使。把抄没的独孤怀恩的田地住宅和其他财产，全部赏赐给唐俭。

李世民把李仲文留下镇守并州，刘武周曾多次派遣军队攻击、骚扰，李仲文都把他击破，并攻克城堡一百多座。李渊下诏任命李仲文为检校并州总管。

唐平江陵 萧铣

隋恭帝义宁元年，巴陵校尉鄱阳董景珍、雷世猛、旅帅郑文秀、许玄徹、万瓒、徐德基、郭华、沔阳张绣等谋据郡叛隋，推景珍为主。景珍曰："吾素寒贱，不为众所服。罗川令萧铣，梁室之后，宽仁大度，请奉之以从众望。"乃遣使报铣，铣喜从之。声言讨贼，召募得数千人。铣，岩之孙也。

会颍川贼帅沈柳生寇罗川，铣与战不利，因谓其众曰："今天下皆叛，隋政不行，巴陵豪杰起兵，欲奉吾为主。若从其请以号令江南，可以中兴梁祚，以此召柳生，亦当从我矣。"众皆悦，听命。乃自称梁公，改隋服色旗帜皆如梁旧。柳生即帅众归之，以柳生为车骑大将军。起兵五日，远近归附者至数万人，遂帅众向巴陵。景珍遣徐德基帅郡中豪杰数百人出迎，未及见铣，柳生与其党谋曰："我先奉梁公，勋居第一。今巴陵诸将，皆位高兵多，我若入城，

唐平江陵　萧铣

隋恭帝义宁元年(617),巴陵校尉鄱阳人董景珍、雷世猛、旅帅郑文秀、许玄徹、万瓒、徐德基、郭华、沔阳人张绣等在一起,密谋夺取郡城,反叛隋朝,众人推举董景珍为盟主。董景珍说:“我一向贫寒,地位又低,不会被大家敬服。罗川县令萧铣,是南朝梁皇室后裔,为人宽厚仁爱大度,还是奉他为盟主,来顺从大家的愿望。”于是就派人到罗川报告萧铣,萧铣很高兴地接受了。他们对外宣称要讨伐反抗朝廷的盗贼,广招人马,集结了几千人。萧铣,是萧岩的孙子。

恰逢此时,颍川盗贼首领沈柳生进犯罗川,萧铣出兵与他交战,失利,趁机和部下说:“现在天下到处都反叛朝廷,隋朝的政令已无法推行,巴陵地区的豪杰聚众起兵,打算奉我为盟主。如果同意他们的请求,就可以在江南发号施令,也可以使南朝梁国的国运中兴,用这点来说服沈柳生,他也一定会听从我的。”部将们都十分高兴,表示愿意听从命令。于是,萧铣自称“梁公”,废弃隋王朝官服的颜色和旗帜,而照南梁旧制重新制作。沈柳生立即率部众归附,萧铣任他为车骑大将军。萧铣起兵五天,远近来归附的已有几万人,于是率军前往巴陵。董景珍派遣徐德基率郡中的豪杰几百人出城迎接,还没有见到萧铣,沈柳生就和他的党羽商量说:“我们是最先拥奉梁公的,论功劳应居第一。但现在巴陵的各将领官位都比我们高,兵又比我们多,我们如进城,

返出其下。不如杀德基，质其首领，独挟梁公进取郡城，则无出我右者矣。"遂杀德基，入白铣。铣大惊曰："今欲拨乱返正，忽自相杀！吾不能为若主矣。"因步出军门。柳生大惧，伏地请罪，铣责而赦之，陈兵入城。景珍言于铣曰："徐德基建义功臣，而柳生无故擅杀之，此而不诛，何以为政？且柳生为盗日久，今虽从义，凶悖不移，共处一城，势必为变。失今不取，后悔无及！"铣又从之。景珍收柳生，斩之，其徒皆溃去。丙申，铣筑坛燔燎，自称梁王，改元鸣凤。

唐高祖武德元年夏四月，萧铣即皇帝位，置百官，准梁室故事。谥其从父琮为孝靖皇帝，祖岩为河间忠烈王，父璿为文宪王，封董景珍等功臣七人皆为王。遣宋王杨道生击南郡，下之，徙都江陵，修复园庙。引岑文本为中书侍郎，使典文翰，委以机密。又使鲁王张绣徇岭南，隋将张镇周、王仁寿等拒之，既而闻炀帝遇弑，皆降于铣。钦州刺史宁长真亦以郁林、始安之地附于铣。汉阳太守冯盎以苍梧、高凉、珠崖、番禺之地附于林士弘。铣、士弘各遣人招交趾太守丘和，和不从。铣遣宁长真帅岭南兵自海道攻和，和欲出迎之，司法书佐高士廉说和曰："长真兵数虽多，悬军远至，不能持久，城中胜兵足以当之，奈何望风受制于人？"和从之，以士廉为军司马，将水陆诸军逆击，破之，长真仅以身免，

反而会屈居于他们之下。不如把徐德基杀了，将其他首领作为人质，独自挟持梁公进取郡城，这样，就不会有人比我们的地位更高了。”于是，就杀了徐德基，然后进帐报告萧铣。萧铣大惊失色，说：“现在正希望平定祸乱，恢复太平景象，你们忽然自相残杀！这个盟主，我是不能当了。”随后徒步走出军营。沈柳生大为恐惧，伏在地上请罪，萧铣斥责了他，又赦免了他，然后列队进城。董景珍对萧铣说：“徐德基是首倡起义的功臣之一，沈柳生却无缘无故擅自杀了他。做出这种事还不处死，我们用什么来推行政令？况且沈柳生长久做盗贼，现在虽然服从大义，但凶残悖逆的本性是不会改变的，我们共处一城，势必会发生变乱。失去今天的机会不去逮捕他，以后将后悔莫及！”萧铣又同意了。于是董景珍就收执了沈柳生，将他斩首，他的部下都四处溃散。丙申（十月十九日），萧铣修筑高台，燃起柴草，自称“梁王”，改年号为“鸣凤”。

唐高祖武德元年(618)夏季四月，萧铣登基称帝，设置文武百官，一切都按照南梁的典章制度。追尊叔父萧琮的谥号为“孝靖皇帝”，祖父萧岩为“河间忠烈王”，父亲萧璿为“文宪王”，封董景珍等七名功臣为王。然后，派遣宋王杨道生进击南郡，攻克了它。于是把国都迁到江陵，修复南梁的皇室陵园和宗庙。任命岑文本为中书侍郎，掌管文书，并委以政府机密。又派鲁王张绣出兵岭南，掠夺土地，隋朝大将张镇周、王仁寿等领兵抗拒。不久，隋炀帝被杀的消息传来，他们也都向萧铣投降了。钦州刺史宁长真也献出郁林、始安二郡归附于萧铣。汉阳太守冯盎献出苍梧、高凉、珠崖、番禺等地归附于楚帝林士弘。萧铣与林士弘分别派人去招降交趾太守丘和，都被丘和拒绝了。于是，萧铣派宁长真率岭南兵经由海路去攻打丘和。丘和想出城迎降，司法书佐高士廉建议说：“宁长真所率领的兵士虽多，但他们是孤军远征，不可能持久，城中的全部兵力足能抵挡他，为什么一有风声就受制于他人？”丘和表示同意，任命高士廉为军司马，率水陆各部队共同迎击，大破宁长真军队，宁长真仅能保住自己性命，

尽俘其众。既而有骁果自江都至，得炀帝凶问，亦以郡附于铣。士廉，劢之子也。

始安郡丞李袭志，迁哲之孙也，隋末，散家财，募士得三千人，以保郡城。萧铣、林士弘、曹武徹迭来攻之，皆不克。闻炀帝遇弑，帅吏民临三日。或说袭志曰："公中州贵族，久临鄙郡，华、夷悦服。今隋室无主，海内鼎沸，以公威惠，号令岭表，尉佗之业可坐致也。"袭志怒曰："吾世继忠贞，今江都虽覆，宗社尚存，尉佗狂僭，何足慕也？"欲斩说者，众乃不敢言。坚守二年，外无声援，城陷，为铣所虏，铣以为工部尚书，检校桂州总管。于是东自九江，西抵三峡，南尽交趾，北距汉川，铣皆有之，胜兵四十馀万。

二年秋八月，萧铣遣其将杨道生寇峡州，刺史许绍击破之。铣又遣其将陈普环帅舟师上峡，规取巴、蜀。绍遣其子智仁及录事参军李弘节等追至西陵，大破之，擒普环。铣遣兵戍安蜀城及荆门城。

先是，上遣开府李靖诣夔州经略萧铣。靖至峡州，阻铣兵，久不得进。上怒其迟留，阴敕许绍斩之。绍惜其才，为之奏请，获免。

三年，萧铣性褊狭，多猜忌，诸将恃功恣横，好专诛杀，铣患之，乃宣言罢兵营农，实欲夺诸将之权。大司马董景珍弟为将军，怨望，谋作乱，事泄，伏诛。景珍时镇长沙，

其部众全被俘获。不久，有骁果军中的成员从江都来到此地，传来了隋炀帝被杀的消息，丘和也献出郡城归附萧铣。高士廉，是高劢的儿子。

始安郡郡丞李袭志，是李迁哲的孙子，隋末，他散尽家产招募壮士，得到三千人马，以此守卫郡城。萧铣、林士弘、曹武徹迭相进攻，都不能攻克。听说隋炀帝被杀，率城中官吏百姓哀悼三天。有人劝李袭志说："你是中原贵族，长期在本郡供职，无论是汉人还是少数民族，都对你心悦诚服。如今隋王室丧失了主宰，全国各地骚乱不安，凭你的威望与对郡民的恩惠，在岭南地区发号施令，汉代赵佗的事业可以轻易建成。"李袭志发怒说："我家世代忠贞，现在江都虽然倾覆，宗庙与社稷还在，汉代赵佗狂悖僭越，哪里值得羡慕呢？"说着就想斩杀游说者，其他人才不敢再说话。李袭志坚守了两年，一直没得到外援，始安城陷落后，被萧铣俘获。萧铣任命他为工部尚书，检校桂州总管。至此，萧铣拥有东自九江，西到三峡，南到交趾，北靠汉川的大片土地，全部兵力有四十多万。

二年(619)秋季八月，萧铣派遣部将杨道生进攻峡州，刺史许绍引兵击退杨道生。萧铣又派部将陈普环率舰队西上峡州，筹划夺取巴、蜀之地。许绍派遣儿子许智仁和录事参军李弘节等率兵追击，在西陵大破陈普环军队，并擒获了陈普环。萧铣派遣军队守卫安蜀城和荆门城。

在此之前，李渊派开府李靖到夔州设法对付萧铣。李靖行至峡州，被萧铣军队阻截，长久不能前进。李渊对他的迟缓滞留大为恼怒，密令许绍把李靖杀掉。许绍爱惜他的才干，为他上书请求宽大处理，才获得赦免。

三年(620)，萧铣性情偏激狭隘，对人多猜忌，手下各将领依仗着功劳放纵骄横，专断好杀，萧铣一直为此忧虑。于是就宣布要解散军队来屯田务农，实际上是想解除将领们的兵权。大司马董景珍的弟弟是将军，听到这一决定后，对萧铣怨恨不已，于是阴谋作乱，事情泄漏，被萧铣诛杀。董景珍当时镇守着长沙，

铣下诏赦之，召还江陵。景珍惧，冬十一月甲子，以长沙来降。诏峡州刺史许绍出兵应之。十二月癸卯，峡州刺史许绍攻萧铣荆门镇，拔之。

萧铣遣其齐王张绣攻长沙，董景珍谓绣曰："'前年醢彭越，往年杀韩信'，卿不见之乎，何为相攻？"绣不应，进兵围之。景珍欲溃围走，为麾下所杀。铣以绣为尚书令，绣恃功骄横，铣又杀之。由是功臣诸将皆有离心，兵势益弱。

四年春正月丙戌，黔州刺史田世康攻萧铣五州、四镇，皆克之。李靖说赵郡王孝恭以取萧铣十策，孝恭上之。二月辛卯，改信州为夔州，以孝恭为总管，使大造舟舰，习水战。以孝恭未更军旅，以靖为行军总管，兼孝恭长史，委以军事。靖说孝恭悉召巴、蜀酋长子弟，量才授任，置之左右，外示引擢，实以为质。夏六月，黄州总管周法明攻萧铣安州，拔之，获其总管马贵迁。秋七月辛巳，襄州道安抚使郭行方攻萧铣鄀州，拔之。

九月，诏发巴、蜀兵，以赵郡王孝恭为荆湘道行军总管，李靖摄行军长史，统十二总管，自夔州顺流东下。以庐江王瑗为荆郢道行军元帅出襄州道，黔州刺史田世康出辰州道，黄州总管周法明出夏口道，以击萧铣。是月，孝恭发夔州。时峡江方涨，诸将请俟水落进军，李靖曰："兵贵神速。今吾兵始集，铣尚未知，若乘江涨，倏忽抵其城下，

萧铣下诏赦免他，召他回江陵。董景珍心存疑惧，冬季十一月甲子（初五），献出长沙城，向唐王朝投降。李渊诏令峡州刺史许绍出兵接应他。十二月癸卯（十五日），峡州刺史许绍率军攻打萧铣统辖的荆门镇，顺利攻克。

萧铣派遣齐王张绣攻打长沙，董景珍对张绣说："汉代'前年把彭越剁成肉酱，去年杀韩信'这样诛杀功臣的事，你难道没看到吗，为什么还来攻城？"张绣不答话，进兵包围了长沙。董景珍想突围逃走，被部下诛杀。萧铣任命张绣为尚书令，张绣依恃功大又骄横起来，萧铣又把他也杀了。从此功臣和将领们都有叛离之心，兵势更加衰弱。

四年（621）春季正月丙戌（二十八日），唐黔州刺史田世康进攻萧铣所管辖的五个州、四个镇，都攻克了。李靖向赵郡王李孝恭提出消灭萧铣的十条计策，李孝恭将它转呈给朝廷。二月辛卯（初三），唐王朝把信州改为夔州，任命李孝恭为总管，让他负责制造大量船舰，训练水兵熟悉水战。又因为李孝恭没有打仗的经历，任命李靖为行军总管，兼任李孝恭的长史，全权处理军事。李靖劝说李孝恭把巴蜀各地少数族酋长的子弟都召来，根据他们的才能，授予一定的官职，安置在自己身边。对外看起来是一种擢升，实际上是留他们为人质。夏季六月，唐黄州总管周法明进攻萧铣管辖的安州，攻克了它，并抓获了总管马贵迁。秋季七月辛巳（二十六日），唐襄州道安抚使郭行方进攻萧铣境内的郡州，攻克下来。

九月，唐帝李渊下诏征发巴蜀地区的军队，任命赵郡王李孝恭担任荆湘道行军总管，李靖代理行军长史，统领十二总管，从夔州顺着长江东下。又任命庐江王李瑗担任荆郢道行军元帅，由襄州道进发，黔州刺史田世康由辰州道进发，黄州总管周法明由夏口道进发，共同攻击萧铣。就在这个月，李孝恭从夔州出发。当时峡江水位很高，将领们要求等水势稍退后再进军。李靖说："用兵最重要的是行动迅速。今天我们的军队刚刚集结，萧铣还没有得到消息，如果趁江水高涨时突然到达江陵城下，

掩其不备,此必成擒,不可失也!”孝恭从之。

冬十月辛卯,萧铣鄂州刺史雷长颖以鲁山来降。赵郡王孝恭帅战舰二千馀艘东下,萧铣以江水方涨,殊不为备。孝恭等拔其荆门、宜都二镇,进至夷陵。铣将文士弘将精兵数万屯清江,癸巳,孝恭击走之,获战舰三百馀艘,杀溺死者万计,追奔至百里洲。士弘收兵复战,又败之,进入北江。铣江州总管盖彦举以五州来降。

萧铣之罢兵营农也,才留宿卫数千人,闻唐兵至,文士弘败,大惧,仓猝征兵,皆在江、岭之外,道涂阻远,不能遽集,乃悉见兵出拒战。孝恭将击之,李靖止之曰:“彼救败之师,策非素立,势不能久。不若且泊南岸,缓之一日,彼必分其兵,或留拒我,或归自守,兵分势弱,我乘其懈而击之,蔑不胜矣。今若急之,彼则并力死战,楚兵剽锐,未易当也。”孝恭不从,留靖守营,自帅锐师出战,果败走,趣南岸。铣众委舟收掠军资,人皆负重,靖见其众乱,纵兵奋击,大破之,乘胜直抵江陵,入其外郭。又攻水城,拔之,大获舟舰。李靖使孝恭尽散之江中,诸将皆曰:“破敌所获,当藉其用,奈何弃以资敌?”靖曰:“萧铣之地,南出岭表,东距洞庭。吾悬军深入,若攻城未拔,援军四集,吾表里受敌,进退不获,虽有舟楫,将安用之?今弃舟舰,使塞江而下,

在他毫无戒备的时候袭击，必定可以把他擒获，这一良机不可失去。”李孝恭同意他的意见。

冬季十月辛卯（初七），萧铣任命的鄂州刺史雷长颖献出鲁山，向唐王朝投降。赵郡王李孝恭率二千多艘战舰顺江东下，萧铣认为长江水势正涨，因此一点准备也没有。李孝恭等攻陷了荆门、宜都两镇，又推进到夷陵。萧铣的部将文士弘率几万精兵屯驻在清江，癸巳（初九），李孝恭击退了文士弘，缴获战舰三百多艘，士卒阵亡或淹死的数以万计。随后，唐军又追击到百里州。文士弘收拾残兵再做抵抗，结果又打了败仗，唐军舰队进入北江。萧铣任命的江州总管盖彦举献出五个州，向唐王朝投降。

萧铣当初裁撤军队屯田务农时，只留下几千禁卫队，听说唐朝大军攻来，文士弘战败，十分恐惧，匆忙之际下令征兵，但是都在长江、五岭之外，路途遥远又不畅通，无法马上集结，于是就尽现有兵力出城抵抗。李孝恭打算出击，李靖阻止说：“他们是临时凑合起来拯救危亡的部队，这一对策也是权宜之计而不是本来意图，因而势必不能长久坚持。不如暂且在南岸停泊，放松一天，敌人必然会兵分二路，一部分留下抵抗我们，一部分回到城内固守，兵力分散则力量减弱，我们趁他们松懈的时候攻击，就没有不胜之理了。今天如急攻，他们一定会齐心协力拼死作战，楚地的士卒一向剽悍勇锐，不是很容易抵挡的。”李孝恭不听李靖的劝阻，把李靖留下守大营，自己率领精锐部队出击，果然战败而归，逃到南岸。萧铣的部众抛下战舰哄抢唐军的军用物资，人人都肩扛手提。李靖见梁军混乱，立即指挥军队奋力进击，大破梁军，又乘胜直攻到江陵，攻入了外城。又去进攻水城，顺利地攻下，获得了大量战舰。李靖让李孝恭把这些战舰都散置江中，各将领都说：“我们击破敌人获得这些船舰，应该加以利用，为什么放弃了让它们再为敌所用？”李靖说：“萧铣的地盘，南到岭外，东到洞庭。我们孤军深入，如果攻城不利，而敌人的援军从四方涌到，我们腹背受敌，进退都不成，到那时，即使拥有这些战舰，又有什么用？今天放弃这些船舰，让它们漂在江面上顺流而下，

援兵见之，必谓江陵已破，未敢轻进，往来觇伺，动淹旬月，吾取之必矣。”铣援兵见舟舰，果疑不进。其交州总管丘和、长史高士廉、司马杜之松等将朝江陵，闻铣败，悉诣孝恭降。

孝恭勒兵围江陵，铣内外阻绝，问策于中书侍郎岑文本，文本劝铣降。铣乃谓群下曰：“天不祚梁，不可复支矣。若必待力屈，则百姓蒙患。奈何以我一人之故陷百姓于涂炭乎？”乙巳，铣以太牢告于太庙，下令开门出降，守城者皆哭。铣帅群臣缌缞布帻诣军门，曰：“当死者唯铣耳，百姓无罪，愿不杀掠。”孝恭入据其城，诸将欲大掠，岑文本说孝恭曰：“江南之民，自隋末以来，困于虐政，重以群雄虎争，今之存者，皆锋镝之馀，跂踵延颈以望真主。是以萧氏君臣、江陵父老决计归命，庶几有所息肩。今若纵兵俘掠，使士民失望，恐自此以南，无复向化之心矣！”孝恭称善，遽禁止之。诸将又言：“梁之将帅与官军拒斗死者，其罪既深，请籍没其家，以赏将士。”李靖曰：“王者之师，宜使义声先路。彼为其主斗死，乃忠臣也，岂可同叛逆之科籍其家乎？”于是城中安堵，秋毫无犯。南方州县闻之，皆望风款附。铣降数日，援兵至者十馀万，闻江陵不守，皆释甲而降。孝恭送铣于长安，上数之，铣曰：“隋失其鹿，天下共逐之。铣无天命，故至此。若以为罪，无所逃死！”竟斩于都市。

敌人的援兵看到，一定认为江陵已被攻陷，就不敢轻易前进了。即使派人来侦察，往来一次，也要耽搁一个月，有这段时间我们必定可攻下江陵了。”萧铣的援兵看到漂流而下的大量船舰，果然产生疑惑，不敢前进。交州总管丘和、长史高士廉、司马杜之松本来准备到江陵朝见，听说萧铣兵败，都到李孝恭的军营投降。

李孝恭率兵包围江陵，切断了萧铣的对外联系，萧铣向中书侍郎岑文本询问对策，岑文本劝他投降。萧铣就对文武官员说：“上天不保佑梁的国运，我们已经无法坚持了。如果一定要战到势穷力尽，百姓就会蒙受灾祸。为什么因我一个人的缘故，让生灵涂炭呢？”乙巳（二十一日），萧铣备太牢之礼祝告于皇家祖庙，下令打开城门，出城投降，守城的将士都痛哭流涕。萧铣率文武百官身穿孝服，头顶布巾，到唐军军营，对李孝恭说：“应该处死的只是我萧铣一人，百姓无罪，希望不要烧杀掳掠。”李孝恭进入江陵城，将领们想大肆掠夺，岑文本劝阻李孝恭说：“江南的民众，从隋末以来，一直受到暴政的困扰，再加上各路好汉连年争斗，战争不断，现在活着的，都是刀锋箭镝下的幸存者。他们踮起脚跟，伸长脖子，盼望着真命天子。因此萧铣君臣和江陵父老决心归顺大唐，希望能减轻一些人民的负担。今天如放纵军队大肆掳掠，让江南的士人平民大失所望，恐怕从此以后，再也不会有归顺之心了！”李孝恭赞同他的说法，立即下令禁止劫掠。各将领又说：“梁的将领因抗拒我军而战死的，罪孽深重，请求抄没他们的家产，赏赐给我军将士。”李靖说：“能统一天下的军队，应该使正义的声威先行传播。这些将领都是为他们的君主战死的，是忠臣，怎么能像对待叛逆之徒一样，抄没家产呢？”于是，江陵城中平静安宁，唐军秋毫无犯。南方各州县听到这一消息，都心悦诚服地归附。萧铣投降几天以后，十多万援兵赶到，听说江陵已经失守，都脱下盔甲，放下武器，向唐军投降。李孝恭把萧铣送到长安，李渊责备他，萧铣说：“隋朝一旦丧失政权，天下人共同争夺它。我萧铣没有上天保佑，因而到这种地步。如果以为我这是犯罪的话，那我难逃一死！”最后被斩首于街市。

唐平江淮　杜伏威　李子通　沈法兴　辅公祏

隋炀帝大业九年。章丘杜伏威与临济辅公祏为刎颈交，俱亡命为群盗。伏威年十六，每出则居前，入则殿后，由是其徒推以为帅。下邳苗海潮亦聚众为盗，伏威使公祏谓之曰："今我与君同苦隋政，各举大义，力分势弱，常恐被擒，若合而为一，则足以敌隋矣。君能为主，吾当敬从；自揆不堪，宜来听命。不则一战以决雌雄。"海潮惧，即帅其众降之。伏威转掠淮南，自称将军，江都留守遣校尉宋颢讨之。伏威与战，阳为不胜，引颢众入葭苇中，因从上风纵火，颢众皆烧死。海陵贼帅赵破陈以伏威兵少，轻之，召与并力。伏威使公祏严兵居外，自与左右十人赍牛酒入谒，于座杀破陈，并其众。

十一年。东海李子通，有勇力，先依长白山贼帅左才相。群盗皆残忍，而子通独宽仁，由是人多归之，未半岁，有众万人。才相忌之，子通引去，渡淮，与杜伏威合。伏威选

唐平江淮　杜伏威　李子通　沈法兴　辅公祏

隋炀帝大业九年(613)。章丘人杜伏威与临济人辅公祏是生死之交的好友,他们一同逃亡在外当盗贼。杜伏威当年十六岁,每次外出行动,他总是冲在前面,退回时总是留在后面,因此徒众推举他当首领。下邳人苗海潮也聚集部众为盗贼,杜伏威派辅公祏对他说:"如今我与你都因不堪忍受隋朝的暴政,各自聚众起义,但力量分散,势力薄弱,常怕被官军抓住,如果能合二为一,就有足够的力量来抗击隋朝官军。你如果能当首领,我将恭敬地服从你;如果你自己觉得没有能力充当首领,就应该前来听从我的命令。否则,就打一仗来决定雌雄。"苗海潮恐惧,就率领他的部众归降杜伏威。杜伏威辗转到淮南劫掠,自称将军。江都留守派遣校尉宋颢去讨伐,杜伏威与官军交战,假装战败,引诱宋颢军队追入芦苇之中,然后在上风处纵火,宋颢军队全被烧死。海陵盗贼首领赵破陈因杜伏威部众人数少,看不起杜伏威,召他前去,要与他联合。杜伏威派辅公祏带领部众做好战斗准备,等在外面,自己与十名随从携带牛肉美酒,入内晋见赵破陈,就在坐席上杀死了赵破陈,兼并了他的部众。

十一年(615)。东海人李子通力大勇猛,起先依附长白山盗贼首领左才相。盗贼们都很残忍,只有李子通宽厚仁慈,因此很多人都归附他,不到半年,就有部众一万人。左才相猜忌李子通,李子通率领部众离去,渡过淮河,与杜伏威联合。杜伏威选择

军中壮士养为假子，凡三十馀人，济阴王雄诞、临济阚稜为之冠。既而李子通谋杀伏威，遣兵袭之，伏威被重创坠马，雄诞负之逃葭苇中，收散兵复振。将军来整击伏威，破之。其将西门君仪之妻王氏，勇而多力，负伏威以逃，雄诞帅壮士十馀人卫之，与隋兵力战，由是得免。来整又击李子通，破之，子通帅其馀众奔海陵，复收兵得二万人，自称将军。

恭帝义宁元年春正月，右御卫将军陈稜讨杜伏威，伏威帅众拒之。稜闭壁不战，伏威遗以妇人之服，谓之“陈姥”。稜怒，出战，伏威奋击，大破之，稜仅以身免。伏威乘胜破高邮，引兵据历阳，自称总管，以辅公祏为长史。分遣诸将徇属县，所至辄下，江淮间小盗争附之。伏威常选敢死之士五千人，谓之“上募”，宠遇甚厚。有攻战，辄令上募先击之，战罢阅视，有伤在背者即杀之，以其退而被击故也。所获资财，皆以赏军。士有战死者，以妻、妾徇葬。故人自为战，所向无敌。

唐高祖武德元年。武康沈法兴，世为郡著姓，宗族数千家。法兴为吴兴太守，闻宇文化及弑逆，举兵以讨化及为名。比至乌程，得精卒六万，遂攻馀杭、毗陵、丹阳，皆下之。据江表十馀郡，自称江南道大总管，承制置百官。

宇文化及之发江都也，以杜伏威为历阳太守，伏威不受，仍上表于隋。皇泰主拜伏威为东道大总管，封楚王。沈法兴亦上表于皇泰主，自称大司马、录尚书事、天门公。

军中的壮士，收为干儿子，共有三十多人，济阴人王雄诞、临济人阚稜是其中最杰出的。不久，李子通谋划诛杀杜伏威，派遣部众袭击杜伏威。杜伏威身受重伤，从马上坠落下来，王雄诞背负他逃入芦苇丛中，集结被打散的士兵，军队重新振作。隋朝将军来整攻击杜伏威，把杜伏威击败。杜伏威部将西门君仪的妻子王氏，勇敢而力大，背负杜伏威逃走，王雄诞率领壮士十馀人护卫他们，奋力与隋朝军队作战，杜伏威因此而逃脱一死。来整又攻击李子通，把他打败，李子通率领残馀的部众逃奔海陵，再次招收到士兵二万人，自称将军。

隋恭帝义宁元年(617)春季正月，隋朝右御卫将军陈稜讨伐杜伏威，杜伏威率领部众抵抗。陈稜紧闭营垒不出战，杜伏威把妇女的服饰送给他，称他为“陈姥”。陈稜大怒，出营交战，杜伏威奋力攻击，大败陈稜，陈稜仅逃脱一命。杜伏威乘胜攻陷高邮，率军占据历阳，自称总管，任命辅公祏为长史。分别派遣将领们夺取所属各县，军队所到之处无不攻克，长江、淮河一带的小股盗贼都争相归附杜伏威。杜伏威曾挑选敢于死战的士兵五千人，称为“上募”，十分宠爱他们，给予优厚的待遇。遇到进攻作战的时候，总是命令上募率先攻击。战斗结束后，挨个查看，有背后受伤的就杀掉，因为这些人是后退时被对方击伤的，所以这样做。缴获的财物，都用来赏赐军中将士。将士有战死的，就让他们的妻、妾殉葬。所以人人奋勇作战，所向无敌。

唐高祖武德元年(618)。武康人沈法兴，世代都是本郡的著名大姓，整个沈姓宗族有几千户人家。沈法兴任吴兴太守，他听说宇文化及大逆不道，杀了隋炀帝，就以讨伐宇文化及为名，聚众起兵。等他到达乌程时，已拥有精兵六万人，于是进攻馀杭、毗陵、丹阳，全部攻克。沈法兴占据了江南的十多个郡，自称江南道大总管，依照皇帝授权设置文武百官。

宇文化及从江都出发时，任杜伏威为历阳太守，杜伏威不接受，向隋朝廷上奏表。皇泰主任命杜伏威为东道大总管，封为楚王。沈法兴也向皇泰主上奏表，自称大司马、录尚书事、天门公。

二年，沈法兴既克毗陵，谓江、淮之南指㧑可定，自称梁王，都毗陵，改元延康，置百官。性残忍，专尚威刑，将士小有过，即斩之，由是其下离怨。时杜伏威据历阳，陈稜据江都，李子通据海陵，俱有窥江表之心。法兴军数败。会子通围稜于江都，稜送质求救于法兴及伏威，法兴使其子纶将兵数万与伏威共救之。伏威军清流，纶军杨子，相去数十里。子通纳言毛文深献策，募江南人诈为纶兵，夜袭伏威营，伏威怒，复遣兵袭纶。由是二人相疑，莫敢先进。子通得尽锐攻江都，克之，稜奔伏威。子通入江都，因纵击纶，大破之，伏威亦引去。子通即皇帝位，国号吴，改元明政。丹杨贼帅乐伯通帅众万馀降之，子通以为左仆射。

杜伏威请降。秋九月丁丑，以伏威为淮南安抚大使、和州总管。

三年夏六月壬辰，诏以和州总管、东南道行台尚书令楚王杜伏威为使持节、总管江淮以南诸军事、扬州刺史、东南道行台尚书令、淮南道安抚使，封吴王，赐姓李氏。以辅公祏为行台左仆射，封舒国公。

李子通渡江攻沈法兴，取京口。法兴遣其仆射蒋元超拒之，战于庱亭，元超败死，法兴弃毗陵，奔吴郡。于是丹杨、毗陵等郡皆降于子通。子通以法兴府掾李百药为内史侍郎、国子祭酒。

杜伏威遣行台左仆射辅公祏将卒数千攻子通，以将军阚稜、王雄诞为之副。公祏渡江攻丹阳，克之，进屯溧水，子通帅众数万拒之。公祏简精甲千人，执长刀为前锋，又使千

二年(619),沈法兴攻克毗陵后,认为长江、淮河以南地区,用手一挥就可以平定,于是自称梁王,建都毗陵,改年号为延康,设置文武百官。沈法兴生性残忍,一味崇尚威势严刑,手下将士稍有过失,就被斩首,因此部下离心离德,心怀怨恨。当时杜伏威占据历阳,陈稜占据江都,李子通占据海陵,都有窥伺江南的意图。沈法兴的军队多次战败。这时正逢李子通包围驻守在江都的陈稜,陈稜分别向沈法兴和杜伏威送去人质,请求他们出兵救援,沈法兴派他的儿子沈纶率军数万人,与杜伏威一同前去救援陈稜。杜伏威驻扎在清流,沈纶驻扎在扬子,相距几十里。李子通的纳言毛文深献计,招募江南之人伪装成沈纶的军队,在夜里袭击杜伏威的军营,杜伏威大怒,也派遣军队袭击沈纶。因此,二人互相猜疑,谁都不敢率先进军出战。李子通得以调集所有的精锐部队进攻江都,把江都攻克,陈稜投奔杜伏威。李子通进入江都,乘势挥军攻击沈纶,大败沈纶军队,杜伏威也率军撤退。李子通即皇帝位,国号为吴,改年号为明政。丹杨贼寇首领乐伯通率领部众一万多人投降李子通,李子通任命他为左仆射。

杜伏威向唐朝廷请求投降。秋季九月丁丑(十二日),唐朝廷任命杜伏威为淮南安抚大使、和州总管。

三年(620)夏季六月壬辰(初一),唐朝廷下诏任命和州总管、东南道行台尚书令、楚王杜伏威为使持节、总管江淮以南诸军事、扬州刺史、东南道行台尚书令、淮南道安抚使,封为吴王,赐姓李氏。任命辅公祏为行台左仆射,封为舒国公。

李子通渡过长江,进攻沈法兴,夺取了京口。沈法兴派遣他的仆射蒋元超抵抗,双方在庱亭交战,蒋元超兵败阵亡。沈法兴放弃毗陵,逃奔吴郡。于是,丹杨、毗陵等郡都向李子通投降。李子通任命沈法兴的府掾李百药为内史侍郎、国子祭酒。

杜伏威派遣行台左仆射辅公祏率军数千人进攻李子通,任命将军阚稜、王雄诞充当辅公祏的副将。辅公祏渡过长江,进攻丹杨,攻克后,进军屯驻在溧水,李子通率领部众数万人抵抗。辅公祏挑选精壮甲士一千人,手握长刀,充当前锋,又派遣一千

人踵其后，曰："有退者即斩之。"自帅馀众，复居其后。子通为方陈而前，公祏前锋千人殊死战，公祏复张左右翼以击之，子通败走。公祏逐之，反为所败，还，闭壁不出。王雄诞曰："子通无壁垒，又狃于初胜，乘其无备，击之可破也。"公祏不从。雄诞以其私属数百人夜出击之，因风纵火，子通大败，降其卒数千人。子通食尽，弃江都，保京口，江西之地尽入于伏威，伏威徙居丹杨。

子通复东走太湖，收合亡散，得二万人，袭沈法兴于吴郡，大破之。法兴帅左右数百人弃城走，吴郡贼帅闻人遂安遣其将叶孝辩迎之。法兴中涂而悔，欲杀孝辩，更向会稽。孝辩觉之，法兴窘迫，赴江溺死。子通军势复振，帅其群臣徙都馀杭，尽收法兴之地，北自太湖，南至岭，东包会稽，西距宣城，皆有之。

四年冬十一月，杜伏威遣其将王雄诞击李子通，子通以精兵守独松岭。雄诞遣其裨将陈当世将千馀人，乘高据险以逼之，多张旗帜，夜则缚炬火于树，布满山泽。子通惧，烧营走保杭州，雄诞追击之，又败之于城下。庚寅，子通穷蹙请降。伏威执子通并其左仆射乐伯通送长安，上释之。

先是，汪华据黟、歙，称王十馀年。雄诞还军击之，华拒之于新安洞口，甲兵甚锐。雄诞伏精兵于山谷，帅羸弱数千犯其陈，战才合，阳不胜，走还营，华进攻之，不能克。

人紧跟在前锋后面，说："有后退的，立即斩首。"自己率领其馀的部众，又紧跟在后面。李子通排成方阵前进，辅公祏的前锋一千人，拼死奋战。辅公祏又排开左右两翼军队，包抄袭击，李子通战败退走。辅公祏进行追击，反而被李子通的反击打败，于是撤回军队，紧闭营垒，不再出战。王雄诞说："李子通的军营没有修筑壁垒，又满足于刚取得的胜利，趁他们没有防备，出兵攻击，可以打败他。"辅公祏不听从他的建议。王雄诞率领他的私人部属数百人，在夜晚出营攻击李子通，顺风纵火，李子通大败，士兵数千人投降王雄诞。李子通的粮食吃完，于是放弃江都，据守京口，江西地区全部归属杜伏威，杜伏威迁居丹杨。

李子通又向东逃往太湖，收罗聚集逃散的士兵，得到二万人，袭击驻守在吴郡的沈法兴，大败沈法兴。沈法兴率领左右随从数百人弃城逃走，吴郡贼寇首领闻人遂安派遣他的部将叶孝辩迎接沈法兴。沈法兴走到半路上后悔了，想杀掉叶孝辩，改变方向，前往会稽。叶孝辩发觉了沈法兴的意图，沈法兴处境窘迫，投江淹死。李子通的军队威势重新振作，他率领群臣，将都城迁到馀杭，完全接收了沈法兴的地盘，北至太湖，南至五岭，东至会稽，西至宣城，都归李子通所有。

四年(621)冬季十一月，杜伏威派遣他的部将王雄诞攻击李子通，李子通用精锐部队防守独松岭。王雄诞派遣他的副将陈当世率领一千多人，登上高处，凭借险要的地势进逼对方，并树起许多旗帜，夜晚则将火炬绑到树上，布满山峦泽野。李子通害怕了，焚烧军营逃走，退守杭州。王雄诞追击，又在杭州城下把李子通军队击败。庚寅(初七)，李子通走投无路，请求投降。杜伏威拘捕李子通，连同他的左仆射乐伯通，一起押送到长安，唐高祖李渊释放了他们。

之前，汪华占据黟州、歙州，称王十馀年。王雄诞率军返回时，攻击汪华，汪华在新安洞口进行抵抗，军队非常精锐。王雄诞在山谷中埋伏精锐部队，率老弱士兵数千人攻击汪华军的阵地，刚刚接战，就假装战败，撤军回营，汪华进军攻击，不能攻克。

会日暮，引还，伏兵已据其洞口，华不得入，窘迫请降。闻人遂安据昆山，无所属，遂安感悦，帅诸将出降。于是伏威尽有淮南、江东之地，南至岭，东距海。雄诞以功除歙州总管，赐爵宜春郡公。

五年秋七月，秦王世民击徐圆朗，下十馀城，声震淮、泗。杜伏威惧，请入朝。丁亥，杜伏威入朝，延升御榻，拜太子太保，仍兼行台尚书令，留长安，位在齐王元吉上，以宠异之。以阚稜为左领军将军。李子通谓乐伯通曰："伏威既来，江东未定，我往收旧兵，可以立大功。"遂相与亡至蓝田关，为吏所获，俱伏诛。

六年春正月庚子，以吴王杜伏威为太保。

秋八月壬子，淮南道行台仆射辅公祏反。初，杜伏威与公祏相友善，公祏年长，伏威兄事之，军中谓之伯父，畏敬与伏威等。伏威浸忌之，乃署其养子阚稜为左将军，王雄诞为右将军，潜夺其兵权。公祏知之，怏怏不平，与其故人左游仙阳为学道、辟谷以自晦。及伏威入朝，留公祏守丹杨，令雄诞典兵为之副，阴谓雄诞曰："吾至长安，苟不失职，勿令公祏为变。"伏威既行，左游仙说公祏谋反，而雄诞握兵，公祏不

这时正是傍晚，汪华率军返回，王雄诞的伏兵已占据新安洞口，汪华不能退入洞口，窘迫困厄，请求投降。闻人遂安占据昆山，不隶属任何人，杜伏威派王雄诞攻击他。王雄诞因昆山地势险峻狭隘，难以用武力取胜，就单人匹马前往昆山城下，向闻人遂安陈述唐朝廷的威势神明，指出祸福利害，闻人遂安感动欣喜，率领手下部将出城投降。于是，杜伏威完全占领了淮南、江东地区，控制的地盘，南至五岭，东至大海。王雄诞因军功被任命为歙州总管，封赐宜春郡公的爵位。

五年(622)秋季七月，唐朝秦王李世民攻击徐圆朗，攻陷十馀座城池，声威震动淮河、泗水一带。杜伏威恐惧，请求前往京城朝见。丁亥(初八)，杜伏威入京朝见，唐高祖李渊请他登上御榻，任命他为太子太保，同时兼任行台尚书令，把他留在长安，上朝时，位置排在齐王李元吉的前面，以此显示对他的特殊恩宠。任命阚稜为左领军将军。李子通对乐伯通说："杜伏威已来长安，江东地区还未安定，我们前往江东召集旧部众，可以建立大功业。"于是一同逃走，到达蓝田关时，被守关官吏捕获，二人都被诛杀。

六年(623)春季正月庚子(二十四日)，唐朝廷任命吴王杜伏威为太保。

秋季八月壬子(初九)，淮南道行台仆射辅公祏反叛。当初，杜伏威与辅公祏相互友好亲善，辅公祏年龄比较大，杜伏威把他当作哥哥一样来对待，军中称辅公祏为伯父，敬畏他如同敬畏杜伏威一样。杜伏威逐渐对辅公祏有所猜忌，于是任命他的养子阚稜为左将军，王雄诞为右将军，暗中剥夺了辅公祏的兵权。辅公祏知道杜伏威的意图后，心怀不满，恼怒怨恨，就与他的老朋友左游仙在一起，假装修炼道术，不吃五谷，以此隐藏自己的锋芒。等到杜伏威入京朝见时，留下辅公祏镇守丹杨，命令王雄诞掌管军队，充当辅公祏的副手，并暗中对王雄诞说："我抵达长安后，如果没有失去官职，不可以让辅公祏发动变乱。"杜伏威走后，左游仙鼓动辅公祏谋反。但王雄诞掌握着兵权，辅公祏无法

得发。乃诈称得伏威书，疑雄诞有贰心，雄诞闻之不悦，称疾不视事。公祏因夺其兵，使其党西门君仪谕以反计。雄诞始寤而悔之，曰："今天下方平定，吴王又在京师，大唐兵威，所向无敌，奈何无故自求灭族乎？雄诞有死而已，不敢闻命。今从公为逆，不过延百日之命耳，大丈夫安能爱斯须之死而自陷于不义乎？"公祏知不可屈，缢杀之。雄诞善抚士卒，得其死力，又约束严整，每破城邑，秋毫无犯，死之日，江南军中及民间皆为之流涕。公祏又诈称伏威不得还江南，贻书令其起兵，大修铠仗，运粮储。寻称帝于丹杨，国号宋，修陈故宫室而居之，署置百官，以左游仙为兵部尚书、东南道大使、越州总管。与张善安连兵，以善安为西南道大行台。五年二月，豫章贼帅张善安以虔、吉等五州来降，拜洪州总管。是岁三月，善安反，遣舒州总管张镇周等击之。

乙丑，诏襄州道行台仆射赵郡王孝恭以舟师趣江州，岭南道大使李靖以交、广、泉、桂之众趣宣州，怀州总管黄君汉出谯、亳，齐州总管李世勣出淮、泗以讨辅公祏。孝恭将发，与诸将宴集，命取水，忽变为血，在坐皆失色，孝恭举止自若，曰："此乃公祏授首之征也！"饮而尽之，众皆悦服。九月戊子，辅公祏遣其将徐绍宗寇海州，陈政通寇寿阳。

冬十一月，黄州总管周法明将兵击辅公祏，张善安据

发动叛乱。于是辅公祏伪称接到杜伏威的信，信中怀疑王雄诞有二心。王雄诞听说这件事后，很不高兴，他声称有病，不再办理公事。辅公祏乘机夺取了王雄诞的兵权，并派他的同党西门君仪把谋反的计划告诉王雄诞。王雄诞这才醒悟过来，十分后悔自己之前的举动，说："如今天下才刚刚平定，吴王又在京城长安，唐朝廷军队威武，所向无敌，为什么无缘无故地自行求取全族灭绝呢！我王雄诞一死罢了，不敢听从你的命令。如果跟从你谋反，只不过延长一百天的性命，大丈夫怎么能吝惜短暂的性命，害怕早一百天死，而让自己陷入不义呢！"辅公祏知道没有办法使王雄诞屈服，就把他勒死。王雄诞善于体恤士兵，能使士兵为他拼死力战，又能严格地管束部队，每次攻陷城邑，从不骚扰居民，秋毫无犯，他死的时候，江南的军中将士和民间百姓，都为他痛哭流泪。辅公祏又伪称杜伏威被扣留，不能返回江南，送信来命令他起兵。于是整修铠甲武器，运输储存粮食。不久，辅公祏在丹杨称帝，国号为"宋"，修缮南朝陈朝廷的旧宫殿，迁入居住。设置并任命文武百官，任命左游仙为兵部尚书、东南道大使、越州总管。与张善安的军队联合，任命张善安为西南道大行台。五年(622)二月，豫章贼寇首领张善安献出虔州、吉州等五州，向唐朝廷投降，唐朝廷任命他为洪州总管。这一年三月，张善安反叛，唐朝廷派遣舒州总管张镇周等人攻击他。

乙丑(二十二日)，唐朝廷下诏，命令襄州道行台仆射、赵郡王李孝恭率领水军奔赴江州，命令岭南道大使李靖率领交州、广州、泉州、桂州的军队奔赴宣州，命令怀州总管黄君汉从谯州、亳州出兵，命令齐州总管李世勣从淮河、泗水出兵，一同讨伐辅公祏。李孝恭将要出发时，设宴召集众将领共饮，命人拿水来，水忽然变成血，在座的人都大惊失色。李孝恭言行举止与平常一样，说："这是辅公祏被斩首的征兆。"说完一饮而尽，大家都心悦诚服。九月戊子(十五日)，辅公祏派遣他的部将徐绍宗进犯海州，陈政通进犯寿阳。

冬季十一月，黄州总管周法明率军攻击辅公祏，张善安据守

夏口，拒之。法明屯荆口镇，壬午，法明登战舰饮酒，善安遣刺客数人诈乘渔艓而至，见者不以为虞，遂杀法明而去。甲申，舒州总管张镇周等击辅公祏将陈当世于猷州之黄沙，大破之。十二月癸卯，安抚使李大亮诱张善安，执之。大亮击善安于洪州，与善安隔水而陈，遥相与语。大亮谕以祸福，善安曰："善安初无反心，正为将士所误，欲降又恐不免。"大亮曰："张总管有降心，则与我一家耳。"因单骑渡水入其陈，与善安执手共语，示无猜间。善安大悦，遂许之降。既而善安将数十骑诣大亮营，大亮止其骑于门外，引善安入，与语。久之，善安辞去，大亮命武士执之，从骑皆走。善安营中闻之，大怒，悉众而来，将攻大亮。大亮使人谕之曰："吾不留总管。总管赤心归国，谓我曰：'若还营，恐将士或有异同，为其所制。'故自留不去耳，卿辈何怒于我？"其党复大骂曰："张总管卖我以自媚于人。"遂皆溃去。大亮追击，多所虏获。送善安于长安，善安自称不与辅公祏交通，上赦其罪，善遇之。及公祏败，得所与往还书，乃杀之。

七年春正月壬午，赵郡王孝恭击辅公祏别将于枞阳，破之。二月辛丑，辅公祏遣兵围猷州，刺史左难当婴城自守。安抚使李大亮引兵击公祏，破之。赵郡王孝恭攻公祏鹊头镇，拔之。壬子，行军副总管权文诞

夏口进行抵抗。周法明驻扎在荆口镇，壬午（十日），周法明登上战舰设宴饮酒，张善安派遣数名刺客伪装成渔民，乘捕鱼小船前来，看见他们的人没有察觉其中有诈，未加防备，于是刺客刺杀周法明后逃离。甲申（十二日），舒州总管张镇周等人在猷州的黄沙攻击辅公祏的部将陈当世，大败陈当世。十二月癸卯（初二），安抚使李大亮引诱张善安前来，拘捕了他。当时李大亮在洪州攻击张善安，与张善安隔河布阵，远远地互相对语。李大亮向张善安陈述祸福利害关系，张善安说："我张善安起初并无反叛的意图，完全是被军中将士所害的，现在想投降，又怕逃不脱一死。"李大亮说："张总管既然有投降的打算，就和我是一家人了。"于是单人匹马渡过河，进入对方阵营，与张善安握手交谈，表示毫无猜疑和嫌隙。张善安非常高兴，就许诺投降。不久，张善安率领数十名骑兵，前往李大亮军营，李大亮把张善安的随从骑兵挡在营门外，领张善安入营，与他交谈。谈了好一阵，张善安告辞，李大亮命精壮士兵把他拘捕，营门外的随从骑兵都逃走。张善安军营中的将士听到这个消息，大怒，出动全部人马前来，打算进攻李大亮。李大亮派人告诉他们说："我并没有扣留张总管。张总管一片赤诚，归降朝廷，他对我说：'如果返回军营，恐怕将士中有人反对我的行动，会被他们所控制。'所以自己留在这里，不肯回去。你们为什么对我发怒？"张善安的部众听后，又大骂道："张总管出卖我们，自己向别人讨好。"于是都溃散离去。李大亮挥军追击，俘获了很多人。李大亮将张善安押送到长安，张善安自称没有同辅公祏勾结来往，唐高祖李渊赦免了他，没有办他的罪，给予他优厚的待遇。等到辅公祏失败时，搜查到张善安与辅公祏来往的书信，才把张善安诛杀。

七年（624）春季正月壬午（十一日），赵郡王李孝恭在枞阳攻击辅公祏的部将，将他们击败。二月辛丑（初一），辅公祏派遣军队包围猷州，猷州刺史左难当据城设防坚守。安抚使李大亮率领军队攻击辅公祏，将辅公祏击败。赵郡王李孝恭进攻辅公祏属下的鹊头镇，攻克了此镇。壬子（十二日），行军副总管权文诞

破辅公祏之党于猷州，拔其枚洄等四镇。

太保吴王杜伏威薨。辅公祏之反也，诈称伏威之命以绐其众。及公祏平，赵郡王孝恭不知其诈，以状闻，诏追除伏威名，籍没其妻子。及太宗即位，知其冤，赦之，复其官爵。

三月丙戌，赵郡王孝恭破辅公祏于芜湖，拔梁山等三镇。辛卯，安抚使任瓌拔扬子城，广陵城主龙龛降。戊戌，赵郡王孝恭克丹杨。

先是，辅公祏遣其将冯慧亮、陈当世将舟师三万屯博望山，陈正通、徐绍宗将步骑二万屯青林山，仍于梁山连铁锁以断江路，筑却月城，延袤十馀里，又结垒江西以拒官军。孝恭与李靖帅舟师次舒州，李世勣帅步卒一万渡淮，拔寿阳，次硖石。慧亮等坚壁不战，孝恭遣奇兵绝其粮道。慧亮等军乏食，夜，遣兵薄孝恭营，孝恭安卧不动。孝恭集诸将议军事，皆曰："慧亮等拥强兵，据水陆之险，攻之不可猝拔。不如直指丹杨，掩其巢穴，丹杨既溃，慧亮等自降矣！"孝恭将从其议。李靖曰："公祏精兵虽在此水陆二军，然所自将亦为不少。今博望诸栅尚不能拔，公祏保据石头，岂易取哉！进攻丹杨，旬月不下，慧亮等蹑吾后，腹背受敌，此危道也。慧亮、正通皆百战馀贼，其心非不欲战，

在猷州击败辅公祏的同党，攻克辅公祏属下枚洄等四个镇。

太保吴王杜伏威去世。辅公祏反叛时，伪称接受杜伏威的命令起兵，以此欺骗他的部众。等到辅公祏的叛乱被平定，赵郡王李孝恭不知道其中有诈，就把辅公祏宣称的情况上奏朝廷。唐高祖李渊下诏，追除杜伏威的名籍，取消他生前的官职爵位，籍没拘收他的妻子儿女，送入官府充当官奴婢。等到唐太宗李世民即位，知道杜伏威是冤枉的，赦免了他，恢复他生前的官职爵位。

三月丙戌（十六日），赵郡王李孝恭在芜湖击败辅公祏，攻克梁山等三个镇。辛卯（二十一日），安抚使任瓌攻克扬子城，辅公祏属下的广陵城主龙龛投降。戊戌（二十八日），赵郡王李孝恭攻克辅公祏的都城丹杨。

在此以前，辅公祏派遣他的部将冯慧亮、陈当世率领水军三万人屯驻在博望山，派遣陈正通、徐绍宗率领步骑兵二万人屯驻在青林山，并在梁山连起铁锁链，切断长江航道，修筑半月形的城堡，绵延十馀里，又在长江西岸兴建营垒，用以抵抗唐朝官军。李孝恭与李靖率领水军停驻在舒州，李世勣率领步兵一万人渡过淮河，攻克寿阳，驻扎在硖石。冯慧亮等人坚守营垒不出城，李孝恭派遣奇兵切断他们的运粮通道。冯慧亮等人的军队缺乏粮食，夜里派军队进逼李孝恭的军营，李孝恭安坐在卧床上，按兵不动。李孝恭召集众将领商议军事行动，大家都说："冯慧亮等人拥有强大的兵力，占据着水陆两个方面的险关要津，进攻他们，不能很快攻克。不如径直进军丹杨，突袭他们的巢穴。丹杨被攻陷后，冯慧亮等人自然就会投降。"李孝恭打算接受他们的建议。李靖说："辅公祏的精锐部队虽然集中在这里的水陆两路军队中，但他自己率领的也为数不少。如今博望山等处的各个营垒尚且不能攻克，辅公祏坚守石头城，难道能够轻易夺取吗！进攻丹杨，如果一个月还不能攻下，冯慧亮等人紧跟在我们后面，我们腹背受敌，这是一个危险的打法。冯慧亮、陈正通，都是无数次战斗后留存下来的叛贼，他们心中并不是不想出战，

正以公祏立计使之持重，欲以老我师耳。我今攻其城以挑之，一举可破也！”孝恭然之，使羸兵先攻贼垒而勒精兵结陈以待之。攻垒者不胜而走，贼出兵追之，行数里，遇大军，与战，大破之。阚稜免胄谓贼众曰：“汝曹不识我邪？何敢来与我战！”贼众多稜故部曲，皆无斗志，或有拜者，由是遂败。孝恭、靖乘胜逐北，转战百馀里，博山、青林两戍皆溃，慧亮、正通等遁归，杀伤及溺死者万馀人。李靖兵先至丹杨，公祏大惧，拥兵数万，弃城东走，欲就左游仙于会稽，李世勣追之。公祏至句容，从兵能属者才五百人，夜，宿常州，其将吴骚等谋执之。公祏觉之，弃妻子，独将腹心数十人，斩关走。至武康，为野人所攻，西门君仪战死，执公祏，送丹杨枭首。分捕馀党，悉诛之，江南皆平。

己亥，以孝恭为东南道行台右仆射，李靖为兵部尚书。顷之，废行台，以孝恭为扬州大都督，靖为府长史。上深美靖功，曰：“靖，萧、辅之膏肓也。”阚稜功多，颇自矜伐。公祏诬稜与己通谋。会赵郡王孝恭籍没贼党田宅，稜及杜伏威、王雄诞田宅在贼境者，孝恭并籍没之。稜自诉理，忤孝恭，孝恭怒，以谋反诛之。

只是因为辅公祏订立了计策，要他们小心谨慎，采取守势，打算以此来拖垮我们的军队。我们如果进攻他们的城堡，挑动他们出战，就可一举击败他们。”李孝恭同意他的意见，派老弱士兵先去进攻叛贼营垒，部署精锐部队严阵以待。进攻营垒的老弱士兵不能取胜，回军逃走，叛贼出兵追击，行进了数里路，遇到唐朝大军，双方交战，唐军大败敌军。阚稜脱下头盔，对叛贼将士说：“你们不认识我了吗？怎么胆敢来同我交战！”叛贼将士有很多是阚稜的老部下，都丧失了斗志，有的人还伏地叩拜，于是叛贼军队溃败。李孝恭、李靖乘胜追击败兵，辗转作战一百多里，辅公祏博山、青林两处守军全都溃败，冯慧亮、陈正通等人逃回，士兵死伤及淹死的有一万多人。李靖的军队先抵达丹杨，辅公祏大为恐惧，放弃城池，率领部众数万人向东逃走，打算前往会稽与左游仙会合，李世勣率军追击。辅公祏逃到句容，跟从的士兵听从他指挥的才五百人。夜晚在常州住宿，辅公祏的部将吴骚等人谋划拘捕他。辅公祏发觉吴骚等人的意图，丢下妻子儿女，独自率领心腹亲信数十人，劈开城门逃走。辅公祏逃到武康，受到当地乡民的攻击，西门君仪战死，乡民捕获辅公祏，送到丹杨，将其斩首，把人头悬挂起来示众。唐朝廷分派军队搜捕辅公祏剩馀的党羽，全部加以诛杀，江南地区全被平定。

己亥（二十九日），唐朝廷任命李孝恭为东南道行台右仆射，任命李靖为兵部尚书。不久，唐朝廷撤销行台，任命李孝恭为扬州大都督，任命李靖为府长史。唐高祖李渊非常赞赏李靖的功劳，说：“李靖，使萧铣、辅公祏病入膏肓。”阚稜功劳大，很有些自恃功高、骄傲自大的表现。辅公祏诬陷阚稜与自己来往合谋。正好赵郡王李孝恭登记没收叛贼同党的田地住宅，阚稜以及杜伏威、王雄诞在原辅公祏管辖地区内的田地住宅，李孝恭一并予以登记没收。阚稜为自己申诉辩解，触犯了李孝恭，李孝恭恼怒，用谋反的罪名，把阚稜诛杀。

唐平山东 刘黑闼

唐高祖武德二年。初，漳南人刘黑闼，少骁勇狡狯，与窦建德善，后为群盗，转事郝孝德、李密、王世充。世充以为骑将，每见世充所为，窃笑之。世充使黑闼守新乡，李世勣击虏之，献于建德。建德署为将军，赐爵汉东公。

四年，窦建德之败也，其诸将多盗匿库物，及居闾里，暴横为民患。唐官吏以法绳之，或加捶挞，建德故将皆惊惧不安。高雅贤、王小胡家在洺州，欲窃其家以逃，官吏捕之，雅贤等亡命至贝州。会上征建德故将范愿、董康买、曹湛及雅贤等，于是愿等相谓曰："王世充以洛阳降唐，其将相大臣段达、单雄信等皆夷灭，吾属至长安，必不免矣。吾属自十年以来，身经百战，当死久矣，今何惜馀生，不以之立事？且夏王得淮安王，遇以客礼，唐得夏王即杀之。吾属皆为夏王所厚，今不为之报仇，将无以见天下之士！"乃谋作乱，卜之，以刘氏为主吉，因相与之漳南，见建德故将刘雅，以其

唐平山东　刘黑闼

唐高祖武德二年(619)。当初,漳南人刘黑闼,年轻时就勇猛狡诈,与窦建德友善,后来当了强盗,相继追随郝孝德、李密、王世充。王世充任他为骑兵将领,他每次看到王世充的所作所为,就暗中嘲笑他。王世充派刘黑闼驻守新乡,李世勣攻击刘黑闼,把他俘获,献给窦建德。窦建德任他为将军,赐予汉东公的爵位。

四年(621),窦建德失败时,他的众将领中有很多人偷盗藏匿了仓库中的财物,等到回家乡故里居住时,又凶暴蛮横,成为民众的祸患。唐朝官吏依照法律惩治他们,有时还加以鞭笞责打,窦建德的旧将领都惊恐不安。高雅贤、王小胡的家在洺州,他们想偷偷地携家逃走,官吏追捕他们,高雅贤等人就逃亡到贝州。这时正值唐高祖李渊征召窦建德的旧将领范愿、董康买、曹湛以及高雅贤等人,于是范愿等人互相商量说:“王世充献出洛阳,投降唐朝廷,他的将相大臣段达、单雄信等人都被诛灭了,我们这些人到了长安,一定逃不脱一死。我们这十年以来,身经百战,早就应当死了,现在为什么还要吝惜馀生,不用有生之年建立一番大事业呢?而且,夏王擒获淮安王李神通,以对待宾客的礼节对待他;而唐朝廷擒获夏王,却立即杀了他。我们都受到夏王的厚待,如果不为他报仇,就没有脸面再见天下人士了!”于是密谋叛乱。占卜预测此事,得知让姓刘的人当首领就会吉利,于是他们一同前往漳南,与窦建德的旧部将刘雅见面,把他们的

谋告之。雅曰："天下适安定，吾将老于耕桑，不愿复起兵！"众怒，且恐泄其谋，遂杀之。故汉东公刘黑闼，时屏居漳南，诸将往诣之，告以其谋，黑闼欣然从之。黑闼方种蔬，即杀耕牛与之共饮食定计，聚众得百人。秋七月甲戌，袭漳南县据之。是时，诸道有事则置行台尚书省，无事则罢之。朝廷闻黑闼作乱，乃置山东道行台于洺州，魏、冀、定、沧并置总管府。丁丑，以淮安王神通为山东道行台右仆射。

八月丁酉，刘黑闼陷鄃县。魏州刺史权威、贝州刺史戴元祥与战，皆败死，黑闼悉收其馀众及器械。窦建德旧党稍稍出归之，众至二千人，为坛于漳南，祭建德，告以举兵之意，自称大将军。诏发关中步骑三千，使将军秦武通、定州总管蓝田李玄通击之，又诏幽州总管李艺引兵会击黑闼。

丁未，刘黑闼陷历亭，执屯卫将军王行敏，使之拜，不可，遂杀之。初，洛阳既平，徐圆朗请降，拜兖州总管，封鲁郡公。刘黑闼作乱，阴与圆朗通谋。上使葛公盛彦师安集河南，行至任城。辛亥，圆朗执彦师，举兵反。黑闼以圆朗为大行台元帅，兖、郓、陈、杞、伊、洛、曹、戴等八州豪右皆应之。

九月辛酉，徐圆朗自称鲁王。

淮安王神通将关内兵至冀州，与李艺兵合。又发邢、洺、相、魏、恒、赵等州兵合五万馀人，与刘黑闼战于饶阳城南，布陈

计划告诉刘雅。刘雅说："天下刚刚安定，我打算终生从事耕田植桑，不愿再起兵！"众人恼怒，而且害怕刘雅泄露了他们的密谋，就把刘雅杀了。窦建德时的汉东公刘黑闼当时正隐居在漳南，众将领前去见他，把起兵的计划告诉他，刘黑闼高兴地同意了他们的计划。刘黑闼当时正在种菜，他立即宰杀耕牛，与众将领共同饮酒吃肉，商定计策，聚集起一百人。秋季七月甲戌（十九日），刘黑闼等人袭击漳南县，占据了县城。这时，唐朝廷所属各道，遇有事情发生就设置行台尚书省，没有事情就撤销。唐朝廷听到刘黑闼叛乱的消息，就在洺州设置山东道行台，在魏州、冀州、定州、沧州，一并设置总管府。丁丑（二十二日），唐朝任命淮安王李神通为山东道行台右仆射。

八月丁酉（十二日），刘黑闼攻陷了鄃县。唐朝魏州刺史权威、贝州刺史戴元祥与刘黑闼军交战，都战败身死。刘黑闼将二人的馀部完全兼并，缴获了所有的军事器械。窦建德旧时的党羽渐渐复出归附他们，部众扩展到二千人。他们在漳南设立祭坛，祭奠窦建德，在灵前告知聚众起兵的用意，刘黑闼自称大将军。唐朝廷下诏征调关中步骑兵三千人，派将军秦武通、定州总管蓝田人李玄通攻击刘黑闼军，又下诏命令幽州总管李艺率军合力攻击刘黑闼。

丁未（二十二日），刘黑闼攻陷历亭，俘获唐朝屯卫将军王行敏，命他叩拜，王行敏不肯，于是把他杀了。当初，洛阳平定后，徐圆朗请求投降，唐朝廷任命他为兖州总管，封为鲁郡公。刘黑闼发动叛乱，暗中与徐圆朗联络。唐高祖李渊派葛公盛彦师前往河南安抚招徕民众，途中来到任城。辛亥（二十六日），徐圆朗拘捕盛彦师，起兵反叛。刘黑闼任命徐圆朗为大行台元帅，兖、郓、陈、杞、伊、洛、曹、戴等八州的豪强，都起兵响应徐圆朗。

九月辛酉（七日），徐圆朗自称鲁王。

淮安王李神通率领关内的军队抵达了冀州，与李艺的军队会合。唐朝廷又征调邢、洺、相、魏、恒、赵等州的军队，加起来一共有五万多人，在饶阳城的南面与刘黑闼交战，布列兵阵，

十馀里。黑闼众少，依堤单行而陈以当之。会风雪，神通乘风击之，既而风返，神通大败，士马军资失亡三分之二。李艺居西偏，击高雅贤，破之，逐奔数里，闻大军不利，退保藁城。黑闼就击之，艺亦败，薛万均、万彻皆为所虏，截发驱之。万均兄弟亡归，艺引兵归幽州。黑闼兵势大振。

冬十月庚寅，刘黑闼陷瀛州，杀刺史卢士叡。观州人执刺史雷德备，以城降之。毛州刺史赵元恺性严急，下不堪命。丁卯，州民董灯明等作乱，杀元恺以应刘黑闼。

冬十一月壬寅，刘黑闼陷定州，执总管李玄通。黑闼爱其才，欲以为大将，玄通不可。故吏有以酒肉馈之者，玄通曰："诸君哀吾幽辱，幸以酒肉来相开慰，当为诸君一醉。"酒酣，谓守者曰："吾能剑舞，愿假吾刀。"守者与之，玄通舞竟，太息曰："大丈夫受国厚恩，镇抚方面，不能保全所守，亦何面目视息世间哉！"即引刀自刺，溃腹而死，上闻之，为之流涕，拜其子伏护为大将。

十二月乙卯，刘黑闼陷冀州，杀刺史麹稜。黑闼既破淮安王神通，移书赵、魏，故窦建德将卒争杀唐官吏以应黑闼。庚申，遣右屯卫大将军义安王孝常将兵讨黑闼。黑闼将兵数万进逼宗城，黎州总管李世勣先屯宗城，弃城走保洺州。甲子，黑闼追击世勣等，破之，杀步卒五千人，世勣仅以身免。丙寅，洺州土豪翻城应黑闼，黑闼筑坛于城东南告天及祭窦建德而后入。后旬日，引兵攻拔相州，执刺史房晃，右武卫将

绵延十多里。刘黑闼军队人少，依傍堤防排成单行兵阵，以此抵挡唐朝军队。正遇上风雪交加，李神通顺着风势攻击对方，一会儿风向反转，李神通大败，士兵、马匹和军用物资损失三分之二。李艺在西侧攻击高雅贤，把对方击败，挥军追击数里路，听到大军失利的消息，退守藁城。刘黑闼前往攻击，李艺也战败，薛万均、薛万徹都被刘黑闼俘虏，刘黑闼剪去他们的头发，将他们驱逐。薛万均兄弟逃回，李艺率军返回幽州。刘黑闼军队威势大振。

冬季十月庚寅（初六），刘黑闼攻陷瀛州，杀死刺史卢士叡。观州居民拘捕刺史雷德备，献出州城，投降刘黑闼。毛州刺史赵元恺，性情严厉急躁，受他管辖的人民都不能忍受。丁卯那一天，州中居民董灯明等人叛乱，杀死赵元恺，响应刘黑闼。

冬季十一月壬寅（十九日），刘黑闼攻陷定州，捕获总管李玄通。刘黑闼欣赏他的才能，想任命他为大将，李玄通拒绝。李玄通的老部下中有人送来酒肉，李玄通说："各位怜悯我被囚禁，受凌辱，特意送酒肉来安慰我，我要为各位一醉方休。"酒喝得兴致正浓时，李玄通对看守的人说："我会舞剑，希望你们把刀借给我。"看守的人把刀给了他，李玄通舞完后，叹息道："大丈夫蒙受国家的厚恩，镇守安抚一个地区，却不能保全所守的地区，还有什么脸面活在世上呢？"随即举刀自杀，剖腹而死。唐高祖李渊听到这个消息后，为他流泪哭泣，任命他的儿子李伏护为大将。

十二月乙卯（初三），刘黑闼攻陷冀州，杀死刺史麴稜。刘黑闼击败淮安王李神通以后，向赵国、魏国地区发布公文，窦建德旧时的将士争相杀死了唐朝廷的官吏，响应刘黑闼。庚申（初八），唐朝廷派遣右屯卫大将军、义安王李孝常率领军队讨伐刘黑闼。刘黑闼率军万人进逼宗城，黎州总管李世勣原先屯驻在宗城，这时放弃宗城逃走，退守洺州。甲子（十二日），刘黑闼追击李世勣等人，把他们击败，杀死步兵五千人，李世勣仅逃出一命。丙寅（十四日），洺州当地豪强倒献城池，响应刘黑闼。刘黑闼在城东南筑坛，举行告天以及祭祀窦建德的仪式，然后进入洺州城。过了十天，刘黑闼率军攻克了相州，擒获刺史房晃，右武卫将

军张士贵溃围走。黑闼南取黎、卫二州，半岁之间，尽复建德旧境。又遣使北连突厥，颉利可汗遣俟斤宋邪那帅胡骑从之。右武卫将军秦武通、洺州刺史陈君宾、永宁令程名振皆自河北遁归长安。丁卯，命秦王世民、齐王元吉讨黑闼。己巳，刘黑闼陷邢州、赵州。庚午，陷魏州，杀总管潘道毅。辛未，陷莘州。

五年春正月，刘黑闼自称汉东王，改元天造，定都洺州。以范愿为左仆射，董康买为兵部尚书，高雅贤为右领军，征王琮为中书令，刘斌为中书侍郎，窦建德时文武悉复本位。其设法行政，悉师建德，而攻战勇决过之。庚寅，东盐州治中王才艺杀刺史田华，以城应刘黑闼。

秦王世民军至获嘉，刘黑闼弃相州，退保洺州。丙申，世民复取相州，进军肥乡，列营洺水之上以逼之。

幽州总管李艺将所部兵数万会秦王世民讨刘黑闼，黑闼闻之，留兵万人，使范愿守洺州，自将兵拒艺。夜，宿沙河，程名振载鼓六十具，于城西二里堤上急击之，城中地皆震动。范愿惊惧，驰告黑闼，黑闼遽还，遣其弟十善与行台张君立将兵一万击艺于鼓城。壬子，战于徐河，十善、君立大败，所失亡八千人。

洺水人李去惑据城来降，秦王世民遣彭公王君廓将千五百骑赴之，入城共守。二月，刘黑闼引兵还攻洺水。癸亥，行至列人，秦王世民使秦叔宝邀击，破之。己巳，

军张士贵突围逃走。刘黑闼还向南攻取了黎、卫二州，半年之内，完全恢复了窦建德旧时的辖地。又派遣使者前往北方去联合突厥，颉利可汗派遣俟斤宋邪那率领突厥骑兵跟从刘黑闼征战。唐朝右武卫将军秦武通、洺州刺史陈君宾、永宁县令程名振，都从河北逃回长安。丁卯（十五日），唐朝廷命令秦王李世民、齐王李元吉率军讨伐刘黑闼。己巳（十七日），刘黑闼攻陷邢州、赵州。庚午（十八日），攻陷魏州，杀死总管潘道毅。辛未（十九日），攻陷莘州。

五年（622）春季正月，刘黑闼自称汉东王，改年号为天造，把都城定在洺州。任命范愿为左仆射，董康买为兵部尚书，高雅贤为右领军。征召王琮为中书令，刘斌为中书侍郎。窦建德时期的文武官员全都恢复了原来的职位。刘黑闼设立的法令和施行的政策，完全效法窦建德，但进攻作战的勇猛果敢则超过窦建德。庚寅（初八），东盐州治中王才艺杀死刺史田华，献出城池，响应刘黑闼。

唐朝秦王李世民的军队抵达获嘉，刘黑闼放弃相州，退守洺州。丙申（十四日），李世民收复相州，进军肥乡，在洺水边上排列军营，进逼刘黑闼。

幽州总管李艺率领他部下的数万名士兵，会同秦王李世民讨伐刘黑闼。刘黑闼听到这个消息，留下一万军队，命令范愿守卫洺州，自己率军抵抗李艺。夜晚，刘黑闼在沙河宿营。唐朝永宁县令程名振用车载着六十面战鼓，在洺州城西二里河堤上猛烈敲击，洺州城中的地面都被震动了。范愿惊慌恐惧，派人飞马急报刘黑闼。刘黑闼火速返回洺州，派遣他的弟弟刘十善与行台张君立率军一万人前往鼓城攻击李艺。壬子（三十日），双方在徐河交战，刘十善、张君立大败，伤亡逃散了八千人。

洺水人李去惑占据县城，向唐朝廷投降，秦王李世民派彭公王君廓率一千五百名骑兵奔赴洺水，进入县城，共同防守。二月，刘黑闼率军返回，攻打洺水县。癸亥（十一日），军队行进到列人县，秦王李世民派秦叔宝拦击，打败刘黑闼。己巳（十七日），

秦王世民复取邢州。辛未，并州人冯伯让以城来降。丙子，李艺取刘黑闼定、栾、廉、赵四州，获黑闼尚书刘希道，引兵与秦王世民会洺州。

刘黑闼攻洺水甚急。城四旁皆有水，广五十馀步，黑闼于城东北筑二甬道以攻之；世民三引兵救之，黑闼拒之，不得进。世民恐王君廓不能守，召诸将谋之，李世勣曰："若甬道达城下，城必不守。"行军总管郯勇公罗士信请代君廓守之。世民乃登城西南高冢，以旗招君廓，君廓帅其徒力战，溃围而出。士信帅左右二百人乘之入城，代君廓固守。黑闼昼夜急攻，会大雪，救兵不得往，凡八日，丁丑，城陷。黑闼素闻其勇，欲生之，士信词色不屈，乃杀之，时年二十。

辛巳，秦王世民拔洺水。三月，世民与李艺营于洺水之南，分兵屯水北。黑闼数挑战，世民坚壁不应，别遣奇兵绝其粮道。壬辰，黑闼以高雅贤为左仆射，军中高会。李世勣引兵逼其营，雅贤乘醉，单骑逐之，世勣部将潘毛刺之坠马，左右继至，扶归，未至营而卒。甲午，诸将复往逼其营，潘毛为王小胡所擒。黑闼运粮于冀、贝、沧、瀛诸州，水陆俱进，程名振以千馀人邀之，沉其舟，焚其车。

秦王世民与刘黑闼相持六十馀日。黑闼潜师袭李世勣营，世民引兵掩其后以救之，为黑闼所围，尉迟敬德帅壮士犯

秦王李世民收复邢州。辛未（十九日），并州人冯伯让献出城池，向唐朝廷投降。丙子（二十四日），李艺夺取刘黑闼控制的定、栾、廉、赵四州，俘获刘黑闼的尚书刘希道，率军与秦王李世民在洺州会合。

刘黑闼进攻洺水县非常猛烈。洺水城四周都有护城的河水，河水宽五十多步，刘黑闼在城东北修筑两条甬道用来攻城。李世民三次率军救援洺水县，刘黑闼加以阻击，无法前进。李世民怕王君廓坚守不住，召集众将领商议。李世勣说："如果甬道修筑到城墙底下，城池必定失守。"行军总管、郯勇公罗士信请求代替王君廓守城。于是李世民登上洺水城南的高大坟丘，用令旗召唤王君廓，王君廓率领他的部众奋力作战，突围出城。罗士信率领左右侍从二百人乘机进入城中，接替王君廓坚守城池。刘黑闼日夜猛攻，这时正逢下大雪，唐朝军队救兵无法前往，坚持了八天，丁丑（二十五日），洺水城陷落。刘黑闼一直听说罗士信勇猛，打算不杀他，但罗士信言词神色毫不屈服，于是把他杀了，当时罗士信年仅二十岁。

辛巳（二十九日），秦王李世民攻克洺水县。三月，李世民与李艺在洺水南岸扎营，并分出一部分军队驻扎在洺水北岸。刘黑闼多次挑战，李世民坚守营垒不应战，并另外派遣奇袭部队切断刘黑闼的运粮通道。壬辰（十一日），刘黑闼任命高雅贤为左仆射，在军营中举行盛大的宴会。李世勣率军进逼刘黑闼的军营，高雅贤乘着醉意，独自骑马出战，追逐李世勣。李世勣的部将潘毛把高雅贤刺下马来，高雅贤的左右侍从随后赶到，把他扶持回来，还没回到军营就死了。甲午（十三日），唐军众将领再次前往进逼刘黑闼军营，潘毛被王小胡俘获。刘黑闼从冀、贝、沧、瀛等州运来粮食，分水、陆两路，同时运送，程名振率一千多人阻击，凿沉对方粮船，烧毁对方粮车。

秦王李世民与刘黑闼相持了六十多天。刘黑闼率领军队偷袭李世勣军营，李世民率领军队突袭刘黑闼的背后，以此来救助李世勣，但反而被刘黑闼包围。尉迟敬德率领精壮兵士突破

围而入，世民与略阳公道宗乘之得出。道宗，帝之从子也。世民度黑闼粮尽，必来决战，乃使人堰洺水上流，谓守吏曰："待我与贼战，乃决之。"丁未，黑闼帅步骑二万南渡洺水，压唐营而陈，世民自将精骑击其骑兵，破之，乘胜蹂其步兵。黑闼帅众殊死战，自午至昏，战数合，黑闼势不能支。王小胡谓黑闼曰："智力尽矣，宜早亡去。"遂与黑闼先遁，馀众不知，犹格战。守吏决堰，洺水大至，深丈馀，黑闼众大溃，斩首万馀级，溺死数千人。黑闼与范愿等二百骑奔突厥，山东悉平。

徐圆朗闻刘黑闼败，大惧，不知所出。河间人刘复礼说圆朗曰："有刘世徹者，其人才略不世出，名高东夏，且有非常之相，真帝王之器。将军若自立，恐终无成；若迎世徹而奉之，天下指挥可定。"圆朗然之，使复礼迎世徹于浚仪。或说圆朗曰："将军为人所惑，欲迎刘世徹而奉之，世徹若得志，将军岂有全地乎？仆不敢远引前古，将军独不见翟让之于李密乎？"圆朗复以为然。世徹至，已有众数千人，顿于城外，以待圆朗出迎，圆朗不出，使人召之。世徹知事变，欲亡走，恐不免，乃入谒。圆朗悉夺其兵，以为司马，使徇谯、杞二州，东人素闻其名，所向皆下，圆朗遂杀之。

敌人包围进入，李世民与略阳公李道宗乘机冲出包围。李道宗是唐高祖李渊的侄子。李世民估计刘黑闼军粮用尽，一定会来决战，于是派人筑坝堵住洺水的上游，对守坝官吏说："等到我同叛贼交战时，就决开河坝。"丁未（二十六日），刘黑闼率领步骑兵二万人向南渡过洺水，压逼唐军营地布阵。李世民亲自率领精锐骑兵攻击对方骑兵，击败后，乘胜攻击践踏对方步兵。刘黑闼率领部众拼死作战，从中午到黄昏，双方大战了好几个回合，刘黑闼兵力损耗，支持不住了。王小胡对刘黑闼说："我们的才智和力量都已用尽，应该早点逃离了。"于是与刘黑闼先逃走了，其余的部众不知道他们已经逃走，仍然不停地苦战。守坝官吏决开河坝，洺水涌来，水深一丈多，刘黑闼的部众完全崩溃，被斩首的有一万多人，淹死的有数千人。刘黑闼与范愿等二百人骑马逃奔突厥，山东地区完全平定。

徐圆朗听到刘黑闼战败的消息，非常害怕，不知该怎么办。河间人刘复礼向徐圆朗建议说："有一名叫刘世徹的人，他的才能谋略是世上少有的，在东夏有很高的名望，而且有不同于常人的相貌，是真正的帝王人选。将军您如果要自己建立大业，恐怕最终不能成功；如果迎刘世徹来，拥立他当首领，只要用手一挥，天下就可平定。"徐圆朗觉得他说得对，就派刘复礼前往浚仪迎接刘世徹。有人劝说徐圆朗，说："将军您被人迷惑了，所以打算迎刘世徹前来拥立他。刘世徹如果得志，将军您难道还能保全自己吗？我不敢远远地引用往古的例子，就从最近的事例来说，将军您偏偏没有看见翟让与李密的事情吗？"徐圆朗又认为那个人说得对。刘世徹到达时，手下已有部众数千人，驻扎在城外，等待徐圆朗出城迎接。徐圆朗不肯出城，派人召唤刘世徹进城。刘世徹知道事情发生了变化，打算逃走，但又怕逃不脱，于是只得入城晋见徐圆朗。徐圆朗兼并了刘世徹的所有部众，任命他为司马，派他前去夺取谯、杞二州，东部的人民一向听说刘世徹的大名，因而所到之处，人们纷纷归降，于是徐圆朗把刘世徹杀死了。

秦王世民自河北引兵将击圆朗，会上召之，使驰传入朝，乃以兵属齐王元吉。庚申，世民至长安，上迎之于长乐。世民具陈取圆朗形势，上复遣之诣黎阳，会大军趋济阴。丙子，行台民部尚书史万宝攻徐圆朗陈州，拔之。

夏六月辛亥，刘黑闼引突厥寇山东，诏燕郡王李艺击之。乙卯，遣淮安王神通击徐圆朗。丁卯，刘黑闼引突厥寇定州。

秋七月甲申，秦王世民以淮、济之间略定，使淮安王神通、行军总管任瓌、李世勣攻圆朗。乙酉，班师。刘黑闼至定州，其故将曹湛、董康买亡命在鲜虞，复聚兵应之。甲午，以淮阳王道玄为河北道行军总管以讨之。九月，刘黑闼陷瀛州，杀刺史马匡武。盐州人马君德以城叛附黑闼。

冬十月己酉，诏齐王元吉讨刘黑闼于山东。壬子，以元吉为领军大将军、并州大总管。癸丑，贝州刺史许善护与黑闼弟十善战于鄃县，善护全军皆没。甲寅，右武候将军桑显和击黑闼于晏城，破之。观州刺史刘会以城叛附黑闼。乙丑，行军总管淮阳壮王道玄与刘黑闼战于下博，军败，为黑闼所杀。时道玄将兵三万，与副将史万宝不协。道玄帅轻骑先出犯陈，使万宝将大军继之。万宝拥兵不进，谓所亲曰："我奉手敕云，淮阳小儿，军事皆委老夫。今王轻锐妄进，若与之俱，必同败没，不如以王饵贼，王败，贼必争进，

秦王李世民从河北率军进发，打算攻击徐圆朗，这时正好唐高祖李渊宣召李世民，要他乘坐驿车急速返回京城朝见，于是李世民把军队交付给齐王李元吉。四月庚申(初九)，李世民到达长安，唐高祖亲自到长乐坂迎接。李世民详细陈述了攻打徐圆朗的形势，唐高祖再派李世民前往黎阳，集结大军奔赴济阴。丙子(二十五日)，行台民部尚书史万宝攻击徐圆朗控制下的陈州，将它攻克。

夏季六月辛亥(初一)，刘黑闼率突厥军队进犯山东，唐朝廷诏令燕郡王李艺迎击他们。乙卯(初五)，唐朝廷派遣淮安王李神通攻击徐圆朗。丁卯(十七日)，刘黑闼率突厥军队进犯定州。

秋季七月甲申(初五)，秦王李世民因为淮河、济水一带已大致平定，就派淮安王李神通，行军总管任瓌、李世勣攻击徐圆朗。乙酉(初六)，李世民率军返回。刘黑闼来到定州，他的旧时将领曹湛、董康买逃亡在鲜虞，再次聚众起兵，响应刘黑闼。甲午(十五日)，唐朝廷任命淮阳王李道玄为河北道行军总管，讨伐刘黑闼。九月，刘黑闼攻陷瀛州，杀死刺史马匡武。盐州人马君德献出城池，叛变归附刘黑闼。

冬季十月己酉(初一)，唐朝廷下诏命令齐王李元吉前往山东讨伐刘黑闼。壬子(初四)，唐朝廷任命李元吉为领军大将军、并州大总管。癸丑(初五)，贝州刺史许善护与刘黑闼的弟弟刘十善在鄃县交战，许善护全军覆没。甲寅(初六)，唐右武候将军桑显和在晏城攻击刘黑闼，把对方击败。观州刺史刘会献出州城，叛变归附刘黑闼。乙丑(十七日)，行军总管、淮阳壮王李道玄与刘黑闼在下博大战，李道玄战败，被刘黑闼杀死。当时李道玄率军三万人，他与副将史万宝不和。李道玄率领轻装骑兵先出战，冲击对方的阵地，让史万宝率领大军跟在后面进击。史万宝却按兵不动，他对亲信说："我接到皇上的手令，说淮阳王李道玄是个小儿，军事决策都委托给老夫我。如今淮阳王率领轻锐部队，冒冒失失地出击，如果与他一同前去，必定一同失败覆没。不如用淮阳王来引诱叛贼，淮阳王战败，叛贼一定会争相进击，

我坚陈以待之，破之必矣。"由是道玄独进败没。万宝勒兵将战，士卒皆无斗志，军遂大溃，万宝逃归。道玄数从秦王世民征伐，死时年十九，世民深惜之，谓人曰："道玄常从吾征伐，见吾深入贼陈，心慕效之，以至于此。"为之流涕。世民自起兵以来，前后数十战，常身先士卒，轻骑深入，虽屡危殆而未尝为矢刃所伤。

淮阳王道玄之败也，山东震骇，洺州总管庐江王援弃城西走，州县皆叛附于刘黑闼，旬日间，黑闼尽复故地，乙亥，进据洺州。十一月庚辰，沧州刺史程大买为黑闼所迫，弃城走。齐王元吉畏黑闼兵强，不敢进。甲申，诏太子建成将兵讨黑闼，其陕东道大行台及山东道行军元帅、河南河北诸州并受建成处分，得以便宜从事。己亥，齐王元吉遣兵击刘十善于魏州，破之。刘黑闼拥兵而南，自相州以北州县皆附之，唯魏州总管田留安勒兵拒守。黑闼攻之，不下，引兵南拔元城，复还攻之。

十二月戊午，刘黑闼陷恒州，杀刺史王公政。癸亥，幽州大总管李艺复廉、定二州。

甲子，田留安击刘黑闼，破之，获其莘州刺史孟柱，降将卒六千人。是时，山东豪杰多杀长吏以应黑闼，上下相猜，人益离怨。留安待吏民独坦然无疑，白事者无问亲疏，皆听直入卧内，每谓吏民曰："吾与尔曹俱为国御贼，固宜同心协力，必欲弃顺从逆者，但自斩吾首去。"

我们严阵以待，一定能击败叛贼。”因此，李道玄孤军独进，兵败阵亡。史万宝整顿部队，打算出战，但兵士都失去了斗志，于是军队大溃败，史万宝逃回。李道玄多次跟从秦王李世民征战，死的时候年龄才十九岁。李世民深为痛惜，对人说：“李道玄经常跟从我征战，看到我深入贼寇阵地，心中仰慕，想效法我，所以有现在这样的结果。”为他流泪哭泣。李世民从起兵以来，前后经历了几十次战役，常常身先士卒，率领轻骑兵，深入敌阵，虽然多次遇到危险，却从未被刀枪箭矢击伤。

淮阳王李道玄的失败，使山东震动惊骇，洺州总管、庐江王李瑗放弃州城，向西逃走，各州县都叛变归附刘黑闼，十几天中，刘黑闼完全收复了过去的地盘。乙亥（二十七日），刘黑闼进军占据洺州。十一月庚辰（初三），沧州刺史程大买被刘黑闼进逼压迫，放弃州城逃走。齐王李元吉畏惧刘黑闼兵力强大，不敢进军。甲申（初七），唐高祖李渊下诏，命令太子李建成率军讨伐刘黑闼，陕东道大行台以及山东道行军元帅、河南河北各州，一并接受李建成调遣指挥，李建成可以根据情况方便行事。己亥（二十二日），齐王李元吉派遣军队在魏州攻击刘十善，把刘十善击败。刘黑闼率军向南挺进，相州以北的州县都归附刘黑闼，只有魏州总管田留安整军抵抗，据城坚守。刘黑闼进攻魏州，不能攻克，率军南下攻克元城，再回军进攻魏州。

十二月戊午（十一日），刘黑闼攻陷恒州，杀死刺史王公政。癸亥（十六日），幽州大总管李艺收复廉、定二州。

甲子（十七日），田留安攻击刘黑闼，击败对方，俘虏刘黑闼任命的莘州刺史孟柱，使对方将士六千人投降。当时，山东地区的豪杰纷纷杀死地方官吏，响应刘黑闼，上下互相猜疑，人们更加离心离德，心怀怨恨。唯独田留安对待部下和州民坦荡诚恳，毫不猜疑，向他报告或请示事情的人，无论亲疏，都听凭他们直接进入卧室。田留安常常对部下和州民们说：“我与你们一同为国家抵御叛贼，原本就应当同心协力，如果一定要背弃顺应上天和民心的朝廷，跟从叛逆的贼寇，只管自己来砍下我的头颅拿去。”

吏民皆相戒曰："田公推至诚以待人，当共竭死力报之，必不可负。"有苑竹林者，本黑闼之党，潜有异志。留安知之，不发其事，引置左右，委以管钥，竹林感激，遂更归心，卒收其用。以功进封赵国公。乙丑，并州刺史成仁重击范愿，破之。

刘黑闼攻魏州未下。太子建成、齐王元吉大军至昌乐，黑闼引兵拒之，再陈，皆不战而罢。魏徵言于太子曰："前破黑闼，其将卒皆悬名处死，妻子系虏，故齐王之来，虽有诏书赦其党与之罪，皆未之信。今宜悉解其囚俘，慰谕遣之，则可坐视其离散矣！"太子从之。黑闼食尽，众多亡，或缚其渠帅以降。黑闼恐城中兵出，与大军表里击之，遂夜遁。至馆陶，永济桥未成，不得渡。壬申，太子、齐王以大军至，黑闼使王小胡背水而陈，自视作桥成，即过桥西，众遂大溃，弃仗来降。大军渡桥追黑闼，渡者才千馀骑，桥坏，由是黑闼得与数百骑亡去。

六年春正月己卯，刘黑闼所署饶州刺史诸葛德威执黑闼，举城降。时太子遣骑将刘弘基追黑闼，黑闼为官军所迫，奔走不得休息，至饶阳，从者才百馀人，馁甚。德威出迎，延黑闼入城，黑闼不可，德威涕泣固请，黑闼乃从之。至城旁市中憩止，德威馈之食，食未毕，德威勒兵执之，送

部下和州民都互相告诫说："田公以至诚之心待人，我们应当竭力效死来回报他，一定不能辜负他。"有一名叫苑竹林的人，原是刘黑闼的同党，暗暗怀着背叛之心。田留安知道后，不把此事揭发出来，而是把苑竹林安置在自己身边，把城门钥匙交给他掌管。苑竹林十分感动，于是改变初衷，归附田留安，最后替田留安效力。田留安因所立功劳被封为赵国公。乙丑（十八日），并州刺史成仁重攻击范愿，击败了他。

刘黑闼进攻魏州，不能攻克。太子李建成、齐王李元吉的大军抵达昌乐，刘黑闼率军抵抗，两次布下战阵，都没有交战就撤除了。魏徵对太子李建成说："以前打败刘黑闼，他的将领都被列出姓名，判处死刑，妻子儿女全被俘虏囚禁，所以齐王到来时，虽然有诏书赦免刘黑闼同党的罪过，但他们都不相信。现在应该把被囚禁的刘黑闼那方的俘虏全部释放，安慰劝告后，遣送他们回去，这样，就可以坐着看他们自己离散。"太子李建成听从了这一建议。刘黑闼的军粮用完了，部众大多逃走，有的还捆绑了他们的头目，前来投降。刘黑闼怕魏州城中的军队出来，与唐朝大军里外夹击，就乘夜逃走。逃到馆陶，永济桥还未建成，无法通过。壬申（二十五日），太子李建成、齐王李元吉率领大军抵达，刘黑闼派王小胡背水布下战阵，自己监督桥建成，立即通过永济桥，到达西岸，于是他的部众彻底崩溃，扔下武器，前来投降。唐朝大军过桥追击刘黑闼，才通过一千多名骑兵，桥梁崩塌，因此，刘黑闼才得以同数百名骑兵逃走。

六年（623）春季正月己卯（初三），刘黑闼任命的饶州刺史诸葛德威捕获刘黑闼，献出城池，向唐朝大军投降。当时太子李建成派遣骑兵将领刘弘基追击刘黑闼，刘黑闼被唐朝官军逼迫，不停地奔逃，没有时间休息。到达饶阳时，刘黑闼身边的侍从仅剩下一百多人，都十分饥饿。诸葛德威出城迎接，请刘黑闼入城。刘黑闼不肯进城，诸葛德威流泪哭泣，再三请求，刘黑闼才答应进城。他们来到城旁的集市中停下来休息，诸葛德威送来食物，还没有吃完，诸葛德威就带兵把刘黑闼等人抓起来，把他们押送

诣太子，并其弟十善斩于洺州。黑闼临刑叹曰："我幸在家钼菜，为高雅贤辈所误至此！"二月丙寅，徐圆朗穷蹙，与数骑弃城走，为野人所杀，其地悉平。

到太子李建成处，刘黑闼和他的弟弟刘十善，一同在洺州被斩首。刘黑闼临刑时叹息道："我原在家里好好地种着菜，都是被高雅贤这帮人害得落到这样的下场！"二月丙寅（二十日），徐圆朗困厄窘迫，放弃城池，与几名骑兵逃走，被乡民杀死，他控制的地区全部被平定。

卷第二十八

太宗平内难

唐高祖武德五年。上之起兵晋阳也，皆秦王世民之谋。上谓世民曰："若事成，则天下皆汝所致，当以汝为太子。"世民拜且辞。及为唐王，将佐亦请以世民为世子，上将立之，世民固辞而止。太子建成，性宽简，喜酒色游畋，齐王元吉，多过失，皆无宠于上。世民功名日盛，上常有意以代建成，建成内不自安，乃与元吉协谋，共倾世民，各引树党友。

上晚年多内宠，小王且二十人，其母竞交结诸长子以自固。建成与元吉曲意事诸妃嫔，谄谀赂遗，无所不至，以求媚于上。或言蒸于张婕妤、尹德妃，宫禁深秘，莫能明也。是时，东宫、诸王公、妃主之家及后宫亲戚横长安中，夺人田宅，恣为非法，有司不敢诘。世民居承乾殿，元吉居武德殿后院，与上台、东宫昼夜通行，无复禁限。太子、二王

太宗平内难

唐高祖武德五年(622)。唐高祖起兵晋阳的时候,靠的都是秦王李世民的谋略。高祖对李世民说:“如果大事成功,那么天下都是你造就的,应该以你为太子。”李世民拜谢并且推辞。等到高祖为唐王时,将领们也请求以李世民为世子,高祖准备册立他,但是李世民坚决推辞而作罢。太子李建成性格宽容,不拘小节,喜好美酒、女色、游玩、打猎,齐王李元吉常犯过失,他们在高祖那里都不得宠爱。李世民的功勋名望日益增强,高祖常常有意让他取代李建成而成为太子。李建成内心感到不安,就与李元吉合谋,共同搞倒李世民,他们各自交结朝廷内外官员,树立自己的党羽。

高祖晚年宠爱的妃嫔很多,小王子就有将近二十人,他们的母亲都争相交结各位年长的王子,来巩固自己的地位。李建成和李元吉也委曲己意而讨好各位妃嫔,巴结、奉承、贿赂、馈赠,没有不用的,以求通过她们来取媚于皇帝。有人说他们与张婕妤、尹德妃私通,但宫禁内部幽深秘密,是不能验明的。当时,东宫太子、各位王公、妃主的家属以及皇帝后宫妃嫔的亲戚,在长安市内横行霸道,抢夺他人的田地和住宅,放纵地干违法的事情,而有关的主管部门却不敢查究。李世民住在承乾殿,李元吉住在武德殿后院,这两个地方与皇帝住的寝宫、太子住的东宫日夜通行,不再有禁止限制。太子李建成、秦王李世民与齐王李元吉

出入上台，皆乘马、携弓刀杂物，相遇如家人礼。太子令、秦、齐王教与诏敕并行，有司莫知所从，唯据得之先后为定。世民独不奉事诸妃嫔，诸妃嫔争誉建成、元吉而短世民。

世民平洛阳，上使贵妃等数人诣洛阳选阅隋宫人及收府库珍物。贵妃等私从世民求宝货及为其亲属求官，世民曰："宝货皆已籍奏，官当授贤才有功者。"皆不许，由是益怨。世民以淮安王神通有功，给田数十顷。张婕妤之父因婕妤求之于上，上手敕赐之，神通以教给在先，不与。婕妤诉于上曰："敕赐妾父田，秦王夺之以与神通。"上遂发怒，责世民曰："我手敕不如汝教邪？"他日，谓左仆射裴寂曰："此儿久典兵在外，为书生所教，非昔日子也。"尹德妃父阿鼠骄横，秦王府属杜如晦过其门，阿鼠家僮数人曳如晦坠马，殴之，折一指，曰："汝何人，敢过我门而不下马？"阿鼠恐世民诉于上，先使德妃奏云："秦王左右陵暴妾家。"上复怒责世民曰："我妃嫔家犹为汝左右所陵，况小民乎？"世民深自辩析，上终不信。

世民每侍宴宫中，对诸妃嫔，思太穆皇后早终，不得见上有天下，或歔欷流涕，上顾之不乐。诸妃嫔因密共谮世民曰："海内幸无事，陛下春秋高，唯宜相娱乐，而秦王

出入皇帝寝宫，都骑着骏马，携带弓箭战刀与其他杂物，相互见面只遵照家人礼仪行事。太子发布的“令”、秦王、齐王发布的“教”与皇帝下达的“诏敕”并行不悖，有关部门不知道该听从谁的，只有依据收到的先后顺序来决定。唯独李世民不去讨好各位妃嫔，于是，各位妃嫔争相赞扬李建成、李元吉而尽说李世民的短处。

李世民平定洛阳，高祖派遣贵妃等数人去洛阳挑选隋朝的宫女以及查收藏在府库内的珍宝奇物。贵妃等人私下向李世民索求珍宝钱财，以及替她们的亲属求要官职。李世民说：“珍宝钱财都已经登记造册、上奏朝廷了，官职应该授予那些德才兼备的有功劳的人。”对她们的要求都没有答应，妃嫔们因此更加怨恨他。李世民因为淮安王李神通有功劳，赏给他田地数十顷。张婕妤的父亲也想要这些田地，就通过婕妤的关系向皇帝索求，高祖亲手写敕令将这些田地赏赐给他，而李神通则认为秦王的“教”赐给在先，坚决不让。张婕妤向高祖进谗言说：“皇上您下敕赐给我父亲的田地，秦王夺过去给了李神通。”高祖于是发怒，责备李世民说：“难道我亲手写的‘敕’还不如你发布的‘教’吗？”过几天，高祖对左仆射裴寂说：“这个孩子长期掌管军队在外征战，被书生们教化了，不是过去的那个儿子了。”尹德妃的父亲尹阿鼠骄傲专横，秦王府官员杜如晦经过他家的门口，尹阿鼠的几个家僮将杜如晦拽下马来殴打，折断了他一根手指，还说道：“你是什么人，胆敢经过我家门口而不下马！”尹阿鼠害怕李世民将这件事向高祖控告，就先让尹德妃上奏说：“秦王的左右亲信欺侮压迫我家。”高祖再次发怒，责备李世民说：“我的妃嫔家尚且被你的左右亲信欺侮，何况那些小小老百姓呢！”李世民自己极力辩解，但高祖始终不相信他的话。

李世民每次在宫中陪宴，面对各位妃嫔，想起母亲太穆皇后过早死去，没能看到高祖拥有天下，有时竟叹息流泪，高祖看到后很不高兴。诸位妃嫔趁机秘密地一起在高祖面前诬陷李世民说：“国家幸好平安无事，陛下您年寿已高，只适宜于娱乐。但是秦王

每独涕泣，正是憎疾妾等。陛下万岁后，妾母子必不为秦王所容，无孑遗矣！”因相与泣，且曰：“皇太子仁孝，陛下以妾母子属之，必能保全。”上为之怆然。由是无易太子意，待世民浸疏，而建成、元吉日亲矣。

太子中允王珪、洗马魏徵说太子曰：“秦王功盖天下，中外归心。殿下但以年长位居东宫，无大功以镇服海内。今刘黑闼散亡之馀，众不满万，资粮匮乏，以大军临之，势如拉朽，殿下宜自击之以取功名，因结纳山东豪杰，庶可自安。”太子乃请行于上，上许之。珪，颁之兄子也。

七年。初，齐王元吉劝太子建成除秦王世民，曰：“当为兄手刃之！”世民从上幸元吉第，元吉伏护军宇文宝于寝内，欲刺世民，建成性颇仁厚，遽止之。元吉愠曰：“为兄计耳，于我何有？”

建成擅募长安及四方骁勇二千馀人为东宫卫士，分屯左、右长林，号长林兵。又密使右虞候率可达志从燕王李艺发幽州突骑三百，置宫东诸坊，欲以补东宫长上。为人所告，上召建成责之，流可达志于嶲州。

庆州都督杨文幹尝宿卫东宫，建成与之亲厚，私使募壮士送长安。上将幸仁智宫，命建成居守，世民、元吉皆从。

每每独自一人流泪哭泣，这明明白白的是憎恨我们。陛下您逝世之后，我们母子一定不为秦王所容，会全被杀掉，没有一个能留下来的！”于是相互对着哭泣，并且说：“皇太子仁义孝顺，陛下您把我们母子托付给他，必定能让我们得到保护，安全无事。”高祖听后，也为她们伤心，从此就不再有换立太子的意向，对待李世民逐渐疏远，而对待李建成、李元吉则日益亲密了。

太子中允王珪、洗马魏徵规劝太子说：“秦王的功勋压倒天下，没有人比得上，内外臣民归心于他。殿下您只是因为年长才位居东宫太子的，并没有建立大功来镇服天下臣民。现在刘黑闼溃散逃亡后的馀部，兵众不满一万人，物资粮草极为缺乏，如果用大军进逼他们，则形势像摧枯拉朽一样。殿下您应该亲自率军去攻击他们，以取得功勋和名望，并趁此行广泛结交招纳山东地区的豪杰人士，也许可以保证自己的安全了。”太子就向高祖请求带兵出行作战，高祖答应了他。王珪，是王颇的侄子。

七年(624)。当初，齐王李元吉曾劝太子李建成除掉秦王李世民，说道：“我必当替兄长你亲手杀死他！”一次，李世民随从高祖来到李元吉的府第，李元吉预先让护军宇文宝埋伏在寝室内，想要刺杀李世民。李建成性格较为仁爱宽厚，急忙制止了他的行动。李元吉含怒说：“我这是替哥哥你谋划的啊，对我来说，有什么好处呢？”

李建成擅自招募长安城内外各地的勇猛矫捷之士二千馀人，充当东宫的卫士，分别驻屯在东宫的左、右长林门，号称“长林兵”。他又秘密派遣右虞候率可达志跟随燕王李艺，从那里调发幽州军内专用于冲锋陷阵的精锐骑兵三百人到长安，安置在东宫东面的各街坊内，想用他们来补充东宫的宿卫武官——长上。此事被人告发，高祖召见李建成，斥责了一顿，将可达志判处流刑，放逐到巂州去了。

庆州都督杨文幹曾经在东宫值宿警卫，李建成与他关系亲密深厚，就私下里让他招募壮士，送往长安。高祖准备出游仁智宫，命令李建成在京师留守，李世民、李元吉一同随从前往。

建成使元吉就图世民，曰："安危之计，决在今岁。"又使郎将尔朱焕、校尉桥公山以甲遗文幹。二人至豳州，上变，告太子使文幹举兵，欲表里相应。又有宁州人杜凤举亦诣宫言状。上怒，托他事，手诏召建成，令诣行在。建成惧，不敢赴。太子舍人徐师謩劝之据城举兵。詹事主簿赵弘智劝之贬损车服，屏从者，诣上谢罪，建成乃诣仁智宫。未至六十里，悉留官属于毛鸿宾堡，以十馀骑往见上，叩头谢罪，奋身自掷，几至于绝，上怒不解。是夜，置之幕下，饲以麦饭，使殿中监陈福防守，遣司农卿宇文颖驰召文幹。颖至庆州，以情告之，文幹遂举兵反。上遣左武卫将军钱九陇与灵州都督杨师道击之。夏六月甲子，上召秦王世民谋之，世民曰："文幹竖子，敢为狂逆，计府僚已应擒戮，若不尔，正应遣一将讨之耳。"上曰："不然。文幹事连建成，恐应之者众。汝宜自行，还，立汝为太子。吾不能效隋文帝自诛其子，当封建成为蜀王。蜀兵脆弱，他日苟能事汝，汝宜全之；不能事汝，汝取之易耳！"

上以仁智宫在山中，恐盗兵猝发，夜，帅宿卫南出山外。行数十里，东宫官属将卒继至者，皆令三十人为队，分兵围守之。明日，复还仁智宫。

李建成让李元吉乘机图谋李世民，说道："我们的安危大计，要在今年决定了。"又派郎将尔朱焕、校尉桥公山把铠甲赠送给杨文幹。尔朱焕、桥公山二人走到豳州，向朝廷密报发生了谋反叛乱事件，告发了太子指使杨文幹起兵造反，想和他内外呼应。又有一个宁州人叫杜凤举的，也前往仁智宫讲述了这一情况。高祖震怒，借口其他事情，亲手写了诏书召唤李建成，令他赶赴皇帝所在的仁智宫。李建成心中恐惧，不敢前往。太子舍人徐师謩劝他占据京城，起兵反抗。詹事主簿赵弘智劝他降低车驾章服的等级，除去随从人员，亲自到皇帝那里去认罪道歉。于是，李建成就前往仁智宫认罪。走到距离仁智宫不到六十里的地方，李建成将随从官员全部留在毛鸿宾堡，只带十馀个人骑马去见皇帝。一见面李建成就跪在地上叩头，承认罪责，并全身用力猛地将自己腾跃而起，重重摔下，几乎晕死，而高祖的怒气依然没有消除。当天夜里，高祖将李建成放置在帷幕下面，给他吃麦饭，让殿中监陈福防备守护，另派司农卿宇文颖急速传召杨文幹。宇文颖到了庆州，将情况告诉了杨文幹，于是，杨文幹就发动军队造反。高祖派遣左武卫将军钱九陇和灵州都督杨师道攻击杨文幹。夏季六月甲子（二十六日）这天，高祖召来秦王李世民商议这件事。李世民说："杨文幹这小子，胆敢干狂妄悖逆的事情，估计他幕府内的官员已该将他擒获杀死了。如果不是这样，就应派遣一员大将去讨伐他呀。"高祖说："不能这样。杨文幹谋反的事情牵连着建成，恐怕呼应他的人很多。你应该亲自前去征讨，回来后，我就立你为太子。我不能仿效隋文帝，自己诛杀自己的儿子，到那时候应该封建成为蜀王。蜀中兵力脆弱，以后他如果能够侍奉你，你应该保全他；如果不能侍奉你，你要擒拿他，也比较容易了。"

高祖以为仁智宫位于山谷之中，担心有人私调军队突然发难，就连夜率领宿卫军队向南撤出山外。走了数十里，东宫的官员、武将和士兵也相继来到，高祖让他们一律以三十人为一队，然后分散兵马围护守卫。第二天，高祖再返还仁智宫。

世民既行，元吉与妃嫔更迭为建成请，封德彝复为之营解于外。上意遂变，复遣建成还京师居守。惟责以兄弟不睦，归罪于太子中允王珪、左卫率韦挺、天策兵曹参军杜淹，并流于嶲州。挺，冲之子也。初，洛阳既平，杜淹久不得调，欲求事建成。房玄龄以淹多狡数，恐其教导建成，益为世民不利，乃言于世民，引入天策府。

秋七月，杨文幹袭陷宁州，驱掠吏民出据百家堡。秦王世民军至宁州，其党皆溃。癸酉，文幹为其麾下所杀，传首京师。获宇文颖，诛之。

上欲徙都以避突厥，秦王世民谏止之。建成与妃嫔因共谮世民曰："突厥虽屡为边患，得赂则退。秦王外托御寇之名，内欲总兵权，成其篡夺之谋耳。"

上校猎城南，太子、秦、齐王皆从，上命三子驰射角胜。建成有胡马，肥壮而喜蹶，以授世民曰："此马甚骏，能超数丈涧，弟善骑，试乘之。"世民乘以逐鹿，马蹶，世民跃立于数步之外，马起，复乘之，如是者三，顾谓宇文士及曰："彼欲以此见杀，死生有命，庸何伤乎？"建成闻之，因令妃嫔谮之于上曰："秦王自言，我有天命，方为天下主，岂有浪死！"上大怒，先召建成、元吉，然后召世民入，责之曰："天子自

李世民走了以后，李元吉与众妃嫔轮番替李建成求情，封德彝又在外朝为李建成谋求解脱办法。于是，高祖就改变了原意，又让李建成返回京师驻守。高祖只以兄弟不和睦而责备了他，却将罪过推到太子中允王珪、左卫率韦挺、天策兵曹参军杜淹等三人头上，将他们一并流放到嶲州。韦挺，是韦冲的儿子。当初，洛阳平定之后，杜淹长期不得升迁，想谋求侍奉李建成。房玄龄认为杜淹多有狡诈的权术，恐怕他用这一套去教诲开导李建成，会对李世民更加不利，就向李世民进言，举荐他到天策府做官。

秋季七月，杨文幹袭击并攻陷宁州，强行驱赶掳掠官吏和民众出城，占据百家堡。秦王李世民的军队攻至宁州，杨文幹的同党全部溃散。癸酉(初五)这天，杨文幹被他的部下杀死，头颅被传送到京师。李世民又擒获了宇文颖，将他诛杀。

高祖想迁徙都城，来回避突厥的骚扰，秦王李世民劝谏，制止了这个行动。李建成与妃嫔因此就一起诬陷李世民说："突厥虽然屡次在边疆制造祸患，但他们得到财物后便会撤退。秦王表面上假借抵御突厥的名义，而内心里是想总揽兵权，实现他篡夺皇位的阴谋而已。"

高祖在京城南边设置木栏围场，猎取禽兽，太子、秦王、齐王都陪同前往，高祖命令三个儿子驰马射猎，比较高下。李建成有匹胡马，膘肥体壮，但是好尥蹶子，他把这匹马交给李世民说："这匹马跑得很快，能够跃过几丈宽的涧溪，弟弟你善于骑马，就试着骑骑它吧。"李世民骑上它去追一只鹿，胡马猛地尥起蹶子，李世民借力纵身一跃，稳稳地站立在数步之外，马站起身来，李世民又再次骑上马背，像这种情况接连发生了三次。李世民转过头来对宇文士及说："他想用这匹胡马来杀死我，但是人的生死是由命运决定的，难道是什么人所能伤害的吗！"李建成听到这些话，就让妃嫔向高祖诬陷李世民说："秦王自称：我有上天的授命，当做天下的君主，岂能白白死掉！"高祖听后大怒，先召见李建成、李元吉，然后传召李世民入宫，斥责他说："谁当天子，自

有天命,非智力可求。汝求之何急邪?”世民免冠顿首,请下法司案验,上怒不解。会有司奏突厥入寇,上乃改容劳勉世民,命之冠带,与谋突厥。闰月己未,诏世民、元吉将兵出豳州以御突厥,上饯之于兰池。上每有寇盗,辄命世民讨之,事平之后,猜嫌益甚。

九年夏六月丁巳,太白经天。

秦王世民既与太子建成、齐王元吉有隙,以洛阳形胜之地,恐一朝有变,欲出保之。乃以行台工部尚书温大雅镇洛阳,遣秦府车骑将军荥阳张亮将左右王保等千馀人之洛阳,阴结纳山东豪杰以俟变,多出金帛,恣其所用。元吉告亮谋不轨,下吏考验。亮终无言,乃释之,使还洛阳。

建成夜召世民,饮酒而鸩之。世民暴心痛,吐血数升,淮安王神通扶之还西宫。上幸西宫,问世民疾,敕建成曰:“秦王素不能饮,自今无得复夜饮。”因谓世民曰:“首建大谋,削平海内,皆汝之功。吾欲立汝为嗣,汝固辞,且建成年长,为嗣日久,吾不忍夺也。观汝兄弟似不相容,同处京邑,必有纷竞,当遣汝还行台,居洛阳,自陕以东皆主之。仍命汝建

有上天的授命，不是个人的智慧力量所能谋求到的，你谋求天子之位怎么这样急迫呢！”李世民摘下王冠，伏地叩头，请求将自己交付司法机关，由他们查明案情，最后定罪，而高祖的怒气仍然不消。适逢有关部门报告突厥入境侵扰，高祖这才改变脸色安慰鼓励李世民，让他戴上王冠，系好腰带，与他共商对付突厥的策略。闰月己未（二十一日），高祖下诏书命令李世民、李元吉率军开出豳州，去抵御突厥，并在兰池上为他们饯行。每有敌军来犯，高祖就命令李世民前去征讨，可是事情平息之后，对李世民的猜疑和不满反而更加厉害。

九年（626）夏季六月丁巳（初一）这天，太白金星经过天空正南方向的午位。

秦王李世民与太子李建成、齐王李元吉结有嫌隙之后，认为洛阳是个地理形势优越的地方，担心如果有一天发生突变，打算撤离京城保守此地。于是就让行台工部尚书温大雅镇守洛阳，另派秦府车骑将军荥阳人张亮率领亲信王保等一千馀人去洛阳，让他们暗中结交招纳山东地区的才能之士，并拿出大量金银绢帛等钱物，任凭他们使用。李元吉告发张亮图谋不轨，朝廷便将张亮交付法官审讯、查核、验证。张亮始终不吐一句真言，朝廷就释放了他，让他回到洛阳。

一次，李建成在夜间叫李世民前来，与他一块儿饮酒，但在李世民的酒中下了毒药想毒害他。李世民突然心脏绞痛，口吐鲜血数升，淮安王李神通急忙搀扶着他返回了西宫。高祖亲临西宫询问李世民的病况，敕令李建成说：“秦王素来不善于饮酒，自今以后不能再和他在夜间饮酒了。”因为发生了这件事，高祖就对李世民说：“第一个倡议反隋大计，消灭敌人，平定全国，这都是你的功劳。我本想立你为继承人，而你坚决推辞。况且建成年龄最大，当继承人已经很长时间了，我不忍心夺去他的太子地位啊。我看你们兄弟之间，似乎很不相容，你们同住在一个京城内，肯定会发生纠纷和竞争。应当派你返回陕东道行台，驻守洛阳，自陕州以东的地区都由你来主持。我还要让你配置

天子旌旗，如汉梁孝王故事。”世民涕泣，辞以不欲远离膝下。上曰：“天下一家，东、西两都，道路甚迩，吾思汝即往，毋烦悲也。”将行，建成、元吉相与谋曰：“秦王若至洛阳，有土地甲兵，不可复制，不如留之长安，则一匹夫耳，取之易矣。”乃密令数人上封事，言：“秦王左右闻往洛阳，无不喜跃，观其志趣，恐不复来。”又遣近幸之臣以利害说上。上意遂移，事复中止。

建成、元吉与后宫日夜谮诉世民于上，上信之，将罪世民。陈叔达谏曰：“秦王有大功于天下，不可黜也。且性刚烈，若加挫抑，恐不胜忧愤，或有不测之疾，陛下悔之何及？”上乃止。元吉密请杀秦王，上曰：“彼有定天下之功，罪状未著，何以为辞？”元吉曰：“秦王初平东都，顾望不还，散钱帛以树私恩，又违敕命，非反而何？但应速杀，何患无辞？”上不应。

秦府僚属皆忧惧不知所出。行台考功郎中房玄龄谓比部郎中长孙无忌曰：“今嫌隙已成，一旦祸机窃发，岂惟府朝涂地，乃实社稷之忧，莫若劝王行周公之事以安家国。存亡之机，间不容发，正在今日！”无忌曰：“吾怀此久矣，不敢发口。今吾子所言，正合吾心，谨当白之。”乃入言

天子专用的旌旗，一如西汉梁孝王的旧例。”李世民流泪哭泣，以不愿意远离父亲膝下为理由，予以推辞。高祖说：“天下都是一家，东都洛阳和西都长安之间，道路很近，我想你了就去看你，不要烦恼悲伤了。”李世民将要离开京城去洛阳，李建成、李元吉一起商量说：“秦王如果到了洛阳，拥有了土地和军队，就不能再控制住他了。不如把他留在长安，他就只不过是一个平常的人而已，捕获他是很容易的。”于是，他们就暗中让几个人上奏密封的章奏，称：“秦王左右的人听说要去洛阳，无不欢喜跳跃，看他的志向和情趣，恐怕不会再回来了。”还指使高祖的亲近宠信大臣用李世民去留的利害关系去劝说皇帝。于是，高祖就改变了主意，秦王出镇洛阳的事又中途搁浅了。

李建成、李元吉与后宫的妃嫔日夜轮番地在高祖面前诬陷诽谤李世民，高祖相信了他们的话，打算惩处李世民。陈叔达劝谏说：“秦王对国家立有大功，是不能废除的。况且他性格刚强正直，如果加以屈辱和贬退，恐怕他承受不了内心的愁苦和郁结，或许会得上不可预测的疾病，陛下您后悔就来不及了。”高祖这才中止了惩罚李世民的念头。李元吉暗中请求杀掉秦王，高祖说：“他立有平定天下的功劳，而犯罪的事实并不明显，用什么作为除去他的借口呢？”李元吉说：“秦王刚刚平定东都洛阳的时候，拥军观望，不肯回朝，散发钱财布帛，用来树立他私人的恩德，又违反您的敕命，这不是造反，又是什么呢？只应该将他迅速杀死，何必担心没有借口？”高祖没有答应。

秦王府的所属官员都忧虑、恐惧，不知道该怎么办。行台考功郎中房玄龄对比部郎中长孙无忌说：“现在双方之间的仇怨已经形成，一旦祸患的机括暗暗发动，岂止秦王府上下涂炭，实际上是整个国家社稷的忧患。不如劝说秦王去做周公诛除管叔、蔡叔那样的事情，以便安定皇室和国家。这是生死存亡的关头，形势急迫，间不容发，先发制人，就在今天！”长孙无忌说：“我有这种想法已经很长时间了，但是不敢说出口来。今天你所说的这些话，正合我的心意，应该谨慎地禀告秦王。”于是，进去告诉了

世民。世民召玄龄谋之，玄龄曰："大王功盖天地，当承大业！今日忧危，乃天赞也。愿大王勿疑。"乃与府属杜如晦共劝世民诛建成、元吉。

建成、元吉以秦府多骁将，欲诱之使为己用，密以金银器一车赠左二副护军尉迟敬德，并以书招之曰："愿迂长者之眷，以敦布衣之交。"敬德辞曰："敬德，蓬户瓮牖之人，遭隋末乱离，久沦逆地，罪不容诛。秦王赐以更生之恩，今又策名藩邸，唯当杀身以为报。于殿下无功，不敢谬当重赐。若私交殿下，乃是贰心，徇利忘忠，殿下亦何所用！"建成怒，遂与之绝。敬德以告世民，世民曰："公心如山岳，虽积金至斗，知公不移。相遗但受，何所嫌也？且得以知其阴计，岂非良策？不然，祸将及公。"既而元吉使壮士夜刺敬德，敬德知之，洞开重门，安卧不动，刺客屡至其庭，终不敢入。元吉乃谮敬德于上，下诏狱讯治，将杀之，世民固请，得免。又谮左一马军总管程知节，出为康州刺史。知节谓世民曰："大王股肱羽翼尽矣，身何能久！知节以死不去，愿早决计。"又以金帛诱右二护军段志玄，志玄不从。建成

李世民。李世民即叫房玄龄来共谋此事，房玄龄说："大王您的功劳盖过天地，应当继承皇帝大业。今天发生的忧愁和危难，正是上天在佐助您啊。希望大王不要迟疑了。"于是，房玄龄就与秦王府的属官杜如晦一道，共同劝说李世民诛除李建成、李元吉。

李建成、李元吉认为秦王府拥有很多骁勇善战的将领，打算引诱他们，使他们为己所用，便秘密将一车金银器赠送给秦王府左二副护军尉迟敬德，并用书信招诱他说："希望能得您这位长者的眷顾，以加深我们之间的布衣之交。"尉迟敬德推辞说："敬德是一个以蓬草做门、破瓮为窗的贫苦人家的小人，遇到隋末丧乱、百姓流亡的时代，长期沦落在叛逆朝廷的地区，罪不容诛。秦王赐给我再生的恩情，现又在秦王府邸注册姓名，担任官职，我只应当以死作为对秦王的回报。我对殿下您没有一点儿功劳，实在不敢凭空收下您这样丰厚的赏赐。如果我私自结交殿下，就是对秦王怀有贰心，就是见利忘忠，殿下您要这种人又有什么用呢！"李建成大怒，就与尉迟敬德绝交了。尉迟敬德把这件事报告给李世民，李世民说："你的心像山岳那样牢固，即使他送给你的金子堆积成斗，我知道你还是不会动摇的。他赠送什么，你就接受什么，有什么可猜疑的呢！况且，通过这样做还能够了解他们的阴谋诡计，这岂不是一个绝好的计策吗！不这样做，灾祸就将降临到你的头上了。"不久，李元吉果然指派勇士在夜间前来行刺尉迟敬德。尉迟敬德得知这个消息，就把层层大门完全敞开，自己在屋内安然躺在床上，一动也不动，刺客几次来到他的庭院，可始终不敢进入屋内。李元吉一计不成，又生一计，就在高祖面前诬陷尉迟敬德。高祖发布诏书，命令将尉迟敬德逮捕入狱，进行审讯惩治，还准备杀掉他，只因李世民再三为他求情，他才得以免于一死。李元吉又诬陷秦王府左一马军总管程知节，高祖将他贬出京城，去当康州刺史。程知节对李世民说："大王您的得力辅佐人士走完了，您自身又怎么能够平安长久呢！我知节誓死不去，希望您尽早决定计策。"李元吉又用金银布帛引诱秦王府右二护军段志玄，段志玄没有听从。李建成

谓元吉曰："秦府智略之士，可惮者独房玄龄、杜如晦耳。"皆谮之于上而逐之。

世民腹心唯长孙无忌尚在府中，与其舅雍州治中高士廉、右候车骑将军三水侯君集及尉迟敬德等，日夜劝世民诛建成、元吉。世民犹豫未决，问于灵州大都督李靖，靖辞。问于行军总管李世勣，世勣辞。世民由是重二人。

会突厥郁射设将数万骑屯河南，入塞，围乌城，建成荐元吉代世民督诸军北征，上从之，命元吉督右武卫大将军李艺、天纪将军张瑾等救乌城。元吉请尉迟敬德、程知节、段志玄及秦府右三统军秦叔宝等与之偕行，简阅秦王帐下精锐之士以益元吉军。率更丞王晊密告世民曰："太子语齐王：'今汝得秦王骁将精兵，拥数万之众，吾与秦王饯汝于昆明池，使壮士拉杀之于幕下，奏云暴卒，主上宜无不信。吾当使人进说，令授吾国事。敬德等既入汝手，宜悉坑之，孰敢不服？'"世民以晊言告长孙无忌等，无忌等劝世民先事图之。世民叹曰："骨肉相残，古今大恶。吾诚知祸在朝夕，欲俟其发，然后以义讨之，不亦可乎？"敬德曰："人情谁不爱其死？今众人以死奉王，乃天授也。祸机垂发，而王犹晏然不以为忧，大王纵自轻，如社稷宗庙何？大王不用敬德之言，敬德将窜身草泽，不能留居大王左右，交手受戮也！"无忌曰："不从敬德之言，事今败矣。敬德等

对李元吉说："在秦王府有智谋才略的人士当中，可让我们畏惧的只有房玄龄、杜如晦二人而已。"于是，他们又向高祖诬陷房玄龄和杜如晦，将二人驱逐出京。

李世民的亲信只剩有长孙无忌一人还留在秦王府中，他与他的舅父、雍州治中高士廉，左候车骑将军、三水人侯君集，以及尉迟敬德等人，日日夜夜劝说李世民诛杀李建成、李元吉。李世民犹豫不决，向灵州大都督李靖问计，李靖推辞了。向行军总管李世勣问计，李世勣也推辞了。李世民由此格外看重他们二人。

适逢突厥郁射设率领数万骑兵驻屯在黄河以南，攻入边塞，围困乌城，李建成举荐李元吉代替李世民督率各军北上征讨。高祖听从了他的提议，命令李元吉督率右武卫大将军李艺、天纪将军张瑾等人救援乌城。李元吉请求让尉迟敬德、程知节、段志玄以及秦王府右三统军秦叔宝等将领与自己同行，又要求检查、挑选秦王府帐下的精锐将士，用来增强李元吉的军队。太子率更丞王晊秘密报告李世民说："太子告诫齐王说：'现在你得到秦王的猛将精兵，拥有数万兵马。我与秦王在昆明池为你饯行，让勇士在帐幕里将秦王肋骨折断、杀死，然后上奏称他突然病死，父皇没有不信的。我自当派人进言劝说，让父皇将国家大事交付给我处理。尉迟敬德等人到你手下、被你控制以后，应该全部活埋，那时谁敢不服呢？'"李世民把王晊的话告诉长孙无忌等人，长孙无忌等人力劝李世民在他们举事之前就谋划对付他们。李世民叹息说："骨肉同胞之间相互残杀，是古往今来最丑恶的事情。我确实知道祸在旦夕，但想等他们发难之后，然后用正义去讨伐他们，不也可以吗？"尉迟敬德说："论人们的常情，谁能够舍得去死呢！现在众人以死来拥戴大王您，这是上天授予的啊。祸患的机关就要发动，而大王您却仍一副平静的样子，不以此事为忧。大王您即使将自己看得很轻，但这样做对社稷宗庙又能怎么样呢？大王您不采纳敬德的意见，我敬德将逃身到荒野上去，不能再留在大王身边，拱手让人宰杀了。"长孙无忌说："大王您如果不听从敬德的建议，事情现在就要失败了。敬德等人

必不为王有，无忌亦当相随而去，不能复事大王矣！”世民曰：“吾所言亦未可全弃，公更图之。”敬德曰：“王今处事有疑，非智也；临难不决，非勇也。且大王素所畜养勇士八百馀人，在外者今已入宫，擐甲执兵，事势已成，大王安得已乎？”

世民访之府僚，皆曰：“齐王凶戾，终不肯事其兄。比闻护军薛实尝谓齐王曰：‘大王之名，合之成“唐”字，大王终主唐祀。’齐王喜曰：‘但除秦王，取东宫如反掌耳。’彼与太子谋乱未成，已有取太子之心。乱心无厌，何所不为？若使二人得志，恐天下非复唐有。以大王之贤，取二人如拾地芥耳，奈何徇匹夫之节，忘社稷之计乎？”世民犹未决，众曰：“大王以舜为何如人？”曰：“圣人也。”众曰：“使舜浚井不出，则为井中之泥，涂廪不下，则为廪上之灰，安能泽被天下，法施后世乎？是以小杖则受，大杖则走，盖所存者大故也。”世民命卜之，幕僚张公谨自外来见之，取龟投地，曰：“卜以决疑，今事在不疑，尚何卜乎？卜而不吉，庸得已乎？”于是定计。

世民令无忌密召房玄龄等，曰：“敕旨不听复事王。今若

必定不会再为大王您所有，我无忌也应该跟随他们而离去，不能再侍奉大王您了。”李世民说：“我所说的意见也不能全都丢弃不要，请你们再谋划一下这件事。”尉迟敬德说：“大王您如今处理事情疑惑不定，是不明智的。面临危难关头而不能即时决断，是不勇敢的。况且大王您平素容留供养的勇士有八百馀人，如今分散在外面的人已全部潜回宫中，个个身穿铠甲、手执兵器，举事的态势已经形成，大王您如何能让他们罢手呢？”

李世民就这件事又广泛征询秦王府属官的看法，大家都说：“齐王凶恶暴戾，终究不会愿意诚心侍奉自己的兄长的。最近听说齐王府护军薛实曾经对齐王说：‘大王您的名字，合起来成为一个唐字，您最终要主持大唐的祭祀大事的。’齐王高兴地说：‘只要除掉秦王，获取东宫太子就易如反掌了。’他与太子阴谋作乱尚未成功，就已经有了获取太子的野心。这种人的作乱之心是无法满足的，什么事是他所不能去做的呢？如果让他们二人得志，恐怕天下就不再归大唐所有了。凭着大王您的贤能，获取他们二人就如同捡拾地上的小草而已，怎么能为了遵循常人的礼节，而忘记国家大计了呢！”李世民仍然犹豫不决。大家问道：“大王您认为舜是个什么样的人呢？”李世民回答：“是个圣人。”大家说：“假使舜在疏浚水井时被他父兄用土埋上而没有出来，就成为井中的泥土了，他在涂抹粮仓时被他父兄用火烧而不下来，就成为粮仓上的灰烬了，那他还怎么能使自己的恩泽覆盖天下，法度延续后世呢？所以，舜在遭到父亲用小杖打的时候就忍受，用大杖打的时候就跑掉，这是他认为存活是大事的缘故啊。”李世民命令占卜，以决定是否行动，幕府的僚佐张公谨从外面进来看到这个情景，就夺取龟甲扔在地上说：“占卜是为了解决疑难之事的，现在事情并无疑难，还占卜什么呢？占卜的结果如果不吉利，难道能够停止行动吗？”在这种情况下，李世民才定下采取行动的计划。

李世民让长孙无忌秘密地去传召房玄龄等人，房玄龄等人说：“皇帝敕书的旨意是不允许我们再侍奉秦王了。现在如果

私谒，必坐死，不敢奉教！”世民怒，谓敬德曰：“玄龄、如晦岂叛我邪？”取所佩刀授敬德曰：“公往观之，若无来心，可断其首以来。”敬德往，与无忌共谕之曰：“王已决计，公宜速入共谋之。吾属四人，不可群行道中。”乃令玄龄、如晦著道士服，与无忌俱入，敬德自他道亦至。

己未，太白复经天。傅奕密奏：“太白见秦分，秦王当有天下。”上以其状授世民。于是世民密奏建成、元吉淫乱后宫，且曰：“臣于兄弟无丝毫负，今欲杀臣，似为世充、建德报仇。臣今枉死，永违君亲，魂归地下，实耻见诸贼！”上省之，愕然，报曰：“明当鞫问，汝宜早参。”

庚申，世民帅长孙无忌等入，伏兵于玄武门。张婕妤窃知世民表意，驰语建成。建成召元吉谋之，元吉曰：“宜勒宫府兵，托疾不朝，以观形势。”建成曰：“兵备已严，当与弟入参，自问消息。”乃俱入，趣玄武门。上时已召裴寂、萧瑀、陈叔达等，欲按其事。

建成、元吉至临湖殿，觉变，即跋马东归宫府。世民从而呼之，元吉张弓射世民，再三不彀，世民射建成，杀之。

私下去进见秦王，肯定要获罪处死，我们实在不敢遵奉秦王的‘教’令。”李世民十分生气，对尉迟敬德说：“玄龄、如晦他们难道要背叛我吗？”又取下自己的佩刀交给尉迟敬德说：“你去观察一下他们的情况，如果他们没有回来的意思，可以砍下他们的脑袋，拿来见我。”尉迟敬德去了，与长孙无忌一起明确告诉他们说：“秦王已经决定了采取行动的计划，你们应该赶快入秦王府共商大事。我等四人，不能在街道上结伴同行。”就让房玄龄、杜如晦穿上道士服装，与长孙无忌一起进入秦王府，而尉迟敬德本人则改由另一条道路也来到了秦王府。

己未(初三)这天，太白金星再次经过天空正南方向的午位。太史令傅奕秘密上奏称：“太白金星出现在秦地的分野上，这是秦王应当拥有天下的征兆。”高祖把他的奏状交给了李世民。这时，李世民便秘密上奏了李建成、李元吉与后宫妃嫔私通淫乱的罪行，而且说：“我对哥哥建成、弟弟元吉没有丝毫的亏欠，现在他们想杀我，好像是要为王世充、窦建德报仇。我如今含冤而死，永远离开父皇，灵魂回归地下，实在耻于见到那些贼人呀！”高祖对此有所醒悟，面露惊讶的神态，回答说：“明天就审问这件事，你最好早来朝参。”

庚申(初四)这天，李世民率领长孙无忌等人入宫，并在玄武门附近埋伏了兵力。张婕妤暗中得知李世民奏表的大意，便急速告诉李建成。李建成即召唤李元吉来商议对策，李元吉说：“我们应该统率东宫与齐王府的军队，假托有病，不去上朝，以静观形势的变化。”李建成说：“军队的警戒已经十分严密了，我应当和弟弟你一块儿入朝参见父皇，亲自询问消息。”于是，二人一块儿入朝，直向玄武门走来。高祖当时已经召集裴寂、萧瑀、陈叔达等人入朝，准备审查李世民告发的那些事。

李建成和李元吉走到临湖殿的时候，察觉到情况发生了变化，便立即掉转马头，欲向东返回东宫和齐王府。李世民跟随在后，并大声招呼他们，李元吉开弓搭箭去射李世民，但连续两三次，都没能拉满弓弦，而李世民射李建成，却一箭将他射死了。

尉迟敬德将七十骑继至，左右射元吉坠马。世民马逸入林下，为木枝所絓，坠不能起。元吉遽至，夺弓将扼之，敬德跃马叱之。元吉步欲趣武德殿，敬德追射，杀之。翊卫车骑将军冯翊冯立闻建成死，叹曰："岂有生受其恩而死逃其难乎？"乃与副护军薛万彻、屈咥直府左车骑万年谢叔方帅东宫、齐府精兵二千驰趣玄武门。张公谨多力，独闭关以拒之，不得入。云麾将军敬君弘掌宿卫兵，屯玄武门，挺身出战，所亲止之曰："事未可知，且徐观变，俟兵集，成列而战，未晚也。"君弘不从，与中郎将吕世衡大呼而进，皆死之。君弘，显儁之曾孙也。守门兵与万彻等力战良久，万彻鼓噪欲攻秦府，将士大惧，尉迟敬德持建成、元吉首示之，宫府兵遂溃。万彻与数十骑亡入终南山。冯立既杀敬君弘，谓其徒曰："亦足以少报太子矣！"遂解兵，逃于野。

上方泛舟海池，世民使尉迟敬德入宿卫，敬德擐甲持矛，直至上所。上大惊，问曰："今日乱者谁邪？卿来此何为？"对曰："秦王以太子、齐王作乱，举兵诛之，恐惊动陛下，遣臣宿卫。"上谓裴寂等曰："不图今日乃见此事，当如之何？"萧瑀、陈叔达曰："建成、元吉本不预义谋，又无功于天下，疾秦王功高望重，共为奸谋。今秦王已讨而诛之，

尉迟敬德率领七十个骑兵相继赶到，他身边的人将李元吉射下马来。李世民的战马奔入树林下面，被树枝绊倒，李世民也坠落在地，不能起身。李元吉骤然赶到，夺走李世民手中的弓，并想把他掐死，尉迟敬德策马腾跃而来，大声呵斥他。李元吉徒步逃跑，想直奔武德殿，尉迟敬德紧追在后，拉弓射箭，将他射杀。东宫的翊卫车骑将军、冯翊人冯立听说李建成死了，叹息说："难道能在人家活着时接受他的恩惠，而人家一死便逃避他的灾难吗？"于是，他与副护军薛万徹、屈咥直府左车骑万年县人谢叔方率东宫、齐王府精兵二千人飞奔玄武门。张公谨气力过人，独自一人关闭了玄武门的大门，以抗拒冯立等人，使对方不能进来。云麾将军敬君弘主掌宿卫军，驻屯在玄武门。他挺身而出，准备出玄武门作战，他的亲信阻止他说："事情的结果还不能知晓，我们暂且慢慢观察事态的变化，等到兵力集合起来，排成阵列再出去迎战，也为时不晚啊。"敬君弘不肯听从，与中郎将吕世衡大声呼喊着向前冲去，结果全部战死。敬君弘，是北齐尚书右仆射敬显隽的曾孙。守卫玄武门的士兵与薛万徹等人奋力拼战了很长时间，薛万徹擂鼓呼喊，要进攻秦王府，将士们十分恐惧。在这紧要关头，尉迟敬德提着李建成、李元吉的人头给薛万徹等人看，于是，东宫、齐王府的军队就溃散了。薛万徹与数十名骑兵逃入了终南山。冯立杀死敬君弘以后，对他的下属徒众说道："这也足以略微报答太子了。"于是，他就丢下武器，逃到荒野上去了。

高祖当时正在海池划船游玩，李世民派尉迟敬德入宫值宿警卫，尉迟敬德身披铠甲，手握长矛，径直来到高祖所在的地方。高祖大吃一惊，问道："今天作乱的人是谁呀？你来这里干什么？"尉迟敬德回答说："秦王因为太子、齐王作乱，就发动兵士诛杀了他们，担心惊动陛下您，特派我来值宿警卫。"高祖对裴寂等人说："真没有料到今天竟会出现这种事情！你们看该怎么办呢？"萧瑀、陈叔达说："建成、元吉二人本来就没有参与起义的谋划，又对国家没有什么功劳。他们妒忌秦王功劳大、名望重，就一起策划奸计，阴谋作乱。现在，秦王已经讨伐并诛杀了他们，

秦王功盖宇宙，率土归心，陛下若处以元良，委之国事，无复事矣！”上曰：“善！此吾之夙心也。”时宿卫及秦府兵与二宫左右战犹未已，敬德请降手敕，令诸军并受秦王处分，上从之。天策府司马宇文士及自东上阁门出宣敕，众然后定。上又使黄门侍郎裴矩至东宫晓谕诸将卒，皆罢散。上乃召世民，抚之曰：“近日以来，几有投杼之惑。”世民跪而吮上乳，号恸久之。

建成子安陆王承道、河东王承德、武安王承训、汝南王承明、钜鹿王承义，元吉子梁郡王承业、渔阳王承鸾、普安王承奖、江夏王承裕、义阳王承度皆坐诛，仍绝属籍。

初，建成许元吉以正位之后，立为太弟，故元吉为之尽死。诸将欲尽诛建成、元吉左右百馀人，籍没其家。尉迟敬德固争曰：“罪在二凶，既伏其诛，若及支党，非所以求安也！”乃止。是日，下诏赦天下。凶逆之罪，止于建成、元吉，自馀党与，一无所问。其僧、尼、道士、女冠并宜依旧。国家庶事，皆取秦王处分。

辛酉，冯立、谢叔方皆自出。薛万徹亡匿，世民屡使谕之，乃出。世民曰：“此皆忠于所事，义士也。”释之。

秦王的功绩覆盖天下，全国土地上的人们都归心于他。陛下您如果立他为太子，将国家的政务委托给他处理，就不会再发生意外的事端了。”高祖说：“好！这正是我平素的心愿啊。”当时，宿卫皇宫的军队和秦王府的军队与东宫府、齐王府的亲信将士仍在激战不停，尉迟敬德请求高祖颁发亲笔敕令，命令各军一并接受秦王的处置，高祖听从了他的意见。天策府司马宇文士及从东上阁门出宫宣布敕令，交战的兵众都同意了，然后才安定下来。高祖又派黄门侍郎裴矩前去东宫，将情况明白地告知各位将士，大家都罢职离散。于是，高祖就召李世民前来，抚摸着他说：“近日以来，我几乎出现曾参母亲误信曾参杀人而弃掉织具逃走那样的疑惑。”李世民屈腿跪下伏在高祖的怀里，放声痛哭了很长时间。

李建成的儿子安陆王承道、河东王承德、武安王承训、汝南王承明、钜鹿王承义，李元吉的儿子梁郡王承业、渔阳王承鸾、普安王承奖、江夏王承裕、义阳王承度等人都受株连而获罪被杀，还在宗室的名籍上除去他们的名字。

当初，李建成对李元吉许下诺言，在自己即帝位之后，会将他册立为皇太弟，所以李元吉为他竭尽死力。诸位将领想将李建成、李元吉的左右亲信一百馀人全部杀掉，并将他们的所有家产没收官府。尉迟敬德坚持争辩说：“罪恶全在两个元凶身上，他们已经被处死刑了，如果还要殃及他们的支属党羽，就不是谋求稳定的做法了。”诸位将领这才停止追杀。当天，高祖颁布诏书，大赦天下的囚徒。凶恶叛逆的罪名，只定给李建成、李元吉二人，对其馀的党羽，一概不予追究。那些僧人、尼姑、男女道士应该一律依旧章行事。国家的各项事务，都要听取秦王的处置。

辛酉（初五）这天，冯立、谢叔方都自动出来投案自首。薛万徹逃亡躲藏起来，李世民屡次派人向他表明心迹，他才出来自首。李世民说：“这些人都忠诚于自己所事奉的主人，是义士啊。”便释放了他们。

癸亥，立世民为皇太子。又诏："自今军国庶事，无大小悉委太子处决，然后闻奏。"

臣光曰：立嫡以长，礼之正也。然高祖所以有天下，皆太宗之功。隐太子以庸劣居其右，地嫌势逼，必不相容。向使高祖有文王之明，隐太子有泰伯之贤，太宗有子臧之节，则乱何自而生矣！既不能然，太宗始欲俟其先发，然后应之。如此，则事非获已，犹为愈也。既而为群下所迫，遂至蹀血禁门，推刃同气，贻讥千古，惜哉！夫创业垂统之君，子孙之所仪刑也，彼中、明、肃、代之传继，得非有所指拟以为口实乎？

癸亥(初七)这天,高祖立李世民为皇太子。又发布诏书说:“从今以后,军队和国家各项事务,不分大小,全部委托皇太子处置裁决,然后我再听取奏报。”

北宋史臣司马光评论说:“立嫡长子为继承人,是礼法的核心。然而,唐高祖所以能拥有天下,完全是唐太宗的功劳。隐太子李建成以平庸低劣之才而位居李世民之上,处于地位招嫌、权势相逼的境地,必然不能为李世民所容纳。假使唐高祖有周文王的英明,隐太子李建成有泰伯的贤德,唐太宗有子臧的节操,那么,变乱又能从什么地方产生呢!既然都不能这样,唐太宗才打算等待李建成首先发难,然后再采取相应措施来对付他。唐太宗这样做,就是事情出于不得已,还是比较好的。不久,唐太宗为群臣所迫,于是导致了玄武门前踏血而行,对骨肉同胞白刃相加,以至给后世留下讥讽的把柄,实在令人痛惜!一个创立基业传给后代的君主,就是子子孙孙效法的典范。唐朝中宗、玄宗、肃宗、代宗的传位继承,是不是受了唐太宗的指点而以此作为借口的呢?

太宗易太子

唐高祖武德九年秋八月，太宗即皇帝位。冬十月癸亥，立皇子中山王承乾为太子，生八年矣。

太宗贞观七年，帝谓左庶子于志宁、右庶子杜正伦曰："朕年十八，犹在民间，民之疾苦情伪，无不知之。及居大位，区处世务，犹有差失。况太子生长深宫，百姓艰难，耳目所未涉，能无骄逸乎？卿等不可不极谏！"太子好嬉戏，颇亏礼法，志宁与右庶子孔颖达数直谏，上闻而嘉之，各赐金一斤，帛五百匹。

十三年，太子承乾颇以游畋废学，右庶子张玄素谏，不听。

十四年，上闻右庶子张玄素在东宫数谏争，擢为银青光禄大夫，行左庶子。太子尝于禁中击鼓，玄素叩閤切谏。太子出其鼓，对玄素毁之。太子久不出见官属，玄素谏曰："朝廷选俊贤以辅至德，今动经时月，不见宫臣，将何以裨益万一？且宫中唯有妇人，不知有能如樊姬者乎？"太子不听。

太宗易太子

唐高祖武德九年(626)秋季八月,唐太宗即皇帝位。冬季十月癸亥(初八),唐太宗册立皇子中山王李承乾为太子,时年八岁。

太宗贞观七年(633),太宗对左庶子于志宁、右庶子杜正伦说:"我十八岁的时候,还一直生活在民间,老百姓的疾苦和民情的真假,没有不知道的。等到位居皇位,处理政务时,还有差错和失误。何况太子生长在深宫大院之中,对老百姓的艰难情况,耳朵听不见,眼睛看不到,能不骄傲放纵吗?你们不能不极力直言规劝。"太子喜好游戏玩耍,很不遵守礼仪法度,于志宁和右庶子孔颖达就多次直言劝谏,太宗听说后表扬了他们,分别赏赐黄金一斤,帛五百匹。

十三年(639),太子李承乾多次因为出游打猎而荒废了学业,右庶子张玄素直言劝谏,李承乾不听。

十四年(640),太宗听说右庶子张玄素在东宫多次向太子劝谏,并敢于争辩,就将他提拔为银青光禄大夫,行左庶子。太子曾在宫中击鼓,张玄素拍打阁门直言极谏。太子不得不拿出那面鼓,当着张玄素的面将它毁掉。太子很长时间不出宫会见下属的官吏,张玄素劝告说:"朝廷挑选才智品德出众的人来辅佐殿下,现在您常常经过一季或一月也不会见宫内的臣僚,那将怎么能使您有万分之一的补益呢?况且宫中只有妇女,不知道她们中有没有才能像楚庄王的樊姬那样的人?"太子仍然不听。

十五年，太子詹事于志宁遭母丧，寻起复就职。太子治宫室，妨农功，又好郑、卫之乐，志宁谏，不听。又宠昵宦官，常在左右，志宁上书，以为："自易牙以来，宦官覆亡国家者非一。今殿下亲宠此属，使陵易衣冠，不可长也。"太子役使司驭等，半岁不许分番，又私引突厥达哥友入宫，志宁上书切谏，太子大怒，遣刺客张思政、纥干承基杀之。二人入其第，见志宁寝处苫块，竟不忍杀而止。

十六年春正月乙丑，魏王泰上《括地志》。泰好学，司马苏勖说泰，以古之贤王皆招士著书，故泰奏请修之。于是大开馆舍，广延时俊，人物辐凑，门庭如市。泰月给逾于太子，谏议大夫褚遂良上疏，以为："圣人制礼，尊嫡卑庶，世子用物不会，与王者共之。庶子虽爱，不得逾嫡，所以塞嫌疑之渐，除祸乱之源也。若当亲者疏，当尊者卑，则佞巧之奸，乘机而动矣。昔汉窦太后宠梁孝王，卒以忧死；宣帝宠淮阳宪王，亦几至于败。今魏王新出阁，宜示以礼则，训以谦俭，乃为良器，此所谓'圣人之教不肃而成'者也。"上从之。

上又令泰徙居武德殿。魏徵上疏，以为："陛下爱魏王，常欲使之安全，宜每抑其骄奢，不处嫌疑之地。今移居

十五年(641),太子詹事于志宁遭遇母丧而离职,不久,当他丧期未满时又被重新起用,就任原职。太子修造宫室,妨碍农业生产,又喜好郑、卫的淫靡音乐。于志宁劝谏阻止,太子不听。太子又宠信亲近宦官,让他们常在身边左右侍候,于志宁直接给太宗上书,认为:"从春秋时期的易牙乱齐以来,宦官颠覆灭亡国家的事例已不止一次了。如今太子殿下亲近宠信这些小人,让他们欺凌士大夫,此风不可长呀。"太子使唤太仆寺内的司驭等人,半年不许他们轮换,又私自带突厥人达哥友入宫,于志宁上书直言劝谏,太子大怒,派遣刺客张师政、纥干承基二人去刺杀他。二人潜入于志宁的宅第,见于志宁睡草垫,枕土块,仍在为亡母服丧,竟不忍心杀他而罢手。

十六年(642)春季正月乙丑(初九)这天,魏王李泰献上《括地志》一书。李泰勤奋好学,司马苏勖劝说李泰,并用古代的贤能王子都招揽文人学者编著书籍的事例来启发他,所以李泰上奏皇帝,请求修撰《括地志》。获准之后,他就大开馆舍,广泛邀请当时的出类拔萃的人才。有名的人物纷纷投到李泰门下,以致门庭若市。李泰每月的供应超过了太子,谏议大夫褚遂良上疏,认为:"圣人制定礼仪,尊崇嫡子,轻视庶子,嫡长子使用物品不用总计,和君王待遇一样。对庶子即使偏爱,也不能超过嫡子,这是为了堵塞嫌疑的萌生,去除祸乱的根源。如果应当亲近的人反而疏远,应当尊贵的人反而卑贱,那么,善以花言巧语献媚取宠的奸佞小人,就会利用这个机会而采取行动了。从前西汉的窦太后宠爱梁孝王,最终因忧虑而致死;汉宣帝宠爱淮阳宪王,也几乎导致败亡。如今魏王刚刚出就藩封,应该用礼仪制度来晓示他,用谦让节俭的品德来训导他,才是对待他的好办法。这正如孔子所说'圣人的教育虽不严厉但却能获得成功'。"太宗听从了他的建议。

太宗又让李泰迁移到武德殿去居住。魏徵上疏,认为:"陛下您非常喜爱魏王,时常想让他安全无事,正应该时常抑制他的骄傲奢侈作风,不让他处于易遭嫌疑的地步。现在他移居的

此殿，乃在东宫之西，海陵昔尝居之，时人不以为可。虽时异事异，然亦恐魏王之心不敢安息也。”上曰：“几致此误。”遽遣泰归第。

夏六月甲辰，诏“自今皇太子出用库物，所司勿为限制”。于是太子发取无度，左庶子张玄素上书，以为：“周武帝平定山东，隋文帝混一江南，勤俭爱民，皆为令主，有子不肖，卒亡宗祀。圣上以殿下亲则父子，事兼家国，所应用物不为节限，恩旨未逾六旬，用物已过七万，骄奢之极，孰云过此！况宫臣正士，未尝在侧；群邪淫巧，昵近深宫。在外瞻仰，已有此失；居中隐密，宁可胜计！苦药利病，苦言利行，伏惟居安思危，日慎一日。”太子恶其书，令户奴伺玄素早朝，密以大马棰击之，几毙。

秋八月丁酉，上曰：“当今国家何事为急？”谏议大夫褚遂良曰：“今四方无虞，唯太子、诸王宜有定分最急。”上曰：“此言是也。”时太子承乾失德，魏王泰有宠，群臣日有疑议，上闻而恶之，谓侍臣曰：“方今群臣，忠直无逾魏徵，我遣傅太子，用绝天下之疑。”九月丁巳，以魏徵为太子太师。徵疾小愈，诣朝堂表辞，上手诏谕以：“周幽、晋献，废嫡立庶，危国亡家。汉高祖几废太子，赖四皓然后安。我今赖

这个宫殿，位在东宫的西面，过去海陵刺王李元吉曾居住在此，当时人们就认为不合适。如今虽然时代不同事情有变，但也恐怕魏王的心思不敢安定静息。”太宗说：“差点儿造成这种失误。”马上让李泰返回原来的宅第。

夏季六月甲辰（二十日），太宗下诏：“自今以后，皇太子取出使用府库内的器物，有关部门不要加以限制。”于是太子调发领取财物再也没有限度，左庶子张玄素向太宗上书，认为：“北周武帝平定山东，隋文帝统一了江南，他们都勤俭爱民，都是贤明的君主，但他们的儿子却一点也不像他们，最终断了香火，国家灭亡。圣上认为自己与太子殿下论亲则是父子，论事则兼有家、国，允许他使用器物不做节制限度，结果圣旨发出去还不到六十天，而使用的器物已经超过了七万件，骄奢淫逸之极，谁能超过他呢！况且东宫的臣僚和正直人士，都不曾在太子身边；而那些邪恶小人和各种淫巧之物，却在深宫中得到亲近。从外面远看，就已经发现有这些过失；至于在深宫中那些隐蔽而秘密的事情，难道能计算得清吗！苦口之药利于病，逆耳之言利于行，希望能居安思危，一天比一天更谨慎。”太子厌恶张玄素的上书，就派守门的奴仆等张玄素上早朝的时候，暗中用大马棰袭击他，差点儿把他打死。

秋季八月丁酉（十四日），太宗问道：“当今国家中什么事情最为紧迫呢？”谏议大夫褚遂良回答说：“现今四方不用忧虑，只有太子、诸王应该确定名分这件事最为紧迫。”太宗说：“这话说得很对。”当时太子李承乾德行有缺欠，而魏王李泰得到皇帝宠爱，众位朝臣每天都有怀疑的议论，太宗听说后非常厌恶，就对身边陪从的大臣说：“当今各位大臣，论忠诚耿直没有人能超过魏徵，我让他辅佐太子，以此来杜绝天下人的疑心。”九月丁巳（初四），任命魏徵担任太子太师。魏徵的病稍有好转，就到朝堂上表推辞，太宗手写诏书明示他说：“周幽王、晋献公，废除嫡子改立庶子，结果危害国家毁灭家族。汉高祖差一点儿废黜太子，太子倚靠商山四皓的辅佐，然后才平安无事。我如今让太子倚靠

公,即其义也。知公疾病,可卧护之。"徵乃受诏。

十七年春正月丙寅,上谓群臣曰:"闻外间士民以太子有足疾,魏王颖悟,多从游幸,遽生异议,徼幸之徒,已有附会者。太子虽病足,不废步履。且礼,嫡子死,立嫡孙。太子男已五岁,朕终不以孽代宗,启窥窬之源也!"

初,太子承乾喜声色及畋猎,所为奢靡,畏上知之,对宫臣常论忠孝,或至于涕泣,退归宫中,则与群小相亵狎。宫臣有欲谏者,太子先揣知其意,辄迎拜,敛容危坐,引咎自责,言辞辩给,宫臣拜答不暇。宫省秘密,外人莫知,故时论初皆称贤。

太子作八尺铜炉,六隔大鼎,募亡奴盗民间马牛,亲临烹煮,与所幸厮役共食之。又好效突厥语及其服饰,选左右貌类突厥者五人为一落,辫发羊裘而牧羊。作五狼头纛及幡旗,设穹庐,太子自处其中,敛羊而烹之,抽佩刀割肉相啖。又尝谓左右曰:"我试作可汗死,汝曹效其丧仪。"因僵卧于地,众悉号哭,跨马环走,临其身,嫠面。良久,太子欻起,曰:"一朝有天下,当帅数万骑猎于金城西,然后解发为突厥,委身思摩,若当一设,不居人后矣。"

你，就是这个意思。我知道你有病在身，但可以躺在床上护助太子。”于是魏徵就接受了诏令，担任太子太师。

十七年(643)春季正月丙寅(十五日)，太宗对众多朝臣们说：“听说外面的士人庶民认为太子的脚有毛病，而魏王聪明敏捷，多次跟随我巡游四方，于是便突然产生各种不同的议论，一些求利不止、投机钻营的小人，已经有附会的了。太子虽然脚有毛病，但并不妨碍行走。况且礼法规定，嫡长子死，就立嫡长孙。太子的儿子已经五岁了，我终归不能用庶子取代嫡子，去开启觊觎太子之位的灾祸之门。”

当初，太子李承乾喜好歌舞女色、出游打猎，所作所为极其奢侈，又害怕皇帝知道。于是，他当着东宫臣僚的面，经常谈论忠孝之道，有时竟至于流泪哭泣，而返回到东宫府内之后，就与一群小人放肆地玩耍。东宫臣僚中有想劝谏的，太子先行揣度他的来意，然后就迎接行礼，接着就脸色严肃，端端正正坐着，一味引咎自责，言辞敏捷流利，使进谏的东宫臣僚拜答不暇，无法插嘴。东宫府内的秘密，外人根本不知道，所以时人议论起来，开始都称赞他德行、才能好。

太子制作了八尺高的铜炉和有六隔的大鼎，招募逃亡的官奴偷盗民间的马牛，他亲自去烹煮，然后与所宠爱的仆人一起吃食。他又喜欢仿效突厥语说话、穿用突厥族的衣服装饰，并挑选身边容貌类似突厥人的，五个人为一部落，将头发扎成辫子，穿上羊皮衣服去赶羊放牧。还制作了五面狼头纛和幡旗，设置毡帐，太子自己住在其中，逮住羊羔，收拾干净，下锅烹煮，抽出佩刀切割羊肉相互吃食。他还曾对身边服侍的人说：“我试着装作可汗死了，你们效仿他们的丧事礼仪行事。”于是就躺在地上不动，众人都嚎啕大哭，跨上马环绕着他的身体转圈跑，然后面对他的身体，用刀割自己的脸面，以示忠诚悲伤。过了很久，太子忽然起身，说道：“我一旦拥有天下，当率领数万骑兵到金城西边狩猎，然后解开头发做突厥人，委身于可汗阿史那思摩，如果能在他手下担当一个掌管兵权的设，也就不居于别人之后了。”

左庶子于志宁、右庶子孔颖达数谏太子，上嘉之，赐二人金帛以风励太子，仍迁志宁为詹事。志宁与左庶子张玄素数上书切谏，太子阴使人杀之，不果。

汉王元昌所为多不法，上数谴责之，由是怨望。太子与之亲善，朝夕同游戏，分左右为二队，太子与元昌各统其一。被毡甲，操竹矟，布陈大呼交战，击刺流血，以为娱乐。有不用命者，披树挝之，至有死者。且曰："使我今日作天子，明日于苑中置万人营，与汉王分将，观其战斗，岂不乐哉！"又曰："我为天子，极情纵欲，有谏者辄杀之，不过杀数百人，众自定矣。"

魏王泰多艺能，有宠于上，见太子有足疾，潜有夺嫡之志，折节下士以求声誉。上命黄门侍郎韦挺摄泰府事，后命工部尚书杜楚客代之，二人俱为泰要结朝士。楚客或怀金以赂权贵，因说以魏王聪明，宜为上嗣。文武之士，各有附托，潜为朋党。太子畏其逼，遣人诈为泰府典签上封事，其中皆言泰罪恶，敕捕之，不获。

太子私幸太常乐童称心，与同卧起。道士秦英、韦灵符挟左道，得幸太子。上闻之，大怒，悉收称心等杀之，连坐死者数人，诮让太子甚至。太子意泰告之，怨怒愈甚，思念称心不已，于宫中构室，立其像，朝夕奠祭，徘徊流涕。

左庶子于志宁、右庶子孔颖达数次劝谏太子，太宗表扬了他们，赏赐给二人金银布帛以讽谏勉励太子，并且提拔于志宁为太子詹事。于志宁与左庶子张玄素屡次上书直言劝谏，太子暗地里派人去刺杀他，没有成功。

汉王李元昌做了很多不法的事情，太宗多次谴责他，他由此产生怨恨情绪。太子与他亲近友好，朝夕在一起游戏玩耍，将身边的人分作两队，太子和李元昌各自统领其中的一队。两队人都身披用毡布做的铠甲，手拿用毛竹削成的长矛，布列军阵大声呼叫上前交战，一直到击刺对方流出鲜血为止，以此作为娱乐。有不服从命令的，太子就折下树枝抽打他，甚至有被打死的。太子还说："假使我今天当天子，明天就在禁苑中布置万人军营，我与汉王分别统率，观看他们战斗拼杀，岂不快乐！"又扬言道："我要是当上天子，一定要穷尽情趣，放纵欲望，有劝谏者就马上杀掉。不过杀死数百人，众人便会自动安定下来了。"

魏王李泰多才多艺，深受太宗宠爱。他见太子的脚有毛病，便偷偷产生夺嫡而代之的念头，于是就降低自己的身份，礼遇有才能的士人，用来求取个人的声誉。太宗命令黄门侍郎韦挺兼管李泰王府内的事务，后来又任命王部尚书杜楚客代替韦挺，二人都为李泰邀约交结朝廷大臣。杜楚客有时怀揣黄金以贿赂朝廷的权贵们，就势向他们说魏王聪明，应该立为皇帝的继承人。于是，文武大臣各有依附和寄托，暗中结为朋党。太子害怕魏王威胁自己的地位，就派人诈称为李泰府内的典签，呈上密封的奏章言事，其中都是陈述李泰的罪恶，太宗命令逮捕冒充典签的人，没有抓获。

太子私下宠幸太常寺的乐童称心，和他同睡同起。道士秦英、韦灵符有邪道法术，得到太子宠爱。太宗听说后，心中大怒，命令将称心等人全部逮捕杀掉，受到牵连而被杀的有好几个人，又谴责太子，口气十分严厉。太子猜想是李泰告的状，对他的怨恨愤怒更深了，又思念称心不已，就在东宫府内建造一间房屋，里面立着称心的塑像。太子早晚都到此祭奠，在屋内徘徊痛哭。

又于苑中作冢，私赠官树碑。

上意浸不怿，太子亦知之，称疾不朝谒者动涉数月，阴养刺客纥干承基等及壮士百馀人，谋杀魏王泰。

吏部尚书侯君集之婿贺兰楚石为东宫千牛，太子知君集怨望，数令楚石引君集入东宫，问以自安之术。君集以太子暗劣，欲乘衅图之，因劝之反，举手谓太子曰："此好手，当为殿下用之。"又曰："魏王为上所爱，恐殿下有庶人勇之祸，若有敕召，宜密为之备。"太子大然之。厚赂君集及左屯卫中郎将顿丘李安俨，使诇上意，动静相语。安俨先事隐太子，隐太子败，安俨为之力战，上以为忠，故亲任之，使典宿卫。安俨深自托于太子。

汉王元昌亦劝太子反，且曰："比见上侧有美人，善弹琵琶，事成，愿以垂赐。"太子许之。洋州刺史开化公赵节，慈景之子也，母曰长广公主。驸马都尉杜荷，如晦之子也，尚城阳公主。皆为太子所亲昵，预其反谋。凡同谋者皆割臂，以帛拭血，烧灰和酒饮之，誓同生死。潜谋引兵入西宫，杜荷谓太子曰："天文有变，当速发以应之，殿下但称暴疾危笃，主上必亲临视，因兹可以得志。"太子闻齐王祐反于齐州，谓纥干承基等曰："我宫西墙，去大内正可二十步耳，与卿为大事，岂比齐王乎？"会治祐反事，连承基，承基坐系

又在宫苑内为称心修筑坟墓，私下赠给官爵，树立石碑。

太宗渐渐不喜欢太子，太子也知道这一点，便自称有病不去朝见皇帝，动不动就达数月之久。太子又暗中豢养刺客纥干承基等人及勇士一百馀人，准备谋杀魏王李泰。

吏部尚书侯君集的女婿贺兰楚石担任东宫府的千牛，太子知道侯君集对朝廷有怨恨情绪，就多次让贺兰楚石将侯君集引进东宫，向他请教自我保全的策略。侯君集认为太子思想愚昧，做事卑劣，就想乘机图谋不轨，于是便劝他造反。侯君集举着双手对太子说："这双好手，当为殿下您使用。"又说："魏王被皇帝偏爱，我担心殿下您将有隋文帝太子杨勇被废黜为平民百姓的祸患。如果有敕令召见，您应该秘密加以防备。"太子非常赞同这种意见，就用厚礼贿赂侯君集和左屯卫中郎将、顿丘人李安俨，让他们刺探太宗的意向，发现动静便告诉他。李安俨早先事奉隐太子李建成，隐太子失败的时候，李安俨曾为他奋力拼战，太宗认为他忠诚可靠，所以就亲近信任他，让他掌管宿卫皇宫之事。李安俨将自己完全托付给了太子。

汉王李元昌也力劝太子造反，并且说："近来看见皇上身边有一位美女，善于弹奏琵琶，大事成功之后，希望您将她赏赐给我。"太子答应了他。洋州刺史、开化公赵节，是赵慈景的儿子，母亲是高祖女儿长广公主。驸马都尉杜荷，是杜如晦的儿子，娶太宗女儿城阳公主为妻。他们二人都和太子特别亲近，参与了太子的造反谋划活动。凡是同谋者，都用刀割破胳臂，用布帛擦上鲜血，烧成灰混合在酒中，然后一起喝下，发誓要生死与共。又秘密谋划带领军队进入东宫西面的皇宫事宜，杜荷对太子说："天象有变化，应当迅速举事以应天象。殿下您只需报称自己得了急病，生命垂危，皇上必定亲自前来看望，这样就可以实现您的志向了。"太子听到齐王李祐在齐州谋反的消息以后，对纥干承基等人说："我这东宫的西墙，距离皇宫正好二十步而已，我与你们共举大事，岂是齐王他们能比的吗？"适逢朝廷处理李祐谋反一事，案件牵连到了纥干承基，结果纥干承基坐罪被关进

大理狱，当死。

夏四月庚辰朔，承基上变，告太子谋反。敕长孙无忌、房玄龄、萧瑀、李世勣与大理、中书、门下参鞫之，反形已具。上谓侍臣："将何以处承乾？"群臣莫敢对，通事舍人来济进曰："陛下不失为慈父，太子得尽天年，则善矣！"上从之。济，护兒之子也。

乙酉，诏废太子承乾为庶人，幽于右领军府。上欲免汉王元昌死，群臣固争，乃赐自尽于家，而宥其母、妻、子。侯君集、李安俨、赵节、杜荷等皆伏诛。左庶子张玄素、右庶子赵弘智、令狐德棻等以不能谏争，皆坐免为庶人。馀当连坐者，悉赦之。詹事于志宁以数谏，独蒙劳勉。以纥干承基为祐川府折冲都尉，爵平棘县公。

侯君集被收，贺兰楚石复诣阙告其事，上引君集谓曰："朕不欲令刀笔吏辱公，故自鞫公耳。"君集初不承。引楚石具陈始末，又以所与承乾往来启示之，君集辞穷，乃服。上谓侍臣曰："君集有功，欲乞其生，可乎？"群臣以为不可。上乃谓君集曰："与公长诀矣！"因泣下。君集亦自投于地，遂斩之于市。君集临刑，谓监刑将军曰："君集蹉跌至此！然事陛下于藩邸，击取二国，乞全一子以奉祭祀。"上乃原其妻及子，徙岭南。籍没其家，得二美人，自幼饮人乳而不食。

大理寺下属的监狱，论罪当处以死刑。

夏季四月庚辰是初一，这天纥干承基向朝廷报告紧急事变，揭发太子图谋造反。太宗敕令长孙无忌、房玄龄、萧瑀、李世勣等人与大理寺、中书省、门下省等部门参与审讯，谋反的情况已经一一列出来。太宗对侍候的大臣说："将怎样处理承乾呢？"众位大臣都不敢对答。通事舍人来济进言说："陛下您不失为一个慈父，太子本人能享尽天年，这样处理就好了。"太宗听从了他的意见。来济，是来护兒的儿子。

乙酉（初六）这天，太宗颁布诏令，将太子李承乾废黜为平民，囚禁在右领军府。太宗打算免除汉王李元昌的死刑，但是众位大臣执意争辩，于是就赐他在家自尽，而宥免了他的母亲、妻子和子女。侯君集、李安俨、赵节、杜荷等人都处以死刑。左庶子张玄素、右庶子赵弘智、令狐德棻等人，因为不能直言劝谏争辩，都坐罪免去官职为平民。其馀应当连坐的一概赦免。詹事于志宁，因为曾多次劝谏太子，独自受到了太宗的慰问和勉励。任命纥干承基为祐川府折冲都尉，封爵平棘县公。

侯君集被逮捕入狱之后，贺兰楚石又赴皇宫告发他参与谋反之事。太宗召见侯君集，对他说道："我不想让办理刑事审讯的官吏羞辱你，所以亲自审讯你。"侯君集开始不承认有罪，后来太宗叫贺兰楚石来详细陈述事情发生的始末，又把他与李承乾来往的书信拿出来给他看，侯君集无辞可辩，这才服罪。太宗对侍奉的臣僚们说："君集立有大功，我想乞求给他一条生路，可以吗？"众大臣都认为不行。于是，太宗就对侯君集说："和你永别了。"并为此流下了眼泪。侯君集自己也趴倒在地上，于是被推到市上斩首。侯君集临刑前，对监督行刑的将军说："我君集失足跌到了这步田地，但是我很早就在秦王府内事奉陛下，又攻取了吐谷浑、高昌二国，请求保全我一个儿子来祭祀祖先。"太宗念其有功，就赦免了他的妻子和儿女，将他们迁移到岭南。在登记并没收他的全部家产时，又得到两个美女，这两个人自小到大只喝人奶而不吃其他食物。

初，上使李靖教君集兵法，君集言于上曰："李靖将反矣。"上问其故，对曰："靖独教臣以粗而匿其精，以是知之。"上以问靖，靖对曰："此乃君集欲反耳。今诸夏已定，臣之所教，足以制四夷，而君集固求尽臣之术，非反而何！"江夏王道宗尝从容言于上曰："君集志大而智小，自负微功，耻在房玄龄、李靖之下，虽为吏部尚书，未满其志。以臣观之，必将为乱。"上曰："君集材器，亦何施不可？朕岂惜重位，但次第未至耳，岂可亿度，妄生猜贰耶？"及君集反诛，上乃谢道宗曰："果如卿言。"李安俨父，年九十馀，上愍之，赐奴婢以养之。

太子承乾既获罪，魏王泰日入侍奉，上面许立为太子，岑文本、刘洎亦劝之，长孙无忌固请立晋王治。上谓侍臣曰："昨青雀投我怀云：'臣今日始得为陛下子，乃更生之日也。臣有一子，臣死之日，当为陛下杀之，传位晋王。'人谁不爱其子，朕见如此，甚怜之。"谏议大夫褚遂良曰："陛下言大失！愿审思，勿误也！安有陛下万岁后，魏王据天下，肯杀其爱子，传位晋王者乎？陛下日者既立承乾为太子，复宠魏王，礼秩过于承乾，以成今日之祸。前事不远，足以为鉴。陛下今立魏王，愿先措置晋王，始得安全耳。"上流涕曰："我不能尔。"因起，入宫。魏王泰恐上立晋王治，谓之曰："汝与元昌善，

当初，太宗让李靖教给侯君集兵法。侯君集对太宗说："李靖将要谋反。"太宗问他缘故，回答说："李靖只教给我粗浅的兵法而隐匿那些精华内容，由此而知道他要谋反。"太宗拿这些话去问李靖，李靖回答说："这是侯君集想要谋反。现在中原诸国已经平定，我所教给他的兵法，足以制服四方的少数民族，而侯君集却执意要求将我的谋略全部教给他，这不是想造反又是什么呢？"江夏王李道宗曾经很从容地对太宗说道："侯君集志大而才疏，自恃有些微小的功劳，就对位居房玄龄、李靖之下感到耻辱，虽然让他担任吏部尚书，但是还没有满足他的心愿。据我观察，他必将作乱。"太宗说："凭侯君集的资质和才能，给什么官不可以呢！我哪里是吝惜高官，只是他按功劳次序还没有排到罢了。怎么可以随便猜测、胡乱对人产生疑忌呢！"等到侯君集谋反被杀，太宗就当面感谢李道宗说："果然像你所说的那样。"李安俨的父亲高寿九十馀岁，太宗可怜他，就赐给奴婢来供养他安度晚年。

太子李承乾获罪被囚禁之后，魏王李泰便自己入朝侍奉，太宗当面答应立他为太子，岑文本、刘洎也劝说太宗这样做，而长孙无忌坚决请求立晋王李治为太子。太宗对侍候的大臣们说："昨天李泰扑到我怀里，说道：'我到今天方才得以成为陛下最宠信的儿子，这是我的再生之日。我有一个儿子，我死的那天，一定为陛下您杀掉他，将皇位传给晋王。'世间的人谁不爱自己的儿子，我见他这样，内心非常疼爱他。"谏议大夫褚遂良说："陛下的话太不妥当了！希望您仔细想一想，不要出现失误。哪里会有陛下百年之后，魏王占据天下，肯去杀掉自己爱子，将帝位传给晋王这样的事情呢？陛下您从前在立承乾为太子之后，又去宠爱魏王，礼仪的规格超过承乾，以至酿成今天的祸乱。前面发生的事情相隔不远，足以作为现在的借鉴。陛下您如今要立魏王为太子，希望能先安置好晋王，这才能保证平安无事啊。"太宗流着眼泪说："我不能那样做。"于是起身入宫去了。魏王李泰恐怕皇上立晋王李治为太子，就径直对李治说："你和元昌很要好，

元昌今败，得无忧乎？”治由是忧形于色。上怪，屡问其故，治乃以状告，上怃然，始悔立泰之言矣。上面责承乾，承乾曰：“臣为太子，复何所求？但为泰所图，时与朝臣谋自安之术，不逞之人遂教臣为不轨耳。今若泰为太子，所谓落其度内。”

承乾既废，上御两仪殿，群臣俱出，独留长孙无忌、房玄龄、李世勣、褚遂良，谓曰：“我三子一弟，所为如是，我心诚无聊赖！”因自投于床，无忌等争前扶抱。上又抽佩刀欲自刺，遂良夺刀以授晋王治。无忌等请上所欲，上曰：“我欲立晋王。”无忌曰：“谨奉诏。有异议者，臣请斩之！”上谓治曰：“汝舅许汝矣，宜拜谢。”治因拜之。上谓无忌等曰：“公等已同我意，未知外议何如？”对曰：“晋王仁孝，天下属心久矣，乞陛下试召问百官，有不同者，臣负陛下万死。”上乃御太极殿，召文武六品以上，谓曰：“承乾悖逆，泰亦凶险，皆不可立。朕欲选诸子为嗣，谁可者？卿辈明言之。”众皆欢呼曰：“晋王仁孝，当为嗣。”上悦。是日，泰从百馀骑至永安门，敕门司尽辟其骑，引泰入肃章门，幽于北苑。

丙戌，诏立晋王治为皇太子，御承天门楼，赦天下，酺三日。上谓侍臣曰：“我若立泰，则是太子之位可

元昌现在失败了，你能没有一点儿忧虑吗？”李治由此之后，经常满脸愁容。太宗觉得很奇怪，几次追问他是什么缘故，李治才将真实情况告诉太宗。太宗怅然若失，方才后悔说过立李泰为太子的话。太宗当面斥责李承乾，李承乾说：“我已身为太子，还有什么可追求的呢？只是被李泰图谋算计，才时常和朝中臣僚商议自我保全的策略，一些不得志的人就乘机教唆我做越出常规的事情。今天如果让李泰做了太子，那就恰好落进他的图谋之中了。”

李承乾被废黜之后，太宗在两仪殿听政，群臣都退朝出宫，只留下长孙无忌、房玄龄、李世勣、褚遂良四人，对他们说：“我的三个儿子一个弟弟，如此作为，我心里实在没有可依赖的了。”说罢，就自己撞向床头，长孙无忌等人争着上前将他扶起抱住。太宗又抽出佩刀想要自杀，褚遂良夺过刀来交给晋王李治。长孙无忌等人请求太宗说出他的想法，太宗说：“我想立晋王为太子。”长孙无忌说：“我们谨奉诏命。有异议的人，我请求杀掉他！”太宗对李治说：“你舅舅答应你当太子了，你应该拜谢他才是。”李治就拜谢长孙无忌。太宗对长孙无忌等人说：“你们已经和我的想法相同，但不知道外面如何议论？”回答说：“晋王仁义孝顺，天下人归心于他已经很久了，请陛下您试着召见询问一下文武百官，若有意见不同的，就是我们有负于陛下，罪该万死。”太宗于是亲临太极殿，召见六品以上的文武官员，对大家说：“承乾狂悖忤逆，李泰也凶恶阴险，都不能立为太子。我想从诸位皇子中挑选一人为皇位继承人，谁可以呢？请你们明确地说出来。”众人都欢呼道：“晋王仁义孝顺，应该立为继承人。”太宗很高兴。当天，李泰随同一百馀名骑兵来到永安门，太宗敕令守门官员将他的骑兵全部挡在门外，把李泰一个人领进了肃章门，囚禁在北苑之中。

丙戌（初七）这天，太宗下诏立晋王李治为皇太子，又亲临承天门的门楼会见百姓，大赦天下，允许臣民宴饮三天。太宗对侍候的大臣说：“我若立李泰为太子，那就表明太子的地位可以

经营而得。自今太子失道,藩王窥伺者,两皆弃之,传诸子孙,永为后法。且泰立,则承乾与治皆不全;治立,则承乾与泰皆无恙矣。”

臣光曰:唐太宗不以天下大器私其所爱,以杜祸乱之原,可谓能远谋矣!

通过玩弄手段而得到了。自今以后，如果太子失去道德，而藩王又窥伺机会图谋取而代之的，那么两人都要舍弃不用，这条规定要传给子孙万代，永远为后人所效法。况且，如果李泰立为太子，则承乾和李治都不能保全；而李治立为太子，则承乾和李泰都可以平安无事了。”

北宋史臣司马光评论说：唐太宗不把掌握国家命运的重任私自交给他所偏爱的人，以此来杜绝祸乱产生的根源，可以称得上是能够深谋远虑啊！

太宗平突厥

隋炀帝大业十一年秋八月，帝巡北塞。初，裴矩以突厥始毕可汗部众渐盛，献策分其势，欲以宗女嫁其弟叱吉设，拜为南面可汗。叱吉不敢受，始毕闻而渐怨。突厥之臣史蜀胡悉多谋略，为始毕所宠任，矩诈与为互市，诱至马邑下，杀之。遣使诏始毕曰："史蜀胡悉叛可汗来降，我已相为斩之。"始毕知其状，由是不朝。

戊辰，始毕帅骑数十万谋袭乘舆，义成公主先遣使者告变。壬申，车驾驰入雁门，齐王暕以后军保崞县。癸酉，突厥围雁门，上下惶怖，撤民屋以为守御之具，城中兵民十五万口，食仅可支二旬。雁门四十一城，突厥克其三十九，唯雁门、崞不下。突厥急攻雁门，矢及御前。上大惧，抱赵王杲而泣，目尽肿。

左卫大将军宇文述劝帝简精锐数千骑溃围而出，纳

太宗平突厥

隋炀帝大业十一年(615)秋季八月,炀帝巡视北部边塞。当初,大臣裴矩见突厥始毕可汗的部众逐渐强盛,就向朝廷献计分散他的势力。炀帝打算把杨氏宗室的女儿嫁给始毕可汗的弟弟叱吉设,并封他为南面可汗。叱吉本人不敢接受册封,而始毕可汗知道这件事情之后,就逐渐对隋朝产生了怨恨情绪。突厥的大臣史蜀胡悉多有计谋和策略,受到始毕可汗的宠爱和信任。裴矩诈称与史蜀胡悉做边境贸易,把他诱骗到马邑城下,将他杀死。事后派使臣向始毕可汗宣布诏令说:“史蜀胡悉背叛可汗前来投降,我已经替您把他斩首了。”始毕知道这件事的实际情况,从此不再入朝。

戊辰(初八)这天,始毕可汗率领数十万骑兵打算袭击炀帝,义成公主先派使者向炀帝报告了这一事变。壬申(十二日),炀帝的车驾飞驰进入雁门城,齐王杨暕率领后军保护崞县。癸酉(十三日),突厥骑兵包围了雁门城,隋军上下惊惶害怕,纷纷拆毁老百姓的房屋作为守城御敌的器具。城中有兵民十五万人,而粮食仅够支持二十天。雁门郡有四十一座城池,突厥军队攻克了其中的三十九座,只剩下雁门、崞县二城没有攻下。突厥军队急速攻打雁门,箭一直射到炀帝面前。炀帝十分恐惧,抱着赵王杨杲哭泣,眼睛都哭肿了。

左卫大将军宇文述劝炀帝挑数千名精锐骑兵突围出去,纳

言苏威曰:“城守则我有馀力,轻骑乃彼之所长,陛下万乘之主,岂宜轻动!”民部尚书樊子盖曰:“陛下乘危徼幸,一朝狼狈,悔之何及!不若据坚城以挫其锐,坐征四方兵使入援。陛下亲抚循士卒,谕以不复征辽,厚为勋格,必人人自奋,何忧不济?”内史侍郎萧瑀以为:“突厥之俗,可贺敦预知军谋;且义成公主以帝女嫁外夷,必恃大国之援。若使一介告之,借使无益,庸有何损?又,将士之意,恐陛下既免突厥之患,还事高丽,若发明诏,谕以赦高丽、专讨突厥,则众心皆安,人自为战矣。”瑀,皇后之弟也。虞世基亦劝帝重为赏格,下诏停辽东之役。帝从之。

帝亲巡将士,谓之曰:“努力击贼,苟能保全,凡在行陈,勿忧富贵,必不使有司弄刀笔破汝勋劳。”乃下令:“守城有功者,无官直除六品,赐物百段;有官以次增益。”使者慰劳,相望于道。于是众皆踊跃,昼夜拒战,死伤甚众。

甲申,诏天下募兵,守令竞来赴难。李渊之子世民,年十六,应募隶屯卫将军云定兴。说定兴多赍旗鼓为疑兵,曰:“始毕敢举兵围天子,必谓我仓猝不能赴援故也。宜昼则引旌旗令数十里不绝,夜则钲鼓相应,虏必谓救兵大至,

言苏威说："把守城池，则我方还有馀力，而轻装骑兵作战却是他们的长处。陛下您是万乘之主，怎么可以轻举妄动！"民部尚书樊子盖说："陛下您冒着危险突围，想侥幸冲出去，一旦失败，就后悔莫及了！不如占据坚固的城池以挫伤他们的锐气，安坐城中而征召各地的兵马，让他们前来救援。陛下亲自抚慰巡视士兵，告诉他们不再征讨辽东，制定优厚的功劳赏赐标准，那么，人人必然会自动奋勇争先，又何愁不能度过眼下的困境呢？"内史侍郎萧瑀认为："突厥的习俗，可汗的妻子可贺敦可以参与主持军事行动的谋划。况且，义成公主是以皇帝女儿的身份出嫁外夷的，肯定会依仗大国的援助来巩固自己的地位。若派一个使者将我们的情况告诉她，即使没有什么好处，也不会有什么损害。另外，将士们的心意，是担心陛下在免除突厥的灾患之后，还要去征讨高句丽，如果陛下您颁发一个公开诏书，宣布赦免高句丽、专讨突厥，那么大家的心情都会安定下来，就会各自为战了。"萧瑀，是皇后的弟弟。虞世基也劝炀帝制定优厚的赏功标准，下诏停止征讨辽东的兵役，炀帝听从了大家的意见。

炀帝亲自巡视将士，对他们说："大家要努力打击敌人，如果能保全下来，凡在军队中参加过战斗的，都不要忧虑富贵方面的事情，我一定不允许有关部门耍弄刀笔毁没你们的功劳。"于是下令："守城有功的人，没有官职的直接授予六品官，赏赐物品一百段；有官职的则按级别等次分别增加。"他派去慰问将士的使者，一个接着一个，在路上可以互相看到。于是，大家都踊跃上阵，昼夜拒守战斗，死伤的将士很多。

甲申（二十四日），炀帝下诏全国招募士兵。郡守县令都竞相前来赴难。李渊的儿子李世民，时年十六岁，也应募从军，隶属屯卫将军云定兴统辖。他劝云定兴多携带军旗战鼓以布列虚设的兵阵，说："始毕可汗胆敢举兵包围天子，一定出于认为我方仓促不能赶去援救的缘故。我们最好在白天将旌旗展开分散，让它们高高飘扬，数十里之内连续不断；在夜间就击钲敲鼓，让数十里之内响声互相呼应。这样，敌人一定会认为救兵大批到来，

望风遁去。不然，彼众我寡，若悉军来战，必不能支。"定兴从之。帝遣间使求救于义成公主，公主遣使告始毕云："北边有急。"东都及诸郡援兵亦至忻口。九月甲辰，始毕解围去。帝使人出侦，山谷皆空，无胡马，乃遣二千骑追蹑，至马邑，得突厥老弱二千馀人而还。

十二年，突厥数寇北边。诏晋阳留守李渊帅太原道兵与马邑太守王仁恭击之。时突厥方强，两军众不满五千，仁恭患之。渊选善骑射者二千人，使之饮食舍止一如突厥，或与突厥遇，则伺便击之，前后屡捷，突厥颇惮之。

恭帝义宁元年夏五月，突厥数万众寇晋阳。唐公李渊举兵，六月，刘文静说渊结突厥为援，告突厥以尊立代王之意。突厥使康鞘利送马千匹为互市。

刘文静使突厥请兵。秋八月，刘文静以突厥兵五百、马二千匹来至。事并见《高祖兴唐》。

唐高祖武德元年。初，五原通守栎阳张长逊以中原大乱，举郡附突厥，突厥以为割利特勒。郝瑗说薛举与梁师都及突厥连兵以取长安，举从之。时启民可汗之子咄苾号莫贺咄设，建牙直五原之北，举遣使与莫贺咄设谋入寇，莫贺咄设许之。唐王使都水监宇文歆赂莫贺咄设，且为陈利害，止其出兵，又说莫贺咄设遣张长逊入朝，以五原之地归之中国，莫贺咄设并从之。夏四月己卯，武都、宕渠、五原

从而望风逃去。不然的话，敌众我寡，如果他们全军来战，我们必定无法支撑下去。”云定兴听从了李世民的意见。炀帝又派一个秘密使者向义成公主求救，义成公主就派人告诉始毕可汗说："北部边境告急。”这时，从东都洛阳和各郡发来的援兵也赶到了忻口。九月甲辰(十五日)，始毕可汗终于解围而离去。炀帝让人出城侦察，回报说山谷之间全无一人，又不见一匹胡马，他这才派遣二千骑兵沿突厥军队撤退方向尾随追击，一直追到马邑，捕获了突厥老弱二千馀人，然后返还。

十二年(616)，突厥军队多次侵扰隋朝北部边境。炀帝下诏命令晋阳留守李渊率领太原道的军队，与马邑太守王仁恭共同迎击敌人。当时突厥正处于强盛时期，而李渊、王仁恭两军兵众合起来也不满五千人，王仁恭对此十分忧虑。李渊从这五千人中精选出善于骑马射箭的士兵二千人，让他们在饮食起居等方面和突厥人完全相同，有时与突厥人相遇，就伺机袭击对方，前后屡次获胜，突厥人很怕李渊。

隋恭帝义宁元年(617)夏季五月，突厥数万军队侵犯晋阳。唐国公李渊举兵反隋，六月，刘文静劝说李渊结交突厥，作为自己的后援，并将准备尊立代王杨侑为帝的意思转告突厥方面。突厥派大将康鞘利送来一千匹马与李渊做边境贸易。

刘文静出使突厥，请求发兵支援。秋季八月，刘文静率领突厥兵五百、战马二千匹来到。事并见《高祖兴唐》。

唐高祖武德元年(618)。当初，五原郡通守、栎阳人张长逊因为中原地区大乱，就献出全郡人马归附突厥，突厥任命他为割利特勒。郝瑗劝说薛举与梁师都及突厥三方联兵攻取长安，薛举听从了他的建议。当时突厥启民可汗之子咄苾号为莫贺咄设，设置的牙帐就位于五原郡的北面，薛举派使者与莫贺咄设谋划入侵长安，莫贺咄设答应了。唐王李渊派都水监宇文歆贿赂莫贺咄设，并且向他陈说了利害关系，阻止他向长安出兵。又劝说莫贺咄设派遣张长逊入朝，把五原地区归还给中国。莫贺咄设一并都听从了。夏季四月己卯(初五)这天，武都、宕渠、五原

等郡皆降，王即以长逊为五原太守。长逊又诈为诏书与莫贺咄设，示知其谋。莫贺咄设乃拒举、师都等，不纳其使。

五月辛未，突厥始毕可汗遣骨咄禄特勒来，宴之于太极殿，奏九部乐。时中国人避乱者多入突厥，突厥强盛，东自契丹、室韦，西尽吐谷浑、高昌，诸国皆臣之，控弦百馀万。帝以初起资其兵马，前后饷遗，不可胜纪。突厥恃功骄倨，每遣使者至长安，多暴横，帝优容之。

秋九月，上遣从子襄武公琛、太常卿郑元璹以女妓遗突厥始毕可汗。壬戌，始毕复遣骨咄禄特勒来。冬十月戊寅，宴突厥骨咄禄，引骨咄禄升御坐以宠之。

二年闰二月，突厥始毕可汗将其众渡河至夏州，梁师都发兵会之，以五百骑授刘武周，欲自句注入寇太原。会始毕卒，子什钵苾幼，未可立，立其弟俟利弗设为处罗可汗。处罗以什钵苾为泥步设，使居东偏，直幽州之北。先是，上遣右武候将军高静奉币使于始毕，至丰州，闻始毕卒，敕纳于所在之库。突厥闻之，怒，欲入寇。丰州总管张长逊遣高静以币出塞为朝廷致赙，突厥乃还。

夏六月己酉，突厥遣使来告始毕可汗之丧。上举哀于长乐门，废朝三日，诏百官就馆吊其使者。又遣内史舍人郑德挺吊处罗可汗，赙帛三万段。

等郡都归降唐王，唐王就任命张长逊为五原太守。张长逊又伪造诏书给莫贺咄设，表示已经知道了他与薛举的阴谋。于是，莫贺咄设就拒绝薛举、梁师都等人的请求，不接纳他们派来的使节。

五月辛未（二十七日），突厥始毕可汗派遣骨咄禄特勒来到唐朝，朝廷在太极殿设宴款待他，席间演奏宴乐、清商、西凉、龟兹、疏勒等九部乐。当时中原各地躲避战乱的人们大多逃入突厥，突厥十分强盛，东从契丹、室韦开始，西到吐谷浑、高昌，各国都向突厥称臣，突厥拥有能开弓射箭的骑兵一百馀万人。唐高祖因为起兵初期曾靠过突厥兵马的资助，所以先后赠送给他们的物品，多得无法统计。突厥凭恃功劳，骄纵傲慢，每次派遣使者来到长安，大多凶暴蛮横，而唐高祖总是优待、宽容他们，不和他们计较。

秋季九月，唐高祖派侄子襄武公李琛、太常卿郑元璹把女歌舞妓人赠送给突厥始毕可汗。壬戌（二十日），始毕可汗又派遣骨咄禄特勒前来唐朝。冬季十月戊寅（初七）这天，唐高祖摆宴款待突厥的骨咄禄，并引导骨咄禄登上皇帝的宝座以表达对他的恩宠。

二年（619）闰二月，突厥始毕可汗率领他的部众渡过黄河来到夏州，梁师都发兵与他会合，将五百骑兵授给刘武周，打算从句注入侵太原。适逢始毕可汗去世，他的儿子什钵苾年幼，不能立为可汗，于是，突厥就立始毕的弟弟俟利弗设为处罗可汗。处罗可汗任命什钵苾为泥步设，让他居于突厥汗国的东部，正当幽州的北面。在此之前，唐高祖派遣右武候将军高静携带礼物出使突厥，行至丰州，听到始毕去世的消息，就下敕令将这批礼物存入当地的官库。突厥听说后，十分生气，想入侵唐朝。丰州总管张长逊就派高静携带那批礼物出塞送给突厥，作为朝廷资助办理始毕丧事的费用，突厥这才退军。

夏季六月己酉（十二日），突厥派遣使节前来正式通告始毕可汗的死讯。唐高祖在长乐门举行哀悼仪式，罢朝三天，诏命文武百官到突厥客馆去慰问他们的使者。又派内史舍人郑德挺出塞去慰问处罗可汗，赠送办丧用帛三万段。

秋八月，梁师都与突厥合数千骑寇延州，行军总管段德操兵少不敌，闭壁不战。伺师都稍怠，九月丙寅，遣副总管梁礼将兵击之。师都与礼战方酣，德操以轻骑多张旗帜，掩击其后，师都军溃，逐北二百馀里，破其魏州，虏男女二千馀口。德操，孝先之子也。

三年秋七月，梁师都引突厥、稽胡兵入寇，行军总管段德操击破之，斩首千馀级。九月，突厥莫贺咄设寇凉州，总管杨恭仁击之，为所败，掠男女数千人而去。

冬十一月，梁师都遣其尚书陆季览说突厥处罗可汗曰："比者中原丧乱，分为数国，势均力弱，故皆北面归附突厥。今定杨可汗既亡，天下将悉为唐有。师都不辞灰灭，亦恐次及可汗，不若及其未定，南取中原，如魏道武所为，师都请为乡导。"处罗从之，谋使莫贺咄设入自原州，泥步设与师都入自延州，处罗入自并州，突利可汗与奚、霫、契丹、靺鞨入自幽州，会窦建德之师自滏口西入，会于晋、绛。莫贺咄者，处罗之弟咄苾也。突利者，始毕之子什钵苾也。

处罗又欲取并州以居杨政道，其群臣多谏，处罗曰："我父失国，赖隋得立，此恩不可忘。"将出师而卒。义成公主以其子奥射设丑弱，废之，更立莫贺咄设，号颉利可汗。乙酉，颉利遣使告处罗之丧，上礼之如始毕之丧。

秋季八月，梁师都与突厥联合出动数千骑兵侵扰延州，唐朝行军总管段德操兵力少，无法抗敌，就关闭城门不出战。等到梁师都逐渐懈怠下来时，九月丙寅（初一），段德操派副总管梁礼率军攻击梁师都。正当梁师都与梁礼战斗到最激烈的时候，段德操率领轻骑兵，打着很多旗帜，从敌人的背后突然发起攻击，梁师都的军队溃败而逃，唐军向北追赶了二百馀里，又一举攻克梁师都的魏州，俘虏男女二千馀口。段德操，是段孝先的儿子。

三年（620）秋季七月，梁师都带领突厥、稽胡军队入侵唐朝，行军总管段德操击败了他们，斩首一千馀级。九月，突厥莫贺咄设侵犯凉州，唐朝总管杨恭仁出城迎击，被对方战败，突厥抢劫了男女数千人而离去。

冬季十一月，梁师都派遣他的尚书陆季览劝突厥处罗可汗说："近来中原地区百姓丧失、政局混乱，已经分裂成好几个国家，这些国家力量相当但较为弱小，所以都面向北方，归附突厥。如今定杨可汗刘武周已经败亡，天下将要全归唐朝所有。师都我不回避灭亡的命运，但也担心下一个就轮到可汗您了。您不如趁唐朝尚未平定天下之际，就挥军南下夺取中原，像当年北魏道武帝所做的那样。如能这样，师都我愿意给您当向导。"处罗可汗采纳了他的建议，计划派莫贺咄设从原州入侵，泥步设和梁师都从延州入侵，处罗可汗从并州入侵，突利可汗与奚、霫、契丹、靺鞨各部从幽州入侵，再会合窦建德的军队，从滏口向西攻入唐境，四路大军在晋、绛二州会师。莫贺咄，是处罗可汗的弟弟咄苾。突利可汗，是始毕可汗的儿子什钵苾。

处罗可汗又打算攻取并州以让杨政道居住，他的众位臣僚大多劝阻，处罗可汗说："我父亲丧失了国家政权，多亏隋朝的帮助才得以立为可汗，这份恩情是不能忘记的。"他正准备出兵时却死去了。义成公主因为他的儿子奥射设长相丑陋、体质虚弱，就废掉不立，改立莫贺咄设为可汗，号为颉利可汗。乙酉（二十六日），颉利可汗派遣使节向唐朝通报了处罗可汗的死讯，唐高祖为他举行哀悼仪式，和当年对待始毕可汗的丧事完全相同。

十二月，突厥伦特勒在并州，大为民患，并州总管刘世让设策擒之。上闻之，甚喜。

四年春三月庚申，以靺鞨渠帅突地稽为燕州总管。突厥颉利可汗承父兄之资，士马雄盛，有凭陵中国之志。妻隋义成公主，公主从弟善经，避乱在突厥，与王世充使者王文素共说颉利曰："昔启民为兄弟所逼，脱身奔隋，赖文皇帝之力，有此土宇，子孙享之。今唐天子非文皇帝子孙，可汗宜奉杨政道以伐之，以报文皇帝之德。"颉利然之。上以中国未宁，待突厥甚厚，而颉利求请无厌，言辞骄慢。甲戌，突厥寇汾阴。壬午，突厥寇石州，刺史王集击却之。

夏四月己亥，突厥颉利可汗寇雁门，李大恩击走之。戊申，突厥寇并州。初，处罗可汗与刘武周相表里，寇并州，上遣太常卿郑元璹往谕以祸福，处罗不从。未几，处罗遇疾卒，国人疑元璹毒之，留不遣。上又遣汉阳公瓌赂颉利可汗以金帛，颉利欲令瓌拜，瓌不从，亦留之。又留左骁卫大将军长孙顺德。上怒，亦留其使者。瓌，孝恭之弟也。

五月，突厥寇边，长平靖王叔良督五将击之，叔良中流矢，师旋。六月戊子，卒于道。

秋八月癸卯，突厥寇代州，总管李大恩遣行军总管王孝基拒之，举军皆没。甲辰，进围崞县。乙巳，王孝基自突厥逃归。

十二月，突厥人伦特勒在并州胡作非为，成为老百姓的心腹大患，唐朝并州总管刘世让设计擒获了他。唐高祖听说这件事，非常高兴。

四年（621）春季三月庚申（初二）这天，唐朝任命靺鞨酋长突地稽为燕州总管。突厥颉利可汗继承了父兄的遗产，兵马精良，势力强盛，就产生了侵扰凌辱中原王朝的志向。颉利可汗仍以隋朝的义成公主为妻，公主的堂弟杨善经正在突厥躲避战乱，他与王世充派往突厥的使者王文素一起劝说颉利可汗道："从前启民可汗遭到兄弟逼迫，脱身后投奔隋朝，凭借文皇帝的力量，才有了这片广袤的领土，子子孙孙享用不尽。现今的唐朝天子不是文皇帝的子孙，可汗您应该遵奉杨政道为帝而讨伐唐朝，用来报答文皇帝的恩德。"颉利可汗表示赞同。唐高祖因为中原地区尚不安宁，就对待突厥特别优厚，但是颉利可汗贪求无厌，说话言辞傲慢无礼。甲戌（十六日），突厥侵扰汾阴县。壬午（二十四日），突厥侵扰石州，刺史王集击退了他们。

夏季四月己亥（十二日），突厥颉利可汗侵扰雁门，李大恩击退了他们。戊申（二十一日），突厥侵扰并州。当初，处罗可汗与刘武周互为表里，内外结合侵扰并州。唐高祖派遣太常卿郑元璹前往突厥，晓示以灾害祸福，而处罗可汗不听。没有多久，处罗可汗得病而死，突厥国的一些人怀疑是郑元璹毒死的，就把他扣留起来，不让回国。唐高祖又派遣汉阳公李瓌用金银布帛来贿赂颉利可汗，颉利想让李瓌行拜见礼，李瓌不答应，也被扣留起来。突厥还扣留了唐朝左骁卫大将军长孙顺德。唐高祖大怒，也扣留了他们的使者。李瓌，是李孝恭的弟弟。

五月，突厥侵扰唐朝边境，长平靖王李叔良督率五员大将军前往迎击。李叔良身中流箭，全军返回。六月戊子（初二）这天，李叔良死于途中。

秋季八月癸卯（十八日）这天，突厥侵犯代州，唐朝总管李大恩派遣行军总管王孝基前去拒敌，结果全军覆没。甲辰（十九日），突厥进军围困崞县。乙巳（二十日），王孝基从突厥处逃回。

李大恩众少，据城自守，突厥不敢逼，月馀引去。九月，突厥寇并州，遣左屯卫大将军窦琮等击之。戊午，突厥寇原州，遣行军总管尉迟敬德等击之。甲申，灵州总管杨师道击突厥，破之。师道，恭仁之弟也。冬十一月，高开道与突厥连兵，数入为寇，恒、定、幽、易咸被其患。

五年春三月，上遣使赂突厥颉利可汗，且许结昏。颉利乃遣汉阳公瓌、郑元琦、长孙顺德等还。庚子，复遣使来修好，上亦遣其使者特勒热寒、阿史那德等还。并州总管刘世让屯雁门，颉利与高开道、苑君璋合众攻之，不克，月馀乃还。

夏四月壬申，代州总管定襄王李大恩为突厥所杀。先是，大恩奏"称突厥饥馑，马邑可取"，诏殿内少监独孤晟将兵与大恩共击苑君璋，期以二月会马邑。失期不至，大恩不能独进，顿兵新城。颉利可汗遣数万骑与刘黑闼共围大恩，上遣右骁卫大将军李高迁救之。未至，大恩粮尽，夜遁，突厥邀之，众溃而死，上惜之。独孤晟坐减死徙边。五月，突厥寇忻州，李高迁击破之。

秋八月乙卯，突厥颉利可汗寇边，遣左武卫将军段德操、云州总管李子和将兵拒之。丙辰，颉利十五万骑入雁门，己未，寇并州，别遣兵寇原州。庚申，命太子出豳州道，秦王世民出秦州道以御之。李子和趋云中，掩击可汗，段德操趋夏州，邀其归路。

李大恩人众较少，就占据城池自守，突厥不敢进逼，相持了一个多月突厥才撤军离去。九月，突厥侵扰并州，唐朝派遣左屯卫大将军窦琮等人前往迎击。戊午（初四）这天，突厥侵扰原州，唐朝派遣行军总管尉迟敬德等人前往迎击。甲申（三十日），唐朝灵州总管杨师道攻打突厥，击败了他们。杨师道，是杨恭仁的弟弟。冬季十一月，高开道与突厥联兵，几次入侵劫掠骚扰，恒州、定州、幽州、易州等地都遭受到他们的祸害。

五年（622）春季三月，唐高祖派使者送给突厥颉利可汗很多财物，并答应结婚通好。颉利可汗这才遣送汉阳公李瓌、郑元琦、长孙顺德等人回国。庚子（十九日），颉利可汗再次派遣使者来唐朝表示重归和好，高祖也遣送突厥使臣特勒热寒、阿史那德等人回国。唐朝并州总管刘世让驻屯在雁门，颉利可汗与高开道、苑君璋合兵攻打他，没能攻克，过了一个多月，他们才退军。

夏季四月壬申（二十一日），唐朝代州总管定襄王李大恩被突厥杀害。在此之前，李大恩向朝廷上奏称"突厥发生大饥荒，马邑可以攻取"，唐高祖下诏命令殿内少监独孤晟率兵与李大恩共同攻打苑君璋，约定在二月会师马邑。独孤晟耽误了时间，没有如期到达，李大恩不能孤军冒进，就将军队停驻在新城。颉利可汗调派数万骑兵与刘黑闼一起包围了李大恩，高祖另派右骁卫大将军李高迁前往援救。李高迁的援军还没到达，李大恩的粮食已经吃光，不得不在半夜突围而逃，结果遭到突厥骑兵的截击，军众溃散，本人战死。高祖对他的死亡感到十分痛惜。独孤晟获罪当斩，后减刑为流刑，放逐到边远地区。五月，突厥侵犯忻州，李高迁击败了他们。

秋季八月乙卯（初六）这天，突厥颉利可汗侵犯唐朝边境，高祖派遣左武卫将军段德操、云州总管李子和率兵抵抗。丙辰（初七），颉利可汗的十五万骑兵攻入雁门，己未（初十）侵扰并州，又另外派兵侵扰原州。庚申（十一日），唐高祖命令太子李建成从豳州道、秦王李世民从秦州道分别出兵抵御突厥的入侵。李子和赶赴云中袭击颉利可汗，段德操直奔夏州截断突厥的退路。

辛酉，上谓群臣曰："突厥入寇而复求和，和与战孰利？"太常卿郑元璹曰："战则怨深，不如和利。"中书令封德彝曰："突厥恃犬羊之众，有轻中国之意，若不战而和，示之以弱，明年将复来。臣愚以为不如击之，既胜而复与和，则恩威兼著矣！"上从之。己巳，并州大总管襄邑王神符破突厥于汾东。汾州刺史萧顗破突厥，斩首五千馀级。

丙子，突厥寇廉州，戊寅，陷大震关。上遣郑元璹诣颉利。是时，突厥精骑数十万，自介休至晋州，数百里间，填溢山谷。元璹见颉利，责以负约，与相辩诘，颉利颇惭。元璹因说颉利曰："唐与突厥，风俗不同，突厥虽得唐地，不能居也。今虏掠所得，皆入国人，于可汗何有？不如旋师，复修和亲，可无跋涉之劳，坐受金币，又皆入可汗府库。孰与弃昆弟积年之欢，而结子孙无穷之怨乎？"颉利悦，引兵还。元璹自义宁以来，五使突厥，几死者数焉。

九月癸巳，交州刺史权士通、弘州总管宇文歆、灵州总管杨师道击突厥于三观山，破之。乙未，太子班师。丙申，宇文歆邀突厥于崇冈镇，大破之，斩首千馀级。壬寅，定州总管双士洛等击突厥于恒山之南，丙午，领军将军安兴贵击突厥于甘州，皆破之。

冬十一月乙酉，封略阳公道宗为郡王。道宗为灵州总管，梁师都遣弟洛兒引突厥数万围之，道宗乘间出击，大破之。

辛酉(十二日),唐高祖对众位大臣说:“突厥入侵而又来求和,和与战哪个更有利呢?”太常卿郑元琦说:“交战就会加深怨恨,不如讲和有利。”中书令封德彝说:“突厥倚仗他们那像狗和羊一样多的军队,有轻视我们中国的意向,如果不交战而讲和,就是向他们表示软弱,那么,明年他们还会再来。为臣我愚昧地认为不如狠狠打击他们,取胜之后再与他们讲和,这样就恩威并重了。”高祖采纳了封德彝的建议。己巳(二十日),并州大总管襄王李神符在汾河东岸击败突厥。汾州刺史萧颉也击败突厥,斩首五千馀级。

丙子(二十七),突厥侵犯廉州,戊寅(二十九日),攻陷大震关。高祖派遣郑元琦去见颉利可汗。当时,突厥的精锐骑兵有几十万之多,填满了从介休到晋州几百里之间的山谷。郑元琦见到颉利可汗,斥责他违反和约,与他展开辩论,颉利感到很惭愧。郑元琦趁机劝颉利说:“唐朝与突厥的风俗习惯不同,突厥即使得到唐朝的土地,也不能长期居住下去。今天您掳掠得来的财物都会落入贵国百姓之手,对可汗您来说,又能得到什么呢?不如回师归国,再修和亲之好,既可免去长途跋涉的辛劳,又可坐收金银礼物,而且这些金银礼物全都纳入可汗您的府库。这与放弃兄弟之间多年的友谊,而结下子孙后代无穷的怨恨相比,究竟哪样更好、更有利呢?”颉利可汗听后很高兴,就带领军队回国去了。郑元琦自义宁元年以来,五次出使突厥,好几次都差一点儿被杀死了。

九月癸巳(十五日),交州刺史权士通、弘州总管宇文歆、灵州总管杨师道在三观山攻打突厥,击败了他们。乙未(十七日),太子还师回朝。丙申(十八日),宇文歆在崇冈镇截击突厥,大败敌军,斩首一千馀级。壬寅(二十四日),定州总管双士洛等人在恒山南麓攻击突厥,丙午(二十八日),领军将军安兴贵在甘州攻击突厥,都打败了敌军。

冬季十一月乙酉(初八)这天,唐朝封略阳公李道宗为郡王。李道宗担任灵州总管,梁师都派遣他的弟弟梁洛兒带领突厥军队好几万人包围了灵州,李道宗趁机突然出击,大败敌军。

突厥与师都连结，遣其郁射设入居故五原，道宗逐出之，斥地千馀里。

六年夏五月丙申，梁师都将辛獠兒引突厥寇林州。戊戌，苑君璋将高满政寇代州，骠骑将军李宝言击走之。癸卯，高开道引突厥寇幽州，突地稽将兵邀击，破之。

六月戊午，高满政以马邑来降。先是，前并州总管刘世让除广州总管，将之官，上问以备边之策，世让对曰："突厥比数为寇，良以马邑为之中顿故也。请以勇将戍崞城，多贮金帛，募有降者厚赏之，数出骑兵掠其城下，蹂其禾稼，败其生业，不出岁馀，彼无所食，必降矣。"上然其计，曰："非公，谁为勇将？"即命世让戍崞城，马邑病之。是时，马邑人多不愿属突厥，上复遣人招谕苑君璋。高满政说君璋尽杀突厥戍兵降唐，君璋不从。满政因众心所欲，夜袭君璋，君璋觉之，亡奔突厥，满政杀君璋之子及突厥戍兵二百人而降。壬戌，梁师都以突厥寇匡州。丁卯，苑君璋与突厥吐屯设寇马邑，高满政与战，破之。以满政为朔州总管，封荣国公。

秋七月丙子，苑君璋以突厥寇马邑，右武候大将军李高迁及高满政御之，战于腊河谷，破之。癸未，突厥寇原州，乙酉，寇朔州。李高迁为虏所败，行军总管尉迟敬德将兵救之。己亥，遣太子将兵屯北边，秦王世民屯并州，以备突厥。八月丙辰，突厥寇真州，又寇马邑。己未，突厥寇原州。

突厥与梁师都联合勾结在一起，派遣郁射设进入唐境，居住在原来的五原郡一带，李道宗把他驱逐出境，并开拓土地达一千馀里。

六年(623)夏季五月丙申(二十一日)，梁师都的部将辛獠兒带领突厥人侵犯林川。戊戌(二十三日)这天，苑君璋的部将高满政侵犯代州，骠骑将军李宝言击退了他们。癸卯(二十八日)，高开道带领突厥人侵犯幽州，突地稽率军半路截击，打败了他们。

六月戊午(十四日)，高满政献出马邑之地投降唐朝。在此之前，前并州总管刘世让改任广州总管，在他准备去上任的时候，高祖向他询问守备边防的策略，刘世让回答说："突厥近来能够多次入侵，实在是因为有马邑给他们提供中途屯驻补给的缘故。希望派一员勇将戍守崞城，多贮藏一些金银布帛，招募到投降的人就给予重赏，频繁派出骑兵从马邑城下掠过，践踏他们的庄稼，破坏他们赖以谋生的产业，不出一年左右，他们没有吃的了，必然会投降了。"高祖赞同他的计策，说："除了您，还能有谁是勇将呢？"当即命令刘世让戍守崞城，马邑人对他感到很头痛。当时，马邑的民众大多不愿意隶属于突厥，高祖又派人晓示苑君璋。高满政劝说苑君璋杀尽突厥守军投降唐朝，但是苑君璋不听从他的忠告。于是，高满政就依照大家心里所想的归顺唐朝的愿望，半夜袭击苑君璋，苑君璋发觉后，逃奔突厥。高满政杀死苑君璋的儿子以及突厥守兵二百人，投降了唐朝。壬戌(十八日)，梁师都借用突厥军队侵犯匡州。丁卯(二十三日)，苑君璋与突厥的吐屯设一道侵犯马邑。高满政和他们交战，打败了他们。唐朝任命高满政为朔州总管，封爵荣国公。

秋季七月丙子(初二)这天，苑君璋使用突厥军队侵犯马邑，右武候大将军李高迁和高满政一道抵御，在腊河谷展开激战，打败了苑君璋。癸未(初九)，突厥侵犯原州，乙酉(十一日)，又侵犯朔州。李高迁被突厥击败，行军总管尉迟敬德率军前往救援。己亥(二十五日)，高祖派遣太子李建成统领军队驻屯在北部边境，秦王李世民驻屯在并州，防备突厥来犯。八月甲辰(初一)这天，突厥侵犯真州，又侵犯马邑。己未(十六日)，突厥侵犯原州。

辛未，突厥陷原州之善和镇，癸酉，又寇渭州。九月庚寅，突厥寇幽州。壬寅，高开道引突厥二万骑寇幽州。

突厥恶弘农公刘世让为己患，遣其臣曹般陁来，言世让与可汗通谋，欲为乱，上信之。冬十月丙午，杀世让，籍没其家。秦王世民犹在并州，己未，诏世民引军还。

初，上遣右武候大将军李高迁助朔州总管高满政守马邑，苑君璋引突厥万馀骑至城下，满政击破之。颉利可汗怒，大发兵攻马邑。高迁惧，帅所部二千人斩关宵遁，虏邀之，失亡者半。颉利自帅众攻城，满政出兵御之，或一日战十馀合。上命行军总管刘世让救之，至松子岭，不敢进，还保崞城。会颉利遣使求婚，上曰："释马邑之围，乃可议婚。"颉利欲解兵，义成公主固请攻之。颉利以高开道善为攻具，召开道，与之攻马邑甚急。颉利诱满政使降，满政骂之。粮且尽，救兵未至，满政欲溃围走朔州，右虞候杜士远以虏兵盛，恐不免，壬戌，杀满政降于突厥，苑君璋复杀城中豪杰与满政同谋者三十馀人。上以满政子玄积为上柱国，袭爵。丁卯，突厥复请和亲，以马邑归唐，上以将军秦武通为朔州总管。

突厥数为边患，并州大总管府长史窦静表请于太原置屯田以省馈运，议者以为烦扰，不许。静切论不已，敕征

辛未（二十八日），突厥攻陷原州的善和镇，癸酉（三十日），又侵犯渭州。九月庚寅（十七日），突厥侵犯幽州。壬寅（二十九日），高开道带突厥骑兵二万侵犯幽州。

突厥深恨弘农公刘世让，认为他是自己的心腹大患，就派使臣曹般陁来到唐朝，声称："刘世让与我们可汗勾结密谋，准备作乱。"高祖相信了这些话，冬季十月丙午（初四）这天，下令杀死刘世让，没收了他的家产。秦王李世民还在并州，己未（十七日），唐高祖诏命李世民率军返回长安。

当初，高祖派遣右武候大将军李高迁协助朔州总管高满政防守马邑，苑君璋带突厥骑兵万馀人到马邑城下挑衅，高满政击败了他们。颉利可汗大怒，调发大批军队攻打马邑。李高迁害怕了，就率领他的部下二千人砍开门闩，连夜逃跑，途中遭到突厥军的截击，逃失死亡的人约占一半。颉利可汗亲自率领军队攻城，高满政出兵抵御，有时一天交战十馀次。高祖命令行军总管刘世让去救援马邑，但他走到松子岭时，就不敢再前进了，仍回军保守崞城。适逢颉利可汗派遣使节向唐朝求婚，高祖说："解除了马邑之围，才能商议婚事。"颉利可汗想解除包围马邑的军队，而义成公主执意要求攻打马邑。颉利因为高开道善于制造使用攻城的器具，就把高开道召来，与他一起猛攻马邑。颉利引诱高满政，让他投降，高满政痛骂了颉利。城中粮食就快要吃光了，而救兵还没有到达，高满政打算突围去朔州。右虞候杜士远认为突厥军队还很强盛，担心突围不成，难免会败亡，壬戌（二十日）这天，就杀死高满政，向突厥投降。苑君璋又杀死城内与高满政同谋的豪杰三十馀人。唐高祖任命高满政的儿子高玄积为上柱国，承继了父亲的爵位荣国公。丁卯（二十五日），突厥再次请求和亲，将马邑归还给唐朝，高祖任命将军秦武通为朔州总管。

突厥经常在边境制造祸患，并州大总管府长史窦静上表请求在太原地区设置屯田，用来节省军粮的运输，参与讨论这个问题的人认为过于烦扰，不同意。窦静极力论说不止，高祖下敕召

静入朝，使与裴寂、萧瑀、封德彝相论难于上前，寂等不能屈，乃从静议，岁收谷数千斛，上善之，命检校并州大总管。静，抗之子也。十一月辛巳，秦王世民复请增置屯田于并州之境，从之。十二月己巳，突厥寇定州，州兵击走之。

七年春三月丁酉，突厥寇原州。夏五月辛未，寇朔州。六月，突厥寇代州之武周城，州兵击破之。秋七月己巳，苑君璋以突厥寇朔州，总管秦武通击却之。戊寅，突厥寇原州，遣宁州刺史鹿大师救之，又遣杨师道趋大木根山邀其归路。庚辰，突厥寇陇州，遣护军尉迟敬德击之。癸未，突厥寇阴盘。己丑，突厥吐利设与苑君璋寇并州。

或说上曰："突厥所以屡寇关中者，以子女玉帛皆在长安故也。若焚长安而不都，则胡寇自息矣。"上以为然，遣中书侍郎宇文士及逾南山至樊、邓，行可居之地，将徙都之。太子建成、齐王元吉、裴寂皆赞成其策，萧瑀等虽知其不可而不敢谏。秦王世民谏曰："戎狄为患，自古有之。陛下以圣武龙兴，光宅中夏，精兵百万，所征无敌，奈何以胡寇扰边，遽迁都以避之，贻四海之羞，为百世之笑乎？彼霍去病汉廷一将，犹志灭匈奴，况臣忝备藩维，愿假数年之期，请系颉利之颈，致之阙下。若其不效，迁都未晚。"上曰："善。"建成曰："昔樊哙欲以十万众横行匈奴中，秦王之

窦静入朝，让他与裴寂、萧瑀、封德彝等人在皇帝面前辩论。裴寂等人没能说服窦静，于是听从窦静的建议，在边境设置屯田，结果每年收获粮食数千斛。高祖十分赞许窦静，就命他检校并州大总管。窦静，是窦抗的儿子。十一月辛巳（初九）这天，秦王李世民又请求在并州的境内增置屯田，高祖听从了他的建议。十二月己巳（二十八日），突厥侵犯定州，定州军队击退了他们。

七年（624）春季三月丁酉（二十七日），突厥侵犯原州。夏季五月辛未（初二），侵犯朔州。六月，突厥侵犯代州的武周城，代州军队击败了他们。秋季七月己巳（初一），苑君璋借用突厥军队侵犯朔州，总管秦武通击退了他们。戊寅（初十），突厥侵犯原州，唐朝派遣宁州刺史鹿大师前往援救，又派遣杨师道赶赴大木根山截住突厥的退路。庚辰（十二日），突厥侵犯陇州，唐朝派遣护军尉迟敬德攻打他们。癸未（十五日），突厥侵犯阴盘。己丑（二十一日），突厥的吐利设与苑君璋一起侵犯并州。

有人劝高祖说："突厥之所以经常来侵犯关中地区，是因为我们的子女和玉帛都集中在长安的缘故。如果焚烧长安而不再把它作为都城，那么胡人的入侵就自然会平息下去了。"高祖认为他说得对，便派遣中书侍郎宇文士及翻过终南山到樊城、邓州一线，巡视可以居住的地方，准备迁都到那里去。太子李建成、齐王李元吉、裴寂等人都赞成这个计策，萧瑀等人虽然知道不能这样做，但是不敢劝阻。秦王李世民劝谏说："戎狄为患中原，自古就时有发生，不足为怪。陛下您凭着自己的圣明英武，开创新的朝代，占据中原华夏大地，拥有精兵百万，所向无敌，怎么能够仅仅因为胡寇骚扰边境，就急忙迁都来躲避他们，给全国臣民留下耻辱，让子孙后代讥笑呢？那霍去病仅仅是汉朝的一员将领，尚且立志消灭匈奴，何况我身居藩王之位，希望陛下您能给我几年时间，我要用绳索捆着颉利的脖子，把他送到宫阙之下。如果不能奏效，再迁都也不晚啊。"高祖说："很好。"李建成说："过去樊哙想率领十万大军在匈奴人中间纵横驰骋，今天秦王说的

言得无似之！”世民曰：“形势各异，用兵不同，樊哙小竖，何足道乎？不出十年，必定漠北，非敢虚言也！”闰月己未，诏世民、元吉将兵出豳州以御突厥，上饯之于兰池。苑君璋引突厥寇朔州。八月戊辰，突厥寇原州。壬申，突厥寇忻州，丙子，寇并州，京师戒严。戊寅，寇绥州，刺史刘大俱击却之。

是时，颉利、突利二可汗举国入寇，连营南上，秦王世民引兵拒之。会关中久雨，粮运阻绝，士卒疲于征役，器械顿弊，朝廷及军中咸以为忧。世民与虏遇于豳州，勒兵将战。己卯，可汗帅万馀骑奄至城西，陈于五陇阪，将士震恐。世民谓元吉曰：“今虏骑凭陵，不可示之以怯，当与之一战，汝能与我俱乎？”元吉惧曰：“虏形势如此，奈何轻出？万一失利，悔可及乎？”世民曰：“汝不敢出，吾当独往，汝留此观之。”世民乃帅骑驰诣虏陈，告之曰：“国家与可汗和亲，何为负约，深入我地？我秦王也，可汗能斗，独出与我斗；若以众来，我直以此百骑相当耳。”颉利不之测，笑而不应。世民又前，遣骑告突利曰：“尔往与我盟，有急相救。今乃引兵相攻，何无香火之情也？”突利亦不应。世民又前，将渡沟水，颉利见世民轻出，又闻香火之言，疑突利与世民有谋，乃遣止世民曰：“王不须渡，我无他意，

话是不是和他相似呢?”李世民说:“今天和过去的形势各不相同,我与樊哙的用兵方法也不一样。樊哙那小子,有什么值得一提的呢!不超过十年时间,我一定会平定沙漠以北广大地区,不敢在此说空话。”闰月己未(二十一日),高祖下诏命令李世民、李元吉率军开出豳州去抵御突厥,皇上亲自在兰池为他们饯行。苑君璋带突厥军队侵犯朔州。八月戊辰(初一),突厥侵犯原州。壬申(初五),突厥侵犯忻州,丙子(初九),侵犯并州,京城增强警戒,严加防范,戊寅(十一日),突厥侵犯绥州,刺史刘大俱击退了他们。

当时,突厥颉利、突利二可汗率全国兵马入侵唐朝,军营连接着军营向南推进,秦王李世民率军抵御他们。适逢关中地区总是下雨,粮食运输被阻隔断绝,将士们因长途行军而疲惫不堪,武器装备锈钝破损,朝廷上下和军内官兵都为此而忧虑。李世民在豳州与突厥遭遇,准备率军与他们交战。己卯(十二日)这天,突厥颉利、突利可汗率领一万多名骑兵突然来到豳州城西,在五陇阪摆下阵势,唐军将士震惊恐惧。李世民对李元吉说:“现在突厥骑兵进逼,我军不能向他们表示胆怯,应该与他们大战一场,你能和我一块儿上阵吗?”李元吉害怕地说:“突厥的势力如此强大,怎么能轻易出战,万一失利,后悔还来得及吗!”李世民说:“你不敢出战,我就一个人去,你留在这里观战吧。”李世民就率领骑兵飞驰到突厥的阵地前面,告诉他们说:“我国与可汗商定和亲,你们为什么背叛盟约,深入到我国领土上来呢?我是秦王,可汗能斗,就一个人出来和我斗;如果让大家一起来,我就用这一百名骑兵来抵挡。”颉利可汗摸不清李世民的底细,笑了一笑,不做回答。李世民又上前数步,派骑兵告诉突利可汗说:“你过去和我结盟发誓,发生急难互相救援,现在你却率兵攻打我,为什么连点香火立盟誓的情分都没有了呢?”突利也没回答。李世民再向前走,准备渡过沟水,颉利见李世民轻易出战,又听到他关于点香火立盟誓的谈话,就怀疑突利与李世民另有图谋,便派人阻止李世民说:“秦王不要渡过来了,我没有别的意思,

更欲与王申固盟约耳。"乃引兵稍却。是后霖雨益甚,世民谓诸将曰:"虏所恃者弓矢耳,今积雨弥时,筋胶俱解,弓不可用,彼如飞鸟之折翼。吾屋居火食,刀槊犀利,以逸制劳,此而不乘,将何复待?"乃潜师夜出,冒雨而进,突厥大惊。世民又遣说突利以利害,突利悦,听命。颉利欲战,突利不可,乃遣突利与其夹毕特勒阿史那思摩来见世民,请和亲,世民许之。思摩,颉利之从叔也。突利因自托于世民,请结为兄弟,世民亦以恩意抚之,与盟而去。

庚寅,岐州刺史柴绍破突厥于杜阳谷。壬申,突厥阿史那思摩入见,上引升御榻,慰劳之。思摩貌类胡,不类突厥,故处罗疑其非阿史那种,历处罗、颉利世,常为夹毕特勒,终不得典兵为设。既入朝,赐爵和顺王。丁酉,遣左仆射裴寂使于突厥。九月癸卯,突厥寇绥州,都督刘大俱击破之,获特勒三人。冬十月己巳,突厥寇甘州。

八年。初,上以天下大定,罢十二军。既而突厥为寇不已,辛亥,复置十二军,以太常卿窦诞等为将军,简练士马,议大举击突厥。甲寅,凉州胡睦伽陀引突厥袭都督府,入子城,长史刘君杰击破之。

夏六月丙子,遣燕郡王李艺屯华亭县及弹筝峡,水部郎中姜行本断石岭道以备突厥。丙戌,颉利可汗寇灵州。丁

只是想与秦王重申并巩固原来的盟约罢了。”于是颉利就带领军队逐渐后撤。此后，连绵的大雨越下越大，李世民对将领们说：“突厥所倚仗的是弓箭，现在雨久久地下个不停，弓上的筋弦和胶全脱开了，弓便不能使用了，他们就像飞鸟折断翅膀一样。我们住在房屋里，吃用火做成的热饭，大刀长槊等兵器都犀利好使，这正是我们用养精蓄锐去制服疲劳不堪的敌军的最好时机。这种时机不加利用，还要等待什么时候呢?”于是就秘密发兵，半夜出发，冒雨前进，突厥人极为震惊。李世民又派人向突利讲述利害关系，突利很高兴，表示听从李世民的命令。颉利打算出战，突利不同意，颉利这才派遣突利与他的夹毕特勒阿史那思摩前来会见李世民，请求与唐朝和亲，李世民答应了。阿史那思摩，是颉利的叔父。突利主动依托李世民，请求与李世民结为兄弟。李世民也用恩爱的情意抚慰他，与他订立盟约，突利这才离去。

庚寅(二十三日)这天，岐州刺史柴绍在杜阳谷击败突厥。壬申(二十五日)，突厥阿史那思摩入长安朝见，高祖领他上殿坐在床上，安慰犒劳他。阿史那思摩的相貌与东胡人相似，而不像突厥人，所以处罗可汗怀疑他不是阿史那种族的人。阿史那思摩经历处罗可汗、颉利可汗两代，经常担任夹毕特勒一职，始终不能掌管军队，担任设这个职务。他入朝之后，高祖赏赐给他和顺王的爵位。丁酉(三十日)，高祖派遣左仆射裴寂出使突厥。九月癸卯(初六)，突厥侵扰绥州，都督刘大俱击败了他们，俘获特勒三人。冬季十月己巳(初三)，突厥侵扰甘州。

八年(625)。当初，高祖认为天下全部安定下来，就取消了十二军的设置。不久，突厥不停地入境侵犯，辛亥(十八日)这天，再次设置十二军，任命太常卿窦诞等为将军，挑选训练人马，商议要大规模地反击突厥。甲寅(二十一日)，凉州胡人睦伽陀带领突厥军队袭击都督府，攻入内城，长史刘君杰击败了他们。

夏季六月丙子(十四日)，唐朝派遣燕郡王李艺在华亭县及弹筝峡二地驻防，另外派水部郎中姜行本切断石岭道，以防备突厥从这些通道入侵。丙戌(二十四日)，颉利可汗侵扰灵州。丁

亥，以右卫大将军张瑾为行军总管以御之，以中书侍郎温彦博为长史。先是，上与突厥书用敌国礼。秋七月甲辰，上谓侍臣曰："突厥贪婪无厌，朕将征之，自今勿复为书，皆用诏敕。"己酉，突厥颉利可汗寇相州。丙辰，代州都督蔺謩与突厥战于新城，不利。复命行军总管张瑾屯石岭，李高迁趋大谷以御之。丁巳，命秦王屯蒲州以备突厥。

八月壬戌，突厥逾石岭，寇并州。癸亥，寇灵州。丁卯，寇潞、沁、韩三州。诏安州大都督李靖出潞州道，行军总管任瓌屯太行，以御突厥。颉利可汗将兵十馀万大掠朔州。壬申，并州道行军总管张瑾与突厥战于太谷，全军皆没，瑾脱身奔李靖。行军长史温彦博为虏所执，虏以彦博职在机近，问以国家兵粮虚实，彦博不对，虏迁之阴山。庚辰，突厥寇灵州。甲申，灵州都督任城王道宗击破之。丙戌，突厥寇绥州。丁亥，颉利可汗遣使请和而退。

九月癸巳，突厥没贺咄设陷并州一县，丙申，代州都督蔺謩击破之。丙午，右领军将军王君廓破突厥于幽州，俘斩二千馀人。突厥寇蔺州。冬十月，突厥寇鄯州，遣霍公柴绍救之。十一月戊戌，突厥寇彭州。

九年春二月丁亥，突厥寇原州，遣折威将军杨毛击之。三月辛亥，突厥寇灵州。癸丑，南海公欧阳胤奉使在突厥，帅其徒五十人谋掩袭可汗牙帐，事泄，突厥囚之。丁巳，突厥寇凉州，都督长乐王幼良击走之。

亥(二十五日),唐朝任命右卫大将军张瑾为行军总管,前往抵御突厥,任命中书侍郎温彦博为他的长史。在这之前,高祖写给突厥的书信,用的是对等国家的礼节。秋季七月甲辰(十二日),高祖对侍候的大臣们说:"突厥贪得无厌,我准备亲自征讨他们,从现在起,给他们写信,不再用书这种形式,一律使用诏、敕的形式。"己酉(十七日),突厥颉利可汗侵犯相州。丙辰(二十四日),代州都督蔺謩在新城与突厥作战失利。唐朝又命行军总管张瑾在石岭驻防,李高迁赶赴大谷,抵御突厥。丁巳(二十五日),高祖命令秦王李世民到蒲州驻防,以防备突厥来犯。

八月壬戌(初一)这天,突厥翻越石岭侵犯并州。癸亥(初二),侵犯灵州。丁卯(初六),侵犯潞、沁、韩三州。高祖下诏,命令安州大都督李靖从潞州道出兵,行军总管任瓌在太行山驻防,抵御突厥。颉利可汗率兵十馀万对朔州进行大规模的掳掠。壬申(十一日),并州道行军总管张瑾在太谷与突厥展开激战,全军覆没,张瑾脱身逃出,投奔李靖。行军长史温彦博被突厥擒获,突厥认为温彦博曾在朝廷机要部门任职,就询问他关于国家兵力粮草的虚实情况,温彦博不肯回答,于是,突厥就把他迁到阴山。庚辰(十九日),突厥侵犯灵州。甲申(二十三日),灵州都督任城王李道宗击败了他们。丙戌(二十五日),突厥侵犯绥州。丁亥(二十六日),颉利可汗派遣使者前来请求和解,然后便撤退了。

九月癸巳(初二)这天,突厥的没贺咄设攻陷并州的一个县,丙申(初五),代州都督蔺謩将来敌击败。丙午(十五日),右领军将军王君廓在幽州击败突厥,俘虏斩杀了二千馀人。突厥侵犯蔺州。冬季十月,突厥侵犯鄯州,唐朝派遣霍公柴绍前往救援。十一月戊戌(初八),突厥侵犯彭州。

九年(626)春季二月丁亥(二十八日),突厥侵犯原州,唐朝派折威将军杨毛去攻打他们。三月辛亥(二十三日),突厥侵犯灵州。癸丑(二十五日),南海公欧阳胤奉命出使,正在突厥国内,他率部下五十人袭击可汗的牙帐,事情泄露,突厥囚禁了他。丁巳(二十九日),突厥侵犯凉州,都督长乐王李幼良击退了他们。

夏四月丁卯，突厥寇朔州。庚午，寇原州。癸酉，寇泾州。戊寅，安州大都督李靖与突厥颉利可汗战于灵州之硖石，自旦至申，突厥乃退。癸未，突厥寇西会州。五月戊戌，突厥寇秦州。突厥寇兰州。六月，突厥寇陇州。辛未，寇渭州，遣右卫大将军柴绍击之。秋七月己丑，柴绍破突厥于秦州，斩特勒一人，士卒首千馀级。八月丙辰，突厥遣使请和。

癸亥，诏传位于太子。甲子，太宗即皇帝位于东宫显德殿。

初，稽胡酋长刘仚成帅众降梁师都，师都信谗，杀之。由是所部猜惧，多来降者。师都浸衰弱，乃朝于突厥，为之画策，劝令入寇。于是颉利、突利二可汗合兵十馀万骑寇泾州，进至武功，京师戒严。

己卯，突厥进寇高陵。辛巳，泾州道行军总管尉迟敬德与突厥战于泾阳，大破之，获其俟斤阿史德乌没啜，斩首千馀级。癸未，颉利可汗进至渭水便桥之北，遣其腹心执失思力入见，以观虚实。思力盛称“颉利、突利二可汗将兵百万，今至矣”。上让之曰：“吾与汝可汗面结和亲，赠遗金帛，前后无算。汝可汗自负盟约，引兵深入，于我无愧！汝虽戎狄，亦有人心，何得全忘大恩，自夸强盛！我今先斩汝矣！”思力惧而请命。萧瑀、封德彝请礼遣之。上曰：“我今遣还，虏谓我畏之，愈肆凭陵。”乃囚思力于门下省。

夏季四月丁卯（初九）这天，突厥侵犯朔州。庚午（十二日），侵犯原州。癸酉（十五日），侵犯泾州。戊寅（二十日），安州大都督李靖与突厥颉利可汗在灵州的硖石激烈交战，从早晨一直打到下午申时，突厥才撤退。癸未（二十五日），突厥侵犯西会州。五月戊戌（十一日），突厥侵犯秦州。突厥侵犯兰州。六月，突厥侵犯陇州。辛未（十五日），侵犯渭州，朝廷派遣右卫大将军柴绍前去迎击。秋季七月己丑（初三），柴绍在秦州击败突厥，斩杀特勒一人，以及士兵首级一千馀级。八月丙辰（初一），突厥派遣使者来朝，请求和解。

癸亥（初八），高祖下诏，将皇位传给太子。甲子（初九），太宗在东宫显德殿即皇帝位。

当初，稽胡酋长刘佡成率领部众降附梁师都，但梁师都听信谗言，反将刘佡成杀死。从此，刘仙成的部下对梁师都心怀疑惧，很多人前来投降唐朝。梁师都的势力逐渐衰弱，就去朝见突厥可汗，为突厥出谋划策，劝说他们入侵唐朝。在这种情况下，颉利、突利二可汗会集十馀万骑兵侵犯泾州，进到武功县，京城长安受到威胁，加强了警戒。

己卯（二十四日），突厥进军侵扰高陵县。辛巳（二十六日），泾州道行军总管尉迟敬德与突厥在泾阳接战，大败敌军，擒获了突厥俟斤阿史德乌没啜，斩首一千馀级。癸未（二十八日），颉利可汗进军到渭水便桥的北岸，派遣他的亲信执失思力入京朝见，以便观察唐朝的虚实情况。执失思力极力夸大说："颉利、突利二可汗率百万大军，现在已经到了。"太宗责备他说："我与你们可汗当面结交，要和睦友好，赠给你们的金银布帛，前后多得无法计算。你们可汗自己背弃盟约，带兵深入我国内部，而我是问心无愧的！你们虽是戎狄，但也有一颗人心，怎么能够完全忘掉我们给你们的大恩，自夸强盛呢！我今天要先杀掉你！"执失思力害怕了，请求饶命。萧瑀、封德彝也请求依照礼节将他遣送回去。太宗说："我现在把他遣送回去，突厥会认为我害怕他们，从而会更加肆意侵凌我们的。"于是将执失思力囚禁在门下省。

上自出玄武门，与高士廉、房玄龄等六骑径诣渭水上，与颉利隔水而语，责以负约。突厥大惊，皆下马罗拜。俄而诸军继至，旌甲蔽野，颉利见执失思力不返，而上挺身轻出，军容甚盛，有惧色。上麾诸军使却而布陈，独留与颉利语。萧瑀以上轻敌，叩马固谏，上曰："吾筹之已孰，非卿所知。突厥所以敢倾国而来，直抵郊甸者，以我国内有难，朕新即位，谓我不能抗御故也。我若示之以弱，闭门拒守，虏必放兵大掠，不可复制。故朕轻骑独出，示若轻之，又震曜军容，使知必战，出虏不意，使之失图。虏入我地既深，必有惧心，故与战则克，与和则固矣。制服突厥，在此一举。卿第观之！"是日，颉利来请和，诏许之。上即日还宫。乙酉，又幸城西，斩白马，与颉利盟于便桥之上。突厥引兵退。

萧瑀请于上曰："突厥未和之时，诸军争请战，陛下不许，臣等亦以为疑，既而虏自退，其策安在？"上曰："吾观突厥之众虽多而不整，君臣之志唯贿是求，当其请和之时，可汗独在水西，达官皆来谒我，我若醉而缚之，因袭击

太宗亲自从玄武门出来，和高士廉、房玄龄等六人骑马径直来到渭水边上，与颉利可汗隔着渭水对话，指责他违背盟约。突厥人大吃一惊，都纷纷跳下马，环绕着太宗下拜。一会儿，唐朝各军相继赶到，战旗和盔甲遮蔽了田野。颉利可汗见执失思力没有返回，又看到太宗敢于挺身轻易出来，军队阵容十分强大，不禁脸上露出恐惧的神色。太宗指挥各军，让他们后撤到一定位置，布列战斗阵形，只留下自己单独与颉利可汗交谈。萧瑀认为太宗轻敌，就扣住他坐骑的缰绳不让他一个人去，再三执意劝阻。太宗说道："我筹划对付突厥的办法已经很周密了，你还不知道我的意图。突厥之所以敢于倾尽全国兵力前来，一直抵达京城的郊外，是因为看到我们国内有难，我刚即位，认为我不能抗御他们的缘故。我军如果向他们示弱，紧闭城门抵抗防守，那么，突厥必然会放纵兵马大肆掳掠，到那个时候，我们就不可能再控制住他们了。所以我一方面轻装骑马独自出城，显示出好像轻视他们的样子；另一方面又大张旗鼓地炫耀我们的军队阵容，让他们知道我军一定会出战迎击；这样行动，就完全出乎突厥的意料之外，让他们失去主意。突厥侵入我们国土已经很深了，必然怀有恐惧之心，所以在这种情况下，与他们交战就能克敌获胜，与他们讲和就能牢固长久。制服突厥，在此一举，你且观看好了。"在这一天，颉利可汗果然前来求和，太宗下诏答应了他。太宗当天返回皇宫。乙酉（三十日），太宗又亲临城西，斩杀白马，与颉利可汗在渭水便桥上面歃血结盟，重归于好。然后，颉利可汗就率领突厥兵马撤退了。

萧瑀向太宗请教说："突厥没有求和的时候，各军都争着请求出战，而陛下您不允许，我们也对您的决定感到疑惑。不久，突厥果然自动撤退了，其中的谋略奥妙在什么地方呢？"太宗回答说："我观察突厥的兵众虽然数量很多，但是并不严整，他们君臣的志向也只是一心贪图财物，其他什么都不顾。当突厥请求和解的时候，可汗本人单独留在渭水西岸，那些达官们都过渭水来进见我，此时如果我们将他们灌醉并捆绑起来，然后趁机袭击

其众,势如拉朽。又命长孙无忌、李靖伏兵于幽州以待之,虏若奔归,伏兵邀其前,大军窃其后,覆之如反掌耳。所以不战者,吾即位日浅,国家未安,百姓未富,且当静以抚之。一与虏战,所损甚多。虏结怨既深,惧而修备,则吾未可以得志矣。故卷甲韬戈,啖以金帛,彼既得所欲,固当自退,志意骄惰,不复设备,然后养威俟衅,一举可灭也。'将欲取之,必固与之',此之谓矣。卿知之乎?"瑀再拜曰:"非所及也。"

九月,突厥颉利献马三千匹,羊万口。上不受,但诏归所掠中国户口,征温彦博还朝。丁未,上引诸卫将卒习射于显德殿庭,谕之曰:"戎狄侵盗,自古有之,患在边境小安,则人主逸游忘战,是以寇来莫之能御。今朕不使汝曹穿池筑苑,专习弓矢,居闲无事,则为汝师,突厥入寇,则为汝将,庶几中国之民可以少安乎!"于是日引数百人教射于殿庭,上亲临试,中多者赏以弓、刀、帛,其将帅亦加上考。

太宗贞观元年夏五月,苑君璋帅众来降。初,君璋引突厥陷马邑,杀高满政,退保恒安。其众皆中国人,多弃君璋来降。君璋惧,亦降,请捍北边以赎罪,上皇许之。君璋

他们的部众，那情势就会像摧枯拉朽一样。我再命令长孙无忌、李靖在幽州埋伏兵力来等待他们，突厥如果逃奔回国，那将前有伏兵拦截阻挡，后有大军跟踪追击，消灭他们就易如反掌了。我之所以不主张作战，是因为我即位的时间太短，国家尚不安定，百姓尚不富裕，近期应当采取休养生息的政策来安抚全国民众。如果一旦与突厥开战，我们的损失将会很多，突厥在与我们结下深仇大恨之后，就会因惧怕而整修战备，到那时候，我们就不能达到自己的目的了。所以我才决定将盔甲戈矛收藏起来，与突厥停战议和。我们用金银布帛引诱他们，他们既然得到了想要的东西，当然就会自动撤退了。从此，他们便会思想骄矜，行为懒惰，不再精心设防。此后，我们积蓄力量，培养军威，等候突厥出现破绽，就可以一举消灭他们了。古人说'将欲取之，必固与之'，讲的就是这个意思，你明白了吗？"萧瑀一连拜了两次，说："这不是我所能想到的。"

九月，突厥颉利可汗向唐朝进献马三千匹，羊一万只。太宗没有接受，只是下诏令突厥归还所俘掠的中原人口，并征召被俘的温彦博返回朝廷。丁未（二十二日）这天，太宗带领各卫府的将士在显德殿的庭院里练习射箭，并对他们明说："戎狄异族侵扰劫掠中原，这种事情自古就有，值得忧虑的在于边境稍微安宁一下，君主就休闲游玩，忘记了战争的威胁，因而敌人一来侵犯就没有人能去抵御。现在我不让你们去凿池塘筑宫苑，而是专门熟悉弓箭技术。平日闲居没有战事的时候，我就当你们的老师，一旦突厥入侵，我就是你们的统帅，这样做也许可以使中原的老百姓稍微得到些安宁吧！"于是，太宗每天带数百人在宫殿庭院中，教授他们射箭，并亲临测试，射中靶子多的人就赏给弓、刀、帛等物品，他们的将帅也参加上等考核。

太宗贞观元年（627）夏五月，苑君璋率部众来投降。当初，苑君璋带突厥军队攻陷马邑，杀死高满政，后退兵保守恒安。他的部众都是中原人，大多背弃苑君璋来投降。苑君璋很恐惧，也投降唐朝，请求让他捍卫北部边境以赎罪，高祖答应了他。苑君璋

请约契，上皇遣雁门人元普赐之金券。颉利可汗复遣人招之，君璋犹豫未决，恒安人郭子威说君璋以“恒安地险城坚，突厥方强，且当倚之以观变，未可束手于人”。君璋乃执元普送突厥，复与之合，数与突厥入寇。至是，见颉利政乱，知其不足恃，遂帅众来降。上以君璋为隰州都督、芮国公。

初，突厥性淳厚，政令质略。颉利可汗得华人赵德言，委用之。德言专其威福，多变更旧俗，政令烦苛，国人始不悦。颉利又好信任诸胡而疏突厥，胡人贪冒，多反覆，兵革岁动。会大雪，深数尺，杂畜多死，连年饥馑，民皆冻馁。颉利用度不给，重敛诸部，由是内外离怨，诸部多叛，兵浸弱。言事者多请击之，上以问萧瑀、长孙无忌曰：“颉利君臣昏虐，危亡可必。今击之，则新与之盟；不击，恐失机会。如何而可？”瑀请击之。无忌对曰：“虏不犯塞而弃信劳民，非王者之师也。”上乃止。

初，西突厥曷萨那可汗方强，敕勒诸部皆臣之。曷萨那征税无度，敕勒相帅叛之，附于颉利。颉利政乱，薛延陀与回纥、拔野古等叛之，颉利不能制。事见《唐平铁勒》。

颉利益衰，国人离散。会大雪，平地数尺，羊马多死，民大饥，颉利恐唐乘其弊，引兵入朔州境上，扬言会猎，实

请求订立契约，高祖派雁门人元普赐给他一枚金券。颉利可汗又派人招降他，苑君璋犹豫不决。恒安人郭子威劝说苑君璋，认为："恒安地势险要、城墙坚固，突厥正当强盛之时，您应当暂且偏向突厥一边以观察形势的变化，但不可束手让别人摆布。"于是，苑君璋就将元普捆绑起来送给突厥，再次与突厥联合，并数次与突厥一起入侵唐朝。到这个时候，苑君璋看到颉利可汗政事混乱，知道他不值得依靠，于是率领部众来唐投降。太宗任命苑君璋为隰州都督，封爵芮国公。

当初，突厥人性格朴实敦厚，因而政令质朴简略。颉利可汗得到汉人赵德言，委以官职，加以重用。赵德言专擅刑罚和奖赏大权，变更了很多原来的风俗习惯，政令也改得十分烦琐苛刻，突厥人开始不高兴起来。颉利可汗又喜欢信任各胡族人而疏远突厥人，而胡族人贪图财利，大多反复无常，使战争年年发生。适逢天降大雪，深达数尺，各类牲畜大多冻死，加上连年饥荒，百姓个个饥寒交迫。颉利可汗的费用不足，就加重征收各部落的赋税，因此突厥内外离心，怨声载道，所属各部大多叛逃，兵力逐渐削弱。唐朝上书谈论国事的人大多请求出兵攻打突厥，太宗以此事问萧瑀、长孙无忌说："颉利君臣昏庸暴虐，可以预料他们危亡的结局是必然的。现在出兵攻打他们，则刚刚与他们结盟，师出无名；不出兵攻打，又恐怕失去良好的机会，怎么办才好呢？"萧瑀请求出击突厥。长孙无忌回答说："突厥没有侵犯我大唐边塞，而我们要背信弃义、劳民伤财，这不是王者之师该做的事情。"于是，太宗停止出兵。

当初，西突厥曷萨那可汗正在强大的时候，敕勒各部都向他称臣。曷萨那向各部征税没有节制，敕勒相继背叛他，而归附于颉利可汗。颉利为政混乱，薛延陀与回纥、拔野古等相继背叛，颉利不能制服。事见《唐平铁勒》。

颉利可汗日益衰弱，本国百姓纷纷离散。适逢天降大雪，平地深达数尺，羊马多冻死，百姓十分饥饿。颉利可汗担心唐朝乘其困弊出兵，就带军队进入朔州境内，扬言在此会猎，实际上是

设备焉。鸿胪卿郑元璹使突厥还，言于上曰："戎狄兴衰，专以羊马为候。今突厥民饥畜瘦，此将亡之兆也，不过三年。"上然之。群臣多劝上乘间击突厥，上曰："新与人盟而背之，不信；利人之灾，不仁；乘人之危以取胜，不武。纵使其种落尽叛，六畜无馀，朕终不击，必待有罪，然后讨之。"

二年。初，突厥突利可汗建牙直幽州之北，主东偏，奚、霫等数十部多叛突厥来降，颉利可汗以其失众责之。及薛延陀、回纥等败欲谷设，颉利遣突利讨之，突利兵又败，轻骑奔还。颉利怒，拘之十馀日而挞之，突利由是怨，阴欲叛颉利。颉利数征兵于突利，突利不与，表请入朝。上谓侍臣曰："向者突厥之强，控弦百万，凭陵中夏，用是骄恣以失其民。今自请入朝，非困穷，肯如是乎？朕闻之，且喜且惧。何则？突厥衰则边境安矣，故喜。然朕或失道，他日亦将如突厥，能无惧乎？卿曹宜不惜苦谏，以辅朕之不逮也。"

颉利发兵攻突利，夏四月丁亥，突利遣使来求救，上谋于大臣曰："朕与突利为兄弟，有急不可不救。然颉利亦与之有盟，奈何？"兵部尚书杜如晦曰："戎狄无信，终当负约，今不因其乱而取之，后悔无及。夫取乱侮亡，古之道也。"

设防对付唐朝。鸿胪卿郑元璹出使突厥返回朝廷，对太宗说："北方少数民族的兴衰交替，专用羊马的多少作为占候的征兆。如今突厥百姓饥饿、牲畜瘦弱，这是他们将要灭亡的征兆。他们的灭亡不会超过三年了。"太宗认为他说得很对。群臣大多劝说皇上乘此良机出击突厥，太宗说："刚刚与人结盟就背弃他，是不信；利用别人的灾害去攻打他，是不仁；乘人之危来取胜，是不武。即使突厥的各个部落全都背叛了，羊马等六畜所剩无几了，我终究不会出击，一定要等到他们犯有罪过，然后再去讨伐他们。"

二年(628)。当初，突厥突利可汗在幽州北面建立牙帐，主掌东部各项事务，奚、霫等数十个部落大多背叛突厥前来投降唐朝，颉利可汗因为他失掉部众，斥责了他。等到薛延陀、回纥等打败欲谷设，颉利派遣突利前去讨伐，结果，突利的军队又战败了，自己单枪匹马逃奔回来。颉利大怒，将他拘禁了十馀天，又用皮鞭抽打他，突利从此产生怨恨情绪，阴谋反叛颉利。颉利数次向突利征兵，突利不给，并向太宗上表请求入朝归附。太宗对侍候的大臣们说："以前突厥强盛，拥有士兵百万，侵凌中原，因此就骄傲放纵，从而失去他们百姓的支持。现在自己请求入朝归附，如果不是到了艰难窘迫的地步，肯这样做吗？我听到这个消息后，心中既喜又怕。什么原因呢？突厥衰落了，则我大唐边境就可以安宁了，所以喜。然而我也许无道，他日也将像突厥一样，能不害怕吗？你们应该不惜苦言直谏，来辅助我去做那些考虑不到的事情。"

颉利发兵攻打突利，夏季四月丁亥(十一日)这天，突利派遣使者来唐朝求救。太宗与大臣们商议说："我与突利结为兄弟，他有急难我不能不救。可是颉利也和我们立有盟约，怎么办呢？"兵部尚书杜如晦说："这些戎狄不讲信用，最终要背叛盟约。现在不乘其内部混乱而攻取他们，以后后悔就来不及了。攻取动荡混乱的国家，侵侮将要灭亡的国家，这是自古以来就有的道理。"

丙申，契丹酋长帅其部落来降。颉利遣使请以梁师都易契丹，上谓使者曰："契丹与突厥异类，今来归附，何故索之？师都中国之人，盗我土地，暴我百姓，突厥受而庇之，我兴兵致讨，辄来救之，彼如鱼游釜中，何患不为我有！借使不得，亦终不以降附之民易之也。"先是，上知突厥政乱，不能庇梁师都，以书谕之，师都不从。上遣夏州都督长史刘旻、司马刘兰成图之，旻等数遣轻骑践其禾稼，多纵反间，离其君臣，其国渐虚，降者相属。其名将李正宝等谋执师都，事泄，来奔，由是上下益相疑。旻等知可取，上表请兵。上遣右卫大将军柴绍、殿中少监薛万均击之，又遣旻等据朔方东城以逼之。师都引突厥兵至城下，刘兰成偃旗卧鼓不出。师都宵遁，兰成追击，破之。突厥大发兵救师都，柴绍等未至朔方数十里，与突厥遇，奋击，大破之，遂围朔方。突厥不敢救，城中食尽。壬寅，师都从父弟洛仁杀师都，以城降，以其地为夏州。

秋九月己未，突厥寇边。朝臣或请修古长城，发民乘堡障，上曰："突厥灾异相仍，颉利不惧而修德，暴虐滋甚。骨肉相攻，亡在朝夕。朕方为公扫清沙漠，安用劳民远修障塞乎？"

丙申(二十日),契丹酋长率领他属下的部落投降。颉利可汗派遣使臣来到唐朝,请求用梁师都交换契丹。太宗对突厥使者说:"契丹与突厥是不同的族类,他们现在来归附我大唐,你们有什么理由向他们索取?梁师都本是中原汉人,抢占我的土地,糟蹋我的百姓,你们突厥却接受并庇护他。我兴兵讨伐,你们却总是救援他。如今他就像一条在锅中游动的鱼一样,还怕他不为我所俘获吗?假使我一时得不到他,也始终不会用降附的契丹百姓去交换他的。"在此之前,太宗得悉突厥政局混乱,不能继续庇护梁师都了,就写书信明示梁师都,劝他归降唐朝,可梁师都不听从。太宗派遣夏州都督长史刘旻、司马刘兰成策划消灭梁师都。刘旻等人经常派遣轻装骑兵去践踏他控制区内的庄稼,又多施反间计,离间他君臣的关系,于是,他的国家势力逐渐虚弱,投降唐朝的人一个接一个,络绎不绝。梁师都部下名将李正宝等人策划抓捕梁师都,事情败露后,投奔唐朝,从此梁师都国内上下之间愈加互相猜疑。刘旻等人知道时机已到,可以攻取了,就上表太宗请求出兵。太宗派遣右卫大将军柴绍、殿中少监薛万均率领军队出击,又派刘旻等人占据朔方东城来进逼他们。梁师都带领突厥军队来到朔方东城下,刘兰成偃旗息鼓按兵不出。梁师都半夜逃走,刘兰成出城追击,打败了他的军队。突厥出动大批军队救援梁师都,柴绍等人率军走到离朔方城几十里的地方,与突厥军队遭遇,唐军奋力进攻,大败突厥,于是包围了朔方城。突厥不敢再去救援,城中的粮食吃光了。壬寅(二十六日),梁师都的堂弟梁洛仁杀掉梁师都,举城投降,唐朝把那片地区建为夏州。

秋季九月己未(十六日),突厥侵犯边境,朝臣中有人请求修复古代长城,征发老百姓去防守边塞上的堡垒土城。太宗说:"突厥的天灾接连不断地出现,颉利可汗并不惧怕而修德政,反而更加暴虐,骨肉兄弟互相攻伐,他灭亡的日子就在朝夕之间了。我正要让你们去扫清沙漠上的敌人,怎么能劳累百姓远去边境修筑城堡要塞呢!"

三年秋八月丙子，薛延陀毗伽可汗遣其弟统特勒入贡，上赐以宝刀及宝鞭，谓曰："卿所部有大罪者斩之，小罪者鞭之。"夷男甚喜。突厥颉利可汗大惧，始遣使称臣，请尚公主，修婿礼。

代州都督张公谨上言突厥可取之状，以为："颉利纵欲逞暴，诛忠良，昵奸佞，一也；薛延陀等诸部皆叛，二也；突利、拓设、欲谷设皆得罪，无所自容，三也；塞北霜旱，糇粮乏绝，四也；颉利疏其俗类，亲委诸胡，胡人反覆，大军一临，必生内乱，五也；华人入北，其众甚多，比闻所在啸聚，保据山险，大军出塞，自然响应，六也。"上以颉利可汗既请和亲，复援梁师都，丁亥，命兵部尚书李靖为行军总管讨之，以张公谨为副。九月丙午，突厥俟斤九人帅三千骑来降。戊午，拔野古、仆骨、同罗、奚酋长并帅众来降。

冬十一月辛丑，突厥寇河西，肃州刺史公孙武达、甘州刺史成仁重与战，破之，捕虏千馀口。庚申，以行并州都督李世勣为通漠道行军总管，兵部尚书李靖为定襄道行军总管，华州刺史柴绍为金河道行军总管，灵州大都督薛万彻为畅武道行军总管，众合十馀万，皆受李靖节度，分道出击突厥。乙丑，任城王道宗击突厥于灵州，破之。

十二月戊辰，突利可汗入朝，上谓侍臣曰："往者太上皇以百姓之故，称臣于突厥，朕常痛心。今单于稽颡，庶几

三年(629)秋季八月丙子(初八)这天,薛延陀毗伽可汗派遣他的弟弟统特勒入朝进献贡品,太宗将宝刀和宝鞭赏赐给他,并对他说:"你统领的部众中犯有大罪的就用这把刀斩杀,犯有小罪的就用这条鞭抽打。"毗伽可汗夷男非常高兴。突厥颉利可汗闻讯后极为恐慌,开始派遣使臣入朝称臣,请求娶公主为妻,遵守女婿礼节。

代州都督张公谨上书谈突厥可以被攻取的理由,认为:"颉利可汗放纵奢欲,肆行暴政,诛杀忠良大臣,亲近奸佞小人,此其一;薛延陀等各部族都背叛了突厥,此其二;突利、拓设、欲谷设都获罪在身,无地自容,此其三;塞北地区发生霜冻干旱灾情,粮食极其匮乏,此其四;颉利可汗疏远本族人,宠爱信任诸胡族人,胡人反覆无常,我们大军一到,他们必然发生内乱,此其五;汉人因隋末战乱而进入漠北的,人数很多,近来听说他们在当地啸聚成群,建立武装,保据山头险要,我们大军出塞作战,他们自然会出来响应,此其六。"太宗因为颉利可汗既请求和亲,又再次救援梁师都,丁亥(十九日),就命令兵部尚书李靖为行军总管去征讨突厥,任命张公谨为行军副总管。九月丙午(初九),突厥的九名俟斤率领三千骑兵投降唐朝。戊午(二十一日),拔野古、仆骨、同罗、奚等各族酋长一并率其部众投降唐朝。

冬季十一月辛丑(初四)这天,突厥侵扰河西,肃州刺史公孙武达、甘州刺史成仁重率军与他们交战,打败了来犯之敌,抓获突厥人一千馀口。庚申(二十三日),太宗任命并州都督李世勣为通漠道行军总管,兵部尚书李靖为定襄道行军总管,华州刺史柴绍为金河道行军总管,灵州大都督薛万徹为畅武道行军总管,兵众合起来达十馀万人,均受李靖的统一指挥调度,分路出击突厥。乙丑(二十八日),任城王李道宗在灵州进击突厥,打败了敌军。

十二月戊辰(初二)这天,突利可汗入朝。太宗对侍候的大臣们说:"过去太上皇因为百姓们的缘故,不得不向突厥称臣,我常为这件事痛心不已。今天突厥可汗向我行跪拜礼,这差不多

可雪前耻。”壬午，靺鞨遣使入贡，上曰：“靺鞨远来，盖突厥已服之故也。昔人谓御戎无上策，朕今治安中国，而四夷自服，岂非上策乎？”庚寅，突厥郁射设帅所部来降。

四年春正月，李靖帅骁骑三千自马邑进屯恶阳岭，夜袭定襄，破之。突厥颉利可汗不意靖猝至，大惊曰：“唐不倾国而来，靖何敢孤军至此？”其众一日数惊，乃徙牙于碛口。靖复遣谍离其心腹，颉利所亲康苏密以隋萧后及炀帝之孙政道来降。乙亥，至京师。先是，有降胡言“中国人或潜通书启于萧后者”。至是，中书舍人杨文瓘请鞫之，上曰：“天下未定，突厥方强，愚民无知，或有斯事。今天下已安，既往之事，何须问也？”李世勣出云中，与突厥战于白道，大破之。

二月甲辰，李靖破突厥颉利可汗于阴山。先是，颉利既败，窜于铁山，馀众尚数万，遣执失思力入见，谢罪，请举国内附，身自入朝。上遣鸿胪卿唐俭等慰抚之，又诏李靖将兵迎颉利。颉利外为卑辞，内实犹豫，欲俟草青马肥，亡入漠北。靖引兵与李世勣会白道，相与谋曰：“颉利虽败，其众犹盛，若走度碛北，保依九姓，道阻且远，追之难及。今诏使至彼，虏必自宽，若选精骑一万，赍二十日粮往袭之，不战可擒矣。”以其谋告张公谨，公谨曰：“诏书

可以雪洗以前的耻辱了。”壬午（十六日），靺鞨派遣使节入朝献贡，太宗说：“靺鞨远道而来，是因为突厥已经降服的缘故。过去东汉人严尤说抵御戎族没有上策，我现在使中原地区政治修明，而四方夷族自然降服，这难道不是上策吗？”庚寅（二十四日），突厥的郁射设率领他的部众投降唐朝。

四年（630）春季正月，李靖率领骁骑三千人从马邑出发，进驻恶阳岭，当夜袭击定襄，攻下了城池。突厥颉利可汗没有想到李靖突然来到，大吃一惊说：“唐朝没有倾尽全国兵力而来，李靖怎么敢孤军深入到此！”他的部众一天之内几次受到惊扰，就将可汗牙帐迁徙到碛口。李靖又派遣间谍去离间可汗的亲信，于是，颉利所宠信的大臣康苏密就携带隋朝萧皇后及炀帝之孙杨政道，投降唐朝。乙亥（初九）这天，这一行人到达京师长安。在此之前，有投降唐朝的胡人说过“中原有人暗中给隋萧皇后通传书信”，到这个时候，中书舍人杨文瓘请求查问这件事。太宗说：“天下未定时，突厥正当强大，愚民百姓无知，也许会有这类事情。现在天下已经安定，那些已经过去的事情，又何须再去追问呢？”李世勣从云中出兵，在白道与突厥展开激战，大败敌军。

二月甲辰（初八）这天，李靖在阴山击败突厥颉利可汗。在此之前，颉利失败之后，逃窜到铁山，残馀兵力尚有数万人，派遣执失思力入朝觐见皇帝，当面谢罪，请求举国归附唐朝，自己单身入朝待罪。太宗派遣鸿胪卿唐俭等人慰问安抚，又诏令李靖率兵前往迎接颉利可汗。颉利外表上尽说恭敬谦虚的话，而内心里实在犹豫不决，打算等到草青马肥的时候逃入大漠北边，以图东山再起。李靖率领军队在白道与李世勣会师，二人共同商议说：“颉利虽然战败，但其部众还很强大，如果跑过碛北去，就可以依靠他的九姓旧部族，加上道路险阻而且遥远，我们就很难追上他了。现在皇帝的使节已经到了他那里，突厥人必然感到宽慰而放松警惕。此时，我们如果挑选精锐骑兵一万人，携带二十天的粮草去袭击他们，则不经交战就可以擒获颉利了。”李靖、李世勣将这个计谋告诉张公谨，张公谨说：“皇上的诏书

已许其降，使者在彼，奈何击之！”靖曰：“此韩信所以破齐也。唐俭辈何足惜！”遂勒兵夜发，世勣继之，军至阴山，遇突厥千馀帐，俘以随军。颉利见使者大喜，意自安。靖使武邑苏定方帅二百骑为前锋，乘雾而行，去牙帐七里，虏乃觉之。颉利乘千里马先走，靖军至，虏众遂溃。唐俭脱身得归。靖斩首万馀级，俘男女十馀万，获杂畜数十万，杀隋义成公主，擒其子叠罗施。颉利帅万馀人欲度碛，李世勣军于碛口，颉利至，不得度，其大酋长皆帅众降，世勣虏五万馀口而还。斥地自阴山北至大漠，露布以闻。甲寅，以克突厥赦天下。

三月戊辰，以突厥夹毕特勒阿史那思摩为右武候大将军。庚午，突厥思结俟斤帅众四万来降。丙子，以突利可汗为右卫大将军、北平郡王。

初，始毕可汗以启民母弟苏尼失为沙钵罗设，督部落五万家，牙直灵州西北。及颉利政乱，苏尼失所部独不携贰。突利之来奔也，颉利立之为小可汗。及颉利败走，往依之，将奔吐谷浑。大同道行军总管任城王道宗引兵逼之，使苏尼失执送颉利。颉利以数骑夜走，匿于荒谷。苏尼失惧，驰追获之。庚辰，行军副总管张宝相帅众奄至沙钵罗营，俘颉利送京师，苏尼失举众来降，漠南之地遂空。

已经应允他们投降，朝廷使者也在他那里，怎么能攻击他们呢？”李靖说：“这是当年韩信所以能打败齐国的策略。使节唐俭这类人不值得可惜。”于是就率兵夜间出发，李世勣紧随在后，军队走到阴山，遇上突厥营帐，有一千馀个。唐军将他们全部俘获，并让他们随军行动。颉利可汗见到唐朝使节唐俭，十分高兴，内心自然安定下来。李靖让武邑人苏定方率领二百骑兵担任前锋，趁着大雾向前疾行，在距离牙帐只有七里的时候，突厥兵才发觉唐军来到。颉利可汗骑上千里马抢先逃跑，李靖大军赶到，突厥兵众一片混乱，很快就溃败了。唐俭乘机脱身得以归还。李靖一军斩突厥首级万馀级，俘虏男女十馀万人，获得各类牲畜数十万头，杀死隋朝义成公主，又活捉了她的儿子叠罗施。颉利率领一万馀人想渡过沙碛逃往漠北，而李世勣抢先一步在碛口驻军防守，颉利来到，却不能通过，他手下的大酋长都纷纷率部众投降，李世勣俘虏了五万馀人返还。这一仗，唐朝开拓土地南自阴山，北至大漠，又写了战报让朝廷及全国知道。甲寅（十八日），太宗因为克平突厥，下诏大赦天下。

三月戊辰（初三）这天，唐朝任命突厥的夹毕特勒阿史那思摩为右武候大将军。庚午（初五），突厥的思结俟斤率部众四万人投降。丙子（十一日），唐朝任命突利可汗为右卫大将军，封爵北平郡王。

当初，突厥始毕可汗任命启民可汗的舅父苏尼失为沙钵罗设，统领五万户的部落，牙帐建在灵州西北。当颉利可汗政局混乱时，只有苏尼失所统领的这个部落对颉利没有二心。突利前来投奔唐朝的时候，颉利立苏尼失为小可汗。当颉利可汗失败逃跑时，他率部前往依附，打算一起投奔吐谷浑。大同道行军总管任城王李道宗带兵进逼，让苏尼失将颉利逮捕送交唐朝。颉利带几个骑兵趁夜逃走，藏身在荒谷之中。苏尼失害怕了，急速策马追赶，将颉利抓回。庚辰（十五日）这天，行军副总管张宝相率军突然来到沙钵罗苏尼失的营帐，将颉利俘虏并送到京师长安。苏尼失举众前来投降，于是，漠南地区就空荡荡的了。

突厥颉利可汗至长安。夏四月戊戌，上御顺天楼，盛陈文物，引见颉利，数之曰："汝藉父兄之业，纵淫虐以取亡，罪一也；数与我盟而背之，二也；恃强好战，暴骨如莽，三也；蹂我稼穑，掠我子女，四也；我宥汝罪，存汝社稷，而迁延不来，五也。然自便桥以来，不复大入为寇，以是得不死耳。"颉利哭谢而退，诏馆于太仆，厚廪食之。

上皇闻擒颉利，叹曰："汉高祖困白登，不能报。今我子能灭突厥，吾托付得人，复何忧哉？"上皇召上与贵臣十馀人及诸王、妃、主置酒凌烟阁，酒酣，上皇自弹琵琶，上起舞，公卿迭起为寿，逮夜而罢。

突厥既亡，其部落或北附薛延陀，或西奔西域，其降唐者尚十万口，诏群臣议区处之宜。朝士多言："北狄自古为中国患，今幸而破亡，宜悉徙之河南兖、豫之间，分其种落，散居州县，教之耕织，可以化胡虏为农民，永空塞北之地。"中书侍郎颜师古以为："突厥、铁勒皆上古所不能臣，陛下既得而臣之，请皆置之河北。分立酋长，领其部落，则永永无患矣。"礼部侍郎李百药以为："突厥虽云一国，然其种类区分，各有酋帅。今宜因其离散，各即本部署为君长，不相臣属；纵欲存立阿史那氏，唯可使臣其本族而已。

突厥颉利可汗被押解到长安。夏季四月戊戌(初三)这天,太宗亲临顺天门城楼,陈列大批文物,召见颉利,责备他说:“你凭借父兄立下的基业,骄纵暴虐以自取灭亡,这是罪之一;屡次与我结盟而反复背叛誓言,这是罪之二;自恃强大黩武好战,使暴露的白骨多如草莽,这是罪之三;践踏我大唐庄稼,掠夺我大唐子女,这是罪之四;我宽免你的罪过,保存你的社稷,而你却拖延不来,这是罪之五。然而从便桥结盟以来,你没有再大规模地入侵劫掠,因为这一点就可以免你不死。”颉利痛哭谢罪,然后退下。太宗下诏让他寓居在太仆寺,给他吃丰厚的食物。

太上皇李渊听到擒获颉利的消息,叹息道:“当年汉高祖被匈奴困在白登城而不能报仇,如今我的儿子能一举消灭突厥,说明我把江山托付给了一个合适的人,我还有什么忧愁呢!”太上皇在凌烟阁摆下酒宴,召集太宗与显贵大臣十馀人,以及各位亲王、王妃、公主等,前来饮酒庆贺。当酒喝到最有兴致的时候,太上皇自己弹奏琵琶,太宗离席翩翩起舞,公卿大臣轮流起身给太上皇祝寿,一直到深夜才尽兴而散。

突厥灭亡以后,其下属的部落有的往北依附薛延陀,有的向西投奔西域,投降唐朝的还有十万口,太宗下诏让群臣商议如何安置。朝臣中大多数人说:“北方狄族人自古以来就是中原的祸患,如今幸好他们败亡了,应该将他们全部迁徙到黄河以南的兖州、豫州之间,打乱他们的种族部落界限,分散到各州县居住,教他们如何耕种土地、养蚕织布,这样就可以化胡虏为农民,让塞北地区永远空其所有,不再危害中原。”中书侍郎颜师古认为:“突厥、铁勒都是上古以来所不能臣服的民族,陛下您既然得到他们并让他们臣服,请将他们全都安置在黄河以北,分别设立酋长,统领他的部落,就可以永远没有祸患了。”礼部侍郎李百药认为:“突厥虽然称为一个国家,但是其下属部族类别还是划分开的,并且各有各的酋长。现在应该顺应突厥各部族已经分离散开的形势,就以本部族为一独立群体,分别署置首领,让他们互不臣属;纵使想存立阿史那氏,也只能让他以本部族为臣民而已。

国分则弱而易制，势敌则难相吞灭，各自保全，必不能抗衡中国。仍请于定襄置都护府，为其节度，此安边之长策也。”夏州都督窦静以为：“戎狄之性，有如禽兽，不可以刑法威，不可以仁义教，况彼首丘之情，未易忘也。置之中国，有损无益，恐一旦变生，犯我王略。莫若因其破亡之馀，施以望外之恩，假之王侯之号，妻以宗室之女，分其土地，析其部落，使其权弱势分，易为羁制，可使常为藩臣，永保边塞。”温彦博以为：“徙于兖、豫之间，则乖违物性，非所以存养之也。请准汉建武故事，置降匈奴于塞下，全其部落，顺其土俗，以实空虚之地，使为中国扞蔽，策之善者也。”魏徵以为：“突厥世为寇盗，百姓之仇也。今幸而破亡，陛下以其降附，不忍尽杀，宜纵之使还故土，不可留之中国。夫戎狄人面兽心，弱则请服，强则叛乱，固其常性。今降者众近十万，数年之后，蕃息倍多，必为腹心之疾，不可悔也。晋初诸胡与民杂居中国，郭钦、江统皆劝武帝驱出塞外以绝乱阶，武帝不从。后二十馀年，伊、洛之间，遂为毡裘之域，此前事之明鉴也！”彦博曰：“王者之于万物，天覆地载，靡有所遗。今突厥穷来归我，奈何弃之而不受乎？孔子曰：‘有教无类。’若救其死亡，授以生业，教之礼义，数年之后，悉为吾民。

国家分裂成若干部分就力量削弱，容易控制；几部分之间势均力敌就很难相互吞灭，容易各自保全自己；这样，他们就肯定不能与我们中原国家相抗衡了。仍然请求在定襄设置都护府，作为节制管理他们的机构，这是安定边疆的长久之计。”夏州都督窦静认为：“戎狄的本性，如同禽兽一样，既不能用刑罚制度来威服他们，也不能用仁义道德来教化他们。况且他们怀念故乡的心情，也不能轻易忘却。因此，把他们安置在中原地区，对我们大唐只有损害而没有好处，恐怕一旦发生变故会直接侵犯我大唐政权。不如趁他们败亡之后，施给他们希望之外的恩惠，封给他们王侯的称号，将宗室女嫁给他们为妻，分割他们的土地，离析他们的部落，使他们权力减弱势力分散，容易进行钳制，这样就可以让他们永做藩臣，永保边塞。”温彦博认为：“将突厥人迁徙到兖州、豫州之间就违背了他们的本性，绝不是让他们生存发展的好措施。请求比照东汉光武帝做过的事情，将投降的匈奴安置在塞外，保全他们的部落，听顺他们的风俗习惯，让他们充实空旷的地区，使他们成为中原的屏障，这才是最完善的策略呀！”魏徵认为：“突厥世代为寇贼，是老百姓的仇人。如今幸好他们败亡了，陛下因为他们投降归附，不忍心全部杀掉，但应该释放他们，让他们返还故土，不能再留在中原大唐境内。戎狄族人面兽心，力量弱小就请求降服，势力强大则反叛作乱，这本来是他们的本性。现在投降的突厥人多达十万，几年以后将繁殖生息一倍多，必定成为心腹大患，后悔就来不及了。西晋初年各胡族与汉族百姓在中原地区混杂居住，郭钦、江统都劝晋武帝，将胡族人驱逐出塞外，以杜绝发生祸乱的来源，晋武帝没有听从。此后二十馀年，伊水、洛水之间就成为身穿毡裘衣服的戎狄人的聚集地。这是前代留下的教训。”温彦博说：“成就王业的人对于世间万物，天覆盖的地负载的，没有遗漏的东西。现在突厥因困窘而前来归附我们，怎么能抛弃他们而不接受呢？孔子说过‘有教无类’，如果能从死亡的边缘将他们拯救过来，授给他们谋生的产业，教育他们懂得礼节信义，几年之后，他们就会全部变成我大唐的百姓了。

选其酋长，使入宿卫，畏威怀德，何后患之有？”上卒用彦博策，处突厥降众，东自幽州，西至灵州，分突利故所统之地，置顺、祐、化、长四州都督府，又分颉利之地为六州，左置定襄都督府，右置云中都督府，以统其众。

五月辛未，以突利为顺州都督，使帅其部落之官。上戒之曰：“尔祖启民挺身奔隋，隋立以为大可汗，奄有北荒，尔父始毕反为隋患。天道不容，故使尔今日乱亡如此。我所以不立尔为可汗者，惩启民前事故也。今命尔为都督，尔宜善守国法，勿相侵掠，非徒欲中国久安，亦使尔宗族永全也！”

壬申，以阿史那苏尼失为怀德郡王，阿史那思摩为怀化郡王。颉利之亡也，诸部落酋长皆弃颉利来降，独思摩随之，竟与颉利俱擒。上嘉其忠，拜右武候大将军，寻以为北开州都督，使统颉利旧众。

丁丑，以右武卫大将军史大柰为丰州都督，其馀酋长至者，皆拜将军中郎将，布列朝廷，五品已上百馀人，殆与朝士相半，因而入居长安者近万家。

六月丁酉，以阿史那苏尼失为北宁州都督，以中郎将史善应为北抚州都督。壬寅，以右骁卫将军康苏为北安州都督。

秋八月戊午，突厥欲谷设来降。欲谷设，突利之弟也。颉利败，欲谷设奔高昌，闻突利为唐所礼，遂来降。

再挑选他们的酋长，让他们入朝宿卫皇宫，从而使他们畏惧皇威怀念恩德，还有什么后患呢？”太宗最后采用温彦博的计策来处置突厥投降的民众，将他们安置在东起幽州、西到灵州的塞外广大地区内。分割突利过去所统领的土地，设置顺、祐、化、长四州都督府，又将颉利的属地划分为六个州，东面设置定襄都督府，西面设置云中都督府，来统治突厥部众。

五月辛未（初七）这天，唐朝任命突利为顺州都督，让他率领自己的部落去上任。太宗告诫他说："你的祖父启民可汗挺身投奔隋朝，隋朝任命他为大可汗，疆土包括北部广大的地区，你的父亲始毕可汗反而成为隋朝的祸患。做出这种背信弃义之事，天理不容，所以才使你今日内乱败亡到如此地步。我之所以不立你为可汗，就是将前面启民可汗的事情作为教训的缘故。如今任命你为都督，你应该好好地遵守国家法令，不要互相侵犯掳掠，这不只是想让我大唐长治久安，也是为了使你的宗族永久保全。”

壬申（初八）这天，任命阿史那苏尼失为怀德郡王，阿史那思摩为怀化郡王。颉利逃亡的时候，突厥各部落酋长都抛弃颉利前来投降，唯独阿史那思摩跟随着颉利，最后竟与颉利一起被擒。太宗赞许他的忠诚，任命他为右武候大将军，不久又任命为北开州都督，让他统领颉利的旧部众。

丁丑（十三日），任命右武卫大将军史大柰为丰州都督，其馀各族酋长投奔唐朝、来到长安的，都任命为将军、中郎将，布列于朝廷之上，其中五品以上有一百馀人，几乎与原朝廷官吏各占一半，于是入居长安的突厥人有将近一万户。

六月丁酉（初四）这天，任命阿史那苏尼失为北宁州都督，任命中郎将史善应为北抚州都督。壬寅（初九），任命右骁卫将军康苏为北安州都督。

秋季八月戊午（二十六日），突厥人欲谷设前来投降。欲谷设是突利的弟弟。颉利失败后，欲谷设投奔高昌，听到突利被唐朝礼遇的消息，就跑来投降。

九月戊辰，伊吾城主入朝。隋末，伊吾内属，置伊吾郡，隋乱，臣于突厥。颉利既灭，举其属七城来降，因以其地置西伊州。

五年。隋末，中国人多没于突厥，及突厥降，上遣使以金帛赎之。五月乙丑，有司奏，凡得男女八万口。

六年，突厥颉利可汗郁郁不得意，数与家人相对悲泣，容貌羸惫。上见而怜之，以虢州地多麋鹿，可以游猎，乃以颉利为虢州刺史。颉利辞，不愿往。冬十月癸未，复以为右卫大将军。

七年冬十二月，帝从上皇置酒故汉未央宫。上皇命突厥颉利可汗起舞，又命南蛮酋长冯智戴咏诗，既而笑曰："胡、越一家，自古未有也！"帝奉觞上寿，曰："今四夷入臣，皆陛下教诲，非臣智力所及。昔汉高祖亦从太上皇置酒此宫，妄自矜大，臣所不取也。"上皇大悦。殿上皆呼万岁。

八年春正月癸未，突厥颉利可汗卒，命国人从其俗，焚尸葬之。

十年春正月辛丑，以突厥拓设阿史那社尔为左骁卫大将军。社尔，处罗可汗之子也，年十一，以智略闻。可汗以为拓设，建牙于碛北，与欲谷设分统敕勒诸部，居官十年，未尝有所赋敛。诸设或鄙其不能为富贵，社尔曰："部落苟丰，于我足矣。"诸设惭服。及薛延陀叛，攻破欲谷设，社尔兵亦败，将其馀众走保西陲。颉利可汗既亡，西突厥亦乱，咄陆可汗兄弟争国。社尔诈往降之，引兵袭破西突厥，取

九月戊辰(初六),伊吾城的首领入朝。隋朝末年伊吾归附,在那里设置伊吾郡,隋朝大乱,又改向突厥称臣。颉利灭亡以后,伊吾城的首领便举其所属的七座城池投降,唐朝就在那个地方设置西伊州。

五年(631)。隋朝末年,中原汉人有很多人沦没在突厥境内,等到突厥投降,太宗派遣使者用金银布帛将他们赎回。五月乙丑(初七)这天,有关部门上奏称共赎回男女八万口。

六年(632),突厥颉利可汗忧郁不得志,经常与家里人相对着悲伤哭泣,容貌瘦削精神疲惫。太宗见到后十分可怜他,以虢州地方多产麋鹿,可以游猎,就任命颉利为虢州刺史。颉利推辞,不愿前往。冬季十月癸未(初四),又任命他为右卫大将军。

七年(633)冬季十二月,太宗随从太上皇在汉代未央宫旧址设置酒宴款待臣僚。太上皇让突厥颉利可汗起身跳舞,又让南蛮的酋长冯智戴吟咏诗句,然后笑着说:"胡越成为一家人,自古以来就没有过。"太宗捧着酒觞为太上皇祝寿,说道:"如今四方夷族入朝称臣,都是陛下您教诲的结果,不是我的智力所能达到的。过去汉高祖也随从太上皇在此宫设置酒宴,但他妄自尊大,我可不学他这一点。"太上皇非常高兴,宫殿上的群臣都齐呼万岁。

八年(634)春季正月癸未(初十)这天,突厥颉利可汗去世,太宗命令他的本国人遵从他们的风俗,焚尸埋葬。

十年(636)春季正月辛丑(初十),唐朝任命突厥的拓设阿史那社尔为左骁卫大将军。阿史那社尔,是处罗可汗的儿子,年仅十一岁时,就以智慧谋略出众而闻名。可汗任命他为拓设,在沙碛北面建立牙帐,与欲谷设分别统辖敕勒各部,在任十年,未曾征收过赋税。诸位设中有人鄙视他不能成为富贵人物,社尔说:"部落如果丰盈了,对我来说也就满足了。"各位设都惭愧、心服。等到薛延陀叛变,攻破欲谷设时,阿史那社尔的军队也遭失败,率领其馀部逃往西部边疆,以求自保。颉利可汗灭亡之后,西突厥也发生了内乱,咄陆可汗兄弟之间争夺国家的权力。阿史那社尔诈称去投降他们,带领兵马袭击并打败了西突厥,攻取

其地几半，有众十馀万，自称答布可汗。社尔乃谓诸部曰："首为乱破我国者，薛延陀也，我当为先可汗报仇击灭之。"诸部皆谏曰："新得西方，宜且留镇抚。今遽舍之远去，西突厥必来取其故地。"社尔不从，击薛延陀于碛北，连兵百馀日。会咥利失可汗立，社尔之众苦于久役，多弃社尔逃归。薛延陀纵兵击之，社尔大败，走保高昌，其旧兵在者才万馀家，又畏西突厥之逼，遂帅众来降。敕处其部落于灵州之北，留社尔于长安，尚皇妹南阳长公主，典屯兵于苑内。

十三年四月，上幸九成宫。初，突厥突利可汗之弟结社率从突利入朝，历位中郎将。居家无赖，怨突利斥之，乃诬告其谋反，上由是薄之，久不进秩。结社率阴结故部落，得四十馀人，谋因晋王治四鼓出宫，开门辟仗，驰入宫门，直指御帐，可有大功。四月甲申，拥突利之子贺逻鹘夜伏于宫外，会大风，晋王未出，结社率恐晓，遂犯行宫，逾四重幕，弓矢乱发，卫士死者数十人。折冲孙武开等帅众奋击，久之，乃退，驰入御厩，盗马二十馀匹，北走，渡渭，欲奔其部落，追获，斩之。原贺逻鹘，投于岭表。

自结社率之反，言事者多云突厥留河南不便。秋七月

他将近一半的土地，拥有兵众十馀万人，自称答布可汗。于是，阿史那社尔对各部落说："最先造成我突厥国混乱失败的罪魁祸首是薛延陀，我应当为先可汗报仇，攻打并消灭他们。"各部落都劝谏说："我们刚刚取得西方一块地盘，应该暂且留在这里镇定安抚。现在骤然舍弃它而远去攻打薛延陀，西突厥一定会回来夺取他这块故地。"阿史那社尔不听从大家的意见，率兵在漠北攻打薛延陀，连续作战一百馀天。适逢西突厥咥利失可汗即位，阿史那社尔的兵众苦于长期的战争，有很多人就离开他逃回，归附咥利失可汗。薛延陀发兵攻击，阿史那社尔大败，逃往高昌以求自保，他的旧有兵众仍然在他手下的只有一万馀家，又畏惧西突厥的逼迫，于是就率领部众来唐投降。太宗下敕令将其部落安置在灵州的北边，将阿史那社尔留在长安，娶皇妹南阳长公主为妻，在宫苑内掌管屯卫的禁军。

十三年(639)四月，太宗来到九成宫。当初，突厥突利可汗的弟弟阿史那结社率随从突利入朝，官升到中郎将。他在家里强横撒野，怨恨突利斥责他，就诬告突利谋反，太宗因此轻视他，很久没有给他晋升品级。阿史那结社率便暗中纠结原来的部落，得四十馀人，打算趁晋王李治早晨四更时分出宫，开门让仪仗队通过的时候，急速进入宫门，直接扑向皇帝的寝帐，就能建立夺取帝位的盖世大功。四月甲申(十一日)这天，阿史那结社率一伙簇拥着突利的儿子贺逻鹘，半夜埋伏在宫门之外。适逢天刮大风，晋王没有出宫，阿史那结社率害怕天亮计划落空，就带人冲进行宫，越过四道帐幕，用弓箭乱射，卫士死亡了几十个人。折冲都尉孙武开等率领众卫士奋力搏杀，战斗了很长时间，才将阿史那结社率一伙击退。阿史那结社率飞速跑入御厩，盗走良马二十馀匹，然后向北逃去，渡过渭水，打算投奔他所在的部落。唐军在后面紧紧追赶，终将他抓获，杀掉。太宗恕免了贺逻鹘的死罪，将他流放到岭南地区。

自从发生了阿史那结社率谋反的事情以后，上书言事的朝臣中有很多人说让突厥留在黄河南面是不适宜的。秋季七月

庚戌，诏右武候大将军、化州都督、怀化郡王李思摩为乙弥泥孰俟利苾可汗，赐之鼓纛。突厥及胡在诸州安置者，并令渡河，还其旧部，俾世作藩屏，长保边塞。突厥咸惮薛延陀，不肯出塞。上遣司农卿郭嗣本赐薛延陀玺书，薛延陀奉诏。于是遣思摩帅所部建牙于河北，上御齐政殿饯之，思摩涕泣，奉觞上寿曰："奴等破亡之馀，分为灰壤，陛下存其骸骨，复立可汗，愿万世子孙恒事陛下。"又遣礼部尚书赵郡王孝恭等赍册书，就其种落，筑坛于河上而立之。上谓侍臣曰："中国，根干也；四夷，枝叶也。割根干以奉枝叶，木安得滋荣？朕不用魏徵言，几致狼狈。"又以左屯卫将军阿史那忠为左贤王，左武卫将军阿史那泥熟为右贤王。忠，苏尼失之子也，上遇之甚厚，妻以宗女，及出塞，怀慕中国，见使者必泣涕请入侍。诏许之。

十四年春三月丙辰，置宁朔大使以护突厥。

十五年春正月乙亥，突厥俟利苾可汗始帅部落济河，建牙于故定襄城，有户三万，胜兵四万，马九万匹，仍奏言："臣非分蒙恩，为部落之长，愿子子孙孙为国家一犬，守吠北门。若薛延陀侵逼，请徙家属入长城。"诏许之。

冬十月，并州大都督长史李世勣在州十六年，令行禁止，民夷怀服。上曰："隋炀帝劳百姓，筑长城以备突厥，卒无所益。

庚戌（初九）这天，太宗下诏，册封右武候大将军、化州都督、怀化郡王李思摩即阿史那思摩为乙弥泥孰俟利苾可汗，赐给他象征权力的鼓和纛。又命令在中原各州安置的突厥及胡人全部渡过黄河，返回他们原来的部落，让他们世世代代做唐朝的屏障，长久地保卫边塞的安静。突厥人都畏惧薛延陀，不肯动身出塞。太宗派遣司农卿郭嗣本赐给薛延陀玺书，薛延陀接受了诏令，表示不再与突厥为敌。于是，太宗派遣李思摩率领所辖部落在黄河北边建置牙帐，并亲临齐政殿为他们饯行。李思摩哭泣流泪，端着酒觞向太宗祝寿说："奴才等是败亡的残馀，本当化为灰土，陛下您保存了我们的生命，又立我为可汗，愿子孙万代永远侍奉陛下。"太宗又派遣礼部尚书、赵郡王李孝恭等携带册封文书，就其部落聚集的地区，在黄河北边修筑祭坛，尔后册立李思摩为可汗。太宗对侍候的大臣们说："中原王朝是树的根干，四方夷族是树的枝叶。割下根干来奉养枝叶，树怎么能滋长茂盛呢？我没有采用魏徵的建议，差一点儿坏了事。"又任命左屯卫将军阿史那忠为左贤王，左武卫将军阿史那泥熟为右贤王。阿史那忠是苏尼失的儿子，太宗待他非常宽厚，将宗室的女儿许配给他为妻。他出塞后，仍然时常怀念仰慕中原王朝，见到唐朝使者必定哭泣流泪，请求入朝侍奉皇帝，太宗下诏答应了他。

十四年（640）春季三月丙辰（十九日）这天，设置宁朔大使来保护突厥。

十五年（641）春季正月乙亥（十三日），突厥俟利苾可汗开始率领部落渡过黄河，在原定襄城建立牙帐，拥有人户三万，精兵四万，马九万匹，仍然上奏说："我过分地蒙受大唐的恩宠，担任本部落的首领，只希望，我的子子孙孙都能为国家献犬马之劳，守护着北方的门户。如果薛延陀侵犯逼迫我们，请求能将我们的家属迁入长城之内。"太宗下诏答应了他的请求。

冬季十月，并州大都督长史李世勣，在并州任职十六年，令行禁止，汉夷各族百姓无不怀恩顺服于他。太宗说："隋炀帝劳累百姓修筑长城来防备突厥的侵犯，最终没有收到什么益处。

朕唯置李世勣于晋阳而边尘不惊，其为长城，岂不壮哉？”十一月庚申，以世勣为兵部尚书。

薛延陀合兵二十万击突厥。俟利苾可汗不能御，帅部落入长城，保朔州，遣使告急。上命发兵与李思摩共为掎角，唐兵纵击薛延陀，追至漠北。事见《唐平铁勒》。

十八年。初，上遣突厥俟利苾北渡河，有众十万，胜兵四万人，俟利苾不能抚御，众不惬服。十二月戊午，悉弃俟利苾南渡河，请处于胜、夏之间，上许之。群臣皆以为：“陛下方远征辽左，而置突厥于河南，距京师不远，岂得不为后虑？愿留镇洛阳，遣诸将东征。”上曰：“夷狄亦人耳，其情与中夏不殊。人主患德泽不加，不必猜忌异类。盖德泽洽，则四夷可使如一家；猜忌多，则骨肉不免为仇敌。炀帝无道，失人已久，辽东之役，人皆断手足以避征役，玄感以运卒反于黎阳，非戎狄为患也。朕今征高丽，皆取愿行者，募十得百，募百得千，其不得从军者，皆愤叹郁邑，岂比隋之行怨民哉？突厥贫弱，吾收而养之，计其感恩，入于骨髓，岂肯为患？且彼与薛延陀嗜欲略同，彼不北走薛延陀而南归我，其情可见矣。”顾谓褚遂良曰：“尔知起居，为我志之，自今十五年，保无突厥之患。”俟利苾既失众，轻骑入朝，上以为右武卫将军。

我只把李世勣安置在晋阳，却是边尘不惊，百姓安居乐业，如果把他比作长城，岂不更为雄壮吗！”十一月庚申（初三）这天，任命李世勣为兵部尚书。

薛延陀汇合兵力二十万人攻打突厥。俟利苾可汗无法抵御，率领全部落进入长城，守卫朔州，同时派遣使者向朝廷告急。太宗命令发兵与李思摩共为犄角之势，夹击来犯之敌。唐朝军队全面出击薛延陀，一直追到漠北。事见《唐平铁勒》。

十八年（644）。起初，太宗派遣突厥俟利苾可汗北渡黄河，拥有民众十万人，精兵四万人，但俟利苾不能安抚统治，众人都不诚服他。十二月戊午（十八日），大家背弃俟利苾南渡黄河，请求居住在胜州、夏州之间，太宗答应了他们。群臣都认为：“陛下您正在远征辽东，此时将突厥安置在黄河以南，距离京师长安不远，怎么能不为后方考虑呢？希望您能留下来镇守洛阳，派遣各位将领东征就行了。”太宗说：“夷狄族也是人啊，他们的感情与中原汉人没有什么不同。作为一个君主，忧虑的应该是恩惠没有施及于人，而不必去猜忌其他的族类。恩惠广施则四方民族也可使他们亲如一家，猜忌过多则骨肉同胞也不免成为仇敌冤家。隋炀帝残暴无道，失去人心已经很长时间了，他发动东征高丽的辽东之役，老百姓都弄断手足来逃避兵役，杨玄感则率领运送粮草的士兵在黎阳造反，这并不是戎狄在制造祸患吧。我现今征讨高丽，都是征发愿意去的人，招募十人得一百人，招募一百人得一千人，那些没被征召、不能从军的都愤怒叹息、心情忧郁，岂能与隋朝东征、百姓怨恨的情况相比呢？突厥在贫困弱小的时候，我接收并收养了他们，估计他们的感恩思想将深入骨髓，怎么会成为我们的祸患呢？况且突厥与薛延陀的嗜好欲望大致相同，但他们并没有向北投奔薛延陀，而是向南归附我大唐，其真情由此可以看到。”又回头对褚遂良说：“你掌管起居事宜，为我记下这句话：自今往后十五年，保证没有突厥的祸患。”俟利苾失去部众之后，便单枪匹马入京朝见，太宗任命他为右武卫将军。

二十一年冬十一月，突厥车鼻可汗遣使入贡。车鼻名斛勃，本突厥同族，世为小可汗。颉利之败，突厥馀众欲奉以为大可汗，时薛延陀方强，车鼻不敢当，帅其众归之。或说薛延陀："车鼻贵种，有勇略，为众所附，恐为后患，不如杀之。"车鼻知之，逃去。薛延陀遣数千骑追之，车鼻勒兵与战，大破之，乃建牙于金山之北，自称乙注车鼻可汗，突厥馀众稍稍归之，数年间胜兵三万人，时出抄掠薛延陀。及薛延陀败，车鼻势益张，遣其子沙钵罗特勒入见，又请身自入朝。诏遣将军郭广敬征之，车鼻特为好言，初无来意，竟不至。

二十三年，上以突厥车鼻可汗不入朝，遣右骁卫郎将高侃发回纥、仆骨等兵袭击之。兵入其境，诸部落相继来降。拔悉密吐屯肥罗察降，以其地置新黎州。冬十月，以突厥诸部置舍利等五州隶云中都督府，苏农等六州隶定襄都督府。

高宗永徽元年夏六月，高侃击突厥，至阿息山。车鼻可汗召诸部兵皆不赴，与数百骑遁去。侃帅精骑追至金山，擒之以归，其众皆降。

秋九月庚子，高侃执车鼻可汗至京师，释之，拜左武卫将军，处其馀众于郁督军山，置狼山都督府以统之，以高侃为卫将军。于是突厥尽为封内之臣，分置单于、瀚海二都护府。单于领狼山、云中、桑乾三都督，苏农等一十四州；瀚海领瀚海、金徽、新黎等七都督，仙萼等八州。各以其酋长为都督、刺史。

二十一年(647)冬季十一月，突厥车鼻可汗派遣使者入朝进献贡品。车鼻名斛勃，本是突厥同族人，世代担任小可汗。颉利可汗失败以后，突厥馀众想尊奉他为大可汗，但当时薛延陀正值强盛，车鼻不敢担当，就率领他的部众归附了薛延陀。有人劝薛延陀说："车鼻是突厥贵族血统，有勇有谋，为众人所依附，留着恐怕会成为我们的后患，不如杀掉他。"车鼻得知这个消息后，就急忙率部众逃走了。薛延陀派遣几千骑兵追赶，车鼻统领军队与他们展开激战，大败追兵。于是，车鼻便在金山北麓建立牙帐，自称为乙注车鼻可汗。突厥馀众逐渐前来归附，几年之间，精兵发展到三万人，时常出兵抄掠薛延陀。等到薛延陀失败后，车鼻的势力愈来愈大，便派遣他的儿子沙钵罗特勒入京朝见，又请求自己入朝。太宗下诏，派遣将军郭广敬去征召他入朝，但车鼻只说些好话，其实他当初就没有来朝之意，最后竟迁延不到。

二十三年(649)，太宗因为突厥车鼻可汗不入朝归顺，便派右骁卫郎将高侃征发回纥、仆骨等部兵马袭击他们。大军进入突厥境内，各部落相继来投降。拔悉密的吐屯肥罗察投降，唐朝将他的辖地设置为新黎州。冬季十月，将突厥各部设置的舍利等五州隶属云中都督府管辖，苏农等六州隶属定襄都督府管辖。

高宗永徽元年(650)夏季六月，高侃攻打突厥，到达阿息山。车鼻可汗征召各部落兵马迎战唐军，但各部都不派兵前去，车鼻可汗无计可施，只好与数百骑兵逃跑了。高侃率领精锐骑兵追到金山，将车鼻可汗擒获回来，车鼻的部众全都投降。

秋季九月庚子(初四)这天，高侃押送车鼻可汗到京城长安，朝廷释放了他，并任命他为右武卫将军，将他的剩馀部众安置在郁督军山，设立狼山都督府来统辖他们，任命高侃为卫将军。从此，突厥人就全部成为唐朝疆域内的臣民，分别设置单于、瀚海两个都护府来管辖他们。单于都护府统领狼山、云中、桑乾等三个都督府，以及苏农等十四个州；瀚海都护府统领瀚海、金徽、新黎等七个都督府，以及仙萼等八个州。分别任命他们的部落酋长担任都督、刺史的职务。

唐平铁勒

唐太宗贞观元年。初，突厥既强，敕勒诸部分散，有薛延陀、回纥、都播、骨利干、多滥葛、同罗、仆固、拔野古、思结、浑、斛薛、奚结、阿跌、契苾、白霫等十五部，皆居碛北，风俗大抵与突厥同。薛延陀于诸部为最强。

西突厥曷萨那可汗方强，敕勒诸部皆臣之。曷萨那征税无度，诸部皆怨。曷萨那诛其渠帅百馀人，敕勒相帅叛之，共推契苾哥楞为易勿真莫贺可汗，居贪于山北。又以薛延陀乙失钵为也咥小可汗，居燕末山北。及射匮可汗兵复振，薛延陀、契苾二部并去可汗之号以臣之。

回纥等六部在郁督军山者，东属始毕可汗。统叶护可汗势衰，乙失钵之孙夷男帅其部落七万馀家，附于颉利可汗。颉利政乱，薛延陀与回纥、拔野古等相帅叛之。颉利遣其兄子欲谷设将十万骑讨之，回纥酋长菩萨将五千骑，与战于马鬣山，大破之。欲谷设走，菩萨追至天山，部众多为所虏，回纥由是大振。薛延陀又破其四设，颉利

唐平铁勒

唐太宗贞观元年(627)。当初,突厥强盛之后,敕勒族各部落处于分散的状态,有薛延陀、回纥、都播、骨利干、多滥葛、同罗、仆固、拔野古、思结、浑、斛薛、奚结、阿跌、契苾、白霫等十五部,都居住在沙漠北部,风俗习惯大致与突厥相同。薛延陀在各部族当中最为强大。

西突厥曷萨那可汗正值强盛时期,敕勒各部都向他称臣。曷萨那征收赋税没有限度,各部族都有怨恨情绪。曷萨那诛杀了他们的首领一百馀人,于是,敕勒各部相继背叛了西突厥,共同推举契苾部的哥楞为易勿真莫贺可汗,居于贪于山北麓。又推举薛延陀部的乙失钵为也咥小可汗,居于燕末山北麓。等到西突厥射匮可汗的兵马重新振兴强大,薛延陀、契苾二部就一并去掉可汗的称号,再度向西突厥称臣。

回纥等六个部族居住在郁督军山附近的,臣属于东部的突厥始毕可汗。西突厥统叶护可汗的势力衰弱之后,乙失钵的孙子夷男率领他的部落七万馀户,归附了突厥颉利可汗。颉利政局混乱,薛延陀与回纥、拔野古等部相继背叛了突厥。颉利可汗派遣他的侄子欲谷设率领十万骑兵前往讨伐,回纥酋长菩萨率领五千骑兵与他们在马鬣山展开了激战,大败欲谷设。欲谷设狼狈逃跑,菩萨一直追到天山,欲谷设的部众多被菩萨俘虏,回纥因此大大振兴起来。薛延陀又击败突厥的四个设,颉利可汗

不能制。

二年，突厥北边诸姓多叛颉利可汗归薛延陀，共推其俟斤夷男为可汗，夷男不敢当。上方图颉利，遣游击将军乔师望间道赍册书拜夷男为真珠毗伽可汗，赐以鼓纛。夷男大喜，遣使入贡，建牙于大漠之郁督军山，东至靺鞨，西至西突厥，南接沙碛，北至俱伦水，回纥、拔野古、阿跌、同罗、仆骨、霫诸部落皆属焉。

三年秋八月丙子，薛延陀遣其弟统特勒入贡。事见《唐平突厥》。

十二年。初，突厥颉利既亡，北方空虚，薛延陀真珠可汗帅其部落建庭于都尉犍山北、独逻水南，胜兵二十万，立其二子拔酌、颉利苾主南、北部。上以其强盛，恐后难制，秋九月癸亥，拜其二子皆为小可汗，各赐鼓纛，外示优崇，实分其势。

十三年秋七月，诏李思摩为乙弥泥孰俟利苾可汗，赐之鼓纛，突厥及胡在诸州安置者，并令渡河，还其旧部。突厥惮薛延陀，不肯出塞。上遣大农卿郭嗣本赐薛延陀玺书，言"颉利既败，其部落咸来归化，我略其旧过，嘉其后善，待其达官皆如吾百寮，部落皆如吾百姓。中国贵尚礼义，不灭人国。前破突厥，止为颉利一人为百姓害，实不贪其土地，利其人畜，恒欲更立可汗，故置所降部落于河南，

不能控制他们。

二年(628),突厥北部边境的各姓部族大多叛离颉利可汗而归附薛延陀,一致推举薛延陀的俟斤夷男为可汗,夷男不敢承当。太宗当时正想图谋颉利,就派遣游击将军乔师望携带册封文书,选择小道来到薛延陀的住地,册拜夷男为真珠毗伽可汗,赐给他象征权力的鼓和纛。夷男非常高兴,就派遣使臣入朝进献贡品,在大漠中的郁督军山下建立牙帐,其疆域东至靺鞨,西到西突厥,南接沙漠,北临俱伦水,回纥、拔野古、阿跌、同罗、仆骨、霫等各部落都归属于他。

三年(629)秋季八月丙子(初八)这天,薛延陀真珠毗伽可汗派遣他的弟弟统特勒入朝进献贡品。事见《唐平突厥》。

十二年(638)。当初,突厥颉利可汗败亡之后,北方地区空虚,薛延陀真珠可汗率领他的部落在都尉犍山北麓、独逻水南岸建立牙帐,拥有精兵二十万人,立他的两个儿子拔酌、颉利苾为可汗手下的最高官员,分别主管南、北两部。太宗见薛延陀很强盛,担心日后难以控制,秋季九月癸亥(十八日)这天,册封真珠可汗的那两个儿子都为小可汗,分别赐给象征权力的鼓和纛。这样做,外表上看是给了他们优待和尊崇,实际上是在分化他们的势力。

十三年(639)秋季七月,太宗下诏任命突厥人李思摩为乙弥泥孰俟利苾可汗,赐给他象征权力的鼓和纛,突厥及胡族在中原各州安置的人,一并命令渡过黄河,返还他原来的部落去。突厥人畏惧薛延陀,不肯动身出塞。太宗派遣司农卿郭嗣本赐给薛延陀玺书,上面写道:"颉利可汗失败之后,他的部落都来归附大唐,我不计较他们原先的过错,而嘉奖他们后来好的表现,对待他们的达官都如同对待我的百僚一样,对待他们的部落也如同对待我的百姓一样。中原王朝崇尚礼义,不消灭他人的国家。以前打败突厥,只是因为颉利一人为害百姓,确实不是贪图他们的土地,也不是想要捕获他们的人畜,以获得利益。我一直想为他们再立一个可汗,所以才把投降的突厥部落安置在黄河以南,

任其畜牧。今户口蕃滋，吾心甚喜，既许立之，不可失信。秋中将遣突厥渡河，复其故国。尔薛延陀受册在前，突厥受册在后，后者为小，前者为大。尔在碛北，突厥在碛南，各守土疆，镇抚部落。其逾分故相抄掠，我则发兵各问其罪。”薛延陀奉诏。于是遣思摩帅所部建牙于河北。

十五年，薛延陀真珠可汗闻上将东封，谓其下曰：“天子封泰山，士马皆众，边境必虚，我以此时取思摩，如拉朽耳。”乃命其子大度设发同罗、仆骨、回纥、靺鞨、霫等兵合三十万，度漠南，屯白道川，据善阳岭以击突厥。俟利苾可汗不能御，帅部落入长城，保朔州，遣使告急。十一月癸酉，上命营州都督张俭帅所部精兵及奚、霫、契丹压其东境，以兵部尚书李世勣为朔州道行军总管，将兵六万，骑千二百，屯朔方；右卫大将军李大亮为灵州道行军总管，将兵四万，骑五千，屯灵武；右屯卫大将军张士贵将兵一万七千，为庆州道行军总管，出云中；凉州都督李袭誉为凉州道行军总管，出其西。诸将辞行，上戒之曰：“薛延陀负其强盛，逾漠而南，行数千里，马已疲瘦。凡用兵之道，见利速进，不利速退。薛延陀不能掩思摩不备，急击之，思摩入长城，又不速退。吾已敕思摩烧薙秋草，彼粮糗日尽，野无所获。顷侦者来，云其马啮林木枝皮略尽。卿等当与思摩共为掎角，不须速战，俟其将退，一时奋击，破之必矣。”

听任他们自由地发展畜牧生产。如今他们的户口繁殖增长，我内心十分高兴。我既然已经许诺立一可汗，就不能失信于人。秋季中将让突厥渡过黄河，恢复他们原来的国家。你们薛延陀受册封在前，他们突厥受册封在后，后者为小，前者为大。你们在沙漠北边，他们突厥在沙漠南边，各自守卫自己的疆土，镇定安抚自己的部落。如果越过边界故意互相抄掠，我就发兵各问其罪。”薛延陀接受了诏令。于是，太宗就让李思摩率领所辖部落在黄河北边建立牙帐。

十五年(641)，薛延陀真珠可汗听说太宗要东去泰山行封禅大礼，便对他的部下说：“天子去泰山封禅，兵马都要随从前往，边境一定空虚，我在这个时候攻取李思摩，就如同摧枯拉朽一样。”于是命令他的儿子大度设征发同罗、仆骨、回纥、靺鞨、霫等部兵马，合计三十万人，穿过沙漠南下，驻扎在白道川，占据善阳岭，然后向突厥发起攻击。俟利苾可汗无法抵挡，就率领全部落退入长城，守住朔州，同时派遣使者向唐朝告急。十一月癸酉(十六日)，太宗命令营州都督张俭率领本部精兵及奚、霫、契丹族的部落兵向薛延陀的东部边境压过去，任命兵部尚书李世勣为朔州道行军总管，率兵六万，其中骑兵一千二百，驻守朔州；任命右卫大将军李大亮为灵州道行军总管，率兵四万，其中骑兵五千，驻守灵武；任命右屯卫大将军张士贵率兵一万七千，为庆州道行军总管，出兵云中；任命凉州都督李袭誉为凉州道行军总管，出击薛延陀的西部。各位将领入朝辞行，太宗告诫他们说：“薛延陀倚仗着他们强盛，越过沙漠南下，走了数千里，战马已经疲乏瘦弱了。大凡用兵之道，见到有利局势就要迅速进攻，发现不利局势就要迅速撤退。薛延陀不能乘李思摩没有防备时而急速攻打他们，李思摩进入长城后他们又不迅速撤退，犯了兵家之大忌。我已经敕命李思摩烧掉秋草，薛延陀的粮食即将吃光，野地上又一无所获。刚才侦察兵回来，说他们的马把树皮枝叶都快啃光了。你们应当与李思摩共为掎角之势，不要马上与他们交战，等到他们将要撤退时，再同时奋力出击，就一定会打败他们。”

十二月己亥，薛延陀遣使入见，请与突厥和亲。甲辰，李世勣败薛延陀于诺真水。初，薛延陀击西突厥沙钵罗及阿史那社尔，皆以步战取胜。及将入寇，乃大教步战，使五人为伍，一人执马，四人前战，战胜则授以马追奔。于是大度设将三万骑逼长城，欲击突厥，而思摩已走，知不可得，遣人登城骂之。会李世勣引唐兵至，尘埃涨天，大度设惧，将其众自赤柯泺北走，世勣选麾下及突厥精骑六千自直道邀之，逾白道川，追及于青山。大度设走累日，至诺真水，勒兵还战，陈亘十里。突厥先与之战，不胜，还走，大度设乘胜追之，遇唐兵，薛延陀万矢俱发，唐马多死。世勣命士卒皆下马，执长矟，直前冲之。薛延陀众溃，副总管薛万徹以数千骑收其执马者。薛延陀失马，不知所为，唐兵纵击，斩首二千馀级，捕虏五万馀人。大度设脱身走，万徹追之不及。其众至漠北，值大雪，人畜冻死者什八九。

李世勣还军定襄。突厥思结部居五台者叛走，州兵追之，会世勣军还，夹击，悉诛之。

丙子，薛延陀使者辞还，上谓之曰："吾约汝与突厥以大漠为界，有相侵者，我则讨之。汝自恃其强，逾漠攻突厥。李世勣所将才数千骑耳，汝已狼狈如此！归语可汗：凡举措利害，可善择其宜。"

十六年秋九月癸亥，薛延陀真珠可汗遣其叔父沙钵罗泥熟俟斤来请婚，献马三千，貂皮三万八千，马脑镜一。

十二月己亥（十二日），薛延陀派遣使节入朝进见太宗，请求与突厥和亲。甲辰（十七日），李世勣在诺真水沿岸击败薛延陀。当初，薛延陀攻打西突厥沙钵罗以及阿史那社尔，都以步兵作战而取胜。等到将要入侵唐朝时，就大规模教练步战方法，让五个人为一组；一个人牵马，四个人上前作战，谁战胜了就给谁马，让他骑上去追击逃敌。当时，大度设率领三万骑兵进逼长城，打算攻打突厥，而李思摩已经逃走了，他知道不能抓住他了，就派人登上城头谩骂。适逢李世勣带领唐朝军队来到，扬起的尘土充满了天空，大度设害怕了，便率领他的部众从赤柯泺向北逃去，李世勣挑选部下及突厥精锐骑兵六千人从直路过去阻截，越过白道川，一直追到青山。大度设跑了好几天，来到诺真水，就勒住兵马回身作战，军阵延续十里长。突厥军队先与他们交战，不能取胜，回身逃跑，大度设乘胜追击，与唐朝军队遭遇，薛延陀兵万箭齐发，唐军战马多被射死。李世勣命令士卒一律下马，手执长矛，一直向前猛冲。薛延陀军被冲散了，唐军副总管薛万徹用数千骑兵擒获了那些牵马的士兵。薛延陀兵失去了战马，个个不知所措，唐军全面进攻，斩首二千馀级，俘虏五万馀人。大度设脱身逃跑，薛万徹紧紧追赶，没有追上。大度设的部众到达沙漠北部，正赶上天降大雪，人和牲畜冻死的有十分之八九。

李世勣回师定襄。居住在五台县的突厥思结部叛逃，代州军队前往追捕。适逢李世勣回军路过，两军夹击，将他们全部杀死。

丙子（十九日），薛延陀的使者向太宗告辞，准备回国，太宗对他说："我约定你们与突厥两国以大沙漠为界，如有互相侵犯，我就予以讨伐。你们自恃强盛，越过沙漠进攻突厥。李世勣所率领的军队仅仅数千骑兵而已，而你们却已狼狈到如此地步。你回去告诉你们的可汗，一切举措都须权衡利害关系，要善于选择那些适宜的事情去做。"

十六年（642）秋季九月癸亥（初十），薛延陀真珠可汗派遣他的叔父沙钵罗泥熟俟斤来唐朝请求通婚，并进献马三千匹，貂皮三万八千张，玛瑙镜子一面。

冬十月，上谓侍臣曰："薛延陀屈强漠北，今御之止有二策，苟非发兵殄灭之，则与之婚姻以抚之耳，二者何从？"房玄龄对曰："中国新定，兵凶战危，臣以为和亲便。"上曰："然。朕为民父母，苟可利之，何爱一女！"

先是，左领军将军契苾何力母姑臧夫人及弟贺兰州都督沙门皆在凉州，上遣何力归觐，且抚其部落。时薛延陀方强，契苾部落皆欲归之，何力大惊曰："主上厚恩如是，奈何遽为叛逆？"其徒曰："夫人、都督先已诣彼，若之何不往？"何力曰："沙门孝于亲，我忠于君，必不汝从。"其徒执之诣薛延陀，置真珠牙帐前。何力箕踞，拔佩刀东向大呼曰："岂有唐烈士而受屈虏庭，天地日月，愿知我心！"因割左耳以誓。真珠欲杀之，其妻谏而止。上闻契苾叛，曰："必非何力之意。"左右曰："戎狄气类相亲，何力入薛延陀，犹鱼趋水耳。"上曰："不然。何力心如铁石，必不叛我。"会有使者自薛延陀来，具言其状，上为之下泣，谓左右曰："何力果如何？"即命兵部侍郎崔敦礼持节谕薛延陀，以新兴公主妻之，以求何力。何力由是得还，拜右骁卫大将军。

十七年闰六月，薛延陀真珠可汗使其侄突利设来纳币，献马五万匹，牛、橐驼万头，羊十万口。庚申，突利设献馔，上御相思殿，大飨群臣，设十部乐，突利设再拜上寿，

冬季十月，太宗对侍候的大臣们说："薛延陀在漠北不顺从我们，如今统治他们只有两个策略：如果不发兵消灭他们，就与他们互通婚姻来安抚他们。二者之间选择哪个呢？"房玄龄回答说："中原刚刚平定，用兵不吉利，作战有危险，我认为与他们和亲比较适宜。"太宗说："说得对。我是天下百姓的父母，如果能对百姓有利，何必吝惜一个女儿呢！"

在此之前，左领军将军契苾何力的母亲姑臧夫人和他的弟弟、贺兰州都督沙门都住在凉州，太宗让契苾何力回去看望他们，并且安抚他们的部落。当时薛延陀正值强盛时期，契苾部落的人都想归附薛延陀，契苾何力非常惊讶，说道："大唐天子对我们有如此深厚的恩德，为什么这么快就叛逆！"那些人说："臧夫人、都督在此之前已经到薛延陀那里去了，你为什么不去呢？"契苾何力说："沙门孝敬于母亲，而我要忠诚于皇帝，坚决不跟你们去。"契苾部落的人便将契苾何力捆起来送到薛延陀那里，放在真珠可汗的牙帐前面。契苾何力两脚伸直岔开坐着，拔出佩刀面向东边唐朝的方向，大声喊道："岂有大唐的忠烈之士在虏庭遭到屈辱的！天地日月，希望能知道我的心！"于是他割下左耳来发誓。真珠可汗想杀掉他，因可汗的妻子极力劝阻而作罢。太宗听说契苾部叛变，说道："这肯定不是何力的本意。"身边的人说："戎族和狄族气味相投，彼此亲爱友好，何力加入薛延陀一边，就好像鱼游向水一样。"太宗说："不对。何力的心像铁石一样坚定，肯定不会背叛我的。"适逢有使者从薛延陀处回来，详细讲了契苾何力的情况，太宗听后为他掉下眼泪，对身边的人说："何力果真如何呢？"当即命令兵部侍郎崔敦礼手持旌节去晓谕薛延陀，将新兴公主嫁给真珠可汗为妻，以求换回契苾何力。契苾何力因此得以返回朝廷，被任命为右骁卫大将军。

十七年(643)闰六月，薛延陀真珠可汗派他的侄子突利设来唐送定亲聘礼，献马五万匹，牛、骆驼一万头，羊十万只。庚申(十三日)，突利设进献食物，太宗亲临相思殿，大宴群臣，设置宴乐、清乐、西凉乐、龟兹乐等十部乐，突利设再次行拜礼向太宗祝寿，

赐赉甚厚。契苾何力上言:“薛延陀不可与昏。”上曰:“吾已许之矣,岂可为天子而食言乎?”何力对曰:“臣非欲陛下遽绝之也,愿且迁延其事。臣闻古有亲迎之礼,若敕夷男使亲迎,虽不至京师,亦应至灵州。彼必不敢来,则绝之有名矣。夷男性刚戾,既不成昏,其下复携贰,不过一二年必病死,两子争立,则可以坐制之矣!”上从之,乃征真珠可汗使亲迎,仍发诏将幸灵州与之会。真珠大喜,欲诣灵州,其臣谏曰:“脱为所留,悔之无及!”真珠曰:“吾闻唐天子有圣德,我得身往见之,死无所恨,且漠北必当有主。我行决矣,勿复多言!”上发使三道,受其所献杂畜。薛延陀先无库厩,真珠调敛诸部,往返万里,道涉沙碛,无水草,耗死将半,失期不至。议者或以为“聘财未备而与为昏,将使戎狄轻中国”,上乃下诏绝其昏,停幸灵州,追还三使。

褚遂良上疏,以为“薛延陀本一俟斤,陛下荡平沙塞,万里萧条,馀寇奔波,须有酋长,玺书鼓纛,立为可汗。比者复降鸿私,许其姻媾,西告吐蕃,北谕思摩,中国童幼,靡不知之。御幸北门,受其献食,群臣四夷,宴乐终日。咸言

太宗赏赐给他的东西非常丰厚。契苾何力上书说："不可以与薛延陀通婚。"太宗说："我已经答应他们了，怎么可以身为天子而自食其言呢？"契苾何力回答说："我不是想要陛下您马上拒绝他们，只是希望暂且拖延这件事情。我听说自古就有迎亲的礼节，如果陛下您下敕给夷男，让他亲自来迎亲，那么，夷男即使不到京师长安来迎亲，也应该到灵州来迎亲。他肯定不敢前来，那么拒绝他就有理由了。夷男性格刚强暴戾，既不能与大唐公主成婚，他的部下又对他怀有二心，不过一二年时间，必然会病死，他的两个儿子都争着立自己为可汗，到那时候，陛下您就可以安坐而制服他们了。"太宗听从了他的建议，就征召真珠可汗，让他亲自来迎娶公主，还下诏说将去灵州与真珠可汗相会。真珠可汗非常高兴，打算亲自去灵州，他的大臣们劝谏说："假如被他们扣留住，后悔就来不及了！"真珠可汗说："我听说大唐天子有圣德，我能亲自去见他一面，即使死了也不遗憾。况且漠北必然会有人来掌管，我去的决心已定，你们不要再多说了！"太宗一连派出三批使臣，接受他们所进献的各类牲畜。薛延陀先前没有财物和牲畜的储备，真珠可汗只好临时征收各部落的马、牛、羊、骆驼等牲畜，然而往返一万馀里，途中跋涉沙漠，没有水草，牲畜消耗死亡将近一半，而且误了亲迎期限没有到达。唐朝议论朝政的臣僚中有人认为："聘礼财物没有准备齐全便与真珠可汗通婚，将会使戎狄异族轻视我中原大唐。"太宗于是下诏回绝了他们的婚事，取消亲临灵州的计划，并追还派到薛延陀去的三批使者。

褚遂良向太宗上疏，认为："薛延陀本是突厥的一个俟斤，陛下荡平了沙漠边塞，形成了万里萧条、残馀敌寇奔波无靠的局面，须有一个酋长来管辖，就赐给薛延陀玺书，以及象征权力的鼓和纛，册立他们的酋长为可汗。近来又降下大恩，允许与他们通婚，并且西面告诉吐蕃，北边通知李思摩，连中原王朝的儿童，都没有不知道这件事的。陛下您亲临京城北门，接受他们进献食物，群臣和四方夷族的使节欢聚一堂，宴饮作乐了一整天。都说

陛下欲安百姓，不爱一女，凡在含生，孰不怀德。今一朝生进退之意，有改悔之心，臣为国家惜兹声听。所顾甚少，所失殊多，嫌隙既生，必构边患。彼国蓄见欺之怒，此民怀负约之惭，恐非所以服远人，训戎士也。陛下君临天下十有七载，以仁恩结庶类，以信义抚戎夷，莫不欣然，负之无力，何惜不使有始有卒乎？夫龙沙以北，部落无算，中国诛之，终不能尽，当怀之以德，使为恶者在夷不在华，失信者在彼不在此，则尧、舜、禹、汤不及陛下远矣！”上不听。

是时，群臣多言：“国家既许其昏，受其聘币，不可失信戎狄，更生边患。”上曰：“卿曹皆知古而不知今。昔汉初匈奴强，中国弱，故饰子女，捐金絮以饵之，得事之宜。今中国强，戎狄弱，以我徒兵一千，可击胡骑数万。薛延陀所以匍匐稽颡，惟我所欲，不敢骄慢者，以新为君长，杂姓非其种族，欲假中国之势以威服之耳。彼同罗、仆骨、回纥等十馀部，兵各数万，并力攻之，立可破灭，所以不敢发者，畏中国所立故也。今以女妻之，彼自恃大国之婿，杂姓谁敢不服？戎狄人面兽心，一旦微不得意，必反噬为害。今吾绝其昏，杀其礼，杂姓知我弃之，不日将瓜剖之矣，卿曹第志之！”

陛下您为了天下百姓安居乐业，不吝惜自己的一个女儿，凡是有生命的人，谁不铭记您的恩德呢？现今却突然产生进退不定的念头，想要反悔，为臣我深为国家有这样的声誉而感到惋惜。这样做的结果，所能顾及的非常少，所要失去的特别多，而且猜疑隔阂出现之后，一定会造成边境上祸患的发生。他们国家蓄积着被欺骗的愤怒，这边百姓怀藏着违背婚约的羞愧，恐怕这不是用来宾服远方民众、训导将士的做法呀。陛下您即帝位统治天下已经有十七年了，平时都是用仁爱恩惠来团结庶民百姓，用诚信礼义来抚慰戎夷各族，天下各族群众没有不爱戴您的，而背弃约定就没有吸引力了，为什么不爱惜这些而使自己善始善终呢？在龙沙城以北，部落多得无法计算，中原王朝要剪除他们，终究没能穷尽，应当用恩德来安抚他们，使为恶的在外夷而不在中华，失信的在他们而不在我们，那么，尧、舜、禹、汤等历代名君就远不及陛下您了。”太宗不听他的劝告。

当时群臣大多说道：“国家既然答应与他们通婚，又接受了他们的聘礼，就不可对戎狄失信，以至边患再度发生。”太宗说：“你们都知古而不知今。从前汉朝初年匈奴强大，中原王朝软弱，所以就把年轻女子打扮漂亮嫁给他们，把金银丝绵送给他们做诱饵，钓住他们，在当时是得体的。如今中原国家强大，北方戎狄软弱，用我们的步兵一千人，就可以击败胡族骑兵数万人。薛延陀之所以对我们匍匐跪拜，唯我所欲，不敢骄傲怠慢的原因，是他们刚立了可汗，各种姓氏的部落不是他们同一种族，想借中原大唐的势力来震慑住他们而已。他们之中的同罗、仆骨、回纥等十馀个部落，各有兵力数万人，如果并力攻打薛延陀，立时可以让薛延陀失败灭亡，而他们之所以不敢发难，是因为畏惧薛延陀可汗是我中原大唐所立的缘故。现今将公主嫁给他做妻子，他将自恃是大国的女婿，其他各姓部落谁敢不服呢？戎狄人面兽心，一旦稍不如意，必会反咬一口，为害我中原。现在我们断绝与他们通婚，降低对他们的礼节，其他各姓部落就会知道我们舍弃了他们，不久将会把他们瓜分殆尽的。你们且记住这些话吧！”

臣光曰：孔子称去食、去兵，不可去信。唐太宗审知薛延陀不可妻，则初勿许其昏可也；既许之矣，乃复恃强弃信而绝之，虽灭薛延陀，犹可羞也。王者发言出令，可不慎哉？

十八年。初，上遣突厥俟利苾可汗北渡河，薛延陀真珠可汗恐其部落翻动，意甚恶之，豫蓄轻骑于漠北，欲击之。上遣使戒敕，无得相攻。真珠可汗对曰："至尊有命，安敢不从？然突厥翻覆难期，当其未破之时，岁犯中国，杀人以千万计。臣以为至尊克之，当翦为奴婢，以赐中国之人，乃反养之如子，其恩德至矣，而结社率竟反。此属兽心，安可以人理待也？臣荷恩深厚，请为至尊诛之。"自是数相攻。

十九年，上之将伐高丽也，薛延陀遣使入贡，上谓之曰："语尔可汗，今我父子东征高丽，汝能为寇，宜亟来！"真珠可汗惶恐，遣使致谢，且请发兵助军，上不许。及高丽败于驻跸山，莫离支使靺鞨说真珠，啖以厚利，真珠慑服不敢动。九月壬申，真珠卒，上为之发哀。

初，真珠请以其庶长子曳莽为突利失可汗，居东方，统杂种；嫡子拔灼为肆叶护可汗，居西方，统薛延陀。诏许之，皆以礼册命。曳莽性躁扰，轻用兵，与拔灼不协。真珠

北宋史臣司马光评论说：孔子称宁可失去食物、失去军队，也不可以失去信用。唐太宗深知不可将公主嫁与薛延陀可汗为妻，那么当初不答应与他通婚就是了；既然答应了这门亲事，却又依恃强大，背信弃义拒绝人家，这样做，即使是灭亡了薛延陀，也让人感到羞愧。君主发表意见颁布命令，能不慎重吗？

十八年(644)。当初，太宗派遣突厥俟利苾可汗北渡黄河，薛延陀真珠可汗担心自己的部落翻转过去，投归原来的首领，内心十分讨厌这件事，便在漠北预先埋伏下轻装骑兵，准备袭击突厥人。太宗派使臣告诫他们，不得相互攻击。真珠可汗回答说：“天子有命，我怎么敢不服从呢？然而突厥人反复无常，当他们没有败亡的时候，年年侵犯中原，杀死的人成千上万。我认为天子战胜他们，应当把他们全部罚作奴婢，赐给中原唐朝的百姓，而您却相反，抚养他们就像对待自己的儿子一样，对他们的恩德可以说是无以复加了，可是阿史那结社率竟然还是反叛您。这些人是野兽的心肠，怎么可以用对常人的道理来对待他们呢？我承受大唐的恩情很深厚，请求替天子诛除他们。”从此之后，薛延陀与突厥就多次相互攻击。

十九年(645)，太宗将要征伐高丽的时候，薛延陀派遣使者入朝进献贡品，太宗对使者说：“告诉你们可汗，现今我父子二人将东征高丽，你们能来侵犯，就应当马上来！”真珠可汗听说后惶恐不安，即派遣使臣前来谢罪，并且请求发兵帮助作战，太宗没有答应。等到高丽在驻跸山被唐军击败时，莫离支泉盖苏文派靺鞨人劝说真珠可汗联兵对付唐朝，并以厚利诱惑他，但是真珠可汗慑服于唐朝的威力，不敢轻举妄动。九月壬申(初七)，真珠可汗去世，太宗为他举哀发丧。

当初，真珠可汗请求任命他的庶长子曳莽为突利失可汗，居于东部，统治其他各姓部落；嫡子拔灼为肆叶护可汗，居于西方，统治薛延陀本部。太宗下诏答应了他的请求，并都按照礼节进行册命。曳莽性格急躁好动，轻率用兵，与拔灼关系不和。真珠

卒，来会丧。既葬，曳莽恐拔灼图己，先还所部，拔灼追袭杀之，自立为颉利俱利薛沙多弥可汗。

上之征高丽也，使右领军大将军执失思力将突厥屯夏州之北以备薛延陀。薛延陀多弥可汗既立，以上出征未还，引兵寇河南，上遣左武候中郎将长安田仁会与思力合兵击之。思力羸形伪退，诱之深入，及夏州之境，整陈以待之。薛延陀大败，追奔六百馀里，耀威碛北而还。多弥复发兵寇夏州，十二月己未，敕礼部尚书江夏王道宗，发朔、并、汾、箕、岚、代、忻、蔚、云九州兵镇朔州；右卫大将军代州都督薛万彻，左骁卫大将军阿史那社尔，发胜、夏、银、绥、丹、延、鄜、坊、石、隰十州兵镇胜州；胜州都督宋君明，左武候将军薛孤吴，发灵、原、宁、盐、庆五州兵镇灵州；又令执失思力发灵、胜二州突厥兵，与道宗等相应。薛延陀至塞下，知有备，不敢进。

二十年春正月辛未，夏州都督乔师望、右领军大将军执失思力等击薛延陀，大破之，虏获二千馀人。多弥可汗轻骑遁去，部内骚然矣。

薛延陀多弥可汗，性褊急，猜忌无恩，废弃父时贵臣，专用己所亲昵，国人不附。多弥多所诛杀，人不自安。回纥酋长吐迷度与仆骨、同罗共击之，多弥大败。夏六月乙亥，诏以江夏王道宗、左卫大将军阿史那社尔为瀚海安抚大使，又遣右领卫大将军执失思力将突厥兵，右骁卫大将军契苾何力将凉州及胡兵，代州都督薛万彻、营州都督张

可汗死后，他们二人齐来牙帐奔丧。安葬真珠可汗之后，曳莽害怕拔灼算计自己，便先离开牙帐返回本部，拔灼追上并袭击杀死了他，然后自立为颉利俱利薛沙多弥可汗。

太宗征讨高丽的时候，命令右领军大将军执失思力率领突厥军队驻扎在夏州以北，以防备薛延陀的侵犯。薛延陀多弥可汗即位之后，以为太宗出征高丽未回，有机可乘，就带领军队侵犯黄河以南地区，太宗派遣左武候中郎将、长安人田仁会与执失思力汇合兵力前往迎击。执失思力派些身体瘦弱的士兵打前锋，假装抵挡不住往后撤退，诱敌深入，到了夏州境内，他早已摆好阵式在那儿等待着薛延陀兵上钩。结果，薛延陀被打得大败，唐军追击了六百馀里，在沙漠北边耀武扬威了一番，然后才凯旋。多弥可汗又发兵侵扰夏州，十二月己未（二十五日），太宗下敕命令礼部尚书江夏王李道宗征发朔、并、汾、箕、岚、代、忻、蔚、云等九州兵马镇守朔州；右卫大将军代州都督薛万彻、左骁卫大将军阿史那社尔征发胜、夏、银、绥、丹、延、鄜、坊、石、隰等十州兵马镇守胜州；胜州都督宋君明、左武候将军薛孤吴征发灵、原、宁、盐、庆等五州兵马镇守灵州；又命令执失思力征发灵、胜二州突厥兵马，与李道宗等人互相呼应。薛延陀来到边塞之下，知道唐朝有了防备，便不敢贸然进犯了。

二十年（646）春季正月辛未（初八），夏州都督乔师望、右领军大将军执失思力等人出击薛延陀，大败敌军，俘获二千馀人。多弥可汗轻装骑马逃走，薛延陀内部一片骚乱。

薛延陀多弥可汗性情急躁、气量狭隘，对部下猜疑妒忌，不施恩惠，将父亲在位时的大臣们全都废弃不任用，专门重用自己所亲近的人，国内的臣民不亲附于他。多弥可汗又大肆诛杀，使人心不安。回纥酋长吐迷度与仆骨、同罗等部落联合起来向他进攻，多弥可汗被打得大败。夏季六月乙亥（十五日）这天，太宗下诏任命江夏王李道宗、左卫大将军阿史那社尔担任瀚海安抚使，又派遣右领卫大将军执失思力率领突厥兵马，右骁卫大将军契苾何力率领凉州及胡族兵马，代州都督薛万彻、营州都督张

俭各将所部兵，分道并进，以击薛延陀。

上遣校尉宇文法诣乌罗护、靺鞨，遇薛延陀阿波设之兵于东境，法帅靺鞨击破之。薛延陀国中惊扰，曰："唐兵至矣！"诸部大乱。多弥引数千骑奔阿史德时健部落，回纥攻而杀之，并其宗族殆尽，遂据其地。诸俟斤互相攻击，争遣使来归命。

薛延陀馀众西走，犹七万馀口，共立真珠可汗兄子咄摩支为伊特勿失可汗，归其故地。寻去可汗之号，遣使奉表，请居郁督军山之北。使兵部尚书崔敦礼就安集之。

敕勒九姓酋长，以其部落素服薛延陀种，闻咄摩支来，皆恐惧。朝议恐其为碛北之患，乃更遣李世勣与九姓敕勒共图之。上戒世勣曰："降则抚之，叛则讨之。"己丑，上手诏，以"薛延陀破灭，其敕勒诸部，或来降附，或未归服，今不乘机，恐贻后悔，朕当自诣灵州招抚。其去岁征辽东兵，皆不调发"。

李世勣至郁督军山，其酋长梯真达官帅众来降。薛延陀咄摩支南奔荒谷，世勣遣通事舍人萧嗣业往招慰，咄摩支诣嗣业降，其部落犹持两端。世勣纵兵追击，前后斩五千馀级，虏男女三万馀人。秋七月，咄摩支至京师，拜右武卫大将军。

八月己巳，上行幸灵州。江夏王道宗兵既度碛，遇薛延陀阿波达官众数万拒战，道宗击破之，斩首千馀级，追奔

俭各自率领本部兵马，分成几路，齐头并进，向薛延陀发起进攻。

太宗派遣校尉宇文法到乌罗护、靺鞨等部去办事，在东部边境与薛延陀阿波设的军队遭遇，宇文法率领靺鞨兵马击败了他们。于是，薛延陀国内受到震动，纷扰不安，到处传言："唐兵到了！"各部落顿时大乱。多弥可汗带领数千骑兵投奔阿史德时健部落，回纥向这个部落发起进攻，杀死了多弥可汗，并将他的宗族斩杀殆尽，就占据了那个地区。薛延陀内部的各位俟斤也互相攻击，争着派遣使者前来归顺唐朝。

薛延陀的残馀部众向西逃跑，还有七万馀人，共同拥立真珠可汗的侄子咄摩支为伊特勿失可汗，回到了他们原来的领地。不久就去掉可汗的称号，派遣使者向唐朝上表，请求居住在郁督军山的北麓。太宗派兵部尚书崔敦礼去那里就地安抚他们。

敕勒九个部落的酋长，因为他们的部落向来顺服薛延陀，所以听说咄摩支来了，都十分恐惧。唐朝大臣们在朝廷上议论，担心咄摩支将成为沙漠北边的祸患，于是再次派遣李世勣与敕勒的九个部落共同去对付他。太宗告诫李世勣说："如果投降就安抚他们，如果反叛就讨伐他们。"己丑（二十九日），太宗手写诏书称："薛延陀失败灭亡，其馀敕勒各部落有的前来投降归附，有的尚未归顺，如今不乘机平定他们，恐怕留待将来让人后悔，我当亲自去灵州招抚他们。那些去年出征过辽东的士兵，这次就都不要征调了。"

李世勣来到郁督军山，当地的部落酋长梯真达官率领部众前来投降。薛延陀的咄摩支向南逃奔到荒僻的山谷之中，李世勣派通事舍人萧嗣业前往招降慰问，咄摩支到萧嗣业处投降。他的部落仍然抱着模棱两可的态度。李世勣就放开部队追击，前后斩首五千馀级，俘虏男女三万馀人。秋季七月，咄摩支到达京师长安，被任命为右武卫大将军。

八月己巳（初十）这天，太宗巡行来到了灵州。江夏王李道宗的军队渡过沙漠以后，遇到薛延陀阿波达官部众数万人的抵抗，经过激烈的交战，李道宗击败了他们，斩首级一千馀级，追击

二百里。道宗与薛万徹各遣使招谕敕勒诸部,其酋长皆喜,顿首请入朝。庚午,车驾至浮阳。回纥、拔野古、同罗、仆骨、多滥葛、思结、阿跌、契苾、跌结、浑、斛薛等十一姓各遣使入贡,称:“薛延陀不事大国,暴虐无道,不能与奴等为主,自取败死,部落鸟散,不知所之。奴等各有分地,不从薛延陀去,归命天子。愿赐哀怜,乞置官司,养育奴等。”上大喜。辛未,诏回纥等使者宴乐,颁赉拜官,赐其酋长玺书,遣右领军中郎将安永寿报使。壬申,上幸汉故甘泉宫,诏以“戎、狄与天地俱生,上皇并列,流殃构祸,乃自运初。朕聊命偏师,遂擒颉利;始弘庙略,已灭延陀。铁勒百馀万户,散处北溟,远遣使人,委身内属,请同编列,并同州郡。混元以降,殊未前闻,宜备礼告庙,仍颁示普天”。九月,上至灵州,敕勒诸俟斤遣使相继诣灵州者数千人,咸云:“愿得天至尊为奴等为可汗,子子孙孙常为天至尊奴,死无所恨。”甲辰,上为诗序其事曰:“雪耻酬百王,除凶报千古。”公卿请勒石于灵州,从之。

冬十二月戊寅,回纥俟利发吐迷度、仆骨俟利发歌滥拔延、多滥葛俟斤末、拔野古俟利发屈利失、同罗俟利发时健啜、思结酋长乌碎及浑、斛薛、奚结、阿跌、契苾、白霫酋长,皆来朝。庚辰,上赐宴于芳兰殿,命有司厚加给待,每五日一会。

二百里。李道宗与薛万徹各派使者招抚晓示敕勒各部，他们的酋长都很高兴，叩头拜谢，请求入朝归顺。庚午（十一日），太宗车驾来到浮阳。回纥、拔野古、同罗、仆骨、多滥葛、思结、阿跌、契苾、跌结、浑、斛薛等十一姓部落各派使者入见太宗，进献贡品，称道："薛延陀不事奉大国，暴虐无道，不能给我等当盟主，自取败亡，各部落像鸟一样飞散，不知该到哪里去。我等各有自己的分地，不想再跟薛延陀走，愿意归顺大唐天子。希望怜悯我们，请求设置官府，来养育我们这些。"太宗听后十分高兴。辛未（十二日），诏令回纥等部使者前来宴饮作乐，赏赐财物封拜官爵，赐给他们酋长玺书，并派遣右领军中郎将安永寿前往各部落传达旨意。壬申（十三日），太宗来到汉朝过去的甘泉宫，下诏称："戎狄与天地同时产生，与我们的上皇并列称雄。他们传布灾殃制造祸端，是从大唐建立初年开始的。我随便命令一支偏师进击，就擒获了颉利；刚开始施展朝廷的战略，就已经消灭了薛延陀。铁勒族一百馀万户，分散居住在最北方，从遥远的地方派遣使者来朝，要求委身归附大唐，请求与内地的编户相同，并一样设置州郡。这样的事情，自开天辟地以来，特别在以前是没有听说过的，应当准备行大礼祭告祖庙，还要颁示天下，让全国知道。"九月，太宗到达灵州，敕勒族的各位俟斤派遣使者相继到灵州拜见的达数千人之多，都说："希望大唐天子做我们的大可汗，我们子子孙孙永远做天子的奴仆，至死也不遗憾。"甲辰（十五日）这天，太宗作诗记叙这件事情说："雪耻酬百王，除凶报千古。"公卿大臣们请求在灵州刻石碑将这件事记叙下来，太宗听从了。

冬季十二月戊寅（二十日）这天，回纥俟利发吐迷度、仆骨俟利发歌滥拔延、多滥葛俟斤末、拔野古俟利发屈利失、同罗俟利发时健啜、思结酋长乌碎，以及浑、斛薛、奚结、阿跌、契苾、白霫等部的酋长都一起来京朝见太宗。庚辰（二十二日），太宗在芳兰殿设酒宴款待各位来宾，命令有关部门给以优厚待遇，每五天一次宴会。

二十一年春正月丙申，诏以回纥部为瀚海府，仆骨为金微府，多滥葛为燕然府，拔野古为幽陵府，同罗为龟林府，思结为卢山府，浑为皋兰州，斛薛为高阙州，奚结为鸡鹿州，阿跌为鸡田州，契苾为榆溪州，思结别部为蹛林州，白霫为寘颜州。各以其酋长为都督、刺史，各赐金银缯帛及锦袍。敕勒大喜，捧戴欢呼拜舞，宛转尘中。及还，上御天成殿宴，设十部乐而遣之。诸酋长奏称："臣等既为唐民，往来天至尊所，如诣父母，请于回纥以南、突厥以北开一道，谓之参天可汗道，置六十八驿，各有马及酒肉以供过使，岁贡貂皮以充租赋，仍请能属文人，使为表疏。"上皆许之。于是北荒悉平，然回纥吐迷度已私自称可汗，官号皆如突厥故事。

夏四月丙寅，置燕然都护府，统瀚海等六都督、皋兰等七州，以扬州都督府司马李素立为之。素立抚以恩信，夷落怀之，共率马牛为献。素立唯受其酒一杯，馀悉还之。

六月丁丑，诏以"隋末丧乱，边民为戎、狄所掠，今铁勒归化，宜遣使诣燕然等州，与都督相知，访求没落之人，赎以货财，给粮递还本贯。其室韦、乌罗护、靺鞨三部人为薛延陀所掠者，亦令赎还"。

二十二年秋八月辛未，遣左领军大将军执失思力出金山道击薛延陀馀寇。

二十一年(647)春季正月丙申(初九),太宗下诏,以回纥部为瀚海府,仆骨部为金微府,多滥葛部为燕然府,拔野古部为幽陵府,同罗部为龟林府,思结部为卢山府,浑部为皋兰州,斛薛部为高阙州,奚结部为鸡鹿州,阿跌部为鸡田州,契苾部为榆溪州,思结别部为蹛林州,白霫部为寘颜州。分别任命他们部落的酋长为都督、刺史,每个人都赏赐给金银、缯帛及锦袍等物。敕勒各部的酋长等人十分高兴,举手欢呼,拜谢舞蹈,在地上翻来覆去地扭个不停。等到他们要返回本部时,太宗亲临天成殿的送别宴会,设十部乐来招待大家,然后再派人送他们回去。各位酋长上奏称:"我等既然成为大唐臣民,往来天子的住所,就如同拜见父母一样,请求在回纥部以南、突厥部以北地区开辟一条通道,称之为参天可汗道,途中设置六十八个驿站,各个驿站都备有马匹及酒肉食物,供给过路的使臣享用。我们每年进贡貂皮以充作租赋,再次邀请能写文章的人到我们那里做官,专门让他们写上表奏疏。"太宗都答应了。从此北方边陲全部平定,然而回纥的吐迷度已私下自称可汗,他设置的官职名称与突厥过去的制度完全相同。

夏季四月丙寅(初十),唐朝设置燕然都护府,统领瀚海等六个都督府、皋兰等七个州,任命扬州都督府司马李素立为都护。李素立用恩惠信用来安抚当地群众,各族居民感激他,一起牵着马、牛前来进献。李素立只接受他们一杯酒,其馀的礼物全数退还给他们。

六月丁丑(二十二日),太宗下诏称:"隋朝末年天下大乱,边境居民多被戎狄劫走,如今铁勒归顺,应该派遣使臣到燕然等州,与当地的都督共同办理,访问寻求流落在那里的中原汉人,用财物把他们赎回,供给他们粮食,让沿途各地官府派人轮流护送他们返回原籍。那些室韦、乌罗护、靺鞨三部被薛延陀劫掠的民众,也让使臣会同当地都督赎回。"

二十二年(648)秋季八月辛未(二十三日),唐朝派遣左领军大将军执失思力从金山道出兵,攻打薛延陀的残馀势力。

回纥吐迷度兄子乌纥蒸其叔母。乌纥与俱陆莫贺达官俱罗勃,皆突厥车鼻可汗之婿也,相与谋杀吐迷度以归车鼻。冬十月,乌纥夜引十馀骑袭吐迷度,杀之。燕然副都护元礼臣使人诱乌纥,许奏以为瀚海都督,乌纥轻骑诣礼臣谢,礼臣执而斩之,以闻。上恐回纥部落离散,遣兵部尚书崔敦礼往安抚之。久之,俱罗勃入见,上留之不遣。

甲戌,以回纥吐迷度子前左屯卫大将军婆闰为左骁卫大将军、大俟利发、瀚海都督。

高宗龙朔元年冬十月,回纥酋长婆闰卒,侄比粟毒代领其众,与同罗、仆固犯边,诏左武卫大将军郑仁泰为铁勒道行军大总管,燕然都护刘审礼、左武卫将军薛仁贵为副,鸿胪卿萧嗣业为仙萼道行军总管,右屯卫将军孙仁师为副,将兵讨之。审礼,德威之子也。

二年春三月,郑仁泰等败铁勒于天山。铁勒九姓闻唐兵将至,合众十馀万以拒之,选骁健者数十人挑战。薛仁贵发三矢,杀三人,馀皆下马请降。仁贵悉坑之,度碛北,击其馀众,获叶护兄弟三人而还。军中歌之曰:"将军三箭定天山,战士长歌入汉关。"

思结、多滥葛等部落先保天山,闻仁泰等将至,皆迎降。仁泰等纵兵击之,掠其家以赏军士。虏相帅远遁,将军杨志追之,为虏所败。候骑告仁泰:"虏辎重在近,往可取也。"仁泰将轻骑万四千,倍道赴之,遂逾大碛,

回纥吐迷度的侄子乌纥与其婶母通奸。乌纥与俱陆莫贺达官俱罗勃，都是突厥车鼻可汗的女婿，二人相互图谋，准备杀死吐迷度以后归附车鼻可汗。冬季十月，乌纥在夜间带领十多个骑兵袭击吐迷度，将他杀掉。燕然都护府副都护元礼臣派人引诱乌纥，许诺上奏朝廷让他担任瀚海都督，乌纥相信了，就轻装骑马到元礼臣处面谢。元礼臣逮捕并杀掉了他，然后上报朝廷。太宗担心回纥部落会因此叛离分散，便派遣兵部尚书崔敦礼前往安抚他们。很久以后，俱罗勃入朝拜见，太宗留下他，不让他返回。

甲戌（二十七日）这天，唐朝任命回纥吐迷度的儿子、前左屯卫大将军婆闰为左骁卫大将军、大俟利发、瀚海都督。

高宗龙朔元年（661）冬季十月，回纥酋长婆闰去世，他的侄子比粟毒代替婆闰统领他的部众，与同罗、仆固二部一起侵犯唐朝边境。高宗下诏命令左武卫大将军郑仁泰为铁勒道行军大总管，燕然都护府都护刘审礼、左武卫将军薛仁贵为副大总管，鸿胪卿萧嗣业为仙萼道行军总管，右屯卫将军孙仁师为副总管，率领军队前往征讨他们。刘审礼是刘德威的儿子。

二年（662）春季三月，郑仁泰等人在天山击败铁勒。铁勒的九姓部落听说唐军将要来到，便集合部众十馀万人前往抵抗，挑选勇猛强健的兵士数十人到阵前挑战。薛仁贵发射三支箭，接连射死了三个人，其馀的人都下马请求投降。薛仁贵将他们全部活埋，然后穿过漠北追击铁勒的馀众，擒获叶护兄弟三人之后收军返还。军中歌颂薛仁贵说："将军三箭定天山，战士长歌入汉关。"

思结、多滥葛等部落原先防守天山，听说郑仁泰等将要到达，都纷纷下山迎接唐军，向唐军投降。郑仁泰等放纵士兵袭击他们，掠夺他们的家产犒赏将士。这些部落突遭打击，竞相远逃，将军杨志跟踪追击，被他们打败。出去侦察的骑兵回来向郑仁泰报告说："敌人的辎重藏在附近，去了就可以取回来。"郑仁泰便率轻装骑兵一万四千人，日夜兼程赶赴那里，于是越过大沙漠，

至仙萼河，不见虏，粮尽而还。值大雪，士卒饥冻，弃捐甲兵，杀马食之，马尽，人自相食，比入塞，馀兵才八百人。

军还，司宪大夫杨德裔劾奏："仁泰等诛杀已降，使虏逃散，不抚士卒，不计资粮，遂使骸骨蔽野，弃甲资寇。自圣朝开创以来，未有如今日之丧败者。仁贵于所监临，贪淫自恣，虽矜所得，不补所丧。并请付法司推科。"诏以功赎罪，皆释之。

以右骁卫大将军契苾何力为铁勒道安抚使，左卫将军姜恪副之，以安辑其馀众。何力简精骑五百，驰入九姓中，虏大惊，何力乃谓曰："国家知汝皆胁从，赦汝之罪，罪在酋长，得之则已。"其部落大喜，共执其叶护及设、特勒等二百馀人以授何力，何力数其罪而斩之，九姓遂定。

三年春正月，左武卫将军郑仁泰讨铁勒叛者馀种，悉平之。二月，徙燕然都护府于回纥，更名瀚海都护；徙故瀚海都护于云中古城，更名云中都护。以碛为境，碛北州府皆隶瀚海，碛南隶云中。

总章二年秋八月甲戌，改瀚海都护府为安北都护府。

来到仙萼河，但没有见到敌军，粮食吃光了才返回。一路正赶上天降大雪，士兵饥寒交迫，纷纷丢弃铠甲兵器，杀马充饥，马吃光了就人吃人，等到进入边塞时，剩馀的士兵只有八百人了。

军队回来后，司宪大夫杨德裔上奏弹劾说："郑仁泰等诛杀已经投降的敌人，致使思结等部落逃散；不抚恤士兵，不计算物资粮草，于是使我军将士尸骨遍野，丢弃铠甲兵器，资助了敌人。自我圣朝开创以来，还没有出现像今天这样丧亡失败的战役。薛仁贵在他所统领的军队中，贪财好色，为所欲为，虽然自夸所取得的胜利，但是并不能补偿他们所丧失的东西。请将他们一并交付执法机关推问判罪。"高宗下诏以功赎罪，于是将他们全部释放，不再追究。

唐朝任命右骁卫大将军契苾何力为铁勒道安抚使，左卫将军姜恪为副使，前往安抚铁勒馀下的部众。契苾何力选择精锐骑兵五百人，飞驰进入铁勒九姓部落中，部落内的人们十分惊慌，契苾何力就对他们说："国家知道你们都是胁从，将要赦免你们的罪过，罪责在酋长身上，擒得他们就行了。"那些部落群众听后非常高兴，就共同将他们的叶护及设、特勒等二百馀人捆起来交给契苾何力，契苾何力就一一列举他们的罪状，然后将他们处斩，铁勒九姓部落于是就安定下来。

三年(663)春季正月，左武卫将军郑仁泰讨伐铁勒反叛者中的其他部落，将他们全部平定。二月，唐朝将燕然都护府迁徙到回纥部，改名为瀚海都护府；将原来的瀚海都护府迁徙到云中古城，改名为云中都护府。以沙漠为边境，沙漠北面的州府都隶属于瀚海都护府，沙漠南面的州府隶属于云中都护府。

总章二年(669)秋季八月甲戌(二十八日)，唐朝将瀚海都护府改名为安北都护府。

唐平西突厥

隋炀帝大业元年。初,西突厥阿波可汗为叶护可汗所虏,国人立鞅素特勒之子,是为泥利可汗。泥利卒,子达漫立,号处罗可汗。其母向氏本中国人,更嫁泥利之弟婆实特勒。开皇末,婆实与向氏入朝,遇达头之乱,遂留长安,舍于鸿胪寺。处罗多居乌孙故地,抚御失道,国人多叛,复为铁勒所困。铁勒者,匈奴之遗种,族类最多,有仆骨、同罗、契苾、薛延陀等部,其酋长皆号俟斤。族姓虽殊,通谓之铁勒。大抵与突厥同俗,以寇抄为生,无大君长,分属东西两突厥。是岁,处罗引兵击铁勒诸部,厚税其物,又猜忌薛延陀,恐其为变,集其酋长数百人,尽杀之。于是铁勒皆叛,立俟利发俟斤契苾歌楞为莫何可汗,又立薛延陀俟斤字也咥为小可汗,与处罗战,屡破之。莫何勇毅绝伦,甚得众心,为邻国所惮,伊吾、高昌、焉耆皆附之。

三年冬十月,铁勒寇边,帝遣将军冯孝慈出敦煌击之,不利。铁勒寻遣使谢罪,请降,帝使裴矩慰抚之。

唐平西突厥

隋炀帝大业元年(605)。当初,西突厥阿波可汗被突厥叶护可汗俘获,西突厥人拥立鞅素特勒的儿子为可汗,这就是泥利可汗。泥利可汗死,儿子达漫继立,号处罗可汗。处罗可汗的母亲向氏本是中原汉人,又改嫁泥利可汗的弟弟婆实特勒。开皇末年,婆实与向氏一起进入隋朝,遇上突厥达头可汗叛乱,就留在长安,住在鸿胪寺。处罗可汗的部众大多居住在汉朝乌孙国的故地,他统治失道,国内民众大多背叛了他,后来又被铁勒人所困扰。铁勒是匈奴的后裔,部族最多,有仆骨、同罗、契苾、薛延陀等部落,他们的酋长都号称俟斤。各部族的姓氏虽然不同,但通称为铁勒。他们的风俗习惯大抵与突厥相同,以攻抢掠夺为生,没有最高君长,各部落分别隶属于东、西两个突厥。这一年,处罗可汗带军队攻打铁勒各部落,对他们的财物征收重税,又猜忌薛延陀部,害怕他们发生变化,就将他们的酋长数百人集合在一起,全部杀掉。从此,铁勒全都背叛了突厥,拥立俟利发俟斤契苾歌楞为莫何可汗,又拥立薛延陀俟斤字也咥为小可汗。他们与处罗可汗作战,多次击败处罗。莫何可汗勇敢绝伦,很得人心,邻国都十分畏惧他,伊吾、高昌、焉耆等国都归附了他。

三年(607)冬季十月,铁勒侵扰边境,炀帝派遣将军冯孝慈兵出敦煌迎击,没有取得胜利。铁勒不久又派遣使者前来谢罪,请求降附,炀帝派裴矩去慰问安抚他们。

四年，裴矩闻西突厥处罗可汗思其母，请遣使招怀之。春二月己卯，帝遣司朝谒者崔君肃赍诏书慰谕之。处罗见君肃甚踞，受诏不肯起，君肃谓之曰："突厥本一国，中分为二，每岁交兵，积数十岁而莫能相灭者，明知其势敌耳。然启民举其部落百万之众，卑躬折节，入臣天子者，其故何也？正以切恨可汗，不能独制，欲借兵于大国，共灭可汗耳。群臣咸欲从启民之请，天子既许之，师出有日矣。顾可汗母向夫人惧西国之灭，旦夕守阙，哭泣哀祈，匍匐谢罪，请发使召可汗，令入内属。天子怜之，故复遣使至此。今可汗乃踞慢如是，则向夫人为诳天子，必伏尸都市，传首虏庭。发大隋之兵，资东国之众，左提右挈以击可汗，亡无日矣！奈何爱两拜之礼，绝慈母之命，惜一语称臣，使社稷为墟乎？"处罗矍然而起，流涕再拜，跪受诏书，因遣使者随君肃贡汗血马。

七年。初，帝西巡，遣侍御史韦节召西突厥处罗可汗，令与车驾会大斗拔谷，国人不从，处罗谢使者，辞以他故。帝大怒，无如之何。会其酋长射匮遣使来求婚，裴矩因奏曰："处罗不朝，恃强大耳。臣请以计弱之，分裂其国，即易制也。射匮者，都六之子，达头之孙，世为可汗，君临西面，今闻其失职，附属处罗，故遣使来以结援耳，愿厚礼其使，

四年(608),裴矩听说西突厥处罗可汗想念他的母亲,就请求朝廷派遣使臣去招抚他。春季二月己卯(初六)这天,炀帝派遣司朝谒者崔君肃携带诏书去慰问晓示处罗可汗。处罗可汗接见崔君肃时态度很傲慢,接受诏书时不肯起身再拜,崔君肃对他说:"突厥本来是一个国家,中途分裂成两个国家,每年双方都要交战,积数十年之久而不能相互消灭,究其原因,显然是他们双方势均力敌而已。然而启民可汗举其全部落百万之众,卑躬折节入朝向大隋天子称臣,其原因是什么呢? 正是因为他切齿地痛恨可汗您,但不能单独制服您,想要借助于大国的兵力,共同消灭可汗您呀。朝廷群臣都想接受启民可汗的请求,天子答应之后,出师攻打你们就为时不久了。但是可汗您的母亲向夫人害怕西突厥国灭亡,每天早晚守候在宫门前,哭泣着哀求,匍匐在地谢罪,请求天子派使臣召见可汗您,让您入朝归顺。天子怜悯您的母亲,所以再次派遣使臣来到这里。如今可汗您却傲慢到如此地步,那么向夫人就犯了诓骗天子之罪,一定会在都市被杀,将首级传给西域各国看。天子将出动大隋的军队,借助东突厥国的部众,左提右挈来夹击可汗,您国家的灭亡就没有多少日子了! 为什么要吝啬行两拜之礼,而断送慈母的生命,吝啬说一句称臣的话,而使国家社稷变成废墟了呢?"处罗可汗听后惊惶四顾,站起身来,流着眼泪再次拜谢,跪在地上接受诏书,因而派遣使者随同崔君肃入京城,向朝廷贡献优等的汗血马。

七年(611)。当初,炀帝到西部巡视,派侍御史韦节召见西突厥处罗可汗,命令他与天子的车驾在大斗拔谷相会。西突厥人不听从命令,处罗可汗以其他理由为借口谢绝了使者。炀帝极为恼怒,但也无可奈何。适逢西突厥酋长射匮派使者前来求婚,裴矩就此事上奏说:"处罗可汗不来朝见天子,是依恃他力量强大而已。我请求用计策削弱他,分裂他的国家,就容易制服了。射匮是都六可汗的儿子,达头可汗的孙子,世代都是可汗,统治着突厥的西部。现今听说他失去可汗职位,不得不附属于处罗可汗,因此派使者来朝结交攀附。希望用厚礼接待他的使者,

拜为大可汗，则突厥势分，两从我矣。”帝曰：“公言是也。”因遣矩朝夕至馆，微讽谕之。帝于仁风殿召其使者，言处罗不顺之状，称射匮向善，吾将立为大可汗，令发兵诛处罗，然后为婚。帝取桃竹白羽箭一枚以赐射匮，因谓之曰：“此事宜速，使疾如箭也。”使者返，路经处罗，处罗爱箭，将留之，使者谲而得免。射匮闻而大喜，兴兵袭处罗。处罗大败，弃妻子，将左右数千骑东走，缘道被劫，寓于高昌，东保时罗漫山。高昌王麹伯雅上状。帝遣裴矩与向氏亲要左右驰至玉门关晋昌城，晓谕处罗使入朝。十二月己未，处罗来朝于临朔宫，帝大悦，接以殊礼。帝与处罗宴，处罗稽首，谢入见之晚。帝以温言慰劳之，备设天下珍膳，盛陈女乐，罗绮丝竹，眩曜耳目，然处罗终有怏怏之色。

八年春正月，帝分西突厥处罗可汗之众为三，使其弟阙达度设将羸弱万馀口，居于会宁，又使特勒大柰别将馀众居于楼烦，命处罗将五百骑常从车驾巡幸，赐号曷娑那可汗，赏赐甚厚。

唐高祖武德元年冬十二月癸酉，西突厥曷娑那可汗自宇文化及所来降。以西突厥曷娑那可汗为归义王，曷娑那献大珠，上曰：“珠诚至宝，然朕宝王赤心，珠无所用。”竟还之。

封拜射匮为大可汗，那么，西突厥势必分裂，分开的两部分都会顺从我们的。”炀帝说：“你说得很对。”于是就派裴矩早晚都到宾馆，私下先用婉转的话来暗示劝说使者。不久，炀帝在仁风殿召见射匮的使者，大谈处罗可汗不顺从的情况，称赞射匮一心向善的表现，并说我将要立射匮为大可汗，让他发兵诛杀处罗可汗，然后再通婚和亲。炀帝取出一枚桃竹白羽箭赐给射匮，让使者转告他说：“这件事应该迅速办理，让它快得如同射出的箭一样。”使者返回，路经处罗可汗的驻地，处罗非常喜欢那支箭，要把它留下来，使者诓骗了他才没有被留下。射匮听使者汇报后十分高兴，就征发兵马袭击处罗可汗。处罗大败，慌忙丢弃妻子儿女，仅率领亲信骑兵数千人向东逃跑，因在路上被劫持，只好暂时寄住在高昌国境内，保守东面的时罗漫山。高昌王麴伯雅上表报告了这一情况。炀帝派遣裴矩与向氏的亲信一起骑马飞驰到玉门关晋昌城，明白地告知处罗可汗，让他入朝。十二月己未（初八）这天，处罗可汗来到临朔宫朝见天子，炀帝非常高兴，用特殊的礼仪接待了他。炀帝与处罗可汗一起出席宴会，处罗行稽首的跪拜大礼，为他入见皇帝过晚而谢罪。炀帝用温存的语言宽慰他，摆满了天下珍贵的食物，布置了盛大的女子乐舞，绚丽多彩的罗绮衣衫，婉转悠扬的丝竹音乐，眩人耳目，然而处罗可汗的脸上始终流露着怏怏不乐的神色。

八年（612）春季正月，炀帝将西突厥处罗可汗的部众分成三部分，让处罗的弟弟阙达度设率领身体瘦弱的部众一万馀人住在会宁地区，又让特勒大柰另外率领其馀的部众住在楼烦一带；命令处罗可汗率领五百骑兵经常跟从天子的车驾巡游，赐他名号为曷娑那可汗，赏赐给他的财物十分丰厚。

唐高祖武德元年（618）冬季十二月癸酉（初三）这天，西突厥曷娑那可汗从宇文化及那里前来投降。唐朝任命西突厥曷娑那可汗为归义王，曷娑那进献大珍珠，高祖说：“珍珠的确是最好的宝物，但是我认为最宝贵的是你那颗赤诚的心，珍珠没有什么用处。”最后还给了他。

二年秋七月乙酉，西突厥统叶护可汗遣使入贡。初，西突厥曷娑那可汗入朝于隋，隋人留之，国人立其叔父，号射匮可汗。射匮者，达头可汗之孙也，既立，拓地东至金山，西至海，遂与北突厥为敌，建庭于龟兹北三弥山。射匮卒，弟统叶护可汗立。统叶护勇而有谋，北并铁勒，控弦数十万，据乌孙故地，又移庭于石国北千泉。西域诸国皆臣之，叶护各遣吐屯监之，督其征赋。

九月，西突厥曷娑那可汗与北突厥有怨。曷娑那在长安，北突厥遣使请杀之，上不许。群臣皆曰："保一人而失一国，后必为患！"秦王世民曰："人穷来归，我杀之不义。"上迟回久之，不得已，丙戌，引曷娑那于内殿宴饮，既而送中书省，纵北突厥使者使杀之。

八年夏四月，西突厥统叶护可汗遣使请昏，上谓裴矩曰："西突厥道远，缓急不能相助，今求昏，何如？"对曰："今北寇方强，为国家今日计，且当远交而近攻。臣谓宜许其昏以威颉利，俟数年之后，中国完实，足抗北夷，然后徐思其宜。"上从之。遣高平王道立至其国，统叶护大喜。道立，上之从子也。

太宗贞观元年，西突厥统叶护可汗遣真珠统俟斤与高平王道立来，献万钉宝钿金带，马五千匹，以迎公主。颉利不欲中国与之和亲，数遣兵入寇，又遣人谓统叶护曰：

二年(619)秋季七月乙酉(十九日),西突厥统叶护可汗派遣使者入朝进献贡品。当初,西突厥曷娑那可汗入隋朝见皇帝,隋朝人留下他不让回去,西突厥国内部众就拥立他的叔父为射匮可汗。射匮是达头可汗的孙子,即位后,开拓领地东至金山,西到西海,于是与北突厥为敌,在龟兹北面的三弥山建立牙帐。射匮去世,他的弟弟统叶护可汗继立。统叶护勇猛,又有谋略,北方兼并了铁勒,拥有能拉弓射箭的士兵数十万人,占据了古乌孙国的故地,又将牙帐迁移到石国北面的千泉。西域各国都向他称臣,叶护分别派遣吐屯去监管各国,督促他们征收赋税。

九月,西突厥曷娑那可汗与北突厥结有怨仇。曷娑那住在长安,北突厥派遣使者请求杀掉他,高祖没有答应。众位大臣都说:"保护一个人却丧失一个国家,很不值得,以后肯定会造成祸患!"秦王李世民说:"别人走投无路前来归附我们,杀他是不义的行为。"高祖迟疑了很长时间,不得已,丙戌(二十一日),带曷娑那到内殿设宴饮酒,不久把他送往中书省,听任北突厥使者派人把他杀死。

八年(625)夏季四月,西突厥统叶护可汗派遣使者请求与唐朝通婚,高祖对裴矩说:"西突厥距离我们路途遥远,情势急迫的时候不能相互帮助,现在他们请求通婚,怎么办呢?"裴矩回答说:"如今北突厥正值强盛时期,为国家目前利益考虑,姑且应当结交远方的国家,攻伐邻近的国家。我认为应该答应西突厥的婚事,以便威慑颉利可汗。等数年之后,中原地区百姓完好、仓廪充实,足以抗御北突厥时,然后再慢慢考虑适当的对策。"高祖听从了他的意见。唐朝派遣高平王李道立到西突厥国,向他们表示同意通婚,统叶护可汗十分高兴。李道立是高祖的侄子。

太宗贞观元年(627),西突厥统叶护可汗派真珠统俟斤与唐朝使臣、高平王李道立一起来到京城长安,向朝廷献上万钉宝钿金带一条,马五千匹,以迎接出嫁的公主。颉利可汗不愿中原大唐与西突厥和亲,多次派兵入侵唐朝,又派人对统叶护可汗说:

"汝迎唐公主,要须经我国中过。"统叶护患之,未成昏。

二年冬十二月,西突厥统叶护可汗为其伯父所杀,伯父自立,是为莫贺咄侯屈利俟毗可汗。国人不服,弩失毕部推泥孰莫贺设为可汗,泥孰不可。统叶护之子咥力特勒避莫贺咄之祸,亡在康居,泥孰迎而立之,是为乙毗钵罗肆叶护可汗,与莫贺咄相攻,连兵不息,俱遣使来请昏。上不许,曰:"汝国方乱,君臣未定,何得言昏!"且谕以各守部分,勿复相攻。于是西域诸国及敕勒先没属西突厥者皆叛之。

四年,西突厥种落散在伊吾,诏以凉州都督李大亮为西北道安抚大使,于碛口贮粮,来者赈给,使者招慰,相望于道。秋七月,大亮上言:"欲怀远者必先安近,中国如本根,四夷如枝叶,疲中国以奉四夷,犹拔本根以益枝叶也。臣远考秦、汉,近观隋室,外事戎狄,皆致疲弊。今招致西突厥,但见劳费,未见其益。况河西州县萧条,突厥微弱以来,始得耕获,今又供亿此役,民将不堪,不若且罢招慰为便。伊吾之地,率皆沙碛,其人或自立君长,求称臣内属者,羁縻受之,使居塞外,为中国藩蔽,此乃施虚惠而收实利也。"上从之。

西突厥肆叶护可汗既先可汗之子,为众所附,莫贺咄可汗所部酋长多归之。肆叶护引兵击莫贺咄,莫贺咄兵

"你迎娶大唐公主,总须从我国中间通过。"统叶护可汗听后十分忧虑,最终未能成婚。

二年(628)冬季十二月,西突厥统叶护可汗被他的伯父杀死,伯父自为可汗,这就是莫贺咄侯屈利俟毗可汗。西突厥国内民众不服,弩失毕部推举泥孰莫贺设为可汗,泥孰不赞成。统叶护可汗的儿子咥力特勒为躲避莫贺咄制造的祸乱,逃到了康居,泥孰将他迎接回来立为可汗,这就是乙毗钵罗肆叶护可汗。他与莫贺咄互相攻伐,连续作战不停,都派遣使者来朝请求通婚,太宗不答应,说道:"你们国家刚刚发生内乱,君臣名分还没有确定下来,怎么能谈通婚大事呢?"并且告诉他们要各自保守自己的那部分领地和民众,不要再互相攻伐。于是西域各国及敕勒族先前沦落隶属西突厥的人都背叛了西突厥。

四年(630),西突厥部族分散在大漠外的伊吾一带,太宗下诏任命凉州都督李大亮为西北道安抚大使,在伊吾东边的碛口贮存粮食,凡是前来的西突厥人都予以赈给,又派出使者前往招抚,结果到这里来的西突厥人络绎不绝,道路相望。秋季七月,李大亮上书说:"想要怀柔远方异族必先安定近处本族。中国如树根,四方夷族如枝叶,疲敝中国来供给四方夷族,就好像拔掉树根来补益枝叶啊。我往远考察秦朝、汉朝,往近观看隋室,凡对外殷勤事奉戎狄族的,都导致了自身的疲敝。如今招致西突厥人,只见劳神费财,没有看出它有什么好处。何况河西地区的州县萧条冷落,从突厥衰弱以来,才开始得以耕种收获,如今又要供应这些赈给西突厥人用的粮食,百姓将苦不堪言,不如暂且停止招抚工作,这样对我们更为有利。伊吾这个地方,大部分地区都是沙漠,当地人有的自立为君长,要求向大唐称臣归附的,可以采取羁縻的方法接受他们,让他们居住在塞外,作为中国的屏障,这才是施加虚惠而坐收实利的良策。"太宗听从了他的建议。

西突厥肆叶护可汗既是先可汗的儿子,为众人亲附,莫贺咄可汗部下的酋长多投归于他。肆叶护带兵攻打莫贺咄,莫贺咄兵

败，逃于金山，为泥孰设所杀，诸部共推肆叶护为大可汗。

六年秋七月，西突厥肆叶护可汗发兵击薛延陀，为薛延陀所败。肆叶护性猜狠信谗，有乙利可汗，功最多，肆叶护以非其族类，诛灭之，由是诸部皆不自保。肆叶护又忌莫贺设之子泥孰，阴欲图之，泥孰奔焉耆。设卑达官与弩失毕二部攻之，肆叶护轻骑奔康居，寻卒。国人迎泥孰于焉耆而立之，是为咄陆可汗，遣使内附。丁酉，遣鸿胪少卿刘善因立咄陆为奚利邲咄陆可汗。

八年，西突厥咄陆可汗卒，其弟同娥设立，是为沙钵罗咥利失可汗。

九年冬十月乙亥，处月初遣使入贡。处月、处密，皆西突厥之别部也。

十二年。初，西突厥咥利失可汗分其国为十部，每部有酋长一人，仍各赐一箭，谓之十箭。又分左、右厢，左厢号五咄陆，置五大啜，居碎叶以东；右厢号五弩失毕，置五大俟斤，居碎叶以西，通谓之十姓。咥利失失众心，为其臣统吐屯所袭。咥利失兵败，与其弟步利设走保焉耆。统吐屯等将立欲谷设为大可汗，会统吐屯为人所杀，欲谷设兵亦败，咥利失复得故地。至是，西部竟立欲谷设为乙毗咄陆可汗。乙毗咄陆既立，与咥利失大战，杀伤甚众。因中分其地，自伊列水以西属乙毗咄陆，以东属咥利失。

十三年，西突厥咥利失可汗之臣俟利发与乙毗咄陆

败逃到金山，被泥孰设杀死，于是，各部落共同推举肆叶护为大可汗。

六年(632)秋季七月，西突厥肆叶护可汗发兵袭击薛延陀，被薛延陀打败。肆叶护可汗性情猜忌暴戾，又好听信谗言。西突厥有个乙利可汗功劳最多，肆叶护就因为他不是本部族人，而将他杀死，从此各部落都不能自保。肆叶护又忌恨莫贺设的儿子泥孰，暗中想图谋他，泥孰觉察后投奔焉耆。西突厥的设卑达官与弩失毕两个部落联合起来攻打肆叶护，肆叶护轻装骑马投奔康居，不久死去。西突厥国内民众到焉耆迎接泥孰回来，拥立为可汗，这就是咄陆可汗。咄陆可汗派遣使者来到唐朝请求归附。丁酉(十六日)，唐朝派遣鸿胪少卿刘善因前往西突厥，册立咄陆为奚利邲咄陆可汗。

八年(634)，西突厥咄陆可汗去世，他的弟弟同娥设继立，这就是沙钵罗咥利失可汗。

九年(635)冬季十月乙亥(十二日)，处月部落初次派遣使节入朝进献贡品。处月、处密，都是西突厥的其他部落。

十二年(638)。当初，西突厥咥利失可汗将他的国家分成十部，每部设酋长一人，还各赐给一支箭，于是，又把十部称为十箭。又分为左右厢，左厢号称五咄陆，设置五大啜分别统辖，居住在碎叶以东地区；右厢号称五弩失毕，设置五大俟斤来分别统辖，居住在碎叶以西地区，十厢又通称为十姓。咥利失可汗失去民心，被他的大臣统吐屯袭击。咥利失可汗兵败，与他的弟弟步利设退保焉耆。统吐屯等人准备拥立欲谷设为大可汗，适逢统吐屯被人杀死，欲谷设的军队也遭失败，于是，咥利失又收复原来的地盘。到这个时候，西部竟然拥立欲谷设为乙毗咄陆可汗。乙毗咄陆立为可汗之后，就与咥利失可汗展开大规模的战争，杀死、杀伤的人非常多。于是他们就将国土从中间分开，以伊列水为界，伊列水以西地区属于乙毗咄陆统辖，以东地区属于咥利失统辖。

十三年(639)，西突厥咥利失可汗的大臣俟利发与乙毗咄陆

可汗通谋作乱,咥利失穷蹙,逃奔钹汗而死。弩失毕部落迎其弟子薄布特勒立之,是为乙毗沙钵罗叶护可汗。沙钵罗叶护既立,建庭于虽合水北,谓之南庭,自龟兹、鄯善、且末、吐火罗、焉耆、石、史、何、穆、康等国皆附之。咄陆建庭于镞曷山西,谓之北庭,自厥越失、拔悉弥、驳马、结骨、火焊、触木昆等国皆附之,以伊列水为境。

十四年,侯君集之讨高昌也,西突厥可汗遣其叶护屯可汗浮图城,为高昌王文泰声援。及君集至,可汗惧而西走千馀里,叶护以城降。

十五年,西突厥沙钵罗叶护可汗数遣使入贡。秋七月甲戌,命左领军将军张大师持节即其所号立为可汗,赐以鼓纛。上又命使者多赍金帛,历诸国市良马。魏徵谏曰:"可汗位未定而先市马,彼必以为陛下志在市马,以立可汗为名耳。使可汗得立,荷德必浅;若不得立,为怨实深。诸国闻之,亦轻中国,市或不得,得亦非美。苟能使彼安宁,则诸国之马,不求自至矣。"上欣然止之。

乙毗咄陆可汗与沙钵罗叶护互相攻,乙毗咄陆浸强大,西域诸国多附之。未几,乙毗咄陆使石国吐屯击沙钵罗叶护,擒之以归,杀之。

十六年,西突厥乙毗咄陆可汗既杀沙钵罗叶护,并其众,又击吐火罗,灭之。自恃强大,遂骄倨,拘留唐使者,

可汗勾通，阴谋发动叛乱，咥利失困窘无路，仓皇逃奔到钹汗国而死去。弩失毕部迎接咥利失可汗的弟弟的儿子薄布特勒，拥立为可汗，这就是乙毗沙钵罗叶护可汗。沙钵罗叶护立为可汗之后，在虽合水北岸建立牙帐，称之为南庭，原来的龟兹、鄯善、且末、吐火罗、焉耆、石、史、何、穆、康等国都依附他。咄陆在镞曷山西麓建立牙帐，称之为北庭，原来的厥越失、拔悉密、驳马、结骨、火焊、触水昆等国都依附他，以伊列水为边境线。

十四年(640)，侯君集征讨高昌的时候，西突厥可汗派遣他的一个叶护驻防可汗浮图城，作为高昌王麹文泰的接应支援力量。等到侯君集大兵来到，西突厥可汗感到恐惧，向西逃到了一千馀里之外的地方，叶护则献城投降唐军。

十五年(641)，西突厥沙钵罗叶护可汗多次派遣使节入朝进献贡品。秋季七月甲戌(十五日)，太宗命令左领军将军张大师手持旌节到沙钵罗叶护可汗的牙帐，依照他所称的名号册立他为可汗，赐给他象征权力的鼓和大旗。太宗又命令使者多携带金银布帛，在一路经过的各国购买良种好马。魏徵劝谏说："可汗的位置尚未确定而先去买马，他们肯定会认为陛下您志在买马，只不过以册立可汗为名义而已。假使可汗得以确立，他们受恩德而感激的程度必然浅薄；如果可汗不能确立，他们产生的怨恨情绪必然很深。周围各国听说这件事，也会轻视我中国。买马或许买不到，买到了也不是好事。如果能使西突厥安宁下来，那么各国的马匹就不用寻求则会自动送来了。"太宗听后很高兴，就停止了买马这件事。

乙毗咄陆可汗与沙钵罗叶护可汗互相攻击，乙毗咄陆的势力逐渐强大，西域各国大多归附于他。没过多久，乙毗咄陆可汗派石国的吐屯袭击沙钵罗叶护，生擒沙钵罗叶护回来，然后将他杀掉。

十六年(642)，西突厥乙毗咄陆可汗杀死沙钵罗叶护可汗之后，进而吞并了他的全部部众，又袭击吐火罗，灭掉了这个国家。乙毗咄陆可汗自恃强大，于是就骄横傲慢，拘留唐朝的使者，

侵暴西域，遣兵寇伊州，郭孝恪将轻骑二千自乌骨邀击，败之。乙毗咄陆又遣处月、处密二部围天山，孝恪击走之，乘胜进拔处月俟斤所居城，追奔至遏索山，降处密之众而归。

初，高昌既平，岁发兵千馀人戍守其地，褚遂良上疏，以为："圣王为治，先华夏而后夷狄。陛下兴兵取高昌，数郡萧然，累年不复，岁调千馀人屯戍，远去乡里，破产办装。又谪徙罪人，皆无赖子弟，适足骚扰边鄙，岂能有益行陈？所遣多复逃亡，徒烦追捕，加以道涂所经，沙碛千里，冬风如割，夏风如焚，行人往来，遇之多死。设使张掖、酒泉有烽燧之警，陛下岂得高昌一夫斗粟之用，终当发陇右诸州兵食以赴之耳。然则河西者，中国之心腹；高昌者，他人之手足。奈何糜弊本根以事无用之土乎？且陛下得突厥、吐谷浑，皆不有其地，为之立君长以抚之，高昌独不得与为此乎？叛而执之，服而封之，刑莫威焉，德莫厚焉。愿更择高昌子弟可立者，使君其国，子子孙孙，负荷大恩，永为唐室藩辅，内安外宁，不亦善乎？"上不听。及西突厥入寇，上悔之，曰："魏徵、褚遂良劝我复立高昌，吾不用其言，今方自咎耳。"

乙毗咄陆西击康居，道过米国，破之。虏获甚多，不分与其下，其将泥孰啜辄夺取之，乙毗咄陆怒，斩泥孰啜以徇，众

侵犯虐待西域各国，派兵入犯伊州，唐安西都护郭孝恪率轻装骑兵二千人从乌骨拦击，打败了来犯之敌。乙毗咄陆又派遣处月、处密二部包围天山，郭孝恪击退了他们，乘胜攻下处月俟斤所住的城堡，又一直追赶到遏索山，降服了处密的部众，得胜而归。

当初，高昌平定之后，唐朝每年发兵一千馀人驻守在那个地方，褚遂良向太宗上疏，认为："自古圣王治理天下，都是遵循先中原华夏、后四方夷狄的原则。陛下您发兵攻取高昌，当地数郡萧条冷落，累年无法恢复。每年征调一千馀人去高昌驻屯戍守，这些人远离家乡故里，有的要破产置办行装。又将罪人流放到那里戍守，这些人都是无赖子弟，正好可以大肆骚扰边境地区，难道能有益于军队吗？遣送来的多数人又屡屡逃亡，白白地麻烦官府派人追捕。加上去高昌的道路沿途要经过千里沙漠，那里冬季刮风如刀割面，夏季起风似火烧身，出征的人来来往往，遇到这种情况大多难免一死。假使张掖、酒泉一旦有烽燧报警、敌军来犯，陛下您难道能得到高昌的一个兵一斗粟派上用场吗？最后还是要征发陇右各州军队粮食到那里去。既然如此，河西地区就是我中原大唐的心腹，高昌则是他人的手足。为什么要耗费疲困根本来为无用的土地服务呢？况且陛下获得突厥、吐谷浑，都没有占有他们的土地，而是为他们册立可汗来安抚他们，高昌难道不能与他们同样如此吗？凡背叛者就逮捕他们，凡降服者就封给他们官爵，刑罚没有比这更威严的，恩德没有比这更深厚的。希望陛下您重新选择高昌王子弟中可以立为国王的，让他统治这个国家，这样，他们子子孙孙，就会承受感戴您的大恩大德，永远成为唐室的屏障，如此就内部安定境外宁静，不也很好吗？"太宗没有听从他的建议。等到西突厥入境侵扰时，太宗后悔说："魏徵、褚遂良劝我再立高昌国王，我没有采纳他们的话，现在正是咎由自取啊。"

乙毗咄陆向西攻打康居，路过米国，将它攻破。乙毗咄陆获得的俘虏、财物很多，却不肯分给他的部下，部将泥孰啜就擅自夺取了一部分，乙毗咄陆很生气，就将泥孰啜斩首示众，众将士

皆愤怨。泥孰啜部将胡禄屋袭击之，乙毗咄陆众散，走保白水胡城。于是弩失毕诸部及乙毗咄陆所部屋利啜等遣使诣阙，请废乙毗咄陆，更立可汗。上遣使赍玺书，立莫贺咄之子为乙毗射匮可汗。乙毗射匮既立，悉礼遣乙毗咄陆所留唐使者，帅诸部击乙毗咄陆于白水胡城。乙毗咄陆出兵击之，乙毗射匮大败。乙毗咄陆遣使招其故部落，故部落皆曰："使我千人战死，一人独存，亦不汝从！"乙毗咄陆自知不为众所附，乃西奔吐火罗。

二十年夏六月丁卯，西突厥乙毗射匮可汗遣使入贡，且请昏。上许之，且使割龟兹、于阗、疏勒、朱俱波、葱岭五国以为聘礼。

二十二年。初，西突厥乙毗咄陆可汗以阿史那贺鲁为叶护，居多逻斯水，在西州北千五百里，统处月、处密、始苏、歌逻禄、失毕五姓之众。乙毗咄陆奔吐火罗，乙毗射匮可汗遣兵迫逐之，部落亡散。夏四月乙亥，贺鲁帅其馀众数千帐内属，诏处之于庭州莫贺城，拜左骁卫将军。贺鲁闻唐兵讨龟兹，请为乡导，仍从数十骑入朝。上以为昆丘道行军总管，厚宴赐而遣之。

冬十二月戊寅，以昆丘道行军总管、左骁卫将军阿史那贺鲁为泥伏沙钵罗叶护，赐以鼓纛，使招讨西突厥之未服者。

二十三年春二月丙戌，置瑶池都督府，隶安西都护。戊子，以左卫将军阿史那贺鲁为瑶池都督。

都怨恨不已。泥孰啜部将胡禄屋乘机袭击乙毗咄陆，乙毗咄陆的部众纷纷散开逃走，退保白水胡城。于是弩失毕各部及乙毗咄陆部下屋利啜等人派遣使者来到唐朝，请求废黜乙毗咄陆，改立一个可汗。太宗派遣使节携带玺书，册立莫贺咄的儿子为乙毗射匮可汗。乙毗射匮立为可汗之后，就将乙毗咄陆所扣留的大唐使者全部以礼遣送回国，并率领各部到白水胡城攻打乙毗咄陆。乙毗咄陆出兵迎击，将乙毗射匮打得大败。乙毗咄陆派遣使者招抚他的旧部落，旧部落的人都说："即便是我们一千人战死，只剩下了一个人，也不会听从你的！"乙毗咄陆知道自己已不被众人所依附，就向西投奔了吐火罗。

二十年(646)夏季六月丁卯(初七)这天，西突厥乙毗射匮可汗派遣使节入朝进献贡品，并且请求通婚。太宗答应了他的这一请求，并且让他割让龟兹、于阗、疏勒、朱俱波、葱岭等五国作为聘礼。

二十二年(648)。当初，西突厥乙毗咄陆可汗任命阿史那贺鲁为叶护，居住在多逻斯水流域，在西州北面一千五百里，统领处月、处密、始苏、歌逻禄、失毕等五姓部落的民众。乙毗咄陆投奔吐火罗时，乙毗射匮可汗派兵追赶，这些部落就逃亡分散了。夏季四月乙亥(二十五日)，阿史那贺鲁率领他的残馀部众数千帐归附唐朝，太宗下诏将他们安置在庭州莫贺城，任命贺鲁为左骁卫将军。贺鲁听说唐朝军要征讨龟兹，便请求给唐军当向导，还有数十名骑兵随从他入朝。太宗任命他为昆丘道行军总管，盛宴招待，赏赐丰厚，然后让他回去。

冬季十二月戊寅(初二)这天，唐朝任命昆丘道行军总管、左骁卫将军阿史那贺鲁担任泥伏沙钵罗叶护，赐给他象征权力的鼓和大旗，让他率领军队去招抚征讨西突厥中的那些尚未降服的部落。

二十三年(649)春季二月丙戌(十一日)，唐朝设置瑶池都督府，隶属安西都护府。戊子(十三日)，任命左卫将军阿史那贺鲁为瑶池都督。

高宗永徽二年，左骁卫将军、瑶池都督阿史那贺鲁招集离散，庐帐渐盛，闻太宗崩，谋袭取西、庭二州。庭州刺史骆弘义知其谋，表言之，上遣通事舍人桥宝明驰往慰抚。宝明说贺鲁，令长子咥运入宿卫，授右骁卫中郎将，寻复遣归。咥运乃说其父拥众西走，击破乙毗射匮可汗，并其众，建牙于双河及千泉，自号沙钵罗可汗，咄陆五啜、弩失毕五俟斤皆归之，胜兵数十万，与乙毗咄陆可汗连兵，处月、处密及西域诸国多附之。以咥运为莫贺咄叶护。

焉耆王婆伽利卒，国人表请复立故王突骑支。夏四月，诏加突骑支右武卫将军，遣还国。

秋七月，西突厥沙钵罗可汗寇庭州，攻陷金岭城及蒲类县，杀略数千人。诏左武候大将军梁建方、右骁卫大将军契苾何力为弓月道行军总管，右骁卫将军高德逸、右武候将军萨孤吴仁为副，发秦、成、岐、雍府兵三万人及回纥五万骑以讨之。

冬十二月壬子，处月朱邪孤注杀招慰使单道惠，与突厥贺鲁相结。

三年春正月癸亥，梁建方、契苾何力等大破处月朱邪孤注于牢山。孤注夜遁，建方使副总管高德逸轻骑追之，行五百馀里，生擒孤注，斩首九千级。

四年，西突厥乙毗咄陆可汗卒，其子颉苾达度设号真珠叶护，始与沙钵罗可汗有隙，与五弩失毕共击沙钵罗，破之，斩首千馀级。

五年闰四月丙子，以处月部置金满州。

高宗永徽二年(651),左骁卫将军、瑶池都督阿史那贺鲁招集离散的部落民众,毡帐渐渐多起来,听说太宗驾崩,便图谋袭击夺取西、庭二州。庭州刺史骆弘义得知他的阴谋,就向朝廷上表谈了这件事,高宗立即派遣通事舍人桥宝明骑快马疾驰前往慰问安抚。桥宝明劝说阿史那贺鲁,让他的长子咥运入朝宿卫皇宫,贺鲁同意了。咥运入朝后,授官为右骁卫中郎将,不久,唐朝又遣送他回去。于是,咥运就劝说他父亲聚集部众朝西走,阿史那贺鲁同意了。阿史那贺鲁向西击败了乙毗射匮可汗,吞并了他的部众,在双河及千泉建立牙帐,自称为沙钵罗可汗,咄陆五部的五位啜、弩失毕五部的五位俟斤都归顺了他,拥有精兵数十万,又与乙毗咄陆可汗的军队联合,处月、处密等部落及西域各国多依附他们。阿史那贺鲁任命咥运为莫贺咄叶护。

焉耆国王婆伽利去世,本国人向唐朝上表,请求再立原来的国王突骑支。夏季四月,高宗下诏加封突骑支为右武卫将军,让他返回本国。

秋季七月,西突厥沙钵罗可汗侵扰庭州,攻陷金岭城和蒲类县,杀死掠夺数千人。高宗下诏命令左武候大将军梁建方、右骁卫大将军契苾何力为弓月道行军总管,右骁卫将军高德逸、右武候将军薛孤吴仁为副总管,征发秦、成、岐、雍四州府兵三万人,以及回纥五万骑兵来讨伐西突厥。

冬季十二月壬子(二十四日),处月部落的朱邪孤注杀死唐朝派去的招抚使单道惠,与突厥阿史那贺鲁互相勾结。

三年(652)春季正月癸亥(初五),梁建方、契苾何力等人在牢山将处月部的朱邪孤注打得大败。朱邪孤注半夜逃跑,梁建方派副总管高德逸率轻骑兵追赶。走了五百馀里,生擒朱邪孤注,斩首九千级。

四年(653),西突厥乙毗咄陆可汗去世,他的儿子颉苾达度设自称真珠叶护,开始与沙钵罗可汗有隔阂,就与五个弩失毕部落联合,一起攻打沙钵罗可汗,击败了沙钵罗,斩首一千馀级。

五年(654)闰四月丙子(初二),唐朝将处月部设置为金满州。

六年夏五月癸未，以左屯卫大将军程知节为葱山道行军大总管，以讨西突厥沙钵罗可汗。

西突厥颉苾达度设数遣使请兵讨沙钵罗可汗。冬十一月甲戌，遣丰州都督元礼臣册拜颉苾达度设为可汗。礼臣至碎叶城，沙钵罗发兵拒之，不得前。颉苾达度设部落多为沙钵罗所并，馀众寡弱，不为诸姓所附，礼臣竟不册拜而归。

显庆元年秋八月辛丑，葱山道行军总管程知节击西突厥，与歌逻禄、处月二部战于榆慕谷，大破之，斩首千馀级。副总管周智度攻突骑施、处木昆等部于咽城，拔之，斩首三万级。

冬十二月，程知节引军至鹰娑川，遇西突厥二万骑，别部鼠尼施等二万馀骑继至，前军总管苏定方帅五百骑驰往击之，西突厥大败。追奔二十里，杀获千五百馀人，获马及器械，绵亘山野，不可胜计。副大总管王文度害其功，言于知节曰："今兹虽云破贼，官军亦有死伤，乘危轻脱，乃成败之法耳，何急而为此？自今常结方陈，置辎重在内，遇贼则战，此万全策也。"又矫称别得旨，以知节恃勇轻敌，委文度为之节制，遂收军不许深入。士卒终日跨马，被甲结陈，不胜疲顿，马多瘦死。定方言于知节曰："出师欲以讨贼，今乃自守，坐自困敝，若遇贼必败。懦怯如此，何以立功？且主上以公为大将，岂可更遣军副专其号令？事必不然。请囚文度，飞表以闻。"知节不从。至恒笃城，

六年(655)夏季五月癸未(十四日),唐朝任命左屯卫大将军程知节为葱山道行军大总管,征讨西突厥沙钵罗可汗。

西突厥颉苾达度设多次派遣使节来到唐朝请求出兵讨伐沙钵罗可汗。冬季十一月甲戌(初八),唐朝派遣丰州都督元礼臣去册拜颉苾达度设为可汗。元礼臣到达碎叶城,沙钵罗可汗发兵抗拒阻挡,使元礼臣不能前进。颉苾达度设的部落多数已被沙钵罗所吞并,馀下的部众人少力弱,不能为西突厥各姓部落所依附,元礼臣最终未能册拜可汗而归还。

显庆元年(656)秋季八月辛丑(初九),唐朝葱山道行军总管程知节攻打西突厥,与歌逻禄、处月二部在榆慕谷激烈交战,大败敌军,斩首一千馀级。副总管周智度在咽城向突骑施、处木昆等部发起攻击,攻拔咽城,斩首三万级。

冬季十二月,程知节带领军队来到鹰娑川,与西突厥的二万骑兵遭遇,西突厥别部鼠尼施等二万馀骑兵随后到达,唐军前军总管苏定方率领五百骑兵飞奔过去袭击他们,西突厥大败。唐军追赶二十里,杀死、擒获一千五百馀人,缴获的马匹及器械绵延到山野之中,不可胜计。副大总管王文度妒忌苏定方的功劳,在程知节面前说:“现在虽说打败了敌人,但我们官军也有死伤,冒着危险轻率进攻,是造成失败的作战方法,何必着急干这种冒险的事呢!从今天起应将队伍经常组成方阵形式,将辎重放在方阵里面,遇到敌人就作战,这才是万无一失的计策啊。”他又诈称另外得到皇帝旨意,说因程知节自恃勇猛而轻视敌人,委托王文度替他节制全军,于是就收缩军队不许深入敌境作战。唐军士兵整天骑着马,披上铠甲组成方阵,疲劳困顿得让人受不了,马匹大多消瘦而死。苏定方对程知节说:“出师是为了要讨伐敌人,如今却是守卫自己,导致自己疲惫不堪,这样下去,如果遇上敌人必遭失败。懦弱胆怯到如此地步,如何能建立战功呢?况且皇上任命您为大将,怎么可能另让军队副将专掌号令?事情肯定不是这样。请将王文度先囚禁起来,再急速上表将这里的情况报告朝廷。”程知节没有听从他的意见。唐军到达恒笃城,

有群胡归附，文度曰："此属伺我旋师，还复为贼，不如尽杀之，取其资财。"定方曰："如此乃自为贼耳，何名伐叛？"文度竟杀之，分其财，独定方不受。师旋，文度坐矫诏当死，特除名；知节亦坐逗遛追贼不及，减死免官。

二年春闰正月庚戌，以右屯卫将军苏定方为伊丽道行军总官，帅燕然都护渭南任雅相、副都护萧嗣业发回纥等兵，自北道讨西突厥沙钵罗可汗。嗣业，钜之子也。初，右卫大将军阿史那弥射及族兄左屯卫大将军步真，皆西突厥酋长，太宗之世，帅众来降。至是，诏以弥射、步真为流沙安抚大使，自南道招集旧众。

冬十二月，苏定方击西突厥沙钵罗可汗，至金山北，先击处木昆部，大破之，其俟斤嬾独禄等帅万馀帐来降，定方抚之，发其千骑与俱。右领军郎将薛仁贵上言："泥孰部素不伏贺鲁，为贺鲁所破，虏其妻子。今唐兵有破贺鲁诸部得泥孰妻子者，宜归之，仍加赐赉，使彼明知贺鲁为贼而大唐为之父母，则人致其死，不遗力矣。"上从之。泥孰喜，请从军共击贺鲁。

定方至曳咥河西，沙钵罗帅十姓兵且十万，来拒战。定方将唐兵及回纥万馀人击之。沙钵罗轻定方兵少，直进围之。定方令步兵据南原，攒稍外向，自将骑兵陈于北原。沙钵罗先攻步军，三冲不动，定方引骑兵击之，沙钵罗

有一群胡人前来归附，王文度说："这些人等候我们回师之后，还会再次成为盗贼的，不如把他们全部杀掉，夺取他们的资财算了。"苏定方说："这样做就是我们自己变成盗贼了，还叫什么讨伐叛贼呢！"王文度不听劝告，竟然将他们杀死，瓜分了他们的财物，唯独苏定方没有接受。军队回来后，王文度犯假托君命、发布诏令之罪，应当处死，但只给予开除官职的处分。程知节也犯了逗留不进、追贼不及之罪，给予减除死罪、免去官职的处分。

二年(657)春季闰正月庚戌(二十一日)，唐朝任右屯卫将军苏定方为伊丽道行军总管，率领燕然都护渭南人任雅相、副都护萧嗣业征发回纥等部兵马，从西域北道讨伐西突厥沙钵罗可汗。萧嗣业，是萧钜的儿子。当初，右卫大将军阿史那弥射和同族兄长左屯卫大将军阿史那步真，都是西突厥的酋长，太宗在世时，他们率部众前来投降。到这个时候，高宗下诏任命阿史那弥射、阿史那步真为流沙安抚大使，从西域南道招集他们旧有的部众。

冬季十二月，苏定方出击西突厥沙钵罗可汗，来到金山北麓，先攻打处木昆部，将他们打得大败。处木昆的俟斤懒独禄等人率领部众一万馀帐前来投降，苏定方安抚了他们，征发他们一千名骑兵参与唐军一起行动。右领军郎将薛仁贵上书说："泥孰部平素不服阿史那贺鲁，被阿史那贺鲁击败，他们的妻子儿女也被掳走。如今唐军有击败阿史那贺鲁各部、得到泥孰妻子儿女的，应该归还泥孰部，还要加给赏赐，使他们明确地知道阿史那贺鲁是盗贼而大唐是他们的父母，那么他们为了大唐就会人人尽其死节，不遗馀力了。"高宗听从了他的意见。泥孰部知道后很高兴，请求参加唐军，共同攻打阿史那贺鲁。

苏定方到达了曳咥河西岸，沙钵罗可汗率领十姓部落兵近十万人，前来抵抗迎战。苏定方率领唐兵及回纥兵一万馀人攻打他们。沙钵罗可汗轻视苏定方兵少，就径直前进将唐军包围。苏定方命令步兵据守南面原野，将长矛集中使用，矛尖向外，自己率领骑兵在北面原野上布好了阵势。沙钵罗先进攻步军，连续冲击三次都没有攻动，苏定方带领骑兵攻打他们，沙钵罗

大败，追奔三十里，斩获数万人。明日，勒兵复进。于是胡禄屋等五弩失毕悉众来降，沙钵罗独与处木昆屈律啜数百骑西走。时阿史那步真出南道，五咄陆部落闻沙钵罗败，皆诣步真降。定方乃命萧嗣业、回纥婆闰将胡兵趋邪罗斯川，追沙钵罗，定方与任雅相将新附之众继之。会大雪，平地二尺，军中咸请俟晴而行，定方曰："虏恃雪深，谓我不能进，必休息士马，亟追之可及，若缓之，彼遁逃浸远，不可复追，省日兼功，在此时矣！"乃蹋雪昼夜兼行。所过收其部众，至双河，与弥射、步真兵合，去沙钵罗所居二百里，布陈长驱，径至其牙帐。沙钵罗与其徒将猎，定方掩其不备，纵兵击之，斩获数万人，得其鼓纛。沙钵罗与其子咥运、婿阎啜等脱走，趣石国。定方于是息兵，诸部各归所居，通道路，置邮驿，掩骸骨，问疾苦，画疆埸，复生业，凡为沙钵罗所掠者，悉括还之，十姓安堵如故。乃命萧嗣业将兵追沙钵罗，定方引军还。

沙钵罗至石国西北苏咄城，人马饥乏，遣人赍珍宝入城市马，城主伊沮达官诈以酒食出迎，诱之入，闭门执之，送于石国。萧嗣业至石国，石国人以沙钵罗授之。

乙丑，分西突厥地置濛池、昆陵二都护府，以阿史那弥射为左卫大将军、昆陵都护、兴昔亡可汗，押五咄陆部落；阿史那步真

大败。唐军乘胜追击三十里，斩杀和擒获数万人。第二天，苏定方统率军队再次向前推进。在这种形势下，胡禄屋等五个弩失毕全部前来投降，沙钵罗可汗独自与处木昆部的屈律啜等数百骑兵向西逃跑。当时阿史那步真出兵西域南道，五个咄陆部落听说沙钵罗失败了，都向阿史那步真投降。苏定方便命令萧嗣业、回纥人婆闰率领胡族兵直奔邪罗斯川，追赶沙钵罗，苏定方与任雅相率领刚刚归附的兵众尾随在后。适逢天降大雪，平地深达二尺，军中将士都请求等待天晴之后再行军赶路，苏定方说："西突厥人依仗积雪深厚，必然认为我们不能前进，肯定会让他们的兵马休息。现在急速追赶他们就可以追上，如果延缓了时间，他们会逃跑得更远，便不能再追上了。节省时间而又获取成功，就在这个时候了！"于是就踏着积雪昼夜兼行。唐军一路收容沙钵罗的部众，到达双河，与阿史那弥射、阿史那步真的军队会合。这个地方距离沙钵罗的驻地只有二百里，于是，唐军就摆开阵势长驱直入，一直来到沙钵罗的牙帐前面。沙钵罗与他的部众正要出去打猎，苏定方乘他们没有防备，让部队全线出击，斩杀和俘虏数万人，缴获了唐朝赐给他们的象征权力的鼓和大旗。沙钵罗与他的儿子咥运、女婿阎啜等人脱身逃走，逃奔石国。苏定方这时才全军休息，然后让各部落分别返回原来居住的地方，修通来往道路，设置邮传驿站，掩埋死人尸骨，询问百姓疾苦，划分各部疆界，恢复生活生产，凡是被沙钵罗劫掠去的人，全部搜寻送归原处，西突厥的十姓部落安居乐业，和过去一样。于是，苏定方就命令萧嗣业率兵追赶沙钵罗，自己则带领军队返回。

沙钵罗来到石国西北部的苏咄城，人马饥饿困乏，便派人携带珍宝进城买马。城主伊沮达官假装带着酒食出城迎接，将他们诱骗入城，然后关闭城门将他们全部逮捕，送到石国。萧嗣业到石国，石国人把沙钵罗交给他带走。

乙丑（十一日）这一天，唐朝将西突厥的领地划分开来，并且设置了濛池、昆陵两个都护府，任命阿史那弥射为左卫大将军、昆陵都护、兴昔亡可汗，监管五个咄陆部落；任命阿史那步真

为右卫大将军、濛池都护、继往绝可汗，押五弩失毕部落。遣光禄卿卢承庆持节册命，仍命弥射、步真与承庆据诸姓降者，准其部落大小，位望高下，授刺史以下官。

三年，阿史那贺鲁既被擒，谓萧嗣业曰："我本亡虏，为先帝所存，先帝遇我厚而我负之，今日之败，天所怒也。吾闻中国刑人必于市，愿刑我于昭陵之前以谢先帝。"上闻而怜之。贺鲁至京师，冬十一月甲午，献于昭陵。敕免其死，分其种落为六都督府，其所役属诸国皆置州府，西尽波斯，并隶安西都护府。贺鲁寻死，葬于颉利墓侧。

四年春三月壬午，西突厥兴昔亡可汗与真珠叶护战于双河，斩真珠叶护。

龙朔二年冬十二月，𩙼海道总管苏海政受诏讨龟兹，敕兴昔亡、继往绝二可汗发兵与之俱。至兴昔亡之境，继往绝素与兴昔亡有怨，密谓海政曰："弥射谋反，请诛之。"时海政兵才数千，集军吏谋曰："弥射若反，我辈无噍类，不如先事诛之。"乃矫称敕，令大总管赍帛数万段赐可汗及诸酋长，兴昔亡帅其徒受赐，海政悉收斩之。其鼠尼施、拔塞幹两部亡走，海政与继往绝追讨，平之。军还，至疏勒南，弓月部复引吐蕃之众来，欲与唐兵战。海政以师老不敢战，以军资赂吐蕃，约和而还。由是诸部落皆以兴昔亡为冤，各有离心。继往绝寻卒，十姓无主，有阿史那都支及李遮匐收其馀众附于吐蕃。

为右卫大将军、濛池都护、继往绝可汗，监管五个弩失毕部落。高宗派遣光禄卿卢承庆手持旌节前往册命，还命令阿史那弥射、阿史那步真与卢承庆安抚各姓投降的人，按照他们部落的大小，地位和名望的高低，分别授予刺史以下的各级官职。

三年(658)，西突厥沙钵罗可汗阿史那贺鲁被擒之后，对萧嗣业说："我本是逃亡的异族人，被先帝太宗皇帝收养，先帝厚待我，而我却辜负他，我今日的失败，是上天对我的谴责。我听说中原王朝杀人一律在闹市区行刑，希望能在昭陵前面杀死我，以向先帝谢罪。"高宗听说后怜悯他。阿史那贺鲁被押送到京师长安，冬季十一月甲午(十五日)，在昭陵举行献俘仪式。高宗赦免了他的死罪，将他的部落分为六个都督府，那些臣服而隶属于他的各国都设置州府，向西直到波斯，一并隶归安西都护府统辖。阿史那贺鲁不久死去，埋葬在颉利可汗坟墓的旁边。

四年(659)春季三月壬午(初五)这天，西突厥兴昔亡可汗在双河与真珠叶护展开激烈战斗，将真珠叶护斩杀。

龙朔二年(662)冬季十二月，𠡠海道总管苏海政接受诏令讨伐龟兹，高宗又命令兴昔亡、继往绝二可汗发兵与唐军一起行动。苏海政率军来到兴昔亡可汗的境内，继往绝可汗平素与兴昔亡可汗有仇怨，就秘密对苏海政说："阿史那弥射图谋造反，请杀掉他。"当时苏海政全军只有数千人，便集合军官商议说："阿史那弥射如果谋反，我们这些人没有一个能活的，不如事先把他杀掉。"于是就假称皇帝敕令，让大总管携带布帛数万段赏赐给可汗及各位酋长，兴昔亡可汗率领他的部众前来接受赏赐，苏海政将他们全部逮捕斩杀。其中鼠尼施、拔塞幹两部逃走，苏海政与继往绝可汗追击讨伐，将他们平定。唐军返还，来到疏勒南部，弓月部又勾引吐蕃兵众前来，要与唐军交战。苏海政因为军队疲劳而不敢应战，就用军用物资贿赂吐蕃，约定和解后才返还回来。从此，各部落都认为兴昔亡可汗是冤枉的，各自怀有离散之心。继往绝可汗不久死去，西突厥十姓部落无主，有阿史那都支和李遮匐二人收拢他们的馀众，归附了吐蕃。

咸亨二年夏四月甲申，以西突厥阿史那都支为左骁卫大将军兼匐延都督，以安集五咄陆之众。

四年冬十二月丙午，弓月、疏勒二王来降。西突厥兴昔亡可汗之世，诸部离散，弓月及阿悉吉皆叛。苏定方之西讨也，擒阿悉吉以归。弓月南结吐蕃，北招咽面，共攻疏勒，降之。上遣鸿胪卿萧嗣业发兵讨之。嗣业兵未至，弓月惧，与疏勒皆入朝。上赦其罪，遣归国。

调露元年。初，西突厥十姓可汗阿史那都支及其别帅李遮匐与吐蕃连和，侵逼安西。夏六月，朝议欲发兵讨之，吏部侍郎裴行俭曰："吐蕃为寇，审礼覆没，干戈未息，岂可复出师西方？今波斯王卒，其子泥洹师为质在京师，宜遣使者送归国，道过二虏，以便宜取之，可不血刃而擒也。"上从之，命行俭册立波斯王，仍为安抚大食使。行俭奏肃州刺史王方翼以为己副，仍令检校安西都护。

永淳元年春二月，西突厥阿史那车薄帅十姓反。夏四月辛未，以裴行俭帅右金吾将军阎怀旦等三总管分道讨西突厥。师未行，行俭薨。阿史那车薄围弓月城，安西都护王方翼引军救之，破虏众于伊丽水，斩首千馀级。俄而三姓咽面与车薄合兵拒方翼，方翼与战于热海，流矢贯方翼臂，方翼以佩刀截之，左右不知。所将胡兵谋执方翼以应车薄，方翼知之，悉召会议，阳出军资赐之，

咸亨二年(671)夏季四月甲申(十八日),唐朝任命西突厥阿史那都支为左骁卫大将军兼匐延都督,让他安抚召集五个咄陆部落的民众。

四年(673)冬季十二月丙午(二十五日),弓月、疏勒二国的国王前来投降。西突厥兴昔亡可汗在世的时候,各部落纷纷离散,弓月和阿悉吉都背叛了西突厥。苏定方西征的时候,生擒阿悉吉而返回。弓月便南边勾结吐蕃,北面招引咽面,共同攻打疏勒,迫使疏勒投降。高宗派遣鸿胪卿萧嗣业发兵前往讨伐。萧嗣业的军队还没到达,弓月已心怀畏惧,便与疏勒一块儿入朝。高宗赦免了他们的罪过,将他们遣送回国。

调露元年(679)。当初,西突厥十姓部落的可汗阿史那都支和他的别部首领李遮匐与吐蕃联合,侵犯逼近安西都护府。夏季六月,朝廷商议要发兵征讨他们,吏部侍郎裴行俭说:"吐蕃侵犯边境,刘审礼全军覆没,战争还没有停止,岂能再出兵西方!现在波斯王已死,他的儿子泥洹师作为人质还住在京师长安,应该派遣使者护送他回国,在途经阿史那都支和李遮匐的住地时,乘方便适宜的时候袭取他们,就可以兵不血刃地将他们擒获了。"高宗听从了他的意见,命令裴行俭前往西域册立波斯王,还担任安抚大食使。裴行俭上奏请求让肃州刺史王方翼担任自己的副职,仍让他检校安西都护。

永淳元年(682)春季二月,西突厥阿史那车薄率领十姓部落反抗唐朝。夏季四月辛未(初八)这天,唐朝命令裴行俭率领右金吾将军阎怀旦等三位总管分道讨伐西突厥。军队还未出发,裴行俭就去世了。阿史那车薄围攻弓月城,安西都护王方翼带领军队前往救援,在伊丽水击败敌人,斩首一千馀级。不久,咽面三姓部落与阿史那车薄合兵抗拒王方翼,王方翼在热海与他们展开激烈战斗。一支流箭射穿了王方翼的胳臂,王方翼用佩刀截断箭杆,连身边左右的人都不知道。他所率军队中的胡族士兵阴谋捉住王方翼来响应阿史那车薄,王方翼得知消息后,就把他们全都召集来开会,表面上说要拿出军用物资来赏赐他们,

以次引出斩之。会大风，方翼振金鼓以乱其声，诛七十馀人，其徒莫之觉。既而分遣裨将袭车薄、咽面，大破之，擒其酋长三百人，西突厥遂平。阎怀旦等竟不行。方翼寻迁夏州都督，征入，议边事。上见方翼衣有血渍，问之，方翼具对热海苦战之状，上视疮叹息。竟以废后近属，不得用而归。

则天皇后垂拱元年。初，西突厥兴昔亡、继往绝可汗既死，十姓无主，部落多散亡，太后乃擢兴昔亡之子左豹韬卫翊府中郎将元庆为左玉钤卫将军，兼昆陵都护，袭兴昔亡可汗押五咄陆部落。

二年秋九月丁未，以西突厥继往绝可汗之子斛瑟罗为右玉钤卫将军，袭继往绝可汗押五弩失毕部落。

天授元年。西突厥十姓，自垂拱以来为东突厥所侵掠，散亡略尽。冬十月，濛池都护继往绝可汗斛瑟罗收其馀众六七万人入居内地，拜左卫大将军，改号竭忠事主可汗。

圣历二年秋八月癸巳，突骑施乌质勒遣其子遮弩入见。遣侍御史元城解琬安抚乌质勒及十姓部落。

久视元年，以西突厥竭忠事主可汗斛瑟罗为平西军大总管，镇碎叶。

长安三年，西突厥可汗斛瑟罗用刑残酷，诸部不服。乌质勒本隶斛瑟罗，号莫贺达干，能抚其众，诸部归之，斛瑟罗不能制。乌质勒置都督二十员，各将兵七千人，屯碎叶西北。

其实是按次序把他们一个一个领出去斩首。适逢天刮大风，王方翼就猛击金鼓来混淆掩盖被杀者的惨叫声，连杀七十馀人，他们的同伙竟然没有发觉。不久，王方翼又分别派遣副将袭击阿史那车薄、咽面，大败敌人，生擒他们的酋长三百人，西突厥于是就被平定了。阎怀旦等人竟然还没有出动。王方翼不久升任夏州都督，被征召入朝，商议有关边疆方面的事情。高宗看到王方翼衣服上有血迹，就询问他是怎么回事，王方翼才一一讲述了在热海苦战的情况。高宗又看了他的伤痕，不禁叹息不已。但最终因为他是已废皇后的近亲，所以没有得到重用而返回夏州。

则天皇后垂拱元年(685)。当初，西突厥兴昔亡、继往绝可汗死后，十姓部落失去头领，部落大多离散逃亡，太后就擢拔兴昔亡可汗的儿子、左豹韬卫翊府中郎将阿史那元庆为左玉钤卫将军兼昆陵都护，继承兴昔亡可汗之位，监管五个咄陆部落。

二年(686)秋季九月丁未(初十)，唐朝任命西突厥继往绝可汗的儿子阿史斛瑟罗为右玉钤卫将军，继承继往绝可汗之位，监管五个弩失毕部落。

天授元年(690)。西突厥十姓部落从垂拱年间以来被东突厥侵犯掠夺，几乎离散逃亡殆尽。冬季十月，濛池都护继往绝可汗阿史那斛瑟罗收集西突厥剩馀的部众六七万人进入内地居住，唐朝任命他为左卫大将军，改称号为竭忠事主可汗。

圣历二年(699)秋季八月癸巳(十二日)，突骑施部的乌质勒派遣他的儿子遮弩入朝进见。朝廷派遣侍御史元城人解琬前往安抚乌质勒和西突厥的十姓部落。

久视元年(700)，朝廷任命西突厥竭忠事主可汗阿史那斛瑟罗为平西军大总管，镇守碎叶。

长安三年(703)，西突厥可汗阿史那斛瑟罗对部众施用的刑罚十分残酷，下属的各个部落都不顺服他。乌质勒本来隶属阿史那斛瑟罗部下，名号为莫贺达干，能够安抚他的部下，于是各部落纷纷归附于他，阿史那斛瑟罗不能控制。乌质勒设置都督二十人，每人各自统率士兵七千人，驻扎在碎叶城的西北。

后攻陷碎叶，徙其牙帐居之。斛瑟罗部众离散，因入朝，不敢复还，乌质勒悉并其地。

四年春正月，册拜阿史那怀道为西突厥十姓可汗。怀道，斛瑟罗子也。

中宗神龙二年闰正月甲戌，以突骑施酋长乌质勒为怀德郡王。冬十二月，安西大都护郭元振诣突骑施乌质勒牙帐议军事，天大风雪，元振立于帐前与乌质勒语，久之，雪深，元振不移足，乌质勒老，不胜寒，会罢而卒。其子娑葛勒兵将攻元振，副使御史中丞解琬知之，劝元振夜逃去。元振曰："吾以诚心待人，何所疑惧？且深在寇庭，逃将安适？"安卧不动。明旦，入哭，甚哀，娑葛感其义，待元振如初。戊戌，以娑葛袭嗢鹿州都督、怀德王。

景龙二年冬十一月庚申，突骑施酋长娑葛自立为可汗，杀唐使者御史中丞冯嘉宾，遣其弟遮弩等帅众犯塞。初，娑葛既代乌质勒统众，父时故将阙啜忠节不服，数相攻击。忠节众弱不能支，金山道行军总管郭元振奏追忠节入朝宿卫。忠节行至播仙城，经略使、右威卫将军周以悌说之曰："国家不爱高官显爵以待君者，以君有部落之众故也。今脱身入朝，一老胡耳，岂惟不保宠禄，死生亦制于人手。方今

后来，乌质勒攻陷碎叶城，将他的牙帐迁居到那里。阿史那斛瑟罗的部众离散之后，他就入朝归顺，不敢再返回故地，于是乌质勒就将他的领地全部吞并了。

四年(704)春季正月，朝廷册封阿史那怀道为西突厥十姓部落的可汗。阿史那怀道是阿史那斛瑟罗的儿子。

中宗神龙二年(706)闰正月甲戌(二十九日)，唐朝册封突骑施酋长乌质勒为怀德郡王。冬季十二月，安西大都护郭元振到突骑施乌质勒牙帐商议军事，适逢天降大雪刮大风，郭元振站在牙帐前与乌质勒谈话，很长时间过去了，地上的雪也积得很深了，郭元振没有移动一下脚，但乌质勒却因年老体弱，受不住寒冷，会面结束之后就死了。乌质勒的儿子娑葛误认为父亲的死与郭元振有关，就统领军队打算攻打郭元振，副使、御史中丞解琬得知这个消息后，劝郭元振连夜逃走。郭元振说："我用一片诚心对待别人，有什么地方值得怀疑和害怕的呢？况且我们深入敌军的腹地，要逃又能跑到哪里去呢？"说罢仍然安睡在床，不做任何准备。第二天一早，他就前往吊唁，进入牙帐朝着乌质勒的遗体痛哭，非常悲哀，娑葛被他的情义所感动，便又待他像过去一样。戊戌(二十八日)，朝廷册命娑葛承袭父职，任嗢鹿州都督、怀德王。

景龙二年(708)冬季十一月庚申(初二)，突骑施酋长娑葛自立为可汗，杀死唐朝的使者御史中丞冯嘉宾，并派遣他的弟弟遮弩等人率领兵众侵犯唐朝的边塞。当初，娑葛已经代替了他的父亲乌质勒统领部众之后，他父亲在世时的旧将阙啜忠节不服从他的调遣，二人多次相互攻击。阙啜忠节部众弱小不能支持，唐朝金山道行军总管郭元振上奏朝廷请求将阙啜忠节追征入朝充当宿卫。当阙啜忠节奉命走到播仙城时，经略使、右威卫将军周以悌劝他说："国家之所以不吝惜高官显爵来对待您，是因为您拥有部落兵众的缘故。如今您如果离开部落单身入朝，就只不过是一个年老的胡人而已，不但不能保住皇帝对您的恩宠和自己的官爵俸禄，就连个人的生死也将掌握在别人的手上。当今

宰相宗楚客、纪处讷用事，不若厚赂二公，请留不行，发安西兵及引吐蕃以击娑葛，求阿史那献为可汗以招十姓，使郭虔瓘发拔汗那兵以自助。既不失部落，又得报仇，比于入朝，岂可同日语哉！郭虔瓘者，历城人，时为西边将。忠节然其言，遣间使赂楚客、处讷请如以悌之策。

元振闻其谋，上疏，以为："往岁吐蕃所以犯边，正为求十姓、四镇之地不获故耳。比者息兵请和，非能慕悦中国之礼义也，直以国多内难，人畜疫疠，恐中国乘其弊，故且屈志求自昵。使其国小安，岂能忘取十姓、四镇之地哉！今忠节不论国家大计，直欲为吐蕃乡导，恐四镇危机，将从此始。顷缘默啜凭陵，所应者多，兼四镇兵疲弊，势未能为忠节经略，非怜突骑施也。忠节不体国家中外之意而更求吐蕃，吐蕃得志，则忠节在其掌握，岂得复事唐也！往年吐蕃无恩于中国，犹欲求十姓、四镇之地，今若破娑葛有功，请分于阗、疏勒，不知以何理抑之？又，其所部诸蛮及婆罗门等方不服，若借唐兵助讨之，亦不知以何词拒之？是以古之智者皆不愿受夷狄之惠，盖豫忧其求请无厌，

宰相宗楚客、纪处讷执掌朝政，您不如用厚礼贿赂他们二人，请求让您留在西域不去朝廷，同时征发安西都护府的兵马及引用吐蕃兵来攻打娑葛，再请求册立阿史那献为可汗来招抚十姓部落，另派郭虔瓘征发拔汗那的军队前来相助。这样一来，您就既不会失去对部落的控制，又能报娑葛以强凌弱之仇，与您只身入朝受制于人相比，岂可同日而语呢！”郭虔瓘是历城县人，当时担任西部边境的将领。阙啜忠节认为他的话很对，就派遣秘密使者入京城贿赂宗楚客、纪处讷二人，请他们依照周以悌的计策行事。

郭元振听说他们的计谋之后便向朝廷上疏，认为：“往年吐蕃之所以发兵侵犯我大唐边境，正是因为他们索求西突厥十姓部落、安西四镇的土地没有获得的缘故罢了。近来他们停止军事行动，请求和亲友好，并非是仰慕喜欢中国的礼义，只不过是因为他们国家内乱频生，人和牲畜染上瘟疫，担心中国乘他们疲敝之机大举反击，所以才暂且委屈志向，向大唐献媚求和。假使他们国家稍微安定下来，怎么能忘记夺取西突厥十姓部落、安西四镇的土地呢！如今阙啜忠节不考虑国家大计，只想着替吐蕃当向导，恐怕安西四镇的危机，将从这里开始了。过去因为突厥默啜可汗的侵扰，西突厥内响应他的部落较多，加上安西四镇的兵马疲劳困乏，在这种形势下，自然不能让阙啜忠节策划处理西域事务，这并不是偏爱突骑施。阙啜忠节不体谅国家处理中外事务的意图，反而改向吐蕃求助，吐蕃一旦得志，则阙啜忠节必然在他们掌握之中，又怎么能再事奉大唐呢！往年吐蕃对我中国没有丝毫恩情，尚且想要索取西突厥十姓部落、安西四镇的土地，现今如果帮助我们击败娑葛有功，请求划分给他们于阗、疏勒二镇，不知道朝廷将用什么理由去回绝他们？还有，吐蕃下属的各蛮族部落以及婆罗门国等正不服从吐蕃的统治，吐蕃如果提出借用唐朝军队帮助他们前去讨伐，也不知道朝廷该用什么言辞去拒绝他们？所以自古以来的明智君主都不愿意接受夷狄族的恩惠，大概是事先就担心他们日后的要求请托没完没了，

终为后患故也。又彼请阿史那献者，岂非以献为可汗子孙，欲依之以招怀十姓乎？按献父元庆、叔父仆罗、兄俀子及斛瑟罗、怀道等，皆可汗子孙也，往者唐及吐蕃徧曾立之以为可汗，欲以招抚十姓，皆不能致，寻自破灭。何则？此属非有过人之才，恩威不足以动众，虽复可汗旧种，众心终不亲附，况献又疏远于其父兄乎？若使忠节兵力自能诱胁十姓，则不必求立可汗子孙也。又，欲令郭虔瓘入拔汗那，发其兵。虔瓘前此已尝与忠节擅入拔汗那发兵，不能得其片甲匹马，而拔汗那不胜侵扰，南引吐蕃，奉俀子，还侵四镇。时拔汗那四旁无强寇为援，虔瓘等恣为侵掠，如独行无人之境，犹引俀子为患。今北有娑葛，急则与之并力，内则诸胡坚壁拒守，外则突厥伺隙邀遮。臣料虔瓘等此行，必不能如往年之得志，内外受敌，自陷危亡，徒与虏结隙，令四镇不安。以臣愚揣之，实为非计。”

楚客等不从，建议遣冯嘉宾持节安抚忠节，侍御史吕守素处置四镇，以将军牛师奖为安西副都护，发甘、凉以西兵兼征吐蕃以讨娑葛。娑葛遣使娑腊献马在京师，闻其

最终将成为后患的缘故啊。另外，阙啜忠节请求立阿史那献为可汗，难道不是因为阿史那献是可汗的子孙，想依靠他来招抚西突厥十姓部落吗？按说阿史那献的父亲阿史那元庆、叔父阿史那仆罗、哥哥阿史那俀子以及阿史那斛瑟罗、阿史那怀道等，都是可汗的子孙，过去大唐和吐蕃曾将他们一个一个地册立为可汗，希望通过他们来招抚西突厥十姓部落，但都未能达到目的，这些人不久也自己家破人亡。什么原因呢？因为这些人没有超过常人的才能，恩德和威信都不足以影响部众，所以虽然他们还是可汗的嫡传后嗣，但是部众在内心里却始终不能亲近归附他们，何况阿史那献与可汗的血缘关系要比他的父兄更疏远一层呢？假使阙啜忠节的兵力自己能引诱胁迫西突厥十姓部落归顺的话，那么他就不必请求册立可汗的子孙为可汗了。再有，想让郭虔瓘进入拔汗那国，征发他们的兵马。其实，郭虔瓘在此之前就已曾与阙啜忠节一起擅自进入拔汗那国征调兵马了，但却未能得到他们一片甲一匹马的支援，而拔汗那却忍受不了侵犯，从南边引来吐蕃军队，拥戴吐蕃册立的可汗阿史那俀子，反过来侵犯安西四镇。当时拔汗那四周没有强大的部落来援助它，郭虔瓘等人到那里肆意侵扰劫掠，就好像独自行走在无人之境一样，但还是把阿史那俀子作为心腹之患。如今拔汗那北部有娑葛，情况危急时就会与娑葛合并力量作战，内部则有各类胡人帮助坚壁拒守，外面则有突厥替它伺隙拦截遮挡来犯之敌。在这种情况下，为臣我估计郭虔瓘等人此次去拔汗那征兵，肯定不能像当年那样得志，只会是内外受敌，自陷危亡，白白地与异族部落结下隔阂，使安西四镇不得安宁。依愚臣揣度，阙啜忠节他们想出的办法实在不是条好计策。”

宗楚客等人不听郭元振的意见，向中宗建议派遣冯嘉宾手持旌节前去安抚阙啜忠节，侍御史吕守素去处理安西四镇的各项事务，任命将军牛师奖为安西副都护，征发甘州、凉州以西各处兵马，兼征调吐蕃兵，共同征讨娑葛。当时，娑葛派来向唐朝贡献马匹的使者娑腊还在京师长安，他听说宗楚客等人的

谋,驰还报娑葛。于是娑葛发五千骑出安西,五千骑出拨换,五千骑出焉耆,五千骑出疏勒,入寇。元振在疏勒,栅于河口,不敢出。忠节逆嘉宾于计舒河口,娑葛遣兵袭之,生擒忠节,杀嘉宾。擒吕守素于僻城,缚于驿柱,冎而杀之。

癸未,牛师奖与突骑施娑葛战于火烧城,师奖兵败没。娑葛遂陷安西,断四镇路,遣使上表,求宗楚客头。楚客又奏以周以悌代郭元振统众,征元振入朝。以阿史那献为十姓可汗,置军焉耆以讨娑葛。娑葛遗元振书,称:"我与唐初无恶,但仇阙啜。宗尚书受阙啜金,欲枉破奴部落,冯中丞、牛都护相继而来,奴岂得坐而待死?又闻史献欲来,徒扰军州,恐未有宁日。乞大使商量处置。"元振奏娑葛书。楚客怒,奏言元振有异图,召,将罪之。元振使其子鸿间道具奏其状,乞留定西土,不敢归。周以悌竟坐流白州,复以元振代以悌,赦娑葛罪,册为十四姓可汗。

三年秋七月,突骑施娑葛遣使请降。庚辰,拜钦化可汗,赐名守忠。

睿宗景云二年冬十二月癸卯,以兴昔亡可汗阿史那献为招慰十姓使。

玄宗开元二年,西突厥十姓酋长都担叛。三月己亥,碛西节度使阿史那献克碎叶等镇,擒都担,降其部落二万馀帐。

计谋后，立即骑快马急速返回，报告娑葛。于是，娑葛派五千骑兵出安西，五千骑兵出拨换，五千骑兵出焉耆，五千骑兵出疏勒，入侵唐朝边境。郭元振当时正在疏勒镇，急忙在河口树起栅栏挡住敌军，但不敢出城交战。阙啜忠节在计舒河口迎接冯嘉宾，娑葛派兵袭击了他们，生擒阙啜忠节，杀死冯嘉宾。又在僻城擒获了吕守素，将他绑在驿站的门柱上，一刀一刀地碎割而杀死。

癸未（二十五日），牛师奖与突骑施娑葛在火烧城交战，牛师奖全军覆没。于是，娑葛就乘胜攻陷安西都护府治所龟兹，切断了通往四镇的道路，同时派遣使者入朝向中宗上表，索要宗楚客的人头。宗楚客又上奏中宗，命令周以悌代替郭元振统领安西都护府的兵马，征召郭元振入朝。任命阿史那献为西突厥十姓部落的可汗，在焉耆部署军队来征讨娑葛。娑葛送给郭元振一封信，称："我与唐朝起初没有恶感，只仇恨阙啜忠节。宗楚客尚书接受了阙啜忠节的贿金，想要无缘无故地攻破我的部落，冯嘉宾中丞、牛师奖都护又相继而来，我岂能坐以待毙！又听说阿史那献要来，这只能白白骚扰各军州，恐怕今后没有安宁的日子了。乞请大使您商量处置。"郭元振将娑葛的信转奏中宗。宗楚客大怒，上奏说郭元振有叛变的图谋，应召回朝廷将他治罪。郭元振派他的儿子郭鸿走小路入朝向中宗一一奏明了实际情况，请求留下来稳定西域疆土，不敢返归京城。真相大白之后，周以悌最终被判有罪而流放到白州，中宗又命令郭元振取代周以悌，继续担任安西都护府大都护的职务，还下诏赦免娑葛的罪行，册立他为西突厥十四姓部落的可汗。

三年（709）秋季七月，突骑施娑葛派遣使者入朝请求投降。庚辰（二十六日），中宗拜娑葛为钦化可汗，赐名守忠。

睿宗景云二年（711）冬季十二月癸卯（初三），睿宗任命兴昔亡可汗阿史那献为招慰十姓使。

玄宗开元二年（714），西突厥十姓部落酋长都担反叛唐朝。三月己亥（十二日），碛西节度使阿史那献攻克碎叶等镇，生擒都担，招降了他的部落二万馀帐。

突骑施可汗守忠之弟遮弩恨所分部落少于其兄，遂叛入突厥，请为乡导，以伐守忠。默啜遣兵二万击守忠，虏之而还。谓遮弩曰："汝叛其兄，何有于我？"遂并杀之。

三年，突骑施守忠既死，默啜兵还，守忠部将苏禄鸠集馀众，为之酋长。苏禄颇善绥抚，十姓部落稍稍归之，有众二十万，遂据有西方，寻遣使入见。是岁，以苏禄为左羽林大将军、金方道经略大使。

四年，突骑施苏禄复自立为可汗。

五年，突骑施酋长左羽林大将军苏禄部众浸强，虽职贡不乏，阴有窥边之志。五月，十姓可汗阿史那献欲发葛逻禄兵击之，上不许。

秋七月，安西副大都护汤嘉惠奏突骑施引大食、吐蕃，谋取四镇，围钵换及大石城，已发三姓葛逻禄兵与阿史那献击之。

六年夏五月辛亥，以突骑施都督苏禄为左羽林大将军、顺国公，充金方道经略大使。

七年冬十月壬子，册拜突骑施苏禄为忠顺可汗。

十年冬十二月庚子，以十姓可汗阿史那怀道女为交河公主，嫁突骑施可汗苏禄。

十四年，杜暹为安西都护。突骑施交河公主遣牙官以马千匹诣安西互市，使者宣公主教，暹怒曰："阿史那女何得宣教于我！"杖其使者，留不遣，马经雪死尽。突骑施可汗苏禄

突骑施可汗守忠的弟弟遮弩对于自己分得的部落比他兄长为少一事怀恨在心，于是便背叛守忠逃入突厥，请求给突厥军队当向导，来讨伐守忠。突厥可汗默啜派兵二万攻打守忠，将他俘获而返回营地。默啜对遮弩说："你能背叛你的哥哥，对于我你还能有什么好处呢？"于是将他们兄弟二人一并杀死。

三年(715)，突骑施守忠死后，突厥默啜可汗的军队也撤回去了，守忠的部将苏禄聚集馀众，当了他们的酋长。苏禄很善于安抚部下，西突厥十姓部落渐渐归附于他。他拥有部众二十万，于是便占据了西部地区，不久又派遣使者入朝进见玄宗。当年，玄宗任命苏禄为左羽林大将军、金方道经略大使。

四年(716)，突骑施酋长苏禄又自立为可汗。

五年(717)，突骑施酋长、左羽林大将军苏禄的部众逐渐强大，虽然对朝廷的职方贡物并不缺少，但暗地里已经产生了伺机入侵唐朝边境的意向。五月，西突厥十姓部落可汗阿史那献想征发葛逻禄部落的军队攻打苏禄，玄宗没有答应。

秋季七月，安西都护府副大都护汤嘉惠上奏玄宗，说突骑施勾引大食、吐蕃二国，图谋夺取安西四镇，并且包围了钵换和大石城，现已征调葛逻禄三姓部落的军队与阿史那献一道前往迎击。

六年(718)夏季五月辛亥(十八日)，唐朝任命突骑施都督苏禄为左羽林大将军、顺国公，充任金方道经略大使。

七年(719)冬季十月壬子(二十八日)，玄宗册立突骑施酋长苏禄为忠顺可汗。

十年(722)冬季十二月庚子(初三)，玄宗将西突厥十姓部落可汗阿史那怀道的女儿册封为交河公主，嫁给突骑施可汗苏禄为妻子。

十四年(726)，唐朝任命杜暹为安西都护。突骑施交河公主派遣牙官携带一千匹马去安西做买卖，使者向杜暹宣示了交河公主的"教"文，杜暹愤怒地说："阿史那怀道的女儿怎么能向我宣示'教'文！"然后命人杖打公主的使者，还将他扣留不让回去，那群马经过一场大雪之后全部冻死了。突骑施可汗苏禄听说后

大怒，发兵寇四镇。会暹入朝，赵颐贞代为安西都护，婴城自守。四镇人畜储积，皆为苏禄所掠，安西仅存。既而苏禄闻暹入相，稍引退，寻遣使入贡。

十八年，突骑施遣使入贡，上宴之于丹凤楼，突厥使者豫焉。二使争长，突厥曰："突骑施小国，本突厥之臣，不可居我上。"突骑施曰："今日之宴，为我设也，我不可以居其下。"上乃命设东、西幕，突厥在东，突骑施在西。

二十三年冬十月戊申，突骑施寇北庭及安西拨换城。

二十四年春正月，北庭都护盖嘉运击突骑施，大破之。秋八月甲寅，突骑施遣其大臣胡禄达干来请降，许之。

二十六年。突骑施可汗苏禄，素廉俭，每攻战所得，辄与诸部分之，不留私蓄，由是众乐为用。既尚唐公主，又潜通突厥及吐蕃，突厥、吐蕃各以女妻之。苏禄以三国女为可敦，又立数子为叶护，用度浸广，由是攻战所得，不复更分。晚年病风，一手挛缩，诸部离心。酋长莫贺达干、都摩度两部最强，其部落又分为黄姓、黑姓，互相乖阻，于是莫贺达干勒兵夜袭苏禄，杀之。都摩度初与莫贺达干连谋，既而复与之异，立苏禄之子骨啜为吐火仙可汗以收其馀众，与莫贺达干相攻。莫贺达干遣使告碛西节度使盖嘉运，上命嘉运招集突骑施、拔汗那以西诸国。

勃然大怒，就出兵侵扰安西四镇。适逢杜暹入朝，赵颐贞代替他担任安西都护，他据城防守，不出城交战。四镇的居民、牲畜和储藏积存的物资，全被苏禄劫掠一空，只有安西城得以保存。不久，苏禄听说杜暹升任宰相，才逐渐带领军队撤退，随后又派遣使者入朝进献贡品。

十八年(730)，突骑施派遣使者入朝上献贡品，玄宗在丹凤楼设宴款待来使，突厥的使节也出席了宴会。两位使节争夺起座次的上位来，突厥使节说："突骑施是个小国，本来是我突厥国的臣民，不能坐在我的上位。"突骑施使节说："今天的宴席是专门为我摆设的，我不可以坐在他的下位。"玄宗就命令摆设东西两个帐幕，突厥使节坐在东面，突骑施使节坐在西面。

二十三年(735)冬季十月戊申(二十六日)，突骑施侵扰北庭都护府和安西都护府的拨换城。

二十四年(736)春季正月，北庭都护盖嘉运迎击突骑施，将他们打得大败。秋季八月甲寅(初七)，突骑施派遣他们的大臣胡禄达干前来请求归降，玄宗应允了他们的请求。

二十六年(738)。突骑施可汗苏禄平素廉洁节俭，每次攻战所掠得的人财物资，立即与各部落分掉，不留个人的私蓄，因此部众都乐意为他效劳。他娶了唐朝公主之后，又暗中交结突厥和吐蕃，突厥的可汗、吐蕃的赞普也各将女儿嫁给他为妻。苏禄以三个国家元首的女儿为可敦，又任命自己的几个儿子为叶护，费用越来越大，从此攻战所掠得的东西就不再分给部下了。晚年中风得病，一只手痉挛不能伸展，各部落产生了背离他的念头。酋长莫贺达干、都摩度两部势力最强，他的部落又分为黄姓、黑姓两大派，互相不往来，于是莫贺达干就率兵乘夜袭击苏禄，将他杀死。都摩度起初与莫贺达干联合谋划行动，不久又与莫贺达干分道扬镳，拥立苏禄的儿子骨啜为吐火仙可汗，来收集苏禄剩馀的部众，与莫贺达干互相攻伐。莫贺达干派遣使者将当地的情况报告唐朝碛西节度使盖嘉运，玄宗得知后，命令盖嘉运招集突骑施、拔汗那以西各国的兵力共同讨伐突骑施都摩度部。

吐火仙与都摩度据碎叶城，黑姓可汗尔微特勒据怛逻斯城，相与连兵以拒唐。

二十七年秋八月乙亥，碛西节度使盖嘉运擒突骑施可汗吐火仙。嘉运攻碎叶城，吐火仙出战，败走，擒之于贺逻岭。分遣疏勒镇守使夫蒙灵詧与拔汗那王阿悉烂达干潜引兵突入怛逻斯城，擒黑姓可汗尔微，遂入曳建城，取交河公主，悉收散发之民数万以与拔汗那王，威震西陲。

九月戊午，处木昆、鼠尼施、弓月等诸部先隶突骑施者，皆帅众内附，仍请徙居安西管内。

二十八年春三月甲寅，盖嘉运入献捷。上赦吐火仙罪，以为左金吾大将军。嘉运请立阿史那怀道之子昕为十姓可汗，从之。夏四月辛未，以昕妻李氏为交河公主。

冬十一月，突骑施莫贺达干闻阿史那昕为可汗，怒曰："首诛苏禄，我之谋也，今立史昕，何以赏我？"遂帅诸部叛。上乃立莫贺达干为可汗，使统突骑施之众，命盖嘉运招谕之。十二月乙卯，莫贺达干降。

天宝元年夏四月，上发兵纳十姓可汗阿史那昕于突骑施，至俱兰城，为莫贺达干所杀。突骑施大纛官都摩度来降，六月乙未，册都摩度为三姓叶护。

三载夏五月，河西节度使夫蒙灵詧讨突骑施莫贺达干，斩之，更请立黑姓伊里底蜜施骨咄禄毗伽。六月甲辰，册拜骨咄禄毗伽为十姓可汗。

吐火仙可汗与都摩度占据碎叶城，突骑施黑姓可汗尔微特勒占据怛逻斯城，相互连兵以抗拒唐军。

二十七年(739)秋季八月乙亥(十五日)，碛西节度使盖嘉运擒获突骑施可汗吐火仙。盖嘉运攻打碎叶城，吐火仙出城迎战，失败逃跑，在贺逻岭被唐军生擒。盖嘉运又分别派遣唐朝疏勒镇守使夫蒙灵詧与拔汗那国王阿悉烂达干暗中带兵突然攻入怛逻斯城，生擒黑姓可汗尔微特勒，又顺利攻入曳建城，捉拿了交河公主，把散发的异族百姓数万人全部予以拘禁，拨给了拔汗那王。于是，唐朝威震西陲。

九月戊午(二十九日)这天，处木昆、鼠尼施、弓月等各部落原来隶属于突骑施的酋长都率领部众前来归附，仍然请求迁居到安西都护府的管区之内。

二十八年(740)春季三月甲寅(二十八日)，盖嘉运入朝上献战利品。玄宗赦免了吐火仙可汗的罪过，任命他为左金吾大将军。盖嘉运请求册立阿史那怀道的儿子阿史那昕为西突厥十姓部落的可汗，玄宗听从了他的建议。夏季四月辛未(十五日)，玄宗册封阿史那昕的妻子李氏为交河公主。

冬季十一月，突骑施莫贺达干听说阿史那昕当了可汗，愤怒地说："首先诛杀苏禄，是我的计谋。如今立阿史那昕为可汗，又用什么来奖赏我呢！"于是就率领各部落反叛唐朝。玄宗于是册立莫贺达干为可汗，让他统领突骑施的部众，命令盖嘉运去招抚告诉他。十二月乙卯(初三)，莫贺达干归降唐朝。

天宝元年(742)夏季四月，玄宗派兵护送西突厥十姓部落可汗阿史那昕去突骑施，走到俱兰城，阿史那昕被莫贺达干杀死。突骑施的大纛官都摩度前来投降，六月乙未(二十二日)，唐朝册封都摩度为三姓部落的叶护。

三年(744)夏季五月，唐朝河西节度使夫蒙灵詧率领军队讨伐突骑施莫贺达干，将他杀死，请求改立黑姓伊里底蜜施骨咄禄毗伽。六月甲辰(十二日)，唐朝册立骨咄禄毗伽为西突厥十姓部落的可汗。

八载秋七月,册突骑施移拨为十姓可汗。

十二载秋九月甲辰,以突骑施黑姓可汗登里伊罗蜜施为突骑施可汗。

八年（749）秋季七月，唐朝册立突骑施移拨为西突厥十姓部落可汗。

十二年（753）秋季九月甲辰（初六），唐朝册立突骑施黑姓可汗登里伊罗蜜施为突骑施可汗。

太宗讨龟兹

唐太宗贞观二十一年冬十二月，龟兹王伐叠卒，弟诃黎布失毕立，浸失臣礼，侵渔邻国。上怒，戊寅，诏使持节昆丘道行军大总管左骁卫大将军阿史那社尔、副大总管左骁卫大将军契苾何力、安西都护郭孝恪等将兵击之，仍命铁勒十三州、突厥、吐蕃、吐谷浑连兵进讨。

二十二年春三月甲午，上谓侍臣曰："朕少长兵间，颇能料敌。今昆丘行师，处月、处密二部及龟兹用事者羯猎颠、那利每怀首鼠，必先授首，布失毕其次也。"

秋七月庚寅，西突厥相屈利啜请帅所部从讨龟兹。

冬十月，阿史那社尔引兵自焉耆之西趋龟兹北境，分兵为五道，出其不意，焉耆王薛婆阿那支弃城奔龟兹，保其东境。社尔遣兵追击，擒而斩之，立其从父弟先那准为焉耆王，使修职贡。龟兹大震，守将多弃城走。社尔进屯碛口，去其都城三百里，遣伊州刺史韩威帅千馀骑为前锋，右骁卫将军曹继叔次之。至多褐城，龟兹王诃利布失毕、其相那利、羯

太宗讨龟兹

唐太宗贞观二十一年(647)冬季十二月,龟兹国王伐叠去世,他的弟弟诃黎布失毕即位,逐渐丧失了臣属国应尽的礼节,又侵扰吞没邻近的国家。太宗大怒,戊寅(二十六日),下诏命令使持节、昆丘道行军大总管左骁卫大将军阿史那社尔、副大总管右骁卫大将军契苾何力、安西都护郭孝恪等人率领军队前去攻打龟兹,还命令铁勒族十三州、突厥、吐蕃、吐谷浑联兵进攻讨伐。

二十二年(648)春季三月甲午(十四日),太宗对侍候的大臣说:"我从少年起就在军中长大,颇能预料敌人方面的情况。现今出兵昆丘道作战,处月、处密二部落以及龟兹国的执政者羯猎颠、那利往往首鼠两端,一定会先被杀掉,其次就是龟兹王布失毕。"

秋季七月庚寅(十一日),西突厥丞相屈利啜请求率领本部落随从唐军去讨伐龟兹。

冬季十月,阿史那社尔率领军队从焉耆的西边直插龟兹的北部边境,分兵为五路,出其不意,焉耆国王薛婆阿那支弃城投奔龟兹,守卫龟兹的东部边境。阿史那社尔派兵追击,将他擒获并杀掉,另立他的堂弟先那准为焉耆王,让他遵守规定,按时向唐朝上交贡品。龟兹举国震惊,守将大多数弃城逃走。阿史那社尔进驻碛口,距离龟兹都城有三百里,就派遣伊州刺史韩威率领一千馀名骑兵为前锋,右骁卫将军曹继叔率军队紧跟在后。唐军到达多褐城,龟兹国王诃利布失毕、他的丞相那利、羯

猎颠帅众五万拒战。锋刃甫接，威引兵伪遁，龟兹悉众追之，行三十里，与继叔军合。龟兹惧，将却，继叔乘之，龟兹大败，逐北八十里。

龟兹王布失毕既败，走保都城，阿史那社尔进军逼之，布失毕轻骑西走。十二月，社尔拔其城，使安西都护郭孝恪守之。沙州刺史苏海政、尚辇奉御薛万备帅精骑追布失毕，行六百里，布失毕窘急，保拨换城，社尔进军攻之四旬，闰月丁丑，拔之，擒布失毕及羯猎颠。那利脱身走，潜引西突厥之众并其国兵万馀人，袭击孝恪。孝恪营于城外，龟兹人或告之，孝恪不以为意。那利奄至，孝恪帅所部千馀人将入城，那利之众已登城矣，城中降胡与之相应，共击孝恪，矢刃如雨，孝恪不能敌，将复出，死于西门。城中大扰，仓部郎中崔义超召募得二百人，卫军资财物，与龟兹战于城中，曹继叔、韩威亦营于城外，自城西北隅击之。那利经宿乃退，斩首三千馀级，城中始定。后旬馀日，那利复引山北龟兹万馀人趣都城，继叔逆击，大破之，斩首八千级。那利单骑走，龟兹人执之，以诣军门。

阿史那社尔前后破其大城五，遣左卫郎将权祗甫诣诸城，开示祸福，皆相帅请降，凡得七百馀城，虏男女数万口。社尔乃召其父老，宣国威灵，谕以伐罪之意，立其王之弟叶护为主，龟兹人大喜。西域震骇，西突厥、于阗、安国争馈

猎颠率领部众五万进行抵抗。两军刚一交战，韩威就领兵假装失败逃跑，龟兹则全军出动在后追击。韩威跑了三十里，与曹继叔军会合。龟兹兵害怕了，打算退却，曹继叔乘机进攻，将龟兹打得大败，一气追击了八十里。

龟兹国王诃利布失毕失败之后，退保都城，阿史那社尔进军逼近，布失毕又轻装骑马向西逃去。十二月，阿史那社尔攻拔龟兹城，让安西都护郭孝恪领兵驻守此地。沙州刺史苏海政、尚辇奉御薛万备率领精锐骑兵追赶布失毕，行军六百里，布失毕窘迫惊慌，退保拨换城。阿史那社尔进军攻城，连攻四十天，闰十二月丁丑（初一）这天，攻拔城池，擒获布失毕和羯猎颠。那利脱身逃走，暗地里勾引西突厥的兵众与他本国的军队会合，共一万馀人，突然袭击郭孝恪。郭孝恪将兵营驻扎在龟兹城外，有的龟兹人告诉他那利要来袭击的消息，可是郭孝恪却掉以轻心。那利率军忽然来到，郭孝恪急忙率领本部一千馀人想撤入城内，而那利的兵众已经登上城墙了，城中投降的胡人与那利的军队互相呼应，共同夹击郭孝恪。他们刀剑的劈砍、箭矢的发射，就像雨点一样密集，郭孝恪抵挡不住，想再次冲出城外，被杀死在西门。城中大乱，仓部郎中崔义超招募到二百人，保卫军资财物，在城内与龟兹兵拼命作战。曹继叔、韩威也在城外扎营，就从龟兹城的西北角发起攻击。那利经过一夜激战后才撤退，唐军斩首三千馀级，城中才开始安定下来。十几天后，那利又带领山北龟兹一万馀人直扑都城，曹继叔前往迎击，将他打得大败，斩首八千级。那利只身骑马逃走，龟兹人抓住了他，送到唐军的大营门前。

阿史那社尔前后攻下龟兹的大城池五座，又派遣左卫郎将权祇甫到各城去宣传，向他们讲明祸福利害关系，各城都相继请求归降，共得七百馀城，俘获男女数万口。阿史那社尔就召集各城父老，向他们宣扬大唐国的威力和神灵，告诉他们讨伐有罪之国的意义，并立他们国王的弟弟叶护为龟兹国王，龟兹人非常高兴。从此，西域震骇，西突厥、于阗、安国都争着向唐军赠送

驼马军粮，社尔勒石纪功而还。

二十三年春正月辛亥，龟兹王布失毕及其相那利等至京师，上责让而释之，以布失毕为左武卫中郎将。

高宗永徽元年。初，阿史那社尔虏龟兹王布失毕，立其弟为王。唐兵既还，其酋长争立，更相攻击。秋八月壬午，诏复以布失毕为龟兹王，遣归国，抚其众。

显庆元年秋八月乙巳，龟兹王布失毕入朝。

三年。初，龟兹王布失毕妻阿史那氏与其相那利私通，布失毕不能禁，由是君臣猜阻，各有党与，互来告难。上两召之，既至，囚那利，遣左领军郎将雷文成送布失毕归国。至龟兹东境泥师城，龟兹大将羯猎颠发众拒之，仍遣使降于西突厥沙钵罗可汗。布失毕据城自守，不敢进。诏左屯卫大将军杨胄发兵讨之。会布失毕病卒，胄与羯猎颠战，大破之，擒羯猎颠及其党，尽诛之，乃以其地为龟兹都督府。春正月戊申，立布失毕之子素稽为龟兹王兼都督。

夏五月癸未，徙安西都护府于龟兹，以旧安西复为西州都督府，镇高昌故地。

骆驼、马匹和军粮，阿史那社尔刻石碑纪功，然后凯旋而还。

二十三年(649)春季正月辛亥(初六)，龟兹王布失毕和他的丞相那利等人被押送到京师长安，太宗责备了他们，然后将他们释放，还任命布失毕为左武卫中郎将。

高宗永徽元年(650)。当初，阿史那社尔俘虏了龟兹国王布失毕，立他的弟弟为国王。唐军返还后，龟兹国内的酋长争立王位，相互攻击。秋季八月壬午(十六日)，高宗下诏又让布失毕重新当龟兹国王，遣送他回国安抚他的部众。

显庆元年(656)秋季八月乙巳(十三日)，龟兹王布失毕入京城朝见。

三年(658)。当初，龟兹王布失毕的妻子阿史那氏与他的丞相那利通奸，布失毕不能禁止，因此君臣之间互相猜疑，各有朋党，相互到唐朝来控告对方。高宗将两人全召入京，到达后，即囚禁那利，派遣左领军郎将雷文成护送布失毕回国。当他们到达龟兹东部边境的泥师城时，龟兹大将羯猎颠发动部众前来阻拦，不接受布失毕回国，还派遣使者向西突厥沙钵罗可汗投降。布失毕只好占据泥师城自守，不敢再前进了。高宗下诏命令左屯卫大将军杨胄发兵前往讨伐羯猎颠。适逢布失毕病死，杨胄便与羯猎颠展开激战，大败敌军，生擒羯猎颠及其同党，然后全部杀掉，于是就将他们的领地设置为龟兹都督府。春季正月戊申(二十五日)，唐朝册封布失毕的儿子素稽为龟兹王，兼任龟兹都督府的都督。

夏季五月癸未(初二)，唐朝将安西都护府迁移到龟兹，将旧安西恢复为西州都督府，镇守高昌原来所辖的地区。

太宗平高昌

唐高祖武德二年，高昌王麴伯雅遣使入贡。六年，麴伯雅卒，子文泰立。

太宗贞观四年冬十二月甲寅，高昌王麴文泰入朝。西域诸国咸欲因文泰遣使入贡，上遣文泰之臣厌怛纥干往迎之。魏徵谏曰："昔光武不听西域送侍子，置都护，以为不以蛮夷劳中国。今天下初定，前者文泰之来，所过劳费已甚，今借使十国入贡，其徒旅不减千人。边民荒耗，将不胜其弊。若听其商贾往来，与边民交市，则可矣，傥以宾客遇之，非中国之利也。"时厌怛纥干已行，上遽令止之。

五年春正月癸酉，上大猎于昆明池，四夷君长咸从。甲戌，宴高昌王文泰及群臣。丙子，还宫，亲献禽于大安宫。

六年秋七月丙辰，焉耆王突骑支遣使入贡。初，焉耆入中国

太宗平高昌

唐高祖武德二年(619),高昌国王麹伯雅派遣使者入朝进献贡品。六年(623),麹伯雅去世,他的儿子麹文泰继位。

太宗贞观四年(630)冬季十二月甲寅(二十四日)这天,高昌国王麹文泰入京朝见。西域各国都想跟随麹文泰,也派遣使节入朝进献贡品,太宗让麹文泰的大臣厌怛纥干前去迎接他们。魏徵劝谏说:"过去汉光武帝之所以不同意西域各国送侍子入朝,在当地设置都护,是因为他认为不应该以周边蛮夷的事情来使中原王朝受累。如今天下刚刚平定,上次麹文泰来朝的时候,所经过的地区劳费已经很多了,现在假使有十个国家入朝进贡,他们的随行人员将不少于一千人。边境民众遭灾减产,民用空竭,将承受不了这种危害。如果允许他们的商贾来来往往,与边境居地互市贸易,这就可以了,如果要用宾客的礼仪来接待他们,则对中国实在没有好处啊。"当时厌怛纥干已经上路了,太宗急忙派人阻止了他。

五年(631)春季正月癸酉(十三日),太宗在昆明池附近大规模地打猎,四方夷族的首领全都陪从游玩。甲戌(十四日),太宗设宴招待高昌国王麹文泰及群臣。丙子(十六日),太宗回宫,亲自到大安宫向太上皇敬献打来的野禽。

六年(632)秋季七月丙辰(初四)这一天,焉耆国王突骑支派遣使节来到京城长安向朝廷进献贡品。当初,焉耆进入中原

由碛路，隋末闭塞，道由高昌。突骑支请复开碛路以便往来，上许之。由是高昌恨之，遣兵袭焉耆，大掠而去。

十三年，高昌王麹文泰多遏绝西域朝贡，伊吾先臣西突厥，既而内属，文泰与西突厥共击之。上下书切责，征其大臣阿史那矩，欲与议事，文泰不遣，遣其长史麹雍来谢罪。颉利之亡也，中国人在突厥者或奔高昌，诏文泰归之，文泰蔽匿不遣。又与西突厥共击破焉耆，焉耆诉之。上遣虞部郎中李道裕往问状，且谓其使者曰："高昌数年以来，朝贡脱略，无藩臣礼，所置官号，皆准天朝，筑城掘沟，预备攻讨。我使者至彼，文泰语之云：'鹰飞于天，雉伏于蒿，猫游于堂，鼠噍于穴，各得其所，岂不能自生邪？'又遣使谓薛延陀云：'既为可汗，则与天子匹敌，何为拜其使者！'事人无礼，又间邻国，为恶不诛，善何以劝？明年当发兵击汝。"三月，薛延陀可汗遣使上言："奴受恩思报，请发所部为军导以击高昌。"上遣民部尚书唐俭、右领军大将军执失思力赍缯帛赐薛延陀，与谋进取。

上犹冀高昌王文泰悔过，复下玺书，示以祸福，征之入朝，文泰竟称疾不至。十二月壬申，遣交河行军大总管、吏部尚书侯君集，副总管兼左屯卫大将军薛万均等将兵击之。

十四年秋八月，高昌王文泰闻唐兵起，谓其国人曰："唐去我七千里，沙碛居其二千里，地无水草，寒风如刀，热风

是经由沙漠上的道路，隋朝末年此路闭塞不通，就改道经由高昌出入中原。突骑支请求重新开通沙漠故道以便来往，太宗同意了。因此高昌恨突骑支，派兵袭击焉耆，大肆掠夺一番才离去。

十三年(639)，高昌国王麹文泰多次阻止西域各国入朝进献贡品，伊吾先向西突厥称臣，不久又归附唐朝，麹文泰竟与西突厥共同攻打这个小国。太宗去信严词责备，征召他的大臣阿史那矩入朝，想和他商议这件事。麹文泰不让他来，另派他的长史麹雍来朝谢罪。颉利可汗灭亡的时候，住在突厥的中原人有的投奔高昌，太宗下诏让麹文泰放他们回国，而麹文泰却将他们隐藏起来，不遣送他们回国。麹文泰又与西突厥一起击败了焉耆，焉耆向唐朝控告他们。太宗派遣虞部郎中李道裕前去询问情况，并且对高昌使者说："高昌这几年以来，进贡脱漏减少，没有藩臣礼节，所设置的官职名称，都以我天朝为标准，又修筑城墙挖掘壕沟，准备攻讨作战。我大唐使者到你们那里，麹文泰告诉他说：'苍鹰在天空飞翔，野鸡在草丛卧伏，家猫在厅堂游戏，老鼠在洞穴嚼食，各得其所，难道不能自由生活吗！'又派使者对薛延陀说：'你既然当上可汗，就应与大唐天子地位相等，为什么要拜他的使者呢？'他们奉人无礼到如此地步，又离间邻国作恶，不诛除他，怎么能劝人行善呢？明年我要发兵攻打你们。"三月，薛延陀可汗派遣使节上书说："我身受大恩想要报答，请允许我出动本部兵马为大军当先导去进攻高昌。"太宗即派遣民部尚书唐俭、右领军大将军执失思力携带缯帛赐给薛延陀，并与他们谋划进军攻取高昌。

太宗仍然希望高昌王麹文泰悔过自新，再次给他一封玺书，将祸福利害关系明确地告诉他，征召他入朝，麹文泰竟然称病不来。十二月壬申(初四)，太宗派遣交河行军大总管、吏部尚书侯君集，副总管兼左屯卫大将军薛万均等人率兵进击高昌。

十四年(640)秋季八月，高昌王麹文泰听说大唐军队已经出动了，便对他国的人们说："唐朝距离我们远达七千里，沙漠占了其中的两千里，地上没有水草，寒风刮来如刀割面，热风吹起

如烧，安能致大军乎？往吾入朝，见秦、陇之北，城邑萧条，非复有隋之比。今来伐我，发兵多则粮运不给，三万已下，吾力能制之。当以逸待劳，坐收其弊。若顿兵城下，不过二十日，食尽必走，然后从而虏之。何足忧也？”及闻唐兵临碛口，忧惧不知所为，发疾卒。子智盛立。

军至柳谷，诇者言文泰刻日将葬，国人咸集于彼。诸将请袭之，侯君集曰：“不可。天子以高昌无礼，故使吾讨之，今袭人于墟墓之间，非问罪之师也。”于是鼓行而进，至田城，谕之，不下，诘朝攻之，及午而克，虏男女七千馀口。以中郎将辛獠兒为前锋，夜，趋其都城，高昌逆战而败。大军继至，抵其城下。

智盛致书于君集曰：“得罪于天子者，先王也，天罚所加，身已物故。智盛袭位未几，惟尚书怜察！”君集报曰：“苟能悔过，当束手军门。”智盛犹不出。君集命填堑攻之，飞石雨下，城中人皆室处。又为巢车，高十丈，俯瞰城中。有行人及飞石所中，皆唱言之。先是，文泰与西突厥可汗相结，约有急相助。可汗遣其叶护屯可汗浮图城，为文泰声援。及君集至，可汗惧而西走千馀里，叶护以城降。智盛穷蹙，秋八月癸酉，开门出降。君集分兵略地，

似火烧身，怎么能通过大批军队呢！过去我入京朝见，看到秦州、陇州以北地区城邑萧条，根本不能再和隋朝相比。如今他们来攻打我，发兵太多则粮草供应不上，而三万人以下的军队，我们的兵力则足能制服住他们。我们应当以逸待劳，等待他们疲惫不堪。如果他们驻兵城下，则不超过二十天，粮食吃光了必然撤走，然后我们可以追上去俘虏他们。有什么值得忧虑的呢！"等到他听说唐军兵临碛口时，却忧惧得不知道干什么才好，以至发病死去。他的儿子麴智盛继位成为高昌国王。

唐朝大军来到柳谷，侦察的人回来报告说麴文泰已确定下日期将要安葬，那时高昌国内的军民都将聚集在墓地。众位将领请求在麴文泰下葬那天袭击高昌，侯君集说："不可以。大唐天子因为高昌傲慢无礼，所以才派我们前来讨伐他们的。如今要是到坟墓之间去袭击人家，我们就不是兴师问罪的军队了。"于是就擂响战鼓，向前进攻，到达了田城。侯君集先向城中劝降，城中人不肯投降，便在清晨发起攻击，到中午就攻克了城池，俘虏男女七千馀口。侯君集又命令中郎将辛獠兒为前锋，当夜急速赶往他们的都城，高昌兵出城迎战遭受失败，唐朝大军随后到达，一直推到城下。

麴智盛给侯君集写信说："得罪大唐天子的是我父亲。上天加以惩罚，他本人已经死了。智盛我继承王位不久，请尚书您怜惜体察！"侯君集回信说："你如果能悔过自新，就应当自己把手捆起来到我军的大营门前来。"麴智盛仍不肯出城。侯君集就命令用土填上护城河，直接攻城，抛出的飞石如下雨一样，城内的居民都躲藏在室内，不敢出门。唐军又制造巢车，高达十丈，可以俯瞰城内。只要城中有人走动，以及飞石击中目标，站在巢车上的人都大声告诉唐军。在此之前，麴文泰与西突厥可汗相互勾结，约定遇有急难相互援助。西突厥可汗派遣他的叶护驻防可汗浮图城，声援麴文泰。等到侯君集大军来到，西突厥可汗害怕得西逃一千馀里，叶护献城投降。麴智盛走投无路，秋季八月癸酉（初八），打开城门出来投降。侯君集分兵攻占高昌国的领地，

下其二十二城，户八千四十六，口一万七千七百，地东西八百里，南北五百里。

上欲以高昌为州县，魏徵谏曰："陛下初即位，文泰夫妇首朝，其后稍骄倨，故王诛加之。罪止文泰可矣，宜抚其百姓，存其社稷，复立其子，则威德被于遐荒，四夷皆悦服矣。今若利其土地以为州县，则常须千馀人镇守，数年一易，往来死者什有三四，供办衣资，违离亲戚，十年之后，陇右虚耗矣。陛下终不得高昌撮粟尺帛以佐中国，所谓散有用以事无用，臣未见其可。"上不从。九月，以其地为西州，以可汗浮图城为庭州，各置属县。乙卯，置安西都护府于交河城，留兵镇之。

君集虏高昌王智盛及其群臣豪杰而还。于是唐地东极于海，西至焉耆，南尽林邑，北抵大漠，皆为州县，凡东西九千五百一十里，南北一万九百一十八里。

侯君集之讨高昌也，遣使约焉耆与之合势，焉耆喜，听命。及高昌破，焉耆王诣军门谒见君集，且言焉耆三城先为高昌所夺，君集奏并高昌所掠焉耆民悉归之。

冬十二月丁酉，侯君集献俘于观德殿。行饮至礼，大酺三日。寻以智盛为左武卫将军、金城郡公。上得高昌乐工，以付太常，增九部乐为十部。

共攻克城池二十二座，获得人户八千零四十六户，人口一万七千七百人，土地东西宽八百里，南北长五百里。

太宗想把高昌国改为州县建制，魏徵劝谏说："陛下您刚即位的时候，麹文泰夫妇最先入朝拜见，以后逐渐骄傲起来，所以您将他加以诛除。罪过只加在麹文泰一人身上就可以了，应该安抚他的百姓，保存他的社稷，再立他的儿子为高昌国王，那么，陛下您的威望恩德就会覆盖到遥远的地方，四方夷族都会心悦诚服的。现今如果认为高昌的土地有利可得而将它改为州县建置，那么就经常需要留一千馀人在那里镇守，几年一换，来来往往折腾死的将占到十分之三四，还要供应置办衣粮物资，他们又远离亲戚朋友，十年之后，陇右地区会被耗费虚弱的。可是陛下您最终也得不到高昌一撮粟一尺帛来资助中国，这正是所谓的散发有用物资以事奉无用之人，我未见这一举措有什么可行的地方。"太宗不听从他的意见。九月，唐朝将高昌国所辖地区改置为西州，将可汗浮图城改为庭州，下面各设置一些属县。乙卯（二十一日），在交河城设置安西都护府，留下军队镇守。

侯君集俘虏高昌国王麹智盛和他的群臣以及当地的豪杰人士，凯旋回朝。于是唐朝的疆域东到大海，西至焉耆，南到林邑，北抵大漠，全部设为州县，大凡东西宽九千五百一十里，南北长一万零九百一十八里。

侯君集讨伐高昌的时候，曾派遣使者邀请焉耆与唐军汇合兵力，共图高昌，焉耆很高兴，表示听从命令。等到高昌失败，焉耆国王到唐军营地门前拜见侯君集，并且说焉耆有三座城池先被高昌夺去，侯君集上奏朝廷，将这三座城池以及高昌所掠夺的焉耆民众全部归还原主。

冬季十二月丁酉（初五），侯君集在观德殿献上俘虏。朝廷大摆宴席，群臣用最高的礼节巡行劝酒，为侯君集庆功。又下令全国百姓聚饮三天，以示庆贺。不久，唐朝任命麹智盛为左武卫将军、金城郡公。太宗得到高昌的乐工，交给太常寺演奏音乐，将原来的九部乐增加为十部乐。

君集之破高昌也，私取其珍宝。将士知之，竞为盗窃，君集不能禁，为有司所劾，诏下君集等狱。中书侍郎岑文本上疏，以为："高昌昏迷，陛下命君集等讨而克之，不逾旬日，并付大理。虽君集等自挂网罗，恐海内之人疑陛下唯录其过而遗其功也。臣闻命将出师，主于克敌，苟能克敌，虽贪可赏；若其败绩，虽廉可诛。是以汉之李广利、陈汤，晋之王濬，隋之韩擒虎，皆负罪谴，人主以其有功，咸受封赏。由是观之，将帅之臣，廉慎者寡，贪求者众。是以黄石公《军势》曰：'使智，使勇，使贪，使愚。故智者乐立其功，勇者好行其志，贪者急趋其利，愚者不计其死。'伏愿录其微劳，忘其大过，使君集重升朝列，复备驱驰，虽非清贞之臣，犹得贪愚之将。斯则陛下虽屈法而德弥显，君集等虽蒙宥而过更彰矣。"上乃释之。

又有告薛万均私通高昌妇女者，万均不服，内出高昌妇女付大理，与万均对辩。魏徵谏曰："臣闻'君使臣以礼，臣事君以忠'。今遣大将军与亡国妇女对辩帷箔之私，实则所得者轻，虚则所失者重。昔秦穆饮盗马之士，楚庄赦绝缨之罪，况陛下道高尧、舜，而曾二君之不逮乎？"上遽释之。

侯君集击败高昌的时候，曾私自收取他们的珍奇宝物。将士们知道后也竞相盗窃，侯君集不能禁止，被有关部门弹劾，太宗下诏将侯君集等人逮捕入狱。中书侍郎岑文本上疏，认为："高昌王昏庸迷乱，陛下您命令侯君集等人征讨并攻克他们，不超过十天，又一起交付大理寺审讯。即使是侯君集等人自投罗网，但也恐怕国内的人们怀疑陛下你只记录他们的过错而遗忘他们的功劳。我听说任命将领出师作战，主要任务在于战胜敌人。如果能攻克敌人，即使贪财也可以奖赏；如果他失败了，即使清廉也可以惩罚。所以汉朝的李广利、陈汤，晋朝的王濬，隋朝的韩擒虎，都身负罪过，君主因为他们有功，都给予封官和重赏。由此观之，将帅之类的武臣，清廉谨慎的少，贪求财物的多。所以黄石公《军势》说：'机智的人要使用，勇敢的人要使用，贪婪的人要使用，愚笨的人要使用。因为机智的人乐于建立自己的功业，勇敢的人喜好实现自己的志向，贪婪的人急于追逐自己的私利，愚笨的人不会考虑自己的生死。'希望陛下您能记住他们微小的功劳，忘记他们很大的过错，使侯君集能重新升入朝臣之列，再次准备供您驱使，他虽然不是一个清廉正直的大臣，但您还是得到了一个贪婪愚笨的将领。这样一来，陛下您虽然有亏于法律，但德行却更加明显；侯君集等人虽然蒙受宽宥，但过错却更加昭彰了。"太宗于是将侯君集等人无罪释放了。

又有人告发薛万均与高昌妇女通奸，薛万均不服，太宗命令将那个高昌妇女交付大理寺，与薛万均当面对质。魏徵劝谏说："我听说'君主用礼节使唤臣下，臣下用忠诚事奉君主'。如今陛下您让大将军与一个妇女当面对质帷帘后面的男女私情，如果情况属实，那您无非是处分薛万均一下，并不是什么大不了的事情；但如果情况虚假，那您就不好交代，事情就严重了。过去秦穆公能给盗他马匹的野人喝酒，楚庄王能赦免因调戏宫中美人被扯断冠缨的臣下的罪过，何况陛下您的道德比尧、舜还高，怎么连秦穆公、楚庄王两位君主都赶不上了呢？"太宗急忙释放了薛万均和那个高昌妇女。

侯君集马病蚛颡，行军总管赵元楷亲以指沾其脓而嗅之，御史劾奏其谄，左迁括州刺史。

高昌之平也，诸将皆即受赏，行军总管阿史那社尔以无敕旨，独不受，及别敕既下，乃受之，所取唯老弱故弊而已。上嘉其廉慎，以高昌所得宝刀及杂彩千段赐之。

侯君集的战马额头被虫子咬伤发炎，行军总管赵元楷亲自用手指沾马头上的脓血，用鼻子闻了一下，御史上奏弹劾他溜须拍马，他被降职为括州刺史。

高昌平定的时候，众位将领都当即接受了奖赏，行军总管阿史那社尔认为没有皇上敕旨，独自一人没有接受。等到另有敕令下达后，这才接受奖赏，而且领取的只是些老弱人户和破旧物品而已。太宗赞扬他廉洁谨慎，将从高昌得来的宝刀及各种彩色丝绸一千段赏赐给了他。

太宗平吐谷浑

唐高祖武德二年。初，隋炀帝自征吐谷浑，吐谷浑可汗伏允以数千骑奔党项，炀帝立其质子顺为主，使统馀众，不果入而还。会中国丧乱，伏允复还收其故地。上受禅，顺自江都还长安，上遣使与伏允连和，使击李轨，许以顺还之。伏允喜，起兵击轨，数遣使入请顺，上遣之。

太宗贞观八年。初，吐谷浑可汗伏允遣使入贡，未返，大掠鄯州而去。上遣使让之，征伏允入朝，称疾不至，仍为其子尊王求昏。上许之，令其亲迎，尊王又不至，乃绝昏，伏允复遣兵寇兰、廓二州。伏允年老，信其臣天柱王之谋，数犯边，又执唐使者赵德楷。上遣使谕之，十返。又引其使者，临轩亲谕以祸福，伏允终无悛心。六月，遣左骁卫大将

太宗平吐谷浑

唐高祖武德二年(619)。当初，隋炀帝亲自征讨吐谷浑，吐谷浑可汗慕容伏允率领几十骑兵投奔党项，炀帝便立慕容伏允的在隋朝做人质的儿子慕容顺为吐谷浑君主，让他统领馀下的部众，但他没能进入吐谷浑便又返回。适逢中原地区丧乱，慕容伏允又返还吐谷浑收回他原来的领地。唐高祖受禅让即皇帝位之后，慕容顺从江都回到长安。高祖派遣使者与慕容伏允联合，让他攻打李轨，并应允将慕容顺归还给他。慕容伏允很高兴，就出兵进攻李轨，并多次派遣使者入朝请求归还慕容顺，高祖便将慕容顺遣送回国。

太宗贞观八年(634)。当初，吐谷浑可汗慕容伏允派遣使者入朝进献贡品，还没有返回本国，慕容伏允就发兵大肆掠夺了鄯州而离去。太宗派遣使者前去责备了他们，并征召慕容伏允入朝，慕容伏允声称有病不来，还为他的儿子慕容尊王向唐朝求婚。太宗答应了这件事，让他们亲自前来迎亲，但慕容尊王又不来，于是就断绝了婚姻。慕容伏允又派兵侵扰兰、廓二州。慕容伏允年老昏愦，只相信他的大臣天柱王的计谋，多次侵犯边境，又绑架了唐朝的使者赵德楷。太宗派遣使者传达谕旨，让他们将人放回，往返十次，赵德楷才得以返回。太宗又让人将他们的使者领来，在殿前的平台上亲自接见，并向他讲明祸福利害关系，而慕容伏允却始终没有悔改之心。六月，太宗任命左骁卫大将

军段志玄为西海道行军总管，左骁卫将军樊兴为赤水道行军总管，将边兵及契苾、党项之众以击之。

冬十月辛丑，段志玄击吐谷浑，破之，追奔八百馀里，去青海三十馀里。吐谷浑驱牧马而遁。

十一月丁亥，吐谷浑寇凉州。己丑，下诏大举讨吐谷浑。上欲得李靖为将，为其老，重劳之。靖闻之，请行，上大悦。十二月辛丑，以靖为西海道行军大总管，节度诸军。兵部尚书侯君集为碛石道、刑部尚书任城王道宗为鄯善道、凉州都督李大亮为且末道、岷州都督李道彦为赤水道、利州刺史高甑生为盐泽道行军总管，并突厥、契苾之众击吐谷浑。

九年春正月，党项先内属者皆叛归吐谷浑。三月庚辰，洮州羌叛入吐谷浑，杀刺史孔长秀。

夏闰四月癸酉，任城王道宗败吐谷浑于库山。吐谷浑可汗伏允悉烧野草，轻兵走入碛。诸将以为“马无草，疲瘦，未可深入”。侯君集曰：“不然。向者段志玄军还，才及鄯州，虏已至其城下。盖虏犹完实，众为之用故也。今一败之后，鼠逃鸟散，斥候亦绝，君臣携离，父子相失，取之易于拾芥，此而不乘，后必悔之。”李靖从之。中分其军为两道：靖与薛万均、李大亮由北道，君集与任城王道宗由南道。戊子，靖部将薛孤兒败吐谷浑于曼头山，斩其名王，大获杂畜，以充军食。癸巳，靖等败吐谷浑于牛心堆，又败诸赤水源。侯君集、任城王道宗引兵行无人之境二千馀里，

军段志玄为西海道行军总管，左骁卫将军樊兴为赤水道行军总管，率领边防军队以及契苾、党项的部众攻打吐谷浑。

冬季十月辛丑（初二）这天，段志玄进攻吐谷浑，打败了他们，乘胜追击了八百馀里，一直追到了距离青海只有三十馀里的地方。吐谷浑驱赶牧马逃跑了。

十一月丁亥（十九日），吐谷浑侵犯凉州。己丑（二十一日），太宗下诏大举讨伐吐谷浑。太宗想用李靖为大将，因为他年迈，又不忍心再劳累他了。李靖听到这个消息，就主动请求出征，太宗十分高兴。十二月辛丑（初三），唐朝任命李靖为西海道行军大总管，节制统辖各路军队。又任命兵部尚书侯君集为积石道、刑部尚书任城王李道宗为鄯善道、凉州都督李大亮为且末道、岷州都督李道彦为赤水道、利州刺史高甑生为盐泽道行军总管，与突厥、契苾的部众一起攻打吐谷浑。

九年（635）春季正月，党项族早先归附唐朝的人，都反叛唐朝归向吐谷浑。三月庚辰（十四日），洮州羌族人叛变逃入吐谷浑，杀死刺史孔长秀。

夏季闰四月癸酉（初八），任城王李道宗在库山击败吐谷浑。吐谷浑可汗慕容伏允烧掉全部野草，率轻骑兵逃入沙漠。唐军众将领认为："马没有草吃，疲劳瘦弱，不可深入沙漠去追。"侯君集说："不是这样。之前段志玄的军队返回，才到鄯州，吐谷浑的军队已经到达他的城下。大概是因为吐谷浑还很完好充实，众人乐于为他们效力的缘故。如今他们一败之后，就像鼠逃鸟散一样，侦察兵也没有了，君臣间离心离德，父子间难以相见，攻取他们比拾草芥还要容易。此时不乘胜追击，以后肯定会后悔。"李靖听从了他的意见。将统率的军队分成两部分，然后两路出击，李靖与薛万均、李大亮从北道进攻，侯君集与任城王李道宗从南道进攻。戊子（二十三日），李靖部将薛孤兒在曼头山打败吐谷浑，斩杀了他们的名王，获得大批牲畜以补充军食。癸巳（二十八日），李靖等人在牛心堆击败吐谷浑，又在赤水源击败他们。侯君集、任城王李道宗领兵在荒无人烟的地区行军二千馀里，

盛夏降霜，经破逻真谷，其地无水，人龁冰，马啖雪。五月，追及伏允于乌海，与战，大破之，获其名王。薛万均、薛万彻又败天柱王于赤海。

赤水之战，薛万均、薛万彻轻骑先进，为吐谷浑所围，兄弟皆中枪，失马步斗，从骑死者什六七。左领军将军契苾何力将数百骑救之，竭力奋击，所向披靡，万均、万彻由是得免。李大亮败吐谷浑于蜀浑山，获其名王二十人。将军执失思力败吐谷浑于居茹川。李靖督诸军经积石山河源，至且末，穷其西境。闻伏允在突伦川，将奔于阗，契苾何力欲追袭之，薛万均惩其前败，固言不可。何力曰："虏非有城郭，随水草迁徙，若不因其聚居袭取之，一朝云散，岂得复倾其巢穴邪?"自选骁骑千馀，直趣突伦川，万均乃引兵从之。碛中乏水，将士刺马血饮之。袭破伏允牙帐，斩首数千级，获杂畜二十馀万，伏允脱身走，俘其妻子。侯君集等进逾星宿川，至柏海，还与李靖军合。

大宁王顺，隋氏之甥、伏允之嫡子也，为侍子于隋，久不得归，伏允立侍子为太子，及归，意常怏怏。会李靖破其国，国人穷蹙，怨天柱王。顺因众心，斩天柱王，举国请降。伏允帅千馀骑逃碛中，十馀日，众散稍尽，为左右所杀。国人立顺为可汗。壬子，李靖奏平吐谷浑。乙卯，诏复其国，以慕容顺为西平郡王、趉故吕乌甘豆可汗。上虑顺未能服其众，

这个地方盛夏降霜，经过破逻真谷，这里没有水，人吃冰，马啃雪。五月，在乌海追上慕容伏允，与他们展开激战，将吐谷浑打得大败，擒获了他们的名王。薛万均、薛万徹又在赤海击败天柱王。

赤水源之战时，薛万均、薛万徹率轻骑兵先一步前进，被吐谷浑包围，兄弟二人都中枪受伤，失去了马匹后就徒步作战，随从他们的骑兵战死的达十分之六七。左领军将军契苾何力率领数百骑兵前往救援，竭力拼杀，奋勇进击，所向披靡，薛万均、薛万徹因此得免一死。李大亮在蜀浑山击败吐谷浑兵，擒获他们的名王二十人。将军执失思力在居茹川击败吐谷浑兵。李靖统率各路兵马经过积石山河源，到达且末，一直到了吐谷浑西部边境的尽头。听说慕容伏允在突伦川，将要投奔于阗，契苾何力打算追击他们，薛万均鉴于他先前失败的教训，执意说不行。契苾何力说："吐谷浑没有城郭，随着水草迁徙游牧，如果不趁他们聚居的时候袭取他们，一旦他们像白云一样散开，怎么能够再去倾覆他们的巢穴呢？"他自己挑选骁勇善战的骑兵一千馀人径直急奔突伦川，薛万均就带兵随从在他后面。沙漠中间缺水，将士们就刺取马血来喝。契苾何力等人袭击攻破了慕容伏允的牙帐，斩首数千级，获得各类牲畜二十馀万头。慕容伏允脱身逃走，唐军俘虏了他的妻子儿女。侯君集等人穿越星宿川，到达柏海，重新与李靖的军队会合。

大宁王慕容顺是隋炀帝的外甥、慕容伏允的嫡生子。他作为侍子而待在隋朝，很长时间不能回到吐谷浑，慕容伏允就立了另外一个儿子为太子。等到慕容顺回到吐谷浑后，常为这件事闷闷不乐。适逢李靖攻破他的国家，吐谷浑人窘困不堪，都怨恨天柱王。慕容顺就顺从部众人心，斩杀天柱王，举国请求归降。慕容伏允率领一千馀骑兵逃入沙漠之中，过了十馀天，众人逃散殆尽，他被左右亲信杀死。吐谷浑国内人众拥立慕容顺为可汗。壬子（十八日），李靖上奏说平定了吐谷浑。乙卯（二十一日），太宗下诏恢复他们的国家，册封慕容顺为西平郡王、趉故吕乌甘豆可汗。太宗又考虑到慕容顺还不能得到他的部众信服，

仍命李大亮将精兵数千为其声援。

吐谷浑甘豆可汗久质中国,国人不附,竟为其下所杀。子燕王诺曷钵立。诺曷钵幼,大臣争权,国中大乱。十二月,诏兵部尚书侯君集等将兵援之。先遣使者谕解,有不奉诏者,随宜讨之。

十年春三月丁酉,吐谷浑王诺曷钵遣使请颁历,行年号,遣子弟入侍,并从之。丁未,以诺曷钵为河源郡王、乌地也拔勤豆可汗。

十三年冬十二月己丑,吐谷浑王诺曷钵来朝,以宗女为弘化公主,妻之。

十五年夏四月丁巳,果毅都尉席君买帅精兵百二十袭击吐谷浑丞相宣王,破之,斩其兄弟三人。初,丞相宣王专国政,阴谋袭弘化公主,劫其王诺曷钵奔吐蕃。诺曷钵闻之,轻骑奔鄯善城,其臣威信王以兵逆之,故君买为之讨诛宣王。国人犹惊扰,遣户部尚书唐俭等慰抚之。

还命令李大亮领精兵数千人作为他的声援力量。

吐谷浑甘豆可汗长期在中原当人质，国内的民众不归顺他，最后被他的部下杀死。他的儿子燕王诺曷钵继立为可汗。诺曷钵年幼，大臣之间争夺权势，国内大乱。十二月，太宗下诏命令兵部尚书侯君集等人率兵前往救援诺曷钵。事先派遣使者前去宣示谕旨，进行调解，有不遵首诏令的，再随机应变，予以讨伐。

十年(636)春季三月丁酉(初七)，吐谷浑国王诺曷钵派遣使节入朝请求颁布历法行用年号，并派王族子弟入朝侍奉皇帝，太宗全依从了。丁未(十七日)，唐朝册封诺曷钵为河源郡王、乌地也拔勤豆可汗。

十三年(639)冬季十二月己丑(二十一日)，吐谷浑国王诺曷钵来到唐朝，太宗将李氏宗室女册封为弘化公主，嫁给他做妻子。

十五年(641)夏季四月丁巳(二十七日)，唐军果毅都尉席君买率领精兵一百二十人袭击吐谷浑丞相宣王，打败了宣王，斩杀他兄弟三人。当初，丞相宣王独揽国家政权，阴谋袭击唐朝的弘化公主，劫持他们的国王诺曷钵投奔吐蕃。诺曷钵得知消息后，立即轻装骑马奔赴鄯善城，他的大臣威信王带兵迎接，所以席君买替他们讨伐诛杀了宣王。吐谷浑国内民众仍然惊扰不安，太宗便派遣户部尚书唐俭等人前往，慰问和安抚了他们。